SÓCRATES

DONALD R. MORRISON (Org.)

SÓCRATES

Direção Editorial:
Marlos Aurélio

Conselho Editorial:
Avelino Grassi
Fábio E. R. Silva
Márcio Fabri dos Anjos
Mauro Vilela

Tradução:
André Oídes

Copidesque:
Leo Agapejev de Andrade

Revisão:
Thiago Figueiredo Tacconi

Diagramação:
Tatiana A. Crivellari

Capa:
Vinício Frezza

Coleção Companions & Companions

Título original: *The Cambridge companion to Socrates*
© Cambridge University Press, 2010
32 Avenue of the Americas, New York, NY, 10013-2473, USA
ISBN: 978-0-521-54103-9 (Paperback) / 978-0-521-83342-4 (Hardback)

Todos os direitos em língua portuguesa, para o Brasil,
reservados à Editora Ideias & Letras, 2020.

3ª reimpressão

Rua Barão de Itapetininga, 274
República - São Paulo /SP
Cep: 01042-000 – (11) 3862-4831
Televendas: 0800 777 6004
vendas@ideiaseletras.com.br
www.ideiaseletras.com.br

Dados Internacionais de Catalogação na Publicação (CIP)
(Câmara Brasileira do Livro, SP, Brasil)

Socrates / Donald R. Morrison (Org.)
(Tradução: André Oídes)
São Paulo: Ideias & Letras, 2016
(Companions & Companions)

ISBN 978-85-5580-007-8

1. Filosofia Antiga 2. Sócrates I. Morrison, Donald R., 1954.
II. Título. III. Série.

15-10331   CDD-183.2

Índice para catálogo sistemático:
1. Sócrates: Filosofia antiga   183.2

Abreviaturas

I. ARISTÓTELES

EN	*Ética a Nicômaco*
Met.	*Metafísica*
Pol.	*Política*
Ret.	*Retórica*
Soph. El.	*De sophisticis elenchis* [*Refutações sofísticas*]

II. TEXTOS PLATÔNICOS

Alc.	*Alcibíades*
Ap.	*Apologia*
Bnq.	*Banquete*
Cárm.	*Cármides*
Crí.	*Críton*
Eufr.	*Eutífron*
Eutd.	*Eutidemo*
Féd.	*Fédon*
Fedr.	*Fedro*
Fil.	*Filebo*
Grg.	*Górgias*
H. Ma.	*Hípias Maior*
Laq.	*Laques*
Mên.	*Mênon*
Parm.	*Parmênides*
Prt.	*Protágoras*
Rep.	*República*

Teag.   *Teages*
Teet.   *Teeteto*

III. XENOFONTE

Apol.   *Apologia*
Banq.   *Banquete*
Cirop.   *Ciropédia*
Ec.   *Econômico*
Mem.   *Memoráveis*

IV. DIÓGENES LAÉRCIO

D.L.   *Vidas de filósofos eminentes*

V. TEXTOS MODERNOS

CPF   *Corpus dei papiri filosofici greci e latini* [*Corpus dos papiros filosóficos gregos e latinos*].
DK   Diels, H. Revisto por Kranz, W. *Die Fragmente der Vorsokratiker* [*Os fragmentos dos pré-socráticos*].
LSJ   Liddel, H. G.; Scott, R. *A greek-english lexicon* [*Um léxico greco-inglês*].
SSR   Giannantoni, G. *Socratis et socraticorum reliquiae* [*Relíquias de Sócrates e dos socráticos*].

VI. ABREVIATURAS DE PERIÓDICOS

AGP   *Archiv für Geschichte der Philosophie* [*Arquivo para a História da Filosofia*].
CQ   *Classical quarterly* [*Clássicos trimestral*]
GRBS   *Greek, roman and byzantine studies* [*Estudos gregos, romanos e bizantinos*].

JHP Journal of the History of Philosophy
     [Revista de História da Filosofia].
OSAP Oxford Studies in Ancient Philosophy
     [Estudos de Oxford em Filosofia Antiga].
PBA Proceedings of the British Academy
     [Anais da Academia Britânica].
RhM Rheinisches Museum für Philologie
     [Museu de Filologia Renano].

Sumário

Sobre os autores – 11

Apresentação – 17

Prefácio do organizador – 19

1. Ascensão e queda do problema socrático – 23
    Louis-André Dorion

2. Os alunos de Sócrates – 51
    Klaus Döring

3. Xenofonte e a invejável vida de Sócrates – 79
    David K. O'Connor

4. Sócrates em *As nuvens* de Aristófanes – 113
    David Konstan

5. Sócrates e o novo aprendizado – 131
    Paul Woodruff

6. Religião socrática – 155
    Mark L. McPherran

7. Sócrates e a Atenas democrática – 187
    Josiah Ober

8. Método socrático – 237
    Hugh H. Benson

9. Autoexame – 263
    Christopher Rowe

10. Ignorância socrática – 281
    Richard Bett

11. Reconsiderando a ironia socrática – 307
    Melissa Lane

12. A ética socrática e a psicologia socrática da ação: um referencial filosófico – 333
    Terry Penner

13. Sócrates e a eudemonia – 373
    Christopher Bobonich

14. A filosofia política de Sócrates – 425
    Charles L. Griswold

15. Sócrates na filosofia grega posterior – 451
    Anthony A. Long

Referências – 483

Índice remissivo – 547

Índice de passagens – 563

Sobre os autores

HUGH H. BENSON é professor e chefe do Departamento de Filosofia da Universidade de Oklahoma. Foi "Professor Presidencial Samuel Roberts Noble" de 2000 a 2004. É editor de *Essays on the philosophy of Socrates* [*Ensaios sobre a filosofia de Sócrates*] (1992) e *A companion to Plato* [*Um guia a Platão*] (2006) e autor de *Socratic wisdom* [*Sabedoria socrática*] (2000). Também publicou vários artigos e capítulos de livros sobre a filosofia de Sócrates, Platão e Aristóteles, e recebeu bolsas do ACLS [American Council of Learned Societies – Conselho Americano de Sociedades Instruídas] e da Fundação Howard.

RICHARD BETT é professor de Filosofia e Clássicos na Universidade Johns Hopkins. Seu trabalho acadêmico concentrou-se particularmente nos céticos antigos. É autor de *Pyrrho, his antecedents and his legacy* [*Pirro, seus antecedentes e seu legado*] (2000) e traduziu *Against the ethicists* [*Contra os eticistas*] (1997, com Introdução e Comentário) e *Against the logicians* [*Contra os logicistas*] (Cambridge, 2005, com Introdução e Notas). É o organizador de *The Cambridge companion to ancient scepticism* [*O guia de Cambridge ao ceticismo antigo*] (2010). Também publicou artigos sobre Platão, Sócrates, os sofistas, os estoicos e Nietzsche.

CHRIS BOBONICH é professor de Filosofia na Universidade Stanford. Escreveu diversos artigos sobre filosofia ética e política, e psicologia gregas. É o autor de *Plato's utopia recast: his later ethics and politics* [*A utopia de Platão remoldada: sua ética e política tardias*] (2002) e coorganizador, com Pierre Destreé, de *Akrasia in greek philosophy: From Socrates to Plotinus* [*Akrasia na filosofia grega: de Sócrates a Plotino*] (2007).

KLAUS DÖRING é professor emérito de Clássicos na Universidade Otto--Friedrich, Bamberg. Sua publicações incluem *Die Megariker* [*Os megáricos*] (1972); *Exemplum Socratis: Studien zur Sokratesnachwirkung in der kynisch-stoischen Popularphilosophie der frühen Kaiserzeit und im frühen Christentum* [*Exemplum Socratis: estudos sobre o efeito de Sócrates na filosofia popular cínico-estoica do início do período imperial e início do cristianismo*] (1979); *Der Sokratesschüler Aristipp und die Kyrenaiker* [*O pupilo de Sócrates, Aristipo, e os cirenaicos*] (1988); *Sokrates, die Sokratiker und die von ihnen begründeten Traditionen* [*Sócrates, os socráticos, e as tradições fundadas por eles*], em H. Flashar (Org.), *Die Philosophie der Antike* 2/1 [*A filosofia da Antiguidade*] (1998); [Platon] *Theages: Übersetzung und Kommentar* [*(Platão) Teages: tradução e comentário*] (2004); e *Die Kyniker* [*Os cínicos*] (2006).

LOUIS-ANDRÉ DORION é professor de Filosofia na Universidade de Montreal. É autor de *Socrate* (2004) e de várias traduções francesas de Aristóteles (*Les réfutations sophistiques* [*As refutações sofísticas*], 1995), Platão (*Lachès* [*Laques*] e *Euthyphron* [*Eutífron*], 1997; *Charmide* [*Cármides*] e *Lysis* [*Lísis*], 2004), e Xenofonte (*Mémorables, livre I* [*Memoráveis, livro I*], 2000).

CHARLES L. GRISWOLD é professor de Filosofia na Universidade de Boston. É autor de *Self-Knowledge in Plato's Phaedrus* [*Autoconhecimento no Fedro de Platão*] (1986; capa mole, 1988; reimpresso com um novo prefácio e bibliografia em 1996), livro que recebeu o Prêmio Franklin J. Matchette da American Philosophical Association [*Associação Filosófica Americana*], e organizador de *Platonic writings, Platonic readings* [*Escritos platônicos, leituras platônicas*] (1988), reimpresso com um novo prefácio e bibliografia atualizada em 2001. Seu *Adam Smith and the virtues of Enlightenment* [*Adam Smith e as virtudes do Iluminismo*] foi publicado pela Cambridge University Press em 1999, assim como *Forgiveness: a philosophical exploration* [*Perdão: uma exploração filosófica*] (Cambridge University Press, 2007). Coorganizou, com David Konstan, *Ancient forgiveness: classical, judaic, and christian* [*Perdão antigo: clássico, judaico e cristão*] (2012), pela Cambridge University Press.

DAVID KONSTAN é "Professor Distinto John Rowe Workman" de Clássicos e da Tradição Humanista, e professor de Literatura Comparada na Universidade Brown. Entre suas publicações recentes encontram-se *Sexual symmetry: love in the ancient novel and related genres* [*Simetria sexual: amor no romance antigo e gêneros relacionados*] (1994); *Greek comedy and Ideology* [*Comédia grega e ideologia*] (1995); *Friendship in the classical world* [*Amizade no mundo clássico*] (1997); *Pity transformed* [*Piedade transformada*] (2001); *Heraclitus: Homeric Problems* [*Heráclito: problemas homéricos*], com Donald Russell (2005); *The emotions of the ancient greeks* [*As emoções dos antigos gregos*] (2006); *Aspasius: on Aristotle's Nicomachean ethics* [*Aspásio: sobre a Ética a Nicômaco de Aristóteles*] (2006); *Lucrezio e la psicologia epicurea* [*Lucrécio e a psicologia epicurista*] (2007); e *Terms for eternity: Aiônios and Aïdios in Classical and christian texts* [*Termos para a eternidade: aiônios e aïdios em textos clássicos e cristãos*], com Ilaria Ramelli (2007). Também publicou *Before forgiveness: the origins of a moral idea* [*Antes do perdão: as origens de uma ideia moral*] (Cambridge University Press, 2010).

MELISSA LANE é professora de Política na Universidade de Princeton. Anteriormente ensinou pensamento político como membro da Faculdade de História da Universidade de Cambridge, onde recebeu seu doutorado em Filosofia, tendo recebido seu primeiro diploma em Estudos Sociais pela Universidade de Harvard. É autora de uma nova Introdução à edição Penguin de *Plato's Republic* [*República de Platão*] (2007); de *Plato's Progeny: how Plato and Socrates still captivate the modern mind* [*A progênie de Platão: como Platão e Sócrates ainda cativam a mente moderna*] (2001); e de *Method and politics in Plato's statesman* [*Método e política no Político de Platão*] (1998), bem como diversos artigos especializados sobre pensamento político grego e a recepção moderna dos antigos.

ANTHONY A. LONG é professor de Clássicos e "Professor Irving G. Stone" de Literatura na Universidade da Califórnia, Berkeley. Seus trabalhos recentes incluem *Stoic studies* [*Estudos estoicos*], *The Cambridge companion to early greek Philosophy* [*O guia de Cambridge à filosofia grega antiga*], e *Epictetus: A stoic and socratic guide to Life* [*Epíteto: um guia estoico e socrático para a vida*]. Trabalhos em preparação incluem *Greek models of mind and self* [*Modelos gregos da mente e do si mesmo*] e uma tradução anotada das *Epistulae morales* [*Epístolas morais*] de Sêneca, com M. Graver.

MARK L. MCPHERRAN (Universidade Simon Fraser) é o autor de *The religion of Socrates* [*A religião de Sócrates*] (1996) e o organizador de *Wisdom, ignorance, and virtue: new essays in socratic studies* [*Sabedoria, ignorância e virtude: novos ensaios em estudos socráticos*] (1997); *Recognition, remembrance, and reality: new essays on Plato's epistemology and metaphysics* [*Reconhecimento, lembrança e realidade: novos ensaios sobre a epistemologia e metafísica de Platão*] (1999); e do *Cambridge critical guide to the Republic* [*Guia crítico de Cambridge à República*] (2010). Escreveu diversos artigos sobre ceticismo antigo, Sócrates e Platão, incluindo, "Medicine, magic, and religion in Plato's *Symposium*" ["Medicina, magia e religião no *Banquete* de Platão"], em *Plato's Symposium: issues in interpretation and reception* [*O Banquete de Platão: questões de interpretação e recepção*] (2006); "Platonic religion" ["Religião platônica"], em *A companion to Plato* [*Guia a Platão*] (2006); e "The piety and gods of Plato's *Republic*" ["A piedade e os deuses da *República* de Platão"], em *The Blackwell guide to Plato's Republic* [*O guia Blackwell à República de Platão*] (2006). Também é diretor do Colóquio Anual de Filosofia Antiga do Arizona.

DONALD R. MORRISON é professor de Filosofia e Estudos Clássicos na Universidade Rice. Também é autor de vários artigos e da *Bibliography of editions, translations, and commentary on Xenophon's socratic writings, 1600-present* [*Bibliografia de edições, traduções e comentário sobre os escritos socráticos de Xenofonte, de 1600 até o presente*] (1988). Publicou em uma variedade de campos dentro da filosofia antiga, incluindo a metafísica de Aristóteles, o Sócrates de Xenofonte, ceticismo, filosofia política em Platão e Aristóteles, e filosofia antiga tardia da ciência.

JOSIAH OBER é "Professor Constantine Mitsotakis" na Escola de Humanidades e Ciências da Universidade Stanford, onde detém indicações em Clássicos e Ciência Política, e em Filosofia, por cortesia. É autor de diversos livros, incluindo *Mass and elite in democratic Athens* [*Massa e elite na Atenas democrática*] (1989), *Political dissent in democratic Athens* [*Discordância política na Atenas democrática*] (1998) e *Democracy and knowledge* [*Democracia e conhecimento*] (2008). Sua pesquisa explora as relações entre instituições, valores, conhecimento e autoridade.

DAVID K. O'CONNOR ensina na Universidade de Notre Dame desde 1985; seu trabalho concentra-se em filosofia antiga, ética e filosofia e literatura. É membro titular dos departamentos de Filosofia e Clássicos. Suas publicações incluem uma edição, com notas e introdução, da tradução de Percy Bysse Shelley de 1818 do *Symposium* [*Banquete*] de Platão (2002) e "Rewriting the poets in Plato's characters" ["Reescrevendo os poetas nos personagens de Platão"], em *The Cambridge companion to Plato's* Republic [*O guia de Cambridge à* República *de Platão*] (2007).

TERRY PENNER é professor emérito de Filosofia, e foi, por um período, professor afiliado de Clássicos na Universidade de Wisconsin-Madison. Na primavera de 2005 foi "Professor-Pesquisador Visitante A. G. Leventis" de Grego na Universidade de Edimburgo. Suas publicações anteriores incluem *The ascent from nominalism: some existence arguments in Plato's middle diálogues* [*A ascensão a partir do nominalismo: alguns argumentos de existência nos diálogos médios de Platão*] (1986) e diversos artigos sobre Sócrates.

CHRISTOPHER ROWE é professor emérito de Grego na Universidade de Durham; foi "Professor-Pesquisador Pessoal Leverhulme" de 1999 a 2004. Suas publicações anteriores incluem comentários sobre quatro diálogos platônicos; organizou *The Cambridge history of greek and roman political thought* [*A história de Cambridge do pensamento político grego e romano*], com Malcolm Schofield (2002) e *New perspectives on Plato, modern and ancient* [*Novas perspectivas sobre Platão, moderno e antigo*], com Julia Annas (2002), e forneceu uma nova tradução inglesa da *Ética a Nicômaco* de Aristóteles para acompanhar um comentário filosófico de Sarah Broadie (2002).

PAUL WOODRUFF é "Professor Darrell K. Royal" de Ética e Sociedade Americana na Universidade do Texas em Austin. Publicou extensivamente sobre Sócrates e sobre vários sofistas. Seus livros estão *Reverence: renewing a forgotten virtue* [*Reverência: renovando uma virtude esquecida*] e *First democracy, the challenge of na ancient idea* [*Primeira democracia, o desafio de uma ideia antiga*].

Apresentação

O *Companion Sócrates* é uma coleção de ensaios que fornece um guia abrangente de Sócrates, o mais famoso filósofo grego. Dado que o próprio Sócrates não escreveu nada, nossa evidência provém dos escritos de seus amigos (acima de tudo Platão), de seus inimigos, e de escritores posteriores. Sócrates é, portanto, uma figura literária, bem como uma personagem histórica. Ambos os aspectos do legado do filósofo são tratados neste volume.

O caráter de Sócrates é cheio de paradoxos, assim como suas visões filosóficas. Esses paradoxos levaram a diferenças profundas nas interpretações dos estudiosos sobre Sócrates e seu pensamento. Refletindo esse amplo espectro de pensamentos, os colaboradores desta obra são incomumente variados em suas formações e perspectivas. Os capítulos foram escritos por filólogos clássicos, filósofos e historiadores da Alemanha, do Canadá francófono, da Grã-Bretanha e dos Estados Unidos, e representam uma variedade de tradições interpretativas e filosóficas.

Prefácio do organizador

Sócrates é o santo patrono da filosofia. Embora tenha sido precedido por certos poetas filosóficos e rodeado por alguns sofistas eruditos, ele foi o primeiro filósofo de fato. Se você quer saber o que é filosofia, uma boa resposta é: filosofia é o que Sócrates fazia e o que ele começou.

Sócrates foi um revolucionário. Ele revolucionou o método intelectual buscando definições rigorosas de conceitos, tais como "coragem" e "justiça". Revolucionou os valores argumentando que o que mais importa para a felicidade humana não é o dinheiro, a fama, ou o poder, mas o estado da alma de alguém. Revolucionou a ética insistindo que uma boa pessoa nunca causará danos a ninguém. Ele foi um revolucionário espiritual que permaneceu obediente à lei; injustamente condenado à morte, recusou a oferta de seus amigos de libertá-lo da prisão e levá-lo para o exílio.

Sócrates foi um revolucionário que iniciou uma tradição. Não escreveu nada. O que sabemos dele provém de diversas fontes. Ele teve a boa fortuna de contar entre seus dedicados seguidores um dos maiores gênios e mais bem-dotados estilistas de prosa de todos os tempos – Platão. Sócrates é o personagem principal da maioria dos diálogos de Platão. A pessoa histórica Sócrates exerceu sua maior influência na História por meio da figura literária "Sócrates" em Platão. O maior dos seguidores de Sócrates foi Platão; Aristóteles foi um platonista dissidente; mais tarde, os estoicos e os céticos viram a si mesmos como herdeiros de Sócrates; muitos dos padres da Igreja cristianizaram Platão; e assim por diante ao longo da História.

Platão não é nossa única fonte sobre Sócrates. Nossa fonte substancial mais antiga para informações a respeito de Sócrates é a peça cômica de Aristófanes, *As nuvens*. Além de Platão, outros seguidores escreveram diálogos socráticos. Xenofonte escreveu uma memória de Sócrates e outras obras socráticas que sobreviveram intactas. Dos outros seguidores – frequentemente descritos como "os socráticos menores" – temos apenas restos fragmentários. Aristóteles viveu apenas uma geração depois de Sócrates, portanto seus relatos sobre a filosofia socrática são evidências importantes. Entre várias outras fontes posteriores, a mais importante é a vida de Sócrates escrita pelo historiador tardio da filosofia antiga Diógenes Laércio.

O que sabemos sobre o verdadeiro Sócrates histórico que jaz por trás dessas variadas evidências literárias? O "problema do Sócrates histórico" é um famoso dilema acadêmico, semelhante ao problema do Jesus histórico. O capítulo 1 é dedicado a isso. Os capítulos 2, 3 e 4 discutem as principais fontes contemporâneas que não Platão. O ensaio que conclui a obra, no capítulo 15, abrange as fontes posteriores – isto é, a recepção de Sócrates na filosofia grega posterior.

O problema mais profundo enfrentado pelo organizador de um volume geral sobre Sócrates é a falta de uma temática unificada. *Sócrates é essencialmente um território contestado.* "Sócrates" pode, é claro, significar o Sócrates histórico. Mas alguns estudiosos pensam que este é melhor encontrado nos escritos de Xenofonte, outros em Platão, e outros apenas em certos diálogos de Platão. Os retratos de Sócrates encontrados em nossas várias fontes concordam parcialmente entre si: em todas as nossas fontes Sócrates é intelectualmente brilhante e (pelos padrões convencionais) fisicamente feio. Contudo, as fontes também têm claras discordâncias: o Sócrates em *As nuvens* de Aristófanes dedica-se à cosmologia e à física, ao passo que o Sócrates do *Fédon* de Platão abandonou tais estudos em sua juventude. Em outras áreas, a compatibilidade de nossas fontes não é clara. O Sócrates de Platão é conhecido por sua ironia mordaz. Será que o Sócrates de Xenofonte carece de ironia, ou meramente a exibe de maneira mais sutil e com menos frequência? É possível falar em uma "ética socrática" comum aos diálogos de Xenofonte e Platão, ou não? Estas são questões disputadas. Apesar de tais complicações, uma vez que os escritos socráticos de Platão são os mais extensos e filosoficamente brilhantes de nossas fontes, a maioria dos estudiosos que escrevem sobre Sócrates tem em mente o Sócrates de Platão, ou o Sócrates de um ou mais diálogos platônicos em particular.

Minha própria resposta a esse problema foi convidar um grupo de diversos colaboradores para definir o Sócrates que é o tema de seus capítulos individuais de maneira diferente. Por exemplo, Josiah Ober no capítulo 7 está preocupado com o "Sócrates construído pela tradição". Assim como Ober, Paul Woodruff no capítulo 5 e Mark L. McPherran no capítulo 6 baseiam-se em múltiplas fontes para seu Sócrates. Richard Bett no capítulo 10 e Melissa Lane no capítulo 11 concentram-se em Platão, com base no fato de que seus tópicos aparecem quase exclusivamente nos escritos de Platão. Hugh H. Benson no capítulo 8, Terry Penner no capítulo 12, e Christopher Bobonich no capítulo 13 restringem sua atenção a uma série de diálogos platônicos considerados como escritos do início da carreira da Platão. Christopher Rowe no capítulo 9 concentra-se em duas passagens famosas em Platão, uma da *Apologia*, que pode ser o mais antigo escrito de Platão, e uma de um diálogo bastante posterior, o *Fedro*. Charles L. Griswold no capítulo 14 entende por Sócrates o personagem Sócrates em todos os diálogos de Platão nos quais ele aparece.

Eu gostaria de agradecer aos seguintes colaboradores por gentilmente concederem a permissão para o uso de materiais que aparecem neste volume: no capítulo 9, excertos de *Plato and the art of philosophical writing* [*Platão e a arte da escrita filosófica*], por Christopher Rowe, direitos autorais © 2007 Christopher Rowe. Reimpresso com permissão da *Cambridge University Press* [Editora da Universidade de Cambridge]; no capítulo 11, material extraído de "The evolution of *eirōneia* in classical greek texts: why Socratic *eirōneia* is not Socratic irony" ["A evolução da *eirōneia* em textos gregos clássicos: por que a *eirōneia* socrática não é ironia socrática"], de Melissa Lane, *Oxford Studies on Ancient Philosophy* [*Estudos de Oxford sobre Filosofia Antiga*]; n. 31, 2006, p. 49-83, direitos autorais © 2006 *Oxford University Press* [Editora da Universidade de Oxford]; capítulo 15, material extraído seletivamente de *Stoic studies* [*Estudos estoicos*], por A. A. Long., direitos autorais © 1996 *Cambridge University Press*. Reimpresso com permissão.

Este volume esteve em preparação por muitos anos. A culpa pelo atraso é minha, e peço desculpas aos colaboradores. Como resultado desse atraso, as bibliografias dos ensaios de alguns colaboradores não estão totalmente atualizadas.

Agradeço a Beatrice Rehl, minha editora na *Cambridge University Press*, por sua paciência, boa vontade e conselhos peritos. Por seus trabalhos esmerados, alegre encorajamento e perito auxílio computacional na preparação do manuscrito para publicação, sou muito grato a Brandon Mulvey e Anthony Carreras, alunos de pós-graduação em Filosofia na Universidade Rice.

1 Ascensão e queda do problema socrático*

Louis-André Dorion

O problema socrático tem uma longa história, e hoje talvez se limite a ser parte da História, uma vez que sua natureza desesperadoramente insolúvel não lhe parece garantir muito futuro. Seria sem dúvida presunçoso afirmar que o problema socrático é uma questão fechada simplesmente porque ele não admite uma solução satisfatória, e certamente é útil identificar os principais obstáculos e ciladas que tornam improvável ou mesmo impossível a descoberta de uma solução.

Sócrates, como sabemos, não escreveu nada. Sua vida e suas ideias nos são conhecidas por meio de relatos diretos – escritos por contemporâneos (Aristófanes) ou discípulos (Platão e Xenofonte) – e indiretos, dos quais o mais importante é o escrito por Aristóteles, que nasceu quinze anos após a morte de Sócrates (399 a.C.). Dado que esses relatos divergem bastante entre si, surge a questão de ser possível reconstruir a vida e – o que é mais importante – as ideias do Sócrates histórico com base em um, vários ou todos esses relatos. O "problema socrático" diz respeito ao problema histórico e metodológico que os historiadores enfrentam quando tentam reconstruir as doutrinas filosóficas do Sócrates histórico. Qualquer posição futura acerca do problema socrático pretende ser uma posição informada e bem fundamentada, pressupõe um entendimento completo das origens e consequências das soluções propostas nos últimos dois séculos.[1]

---

* Traduzido originalmente do francês para o inglês por Melissa Bailar.
1 Rever todas as tentativas de solução seria algo tedioso e inútil. Limitar-me-ei àqueles estudos que penso serem os mais representativos ou os mais significativos. Para uma excelente visão geral da literatura sobre o problema socrático, *cf.* Patzer (1987, p. 1-40). Montuori (1992) reuniu uma antologia bastante útil dos principais textos sobre o problema socrático.

1.1 A gênese: Schleiermacher e a crítica a Xenofonte

De acordo com a opinião unânime de historiadores,[2] o texto que mais contribuiu para o desenvolvimento do problema socrático foi o estudo de Schleiermacher intitulado "O valor de Sócrates como filósofo" (1818).[3] Embora certas passagens dessa obra seminal de estudos socráticos sejam frequentemente citadas, o trabalho de Schleiermacher permanece em grande medida não avaliado. Essa falta de reconhecimento é contraprodutiva, pois os estudiosos que tentam resolver o problema socrático frequentemente ignoram que se baseiam em argumentos com raízes em Schleiermacher, os quais não fazem frente a uma análise crítica.[4]

Schleiermacher parte da observação de que há uma contradição entre, por um lado, a importância do novo começo atribuído a Sócrates na história da filosofia grega e, por outro lado, a banalidade das representações típicas de Sócrates. De acordo com estas últimas, Sócrates ocupava-se exclusivamente com questões morais, preocupava-se acima de tudo com a melhoria de seus discípulos, questionava seus interlocutores sobre o melhor tipo de vida disponível para a humanidade, e assim por diante. Se a contribuição de Sócrates à filosofia fosse limitada a questões desse tipo, não teríamos mais qualquer razão, de acordo com Schleiermacher, para ver nele o homem que foi a inspiração para uma espécie de segundo nascimento da filosofia grega. Schleiermacher rejeita assim, em sua totalidade, as principais características que constituíram a representação tradicional de Sócrates, o "filósofo", no início do século XIX. Dado que até então os estudiosos haviam recorrido principalmente a Xenofonte para determinar o conteúdo das ideias do Sócrates histórico,[5] dificilmente é de se surpreender que Schleiermacher tenha se

---

2 Magalhães-Vilhena (1952, p. 131, 138, 158, e 186); Montuori (1981a, p. 31; 1981b, p. 7, 9, 11; 1988, p. 27-28); Patzer (1987, p. 9-10).
3 Para a tradução em inglês desse texto, *cf.* Schleiermacher (1879). *Cf.* também Dorion (2001) para uma análise do mesmo.
4 Dessa maneira, Brickhouse e Smith (2000, p. 38, 42-43) desacreditam o relato de Xenofonte usando dois argumentos que, embora os autores pareçam ignorá-lo, podiam ser encontrados já em Schleiermacher.
5 Para um estudo sobre a importância dos relatos de Xenofonte antes do início do século

distanciado do relato de Xenofonte. De fato, ele criticou o autor dos *Memoráveis* acerca de dois pontos:

 a) Xenofonte não era um filósofo, mas antes um soldado e político, portanto não era a testemunha mais qualificada para fornecer um relato fiel das principais posições filosóficas de Sócrates (1818, p. 56 = 1879, p. 10). A crítica de Schleiermacher pressupõe que a filosofia seja essencialmente uma atividade especulativa. Assim, uma vez que os escritos socráticos de Xenofonte dificilmente são especulativos, Schleiermacher naturalmente conclui que Xenofonte não era um filósofo e que ele não fez justiça às profundas posições filosóficas de Sócrates. Este é de certo modo um ataque injusto a Xenofonte, cujo objetivo assumido, conforme ele proclamou no início dos *Memoráveis* (1.3.1 e 1.4.1), era mostrar como, e em que medida, Sócrates foi útil aos outros e contribuiu para a melhoria de seus companheiros, tanto por meio de seu exemplo quanto de suas palavras. Será que ser útil aos outros e melhorá-los não são objetivos dignos de uma filosofia entendida como *um modo de vida*? De qualquer modo, essa crítica recebeu uma grande aclamação, e os comentadores que buscaram desacreditar o relato de Xenofonte tem-na utilizado desde então.[6]

 b) Xenofonte foi tão zeloso na defesa de seu mestre contra acusações acerca de seus ensinamentos subversivos que Sócrates figura em seus escritos como um representante da ordem estabelecida e dos valores mais tradicionais. As posições que o Sócrates de Xenofonte defende são tão conservadoras e convencionais que é impossível entender como um filósofo tão superficial e monótono pôde atrair, cativar e manter o interesse de pensadores naturalmente especulativos, como Platão e Euclides, o fundador da Escola de Megara. Em suma, se Sócrates tivesse se assemelhado ao Sócrates dos escritos de Xenofonte, ele não teria sido rodeado de tais discípulos; em vez disso, ele os teria repelido.[7] No início do século XX, os detratores de Xenofonte

---

XIX, *cf*. Dorion [sic] (2000, p. 8-12).
6 *Cf*. Dorion [sic] (2000, p. 90-91), no qual forneço muitas referências.
7 Brickhouse e Smith (2000, p. 43) fizeram a mesma crítica nos mesmos termos.

seguiram a liderança de Schleiermacher e levaram sua crítica sobre a natureza apologética dos escritos socráticos de Xenofonte ainda mais adiante, dizendo, por exemplo, que Xenofonte defendeu Sócrates tão bem contra as acusações contra ele que é difícil entender como é possível que Sócrates tenha sido sentenciado à morte (*cf.* BURNET, 1914, p. 149; TAYLOR, 1932, p. 22).

Portanto, é claro para Schleiermacher que Sócrates deve ter sido *mais* do que aquilo que Xenofonte disse a respeito dele, porque se Sócrates equivalesse apenas a seu retrato nos *Memoráveis*, a imensa influência filosófica que lhe atribuímos seria incompreensível: "E Sócrates não apenas *pode*, ele *deve* ter sido mais, e deve ter havido mais nos bastidores de seus discursos, do que aquilo que Xenofonte representa" (1879, p. 11 = 1818, p. 57). Não obstante, esse julgamento severo é desmentido por textos e relatos que atestam que os *Memoráveis* exerceram uma influência considerável sobre os primeiros estoicos.[8] Mas onde Schleiermacher pretende encontrar essa outra dimensão de Sócrates, a qual está supostamente ausente do texto de Xenofonte? Schleiermacher pretende encontrar a dimensão mais filosófica – "filosófica" no sentido moderno e especulativo do termo – em Platão, é claro. Mas o que quer que seja encontrado em Platão não deve contradizer certos fatos dados no relato de Xenofonte que são amplamente reconhecidos como confiáveis. Schleiermacher enuncia, na forma de uma pergunta, seu método sugerido para reconstruir o conteúdo filosófico do pensamento do Sócrates histórico:

> O único método seguro [*Der einzinge sichere Weg*] parece ser perguntar: o que Sócrates pode ter sido, acima e além daquilo que Xenofonte descreveu, sem, contudo, contradizer os traços de caráter [*Charakterzügen*] e as máximas de vida [*Lebensmaximen*] que Xenofonte distintamente apresenta como provenientes de Sócrates; e como ele deve ter sido, para dar a Platão o direito e o incentivo de apresentá-lo como ele o fez em seus diálogos? (1879, p. 14 = 1818, p. 59).

---

8 D.L. 7.2; Sexto Empírico, *Adversus mathematicos* 9.92-101; Long (1988, p. 162-163); Dorion [sic] (2000, p. 33 n. 231).

Esse "método" levanta ainda mais problemas do que ele pode esperar resolver. No que diz respeito às "máximas de vida" ou "regras práticas" (*Lebensmaximen*), um único exemplo será suficiente para ilustrar as ciladas que obstruem a aplicação do assim chamado método de Schleiermacher. O livro IV, capítulo 5, dos *Memoráveis* é dedicado ao modo como Sócrates auxiliava seus companheiros a regularem seu comportamento. Ao ler esse capítulo, parece que o domínio de si (*enkrateia*) é o fundamento mais seguro para o comportamento e para a ação. Se o domínio de si é a condição *sine qua non* para toda atividade prática bem-sucedida, dificilmente é de se surpreender que Xenofonte afirme que a *enkrateia* é o fundamento da virtude (*Memoráveis* 1.5.4). Será que devemos considerar, então, que o papel principal atribuído à *enkrateia* tem o valor de uma "máxima de vida"? Se é assim, o relato de Xenofonte teria precedência sobre o de Platão no que diz respeito a esse aspecto essencial da ética socrática.

De fato, uma vez que o Sócrates de Platão não atribui nenhuma importância teórica à *enkrateia* – o termo *enkrateia* não é encontrado nos primeiros diálogos de Platão, e a ideia de que a temperança (*sôphrosunê*) é em qualquer sentido redutível à *enkrateia* também não é encontrada no *Cármides* –, e uma vez que ele atribui ao conhecimento o papel que Xenofonte atribui à *enkrateia*, sua posição parece irreconciliável com uma máxima de vida defendida pelo Sócrates de Xenofonte e deve, em concordância com o método de Schleiermacher, ser sacrificada. Como se pode ver, esse "método" leva a resultados que são às vezes contrários àqueles que Schleiermacher havia antecipado. A despeito das dificuldades levantadas por esse método, ele de fato exerceu uma influência programática, na medida em que definiu o programa de pesquisa seguido por diversas gerações de filósofos em sua tentativa de determinar o conteúdo filosófico do pensamento do Sócrates histórico. O método de Schleiermacher desfrutou de um sucesso considerável, como é demonstrado pelo número bastante grande de historiadores que aderem ou referem-se a ele.[9]

---

9 *Cf.* as numerosas referências fornecidas por Dorion [sic] (2000, p. 13, n. 2).

Após um tempo considerável, o ensaio de Schleiermacher eventualmente levou à completa rejeição do relato de Xenofonte. O movimento crítico iniciado por ele cresceu ao longo do século XIX e chegou ao auge em 1915, quando os escritos socráticos de Xenofonte haviam se tornado completamente desacreditados. Às duas críticas de Schleiermacher, os historiadores dos séculos XIX e XX acrescentaram mais oito.[10] Quase um século após o artigo seminal de Schleiermacher, e no espaço de apenas poucos anos, estudiosos na França (ROBIN, 1910); Inglaterra (TAYLOR, 1911; BURNET, 1911, 1914) e Alemanha (MAIER, 1913) publicaram, em rápida sucessão e de modo completamente independente uns dos outros, estudos que foram tão críticos em relação aos escritos socráticos de Xenofonte que deixou de ser claro qual o mérito que se poderia atribuir ao autor dos *Memoráveis*.

O consenso que emergiu durante esse período não foi acidental, nem uma coincidência. Ele de fato representa o resultado final do movimento iniciado por Schleiermacher um século antes. A partir dali, foi apenas um pequeno passo afirmar que Xenofonte é completamente inútil para nós, como fizeram Taylor e Burnet,[11] e que o Sócrates histórico correspondia completamente ao Sócrates de Platão. A posição de Burnet e Taylor parece então ser a culminação e a conclusão lógica do ataque de Schleiermacher contra os escritos socráticos de Xenofonte no início do século XIX. Mesmo que haja uma concordância geral de que a tese de Burnet e Taylor sejam demasiado extrema, e que o Sócrates de Platão não pode ser simplesmente igualado ao Sócrates histórico, os estudos do século XX de certo modo endossaram o trabalho deles, ostracizando o Sócrates de Xenofonte e considerando o Sócrates de Platão como o único digno de qualquer interesse.[12] Embora o desenvolvimento histórico do problema socrático tenha

---

10   Para uma apresentação detalhada dessas críticas, *cf.* Dorion [sic] (2000, p. 17-99).
11   Burnet (1914, p. 150): "É realmente impossível preservar o Sócrates de Xenofonte, mesmo que valesse a pena preservá-lo".
12   *Cf.*, entre outros, Vlastos (1971, p. 2): o Sócrates de Platão é "de fato o único Sócrates do qual vale a pena falar"; Santas (1979, p. 10): "Somente o Sócrates de Platão tem interesse considerável para o filósofo contemporâneo"; Kahn (1981, p. 319): "No que nos diz respeito, o Sócrates dos diálogos [*i. e.*, de Platão] é o Sócrates histórico. Ele é certamente o único que

sido pouco linear, a esmagadora maioria dos trabalhos acadêmicos datando do início do problema socrático até 1915 inverteu completamente, em benefício de Platão, a situação reinante de 1815 contra a qual Schleiermacher se rebelara. Se a desgraça sofrida pelos escritos socráticos de Xenofonte foi a consequência imediata do nascimento e desenvolvimento do problema socrático, por contraste, a recente renovação do interesse por esses escritos deve-se em grande medida ao declínio daquele problema.

1.2 O impasse e a queda: a natureza ficcional dos *logoi sokratikoi*

O descrédito quase unânime sofrido pelos escritos socráticos de Xenofonte, contudo, não produziu uma solução para o problema socrático. Os historiadores continuaram a debater o valor das três outras fontes, com a maioria deles dando prioridade a Platão, outros a Aristóteles,[13] e finalmente alguns poucos a Aristófanes.[14] Em suma, se todos, ou quase todos, concordavam em rejeitar os relatos de Xenofonte, ninguém concordava quanto à respectiva confiabilidade das outras três fontes. É provavelmente impossível reconstruir as ideias do Sócrates histórico a partir de *As nuvens* de Aristófanes, não apenas porque o próprio gênero da comédia se presta ao exagero e até ao excesso, mas também porque há uma boa razão para acreditar que o personagem Sócrates em *As nuvens* seja realmente uma figura composta cujos traços foram reunidos não apenas a partir do próprio Sócrates, mas também dos *physiologoi* e dos sofistas.[15] Em especial, o caso do relato de Platão realça a ausência de consenso; se considerarmos apenas aqueles comentadores que são inclinados a conceder prioridade aos diálogos de Platão, notamos que eles não se voltam para os mesmos diálogos para reconstruir as teorias do

---

conta para a história da filosofia".
13 Joël (1893, I, p. 203).
14 *Cf.* as numerosas referências indicadas por Montuori (1988, p. 42, n. 36). H. Gomperz (1924) chegou ao ponto de afirmar que o Sócrates histórico era encontrado não em *As nuvens*, mas em fragmentos de outras comédias!
15 Ross (1933, p. 10); Dover (1968, p. 36,40); Guthrie (1971, p. 52); Vlastos (1971, p. 1, n. 1), e os muitos autores mencionados por Montuori (1988, p. 41, n. 35).

Sócrates histórico. Alguns se apoiam mais na *Apologia*;[16] muitos baseiam seu trabalho na totalidade dos primeiros diálogos,[17] ou em apenas alguns deles; outros ainda recorrem aos diálogos apócrifos;[18] e finalmente alguns consideram que cada palavra que Platão pôs na boca de Sócrates, seja em um diálogo mais antigo, ou do período médio ou final, tem um lugar no registro do Sócrates histórico. É bastante surpreendente que não haja nenhum consenso a respeito do número e da identidade dos diálogos de Platão que permitiriam a reconstrução das ideias do Sócrates histórico.[19] Mas, de outro modo, esse desacordo entre os intérpretes é inevitável, por causa da heterogeneidade do caráter de Sócrates no *corpus platonicum*.[20]

A falta de consenso e a proliferação de tentativas de solução certamente fez com que os trabalhos acadêmicos perdessem força, mas isso não significava necessariamente que o problema socrático fosse um falso problema para o qual uma solução nunca poderia ser encontrada. A posição que viria finalmente a evocar um ceticismo duradouro em torno do problema socrático foi iniciada na Alemanha no último quarto do século XIX. Essa importante descoberta, atribuída principalmente a K. Joël (1895-1896), é a da natureza ficcional dos *logoi sokratikoi*.

O problema socrático tem todas as características de um falso problema, pois repousa sobre um engano. Isso, por sua vez, acarreta um inevitável erro de interpretação sobre a exata natureza dos "testemunhos" preservados sobre Sócrates. Para que o problema Socrático, conforme ele havia sido debatido desde o início do século XIX, tivesse sentido, as principais testemunhas diretas (Xenofonte e Platão) deveriam ter tido a intenção de reconstruir fielmente as ideias de Sócrates por meio de escritos que visavam transmitir

---

16 *Cf. infra* p. 17-18.
17 Maier (1913); Guthrie (1975, p. 67); Vlastos (1991, p. 45-50); Graham (1992); Brickhouse e Smith (2000, p. 44-49; 2003, p. 112-113).
18 *Cf.* Tarrant (1938).
19 Essa é a posição defendida por Taylor (1911, p. 19) e Burnet (1911; 1914).
20 Montuori (1981a, p. 225): "É importante sublinhar que Platão não nos fornece uma imagem única de Sócrates, coerente e completa, mas uma desconcertante pluralidade de imagens, todas as quais foram notadas pelos críticos, que por sua vez adotaram uma ou outra como a descrição mais fiel da pessoa histórica do filho de Sofronisco". *Cf.* também p. 226.

pelo menos o espírito e o conteúdo, se não as palavras exatas, dos diálogos de Sócrates. Se essa houvesse sido a intenção deles, estaríamos justificados em perguntar qual o relato que melhor corresponde ao pensamento do Sócrates histórico. No entanto, tudo parece indicar que nem Xenofonte nem Platão tiveram a intenção de relatar fielmente as ideias de Sócrates. Os escritos socráticos de Xenofonte e Platão pertencem a um gênero literário – o *logos sokratikos*, que Aristóteles[21] reconheceu explicitamente e que autoriza, por sua própria natureza, um certo grau de ficção e uma grande liberdade de invenção no que diz respeito ao contexto e ao conteúdo, mais notavelmente em relação às ideias expressadas pelos diferentes personagens. Ainda assim, uma vez que Aristóteles enxerga os *logoi sokratikoi* como uma forma de *mimêsis* (imitação), não estaríamos bem justificados em considerá-los documentos fiéis com o objetivo de reproduzir acuradamente a vida e o pensamento de Sócrates? Esse é precisamente o modo como Taylor (1911, p. 55) interpretou a explicação de Aristóteles sobre os *logoi sokratikoi*:

> Aristóteles [...] considera o "discurso socrático" um tipo de composição altamente realista. Não se pode, é claro, inferir que ele sustente que o verdadeiro Sócrates deva realmente ter feito todas as observações atribuídas a ele em tal discurso, mas ele não seria propriamente uma "imitação" de Sócrates a menos que fosse uma apresentação fiel em todos os seus pontos principais.

Há muita coisa em jogo na interpretação do testemunho de Aristóteles, pois se a *mimêsis* for entendida como uma imitação fiel da realidade, em princípio nada nos impede de considerar os *logoi sokratikoi* um material confiável e privilegiado com o objetivo de reconstruir a vida e o pensamento de Sócrates; por outro lado, se a *mimêsis*, conforme Aristóteles a entende, for uma criação que autoriza um certo grau de ficção e invenção, a tarefa de reconstruir o pensamento de Sócrates com base nos *logoi sokratikoi* parece destinada a falhar. De acordo com Joël, portanto, a explicação de Aristóteles estabelece que o *logos sokratikos*, classificado como uma forma de *mimêsis*, admite uma

---

21 Cf. *Poética* 1.1447a28-b13; *Retórica* 3.16.1417a18-21; fr. 72 Rose (= Ateneu 15.505c).

quantidade substancial de ficção e invenção, no que diz respeito tanto ao contexto quanto às ideias expressadas pelos personagens. O reconhecimento do caráter ficcional dos *logoi sokratikoi* não ganhou aceitação imediatamente, sem debate ou controvérsia.[22] Foi um imenso crédito para Joël ele ter trazido à luz essa dimensão essencial dos *logoi sokratikoi*; é também uma infelicidade que essa importante descoberta nem sempre seja creditada a ele.[23]

Uma vez que os *logoi sokratikoi* são obras literárias nas quais o autor pode dar livre curso à imaginação, contanto que permaneça dentro dos limites plausíveis de uma representação crível do *êthos* socrático, o grau de ficção e invenção inerentes aos *logoi sokratikoi* significa que eles não podem ser considerados como relatos escritos em vista de sua exatidão histórica. Isto não significa, é claro, que os *logoi sokratikoi* não contenham nenhum traço autêntico ou detalhe acurado, mas uma vez que a preocupação histórica dos *logoi sokratikoi* é apenas incidental, e uma vez que não temos à nossa disposição os critérios que nos permitiriam separar invenção de autenticidade, seria certamente mais prudente renunciar a qualquer esperança de encontrar o "verdadeiro" Sócrates nesses escritos. Além disso, se considerarmos o fato de que muitos dos discípulos de Sócrates escreveram *logoi sokratikoi*,[24] e que há boas razões para acreditar que os retratos de

---

22 Acerca do debate em torno da natureza e estatuto dos *logoi sokratikoi*, *cf.* Deman (1942, p. 25-33). Nos anos que se seguiram à publicação do estudo de Joël, numerosos comentadores concordaram com ele e reconheceram a natureza ficcional dos *logoi sokratikoi* (ROBIN, 1910, p. 26; MAIER, 1913, p. 21, n. 1; DUPRÉEL, 1922, p. 457-460; MAGALHÃES-VILHENA, 1952, p. 225, 326, 345, 351, 370 etc.).

23 Os trabalhos de Momigliano (1971, p. 46-57) são frequentemente citados para justificar a afirmação da natureza ficcional dos *logoi sokratikoi* (VLASTOS, 1991, p. 49, n. 14, 99, n. 72; KAHN, 1992, p. 237-238; 1996, p. 33-34; BEVERSLUIS, 1993, p. 300, n. 14; VANDER WAERDT, 1993, p. 7; 1994, p. 2, n. 6). De fato, buscar na obra de Momigliano um argumento preciso que tente demonstrar o caráter ficcional dos *logoi sokratikoi* é inútil (DORION [sic] 2000, p. 108-111). Além disso, Momigliano nunca se refere à explicação de Aristóteles sobre os *logoi sokratikoi*, embora seja precisamente essa a explicação que autoriza avaliar os *logoi sokratikoi* como criações literárias.

24 De acordo com Diógenes Laércio, Antístenes (6.15-18), Esquines (2.60-63), Fédon (2.105) e Euclides (2.108) compuseram diálogos socráticos. Diógenes Laércio (2.121-125) também atribui *logoi sokratikoi* a vários outros socráticos (Críton, Simão, Glauco, Símias, Cebes), mas essa evidência deve ser tratada com cautela. É geralmente aceito que Aristipo não compôs diálogos socráticos.

Sócrates diferiam bastante de um autor para outro, e às vezes mesmo dentro dos escritos de um mesmo autor,[25] é provável que Sócrates tenha rapidamente se tornado uma espécie de personagem literário (*dramatis persona*) dotado de existência própria e situado no centro das polêmicas e rivalidades que colocavam um Sócrates contra outro.[26] Cada autor de *logoi sokratikoi* criava dessa maneira "seu próprio" Sócrates, que contrastava com os Sócrates adversários delineados pelos outros socráticos. Cada qual reivindicava e brigava pela herança de seu mestre ausente, bem como pela fidelidade à sua memória e a seus ensinamentos.

Se os *logoi sokratikoi* não podem ser lidos ou interpretados como documentos históricos no sentido mais estrito, mas antes como obras literárias e filosóficas que incluem um grau substancial de invenção, mesmo no que diz respeito às ideias expressadas, então o problema socrático parece irremediavelmente privado dos "documentos" a partir dos quais os elementos de uma solução poderiam ser escavados e a chave para o enigma encontrada. Se nossas fontes principais já são interpretações, devemos reconhecer tudo que isso acarreta: primeiro, não podemos favorecer uma interpretação em detrimento de outra, uma vez que nada justifica tal viés no nível histórico; e segundo, tentar reconciliar todas elas seria em vão, pois tal concordância seria ou *impossível* ou *superficial*. Ela é frequentemente *impossível* por causa das muitas contradições insuperáveis entre os relatos de Platão e Xenofonte.[27] Não é o caso de que

---

25 Estou pensando principalmente em Platão, cuja representação de Sócrates evoluiu tão consideravelmente desde os primeiros até os diálogos do período médio que estamos realmente lidando com dois Sócrates, irredutíveis e opostos um ao outro, como Vlastos (1991, p. 45-80) claramente demonstrou.
26 Gigon (1947, p. 314): "A literatura socrática é principalmente uma autoapresentação dos Socráticos, de seu próprio pensamento filosófico e de suas habilidades literárias [*dichterisches*]".
27 *Cf.* a lista das dezessete maiores contradições no nível filosófico (DORION, 2006, p. 95-96). Essa lista não é exaustiva.

o Sócrates dos primeiros diálogos concorde com as versões de Sócrates em Xenofonte, Antístenes, Esquines, e também nos diálogos platônicos espúrios (*cf.* TARRANT, 1938), por exemplo, ao praticar o estilo de refutação conhecido como elenco, ao professar ignorância sobre as questões mais importantes, e por ter uma missão filosófica. (GRAHAM, 1992, p. 143, n. 9)

Essa afirmação revela uma significativa falta de compreensão dos textos socráticos de Xenofonte, pois o Sócrates de Xenofonte quase nunca pratica o elenco, nunca reconhece sua ignorância a respeito das questões mais importantes, e em contraste com o Sócrates de Platão, nunca identifica uma missão filosófica. E quando o acordo é possível entre Platão e Xenofonte, ele é mais frequentemente *superficial*. Não apenas tal acordo não necessariamente garante um fato objetivo; ele usualmente não é nada além de uma concordância superficial que pode mascarar discrepâncias mais fundamentais. Há, é claro, muitos temas socráticos comuns a Xenofonte e Platão, mas essa sobreposição não indica uma teoria comum que possa ser atribuída ao Sócrates histórico. Para "demonstrar" um acordo fundamental entre Platão e Xenofonte, Luccioni (1953, p. 48-56) foi ingênuo o bastante para acreditar que seria suficiente traçar uma lista de várias dúzias de temas comuns (o sinal divino, a virtude como ciência, a piedade, o autoconhecimento, a dialética, sua rejeição do estudo da natureza etc.). De fato, é fácil demonstrar que o tratamento dado por Xenofonte a qualquer um desses temas não pode ser assimilado ao dado por Platão.

As diferenças no tratamento desses temas comuns são tão importantes que o menor denominador comum equivale a muito pouco na maioria dos casos. Por exemplo, o autoconhecimento é um tema privilegiado nas reflexões tanto do Sócrates de Platão quanto do de Xenofonte, mas suas respectivas concepções de autoconhecimento são tão diferentes umas das outras que é impossível extrair quaisquer traços de uma teoria comum. Ademais, as concordâncias esporádicas entre Platão e Xenofonte não são tão significativas quanto alguns poderiam sugerir. Considere-se o caso do oráculo délfico: tanto Platão (*Apologia* 20e-23b) quanto Xenofonte (*Apologia* 14-16) certamente o atestam, mas isso não significa que ele tenha constituído um episódio real na vida de Sócrates. De fato, não há nada que permita dizer que este não seja um mito inventado primeiro por Platão e depois adotado e reinterpretado por Xenofonte. Seria um erro acreditar que um acordo entre dois textos que permitem o uso da ficção seja indicativo de um fato objetivo (*cf.* JOËL, 1895, p. 478). Além disso, a existência e a significância das muitas diferenças entre essas duas versões não são realmente aparentes sem um estudo exegético que busque compreendê-las à luz das respectivas e consistentes representações que Platão e Xenofonte criaram de Sócrates e dos elementos fundamentais de sua ética. A resposta do oráculo nos *Memoráveis* de Xenofonte aparece como uma espécie de versão condensada ou concentrada da ética defendida por Sócrates, o que justifica a afirmação de que "Xenofonte reformulou o relato de Platão sobre a resposta do oráculo, a serviço de sua própria compreensão da ética socrática" (VANDER WAERDT, 1994, p. 39).

Bastante curiosamente, K. Joël não explorou todas as consequências de sua valiosa descoberta. Se é fútil tentar resolver o problema socrático com base em textos que não visam reproduzir fielmente os ensinamentos do Sócrates histórico, como é que o próprio Joël não desistiu da esperança de encontrar uma solução para esse problema? Esse aparente paradoxo é explicado pelo fato de que Joël acreditava estar em posição de resolver o problema socrático voltando-se para um relato que não é ele próprio um *logos sokratikos*, neste caso o de Aristóteles (*cf.* 1893, I, p. 203). Contudo, se o relato de Aristóteles não é uma fonte independente e objetiva, uma vez que é essencialmente dependente dos escritos socráticos de Platão, como Taylor demonstraria depois,[28] então o relato do Estagirita sobre Sócrates não pode fornecer uma solução para o problema socrático. Ademais, mesmo que o relato de Aristóteles às vezes pareça independente dos escritos socráticos de Platão[29] e de outros *logoi sokratikoi*, seu escopo extremamente reduzido

---

28 *Cf.* Taylor (1911, p. 10, 40-90; 1932, p. 17, n. 1); Burnet (1911, p. 23-25).
29 A fonte das passagens na *Metafísica* (A 6.987b1-6; M 4.1078b17-32; M 9.1086a37-b5) que atribuem a paternidade da teoria das formas inteligíveis a Platão e não a Sócrates não poderia ser os diálogos de Platão. Essa é uma peça de informação importante, mas puramente negativa: Sócrates não desenvolveu a teoria das formas inteligíveis e separadas.

não nos permite nenhum progresso. O que Aristóteles tem a dizer sobre Sócrates é extremamente limitado, e de fato seu silêncio sobre uma multidão de assuntos significa que seu relato não pode fornecer a arbitragem infalível que Joël havia esperado. Por exemplo, no que diz respeito ao *daimonion* de Sócrates, à importância da *enkrateia*, à compreensão que Sócrates tinha da piedade, à sua concepção do elenco, à natureza de seu *envolvimento político*, à sua interpretação do enunciado "conhece-te a ti mesmo", e à sua atitude em relação à *lex talionis*, Aristóteles não é de nenhuma ajuda, pois não fornece nenhuma informação pertinente. Além disso, não podemos excluir a possibilidade de que o relato de Aristóteles sobre Sócrates tenha mais frequentemente um "motivo ulterior", no sentido de que o Estagirita interpretou Sócrates para se adequar às suas próprias prioridades, de modo que seria errôneo considerá-lo um relato independente e objetivo.[30]

Coloquemos tudo isso em perspectiva. Se temos fortes razões para sermos céticos quanto à possibilidade de resolver o problema socrático – isto é, de reconstruir a filosofia do Sócrates histórico, exatamente como ele a explicou e defendeu diante de diferentes audiências em Atenas durante a segunda metade do século V a.C. – há certos fatos sobre Sócrates dos quais não temos nenhuma boa razão para suspeitar. Primeiro, há informações acerca da biografia e da aparência de Sócrates. Sabemos, por exemplo, que Sócrates nasceu em Atenas em 470 a.C., que veio do *demos* de Alôpekê, e que ele foi sentenciado a beber cicuta após ser julgado culpado, em 399 a.C., de cada uma das três acusações que Meleto, Anito e Licon levantaram contra ele: corromper a juventude, introduzir novas divindades e não crer nos deuses da cidade. Por outro lado, os estudiosos ainda debatem sobre as exatas razões subjacentes e motivadoras das três acusações. No que diz respeito à aparência de Sócrates, Platão (*Teeteto* 143e) e Xenofonte (*Banquete* 2.19, 5.5-7) não pintam um retrato lisonjeiro: Sócrates tinha um nariz largo, olhos esbugalhados, lábios grossos e uma barriga grande – em suma, seu físico parece tão pouco atraente que seus discípulos

---

30 Essa é uma crítica comum a Aristóteles, mais notavelmente em Kahn, (1992, p. 235-239; 1996, p. 79-87).

não hesitam em compará-lo a um sileno.³¹ Em segundo lugar, as evidências textuais fornecem algum esclarecimento sobre os interesses filosóficos de Sócrates. Uma vez que os relatos de Xenofonte e Platão sobre Sócrates compartilham muitos temas comuns, é quase certo que eles sejam temas socráticos – isto é, posições filosóficas que o Sócrates histórico explicou e defendeu. Mas é importante lembrar que somos frequentemente forçados a afirmar que Sócrates defendeu uma posição ou outra sem sermos capazes de reconstruir com qualquer certeza os detalhes completos dessas posições, pois as razões e argumentos subjacentes a elas são frequentemente bastante diferentes caso nos voltemos para Platão ou para Xenofonte.

Assim como várias décadas se passaram antes que o movimento crítico iniciado pelo artigo de Schleiermacher fosse levado à sua conclusão, as últimas consequências da descoberta de Joël não foram alcançadas até a primeira metade do século XX. O primeiro a adotar uma posição resolutamente cética em relação ao problema socrático foi um estudioso belga, E. Dupréel (1922, p. 398, 412-413, 426). Mas foi inegavelmente O. Gigon quem mais contribuiu para estabelecer o fato de que dado que o problema socrático era baseado em assunções errôneas, ele era um falso problema cuja solução não poderia ser encontrada. Seu livro sobre Sócrates (1947) é um vibrante manifesto a favor do abandono do problema socrático, e um estimulante exemplo de outro tipo de pesquisa sobre Sócrates e sobre a tradição socrática. Se, por causa das convenções do gênero, a literatura socrática sempre envolve um elemento irredutível de ficção, invenção e criatividade (*Dichtung*), então ela deve ser estudada em si e por si mesma, enquanto tal. Em outras palavras, devemos prestar atenção às variações que podemos encontrar entre as diferentes versões de um determinado tema socrático, a fim de lançar luz sobre a significância e o escopo das variações na filosofia e nas representações de Sócrates.³² Esse é um rico campo de pesquisa que ainda não produziu tudo que promete.³³

---

31 Platão (*Banquete* 215a-b); Xenofonte (*Banquete* 4.19, 5.7).
32 *Cf.* 1947, p. 34, 68, e o capítulo intitulado "Die Sokratesdichtung" (p. 69-178).
33 Se o trabalho de Joël, Dupréel e Gigon tornou-se ultrapassado em certos aspectos, isto ocorreu acima de tudo devido às hipóteses gratuitas que eles construíram sob o referencial

Os trabalhos de Joël nos permitiram redescobrir nos *logoi sokratikoi* uma verdade que já havia sido bem conhecida dos próprios antigos. Uma das razões pelas quais os antigos nunca debateram o problema socrático é que eles reconheceram plenamente a natureza ficcional dos *logoi sokratikoi*. Isso é demonstrado pelas passagens de Aristóteles mencionadas anteriormente, assim como por diversas anedotas e relatos que expressam um profundo ceticismo acerca da historicidade dos assuntos e das teorias que Sócrates expressa nos diálogos nos quais ele figura como protagonista. A seguinte anedota relatada por Diógenes Laércio (3.35; tradução de Hicks) é bastante instrutiva: "Dizem que, ao ouvir Platão ler o *Lísis*, Sócrates exclamou, 'Por Héracles, quantas mentiras esse jovem está dizendo a meu respeito!' Pois ele havia incluído no diálogo muitas coisas que Sócrates nunca dissera". Essa anedota é enganosa na medida em que a composição do *Lísis* provavelmente ocorreu após a morte de Sócrates, mas, por outro lado, ela também contém um elemento de verdade, pois reconhece plenamente a natureza ficcional dos *logoi sokratikoi*. Ateneu (11.507c-d) também reconta uma divertida anedota com um sentido análogo. Sócrates relata um de seus sonhos: Platão, transformado em um corvo, estava pousado no topo de sua careca, onde saltitava olhando ao redor. Para Sócrates, esse sonho significava que Platão diria muitas mentiras a seu respeito.[34]

De modo semelhante, Cícero (*República* 1.10, 15-16) não se deixou enganar pelo cenário e pelos personagens dos diálogos de Platão: ele estava convencido de que Platão atribuíra a Sócrates teorias que eram na verdade de origem pitagórica.[35] Em adição a isso, a presença de muitos anacronismos nos *logoi sokratikoi* de Platão, de Xenofonte e de Esquines[36]

---

da "pesquisa de fontes" (*Quellenforschung*). Contudo, uma crítica legítima dos excessos da *Quellenforschung* não leva necessariamente a uma completa rejeição da intuição acurada e profunda de Joël de que um *logos sokratikos* deve ser interpretado como uma obra filosófica na qual o personagem chamado Sócrates é frequentemente um porta-voz das teses e argumentos do autor, que se encontram elas mesmas em oposição a outras teses e argumentos que um personagem chamado Sócrates formulou em outros *logoi sokratikoi*. A tese da ficcionalidade não conduz necessariamente às posições extremas da *Quellenforschung*.

34 *Cf.* também 11.505d-e.
35 *Cf.* também D.L. 2.45; e Proclo em *Alcibíades* 18.15-19.12 Creuzer.
36 Sobre os muitos casos de implausibilidade histórica nos cenários e personagens dos

também serve para demonstrar que os autores de diálogos socráticos tratavam a verdade histórica com leveza, e que sua licença poética era provavelmente reconhecida devido às convenções do gênero. Finalmente, seria um erro pensar que a natureza ficcional do Sócrates literário tenha sido um fenômeno posterior aos primeiros diálogos escritos pelos discípulos de Sócrates, porque a existência de pelo menos dois retratos de Sócrates nas obras de Platão confirma que a dimensão ficcional da literatura socrática se remete às próprias origens dessa literatura.

A posição daqueles que reconhecem a natureza ficcional dos *logoi sokratikoi*, mas que, não obstante, esperam resolver o problema socrático, é metodologicamente insustentável, e levanta mais problemas do que se pode resolver. Dois exemplos recentes e bastante diferentes servem como prova de que chegamos a um impasse com o problema socrático. Meu primeiro exemplo vem de G. Vlastos. Embora ele reconheça a natureza ficcional e criativa dos *logoi sokratikoi* (VLASTOS, 1991, p. 49-50), ainda assim ele acredita na historicidade do Sócrates representado nos primeiros diálogos de Platão (1991, p. 1, n. 2, p. 53, 81, 90-91 etc.). Essa posição parece à primeira vista ser sustentada por outra tese que Vlastos desenvolve em sua obra – a saber, a presença de dois Sócrates: o dos primeiros diálogos (Sócrates^P) e o do período médio (Sócrates^M) –, que defende posições diametralmente opostas acerca de dez assuntos específicos. De fato, se Platão, como admite Vlastos, acreditava ser autorizado a ter o Sócrates^M como porta-voz de teses que eram de fato platônicas, não é esta uma prova de que a natureza ficcional dos *logoi sokratikoi* se estende ao conteúdo das teorias atribuídas a Sócrates? E se Vlastos prontamente reconhece que as dez teses que o Sócrates^M desenvolveu não são socráticas, como ele pode ter certeza de que as posições que o Sócrates^P expressa pertenciam ao Sócrates histórico e não são posições que Platão se sentiu autorizado a atribuir a seu personagem Sócrates em virtude das licenças poéticas admitidas pelas convenções do gênero literário do *logos sokratikos*? O próprio Vlastos levanta essa possibilidade,[37] e seu

---

diálogos de Esquines, *cf.* Kahn (1996, p. 27-28).
37   *Cf.* Vlastos (1991, p. 81): "Pois não há nenhuma razão intrínseca pela qual esses filósofos, a despeito de suas diferenças polares, não poderiam ter sido criações originais do próprio

argumento contra ela consiste em afirmar que em diversos pontos importantes o retrato do Sócrates^P é confirmado e corroborado pelos relatos de Aristóteles e Xenofonte.

O modo como Vlastos trata Xenofonte é bastante singular: quando o relato dele concorda com o de Platão, Vlastos é rápido em mencioná-lo e em enxergá-lo como uma garantia da veracidade do relato platônico (1991, p. 99-106). Mas quando ele é irreconciliável com o relato de Platão, Vlastos se esforça para desacreditá-lo usando argumentos que de fato não são nada mais que antigos vieses tirados do arsenal de objeções que Schleiermacher e os críticos de Xenofonte dos séculos XIX e XX já haviam formulado.[38] Para lançar dúvida sobre o valor estritamente filosófico do relato de Xenofonte, Vlastos se esforça para realçar supostas contradições cuja própria presença no texto dos *Memoráveis* justificariam, afirma ele, uma atitude cautelosa em relação a Xenofonte. Para escolher um exemplo, Vlastos sugere que esse seria o caso com a explicação da impossibilidade da fraqueza da vontade, ou acrasia [*akrasia*] (1991, p. 99-101); contudo, é possível demonstrar que a explicação de Xenofonte é perfeitamente coerente, e que suas supostas contradições podem de fato ser atribuídas a erros na interpretação de Vlastos (*cf.* DORION, 2003).

Todas as evidências sugerem que Vlastos sobrestimou grosseiramente a concordância entre Xenofonte e Platão. Tenha-se em mente que as posições que Vlastos examina são as seguintes: 1) a filosofia do Sócrates^P é *exclusivamente* uma filosofia moral; 2) o Sócrates^P não desenvolveu uma teoria metafísica das formas inteligíveis e separadas; 3) o Sócrates^P busca o conhecimento por meio da refutação, e professa repetidas vezes não ter nenhum conhecimento; 4) o Sócrates^P não desenvolveu uma concepção tripartida

---

Platão em diferentes períodos de sua vida". *Cf.* também Graham (1992, p. 144).

38 Dentre as dez críticas regularmente dirigidas contra Xenofonte, Vlastos baseia-se em quatro – a saber, que Xenofonte não foi um discípulo real de Sócrates (1991, p. 103); que ele não foi uma testemunha ocular das conversas que relata (1991, p. 49, n. 14, 99 n. 72); que ele é excessivamente zeloso em sua apologia (1988, p. 92); que ele não possuía a aptidão filosófica necessária para relatar fielmente as ideias de Sócrates (1991, p. 99). Mostrei em outro lugar que a maioria dessas objeções não se sustenta diante de um exame cuidadoso (DORION, 2000, p. 22-30, 39-52, 65-70, 90-99, respectivamente).

da alma, que teria minado sua teoria acerca da impossibilidade da acrasia. De acordo com Vlastos (1991, p. 99-106), o relato de Xenofonte confirmaria as posições 1, 2 e 3, enquanto a confirmação da posição 4 por parte de Xenofonte seria apenas parcial, à luz da (suposta) natureza contraditória de seu relato. A concordância entre Xenofonte e Platão acerca de todos esses pontos garantiria, portanto, a historicidade das posições defendidas pelo Sócrates^P. Contudo, contrariamente ao que afirma Vlastos, Xenofonte confirma somente as posições 2 e 4. De fato, embora o Sócrates de Xenofonte (*Memoráveis* 1.1.16) esteja preocupado principalmente com questões relacionadas à ética (= 1), ele também se interessa pela religião (*Memoráveis* 1.4, 4.3, 4.6.2-4), pela educação (*Memoráveis* 4.1-3, 5-7; *Apologia* 20) e pela arte (*cf. Memoráveis* 3.10), que são, como o próprio Vlastos admite (1991, p. 48), três dos assuntos favoritos do Sócrates^M. No que diz repeito à posição 3, Vlastos vai além das evidências quando afirma (1991, p. 105), com base nos *Memoráveis* 4.4.9, que o Sócrates de Xenofonte reconhece sua ignorância e busca conhecimento por meio do elenco, uma afirmação que é infundada. O Sócrates de Xenofonte nunca reconhece sua própria ignorância no nível moral,[39] e o elenco, que ele utiliza em apenas um diálogo,[40] não oferece nenhuma assistência na busca por conhecimento, mas apenas na revelação da ignorância de seu interlocutor. Enfim, a concordância entre Xenofonte e Platão diz respeito apenas aos pontos 2 e 4, que são posições puramente negativas: elas se resumem a afirmar que Sócrates não desenvolveu a teoria metafísica das formas separadas, tampouco estabeleceu uma concepção tripartida da alma. Em suma, essa concordância não nos fornece absolutamente nenhum esclarecimento sobre o conteúdo das ideias do Sócrates histórico. Ademais, como enfatizei anteriormente, tais pontos de concordância frequentemente ocultam divergências doutrinárias; por exemplo, o Sócrates de Xenofonte e o Sócrates de Platão afirmam

---

39   Sócrates reconhece sua ignorância no que diz respeito à economia e à agricultura (*cf. Econômico* 2.11-13), e naqueles campos em que ele reconhece sua ignorância ele encoraja seus interlocutores a buscarem a instrução de um mestre competente (*cf. Memoráveis* 1.6.14; 4.7.1). Mas Sócrates certamente nunca vê a si mesmo como ignorante no que diz respeito a questões ligadas à ética.

40   *Cf. Memorabilia* 4.2 e Dorion (2000, p. 169-182).

a impossibilidade da fraqueza da vontade[41] por razões diferentes, e embora nenhum dos dois desenvolva uma concepção tripartida da alma, o Sócrates^P e o Sócrates de Xenofonte não atribuem de modo algum a mesma importância à alma, uma vez que o primeiro a iguala ao "eu" ou à essência do que é o homem, ao passo que o último nunca sugere tal igualdade e insiste tanto no cuidado do corpo quanto no cuidado da alma.

No que diz respeito a Aristóteles, a vasta maioria das posições que ele atribui a Sócrates podem ser remetidas aos diálogos de Platão, portanto é difícil aceitar que o relato de Aristóteles sobre Sócrates constitua uma fonte independente. Ao sugerir que o relato de Aristóteles é uma garantia de precisão histórica por confirmar o relato de Platão, Vlastos é vítima de um argumento circular.[42] Se de fato o relato de Aristóteles não tem nenhum valor independente, e o de Xenofonte não fornece a confirmação desejada, Vlastos é privado do único argumento que lhe teria permitido escapar da hipótese que ele próprio mencionou – a de que o Sócrates^P seja tanto um fruto da imaginação filosófica de Platão quanto o Sócrates^M.

Meu segundo exemplo é tirado de C. Kahn. Uma vez que ele reconhece plenamente a natureza ficcional da literatura socrática no que diz respeito ao cenário, aos personagens e ao conteúdo,[43] dificilmente é de surpreender que adote uma posição resolutamente cética:

> Nossas evidências são tais que [...] a filosofia do próprio Sócrates, enquanto distinta de seu impacto sobre seus seguidores, não se encontra ao alcance da investigação histórica. Neste sentido, o

---

41 *Cf.* Dorion (2003, p. 662-664).
42 De acordo com Vlastos (1991, p. 97, n. 69), mais de um terço dos 42 relatos que Deman (1942) seleciona de Aristóteles não derivam dos diálogos de Platão. Contudo, o único exemplo que Vlastos fornece – que Aristóteles não poderia ter aprendido que Platão havia sido aluno de Crátilo a partir dos diálogos – não é muito conclusivo, pois não tem nada a ver com Sócrates. O modo como Vlastos utiliza o relato de Aristóteles foi severamente criticado por aqueles que, seguindo a liderança de Taylor (1911, p. 40-90), consideram o Estagirita como inteiramente dependente de Platão, portanto não como uma fonte independente (KAHN, 1992, p. 235-240; 1996, p. 79-87; BEVERSLUIS, 1993, p. 298-301; VANDER WAERDT, 1994, p. 3, n. 7).
43 *Cf.*, entre outros, 1996, p. 88: "Platão deliberadamente concedeu a si mesmo uma liberdade quase completa para imaginar tanto a forma quanto o conteúdo de suas conversas socráticas".

problema de Sócrates deve permanecer sem uma solução. (1992, p. 240)

[É] um erro fundamental de compreensão da natureza dos escritos socráticos enxergá-los como voltados para uma representação fiel do Sócrates histórico. [...] a literatura socrática, incluindo os diálogos de Platão, representa um gênero de ficção imaginativa, de modo que [...] esses escritos não podem ser usados seguramente como documentos históricos. (1996, p. 74-75)

Alguém poderia, portanto, pensar que a questão estivesse encerrada: o problema socrático é insolúvel por definição. Contudo, Kahn quase imediatamente retrocede dessa conclusão e afirma que a *Apologia* platônica é um caso separado, uma vez que é o texto que tem a melhor chance de corresponder a um "documento quase histórico" (1996, p. 88) e a um "relato histórico" (1992, p. 257; *cf.* também p. 240, n. 9) da filosofia de Sócrates. Essa posição não é exclusiva de Kahn, numerosos comentadores[44] não consideram de fato a *Apologia* um *logos sokratikos*, pois nela Platão relata um discurso que tem o estatuto de um evento histórico testemunhado por centenas de pessoas. Isso teria impedido Platão de se afastar demais da precisão histórica e o teria forçado a recontar – se não as palavras exatas – pelo menos o espírito da defesa de Sócrates diante do tribunal. Se de fato a *Apologia* não fosse uma obra de ficção como os *logoi sokratikoi* de Platão, seria possível, pelo menos em teoria, reconstruir a filosofia de Sócrates com base na *Apologia*.[45] No entanto, tal posição é sujeita às seguintes objeções:

1) Não temos nenhuma razão para isentar a *Apologia* do estatuto de um *logos sokratikos*[46] e para acreditar que ela não contenha um certo grau,

---

44 *Cf.* Taylor (1932, p. 28); Ross (1933, p. 15, 22-23); Guthrie (1971, p. 158, n. 1); e as referências que Montuori indica em 1981a, p. 42-43.

45 Com base na *Apologia*, que ele apresenta como "nossa medida para o Sócrates histórico" (1996, p. 95), Kahn (p. 88-95) propõe uma "visão mínima" do Sócrates histórico. Para tentativas mais recentes de reconstruir as ideias do Sócrates histórico com base na *Apologia*, *cf.* Döring (1987, 1992, p. 2-4).

46 *Cf.* Joël (1895, p. 480) e Morrison (2000b, p. 239), cujo trabalho é uma refutação metódica daqueles – notavelmente Kahn e Döring (*cf.* n. 46) – que consideram a *Apologia* platônica

e talvez um grau considerável, de ficção.⁴⁷ A existência de diversas *Apologias* por diferentes autores ulteriormente confirma que o tema do julgamento e defesa de Sócrates não era menos um assunto de rivalidade entre os socráticos do que outros temas que eles debatiam entre si por meio dos diálogos (DORION, 2005). Se a *Apologia* platônica fosse um relato fiel do julgamento de Sócrates, seria então necessário considerar outras versões rivais a respeito do julgamento de Sócrates, incluindo a *Apologia* de Xenofonte, como infiéis, o que nos leva de volta ao argumento do auge do problema socrático, de que o relato de Platão é superior ao de Xenofonte. Será que podemos, com toda seriedade, afirmar que a *Apologia* platônica é um relato fiel e que as outras *Apologias* são ficções?

2) A *Apologia* de Platão é um relato não apenas do julgamento de Sócrates, mas também dos próprios fundamentos de sua filosofia; isso implica que a suposta fidelidade do relato deva abranger tudo, desde as teorias que Sócrates desenvolveu até a real progressão do julgamento. Mas dado que as posições filosóficas desenvolvidas na *Apologia* estão presentes também em outros diálogos, segue-se que devemos também considerar as teses filosóficas dos outros diálogos que concordam com as da *Apologia* como historicamente acuradas. Contudo, já estabelecemos que é impossível reconstruir o pensamento do Sócrates histórico com base nos *logoi sokratikoi*, uma vez que a própria natureza de seu gênero autoriza uma considerável liberdade de invenção. Se seguirmos essa linha de pensamento até o fim, a posição de Kahn conduz então à aceitação da possibilidade daquilo que ela nega no início. E segue-se que, uma vez que a filosofia de Sócrates, na medida em que podemos reconstruí-la com base na *Apologia* e nos primeiros diálogos, difere em diversos pontos da filosofia estabelecida nos escritos socráticos de

---

um "documento" viável para reconstruir a filosofia do Sócrates histórico.
47 Assim, não se pode excluir a possibilidade de que a narrativa do oráculo délfico, que desempenha um papel fundamental na *Apologia*, tenha sido inventada por Platão para servir como mito fundador da missão filosófica de Sócrates (MONTUORI, 1981a, p. 57, n. 6 e 8, 140-143; 1988, p. 52 n. 81).

Xenofonte, os *logoi sokratikoi* de Platão devem, portanto, ter precedência sobre os de Xenofonte, sem qualquer possibilidade de justificar tal preferência.[48] E assim ficamos novamente atolados na areia movediça do problema socrático.

1.3 O futuro dos estudos socráticos

O reconhecimento da natureza insolúvel do problema socrático não representa uma perda para os estudos interpretativos, tampouco um empobrecimento da exegese; ao contrário, ele é uma oportunidade, uma ocasião excepcional para enriquecer nossa compreensão do socratismo. Na verdade, foi o problema socrático que causou um empobrecimento da exegese, pois a consequência direta de limitar o escopo dos estudos socráticos apenas ao problema socrático foi a rejeição de seções inteiras de relatos relacionados a Sócrates – em particular as obras de Xenofonte – sob o pretexto de que eles não se adequavam ao que se acreditava serem as ideias do Sócrates histórico.[49] Tomemos o recente exemplo do oráculo délfico. As escolhas exegéticas são as seguintes: ou preferimos a versão de Platão à de Xenofonte por razões que têm mais a ver com vieses do que com a possibilidade de arbitragem em favor de um, em detrimento do outro (VLASTOS, 1991, p. 288-289); ou, em vez de manter uma e desqualificar a outra, conservamos ambas as versões e nos esforçamos para notar suas diferenças, e o mais importante, para interpretá-las sob o referencial das convicções filosóficas específicas de cada um dos autores (VANDER WAERDT, 1993). Parece bastante provável, uma vez que ela reaviva a pertinência de posições até então descartadas pelo problema socrático, que esse tipo de exegese comparativa enriquecerá consideravelmente

---

48 Kahn desqualifica o relato de Xenofonte sob o pretexto de que ele se apoia nos diálogos de Platão (*cf.* 1996, p. 75-79). No entanto, Kahn exagera enormemente a dependência de Xenofonte em relação a Platão (*cf.* MORRISON, 2000b, p. 262 n. 42; DORION, 2000, p. 58, n. 2).
49 Vander Waerdt (1994, p. 4): "Um empobrecedor, embora não surpreendente, efeito da recente preocupação acadêmica com o Sócrates platônico foi a exclusão do estudo sério de retratos rivais de Sócrates".

nossa compreensão não apenas da recepção do socratismo, mas também dos autores que se expressam por intermédio de Sócrates.

Se devemos abandonar o projeto de reconstruir fielmente as ideias do Sócrates histórico, tão desesperadamente fora de alcance, os intérpretes de Sócrates e do socratismo certamente terão seu trabalho delimitado,[50] uma vez que uma tripla tarefa os aguarda:

1) Analisar de modo independente cada *logos sokratikos* restante, a fim de reconstruir aquelas doutrinas de Sócrates que podem ser extraídas a partir da narrativa. No que diz respeito aos escritos socráticos de Platão, essa pesquisa, que passou por uma revitalização considerável após o trabalho de Vlastos, já avançou bastante. Por outro lado, os escritos socráticos de Xenofonte e os fragmentos de outros socráticos são um território virtualmente intocado.

2) Desenvolver estudos comparativos dos diferentes retratos de Sócrates deixados para nós por suas principais testemunhas diretas e indiretas. Ao comparar e contrastar esses diferentes retratos, seremos mais capazes de apreender como, e eventualmente por quê, um único tema deu origem a múltiplas interpretações mais ou menos compatíveis com cada uma das outras. Sem chegar aos extremos da *Quellenforschung*,[51] devemos levar a análise dos temas comuns nos *logoi sokratikoi* tão longe quanto nossas fontes permitirem, pois essa é precisamente a intertextualidade que nos permite apreender um eco dos debates que causaram tanto frenesi nos círculos socráticos.

---

50 Em um artigo recente que tenta defender os "estudos socráticos", Brickhouse e Smith entendem essa expressão de tal modo que ela designa apenas aqueles trabalhos que se esforçam por reconstruir as ideias do Sócrates histórico com base nos primeiros diálogos de Platão. Se esse é o único objeto dos *estudos socráticos*, dificilmente é de surpreender que Brickhouse e Smith repreendam aqueles que desafiam a noção de que as ideias do Sócrates histórico possam ser reconstruídas, pois isso privaria os estudos socráticos, conforme eles entendem o termo, de seu único objeto e *raison d'être*. Como o leitor logo verá, entendo por *estudos socráticos* um programa de estudo muito mais amplo e diversificado.

51 NT: O termo alemão *Quellenforschung*, literalmente "pesquisa de fontes" ou "investigação de fontes", refere-se a uma abordagem historiográfica que visa estabelecer as fontes utilizadas por um determinado autor antigo, na ausência de atribuições diretas por parte daquele autor.

Esse programa exegético tem sido muito eloquentemente defendido por comentadores que compartilham de nosso ceticismo a respeito da possibilidade de resolver o problema socrático com base nos *logoi sokratikoi*:

> Sugiro que esse estudo comparativo da literatura socrática pode ser um substituto útil para aquela antiga, mas em última instância infrutífera, tentativa de definir a relação entre o Sócrates platônico e o histórico. O Sócrates histórico certamente existiu, mas em grande medida a figura do século V escapa à nossa apreensão. O que temos, em vez disso, é o Sócrates literário do século IV, em uma diversidade de retratos. (KAHN, 1990, p. 287)

> Platão e Xenofonte não foram os únicos autores de diálogos socráticos. Muitos dos seguidores de Sócrates contribuíram para esse gênero. As convenções do gênero parecem ter permitido aos autores considerável liberdade para remodelar Sócrates, idealizá-lo, e colocar suas próprias visões na boca dele. Portanto, a visão cautelosa e razoável é que a certeza sobre o Sócrates histórico está perdida para nós – e, de certo modo, não é muito importante. O fato mais importante a respeito de Sócrates foi sua influência: a extraordinária fertilidade de suas ideias e o exemplo moral que ele estabeleceu para seus seguidores. (MORRISON, 2000a, p. 780)

Alguns poderiam acusar a exegese comparativa de ser uma espécie de passatempo literário que abandona qualquer aspiração a uma compreensão histórica dos textos e do caráter de Sócrates. Podemos responder a essa objeção observando que a exegese comparativa é antes, no nível histórico, a abordagem mais apropriada, dada a natureza dos *logoi sokratikoi*. Se os vários socráticos compuseram os *logoi sokratikoi* não apenas a partir de uma perspectiva apologética, mas também a fim de promover suas próprias representações de Sócrates em oposição às representações propostas por outros socráticos, somente a exegese comparativa, livre do problema socrático, está realmente à altura da tarefa de apreender e interpretar as diferenças entre os *logoi sokratikoi*, as quais são, de certo modo, a própria razão de sua existência e diversidade. Se a filosofia do Sócrates histórico está fora de nosso alcance, os *logoi sokratikoi* nos oferecem apenas uma "difração" do caráter e das ideias de Sócrates, ou, em outras palavras, as diferentes e frequentemente conflitantes interpretações que seus discípulos deram de sua vida e de suas ideias. Somente a exegese comparativa parece estar em posição de identificar os temas socráticos que foram o assunto de tal diferenciação e, acima de tudo, de fornecer uma explicação abrangente de cada interpretação divergente de cada tema encontrado na literatura socrática.[52]

> 3) Quanto à posteridade de Sócrates na filosofia antiga, devemos nos dedicar aos já numerosos estudos que tentam mostrar como, por um lado, a maioria dos filósofos posteriores (estoicos, acadêmicos, neoplatônicos) se apropriaram da figura de Sócrates, e por que razões, por outro lado, outros (notavelmente os peripatéticos e os epicuristas) se opuseram a ele.

O ceticismo de Gigon estimulou frequentemente uma profunda hostilidade, sem dúvida porque se temia que tal posição conduzisse inevitavelmente ao desaparecimento de Sócrates.[53] Esse temor é infundado, pois o tipo de exegese que Gigon recomendou de fato permite uma melhor avaliação da amplitude histórica do caráter de Sócrates e de seus numerosos retratos. Paradoxalmente, é o problema socrático que conduz a uma dupla negação da história: ao procurar por um Sócrates elusivo, desesperançosamente fora de alcance, ele encontra apenas um Sócrates pseudo-histórico, ao mesmo tempo que ostraciza relatos sabidamente inconciliáveis com esse simulacro do Sócrates histórico; ao fazer isso, o problema socrático obstrui um entendimento histórico legítimo da eficiência de diferentes representações de

---

52 Vander Waerdt (1993, p. 4-5) também defende esse projeto exegético.
53 *Cf.* Montuori (1981a, p. 45; 1988, p. 1, 33; 1992, p. 241); Graham (1992, p. 143, n. 11).

Sócrates na história da filosofia. Os historiadores de Sócrates e do socratismo têm, portanto, seu trabalho delimitado, e é por isso que se importar com o inútil e incômodo problema socrático não é mais do interesse deles.

2 Os alunos de Sócrates*

KLAUS DÖRING

2.1 Introdução

Ao final do capítulo sobre Sócrates em seu *Vidas de filósofos eminentes*, Diógenes Laércio afirma que, dentre todos os amigos e alunos de Sócrates, sete têm de ser considerados os mais importantes. São os quatro atenienses – Antístenes, Esquines, Platão e Xenofonte – bem como Euclides de Megara (que não deve ser confundido com o bem conhecido matemático de mesmo nome, que viveu em Alexandria aproximadamente cem anos depois), Aristipo de Cirene e Fédon de Elis. Todos os sete escreveram livros, mas somente os de Platão e Xenofonte ainda existem. Assim, quando falamos sobre os socráticos, temos em mente sobretudo Platão e Xenofonte. Os outros cinco foram alunos de Sócrates, tanto quanto Platão e Xenofonte o foram. Portanto, seus escritos, se tivessem sido preservados, estariam em um mesmo patamar que os de Platão e Xenofonte, e mereceriam a mesma atenção como representações da influência de seu professor comum, Sócrates. Uma vez que esses escritos foram perdidos, seu lugar terá de ser ocupado por aquilo que pode ser aprendido dos textos de vários outros autores que se referiram a seus escritos e doutrinas. O quanto isso amplia o espectro da influência de Sócrates é claro, a partir das visões bastante diferentes que Antístenes, Aristipo e Platão sustentam sobre a questão do prazer (*hêdonê*).[1]

Para a apresentação de suas visões filosóficas, os socráticos criaram seu próprio gênero literário – a saber, o diálogo socrático (*Sôkratikos logos*). Os diálogos são textos nos quais Sócrates discute uma ampla variedade de problemas filosóficos com um ou mais parceiros de conversas. Dentre os socráticos mencionados anteriormente, Esquines, Antístenes, Euclides, Fédon,

---

* Originalmente traduzido do alemão para o inglês por Stan Husi.
1 Documento em detalhes o que podemos aprender sobre as vidas, os escritos e as filosofias dos sete socráticos, além de Platão, em Döring (1998).

Platão e Xenofonte escreveram diálogos socráticos. Somente Aristipo parece não o ter feito. Não sabemos quem foi o primeiro a escrever um diálogo socrático.[1] Não há nenhuma evidência para corroborar a difundida suposição de que foi Platão. Também é controverso se os primeiros diálogos socráticos já haviam sido escritos enquanto Sócrates ainda era vivo, ou se esse tipo de diálogo foi originalmente criado apenas após a ocorrência de sua morte violenta em 399 a.C. Alguns pensam que Platão escreveu seus diálogos *Íon* e *Hípias menor* antes de 399.[2] Como já foi mencionado, somente os diálogos de Platão e Xenofonte foram preservados; quase nada é conhecido a respeito dos outros, exceto seus títulos. Há apenas alguns poucos diálogos dos quais podemos, no máximo, reconstruir aproximadamente o enredo.

A teoria literária antiga distingue três tipos dentre os diálogos de Platão (*cf.* D. L. III.50): 1) o diálogo "dramático", no qual apenas a conversa é reproduzida (um exemplo é o *Eutífron* de Platão); 2) o diálogo "narrativo" (diegmático), que relata uma conversa (exemplos: a *República* de Platão e os diálogos de Esquines); 3) uma forma mista, na qual o diálogo começa com uma conversa exibida diretamente e continua com um relato de uma conversa da qual Sócrates tomou parte (um exemplo é o *Fédon* de Platão). Um tipo especial de diálogo narrativo que não é especialmente distinguido pelos teóricos literários antigos é aquele no qual o autor pretende relatar uma conversa que ele próprio ouviu. Conhecemos esse tipo de diálogo somente a partir de Xenofonte, que talvez tenha sido também seu criador. O que todas as formas de diálogo socrático compartilham é que o cenário, a situação, o tópico e o decurso da conversa são puramente fictícios. Mesmo em casos nos quais o diálogo faz referências a eventos históricos concretos, ou nos quais o autor afirma ter estado presente à própria conversa, isso é apenas parte da ficção literária. Assim, esses detalhes não devem ser interpretados como se indicassem que a conversa de fato ocorreu daquela

---

1 Uma citação do *Sobre os poetas* de Aristóteles (Arist. fr. 72 Rose, fr. 15 Gigon) que sobreviveu em Atenaios (XI.505bc) permanece enigmática. É afirmado ali que um homem chamado Alexamenos de Teos escreveu diálogos, ou mesmo diálogos socráticos, antes dos socráticos. Dado que o texto transmitido parece corrompido, não sabemos o que Aristóteles disse exatamente.
2 *Cf.* recentemente Heitsch (2002a e 2002b, p. 181-189). *Cf.* também Rossetti (1991).

maneira ou de uma maneira semelhante. A intenção dos socráticos ao escrever esses diálogos não era documentar uma conversa que Sócrates realmente conduzira de alguma maneira ou em algum momento.³ Seu principal objetivo, em vez disso, era discutir questões filosóficas da mesma maneira que Sócrates as discutia. Em gerações subsequentes, contudo, o diálogo socrático tornou-se dissociado desse aspecto, e transformou-se num gênero literário que era usado até mesmo por aqueles que nunca haviam encontrado Sócrates pessoalmente, ou sido capazes de encontrá-lo. As pessoas ainda escreviam diálogos socráticos mesmo depois de Sócrates estar morto por mais de cem anos.⁴

Os únicos diálogos socráticos que foram inteiramente preservados, além daqueles de Platão e Xenofonte, são os assim chamados pseudoplatônicos. Diálogos que foram transmitidos junto aos de Platão, e não foram escritos por Platão, mas por autores desconhecidos. Assim como os diálogos de Xenofonte, quase todos esses diálogos têm uma estrutura comparativamente simples e um escopo limitado. Com base nos relatos preservados, podemos supor que o mesmo é válido para os diálogos perdidos de Esquines e Fédon. Isso também é provavelmente válido para os diálogos dos dois socráticos mais velhos, Antístenes e Euclides, embora devamos ter em mente que não temos evidências que permitiriam tirar conclusões sobre a estrutura ou o escopo de seus diálogos. De qualquer modo, há fortes razões para pensar que nenhum outro socrático levou o potencial contido no diálogo socrático a tal nível de realização e a tão pleno desenvolvimento quanto Platão, no que diz respeito tanto à forma literária quanto à amplitude e profundidade filosóficas. Assim, não é de surpreender que, até onde sabemos, o diálogo socrático tenha alcançado pela primeira vez seus limites, depois ultrapassados, somente com Platão. Em muitos dos diálogos posteriores aos de Platão, Sócrates opera apenas nos bastidores. Nas *Leis*,

---

3   Isso já é evidente a partir do fato de que as conversas de Sócrates em Platão e Xenofonte não apenas divergem bastante, mas são em grande medida incompatíveis. Sócrates faz afirmações nos diálogos posteriores de Platão sobre as quais o Sócrates histórico não poderia nem mesmo ter pensado. Para mais acerca do caráter ficcional dos diálogos socráticos, ver o capítulo 1 de Dorion neste volume.

4   Alguns dos diálogos espúrios contidos no *corpus* platônico certamente são de épocas posteriores.

a última obra de Platão, Sócrates não aparece de todo. Não há nenhum indício de que algum desenvolvimento comparável tenha ocorrido na obra de qualquer outro socrático.

Além de Esquines, Antístenes, Euclides, Fédon, Platão e Xenofonte, supõe-se que diversos outros socráticos escreveram diálogos socráticos. Diógenes Laércio (2,121-125) menciona os títulos de numerosas obras escritas por socráticos que são conhecidos a partir dos diálogos de Platão (Críton, Glauco, Símias e Cebes), bem como pelo sapateiro Simão.[5] É duvidoso, no entanto, que essas obras realmente existiram. Uma obra sobrevivente intitulada *Pinax* (*Pintura*), supostamente escrita por Cebes, certamente originou-se em uma época bem posterior. O mesmo pode ser verdade acerca dos diálogos escritos por autores socráticos como Críton, Simão e Cebes, mencionados em um catálogo de livros datado do início do século III d.C., partes do qual se encontram preservadas em um papiro encontrado em Mênfis.[6] Por meio da recuperação de textos em papiro, outros restos de diálogos não identificados foram revelados, alguns dos quais provavelmente (em um caso, até mesmo certamente) pertencem à categoria dos diálogos socráticos. A descoberta mais importante contém um fragmento de um diálogo no qual Sócrates justifica a outra pessoa sua recusa a se defender no tribunal, ou pelo menos se defender de alguma maneira que pudesse resultar em uma absolvição. Ali ele argumenta que se alguém considera o prazer e a dor como aquilo que deve ser buscado ou evitado acima de tudo na vida, esta não deve ser preferida à morte. Infelizmente, não sabemos o papel desempenhado por esse argumento naquele diálogo.[7]

Além de escreverem diálogos socráticos, os socráticos também escreveram outros tipos de diálogos. Parece que pelo menos um dos escritos de Antístenes sobre *Hércules* foi um diálogo ocorrido em um cenário mítico.[8] Talvez o mesmo seja válido para *Fênix* de Euclides.[9] O diálogo *Hiero* de

---

5   A respeito de Simão, *cf.* próxima seção.
6   CPF I 1, 85-93.
7   PKoeln 205 = SSR I C 550; *cf.* Barnes (1991/92), Spinelli (1992).
8   Para questões relacionadas aos textos de Antístenes sobre *Hércules*, *cf.* Giannantoni, SSR IV 309-322.
9   Isto assume que a figura titular do diálogo (sobre o qual nada sabemos a não ser o título)

Xenofonte contém uma conversa entre Hiero I, tirano de Siracusa entre 478 e 467/6 a.C., e o poeta Simônides. A questão discutida é se (e sob quais condições) um tirano pode ser feliz.[10] Além de escrever diálogos, Antístenes também compôs escritos que tinham a forma de tratados filosóficos. Se os escritos de Aristipo incluíram diálogos de algum tipo, isso está além de nosso conhecimento. De qualquer modo, parece certo que Aristipo foi o único dentre os sete socráticos que não compôs um diálogo socrático.

Examinando as evidências sobreviventes a respeito de cinco socráticos, Esquines, Antístenes, Aristipo, Euclides e Fédon, pode-se tirar a conclusão de que, embora algumas coisas possam ser verificadas sobre os escritos de Esquines e Fédon, muito pouco é conhecido sobre suas visões filosóficas, talvez porque eles não tenham propagado ensinamentos específicos deles próprios. A respeito dos três outros socráticos dá-se o contrário. Embora alguns fatos possam ser verificados acerca de suas visões filosóficas, não se sabe quase nada sobre seus escritos.

2.2 Esquines de Esfeto[11]

Esquines (430/20 – depois de 375/6 a.C.) escreveu sete diálogos socráticos, intitulados *Miltíades*, *Cálias*, *Axíoco*, *Aspásia*, *Alcibíades*, *Telauges* e *Rínon* (D.L. II.61). Apenas algumas décadas depois da morte de Sócrates surgiu a história de que ele era o autor desses diálogos e que Esquines os havia recebido como um presente de Xantipa após Sócrates morrer. Essa alegação garante a conclusão de que Sócrates figurava como narrador em todos os sete diálogos, assim como ocorreu nos diálogos de Platão *Lísis*, *Cármides*, e *República*. Todos os diálogos de Esquines foram perdidos. É possível, contudo, reconstruir o enredo do *Alcibíades* e do *Aspásia* pelo

---

é de fato a *Fênix* da *Ilíada*.
10 Teríamos um caso semelhante aqui se a figura titular do diálogo *Ciro Menor* de Antístenes (D.L. II.61 = SSR V A 43) fosse Ciro I, o fundador do império persa. *Cf.* Giannantoni (SSR IV 295-308).
11 Sobre Esquines, *cf.* Dittmar (1912) e Döring (1998, p. 201-206). Os testemunhos sobreviventes: SSR VI A.

menos de maneira aproximada, como um resultado de citações encontradas em autores posteriores, bem como em descobertas de papiros.¹²

No *Alcibíades*,¹³ Sócrates relata um encontro com o *enfant terrible* Alcibíades. No diálogo, o leitor encontrava em Alcibíades um jovem que exibia uma autoconfiança quase ilimitada e que se achava superior não apenas a todos os seus contemporâneos, mas também aos grandes políticos atenienses do passado, incluindo Temístocles. Aí começava o argumento de Sócrates. Sócrates usava o exemplo de Temístocles a fim de tornar Alcibíades consciente da verdade sobre si mesmo e sobre seus talentos. Primeiro, Sócrates forçava Alcibíades a reconhecer que a extraordinária esperteza de Temístocles não era o resultado de alguma habilidade inata, mas sim adquirida com o tempo. Então Sócrates chamava a atenção de Alcibíades para os dois maiores feitos alcançados pela esperteza de Temístocles. Quando Xerxes, rei dos persas, partiu para subjugar a Grécia com seu imenso exército, Temístocles, por meio de sua vitória na batalha de Salamis, provou-se superior em esperteza até mesmo em comparação com o homem mais poderoso do mundo. Pouco depois, Temístocles deu outra prova espetacular de sua esperteza superior. Quando a batalha de Salamis terminou, Temístocles tentou persuadir os atenienses a destruir a ponte de navios construída pelos persas sobre o Helesponto. Fazendo isso, eles teriam sido capazes de impedir o retorno de Xerxes à Ásia. Os atenienses, contudo, recusaram-se a seguir seu conselho. Temístocles então enviou uma mensagem secreta a Xerxes, na qual o papel dele e dos atenienses era invertido. Com essa esperta jogada de xadrez, Temístocles deu a Xerxes a impressão de que ele devia seu retorno seguro à Ásia a Temístocles. Mais tarde, quando Temístocles foi banido de Atenas, Xerxes lhe ofereceu sua calorosa hospitalidade como sinal de gratidão pelo suposto resgate. Além disso, Xerxes recompensou-o ricamente com presentes. Concluindo, Sócrates chamava a atenção de Alcibíades para o fato de que nem mesmo a sagacidade superior de Temístocles o protegera de ser privado de direitos e expulso pela cidade. Dirigindo-se diretamente a

---

12 Sobre os diálogos *Alcibíades* e *Aspásia, cf.* Ehlers (1966), Döring (1984), Kahn (1994, 1996, p. 18-29); Giannantoni (1997).
13 Os testemunhos sobre o *Alcibíades* de Esquines: SSR VI A 41-54.

Alcibíades, Sócrates acrescentava o seguinte: "Como você pensa, então, que as coisas podem se sair para as pessoas más que não cuidam muito de seus próprios negócios? Não será bastante notável se elas tiverem sucesso mesmo em seus pequenos assuntos?".

Essas palavras de Sócrates tiveram seu efeito: Alcibíades ficou profundamente abalado. Até então, Alcibíades havia pensado que era dotado de um talento tão único que, sem dar muita atenção a seus próprios assuntos, ele poderia se sair muito melhor do que todos os outros. Agora ele colocava a cabeça no colo de Sócrates e começava a chorar. Ele estava cheio de aflição por não chegar nem perto de um homem como Temístocles, e por ele, o aristocrata Alcibíades, não ser diferente do menor de seus concidadãos. Ele então implorou a Sócrates para guiá-lo até a virtude (*aretê*) e dissipar sua deplorável vergonha. Ao fim do diálogo, Sócrates conclui que, embora ele fosse de fato capaz de ajudar Alcibíades, isto não era devido a sua própria habilidade (*tekhnê*), mas antes ao destino divino (*theia moira*). Com os fisicamente doentes, continuava Sócrates, há certos processos produzidos pelo destino divino, além daqueles causados pela medicina sozinha. E a mesma coisa vale para a melhoria ética: "E, portanto, embora eu não conheça nenhuma habilidade que possa ensinar a qualquer pessoa para beneficiá-la, ainda assim pensei que ao fazer companhia a Alcibíades eu poderia, pelo poder do amor, torná-lo melhor".

Quando examinamos o diálogo em sua totalidade, conforme somos capazes de reconstruí-lo a partir dos fragmentos, percebemos que há três sentidos diferentes de melhoria discutidos no diálogo. Temístocles ilustra os resultados da melhoria. Então Alcibíades implora a Sócrates para melhorá-lo e guiá-lo à virtude. E no final, Sócrates afirma ter melhorado Alcibíades. A questão é, então: o que se entende por melhoria em cada um desses casos?

No que diz respeito a Temístocles, o resultado da melhoria consiste no fato de que ele supera todas as outras pessoas em esperteza prática. Sua esperteza, contudo, não chega ao ponto de protegê-lo de todos os tipos de fracasso: ela não o protege da privação de direitos e da expulsão. Enfim, em última instância esses fracassos confirmam sua esperteza, ao mostrar o quão bem-preparado Temístocles estava para esse cenário. Quando

Alcibíades implora a Sócrates para guiá-lo à virtude, o que ele tem em mente é a esperteza e o conhecimento ao qual Temístocles devia seu sucesso. Ele busca tornar-se tão bom quanto Temístocles. A grandeza do conhecimento de Temístocles fora mostrada pela habilidade de preparar seu futuro bem-estar por meio da inversão dos fatos. Contudo, essa habilidade certamente não é o que Sócrates tem em mente ao final do diálogo, quando ele diz ter melhorado Alcibíades. O que Sócrates quer dizer é que ele ajudou Alcibíades a se tornar, pelo menos parcialmente, consciente de sua enorme estúpida autoestima, e assim adquirir um melhor conhecimento de si mesmo. Portanto, quando Alcibíades implora a Sócrates para guiá-lo à virtude e quando Sócrates diz ter melhorado Alcibíades – isto é, tê-lo levado mais longe no caminho rumo à excelência –, o que cada um deles tem em mente é algo completamente diferente. Alcibíades pede o conhecimento no sentido de Temístocles, uma perícia prática, possível de ser ensinada e aprendida, que o ajude a lidar com todo tipo de problema com grande sucesso e benefício. Em contraste, o que Sócrates tem em mente é dar os primeiros pequenos passos rumo a uma autocompreensão correta. Contudo, ao conduzir suas conversas como ele o faz, Sócrates pode apenas dar um empurrão na direção correta. Somente aqueles que sentem por si mesmos o chamado para esse tipo de sabedoria têm uma chance real de adquiri-la.

Agora já deveria estar suficientemente claro o que Sócrates quer dizer quando fala em ter melhorado Alcibíades, apesar de não possuir qualquer conhecimento que possa transmitir a outros. Há uma exceção: ainda não consideramos o papel essencial que Sócrates atribui a seu amor por Alcibíades. Pode-se pensar que o que Sócrates diz sobre o amor não significa nada além disto: para além de sua afeição especial por Alcibíades, Sócrates não tem nenhuma razão para cuidar dele. Isso, no entanto, subestima a importância do amor. Um dos principais temas do *Aspásia* é o importante papel que o amor desempenha na facilitação da melhoria. Além disso, no diálogo, Sócrates chama a si mesmo de aluno da famosa cortesã Aspásia, especialmente no que concerne a assuntos de amor (*ta erôtika*).

O *Aspásia*¹⁴ começa com Cálias – um rico ateniense – pedindo a Sócrates para recomendar um professor que seja capaz de tornar seu filho um cidadão e político hábil. Sócrates recomenda a famosa milesiana Aspásia, com quem Péricles se casara alguns anos após a morte de sua primeira esposa. Na seção principal do diálogo, Sócrates tenta tornar sua sugestão plausível a um confuso Cálias. Três argumentos podem ser reconstruídos a partir desse trecho do diálogo: 1) usando o exemplo de duas rainhas – a persa Rodogina e a tessaliana Targélia – Sócrates prova que mulheres podem ser importantes políticos, e portanto peritas naquele assunto; 2) usando dois exemplos adicionais, ele ilustra o notável talento de Aspásia como professora de assuntos políticos. Ela não apenas transformou Péricles em um excelente político, fez o mesmo com Lísicles, com quem se casou após a morte de Péricles e que anteriormente havia sido um mercador de ovelhas completamente sem importância. Aspásia fez isso parcialmente ensinando-lhes retórica, na qual ela própria era excelente, mas principalmente estimulando o amor deles por ela, o que por sua vez liberou poderes não antecipados em ambos os homens; 3) finalmente, Sócrates relata uma conversa que Aspásia teve certa vez com Xenofonte e a esposa deste em sua presença. Aspásia começara assim: "Diga-me, por favor, esposa de Xenofonte, se sua vizinha tivesse um ornamento de ouro mais bonito que o que você tem, você preferiria ter o dela ou o seu?" – "O dela", ela respondeu. – "E se as roupas dela e outros acessórios fossem de maior valor do que os seus, você preferiria os seus ou os dela?" – "Os dela, é claro", ela respondeu. "Bem", disse Aspásia, "e se ela tivesse um marido melhor do que o seu, você então preferiria o seu marido ou o dela?" – Aí a mulher corou e ficou em silêncio. Então Aspásia começou a falar com Xenofonte. As perguntas que ela lhe fez foram análogas, e o final também. Embaraçado, Xenofonte também ficou em silêncio quando perguntado se ele preferiria a esposa do vizinho, caso ela fosse melhor do que a dele. Então Aspásia disse:

> Como nenhum de vocês respondeu a pergunta que eu mais queria que respondessem, vou lhes dizer o que cada um de vocês está

---

14 Os testemunhos sobre o *Aspásia* de Esquines: SSR VI A 59-72.

pensando. Você, mulher, quer ter o melhor marido, e você, Xenofonte, deseja acima de tudo ter a esposa mais excelente. Portanto, a menos que possam inventar que não há homem melhor ou mulher mais excelente na terra (isto é, do que vocês), vocês com certeza irão se esforçar ardentemente por aquilo que consideram melhor: você, que você seja o marido da melhor esposa concebível, e ela, que ela seja casada com o melhor marido concebível.

Com toda probabilidade, a conversa entre Aspásia, Xenofonte e a esposa deste fora prefaciada por Sócrates observando que ele próprio ocasionalmente visitava Aspásia, junto a seus amigos e às esposas deles, e que ele era instruído por ela em assuntos de amor (*ta erôtika*).[15] Assim, há uma íntima conexão entre a conversa entre Aspásia, Xenofonte e sua esposa, e a observação de Sócrates de que ele era aluno de Aspásia em assuntos de amor. Quando Esquines faz Sócrates dizer que era aluno de Aspásia, então o que ele está sugerindo é que há um aspecto socrático particular "oculto" no próprio modo como Aspásia conduz sua conversa com Xenofonte e a esposa deste. Dito de outro modo, a sugestão é de que Esquines projeta um aspecto socrático em Aspásia. Isso é bastante óbvio, e há muito deu a Aspásia a reputação de ser uma versão feminina de Sócrates.

Tentemos ser um pouco mais precisos. O que imediatamente prende nossa atenção é o fato de que Aspásia usa a famosa ferramenta metodológica de Sócrates, o argumento por analogia, com o qual encurrala seus parceiros de conversa à boa moda socrática. Com qual fim? O objetivo dela é duplo. Primeiro, Aspásia procura tornar Xenofonte e sua esposa conscientes de que eles são presas de uma inconsistência. Essa inconsistência emerge entre 1) a crença deles de que eles não amam a ninguém tanto quanto um ao outro, e 2) a admissão de que favoreceriam um cônjuge superior caso tal aparecesse. O resultado é que eles não amam de fato o cônjuge como pensam. Segundo, Aspásia quer que Xenofonte e sua esposa percebam que são capazes de acabar com a inconsistência tentando se tornarem tão virtuosos quanto possível. Evidentemente, eles já deram um primeiro passo ao

---

15 *Cf*. Ehlers (1966, p. 97).

tornarem-se conscientes da inconsistência. Um sinal disto é seu embaraço corado e silêncio.

A conversa entre Sócrates e Alcibíades, conforme relatada por Sócrates no diálogo *Alcibíades*, parece ter tido, em uma escala maior, a mesma estrutura que a conversa entre Aspásia, Xenofonte e a esposa deste. Alcibíades também tem de reconhecer uma inconsistência na qual se encontra, entre sua estúpida autoavaliação e seu eu real. E ele também tem de reconhecer que somente ele mesmo pode se libertar dessa inconsistência, ao começar a cuidar de si – isto é, tornando-se melhor. No *Alcibíades*, o primeiro passo no processo de melhoria de si já é alcançado ao se tornar consciente da inconsistência. Um sinal disto são as lágrimas desesperadas de Alcibíades.

Se essa correspondência conceitual entre as conversas de Aspásia com Xenofonte e sua esposa, e a conversa de Sócrates com Alcibíades estiver correta, então quando no *Aspásia* Sócrates diz ter sido instruído em assuntos de amor por Aspásia, e quando no *Alcibíades* Sócrates diz que seu amor por Alcibíades lhe permitia ajudar Alcibíades a se melhorar, então Sócrates em ambos os casos tem em mente a mesma coisa: sua peculiar habilidade de conduzir conversas de modo a levar outros a refletirem sobre si mesmos. Ele os faz perceber que precisam cuidar de si mesmos (*epimeleisthai heautou*), como ele gosta de dizer, e assim darem os primeiros passos rumo à virtude. Em suma, na visão de Esquines, a habilidade de Sócrates em assuntos de amor (*erôtikê tekhnê*) e sua habilidade argumentativa (*elegktikê tekhnê*), que ele usa para ajudar outros a obter um melhor autoconhecimento e um melhor senso do que é bom para eles, são apenas dois lados da mesma moeda.

Assim como Esquines, Antístenes escreveu um diálogo com o título *Aspásia*. Todavia, nosso conhecimento acerca desse diálogo não vai muito além do título (SSR V A 142-144). No diálogo de Platão *Menexeno*, Sócrates afirma que Aspásia foi sua instrutora em retórica (235e-236a), e recita de memória um discurso sobre os caídos de 386, que havia sido proferido extemporaneamente por Aspásia em sua presença, no dia anterior. Isso revela a liberdade literária que os autores de diálogos socráticos tinham, pois em 386 o Sócrates histórico já estava morto havia treze anos. Em dois lugares na obra de Xenofonte, Sócrates afirma ter participado de conversas conduzidas por Aspásia, e ter descoberto em Aspásia uma educadora extremamente habilidosa (*Mem.* II.6.36; *Ec.* 3.14). Um aspecto ainda mais interessante, contudo, é este: no *Banquete* de Platão, Sócrates também afirma ter sido instruído em assuntos de amor por uma mulher (201d5). A mulher em questão, porém, não é Aspásia, mas Diotima. O que ela ensinou a Sócrates, em suma, é a doutrina de Eros como o anseio pelo bom e pelo belo, que, junto ao despertar de tal anseio no ente amado, ascende do reino daquilo que é corpóreo e mortal para o reino daquilo que é incorpóreo e eterno. O que Sócrates tem em mente quando fala sobre ser instruído em assuntos de amor por Diotima, então, é que ele deve a ela sua habilidade de despertar nos outros um esforço rumo ao que é belo e bom, e portanto rumo ao conhecimento e à excelência.

Alcibíades foi uma figura central nos diálogos socráticos. Antístenes (SSR V A 198-202) e Euclides (D.L. II.108) fizeram dele uma figura titular em seus diálogos. Entre os escritos de Platão encontramos dois diálogos chamados *Alcibíades*. Contudo, um deles (*Alcibíades Menor*) não foi escrito por Platão, e o outro (*Alcibíades Maior*) pode não ter sido. Alcibíades também participa da conversa no *Protágoras* e no *Banquete*. Um dos mais famosos textos antigos é o discurso de elogio que Alcibíades profere para Sócrates no *Banquete* (215a4 ss.). A partir de uma nota no *De fato* de Cícero (10), podemos concluir que Alcibíades também apareceu no *Zópiro* de Fédon (*cf.* a seção seguinte deste capítulo).

Em um dos diálogos de Esquines – não sabemos qual – há a seguinte história sobre a conversão de Aristipo à filosofia. Certa vez, nos jogos olímpicos, Aristipo encontrou um dos alunos de Sócrates, Iscômaco, e perguntou-lhe: "Qual a razão para o enorme impacto que Sócrates produziu com suas conversas?" Depois de Iscômaco relatar alguns exemplos dessas conversas, Aristipo estava tão abalado que havia ficado pálido e encolhido. Ele imediatamente viajou para Atenas a fim de experienciar pessoalmente Sócrates e suas conversas, que visavam o reconhecimento e a remoção das falhas de alguém.¹⁶ O tema central dos diálogos de Esquines parece ter sido o processo que Sócrates colocava em movimento, de adquirir autoconhecimento, e a disposição de se melhorar.

2.3 Fédon de Elis¹⁷

Um dos diálogos mais famosos de Platão recebeu o nome de *Fédon* (418/416 a.C., ano da morte desconhecido). O próprio Fédon escreveu dois diálogos, *Zópiro* e *Simão*.

Em uma citação do *Zópiro* – preservada palavra por palavra nos *Progymnasmata* [exercícios preliminares] do retórico Aélio Teon – é dito:¹⁸

> Dizem, Sócrates, que alguém deu um leão ao filho mais novo do rei da Pérsia. [Aqui Teon omite uma passagem] E o leão, que cresceu com o menino, aparentemente o seguiu por todo lado até sua maturidade, de modo que os persas diziam que o leão amava o menino.

Nenhuma informação explícita adicional acerca do conteúdo do diálogo foi preservada. Há uma concordância razoável, contudo, de que a história sobre um encontro entre Sócrates e o mago oriental Zópiro, que era um especialista em fisionomia, origina-se desse diálogo. A história do encontro é relatada em Cícero e outros autores.¹⁹ Diz a história que Zópiro certa vez foi a Atenas e ofereceu sua especialidade em interpretar o caráter inato de qualquer pessoa a partir da aparência desta. Quando Zópiro encontrou Sócrates e diagnosticou nele estupidez, intemperança e devassidão, os presentes – e especialmente Alcibíades – irromperam em risos. Sócrates assegurou Zópiro de que ele de fato possuía essas características; no entanto, ele fora capaz de superá-las em virtude do esclarecimento e da disciplina.

---

16 Plut., *De curios.* 2.516c. D.L. II.65 = SSR IV A 1+2 = VI A 91. NT: No original, "in order to personally experience Socrates and his conversations".
17 Sobre Fédon, *cf.* Döring (1998, p. 238-241). Os testemunhos sobreviventes SSR III A.
18 Teon, *Prog.* 3, p. 33-34 Patillon = SSR III A 11.
19 Os testemunhos foram reunidos em Rossetti (1980, p. 183-198).

Se essa história tiver sido um tema central do diálogo (e não há nenhuma razão para duvidar disso), então Fédon conecta de modo bastante original três temas encontrados na literatura socrática, os quais até onde sabemos aparecem em outros lugares somente de modo disperso e isolado: 1) O tema da fisionomia também deve ter desempenhado um papel na obra de Antístenes. De qualquer modo, seu texto *Sobre os sofistas* foi rotulado como um "tratado sobre fisionomia";[20] 2) o contraste entre a aparência de Sócrates e seu eu interior bastante diferente, conforme expressado em suas ações, também foi tematizado em Platão e Xenofonte, mais notavelmente em seus *Banquete*; 3) finalmente, Sócrates encontrou sábios orientais em outros diálogos também. Sobre isso não temos nenhum testemunho explícito, embora o fato de que tais encontros são ocasionalmente mencionados em outros lugares[21] é melhor explicado assumindo-se que essas passagens refletem textos socráticos. Também é relevante que Sócrates apresenta no *Cármides* (156d-157b) um ensinamento médico que ele afirma ter aprendido de um médico da escola do famoso trácio Zalmoxis. A intenção de Fédon em seu diálogo *Zópiro* era evidentemente mostrar o quanto uma educação séria, e especialmente a autoeducação, pode direcionar o homem rumo ao bem.

Sobre o diálogo *Simão*, é notável que não temos sequer um único testemunho sobrevivente sobre seu conteúdo. Portanto, precisamos nos apoiar em inferências. A figura titular do diálogo só pode ser o sapateiro filósofo Simão. Diz-se que Simão tomou notas das conversas que Sócrates teve com ele em sua oficina, a partir das quais ele produziu seus "diálogos de sapateiro" (D.L. II.122-124). Incidentalmente, podemos determinar com uma confiança razoável a localização da oficina de Simão. Uma escavação da ágora em Atenas levada a cabo nos anos 1950 descobriu, próximo às ruínas de uma casa comparativamente modesta no canto sudoeste, alguns pregos de sapateiro e ilhós de osso para botas de cadarço, bem como a base de um copo gravado com o nome "Simão". Naturalmente, os escavadores supuseram de imediato que haviam se deparado com

---

20 D.L. VI.15; *cf.* At. XIV.656f.
21 Arist. ap. D.L. II.45, Aristox. fr. 53 Wehrli, [Pl.]Ax. 371a-372b.

as ruínas daquele mesmo sapateiro com quem Sócrates tivera conversas filosóficas.[22]

A coleção *Epístolas dos socráticos*, escrita por um autor desconhecido por volta de 200 d.C., menciona Simão diversas vezes.[23] Três coisas se destacam aqui: 1) que Simão, apesar de ser forçado a ganhar a vida realizando um trabalho mundano, era sério e ardentemente dedicado à filosofia; 2) que Simão, como Antístenes, advogava um estilo de vida simples como apropriado à filosofia; 3) que Simão, portanto, rejeitava firmemente a ideia de receber subsídios (como Aristipo havia feito) de um governante poderoso como Dionísio, tirano de Siracusa, porque isso o tornaria dependente. Diz-se que Simão rejeitara uma oferta de Péricles para pagar suas despesas de subsistência. A razão que Simão deu para isto foi que ele não estava disposto a vender sua liberdade de discurso (D.L. II.123). É bastante possível que boa parte desse material derive do diálogo de Fédon *Simão*; infelizmente, não estamos em posição de decidir isso. Apenas um detalhe pode ser estabelecido com uma confiança suficiente. O famoso sofista Pródico originalmente inventou a história de Hércules na encruzilhada em um de seus escritos (DK 84 B 1). A décima terceira epístola dos socráticos[24] indica que no diálogo de Fédon um participante relata que Simão forçou Pródico a admitir que ele, Simão, havia "refutado" a versão de Pródico daquela história. Não é dito como Simão realizou essa refutação. Podemos presumir que Simão forçou Pródico a substituir a virtude (*aretê*) aristocrático-militar que ele advogava pela virtude socrática, que pode ser alcançada por qualquer pessoa, incluindo artesãos comuns como o próprio Simão.

O sapateiro Simão, sendo um artesão pobre, ocupa uma posição excepcional entre as pessoas encontradas por Sócrates nos diálogos socráticos. Artesãos como o artista Parrásio, o escultor Cleiton e o ferreiro Pístias, que Sócrates visita em suas oficinas a fim de ter uma conversa (XENOFONTE, *Memoráveis* III.10), não podem ser comparados a Simão, pois ocupam uma

---

22 *Cf.* Thompson (1960).
23 9,4. 11. 12. 13. 18,2 = SSR IV A 222. IV A 223. III A 16. IV A 224. VI B 91.
24 *Cf.* von Fritz (1935).

posição social significativamente mais alta do que o sapateiro.²⁵ Além disso, embora um homem como Antístenes fosse pobre, ele escolhera voluntariamente ser pobre, em vez de ser pobre devido a sua posição social. Admitidamente, não podemos a princípio eliminar a possibilidade de que outra pessoa de baixa posição social como Simão apareça em um ou outro dos diálogos socráticos perdidos. Não há nenhum indício sobre isso, contudo, e os títulos conhecidos dos diálogos antes depõem em contrário.

Até onde podemos dizer, o tema central dos diálogos de Fédon era que a filosofia não está disponível apenas àqueles que dispõem de um bom talento inato e de uma educação de primeira linha. Ao contrário, a filosofia pode ajudar todas as pessoas a se melhorarem eticamente, independentemente de dons inatos, posição social e circunstâncias pessoais. Nos diálogos *Zópiro* e *Simão,* Fédon desenvolveu seu pensamento em duas direções. Primeiro, ao fazer uso de Sócrates (que por admissão dele próprio era dotado por natureza de diversos traços negativos) e de Simão (o modesto sapateiro), ele apresenta duas pessoas em quem a filosofia demonstrou seu pleno potencial de melhoramento. Portanto, Sócrates e Simão dão testemunho do poder da filosofia. Segundo, ele mostra como a filosofia exerce seu poder sobre os outros por meio da influência de pessoas sábias como Sócrates e Simão. De acordo com o testemunho de Sêneca (*Epístolas* 94.41 = SSR III A 12), Fédon descreveu essa influência em um de seus diálogos da seguinte maneira:

> Certos animais minúsculos [pense em mosquitos e outros insetos] não deixam nenhuma dor quando nos picam; tal é a sutileza de seu poder, tão enganoso para fins de causar danos. A picada é revelada por um inchaço, e mesmo no inchaço não há nenhum ferimento visível. Essa também será sua experiência quando lidar com homens sábios: você não descobrirá como ou quando o benefício lhe chega, mas descobrirá que o recebeu (tradução de R. M. Gummere).

---

25 Sobre a baixa reputação dos sapateiros, *cf.* Headlam e Knox (1922, p. 48-49).

2.4 Euclides de Megara[26]

Euclides (450/435 – *c*. 365 a.C.) escreveu seis diálogos. Infelizmente, não sabemos nada mais sobre eles além de seus títulos (*Lâmprias, Esquines, Fênix, Críton, Alcibíades, Erótico*).

No centro da filosofia de Euclides estava a questão socrática "O que é o bem?". A resposta de Euclides era que o bem é *uno*. Sobre isso, todos os testemunhos sobreviventes concordam. Sobre outros pontos, os relatos divergem. Precisamos diferenciar duas tradições. De um lado, há a afirmação – encontrada explicitamente em Cícero, mas também implícita em outros autores – de que Euclides pertence à tradição eleática de Xenófanes, Parmênides e Zenão, porque seu ensinamento era que "somente aquilo que é uno, semelhante, e sempre o mesmo é bom" (Cíc. *Academica* II.129 = SSR II A 31). Por outro lado, há o testemunho de Diógenes Laércio, que diz: Euclides

> sustentava que o bem é *uno*, embora chamado por muitos nomes. Às vezes sabedoria (*phronêsis*), às vezes Deus, às vezes razão (*nous*) e assim por diante. Mas tudo que é contraditório ao bem ele rejeitava, declarando que aquilo não tem existência (D.L. II.106 = SSR II A 30,2-4).

Por um longo tempo, as explicações modernas da história da filosofia aceitaram mais ou menos acriticamente a tradição antiga, que agrupava Euclides com os eleáticos. Todavia, isso mudou em 1931, quando Kurt von Fritz, em uma obra seminal e influente, reavaliou todas as evidências relacionadas a Euclides.[27] Ele chegou às seguintes conclusões, que hoje são amplamente aceitas:

1) a tradição que classificava Euclides como um sucessor dos eleáticos é um construto doxográfico por parte de antigos historiadores da filosofia. Uma vez que tanto a filosofia eleática quanto Euclides

---

26 Sobre Euclides, *cf.* Döring (1998, p. 208-212). Os testemunhos sobreviventes: SSR II A.
27 Von Fritz (1931).

atribuíam um papel especial ao *Uno*, esses historiadores efetivamente reformularam a filosofia de Euclides – ao mesmo tempo que removeram suas características socráticas – de modo a agrupá-la com a tradição eleática;

2) se qualquer uma das fontes antigas pode reivindicar autenticidade, esta é o testemunho de Diógenes Laércio. Contudo, essa fonte exibe claramente uma coloração socrática, como é evidente a partir do seguinte. A maioria dos estudiosos atuais sobre Sócrates concorda que a filosofia de Sócrates girava em torno de três convicções: a) aqueles que vivem de acordo com a virtude são felizes. É por isso que não pode haver atividade mais importante para um homem do que se esforçar continuamente para realizar uma vida de virtude ética em todos os seus aspectos: justiça, piedade, e assim por diante; b) qualquer um que tenha alcançado o conhecimento verdadeiro do bem irá, por necessidade, fazer aquilo que é bom. Portanto, virtude é conhecimento; c) assim, aqueles que fazem o que é mau somente o fazem porque estão enganados, e erroneamente assumem que o mau é bom. Todas as três doutrinas podem ser encontradas em uma ou outra forma nos ensinamentos de Euclides, conforme relatado por Diógenes Laércio. A primeira doutrina está contida na tese de que o bem é uno; a segunda na tese de que o esclarecimento e a prudência são apenas diferentes nomes para o bem; e a terceira na tese de que aquilo que é oposto ao bem não existe. Esta última afirmação deve obviamente ser entendida em um sentido socrático, que interpreta o mal como uma concepção errônea do bem, portanto não como algo real, mas antes como uma forma de privação do bem. Essas correlações dificilmente podem ser contestadas. Até aqui, a interpretação de Kurt von Fritz apoia-se em um terreno firme, mas qualquer coisa que for além dela é incerta. Isto se aplica até mesmo à questão de o que Diógenes Laércio entendia por "e assim por diante". Aqui há alguma razão para se pensar nas virtudes particulares, ou pelo menos para pensar nelas *também*. Quanto ao que Euclides tinha em mente ao propor Deus como um nome adicional para o bem, é possível que

Euclides interpretasse o bem em um sentido teleológico como a razão divina e reguladora de tudo, visando o bem.

O restante do que sabemos sobre as visões filosóficas de Euclides diz respeito ao domínio da lógica. A fonte para isso é novamente Diógenes Laércio (D.L. II.107 = SSR II A 34) que relata que Euclides "atacava as provas não contestando suas premissas, mas antes sua conclusão". Assumindo que isso se refere ao procedimento dialético nos diálogos socráticos – e temos de assumir isto, uma vez que Euclides não escreveu textos de outros tipos –, então "premissas" nesse testemunho só pode significar aquelas afirmações ou assunções a partir das quais a refutação socrática se inicia. De modo semelhante, a "conclusão" só pode ser o resultado ao qual o argumento chega. Assim, o que Diógenes Laércio tem em mente é que a crítica não era aplicada antes que a conclusão houvesse sido alcançada. Diógenes (II.107 = SSR II A 34) relata também que Euclides rejeitava o argumento por analogia – que Sócrates gostava de usar e que é bem conhecido a partir dos diálogos socráticos – como uma ferramenta inadequada para a argumentação. A razão de Euclides é indicada como a seguinte. No argumento por analogia, o semelhante será comparado ou ao semelhante ou ao dessemelhante. Se aquilo que é comparado é semelhante, então é melhor concentrar-se nas próprias coisas do que naquelas às quais elas são comparadas. Se aquilo que é comparado é dessemelhante, então a comparação é enganosa.

Assim, podemos aprender duas coisas sobre a prática dialética de Euclides: 1) seu método de refutar os argumentos dos outros; e 2) que ele declarava que a forma preferida de argumentação de seu professor, Sócrates, era inútil. Infelizmente, não sabemos quais eram os pensamentos gerais de Euclides sobre a possibilidade de provar qualquer coisa, nem como ele argumentava em favor de seu ensinamento sobre o bem, do modo como este é atribuído a ele por Diógenes Laércio. Isso pode ser devido à extraordinária escassez de testemunhos sobreviventes. Mais provavelmente, contudo, isso se deve a outra razão. Considere que, cem anos após sua morte, Euclides foi denunciado como o protótipo de um erístico (controversista) pelo satirista Tímon de Fleios (D.L. II.107 = SSR II A 34), e além disso, que seus alunos e até mesmo os alunos de seus alunos foram infames por sua lógica destrutiva. Daí podemos concluir que Euclides não defendia seus ensinamentos de uma maneira positiva, mas antes negativamente, mostrando que as visões contrárias eram indefensáveis. Assim, ele utilizava o mesmo método que Zenão de Eleia usou para mostrar a correção das visões de seu professor Parmênides (Ou A ou não-A é verdadeiro. Então provamos que assumir não-A leva a conclusões absurdas. Uma vez que não-A tem de ser falso, A deve ser verdadeiro). Como é bem conhecido, Platão utilizou esse método ao longo de seu diálogo *Parmênides*.

2.5 Aristipo de Cirene[28]

Até onde podemos dizer, Aristipo (*c*. 430 – *c*. 355 a.C.) viajou bastante. Pelo menos uma vez, mas mais provavelmente várias vezes, ele ficou na corte em Siracusa. Como já mencionado, Aristipo foi o único entre os sete socráticos proeminentes que não escreveu diálogos socráticos, apenas outros tipos de texto. É-nos dito que um de seus escritos foi intitulado *A Sócrates* (*Pros Sôkratên*; D.L. II.85). É claro, gostaríamos muito de saber o que estava escrito naquele texto. Infelizmente não temos nenhuma indicação de seu conteúdo; de fato, não podemos nem mesmo estar certos de que o texto existiu. Dado que as evidências acerca dos escritos de Aristipo são extremamente confusas,[29] não podemos excluir a possibilidade de que o título seja fictício. Além disso, é possível que o nome "Sócrates" seja uma corruptela do nome do orador "Isócrates". Há certamente uma corruptela desse tipo em outro lugar em Diógenes Laércio (II.55). Não é implausível que Aristipo possa ter escrito um texto dirigindo-se a Isócrates. Há uma famosa rivalidade entre Sócrates e seu contemporâneo Isócrates, como resultado de suas concepções contrastantes de educação. Platão e Isócrates referiram-se um ao outro criticamente em suas obras, e o mesmo deve ter sido verdade para Antístenes e

---

28 Sobre Aristipo, *cf.* Döring (1988, 1998, p. 246-257); Tsouna (1994, p. 377-382); e Mann (1996). Os testemunhos sobreviventes: SSR II A.
29 *Cf.* Döring (1998, p. 249-250).

Isócrates.³⁰ Além de escrever textos filosóficos, diz-se que Aristipo também escreveu uma história da Líbia em três volumes. Com toda probabilidade, essa foi uma crônica local acerca de seu lugar de nascimento, Cirene.³¹

Em uma conversa com Sócrates nos *Memoráveis* de Xenofonte, Aristipo descreve seu objetivo na vida. Ele se alinha com aqueles que desejam "viver tão fácil e confortavelmente quanto possível". Ele acredita que será mais capaz de realizar esse desejo abandonando qualquer tipo de apego e vivendo uma vida de liberdade irrestrita (*Mem.* II.1.9,11,13). Isso é consistente com o que podemos ler nos testemunhos sobreviventes (frequentemente anedotas) sobre o modo de vida de Aristipo. Ali, é descrito como um dândi busca luxúria e entretenimento onde quer que ele resida, embora não seja dependente disso. Ele é um mestre de toda situação, mesmo as mais desajeitadas, por causa de sua independência em relação a todas as pessoas e todas as coisas. Também sabe como explorar o favor dos poderosos, como o tirano de Siracusa, enquanto, ao mesmo tempo, evita o perigo de tornar-se obsequioso. Característico de suas relações com outras pessoas e coisas é um famoso dito que ele usou para descrever sua relação com a cortesã Laís: "Eu a possuo, mas não sou possuído por ela" (D.L. II.75 = SSR IV A 95. 96).

É controverso se, e de que forma, Aristipo forneceu uma justificativa teórica para seu modo de vida. Não podemos responder definitivamente essa questão por duas razões: 1) embora haja muitos relatos detalhados sobre as visões filosóficas daqueles que "aderiram ao caminho de Aristipo e foram chamados de cirenaicos [em referência a seu lugar de nascimento]" (D.L. II.86), não é dito em lugar nenhum se o próprio Aristipo já advogava esses ensinamentos, ou partes deles; 2) uma nota em Eusébio³² afirma que, embora seus ditos e modo de vida dessem a impressão de que ele sustentava que a felicidade humana consistia unicamente no prazer, ele de fato não advogava explicitamente o hedonismo: isto só foi feito por seu neto homônimo.

---

30 *Cf.* Eucken (1983). O inventário de escritos de Antístenes em Diógenes Laércio contém pelo menos um, talvez até mesmo dois escritos cujos títulos contêm o nome Isócrates (D.L. VI.15; *cf.* PATZER, 1970, p. 228-238).
31 *Cf.* Zimmermann (1999, p. 137-138).
32 Eus. *PE* XIV.18.31-32 = SSR IV A 173 + IV B 5.

Os comentadores interpretam essa evidência de várias maneiras. A maioria acredita que o próprio Aristipo não apresentou ele próprio uma justificativa teórica para seu modo de vida, mas apenas seus alunos o fizeram, sendo o mais proeminente seu neto de mesmo nome. Entretanto, há razões para se pensar que os ensinamentos atribuídos aos cirenaicos datam de Aristipo, pelo menos seus pontos essenciais. Uma vez que essa questão não pode ser resolvida de maneira decisiva, os ensinamentos atribuídos aos cirenaicos podem pelo menos ser descritos brevemente.

Sexto Empírico descreve assim a base do ensinamento cirenaico:[33]

> Os cirenaicos afirmam que as afecções (*pathê*) são os critérios, e que somente elas são apreendidas e são infalíveis, mas das coisas que causaram as afecções nenhuma é apreensível e infalível. Pois, dizem eles, que sentimos a brancura ou a doçura é algo que podemos afirmar infalivelmente e sem controvérsia; mas que o objeto produtivo da afecção é branco ou doce é impossível afirmar (tradução de R. G. Bury).

A razão pela qual não reconhecemos isso é – assim argumentam os cirenaicos – principalmente porque aprendemos a nomear as afecções que as coisas despertam em nós mediante certas palavras comuns. Contudo, isso não significa que as afecções sejam as mesmas. Cada pessoa conhece apenas suas próprias afecções. Devemos levar a sério a ideia de que as afecções que os indivíduos particulares têm podem ser bastante diferentes, em virtude das diferentes estruturas de seus órgãos sensoriais. Dessa forma, só podemos emitir enunciados confiáveis sobre nossas próprias afecções, não sobre a natureza das coisas (S. E. *M* VII 191-198 = SSR IV A 213).

Assim como seus contemporâneos, os cirenaicos explicam a gênese das afecções como uma interação entre a mente e o corpo, na qual, por meio do impacto dos objetos exteriores sobre o corpo de alguém, certos movimentos ou mudanças (*kinêseis*) ocorrem e são então transportados por meio dos órgãos sensoriais, onde são registrados como esta ou aquela afecção. Essa é

---

33 Sobre a epistemologia dos cirenaicos, *cf.* Döring (1988, p. 8-32); Tsouna (1992, 1998); Brunschwig (1999, 2001).

a chave para a ética cirenaica.³⁴ Se cada pessoa só pode ter certeza de suas próprias afecções, então o que é bom e mau para ela só pode em última instância consistir nisso. Uma vez que, quando se trata de afecções, o que é bom deve ser o mesmo que o agradável ou aprazível (*hêdu*), e o que é mau deve ser o mesmo que o desagradável ou doloroso; isso implica que o que é bom consiste em afecções prazerosas, e o que é mau consiste em afecções dolorosas. Consequentemente, os cirenaicos consideraram o prazeroso como o maior bem e objetivo de todas as ações, e o doloroso como o maior mal. E porque eles assumiam que experienciamos movimentos suaves como prazerosos e movimentos agitados como dolorosos, eles determinaram o prazeroso como sendo movimentos suaves, e o doloroso como movimentos agitados. Além destas, eles reconheceram uma terceira condição, intermediária, na qual uma pessoa não experiencia nenhum dos dois movimentos, portanto nenhum prazer ou dor.³⁵ Uma vez que todo movimento mais cedo ou mais tarde deve chegar ao repouso, as experiências de prazer podem ser de diferentes intensidades ou durações, mas são necessariamente limitadas no tempo. O que um cirenaico busca é o prazer sensorial momentâneo mediado pelo corpo, esse é o objetivo de todas as suas ações.³⁶ Qualquer outra coisa só pode ter um valor relativo (se tiver algum), que é determinado pelo modo como podemos obter o prazer e evitar a dor. Uma das lições mais importantes é que devemos tanto quanto possível evitar todos os afetos que tragam consigo a dor e obstruam o caminho rumo ao prazer. Para alguns afetos, isso pode ser alcançado plenamente. Um exemplo é a inveja, baseada na ilusão de que, a fim de sermos felizes, devemos adquirir algo que outra pessoa possui. Para outros, os naturais, tais como o pavor elementar, isso não é possível (D.L. II.91 = SSR IV A 172). A pessoa deve manter-se vigilante contra estes por meio do treinamento mental e físico.³⁷ Por esse treinamento, pode-se esperar aprender a arte em que se diz que o próprio Aristipo se sobressaía: a arte de não se sujeitar às coisas, mas sujeitar as coisas a si

---

34 A respeito da ética dos cirenaicos, *cf.* Tsouna (2002) e O'Keefe (2002).
35 S. E. *M* VII.199. D.L. II.85,86. Eus. *PE* MIV.18.32 = SSR IV A 213. 172. B 5.
36 At. XII.544ab. D.L. II.87-88 = SSR IV A 172. 174.
37 Cic. *Tusc. Disp.* III.28-31. D.L. II.91 = SSR IV A 208. 172.

mesmo, como formulou o famoso admirador de Aristipo, Horácio (*Epístolas* 1.1.19 = SSR IV A 100).

Em que medida o aluno de Sócrates, Aristipo, já advogava esses ensinamentos é algo incerto, como mencionado anteriormente. O que sabemos é que, se Aristipo não ensinou essas coisas ele mesmo, então ele pelo menos evocou tais ensinamentos com seu modo de vida.

2.6 Antístenes[38]

Antístenes (*c*. 445 – *c*. 365 a.C.) foi filho de um ateniense e uma trácia. De acordo com alguns testemunhos ele estudou com Górgias, e posteriormente também ensinou retórica. Como mostrou Patzer, no entanto, pode ser que esses testemunhos não sejam confiáveis.[39] Com pouco mais de vinte anos, no mais tardar, Antístenes associou-se a Sócrates. A partir das polêmicas escritas por Isócrates em seus dois discursos *Contra os sofistas* (escrito *c*. 390 a.C.) e *Helena* (escrito *c*. 385 a.C.) contra os socráticos e seus ensinamentos, podemos concluir com grande probabilidade que Antístenes foi o socrático mais proeminente em Atenas entre os primeiros dez ou quinze anos após a morte de Sócrates.[40] Ele ensinou no ginásio de Cinosarges. O catálogo dos escritos de Antístenes contido em D.L. VI.15-18 registra aproximadamente sessenta títulos de obras de escopo variado. Nessas obras, Antístenes trata de tópicos em epistemologia, lógica, ética, interpretação de Homero e retórica. As únicas obras que sobreviveram foram as declamações *Ajax* e *Ulisses*, nas quais Antístenes permite a ambos os oponentes justificarem suas reivindicações sobre as armas do falecido Aquiles.

---

38 Sobre Antístenes em geral, *cf.* Patzer (1970); Rankin (1986); Blaise, Cherki *et. al.* (1986); Döring (1998, p. 268-280); Tsouna (1994, p. 369-377); Kalouche (1999) e Eucken (2000). Os testemunhos sobreviventes: SSR V A.
39 Patzer (1970, p. 246-255).
40 Patzer (1970; p. 238-246); Eucken (1983, p. 25-27, 45-47, 101-105).

Em epistemologia, Antístenes foi um oponente declarado de Platão.[41] A diferença entre eles é belamente capturada em uma anedota antiga. Certa vez, em um debate com Platão, Antístenes objetou: "Vejo um cavalo, Platão. O que não vejo, contudo, é a 'cavalidade'". E Platão respondeu: "Você só tem o olho com que se vê um cavalo. O olho para ver a 'cavalidade' você não tem" (Simp. *In Cat.* p. 208,29-32 = SSR V A 149). Platão acreditava firmemente que sua hipótese das Ideias, enquanto objetos eternos idênticos a si mesmos como meta do conhecimento, fornecia os meios para estabelecer definições. Para Antístenes isso era um sério erro. Aristóteles apresenta a visão de Antístenes da seguinte maneira: "Não se pode definir o que uma coisa é (*to ti estin*). Contudo, pode-se explicar com que ela se parece (*poion ti estin*); por exemplo, não se pode dizer o que a prata é, mas pode-se dizer que ela se parece com o estanho" (*Met.* H 1043b23-28 = SSR V A 150). O máximo que Antístenes acreditava ser possível era descrever as características das coisas por um processo de comparação, e assim tentar entender sua natureza pelo menos aproximadamente. Devido à escassez e à disparidade entre as evidências sobreviventes, não se pode determinar com certeza o modo como Antístenes desenvolveu e defendeu suas visões, ou como ele tentou refutar a posição de Platão. Esse tema, portanto, permanece controverso, e dizer muito mais sobre ele excederia o escopo deste capítulo. Permitam-me dizer apenas isto. Quando Diógenes Laércio nos diz que Antístenes foi o primeiro que determinou o que é uma definição – isto é, "aquilo que indica o que algo é ou foi" (D.L. VI.3 = SSR V A 151) –, isso não implica que Antístenes acreditasse que tais definições existem de fato. O testemunho meramente enuncia aquilo que, de acordo com Antístenes, é exigido das definições, e consequentemente aquilo que todos os que acreditam que podem fornecer definições devem cumprir. A tese paradoxal de Antístenes de que a contradição é impossível (*ouk estin antilegein*) é corretamente localizada pela tradição antiga no contexto do debate com Platão.[42] O exato papel que a tese desempenhou naquele contexto é algo controverso.

---

41 Sobre a epistemologia de Antístenes, *cf.* Döring (1985), Celluprica (1987), Brancacci (1990) e Giannantoni (SSR IV 365-385).
42 Aristóteles, *Met.* Δ1024b32-34. D.L. III.35, IX.53 = SSR V A 152. 148. 154.

Diógenes Laércio descreve o núcleo das visões de Antístenes sobre a ética usando a seguinte abreviação (VI.11 = SSR V A 134, 3-4). "A virtude é suficiente para a felicidade, e em acréscimo necessita apenas da força de Sócrates". Essa fórmula contém uma contradição quando primeiro descreve a virtude como suficiente para a felicidade, e depois acrescenta que é necessária a força de Sócrates. O que Antístenes queria dizer deve ser isto: aquele que vive em concordância com a virtude é feliz. A fim de alcançar esse objetivo, contudo, não é suficiente saber o que é a virtude. O que é necessário é realizar esse conhecimento na ação, e para isso é preciso ter a força de um Sócrates. Com essa visão, Antístenes ao mesmo tempo segue e se distancia de Sócrates. Ele concorda com Sócrates que a ação boa conduz à felicidade. Ele discorda de Sócrates, contudo, que aqueles que conhecem o bem necessariamente fazem o bem. Ele pensa que em adição ao conhecimento do bem, é necessária também a força de um Sócrates a fim de consistentemente agir sobre e realizar aquilo que é considerado bom. Por "força de Sócrates" Antístenes evidentemente entendia a capacidade de Sócrates, tão admirada por seus contemporâneos, de manter a maior modéstia em relação aos anseios do corpo, e permanecer completamente independente a respeito de sua reputação externa. A fim de adquirir tal força, Antístenes recomendava a busca proposital de tensões e esforços. Fazendo isso, a pessoa se tornará imune contra os muitos desejos desconhecidos e artificialmente produzidos, e aprenderá a satisfazer as necessidades elementares restantes, tais como nutrição, vestuário e habitação, da maneira mais simples. A pessoa então não considerará isso uma deficiência, mas antes como uma vantagem, pois permitirá que ela se concentre inteiramente em viver de acordo com a virtude, e assim alcançar a felicidade.

No *Banquete*, Xenofonte deixa Antístenes descrever de que maneiras e com quanto sucesso ele realizou esses princípios em sua própria vida (4.34-39 = SSR V A 82,3-28).

> Pois penso, senhores, que as pessoas não guardam a riqueza e a pobreza em suas casas, mas em seus corações. Vejo muitos cidadãos particulares que têm bastante dinheiro, mas que são tão pobres em

sua própria estima que se submetem a qualquer tarefa e a qualquer perigo, desde que possam ganhar mais com isso; e conheço irmãos que recebem uma parte igual da herança, e um deles tem o bastante, mais do que gasta, enquanto o outro tem falta de tudo. Conheço alguns tiranos, também, que têm tanta fome de dinheiro que fazem coisas muito piores do que os homens mais pobres, alguns voltando-se para o furto, alguns para o roubo, e alguns para o comércio de escravos, por causa de sua carência, supostamente; e há alguns tiranos que destroem moradias inteiras e matam a família toda, e frequentemente escravizam cidades inteiras, por causa do dinheiro. Realmente tenho pena dessas pessoas; a doença delas deve ser muito dolorosa. Penso que elas têm o mesmo problema de um homem que tem o bastante e come o bastante, e nunca fica satisfeito. Eu tenho tanto que quase não consigo encontrar tudo por mim mesmo, e ainda assim o resultado final é que posso comer e chegar ao ponto de não estar com fome, e posso beber e não estar com sede, e posso me vestir de modo que não esteja com mais frio ao ar livre do que o milionário Cálias, ali; e quando estou em casa minhas paredes são uma túnica cálida, meu telhado de palha é um manto grosso, e minha cama é tão adequada que é uma tarefa e tanto me acordar. Se alguma vez meu corpo quer sexo, meus meios presentes são tão adequados que, já que ninguém está disposto a se aproximar das mulheres das quais me aproximo, elas me recebem com entusiasmo. Tudo isso me parece tão prazeroso que em cada bocado eu não rogaria por mais prazer, mas por menos: parte disso parece muito mais prazeroso do que é apropriado (tradução de A. J. Bowen).

O catálogo dos escritos de Antístenes contém numerosos títulos indicando claramente que esses escritos lidavam com problemas relacionados à *Ilíada* e à *Odisseia* de Homero (D.L. VI.17-18). Se os testemunhos sobreviventes forem representativos, então o que Antístenes buscava estabelecer era que Homero apresentava modelos de vida e conduta corretas em seu épico. O modo como Antístenes argumentava pode ser mostrado por um exemplo. Um relato detalhado sobreviveu acerca da interpretação de Antístenes sobre o atributo *polytropos* atribuído a Odisseu no primeiro verso da *Odisseia*. *Polytropos* significa "muito girado" – isto é, muito viajado, ou girando de muitas maneiras, versátil, astuto. O sofista Hípias no *Hípias menor* de Platão argumenta em favor da visão (365bc) de que esse atributo é usado para caracterizar Odisseu negativamente, declarando que ele deve ser entendido no sentido de enganoso (*pseudês*). Antístenes opõe-se a essa visão. Ele declara que Homero chamou Odisseu disso porque ele era esperto (*sophos*). Seu argumento corresponde ao seguinte: Homero chama Odisseu de *polytropos* porque, em virtude de seu conhecimento, ele conhecia 1) os multifários *tropoi* (giros = tipos) do caráter humano e 2) os multifários *tropoi* (giros = formas) de expressão linguística, portanto era capaz de usar a forma apropriada de expressão a respeito de cada pessoa (Porf. *Sch. Ad Od.* 1,1 = SSR V A 187).

Então, Antístenes interpreta o atributo *polytropos* de modo que ele caracterize Odisseu como o orador perfeito. Antístenes possivelmente desenvolveu a teoria filosófica/retórica que ele utiliza aqui em seu livro *Sobre o estilo, ou sobre os diferentes tipos de estilo*[43] (D.L. VI.15 = SSR V A 41,3). A mesma teoria pode ajudar alguém a encontrar uma resposta para a questão de qual objetivo Antístenes tentou alcançar com suas duas declamações, *Ajax* e *Ulisses*. Ele provavelmente buscou ilustrar sua teoria com um exemplo vívido, ao contrastar, na forma de um debate, o simples cavalo de batalha Ajax com o sábio e eloquente Odisseu.

---

43 O título também poderia ser traduzido: *Sobre o estilo, ou sobre os diferentes caráteres dos homens*. Deve permanecer como uma questão em aberto qual versão do título Antístenes intencionava.

3 Xenofonte e a invejável vida de Sócrates

David K. O'Connor

Sócrates teve a impressionante boa sorte de ter Platão, uma das maiores figuras literárias do Ocidente, para contar sua história. Xenofonte, o ateniense (c. 425-354 a.C.), não se iguala a Platão, mas seus escritos substanciais sobre Sócrates só ficam atrás dos de Platão como fontes de conhecimento sobre Sócrates para nós.

Sendo um homem bastante incomum, Xenofonte era tão capaz de liderar homens duros quanto de escrever livros sutis. Quando adolescente, ele conheceu Sócrates, que na época estava próximo dos sessenta anos de idade, embora não seja claro se ele esteve entre os companheiros mais dedicados de Sócrates. Enquanto ainda estava na casa dos vinte anos, Xenofonte foi posto no comando de uma tropa desesperada de mercenários gregos, encalhada a mil milhas de casa, diante dos portões da Babilônia. Xenofonte provou ser um líder militar carismático e bem-sucedido. Após muitas aventuras, ele liderou seu famoso bando, conhecido como "Os dez mil", de volta a seu lar na Grécia.

Exilado de Atenas por causa de suas conexões espartanas, Xenofonte foi um notável inovador em formas de prosa literária na fase posterior de sua vida. Seus escritos sobre Sócrates, aproximadamente um sexto de suas obras completas, incluem duas peças menores, o *Banquete* e a *Apologia de Sócrates*, que parecem reformular as obras de Platão de mesmo título.[1] O *Econômico* (O dono de propriedade habilidoso) é uma reflexão sobre a riqueza e a virtude, composto em sua maior parte como uma conversa

---

1 A maioria dos leitores dos escritos socráticos de Platão e Xenofonte acha mais convincentes aquelas interpretações que leem Xenofonte como reformulando Platão do que o contrário. Mas não temos nenhuma confirmação direta de que Xenofonte tenha trabalhado dessa maneira.

entre Sócrates e um cavalheiro rico. Sua obra socrática mais longa, conhecida como os *Memoráveis* (Memórias de Sócrates), relata uma ampla variedade de conversas e ações de Sócrates, com uma ênfase especial na boa influência que Sócrates tinha sobre seus amigos, tanto em termos de palavras quanto de ações. Suas outras obras mais importantes concentram-se em assuntos políticos e militares. Sua *Helênica* (Eventos na Grécia) é uma história política do meio século após Esparta ter derrotado Atenas na Guerra do Peloponeso. Ele também escreveu um relato de suas próprias expedições militares de juventude na Ásia Menor, a *Anábase* (que significa "A subida", uma expedição a partir do litoral rumo ao interior). Sua obra teórica mais extensa é a *Ciropédia* (A educação de Ciro), o relato ficcional de Xenofonte sobre Ciro, o Grande, fundador do império persa.

Durante dois mil anos, desde Cícero até Rousseau, leitores distintos tiveram Xenofonte em alta conta. Sua reputação entrou em colapso no século XIX e nunca foi realmente recuperada, apesar dos esforços de uma persistente minoria de estudiosos.[1] Este é um ensaio de persistência. Talvez a realização literária de Xenofonte e a qualidade de sua mente possam ser melhor comparadas a Maquiavel. Maquiavel teve uma dívida especial para com Xenofonte, e foi muito mais profundamente engajado nele do que em Platão e Aristóteles combinados.[2]

Sócrates não domina os escritos de Xenofonte como o faz com os de Platão. Xenofonte enxerga Sócrates dentro de um horizonte que é, claro, filosoficamente muito mais estreito do que o de Platão. Xenofonte é mais aberto aos modos como homens politicamente ambiciosos enxergam suas próprias aspirações. Platão é bastante rápido em moralizar, em criticar

---

1 Para um relato extenso do colapso da reputação de Xenofonte, e uma resposta a muitas das acusações feitas contra ele, *cf.* Dorion e Bandini (2000, p. 7-118). Ver também a contribuição de Dorion a este volume, capítulo 1. Pomeroy (1994, p. 22-26), fornece uma útil e breve visão geral da história desses estudos. A influente rejeição da importância intelectual de Xenofonte em Vlastos (1971) foi vigorosamente contestada por Morrison (1987). Compartilho da visão de Vander Waerdt (1994, p. 11)
2 A importância de Xenofonte para Maquiavel foi tornada especialmente proeminente em Leo Strauss (1991 [1948], p. 24-25); *cf.* também Strauss (1989, p. 147). Para uma explicação mais recente seguindo essas linhas straussianas, *cf.* Nadon (2001).

a política e suas atrações.³ É útil olhar para Xenofonte e compará-lo com Platão,⁴ mas essa perspectiva pode diminuir ou distorcer o êxito do próprio Xenofonte. Xenofonte está mais interessado naquilo que faz a política e os líderes políticos funcionarem, e em melhorar a política de maneiras que os políticos possam achar realmente convincentes. Quando Alexandre, o Grande, conquistou o império persa, meio século depois de Xenofonte ter exposto as fraquezas militares daquele império, ele carregava consigo, como uma espécie de manual, o relato de Xenofonte de sua própria campanha contra os persas, a *Anábase*. Qualquer que seja o benefício que derive da leitura da *República* de Platão para um aspirante a líder político, ela não trará o mesmo benefício que a leitura das principais obras de Xenofonte sobre a liderança política.

Xenofonte entendeu a vida de Sócrates como exemplar, mas não a viu como a única vida exemplar. Em particular, ele sempre considerou vidas de liderança política como alternativas à vida socrática.⁵ Em seu melhor aspecto, sugere Xenofonte, tais vidas políticas não são obviamente inferiores à vida socrática. Xenofonte compara esses modos de vida concentrando-se na tensão entre alcançar a autossuficiência e evitar a inveja. Pode ser correto dizer que essa tensão é sua preocupação central. Grandes realizações, acreditava Xenofonte, trazem consigo o risco de uma grande inveja, e esse risco é um dos desafios fundamentais para uma vida bem-sucedida.

Com esse tema, Xenofonte estava dando continuidade a uma antiga tradição na literatura grega de sabedoria. Um tópico comum nessa literatura de sabedoria é a comparação entre um sábio idealizado e um governante político ou rei idealizado. Na centralidade desse tema, e no tratamento dado a ele por meio de anedotas históricas centradas tanto em gregos quanto em persas, Xenofonte é mais semelhante a Heródoto do que qualquer outro

---

3 Wood (1964, p. 41-51) é uma excelente discussão de como o gosto de Xenofonte pela liderança militar leva a diferenças sistemáticas entre sua explicação da política e aquelas de Platão e Aristóteles.
4 Para uma explicação compacta enfatizando as diferenças entre Platão e Xenofonte, incomumente favorável para com Xenofonte, *cf.* Dorion (2006). Para uma explicação compacta enfatizando as semelhanças, *cf.* Pomeroy (1994, p. 26-29).
5 Esse ponto é enfatizado em Pangle (1994, p. 127-128).

autor clássico, incluindo Platão.⁶ Xenofonte organiza sua contribuição a essa tradição em torno de dois temas. O primeiro é sua análise da beneficência e do apadrinhamento. Xenofonte enxerga a beneficência como o modo preferível de exercer poder enquanto se minimiza a inveja. O segundo tema é sua meditação sobre a limitação da autossuficiência humana pelo divino. Esse tema essencialmente trágico explica o interesse especial de Xenofonte pela adivinhação. A estratégia geral de Xenofonte é exibir a vida de Sócrates, seu sábio ideal, como uma realização mais intensiva de autossuficiência do que qualquer vida meramente política, até mesmo a vida de um rei ideal, como Ciro, o Grande. Nesse aspecto, a vida socrática parece exceder a vida política. Mas a intensidade da autossuficiência de Sócrates expõe a vida socrática à inveja destrutiva, uma força que a melhor vida política de Xenofonte é planejada para controlar. Somente a peculiar intimidade de Sócrates com a arte da adivinhação pode tornar essa exposição um risco aceitável.

3.1 Beneficência e poder político

Xenofonte apresenta a forma mais pura de uma conversa entre um sábio e um líder político, não em seus diálogos socráticos, nem em suas obras históricas, mas no curto diálogo intitulado *Hiero*, uma conversa entre Simônides, o poeta ateniense, e Hiero, tirano de Siracusa.⁷ A posição

---

6 *Cf.* notadamente Heródoto I.32, em que Sólon alerta Croeso sobre a ameaça da inveja divina para a felicidade, especialmente em uma vida pública. Para uma explicação desse aspecto da escrita de Xenofonte que reúne muitos esclarecimentos em poucas páginas, *cf.* Gray (1989, especialmente p. 3-6 e 178-182). Hermann (1987) expõe muito bem as semelhanças analíticas entre Heródoto e Xenofonte, com um foco particular sobre a política da troca de presentes e a beneficência, embora Sócrates não figure em seu projeto.

7 Na introdução à segunda Epístola Platônica (*Epístola* II.310e-311a), o autor menciona Simônides e Hiero como um exemplo da relação entre sabedoria e poder, e corretamente prevê que a relação angustiada do próprio Platão com Dionísio, tirano de Siracusa, passará para a história como outro caso exemplar (Muitos estudiosos discutem se essa Epístola foi realmente escrita por Platão, mas ela é certamente uma evidência interessante de uma visão grega antiga sobre o assunto.). A Epístola também lista conversas famosas entre outros

crucial da inveja nesse diálogo põe em foco o caráter distintivo da invejável vida de Sócrates.

Certa vez, Simônides visitou Hiero em Siracusa. O poeta pediu ao tirano para comparar a vida privada com a vida do tirano em relação a seus prazeres e dores (*Hiero* I.1). Hiero tenta convencer Simônides de que a vida do tirano não tem nenhuma vantagem, e tem muitas desvantagens. A vida do tirano é particularmente sobrecarregada por falhas de confiança, reclama Hiero. Simônides zomba das reclamações de Hiero. Por exemplo, certamente os tiranos recebem muitos louvores e honrarias. Simônides saberia algo sobre isso, uma vez que ele havia se tornado famoso, para não mencionar rico, escrevendo tais louvores, especialmente em odes de vitória a clientes ricos, entre os quais estava o próprio Hiero. O poeta até mesmo diz que a honra está "mais próxima do divino" do que qualquer outro prazer humano (*Hiero* VII.4). Mas o tirano, retruca Hiero, não pode confiar nas honrarias e louvores que ouve. A verdadeira honra, diz ele, vem

> quando as pessoas pensam que um homem é um benfeitor capaz, e acreditam que gozam de boas coisas provindas dele, [...] e o coroam por causa de sua virtude pública e beneficência. [...] Eu considero abençoado aquele que é honrado dessa maneira. Pois percebo que [...] sem medo, sem ser invejado, sem perigo, com felicidade, ele passa sua vida. (*Hiero* VII.9-10)

Por razões semelhantes, o tirano não pode ter relações eróticas que o satisfaçam.

> A pessoa privada tem uma prova direta [diz Hiero] sempre que seu ente amado faz algo para lhe agradar, uma vez que ela sabe que o favor não foi forçado. Mas o tirano nunca pode confiar que é amado, uma vez que sabemos que as pessoas que fazem algo para nós por medo tentam se fazer parecer como se estivessem nos agradando como amantes. (*Hiero* I.37)

---

pares de homens sábios e governantes que são mencionados em Platão e especialmente em Heródoto. *Cf.* Gray (1986, p. 119-122).

O desesperador retrato do tirano infeliz apresentado por Hiero – ele havia chegado ao ponto de dizer que o tirano poderia se beneficiar ao enforcar-se (*Hiero* VII.13) – incita Simônides a dar-lhe conselhos sobre como administrar melhor seus assuntos. O poeta, no entanto, enxerga a questão exatamente nos mesmos termos que o próprio tirano. O diálogo termina com essa garantia de Simônides:

> Tente conquistar a todos com a beneficência. Pois se você controlar seus amigos com beneficência, seus oponentes serão incapazes de lhe impor resistência. E se você fizer todas essas coisas, saiba bem que você possuirá a melhor e mais abençoada de todas as posses dos seres humanos: você será feliz sem ser invejado. (*Hiero* XI.14-15)

O poder e a preeminência atrairão inveja, admite Simônides. Hiero está certo em ver isso como a principal ameaça à sua felicidade. Mas, sugere o poeta, o líder político inteligente pode usar seu poder para controlar os outros sem que eles se ressintam dele. A chave é "conquistá-los" com gentileza, ou mais precisamente torná-los seus devedores com beneficência. Mediante a manipulação de benefícios públicos e apadrinhamento, o tirano prudente envolverá o punho de aço de seu poder com a luva de veludo de seus favores. Até mesmo a guarda pessoal mercenária do tirano, da qual ele necessita para manter os cidadãos intimidados, pode ser tornada aceitável. Simônides sugere que Hiero utilize seus mercenários estrangeiros como uma força policial contra os escravos dos cidadãos. Ajude os cidadãos a brincar de senhores em suas casas, e eles terão maior aceitação de seu domínio na cidade (*Hiero* X.4).

A manipulação do apadrinhamento e da beneficência que Simônides recomenda a Hiero é praticada com perfeição pelo rei ideal de Xenofonte, Ciro, o Grande. Xenofonte apresenta o domínio por meio da beneficência como a chave para a subida de Ciro ao poder. "Não nos revelaríamos como nobres ao tentar imediatamente conquistar nossos benfeitores com nossa própria beneficência?", ele pergunta a seus oficiais, explicando sua própria abordagem à distribuição dos despojos de uma vitória (*Cirop.* V.3.2). Este é, claro, o mesmo princípio que Simônides recomendara a Hiero. Ele também será uma parte central da vida de Sócrates. Xenofonte apresenta Sócrates como uma realização alternativa dos ideais culturais encarnados no rei perfeito ou no tirano idealizado.

A gradual apropriação do poder por parte de Ciro, tirando-o de seu tio Ciáxares, revela o aspecto competitivo ou antagônico da beneficência. Ciro não usurpa o trono simplesmente atacando Ciáxares. Em vez disso, ele estabelece seu domínio sobre ele fazendo favores a Ciáxares que este não está em posição de retribuir. Isso chega ao cúmulo quando Ciro "toma emprestadas" algumas tropas de seu tio sem lhe contar, e retorna de um ataque ousado com um sucesso brilhante. Ciáxares irrompe em lágrimas de raiva diante do retorno triunfante de Ciro, e acusa-o de tratá-lo injustamente. "Que você pense que lhe fiz uma injustiça", responde Ciro, "é algo que acho difícil de suportar. Como é possível que, ao tentar fazer tanto bem quanto posso aos meus amigos, seja pensado que em vez disso eu realizei o contrário?" A resposta de Ciáxares mostra que ele está começando a entender como Ciro está manipulando o poder suave da beneficência:

> Ciro, não sei como alguém poderia dizer que as coisas que você fez são *más*. Mas certamente são essas coisas *boas* que são um fardo mais pesado para mim, quanto mais delas existem. [...] Uma vez que não partilhei da realização desses bons resultados, resta-me aceitá-los como uma mulher, como beneficências suas. Para todos, especialmente meus súditos, você pode parecer ser o verdadeiro homem, enquanto eu parecerei indigno de governar. (*Cirop.* V.5.12, 25, 33-34)

A dificuldade de Ciáxares de encontrar a maneira correta de reclamar de Ciro mostra o quanto a beneficência pode ser uma ferramenta poderosa de dominação. Mesmo quando Ciro provoca uma dessatisfação agitada nos outros, ele tem mais chances de incitá-los à emulação e à rivalidade do que à inveja destrutiva.

Embora Xenofonte tenha desenvolvido uma análise mais abrangente da beneficência e do poder do que qualquer outro escritor antigo, o tema dificilmente se limita a ele. Tucídides, por exemplo, deixa claro a ameaça velada por trás das expectativas de gratidão no famoso "Discurso fúnebre do maior estadista de Atenas, Péricles":

> Em nossa virtude, nós atenienses somos diferentes da maioria. Pois obtemos nossos amigos não por recebermos benefícios, mas por concedê-los. Aquele que concede o favor forma um vínculo mais seguro, porque por meio do auxílio contínuo ele mantém o outro em seu débito. Aquele que deve é menos cioso, sabendo que quando ele retribui não será um favor, mas apenas um pagamento pela virtude do outro. (TUCÍDIDES, *História da Guerra do Peloponeso*, II.40.4)

Não se enganem com a menção gentil dos "amigos" por parte de Péricles, nem com suas brandas reclamações sobre a gratidão "menos ciosa" daqueles. Ele está falando sobre os aliados subordinados ao império de Atenas, e alertando-os de que, se não fizerem aquilo que Atenas quer, serão punidos como ingratos.

Aristóteles está cheio de passagens que refletem questões de beneficência. De fato, ele parece ter tido essa mesma passagem de Tucídides em mente em suas próprias discussões sobre a boa vontade e a beneficência (*EN* IX.5 e IX.7). As dinâmicas da beneficência competitiva também estão em jogo em sua explicação do amor-próprio nobre, na qual ele analisa a rivalidade amigável entre homens ambiciosos para fazer mais bem do que os outros (*EN* IX.8). Ele fornece um enunciado particularmente claro da conexão entre beneficência e dominação em sua discussão da magnanimidade:

> O homem magnânimo é da espécie daqueles que concedem benefícios, mas constrangem-se em recebê-los, pois a superioridade é própria do primeiro, e a subordinação é própria do segundo. Ele também retribui mais benefícios do que recebeu, de modo que aquele que recebe o pagamento fique lhe devendo algo e seja o receptor [em vez de o agente] da beneficência. Os homens magnânimos parecem se lembrar dos benefícios que concedem, mas não dos que recebem, pois alguém que recebe um benefício é subordinado a alguém

que o concede, e o homem magnânimo deseja ser superior. (*EN* IV.3.1124b9-14, 17-18)

O homem magnânimo de Aristóteles está tão absorto em ser um benfeitor que ele parece ser um pouco ingrato quando foi um beneficiário.⁸

3.2 Beneficência e liberdade socrática

Xenofonte deixa claro que a intensa ambição política caracterizou alguns dos admiradores mais proeminentes de Sócrates. Esse foi especialmente o

---

8 A análise de Aristóteles sobre a dinâmica da beneficência (em grego, *euergesia*, ou a expressão verbal *eu poiein*) teve uma influência decisiva sobre a teoria antropológica moderna acerca das assim chamadas economias de "troca de dádivas". Essa influência é especialmente proeminente na tradição que se origina com o ensaio clássico de Marcel Mauss, *A dádiva* [1924; tradução inglesa de CUNNISON, 1954]. Por exemplo, quando descreve como a troca de dádivas nas Ilhas Trobriand revela "a liberdade e a autonomia, bem como a magnanimidade de uma pessoa", Mauss comenta: "Essa moralidade [da troca de dádivas] é comparável aos belos parágrafos da *Ética a Nicômaco* [IV.1-2] sobre a *megaloprepeia* [magnificência no dispêndio] e *eleutheriotes* [liberalidade no dispêndio]" (21n.24). Mauss também enfatizou o mesmo princípio de controle que o Ciro de Xenofonte buscava por meio da beneficência: "O prestígio de um indivíduo [é] intimamente ligado ao dispêndio, e ao dever de retribuir com juros dádivas recebidas, de tal modo que *o credor se torne o devedor.* [...] Os princípios de rivalidade e antagonismo são básicos" (35, grifo meu). O distinto estudioso clássico Paul Veyne estava seguindo os passos de Mauss (conforme observado por Oswyn Murray em sua introdução a Veyne (1990 [1976], p. 15-16) em sua influente análise da beneficência (que ele chama de "euergetismo") no mundo antigo. Veyne fornece uma explicação abrangente da mesma passagem de Aristóteles sobre a magnificência e a liberalidade mencionada por Mauss (p. 14-18). Veyne também observa (p. 71-72) que Sócrates se concentra na necessidade, para o homem público, de gastar "com magnificência" e de ser um "benfeitor", em seu conselho a Cristóbulo: Xenofonte, *Econômico* II.4-6.
   As mais influentes teorias éticas da filosofia anglófona, sejam elas kantianas, utilitaristas, ou as mais novas teorias da "ética de virtudes", são mal projetadas para capturar essa sutil moralidade da beneficência, da gratidão e da inveja (Abordagens da ética que são herdeiras de Hegel e Nietzsche se saem melhor.). A gratidão nessas teorias modernas é reduzida a algo próximo da mera etiqueta, como enviar notas de agradecimento por presentes de casamento, e perde a centralidade e o peso moral às vezes opressivo identificado por Tucídides, Xenofonte e Aristóteles. Assim, é fácil para os leitores modernos ignorarem a profundidade moral das análises antigas. Talvez essa cegueira tenha algo a ver com a queda de Xenofonte em descrédito ao longo dos 200 anos em que tais teorias éticas foram dominantes.

caso com uma dupla de admiradores notáveis, Crítias e Alcibíades, que se tornaram os homens mais gananciosos, ultrajantes e violentos de Atenas (*Mem.* I.2.12).[9] Como tais homens alguma vez podem ter achado Sócrates atraente? A chave é que eles viram em Sócrates algo que queriam emular, ou pelo menos de que se apropriar. Crítias e Alcibíades queriam "fazer tudo para si mesmos e tornar-se mais famosos do que todos". Eles se associaram a Sócrates porque viram na autossuficiência política de Sócrates, em seu autocontrole e poder de oratória, uma imagem da capacidade política de oratória e ação que eles almejavam (*Mem.* I.2.14-15).

O fato de Sócrates atrair as energias emulativas de dois homens tão notórios levantou suspeitas de que ele favorecesse ambições políticas não democráticas (*Mem.* I.2.9). Xenofonte não atacou essa suspeita de modo tão completo e direto quanto se poderia esperar. Ele forneceu uma explicação detalhada de como Sócrates tentou corrigir Crítias (*Mem.* I.2.29-37), mas nenhum exemplo de qualquer correção de Alcibíades. Dado que Sócrates trata enfaticamente Crítias e Alcibíades como uma dupla, essa diferença é notável. Ao contrário, Xenofonte relata uma conversa que não exibe a influência de Sócrates sob uma luz muito favorável, entre o adolescente Alcibíades e o estadista Péricles, que era um de seus guardiões legais (*Mem.* I.2.39-46). Essa conversa parece ilustrar o tipo de influência que o próprio Sócrates de Platão diz ter sobre "aqueles jovens que possuem mais lazer e riqueza": eles "gostam de ouvir pessoas sendo questionadas, e frequentemente me imitam tentando questionar os outros" (PLATÃO, *Apol.* 23c).[10] Usando habilidades dialéticas que certamente parecem estar imitando

---

9 Xenofonte enfatiza que ele considera Crítias e Alcibíades como uma dupla gramaticalmente, usando as formas duplas ao longo daquela seção.

10 Tem havido um vivo debate acadêmico sobre como Xenofonte entendeu o questionamento dialético de Sócrates, com particular interesse em relação ao modo como seu retrato é diferente do de Platão. Uma questão central é se a refutação dialética (em grego, *elenchus*) foi entendida por Sócrates, Platão ou Xenofonte como sendo meramente destrutiva de falsas opiniões, ou construtiva de crenças verdadeiras. Abordar esse tópico exigiria uma comparação detalhada entre textos de Platão e Xenofonte, indo além do escopo deste capítulo. Para uma orientação acerca desses debates, *cf.* a contribuição de Benson neste volume, capítulo 8; Carpenter e Polansky (2002), e Brickhouse e Smith (2002), que são céticos de que uma explicação geral possa ser dada acerca do método dialético de Sócrates

Sócrates, Alcibíades interroga Péricles sobre a natureza da lei, e conclui questionando a legitimidade das leis da democracia. Xenofonte relata essa conversa suspeita como uma evidência da precoce e duradoura ambição política de Alcibíades. Mas a conversa também deixa a impressão de que a ambição de Alcibíades fora alimentada por uma habilidade de discurso que ele aprendera de Sócrates.[11]

Xenofonte também permite que o leitor veja que Sócrates ofereceu algum tipo de elogio da realeza, uma posição que alguém com as ambições de Alcibíades poderia achar difícil de distinguir de uma defesa da tirania. Sócrates, conforme a acusação, "selecionava passagens de poetas famosos [...] para usar como evidências ao ensinar seus associados a serem inescrupulosos e tiranos" (*Mem.* I.2.56). Xenofonte cita um longo trecho de uma dessas passagens (*Ilíada* II.188-206). Trata-se de um discurso de Odisseu, encorajando os nobres a obedecerem a seu rei Agamenon e criticando as pessoas comuns por sua falta de deferência. Odisseu coroa seu discurso com uma linha que teria se encaixado bem com a ambição de "fazer tudo para si mesmos" que caracterizava Crítias e Alcibíades: "A senhoria para muitos não é uma coisa boa. Que haja um só governante, um só rei". Se, como admite Xenofonte, Sócrates regularmente citava essa passagem, não

---

em Platão; e Morrison (1994) e Dorion (2000, p. 108-182), que fornecem explicações convincentes do lugar da refutação dialética nos escritos socráticos de Xenofonte, com ênfase especial sobre as conversas entre Sócrates e Eutidemo nos *Memoráveis* IV.

11 Morrison (1994, p. 181-182); Gray (1998, p. 50-51); e Johnson (2003, p. 277-279), todos retratam Alcibíades nessa passagem como fazendo mau uso das habilidades dialéticas de Sócrates, notadamente em contraste com o uso dessas habilidades pelo próprio Sócrates em outros lugares, especialmente com Eutidemo em *Memoráveis* IV. Acho que eles protestam demais sobre esse ponto. Xenofonte cria um agudo contraste entre o modo como Sócrates critica Crítias e fica em silêncio em relação a Alcibíades. Quando Xenofonte de fato exibe a habilidade dialética de Sócrates em seu modo mais construtivo com Eutidemo, acredito que o leitor é convidado a notar a diferença em relação ao relacionamento de Sócrates com Alcibíades. No *Banquete* de Platão (222b), Alcibíades cita Eutidemo, assim como ele próprio, como um amante de Sócrates; e a conversa entre Sócrates e Alcibíades no *Alcibíades I* de Platão parece ter sido o modelo para boa parte da conversa com Eutidemo em *Memoráveis* IV. (Para um argumento compacto e efetivo em favor da conexão entre o *Alcibíades I* e o *Memoráveis* IV, *cf.* a Introdução a DENYER, 2001.) Se essas referências intertextuais forem aceitas, o relativo silêncio de Xenofonte, comparado com Platão, acerca da crítica de Sócrates a Alcibíades torna-se especialmente provocante. *Cf.* Johnson (2005, p. 46-48).

é de surpreender que alguns de seus admiradores tenham buscado uma interpretação política, ou talvez devêssemos dizer uma apropriação política, de sua autossuficiência.

Xenofonte enfatiza essa apropriação política muito mais do que Platão o faz. Essa diferença de ênfase aparece imediatamente em uma história memorável que cada um deles relata em sua *Apologia*. Em seu julgamento, Sócrates afirmara que um amigo seu, Querefonte, consultara o oráculo de Delfos a respeito de Sócrates. Em ambas as versões, o oráculo faz um pronunciamento sobre a virtude distintiva de Sócrates. Mas na versão de Platão, o oráculo diz apenas que ninguém é mais sábio que Sócrates. Na versão de Xenofonte, diz que Sócrates é o mais livre, o mais justo e o mais são dos seres humanos (PLATÃO, *Apologia* 20e-21a; XENOFONTE, *Apologia* 14). Por certo, a versão de Platão sobre a sabedoria de Sócrates deixa um amplo espaço para sua liberdade e justiça, assim como a versão de Xenofonte sobre sua liberdade deixa espaço para sua sabedoria. Mas é mais imediatamente óbvio por que a liberdade superlativa de Sócrates seria mais politicamente atraente do que sua sabedoria.

O Sócrates de Xenofonte parece entender a liberdade, à qual ele atribui um alto valor, como envolvendo duas disciplinas bastante diferentes. Para ser livre, alguém deve controlar seus desejos. Esse é o aspecto ascético da liberdade. Mas ele equipara essa liberdade ascética em relação ao desejo à liberdade que alguém mantém ao ser merecedor de gratidão por parte de outros, enquanto não deve nada aos outros. Esse é o que podemos chamar de "aspecto de troca" da liberdade. Assim como Ciro, e como o império ateniense, Sócrates se encontra no topo de uma cadeia de relações de beneficência.[12] Sócrates, ao que parece, é tanto um mestre da estratégia do

---

12 Para uma explicação diferente da beneficência na *Apologia* de Xenofonte, *cf.* Vander Waerdt (1993). Seguindo uma pista de Strauss (1989, p. 130 e 138), Vander Waerdt argumenta que a benevolência universal de Sócrates é uma forma translegal de justiça, que, portanto, coloca Sócrates em um conflito pelo menos potencial com sua cidade. Essa abordagem tende a obscurecer o potencial da beneficência para ser um instrumento de dominação, e torna mais difícil enxergar na beneficência exemplar de Sócrates algo que seja de interesse particular para os politicamente ambiciosos. Pangle (1994, p. 147-150), concentra-se em Ciro como uma alternativa a Sócrates, e enxerga a importância da gratidão para Ciro.

controle por meio da beneficência quanto Ciro. Xenofonte apresenta esse talvez surpreendente aspecto da autossuficiência socrática como uma parte da liberdade superlativa de Sócrates.

Quando Sócrates interpreta o oráculo, ele se gaba de ser o homem mais livre em Atenas. Ele menciona como evita a "escravidão" dos desejos, mas também enfatiza sua liberdade de troca:

> Quem você conhece que é menos escravo dos desejos do corpo? E qual ser humano é mais livre do que aquele que não recebe presentes nem pagamento de ninguém? [...] Muitos cidadãos que buscam a virtude, bem como estrangeiros de todos os lugares, escolhem se associar a mim. Por que é que, embora todos saibam que não possuo nenhum dinheiro para retribuir um presente, muitas pessoas ainda desejam me dar presentes? Como pode ser que ninguém espere um retorno de beneficência da minha parte, mas muitos reconheçam que têm para comigo uma dívida de gratidão? (XENOFONTE, *Apol.* 15-17)

Aqui também vemos como Xenofonte entendeu a recusa de Sócrates em receber dinheiro em troca de ensinamentos. Ao "não receber presentes nem pagamento de ninguém", Sócrates mantinha sua posição no topo da cadeia de beneficência.

> Ele sustentava que, ao abster-se de receber dinheiro, estava protegendo sua liberdade, e chamava aqueles que recebiam dinheiro por sua companhia de "escravizadores de si mesmos", uma vez que tinham de conversar com qualquer pessoa que pagasse (*Mem.* I.2.6).

Ele zombava daqueles que recebiam dinheiro em troca de ensinamentos justamente porque eles não reconheciam o benefício muito maior que receberiam de uma relação de troca de presentes, entre um benfeitor e um beneficiário, do que de uma relação de mercado. "Será que eles não acreditam que o maior lucro é simplesmente ganhar um bom amigo", dizia Sócrates, "ou será que eles temem que alguém que tenha se tornado verdadeiramente virtuoso possa não ter a maior gratidão para com aquele que lhe fez as maiores beneficências?" (*Mem.* I.2.7).

Os aspectos de ascetismo e de troca que compõem a liberdade superlativa de Sócrates também são ligados a sua abjeta pobreza. Ele é indiferente ao dinheiro porque seus desejos são controlados; esta é sua liberdade ascética aplicada à riqueza. E uma vez que ele se recusa a aceitar presentes, para não dizer pagamentos diretos, ele permanece no controle das pessoas que ele beneficia; esta é sua liberdade de troca. Os companheiros de Sócrates são onerados com uma dádiva que não pode ser paga. Essa é exatamente a situação que Aristóteles menciona quando diz: "O valor de nossos associados em filosofia não pode ser medido em dinheiro, e nenhuma honra teria peso equivalente. Mas talvez seja suficiente, como com os deuses e os pais, fazermos o que pudermos" (*EN* IX.1.1164b2-6). Sócrates é para seus amigos gratos aquilo que os deuses e os pais são para sua prole: seus amigos são suas crias.

Uma imagem política e distorcida da liberdade de Sócrates, incluindo sua liberdade de troca, centrada na beneficência e em seu poder suave, é o que atraiu Alcibíades e Crítias. Mas eles eram incapazes da disciplina ascética da liberdade socrática. A atração que esses homens sentiam pelo poder continha uma mistura demasiada de desejo licencioso. O verdadeiro rei precisa de um rigoroso autocontrole, uma espécie de ascetismo, que o distingue do tirano. Nesse aspecto crucial, até mesmo um novo e melhorado Hiero, esclarecido por um Simônides, ficaria aquém de ser um Sócrates político.

A deficiência da tirania esclarecida de Hiero é trazida à tona pelo ascetismo do Ciro de Xenofonte. Desde sua juventude, Ciro tinha aversão à perda de controle que vinha com a indulgência sensual (*Cirop*. I.3.11). Ele ensinava suas tropas a controlar seus próprios desejos de comida e bebida em campanha, e sua própria prática lhes servia como um exemplo dessa restrição (*cf*. especialmente *Cirop*. IV.2.38-45). Uma vez que ele havia tido sucesso em obter o império que almejava, incitou suas tropas a manterem aquele império preservando toda a disciplina que haviam abraçado a fim de conquistá-lo, conforme o exemplo dado por ele próprio (*Cirop*. VII.5.77-78, VIII.1.30-32). Ciro constantemente estimula o ascetismo em si mesmo e nos outros, principalmente por sua utilidade política.

Mas Sócrates viveu uma vida essencialmente privada, não uma vida de envolvimento político, um ponto enfatizado por Xenofonte (Enfatizado também por Platão, por exemplo, no discurso de Cálicles no *Górgias* [484c-486c] e na descrição que Sócrates dá de sua própria vida na *Apologia* [23b e 31c] e na *República* [VI.496a-497a]). O argumento político de Ciro em favor do ascetismo não pode explicar o tipo de asceta que era o próprio Sócrates. Uma consideração especialmente reveladora desses dois tipos de ascetismo aparece em uma troca que Xenofonte relata entre Sócrates e um de seus admiradores, Aristipo. (Sobre Aristipo, *cf.* Döring no capítulo 2 deste volume). Ora, Aristipo era o oposto de um homem politicamente ambicioso. Ele pensava que o envolvimento político era um desperdício da liberdade de alguém. E assim ele defendia um modo de vida radicalmente apolítico, dedicado a um tipo especial de hedonismo. Para ser livre, dizia ele, "eu não me fecho em nenhuma comunidade política. Sou um estrangeiro em todos os lugares" (*Mem*. II.1.13). Sua alienação tornava possível seu hedonismo; ele não precisava trabalhar arduamente, como era o caso de um homem como Ciro. Nessa fuga dos embaraços políticos, ele provavelmente pensava estar imitando a privacidade da vida do próprio Sócrates. Assim, é surpreendente e um pouco cômico ver Sócrates pressionando Aristipo com um argumento em favor do ascetismo baseado justamente em sua necessidade para um governante político. Aristipo alegremente admite que *se* um homem está interessado no domínio político, ele não pode se permitir o mesmo tipo de liberdade que Aristipo valoriza. Mas Aristipo não é um homem assim, uma vez que ele resiste à noção de que a liderança política seja algo pelo qual alguém deva se esforçar. Em exasperação quando Sócrates continua a pressionar o assunto, ele exclama, "Sócrates, você parece sustentar que a felicidade não é nada além da arte da realeza!" (*Mem*. II.1.17).

Poderíamos simpatizar com Aristipo, que é muito obviamente um candidato não receptivo para essa conversa específica. O sentido do argumento de Sócrates aqui em favor do ascetismo depende de uma assunção não defendida acerca das atrações intrínsecas da vida da realeza. Mas o objetivo dessa conversa se torna mais claro quando vemos que ela não era dirigida unicamente, e talvez nem mesmo principalmente, ao próprio Aristipo, o apolítico.¹³ Xenofonte (*Mem.* II.1.1) introduz a conversa relatando que Sócrates notara que um de seus companheiros era "bastante licencioso", e a conversa com Aristipo visava beneficiar esse companheiro. Podemos supor que esse companheiro aceitava a assunção não defendida de Sócrates sobre o valor da vida política. Ao expor a assunção radicalmente apolítica que está por trás do hedonismo de Aristipo, Sócrates é capaz de, com uma gentil indireta, provocar seus companheiros mais politicamente ambiciosos a desenvolverem hábitos de autocontrole que teriam agradado ao próprio Ciro. Mas é claro que esse autocontrole politicamente motivado não é o mesmo que o ascetismo do próprio Sócrates. Aristipo é, em um aspecto, mais semelhante a Sócrates do que o companheiro não nomeado deve ser, porque seus objetivos são mais privados. Mas em outro aspecto, o companheiro político é mais socrático, uma vez que há alguma continuidade entre o que o atrai ao ascetismo e o que atrai Sócrates a este. A completa rejeição da política por parte de Aristipo é uma imitação parcial da liberdade socrática, mas também o é a apropriação politicamente obcecada da autossuficiência de Sócrates tentada por homens da laia de Alcibíades e Crítias. O verdadeiro Sócrates de Xenofonte, o Sócrates completo, inspira ambos os tipos de parcialidade apaixonada, mas não é capturado por nenhuma delas.¹⁴

3.3 A intensidade erótica de Sócrates

Sócrates, o sábio ideal, e Ciro, o rei ideal, são ambos monstros de beneficência. Agora podemos entender que um homem politicamente

---

13 Xenofonte mostra diversas vezes Sócrates tendo uma conversa com uma pessoa em benefício de alguma outra pessoa na audiência. Em particular, quando Aristipo tenta vingar-se de Sócrates em uma conversa posterior, refutando-o exatamente como havia sido refutado, Xenofonte diz que Sócrates respondera, não tendo em vista simplesmente defender-se, mas com intenção de ser útil para aqueles presentes (*Mem.* III.8.1).

14 Para uma discussão mais completa de Aristipo e Alcibíades como imitações parciais da autossuficiência de Sócrates, *cf.* O'Connor (1994, p. 155-163). As questões em torno da diferença entre a privacidade filosófica baseada no hedonismo e a privacidade socrática são centrais em Strauss (1991), especialmente no *Restatement* [Re-enunciado], p. 177-212, em resposta à crítica de Alexandre Kojeve em *Tyranny and Wisdom* [Tirania e Sabedoria], p.135-176.

ambicioso veria algo bastante digno de ser imitado na autossuficiência socrática. Mas Xenofonte revela uma distinção crucial entre Sócrates e o rei. As beneficências de Sócrates ocorrem em um contexto erótico, no qual a subordinação de seus beneficiários é mais profunda que no contexto político, e de fato seria considerada uma abjeta escravidão fora de uma relação erótica. Sócrates intensifica a dominação que é produzida quando alguém "conquista seus próprios amigos com beneficência". Essa intensidade erotizada também corre um risco muito maior de provocar inveja do que sua imitação política.

Xenofonte se concentra na intensidade erótica de Sócrates em uma certa provocação aguda que ele registra com Antifonte, o sofista. Antifonte atacara Sócrates e tentara atrair alguns dos companheiros daquele. Ele zombara de Sócrates por não aceitar dinheiro. "Pelo menos você está sendo justo, Sócrates", dissera ele, "quando cobra por seu ensinamento um preço que se adéqua a seu valor: nada!" A resposta de Sócrates atinge o ponto central de seus próprios relacionamentos:

> Entre nós, sustenta-se que a flor da juventude e a flor da sabedoria são oferecidas em termos semelhantes, seja de uma maneira bela ou feia. Se você vende a flor da juventude por dinheiro a quem esteja disposto a pagar, eles o chamarão de prostituído. Mas se você vê que alguém realmente virtuoso está enamorado de você, e faz dele seu amigo, sustentamos que você é temperado e prudente. De modo semelhante, aqueles que vendem a flor da sabedoria a quem esteja disposto a pagar são chamados de sofistas, assim como os prostituídos. (*Mem*. I.6.13)

Aqui Sócrates analisa sua própria liberdade de troca usando uma linguagem extremamente severa. Por pior que seja para aqueles que "conversam com qualquer um que pague" ouvir Sócrates dizer que eles estão "escravizando a si mesmos" (*Mem*. I.2.6), é certamente pior ouvirem que estão se prostituindo.

Como Sócrates mantinha tais relações eróticas sem se tornar depravado? Xenofonte nos diz que ele tinha tanto apoios naturais quanto preternaturais.

Primeiro, Sócrates educara seu corpo e sua alma em um regime que lhe permitia viver de modo tão "ousado e seguro" quanto possível, "sem alguma intervenção divina" (*Mem.* I.3.5). Em segundo lugar, Sócrates de fato possuía uma "intervenção divina" em adição a esse regime, na forma do famoso "sinal divino" que vinha a ele. Sócrates expressou em tom brincalhão esses dois aspectos da ousada segurança de sua vida erótica, um divino, outro humano, comparando-se a Odisseu. Quando a tentadora Circe encantou todos os homens dele e os transformou em porcos, Odisseu escapou "parcialmente graças ao alerta de Hermes, e parcialmente graças a seu próprio autocontrole" (*Mem.* I.3.7). Vale lembrar que Odisseu não fugiu dos prazeres eróticos de Circe. Ele conseguiu dormir com a bela deusa durante um ano sem quaisquer maus efeitos.

O incomum autocontrole de Sócrates parece ter sido especialmente notável no que diz respeito ao desejo erótico. Ele havia treinado a si mesmo de modo que pudesse ter uma vida erótica que teria sido estupidamente arriscada para seus companheiros. Para eles, uma vez que eles não estavam "seguros" em seus desejos, ele recomendava grande cautela. Mas ele próprio, diz Xenofonte, "era evidentemente tão bem preparado que podia manter-se afastado dos mais belos e jovens objetos eróticos, assim como outros podem em relação aos mais feios e velhuscos" (*Mem.* I.3.14). Diferentemente de seus companheiros, ele podia correr o risco da beleza com impunidade, e não seguia o conselho de cautela que ele dava aos outros.

Xenofonte fornece um encantador exemplo da segurança de Sócrates em assuntos eróticos em uma conversa com uma famosa cortesã, Teodota. (Xenofonte enfatiza o nome de Teodota, que significa "presente divino"). Teodota "ficava com quem quer que a persuadisse" – isto é, com quem quer que lhe oferecesse presentes suficientemente pródigos. Um dos associados de Sócrates, mencionando que ela estava na cidade, afirmara que "a beleza dessa mulher está além da descrição", ou mais literalmente "é mais forte que o *logos*". Essa beleza inefável era especialmente manifesta quando "ela se exibia, tanto quanto podia sem vulgaridade, para os pintores que a visitavam para obter sua imagem". Sócrates sugerira que todos fossem e a contemplassem por si mesmos, uma vez que "aquilo que é mais forte que o *logos* não pode ser compreendido por ouvir a seu respeito". Quando chegam, eles têm a sorte de encontrá-la com um pintor, e a contemplam enquanto ela posa (*Mem.* III.11.1-2). Em uma provocação com um sentido sério por trás de seu exterior brincalhão, Sócrates sugere que as atrações de Teodota podem ser exploradas para obter amigos. Mais especificamente, ela pode prender seus admiradores a ela ao manipular as beneficências que troca com eles (*Mem.* III.11.4, 11-12). Teodota fica impressionada com a compreensão de Sócrates sobre as sutilezas do controle erótico, e pede a Sócrates que a visite com frequência e se torne ajudante dela na caça de amigos. Sócrates então inverte a relação usual entre a cortesã e seus contempladores: ele lhe diz que a ajudará "somente se, por deus, *você* persuadir *a mim*". Com essa resposta, Xenofonte deixa claro que Teodota é, de certo modo, uma imagem de Sócrates. Seu conselho a ela é uma descrição de si mesmo. Ocorrerá que ele nunca terá tempo para ela. Ele já tem muitos admiradores por si mesmo – ele nomeia seus companheiros filosóficos Apolodoro, Antístenes, Cebes e Símias –, os quais ele capturara com poções e encantamentos (*Mem.* III.11.15-18). Sócrates sempre consegue provocar admiração e serviço, mesmo quando confrontado com uma beleza como a de Teodota, tão atraente para outros homens.

Para ver o quanto o autocontrole erótico de Sócrates é notável, deveríamos compará-lo com o Ciro de Xenofonte. Ciro é não erótico por princípio. Ele não vê na atração erótica nada além de uma ocasião de escravidão, inconsistente com sua liberdade superlativa. Em um episódio que parece ter em mente o encontro de Sócrates com Teodota, Xenofonte considera o antierotismo de Ciro. Quando Ciro e suas tropas derrotaram os assírios, eles capturaram a bela esposa de um dos comandantes assírios. O nome dela era Panteia, que significa "absolutamente divina". Panteia fora colocada sob a guarda do velho amigo de Ciro, Araspas. Panteia fora informada de que seria tirada de seu marido e feita esposa de Ciro, e em sua aflição ela rasgara seu véu e se lamentara em voz alta, expondo a face e os ombros. Araspas estava espantado, e insistia que Ciro viesse e visse a mulher. Essa visão do corpo dela convencera Araspas de que "nunca houve na Ásia uma mulher de nascimento mortal de tamanha beleza" (*Cirop.* V.1.6-7).

Sócrates não se privava da contemplação da beleza. Ciro, sim. A beleza de Panteia, diz ele, poderia fazer com que ele se tornasse indiferente àquilo que ele deveria estar fazendo, simplesmente para contemplá-la. Araspas ri e tenta convencer Ciro de que o envolvimento erótico pode ser controlado racionalmente, de modo que ele não correrá perigo algum (*Cirop*. V.1.8-9). Ciro discorda. O amor erótico, diz ele, é uma escravidão extrema, e leva as pessoas a fazerem coisas que elas nunca fariam de outro modo (*Cirop*. V.1.12).

> Eu não toco em uma chama intencionalmente, nem olho para pessoas belas. Tome cuidado, Araspas! O fogo queima apenas aqueles que o tocam, mas as pessoas belas tocam até mesmo aqueles que as contemplam de longe, fazendo-os queimar de desejo erótico. (*Cirop*. V.1.16)

É claro, Araspas de fato se apaixona por Panteia. Agora é Ciro que ri, mas ele simpatiza com o apuro do amigo: "Admito de mim mesmo, que eu não seria forte o suficiente para lidar com coisas tão belas e ser indiferente a elas". Ele confia tão pouco em sua própria resistência erótica que se refere à bela mulher apenas de modo vago, como uma "coisa", e pede desculpas a Araspas por tê-lo colocado na proximidade dessa "coisa perturbadora que não pode ser derrotada". Araspas fica aliviado ao ser perdoado, e cumprimenta Ciro por ser capaz de simpatizar com "erros que são apenas humanos" (*Cirop*. VI.1.36-37).

Para preservar sua liberdade, Ciro deve evitar a beleza e sua carga erótica. Para ele, ela não é nada além de um problema. Eros, ao que parece, é uma força que ele não pode confiar em si mesmo para dominar. Nisto, Sócrates exerce o domínio mais completo. O corpo modelo de Teodota é um presente divino para Sócrates. Para Ciro, a beleza absolutamente divina de Panteia é um fruto proibido.

No detalhe do véu rasgado de Panteia, e no impacto erótico que esse vislumbre inesperado de seu corpo tem sobre Araspas, Xenofonte provavelmente tinha em mente o desvelamento inefável de Teodota. Mas ele também pode ter em mente uma passagem do *Cármides* de Platão (155d). Sócrates tivera um vislumbre acidental do belo corpo do jovem Cármides quando o manto deste se abriu. "Fui inflamado, eu não era mais eu mesmo", dissera ele. Mas a sequência revela que Sócrates, diferentemente de Araspas, de fato controlara a si mesmo. Sua atração erótica pelo jovem Cármides torna-se parte da energia de sua conversa. Em uma veia semelhante, Xenofonte mostra Cármides zombando do conselho erótico de Sócrates, e menciona ter visto Sócrates sentando-se próximo o suficiente de Cristóbulo a ponto de fazer seus ombros nus se tocarem (XENOFONTE, *Banq.* 27). Sócrates professa não ter sabido que eles haviam se tocado, e ter sofrido horríveis consequências, sem consciência da causa: "Ó, não! Então é por isso que meu ombro tem doído por mais de cinco dias, como que mordido por algum animal, e eu pareço ter algum tipo de ferrão em meu coração!" (28). Então a prática erótica do próprio Sócrates era mais liberal do que seus preceitos, e seus companheiros notavam. Aquilo que Sócrates deveria estar fazendo, em contraste com aquilo que Ciro deveria estar fazendo, é intensificado em vez de lançado na indiferença pelo vínculo erótico. A partir desse ponto de vista, a abertura da vida de Sócrates ao desejo erótico faz o ascetismo de Ciro parecer um pobre segundo lugar, uma estratégia nascida da fraqueza.

Mas Xenofonte também nos dá uma dura lição sobre os perigos políticos da intensidade erótica de Sócrates. Bem cedo em suas conquistas, Ciro capturara o rei da Armênia e sua família. O rei havia agido de má-fé contra Ciro, e este estava pensando em executá-lo. O filho do rei, Tigranes, pediu para falar em defesa do pai. Ciro sabia que o jovem havia sido um companheiro próximo de um sofista armênio com uma reputação de sabedoria, e assim estava ansioso para ouvir o que o jovem diria. Tigranes argumentou de maneira impressionante, e Ciro poupou toda sua família. Então Ciro perguntou: "Onde está aquele homem que você costumava admirar tanto?" Tigranes foi forçado a contar que seu professor havia sido executado – por seu próprio pai! "Meu pai disse que ele estava me corrompendo", disse Tigranes. Ciro ficou chocado, mas o rei tinha uma justificativa, com a qual Xenofonte deve ter tido intenção de lembrar o leitor sobre o julgamento de Sócrates:

Certamente, Ciro, homens que pegam estranhos metendo-se com suas mulheres os executam. E não é porque eles pensem que os estranhos tornaram suas mulheres menos inteligentes! Antes, aqueles roubam o amor das mulheres por eles próprios, e assim aqueles estranhos são tratados como inimigos. Eu pensei que esse sofista fazia meu filho admirá-lo mais do que a mim, e assim tive inveja dele. (*Cirop.* III.1.39)

A acusação de que Sócrates "corrompia os jovens" justamente por persuadi-los a lhe obedecerem em vez de a seus pais, conforme nos conta Xenofonte, foi feita diretamente por Meleto no julgamento de Sócrates. Em resposta, Sócrates diz que não é de admirar que as pessoas o ouçam acerca da educação, assim como ouviriam outros especialistas em vez de seus pais (XENOFONTE, *Apol.* 19-21). Mas essa resposta é dissimulada. Sócrates não era apenas um mestre-escola entre muitos, e os pais não ficam tipicamente ressentidos sempre que seus filhos aprendem com os professores. Tigranes também deve ter tido outros professores, mas somente o Sócrates armênio fez o pai do jovem sentir que sua afeição havia sido roubada. Xenofonte faz Meleto usar exatamente o mesmo argumento usado pelo rei da Armênia. O domínio erótico de Sócrates sobre seus companheiros era tão intenso que provocava uma inveja destrutiva. O duplo armênio de Sócrates mostra que a intensidade da inveja erótica pode acontecer em qualquer lugar. Com efeito, isso confirma a visão sombria que Sócrates adota na *Apologia* de Platão acerca do exílio como uma possível punição. Como, diz o Sócrates de Platão, as pessoas de outro lugar poderiam aceitar de mim as mesmas práticas e argumentos que provocaram a inveja hostil de meus concidadãos? "Pois bem sei que, onde quer que eu fosse, os jovens ouviriam o que digo, assim como o fazem aqui" (PLATÃO, *Ap.* 37d-e).

Embora Ciro tenha se juntado a Tigranes na admiração pelo sábio professor do jovem, ele aceita a justificativa do rei para executá-lo. Na mesma linguagem posteriormente utilizada por Araspas, Ciro disse ao pai: "Penso que seu erro é apenas humano", e aconselhou o filho: "e você, Tigranes, tenha simpatia por seu pai" (*Ciropédia* III.1.40). Assim como Ciro humanamente tolerou a queda erótica de Araspas, ele também tolerou a inveja erótica do rei armênio. Mas Ciro não admite essa vulnerabilidade erótica humana em sua própria vida. Ele preserva vigorosamente sua liberdade à custa de eros, pensando que os prazeres da beleza não são dignos do preço da paixão e da inveja. O autocontrole preternatural de Sócrates lhe permite correr o risco da paixão da beleza, e assim como seu duplo armênio, ele está disposto a correr o risco de ser invejado, mesmo até a morte.

Dificilmente poderia haver um confronto mais claro entre as beneficências política e erótica. Ciro pode reconhecer a sabedoria socrática, mas ele não pode protegê-la. Na medida em que alguém identifica o julgamento do próprio Xenofonte com o julgamento de Ciro, esse alguém teria de dizer que ele não simplesmente refuta a acusação capital de Meleto. Se a forma mais elevada de prudência política alcança a autossuficiência ao mesmo tempo que evita a inveja, então Sócrates não a possuía.

3.4 A invejável piedade de Sócrates

Conforme o relato de Xenofonte sobre o julgamento de Sócrates, a tendência deste a provocar inveja foi a causa central de sua condenação. "Sócrates incorreu em inveja ao exaltar a si mesmo no tribunal, e assim tornou os juízes mais dispostos a condená-lo" (XENOFONTE, *Apologia* 32). O Sócrates de Platão também menciona a inveja dirigida contra ele (*Apologia* 18d, 28a, e 37d). Ambos ainda apresentam Sócrates comparando-se diretamente a Palamedes, cuja execução injusta fora arranjada por Odisseu (XENOFONTE, *Apologia* 26; PLATÃO, *Apologia* 41d), e Xenofonte em outro lugar identifica o motivo de Odisseu como inveja (*Mem.* IV.2.33). Essa inveja mortífera tem dois aspectos, correspondendo às duas partes da acusação formal contra Sócrates, "corromper os jovens" e "introduzir novas divindades". Vimos que a sabedoria de Sócrates não o protegeu da inveja provocada pela intensidade erótica de seus relacionamentos, especialmente com os jovens. De modo semelhante, as alegações que ele fazia sobre sua relação especial com o divino ultrajaram seus juízes.

Xenofonte e Platão deixam claro que Sócrates provocou seus juízes com sua bazófia, sua "grande conversa", na adorável expressão grega, e explicam que essa "grande conversa" é o foco da *Apologia* de Xenofonte (*cf. Apol.* 1). Ao parecer exaltar a si mesmo e desprezar sua audiência, Sócrates despertou gritos irritados da multidão no julgamento. Esses surtos de indignação demarcam as alegações mais invejáveis de Sócrates. Xenofonte e Platão utilizam esses pontos críticos de inveja para indicar o aspecto mais misterioso da autossuficiência de Sócrates: sua relação privilegiada com o divino. Esse privilégio é revelado no pronunciamento público do oráculo de Delfos, que confirma a virtude distintiva de Sócrates, e na essencial privacidade do "sinal divino" de Sócrates, a voz silenciosa que lhe dava uma orientação segura sempre que ele começava a se encaminhar para uma ação não apropriada. A indignação em relação a essas duas alegações de privilégio divino provocou uma inveja tão mortífera quanto aquela de tipo erótico.

Platão prefacia a história do oráculo com a admoestação de Sócrates aos juízes: "Senhores de Atenas, não façais rumor, ainda que vos pareça que eu fale com engrandecimento. [...] Apresento-vos como testemunha de minha sabedoria: o deus de Delfos!" (20e). Sócrates sabe que irá provocar uma gritaria, e tem de repetir a admoestação contra a criação de uma perturbação à medida que se aproxima de seu arremate:

> Querefonte foi certa vez a Delfos e ousou interrogar o oráculo – agora, como eu dizia, não façais rumor, senhores – pois de fato ele perguntou se havia alguém mais sábio que eu. E a Pítia respondeu que não havia ninguém mais sábio. (PLATÃO, *Ap.* 21a)

Platão não conecta essa afirmação pública do privilégio divino de Sócrates com o sinal divino privado. Mas depois, quando Sócrates menciona o sinal, é claro que ele espera ser provocativo. Sócrates não o traz à tona antes de ter insultado os juízes ao afirmar ser um "presente de deus" para Atenas, na forma de um moscardo ferroador, uma observação que Sócrates também introduz com um alerta contra a gritaria que ele espera provocar (PLATÃO, *Apologia* 30c,e). Ele diz que seu acusador Meleto "fez uma comédia" de sua orientação habitual a partir daquele oráculo privado. Sócrates está ligando a ridicularização por parte de Meleto de volta a seus "primeiros acusadores", os poetas cômicos, especialmente Aristófanes, a fonte da acusação de que ele introduz novas divindades, os poetas que, como havia dito Sócrates, acusaram-no "com inveja" (PLATÃO, *Apologia*, 18d).[15] Em especial, Sócrates adverte os juízes para não se irritarem se ele lhes disser a verdade: o sinal sempre o manteve fora da política, pois a justiça só pode ser buscada em privado, não em público (PLATÃO, *Apologia*, 31d-e).

Xenofonte reescreve essa história com uma ênfase um tanto diferente, e com uma explícita conexão com a inveja. Já notamos que a versão de Xenofonte da história do oráculo délfico se concentra na virtude de Sócrates de modo mais amplo do que a versão de Platão, e enfatiza a liberdade, pelo menos, tanto quanto a sabedoria. Xenofonte também conecta os privilégios divinos público e privado. Seu Sócrates conta a história do oráculo de Delfos somente após primeiro se gabar da orientação segura dada por seu sinal divino. "Já fiz pronunciamentos a muitos de meus amigos sobre aquilo que o deus recomenda", diz ele, "e nunca ocorreu de eu estar errado". (A *Apologia* de Platão não havia mencionado qualquer conselho que o sinal divino pudesse ter dado a qualquer pessoa além do próprio Sócrates). O resultado imediato dessa vanglória é a inveja: "Os juízes gritaram para calar Sócrates quando ouviram-no dizer isto. Alguns não acreditaram em suas alegações, outros tiveram inveja de que ele obtivesse dos deuses mais do que eles próprios".

Somente então ele os provoca ainda mais com a história do oráculo:

> Vinde, ouvi algo mais em que podeis não acreditar, sobre eu ser honrado pelo divino, se estais dispostos. Certa vez Querefonte fez uma interrogação a meu respeito em Delfos. Apolo deu a resposta de que, comparado a mim, nenhum ser humano era mais livre, mais justo e mais são. (XENOFONTE, *Apol.* 14)

---

15 Cf. *Filebo* 48a-50b, em que a ridicularização nas comédias é ligada à inveja. Strauss (1989, p. 105), destaca a relevância dessa passagem para a compreensão de Platão em relação a *As nuvens* de Aristófanes.

Xenofonte oferece um comentário lacônico: "Ao ouvir isto, os juízes gritaram ainda mais para calá-lo, como seria de se esperar". Eles veem essa arrogante alegação de ser um favorito do deus como uma mentira insuportável, ou como uma verdade ainda mais insuportável.[16]

O Sócrates de Xenofonte está sempre pressionando seus companheiros acerca da necessidade humana de orientação divina. Ele os aconselhava a se preocuparem com a adivinhação "se qualquer um deles quisesse prosperar para além dos limites da sabedoria humana" (*Mem.* IV.7.10). Em particular, a necessidade da adivinhação revelava os limites da realização política da autossuficiência.[17] "As pessoas que vão governar bem lares e cidades", diz Sócrates, não podem confiar unicamente em se tornarem habilidosas no governo de seres humanos, nem em qualquer outra arte sob o controle do juízo humano. Para descobrir se você se beneficiará ou não ao empregar qualquer um desses tipos de conhecimento meramente humanos, você precisará também da adivinhação (*Mem.* I.1.7-8). Vemos, portanto, como Sócrates exagerou na conexão entre a realeza e a felicidade em sua conversa com Aristipo (*Mem.* II.1.17). A adivinhação, em vez da realeza, prova ser o meio indispensável para o controle que alguém tem sobre sua própria felicidade.

---

16 Tanto Platão quanto Xenofonte mitigam de certo modo a aparente jactância de Sócrates na história sobre o oráculo délfico, contrastando a excelência que o oráculo atribuíra a Sócrates com algum tipo de excelência divina. Platão faz Sócrates contrastar a "sabedoria humana" que o oráculo aparentemente pretendera atribuir a ele – ou seja, que ele sabe que nada sabe – à sabedoria divina (20d-3, 23a). Xenofonte faz Sócrates contrastar aquilo que o oráculo dissera sobre suas (claramente humanas) liberdade, justiça e sanidade superlativas com a dúvida do oráculo sobre se devia se referir a Licurgo, o legislador de Esparta, como um humano ou um deus (15, citando HERÓDOTO, I.65). Este é outro exemplo do modo como Xenofonte amplia o foco de Platão sobre a sabedoria de Sócrates para abranger um alcance maior de virtudes ligadas à autossuficiência.

17 Esse é um tema central nas obras históricas e políticas de Xenofonte. Gray (1989, p. 179-80), resume de modo perspicaz como Xenofonte seleciona eventos históricos para sua narrativa na *Helênica*: ele faz "a escolha do filósofo, decidido a produzir o enunciado definitivo sobre os limites da realização humana". Muitos estudiosos contemporâneos consideram essa ênfase sobre a limitação humana e a necessidade da adivinhação piedosa como evidências da superstição de Xenofonte, em vez de como uma reflexão consistente sobre um tema trágico.

Se isso for verdade, não é de admirar que Sócrates tenha sido invejado e perseguido pelos politicamente ambiciosos. Ele parecia ter um dom único para a adivinhação, absolutamente mais seguro do que os sinais sombrios de entranhas sacrificiais, aves de rapina, ou oráculos enigmáticos envoltos em fumaça.[18] E seu estranho dom divinatório também está a serviço dos amigos de Sócrates, em Xenofonte e mesmo que não tão claramente em Platão.[19] Assim, no fim das contas, a intensificação erótica do controle por meio da beneficência por parte de Sócrates está ligada a seu dom profético privado.[20]

O sinal divino de Sócrates tinha uma forte influência em suas relações eróticas com seus companheiros, como reclamou Antístenes (XENOFONTE, *Banq.* 8.5). Esse vínculo entre o erotismo de Sócrates e seu privilégio divino é especialmente importante no relacionamento de Sócrates com Eutidemo (*Mem.* IV). No *Banquete* de Platão, Alcibíades cita Eutidemo como um dos outros jovens que sabem o que é sofrer por se apaixonarem por Sócrates (222b). É bastante curioso o quão proximamente relacionado o relato de Xenofonte sobre Sócrates e Eutidemo está com o relato sobre Sócrates

---

18 Lefkowitz (1989) apresenta esse argumento em uma crítica notável da explicação reducionista do sinal divino de Sócrates em Vlastos (1989, p. 239): "Era revolucionário (e perigoso) [da parte de Sócrates] afirmar que os deuses lhe falavam diretamente e lhe diziam o que era correto"; pois "ao dizer que o deus lhe envia sinais negativos frequentes, mas privados, que ninguém mais vê ou ouve, Sócrates sugere que possui uma relação mais próxima com os deuses do que até mesmo os filhos dos deuses e deusas na mitologia tradicional" (p. 245). A revisão de Vlastos (1989) e (1991, p. 157-178 e p. 280-287) não responde ao argumento de Lefkowitz. *Cf.* também as discussões do sinal divino de Sócrates em McPherran (1996, p. 194-208).
19 Se os diálogos *Alcibíades I* e especialmente o *Teages* forem aceitos como autenticamente platônicos, há vínculos muito mais fortes e diretos entre Xenofonte e Platão acerca da importância erótica e política do singular dom profético de Sócrates. Para uma tentativa de compreender isso, *cf.* O'Connor (1998).
20 Na conclusão do *Econômico* (XXI.5 e 11-12), Iscômaco, um cavalheiro que vinha ensinando a Sócrates como governar um lar, completa a lição enfatizando que um líder bem-sucedido necessita de mais do que uma boa capacidade natural e a educação correta. Um líder deve ter o carisma que lhe permita inspirar seus subordinados, e esse carisma não é uma questão de ser naturalmente talentoso ou bem-educado. Ele é, como Iscômaco diz três vezes, algo "divino" que excede qualquer "bem humano". O carisma divino que define o líder é uma versão política diminuída do carisma do sinal divino para os companheiros de Sócrates.

e Alcibíades apresentado no diálogo platônico *Alcibíades I*.²¹ Ao escolher Eutidemo em vez de Alcibíades, Xenofonte não esconde o erotismo de Sócrates, mas silencia bastante seu risco político.

Há um aspecto notável de Eutidemo que não tem paralelo em Platão: ele é um *leitor* ávido, que se orgulha de sua biblioteca. Isso significa que Eutidemo é precisamente o tipo de homem que Sócrates diz a Antifonte que ele mais busca em suas amizades (*Mem.* I.6.14) (O contraste com Platão torna-se particularmente acentuado porque nessa passagem Xenofonte virtualmente cita Platão, *Lísias* 211d-e, acerca da ânsia de Sócrates por amigos. Por este meio, Xenofonte indica que está reescrevendo Platão com uma ênfase diferente). O próprio Sócrates é um leitor ávido, que diz não ter prazer maior do que encontrar os tesouros dos sábios do passado em leituras em comum com seus amigos. De fato, tais leituras em comum são retratadas nessa passagem como a atividade exemplar de Sócrates com seus amigos, e o ponto alto de sua vida erótica. Quando Sócrates tocara ombros nus com Cristóbulo, eles também estavam lendo um livro juntos (XENOFONTE, *Banq.* 27). Não eram necessários o Paolo e Francesca de Dante, ou o jovem lendo por cima do ombro do outro na "Escola de Atenas" de Rafael, para se ter retratos do erotismo dos livros. Xenofonte mostra que essa atividade erótica complementa a extraordinária autossuficiência de que Sócrates se vangloria a Antifonte, que lhe permite se aproximar da independência de um deus (*Mem.* I.6.10). Os complementares erotismo e autossuficiência de Sócrates fizeram Xenofonte pensar nele como "abençoadamente feliz" (*Mem.* I.6.14; em grego, *makarios*).²²

---

21 Denyer (2001) documenta a relação próxima entre o diálogo de Platão e o relato de Xenofonte sobre Eutidemo em *Mem*. IV (*cf*. a lista de referências em 83, nota a *Alcibíades* 103a1). A introdução também fornece uma defesa vigorosa da autoria de Platão do *Alcibíades I*, que muitos estudiosos contestaram.

22 Strauss (1989, p. 140) vê a importância desse enunciado da abençoada felicidade de Sócrates, mas erroneamente considera que Xenofonte esteja se referindo apenas à atividade erótica da investigação compartilhada. Johnson (2005, p. 50-55), vê a importância dessas passagens sobre a leitura, e faz uma interessante aplicação delas ao modo como Xenofonte concebia seus próprios leitores.

Eutidemo "aspira àquela virtude que torna os seres humanos versados na política e na administração dos lares, capazes de governar, e benéficos a outros seres humanos e a si mesmos, a melhor virtude e a maior arte, [...] a saber, a realeza" (*Mem*. IV.2.11). Devido a seu interesse erótico pelo jovem, Sócrates tenta tornar Eutidemo consciente do tipo de sabedoria que seria realmente necessário para satisfazer essas aspirações de "realeza". O jovem, claro, é logo lançado na perplexidade pelas perguntas de Sócrates. Ele não estará em nenhuma posição de exercer a arte da realeza com qualquer garantia de lucro até que possa reconhecer "o que é conveniente para si mesmo e o que ele pode e não pode fazer" (*Mem*. IV.2.26).

Sócrates passa a convencer Eutidemo de como esse tipo de conhecimento sobre "o bom e o ruim" é realmente problemático (*Mem*. IV.2.31-35). Até mesmo aparentes bençãos, tais como a saúde, a sabedoria e a prosperidade, podem às vezes se revelar desvantajosas. Por exemplo, a saúde pode permitir a alguém realizar uma campanha militar malsucedida, que a doença impediria; a sabedoria pode tornar alguém objeto de desejo e inveja por parte dos poderosos.[23] Esse é o mesmo argumento que Sócrates utiliza em outro lugar acerca da necessidade da adivinhação. Aqui, ele exorta Eutidemo a adquirir "autoconhecimento" para que ele não caia inadvertidamente em desastre quando satisfizer suas ambições políticas.

Eutidemo vai embora, "desprezando a si mesmo" por sua ignorância e "acreditando que ele é de fato servil" (*Mem*. IV.2.39). Mas diferentemente de outros que se recusaram a alguma vez se associarem de novo a Sócrates após serem reduzidos a essa perplexidade, Eutidemo torna-se

---

23 Sócrates fornece dois exemplos de homens arruinados por sua sabedoria por meio do desejo e da inveja dos poderosos: Dédalo por Minos e Palamedes por Odisseu (*Mem*. IV.2.33). Como nota Johnson (2005, p. 68), ambas as vítimas são imagens de Sócrates em outros lugares em Platão ou Xenofonte. Sobre Dédalo, *cf*. Platão (*Eutífron* 11b-d e *Alcibíades I* 121a); sobre Palamedes, *cf*. Platão (*Apologia* 41d e provavelmente *República* VII.522d) e Xenofonte (*Apologia* 26). Considero que Xenofonte queria que o leitor percebesse isso, e considerasse como sabemos que Sócrates não foi arruinado pela inveja dos poderosos, apesar de sua condenação e execução. Para Xenofonte, a confirmação última provêm da veracidade do sinal divino de Sócrates, que nunca o impediu em sua "grande conversa" e outras ações provocativas que levaram à sua execução. (*Mem*. IV.8.1 e 5; ver também PLATÃO, *Ap*. 40a-b.). Para uma discussão mais detalhada, *cf*. O'Connor (1994, p. 167-171).

profundamente atraído por ele. Xenofonte nos diz que a partir de então "Sócrates explicou-lhe direta e claramente o que pensava que uma pessoa deveria saber e o que seria melhor que tal pessoa fizesse" (*Mem.* IV.2.40).[24] Mas não ouvimos mais nada sobre Eutidemo perseguindo suas grandes ambições.

A primeira coisa que Xenofonte mostra Sócrates explicando é como ter um respeito apropriado pela adivinhação. Depois de Sócrates exortar Eutidemo a uma dependência piedosa em relação a sinais de propósito divino, o jovem responde: "Os deuses parecem tratar-te mais amavelmente do que a qualquer outro, se, sem nem mesmo pedir-lhes, eles realmente te dão um sinal daquilo que tu deves ou não fazer!" (*Mem.* IV.3.12). Essa é a mesma resposta impaciente às exortações de Sócrates que Xenofonte dá a outro jovem amante de Sócrates, Aristodemo (*Mem.* I.4.15). Esses jovens ambiciosos são levados a essa exclamação com alguma frustração e resignação. A felicidade, como fora dito a Aristipo, necessita da realeza. A realeza, como fora dito a Eutidemo, necessita do autoconhecimento. Mas agora se revela que o autoconhecimento necessita de algo divino. Somente Sócrates pode ser tão piedoso e ainda autossuficiente, pois somente ele tem seu próprio oráculo nítido.

Eutidemo deseja o conhecimento necessário para a realeza. Sócrates ensina-lhe que esse conhecimento não está humanamente disponível – ele depende da adivinhação. Mas a adivinhação não é certa nem está sob nosso controle. Eutidemo terá de repensar suas ambições à luz desse entendimento corretivo sobre o divino. A correção da ambição política quando ela enfrenta a adivinhação revela-se uma característica central das relações eróticas de Sócrates.

---

24 Morrison (1994) fornece uma explicação especialmente rica de como essa imagem de Sócrates gentilmente guiando Eutidemo contrasta com a imagem dominante da dialética socrática nos diálogos de Platão.

3.5 O Sócrates de Xenofonte e o Xenofonte de Xenofonte

É divertido passar dessa visão bastante sóbria, para não dizer sombria, da influência do Sócrates de Xenofonte, para sua influência sobre o Xenofonte de Xenofonte. A propósito, Xenofonte conta sobre apenas duas de suas próprias conversas com Sócrates, uma sobre assuntos eróticos e uma sobre adivinhação. Essas duas anedotas mostram Xenofonte como um admirador afetuoso de Sócrates, mas um discípulo menos dócil do que Eutidemo. Ele mantinha uma certa distância de Sócrates apesar de sua afeição e admiração. Essa recepção bastante cômica de Sócrates delineia o retrato de Xenofonte.

A atitude do próprio Xenofonte em relação à escolha entre a vida erótica, mas privada de Sócrates, e o ascetismo político de Ciro é o tema da única conversa entre Xenofonte e Sócrates nos *Memoráveis* (*Mem.* I.3.8-13). Sócrates havia notado que Cristóbulo, um jovem que Sócrates estava tentando tornar mais sério, havia beijado um menino atraente. Ele diz a Xenofonte que Cristóbulo é tão temerário quanto um homem dando um salto mortal entre facas, ou – repetindo uma imagem de Ciro – saltando através do fogo (*Mem.* I.3.9). Xenofonte parece muito menos preocupado do que Sócrates. Ele diz que teria prazer em correr os mesmos riscos com que Sócrates se preocupa que o pobre Cristóbulo está enfrentando. Isso faz Sócrates começar um discurso ascético digno do próprio Ciro. Se você beija uma pessoa atraente, "você não se tornará imediatamente um escravo em vez de livre, um perdulário de maus prazeres, um homem sem tempo para dedicar a qualquer virtude verdadeira, forçado a se preocupar com coisas com as quais nem mesmo um louco se importa?" (*Mem.* I.3.11). Xenofonte sugere que isso é um risco muito alto para se atribuir a um beijo. Sócrates não recua. "Belezas jovens são piores do que escorpiões: um escorpião precisa tocá-lo para causar danos, mas uma beleza pode fazê-lo a distância, quando tudo que você faz é contemplá-la!" Ele completa o sermão sugerindo que Xenofonte fuja e que Cristóbulo vá para o exílio por um ano (*Mem.* I.3.13). Ciro provara-se correto em alertar Araspas para não subestimar a destruição a longa distância derivada de contemplar a bela Panteia. Mas o tom cômico dessa passagem não convida o leitor a achar Sócrates muito convincente. Sem dúvida Xenofonte ficara impressionado com a apresentação do velho, mas é claro que ele planeja conceder a si mesmo uma latitude erótica muito maior do que Sócrates recomenda.

Talvez Xenofonte planejasse imitar algo da própria prática erótica "ousada e segura" de Sócrates, em vez de simplesmente ouvir seus conselhos. Xenofonte se diverte com isso em seu *Banquete*. Essa obra, claramente uma imitação do grande diálogo erótico de Platão, de mesmo título, é a história de um jantar festivo, completo com um entretenimento após o jantar por um grupo de dançantes. A audiência fica consternada com algumas acrobacias perigosas executadas por uma bela jovem dançarina. Mas ela realiza o truque, mostrando como o treinamento pode transformar um perigo aparente em algo digno de ser realizado. Sócrates elogia essa dançarina, que executara um salto mortal entre facas "de modo ousado e seguro" (*Banq.* II.11). Xenofonte aqui aplica à dançarina as mesmas descrições que havia utilizado para o autocontrole erótico de Sócrates e para os riscos eróticos temerários de Cristóbulo (*Mem.* I.3.5 e 9). Xenofonte reforça a conexão entre Sócrates e a ousada dançarina, quando Sócrates choca seus amigos com seu interesse em ter lições privadas para poder imitar as perigosas danças da moça. Com toda essa brincadeira, Xenofonte certamente tem a intenção de nos lembrar da diferença entre o que é temerário na vida erótica de um amador como Cristóbulo, e o que é aceitável para o bem treinado atleta erótico – especialmente um que tem ajuda divina, como o próprio Sócrates.

Xenofonte não diz como imitou algo da "dança" erótica de Sócrates. Mas ele é mais explícito sobre como escolheu imitar a autossuficiência divinatória de Sócrates.

Quando ainda era bastante jovem, Xenofonte nos conta (*Anábase* III.1.3-7) que foi convidado por seu amigo Próxeno a se juntar a uma força mercenária de gregos que estava sendo recrutada por um rival ao trono persa, Ciro, o Jovem (não confundir com Ciro, o Grande). Antes de aceitar o convite de Próxeno, Xenofonte perguntou a Sócrates o que ele pensava da ideia. Sócrates temia que Xenofonte teria problemas em Atenas se ele se associasse a esse Ciro, que havia dado apoio aos espartanos contra Atenas.

"Vá até Delfos e consulte o deus a respeito dessa jornada", disse Sócrates. Bem, Xenofonte de fato partiu para consultar o oráculo délfico. Mas ele não deu ao deus a chance de lhe dizer para não ir. Em vez disso, o jovem intrépido perguntou apenas: "A qual deus devo orar e prestar sacrifício, a fim de melhor realizar a viagem que tenho em mente?" Quando ele retornou do oráculo, Sócrates o repreendeu. "Você decidiu por si mesmo que iria", observou Sócrates, "e apenas perguntou ao deus como ir melhor". Xenofonte aqui mostra que tem sua própria maneira de combinar o poder divino com a deliberação humana, Hermes com o autocontrole. Sua piedade não interfere em seu caráter decidido. Mas Sócrates não escolheu deter-se no assunto, e disse a seu jovem amigo para fazer o que pretendia, com qualquer ajuda dos deuses ele pudesse obter: "Uma vez que essa foi a pergunta que você fez, você deve fazer o que quer que o deus lhe tenha ordenado".

Xenofonte conta essa história como uma reminiscência, no ponto crucial da história da *Anábase*. A força grega sob o comando de Ciro havia acabado de enfrentar dois reveses devastadores. O próprio Ciro havia sido morto em batalha, e seus próprios generais gregos haviam sido traiçoeiramente assassinados pelos persas em uma negociação. Agora os gregos estavam perdidos nas profundezas da Ásia Menor, sem líderes nem esperança. Nesse momento, Xenofonte ascendeu da posição de um mero companheiro obscuro do agora assassinado Próxeno, para tornar-se o líder inspirador de 10.000 mercenários desesperados. Somente nesse ponto da história Xenofonte recorda como chegou a uma posição tão desesperada, como se a lição completa sobre o modo como ele recebeu o conselho de Sócrates só então se tornasse clara para ele.

Sua decisão de se apresentar como um líder, assim como sua decisão primeira de partir em uma expedição com Ciro, resultaram em parte de suas próprias deliberações, e em parte de aceitar o conselho de um deus. Nesse caso, a orientação divina veio naquilo que ele diz ter sido um sonho ambíguo. Estendido em um sono ansioso diante das muralhas da Babilônia, ele sonhou que a casa de seu pai fora incendiada por um raio de Zeus. Xenofonte admite que isso pode não parecer um augúrio muito bom, mas ele descobre que uma maneira de o entender é como um sinal de luz de

Zeus durante a tribulação. De modo bastante enigmático, ele comenta: "Que tipo de coisa é tal sonho pode ser visto considerando-se o que aconteceu após o sonho" (*Anábase* III.1.13). E o que veio depois foi seu próprio planejamento sobre o modo como a força grega podia manter-se coesa e escapar, o que, claro, ela fez.

A lição mais óbvia dessa pequena vinheta é que os homens politicamente ambiciosos precisam humildemente consultar os sinais do favor divino, sejam estes dados por oráculos, sonhos ou outros sinais. A lição menos óbvia é que um homem político prudente cuidará para que o favor divino aponte em direções rumo às quais ele queira ir. Ele buscará ativamente interpretações que apoiam o que a razão lhe diz. De fato, o líder consumado se tornará ele próprio razoavelmente hábil na arte da adivinhação, uma vez que isto o protegerá quando nenhum adivinho puder ser encontrado, ou quando um for corrupto. Xenofonte nos mostra que havia aprendido essa lição (*Anábase* V.6.29), e seu fictício Ciro, o Grande, também sustenta esse ponto (*Cirop.* I.6.1-2).

Essa adivinhação política não precisa de modo algum ser interpretada cinicamente, embora nas mãos de um Maquiavel ela possa sê-lo. Talvez possamos dizer que ela é a acomodação política do conselho mais restritivo de Sócrates sobre submeter-se aos propósitos divinos. Dentro do horizonte da ambição política, o equilíbrio que Xenofonte e Ciro alcançam entre a piedade humilde e a deliberação decisiva é a imitação mais próxima disponível do domínio mais intensivo do próprio Sócrates sobre a erupção do divino no humano.

4 Sócrates em *As nuvens* de Aristófanes

DAVID KONSTAN*

Aristófanes chegou muito perto da verdade em sua representação de Sócrates.
Kierkegaard, 1989

Na *Apologia* de Platão, uma versão do discurso de defesa que Sócrates proferiu em 399 a.C., quando foi acusado da ofensa potencialmente capital de introduzir novos deuses e corromper os jovens de Atenas, Sócrates divide seus acusadores em dois grupos. De um lado, há Anito e seus companheiros, que registraram a queixa e o arrastaram ao tribunal. Esses homens são perigosos o bastante, diz ele, mas ele teme outro grupo muito mais:

> aqueles que tomaram a maioria de vós desde a infância, persuadindo-vos e fazendo a acusação absolutamente falsa de que um tal Sócrates é um douto, teórico do firmamento e investigador de tudo que jaz debaixo da terra, e alguém que torna mais forte um argumento mais fraco. (*Apologia* 18A-B)

Esses antagonistas são numerosos e estiveram representando Sócrates falsamente por muito tempo, contagiando as mentes dos jurados quando estes ainda eram jovens e impressionáveis, sem ninguém por perto para fazer objeções. Mas o pior é que eles são anônimos, "exceto talvez algum poeta cômico" (18C). A influência desses antigos acusadores, afirma Sócrates, é evidente na acusação que foi feita contra ele, que menciona exatamente tais atividades de sua parte. Pois, diz Sócrates aos jurados, "vós mesmos já vistes, na comédia de Aristófanes, uma espécie de Sócrates transportado

---

* As traduções são minhas ou são tiradas de Gagarin e Woodruff (1995). Os números de fragmentos referem-se às seções "B" em DK, traduzidas em Sprague (1972).

pelas alturas, que diz caminhar nos ares e profere muitas outras tolices, das quais não entendo nada, nem muito nem pouco" (19C). No *Fédon*, Platão se refere mais uma vez aos ataques contra Sócrates por parte dos poetas cômicos, em relação a sua tentativa de provar que a alma sobrevive à morte do corpo: "Não acho, disse Sócrates, que qualquer um que me ouça agora – mesmo que seja um poeta cômico – afirmará que estou tagarelando e fazendo discursos sobre coisas irrelevantes" (70C). Há referências menos explícitas à comédia também em outros diálogos, especialmente no *Eutidemo* (TARRANT, 1991, p. 165).

Aristófanes não foi o único dramaturgo a ridicularizar Sócrates no palco. No mesmo festival em que Aristófanes originalmente produziu *As nuvens*, no ano 423 a.C., Ameipsias apresentou uma peça intitulada *Konnos* (fr. 7-11 KASSEL-AUSTIN), na qual ele também caricaturou Sócrates, que deve ter feito algo que atraiu alguma atenção mais ou menos naquela época. Em um fragmento de Eupolis (352-353 KOCK = 386 KASSEL-AUSTIN), um contemporâneo mais velho de Aristófanes, um personagem declara: "Eu odeio Sócrates, o mendigo tagarela, que teoriza sobre tudo, mas se esquece de pensar onde pode arranjar uma refeição". A mesma pessoa ou outra, supostamente na mesma peça, diz: "Mas ensine-lhe a tagarelar, seu sofista". O aparte no *Fédon* pareceria se referir a essa peça de Eupolis, em vez de Aristófanes, especialmente à luz da palavra "tagarelar" (*adoleskhein*, *cf.* MITSCHERLING, 2003; mas note-se a mesma palavra em *As nuvens* 1480). Mas o Sócrates da *Apologia* claramente designa Aristófanes (se o Sócrates real fez isso em seu julgamento é discutível: ele pode não ter compartilhado a hostilidade de Platão ao teatro),[1] e a peça que ele tem em mente é, claro, *As nuvens* – na qual Sócrates de fato proclama "caminhar nos ares e contemplar o sol" (225), seus discípulos investigam coisas subterrâneas (188), e ele é conhecido por ensinar como tornar mais forte o argumento mais fraco (112-115).

---

1 Platão também pode ter sido mais tolerante em relação ao teatro, e à comédia, do que se poderia inferir a partir da *República*; à parte o papel de Aristófanes no *Banquete*, o *Comentário sobre o Alcibíades I* 2.65-75 de Olimpiodoro relata (com que plausibilidade é impossível dizer) que Platão tinha uma cópia de Aristófanes consigo quando morreu; *cf.* Andic (2001, p. 175).

Aristófanes era um satirista de profissão, e era de se esperar que ele produzisse deliberadamente uma paródia de Sócrates em uma peça centrada neste.² Sócrates era sob qualquer perspectiva uma personalidade excêntrica, que sem dúvida atraía tal zombaria. Mas a paródia, para ser eficaz, deve ter alguma base na realidade, e a questão que ocupou os estudiosos é em que medida o testemunho de Aristófanes, que é nossa primeira testemunha da carreira de Sócrates, pode de fato lançar luz sobre o caráter e as crenças deste. Como separar a verdade sobre Sócrates, ou mesmo a impressão que ele causou em seus contemporâneos, do retrato que Aristófanes apresenta dele nessa peça?

Uma abordagem é comparar o retrato de Sócrates de Aristófanes com aquilo que podemos aprender de Platão, Xenofonte, e alguns outros contemporâneos mais jovens, tomando como autêntico aquilo que é confirmado por testemunhos independentes, e descartando o resto como invenção cômica. Há algum sentido nesse método, mas ele exclui a possibilidade de que tenhamos algo a aprender de Aristófanes. Um outro ângulo, complementar ao primeiro, é verificar quais doutrinas atribuídas a Sócrates em *As nuvens* são melhor atestadas como pertencentes ao pensamento de outros filósofos e sofistas da época, mas não parecem compatíveis com o retrato de Sócrates que derivamos de outras fontes, acima de tudo Platão. O Sócrates de Aristófanes emergirá então como uma figura composta, representando não um único indivíduo, mas sofistas em geral, portando quaisquer características que fossem mais notáveis e capazes de divertir, da maneira como se diz que Zeuxis pintou Helena de Troia mediante a reunião das características de várias modelos diferentes.³ A ideia, portanto, é remover as características alheias, a fim de revelar o núcleo socrático. Uma terceira linha de abordagem é identificar o estilo cômico de Aristófanes e compensar os tipos

---

2 *Cf.* Diógenes Laércio 2.36; Plutarco, *Sobre a Educação das Crianças* 10C; escólios sobre *As nuvens* 96, relatando uma antiga controvérsia sobre se o remoque de Aristófanes tinha intenção hostil.

3 Dionísio de Helicarnasso, *Sobre a Imitação* 31.1; sobre essa visão, *cf.* Whitman (1964, p. 142); Dover (1968, p. 32-61); contra Kleve (1983); Tomin (1987); Vander Waerdt (1994, p. 52-61), notando a especificidade da aparência de Sócrates, sua (relativa) pobreza e seu método de investigação.

de exagero ou distorção que lhe são intrínsecos. A comédia antiga tendia a operar com polaridades simplistas de comportamento correto e indecoroso, idade avançada e juventude, riqueza *versus* pobreza, embora esses pares pudessem ser alinhados de maneiras inesperadas e às vezes contraditórias. A imagem de Sócrates terá sido adaptada às demandas do gênero, e o enredo se desenvolverá de maneiras que são em alguma medida análogas aos enredos de outras peças de Aristófanes (GELZER, 1956, p. 87). Imagina-se que a audiência grega também era sensível a tais convenções, e não supunha ingenuamente que o Sócrates de quem eles riam no palco fosse idêntico àquele que se sentava com eles na audiência (uma anedota relatada por Aeliano [*Varia Historia* 2.13], provavelmente apócrifa, registra que no meio da comédia Sócrates se levantou para mostrar a espectadores estrangeiros quem ele realmente era).[4] A sugestão de Platão de que *As nuvens* contribuiu materialmente para o preconceito contra Sócrates pode ser mais um ardil de defensor do que um reflexo acurado da influência da peça sobre as atitudes populares.

Começarei indicando brevemente a forma da obra, e como os propósitos cômicos de Aristófanes moldam a representação de Sócrates, antes de discutir as doutrinas e práticas atribuídas a Sócrates e suas prováveis fontes. A premissa de *As nuvens* é que Estrepsíades, um fazendeiro que se casou com a filha de uma família rica criada na cidade, está endividado até as orelhas por causa dos gastos extravagantes de sua esposa, e mais especialmente de seu filho Fidípides, que cultivou o passatempo aristocrático de comprar, treinar e realizar corridas com cavalos de raça. A fim de fugir do pagamento, Estrepsíades concebe o plano de matricular seu filho no *phrontistêrion* (94) ou "pensatório" de Sócrates, imaginado como localizado em uma casa vizinha, onde, por uma taxa (98, 245, 1146), os estudantes aprendem sobre a natureza dos céus e como vencer um caso no tribunal, seja este justo

---

4 Tampouco a audiência teria imaginado que o dramaturgo trágico Agatão realmente se vestia de mulher quando compunha papéis femininos, como Aristófanes o apresenta fazendo em *As tesmoforiantes* (148-52); a comparação entre o tratamento que Aristófanes dá a outras personalidades históricas, tais como Cleonte, e sua representação de Sócrates, pode servir novamente como um controle de sua técnica satírica.

ou não; desse modo Estrepsíades será capaz de escapar da perseguição de seus credores.⁵ Quando Fidípides se recusa a se envolver com tais figuras, Estrepsíades decide, velho e obtuso como é, ir ele mesmo ao *phrontistêrion* (126-131).

Na escola, os pupilos de Sócrates estão envolvidos em investigações ostensivamente secretas sobre assuntos profundos, tais como qual a distância que uma pulga pode saltar em proporção a seu tamanho e se os mosquitos emitem sons a partir da boca ou do ânus, bem como explorações subterrâneas, astronomia e geometria (201-202), pelas quais se pode mapear e medir a terra.⁶ Eles também se orgulham de Sócrates ter descoberto uma maneira esperta de roubar mantos para pagar o jantar (177-179; *cf.* 497, 856). O próprio Sócrates aparece suspenso em uma cesta ou balanço para melhor estudar os céus. Estrepsíades deixa seu propósito claro logo de entrada (239-245), e Sócrates, consentindo em aceitá-lo como pupilo, invoca suas divindades padroeiras, as Nuvens, que formam o coro da peça. Por que Nuvens? Elas representam o interesse do Sócrates cômico pela meteorologia, é claro; elas também servem como divindades da natureza, como o Turbilhão, que, como Sócrates explicará depois, substituiu Zeus como divindade principal do panteão dos físicos (316-318, 365-382, *cf.* 423-424, 627, 814-828, 1232-1241, 1468-1477; Estrepsíades confundirá a palavra com "Caldeirão", 1472-1474). Pois um traço básico da caracterização de Sócrates em As *nuvens* é seu interesse apaixonado pela cosmologia. Essa apoteose de forças naturais pode ter alimentado a acusação, um quarto de século depois, de que Sócrates introduzira novas divindades (PLATÃO, *Apologia* 24B). As Nuvens também sugerem o caráter aéreo do raciocínio sofístico, que pode assumir qualquer forma e abraçar qualquer lado de uma

---

5   Sobre o termo *phrontistêrion, cf.* Godlberg (1976); Gelzer (1956, p. 69).
6   Vander Waerdt (1994, p. 60-61), argumenta que Aristófanes pretendia que tais ocupações fossem associadas aos seguidores de Sócrates, não ao próprio Sócrates; *cf.* p. 65. Souto Delibes (1997) argumenta que não apenas algumas das ideias parodiadas por Aristófanes (345), mas também alguns dos traços atribuídos a Sócrates dizem respeito a certos discípulos de Sócrates, por exemplo a palidez e os hábitos noturnos de Querefonte (342; *cf. Vespas* 1413, *Aves* 1296 e 1564), a pobreza de Antístenes (342; *cf.* XENOFONTE, *Banq.* 3.8 e 4.37), e a ladroíce de Simão (343; *cf. As nuvens* 351, Eupolis *Poleis*).

questão.⁷ As Nuvens aprovam o plano de Estrepsíades de defraudar seus credores (435-436), e Sócrates, apesar de duvidar da capacidade dele de aprender, incumbe-se de instruí-lo.

Eventualmente Sócrates desiste inteiramente de Estrepsíades (783). Nesse ponto, Estrepsíades insiste que seu filho Fidípides entre para a escola (839) e Sócrates aceita-o, confiando sua educação imediata às personificações dos argumentos que Sócrates é especialista em manipular – isto é, o Argumento Mais Forte e o Argumento Mais Fraco. Em um debate de um tipo que é um traço recorrente da comédia antiga (chamado *agôn*), o Argumento Mais Forte defende a educação e os valores tradicionais, segundo os quais os homens que repeliram os persas em Maratona supostamente foram criados, enquanto o Argumento Mais Fraco defende uma vida de prazeres – comida, bebida, sexo, jogos e outras malandragens (1071-1082). Com isso, Fidípides é conduzido para dentro do *phrontistêrion*.

Fidípides aprende bem suas lições, e exibe sua habilidade ensinando Estrepsíades a manter os credores afastados explorando uma ostensiva ambiguidade no nome convencional do dia em que as dívidas vencem. No final da peça, Estrepsíades sai correndo de casa gritando por ajuda, tendo sido espancado por Fidípides, que se diverte desavergonhadamente com as reprimendas do pai, assim como o Argumento Mais Fraco havia feito diante dos insultos do Argumento Mais Forte (1327-1330; *cf.* 908-914). Além disso, ele ousa provar que estava certo em bater no pai, novamente tornando mais forte o argumento mais fraco, e assim demonstrando que Estrepsíades não tinha nada que o impedir de cantar uma canção escandalosa de Eurípedes (um dos alvos predilectos de Aristófanes). Se entende-se que bater em uma criança é para o bem dela própria, afirma ele, então é igualmente benigno para Fidípides bater em Estrepsíades, especialmente dado que ele está evidentemente em sua segunda infância e é muito mais absurdo para um homem velho se comportar mal (1410-1419). No fim, Estrepsíades reconhece que teve o que merecia, e que merece ser castigado se buscar aquilo que é injusto (1437-1439). Quando Fidípides se oferece

---

7 Vv. 346-48; *cf.* Segal (1969); Andic (2001, p. 179-183); Edmunds (1986) argumenta que elas são uma caricatura do *daimonion* de Sócrates e de suas maneiras irônicas.

para provar que é igualmente correto que ele bata em sua mãe, no entanto, isso é mais do que Estrepsíades pode aguentar, e ele acusa as Nuvens de desencaminhá-lo. Elas, em uma súbita reviravolta, respondem que o próprio Estrepsíades é culpado, uma vez que ele se voltou (*strepsas*: um trocadilho com seu nome) para atos maléficos (1454-1455).[8] Com isso, Estrepsíades se prepara para se vingar de Sócrates e sua escola, e quando seu próprio filho se recusa a ajudá-lo, ele renuncia à sua crença no Turbilhão, pede perdão a Hermes, medita por um momento sobre processar os patifes, e finalmente, ostensivamente em resposta ao conselho de Hermes, decide incendiar o *phrontistêrion*. Enquanto o edifício irrompe em chamas, Sócrates e seus discípulos saem e fogem em pânico.

A comédia tem suas próprias licenças, e a imagem de Sócrates que emerge de *As nuvens* é, como se poderia esperar, inconsistente. Por um lado, Sócrates cobra uma taxa, aparentemente substancial, pela instrução, e tem vários discípulos;[9] por outro lado, ele é miseravelmente pobre – Estrepsíades atribui os cabelos descuidados e a sujeira dos discípulos à parcimônia (835-837) – e ele precisa furtar mantos, inclusive o do próprio Estrepsíades, para sobreviver (seus discípulos, também pobres, não parecem estar em posição de pagar grandes somas, nem tampouco o próprio Estrepsíades – BERG, 1998, p. 2). Os sofistas contemporâneos de Sócrates não eram um grupo notoriamente desmazelado; pelo contrário, eles eram figuras internacionalmente respeitadas e geralmente ensinavam aos herdeiros dos ricos. Sócrates era o desajustado nessa companhia: ele não cobrava pela instrução, conforme ele insiste na *Apologia* de Platão (19D-E), vestia trajes simples e caminhava descalço, mesmo no inverno (NUSSBAUM, 1980, p. 71-72). Essa dureza é refletida também no comportamento de seus alunos: eles dormem ao ar

---

8   Sobre a motivação para a mudança de atitude das Nuvens, *cf.* Segal, (1969); Blyth (1994); Redfield (1999, p. 56-59); Gaertner (1999) argumenta em favor de uma contradição genuína, que é o que torna a cena engraçada.

9   Vander Waerdt (1994, p. 60-61), sugere que a cobrança ostensiva para estudar no *phrontistêrion* é uma crença errônea de Estrepsíades, e não corresponde à prática real de Sócrates na comédia; da mesma forma Gelzer (1956, p. 92), conclui que Sócrates não é realmente apresentado como injusto. Tomin (1987) nota o relato de Aristipo (fr. 7) de que Sócrates recebia comida e vinho de amigos; *cf.* Andic (2001, p. 165).

livre, parecem imunes ao frio e se dedicam com afinco ao aprendizado, de uma maneira que é tudo menos preguiçosa ou mimada; o coro instruirá Estrepsíades dizendo que "ele não deve ser mole" (727). Não obstante, eles são simultaneamente representados como fracos e pálidos, e adaptados a uma vida de decadência e luxúria do tipo aprovado pelo Argumento Mais Fraco. Parece provável que a imagem de Sócrates como pobre e duro deriva da realidade (ela é consistente com os retratos traçados por Platão e Xenofonte), e é combinada com elementos da visão popular dos retóricos profissionais como ricos e ociosos.

De modo semelhante, as crenças de Sócrates sobre os deuses, como a representação das próprias Nuvens, são uma mistura; às vezes ele personifica forças naturais como divindades, enquanto em outras ocasiões ele explica essas mesmas forças em termos científicos. Alguns dos filósofos naturais com mais pendor poético na época de Sócrates – por exemplo, Empédocles – podem ser considerados deificadores de abstrações como o Amor e a Contenda, mas Aristófanes alinha seu Sócrates principalmente com as visões mecanicistas de pensadores como Anaxágoras e os cosmologistas jônicos. Se pudermos confiar em Platão, Sócrates de fato discursou sobre o cosmos – por exemplo, nos mitos que concluem o *Fédon* e a *República*, bem como na descrição dos céus no *Fedro* e em outros lugares. E se Sócrates realmente falava daquela maneira, isso forneceria um gancho no qual se poderiam dependurar os exageros cômicos em *As nuvens*.[10]

O tema de *As nuvens* de Aristófanes pode ser descrito sob um certo ponto de vista como a educação de Estrepsíades – não acerca da sabedoria fornecida no *phrontistêrion*, mas antes acerca do valor da moralidade convencional, à qual ele adere implicitamente mesmo enquanto busca esquivar-se dela dominando a retórica a fim de renegar suas dívidas. Estrepsíades não é por natureza um transgressor das leis; ele é levado a remédios desesperados

---

10 Note também que no *Protágoras* de Platão (356D-357D) Sócrates apela para uma "arte da medida" (*metrêtikê tekhnê*); e no *Teeteto* de Platão ele é representado conversando com o matemático mais distinto de sua época. Cf. Xenofonte (*Memoráveis* 4.7.2), no qual Sócrates observa que alguém pode facilmente aprender geometria o suficiente para medir terras sem com isso tornar-se um matemático profissional.

pela extravagância de seu filho. Mas tampouco ele é profundamente avesso a alguma tramoia.[11]

Por sua vez, Estrepsíades aprende que a nova lógica sofística é uma faca de dois gumes, e pode se voltar contra ele e contra os valores que lhe são mais caros, tão bem quanto contra seus credores. Seu filho não começa mais esclarecido do que o pai. Ele rejeita os ensinamentos do *phrontistêrion* devido a um viés aristocrático: sua paixão é por cavalos, não pelo estudo intelectual, e ele vê os pálidos e desgrenhados eruditos da porta ao lado com desprezo.[12] Não obstante, somente os jovens de sua classe estavam em posição de pagar pelo que os sofistas tinham para ensinar, e uma vez que ele é exposto às atividades deles, abandona seu zelo equestre em favor do debate sofístico (1399-1407). Fidípides é, portanto, o típico jovem rico de família distinta que era suscetível à influência tanto dos sofistas quanto de Sócrates, o qual Platão e Xenofonte representam como atraído pelos ensinamentos daqueles, embora nem sempre pelos melhores motivos. Quando Estrepsíades dá uma boa olhada nas consequências de tais visões, ele reage da mesma maneira como a maioria dos jurados fez em Atenas em 399 a.C.

Alguns estudiosos julgaram a violência do episódio final como fora de sintonia com o espírito da comédia aristofânica. Thomas Hubbard, por exemplo, escreve (1991, p. 88):

> Os críticos frequentemente comentaram sobre a estrutura atípica do enredo [de *As nuvens*] e a falta de um herói cômico simpático. Também é notável a ausência de um "final feliz" e da festividade comunal que encontramos na conclusão de uma comédia; em vez disso, temos um final que é violento, discordante, imprevisto, e muito mais à vontade na tragédia do que na comédia.

---

11 Nisto ele se assemelha a Filocleonte, o protagonista de *As vespas* de Aristófanes, que fora produzida no ano anterior de *As nuvens*; *cf.* Konstan (1995, p. 15-28); para uma comparação com outras peças de Aristófanes, especialmente *As aves*, *cf.* Gelzer (1956, p. 80-86).
12 Após estudar com Sócrates, Fidípides torna-se tão pálido que fica irreconhecível; *cf.* Konstan (2006).

De minha parte, não acho o final tão chocante, nem incompatível com o tipo satírico, em contraste com o tipo utópico, de comédia que Aristófanes parece ter cultivado no início de sua carreira (em *Os cavaleiros*, *As vespas* e *As nuvens*; *cf.* DOVER, 1968, p. 24). Afinal, *Os cavaleiros*, que precedeu imediatamente *As nuvens*, "é pouco mais do que duas horas de assassinato do personagem" de Cleonte (REDFIELD, 1999, p. 52; pode ser útil notar que isso não impediu a eleição de Cleonte para o cargo oficial). Além disso, há aqui uma possível alusão à conflagração deliberada em que se diz que muitos pitagóricos foram mortos no sul da Itália.[13]

No entanto, a questão é complicada pelo fato de que a versão de *As nuvens* que possuímos é uma segunda edição, como indica o próprio Aristófanes (518-526), que ele parcialmente revisou por ter ficado em último lugar na competição. Evidências internas sugerem que a versão corrigida pode ser datada de quatro ou cinco anos após a produção original em 423 a.C., embora ela aparentemente nunca tenha sido encenada em seu novo formato (há um argumento em favor de uma data posterior em KOPFF, 1990; contra STORVEY, 1993). Um prefácio antigo anexado à peça relata que Aristófanes fez mudanças na parábase, na disputa entre o Argumento Mais Fraco e o Argumento Mais Forte, e na queima do estabelecimento de Sócrates, e é possível, embora incerto, que a última cena como um todo deva ser atribuída à versão revisada (sobre *As nuvens* I, *cf.* DOVER, 1968, p. 80-93; TARRANT, 1991). Dadas as circunstâncias, é inútil especular se Aristófanes introduziu a cena – se ela de fato não estava presente na primeira versão – a fim de apelar para os sentimentos do público ateniense, ou talvez porque ele tinha endurecido sua visão sobre Sócrates naquele ínterim.

Sócrates faz uso de vários métodos pedagógicos em *As nuvens*. Ele conduz experimentos e faz seus alunos ajudarem a realizá-los – por exemplo, medindo o salto de uma pulga. Às vezes, seu ensinamento assume a forma de um diálogo, com Estrepsíades interpondo questões e observações, como quando Sócrates explica a natureza da chuva, do trovão e do relâmpago.

---

13   Diógenes Laércio (8.38); Jâmblico (*Vida de Pitágoras* 35.249-53), citando Nicômaco de Gerasa (c. século II d.C.). *Cf.* Taylor (1911); Kopff (1977); Mignanego (1992, p. 85); Andic (2001, p. 169); *contra* Harvey (1981); *cf.* Davies (1990).

Isso talvez possa ser atribuído ao gênero, que favorece o intercâmbio dramático em vez de longos discursos, mas se assemelha ao método de Sócrates conforme o conhecemos com base em Platão e Xenofonte. Sócrates afirma que demonstrará com "grandes provas" (*megalois sêmeiois*) como acontece a chuva (369), e argumenta que nunca chove quando não há nuvens; portanto, elas, em vez de Zeus, são a causa da chuva. Mais notável nessa mesma passagem é a explicação do trovão, que Sócrates ilustra com referência à digestão ruidosa de Estrepsíades. Sócrates anuncia: "Vou ensiná-lo a partir de você mesmo" (385), o que talvez sugira por um instante o método dialético de Sócrates de extrair do interlocutor a resposta para um problema, como no *Mênon* de Platão.[14] Novamente, na lição acerca dos gêneros dos substantivos, Sócrates procede por meio de perguntas e respostas, e se baseia em analogias a partir de nomes próprios para ilustrar seu argumento (658-693); de fato, contudo, ele está simplesmente comunicando o conhecimento, em vez de se envolver em um debate genuíno.

Claramente, é crucial para o Sócrates de Aristófanes que seus pupilos estejam equipados com boas memórias (482-483, 785-790; MIGNANEGO, 1992. p. 75); de fato, é justamente seu esquecimento que desqualifica Estrepsíades para o programa. Mas quando fica exasperado com Estrepsíades, Sócrates o instrui para deitar-se em seu colchão, cobrir-se com seu manto e pensar sobre seus problemas (695). O coro acrescenta o conselho de que ele pense com cuidado e "tão logo encontres uma dificuldade [*aporon*], pules para outra ideia em tua mente" (702-705), o que soa como uma paródia do procedimento socrático de conduzir a deliberação até o ponto da aporia (os escólios – notas marginais encontradas em alguns manuscritos, que se remetem a comentadores antigos – já notavam a semelhança). Pouco depois, Sócrates ordena a Estrepsíades que "deixe seu pensamento tornar-se sutil e considere seus assuntos pouco a pouco, dividindo-os apropriadamente e examinando-os" (*orthôs diairôn kai skopôn*, 739-741). Embora seja exagero ver aqui uma alusão ao procedimento técnico da *diairesis* que Sócrates

---

14 Seu método foi comparado com a maiêutica, ou "arte da parteira", socrática; *cf.* Nussbaum (1980, p. 73-74); Mastromarco (1983, ad v. 137); Mignanego (1992, p. 80); Andic (2001, p. 171); *contra* Tarrant (1988).

elabora nos diálogos tardios de Platão, tais como *O político*, não é implausível que essas linhas reflitam algo da demanda de Sócrates por precisão na conversa com seus amigos.

Finalmente, Sócrates acredita que Fidípides, pelo menos, pode aprender ouvindo o debate entre o Argumento Mais Fraco e o Argumento Mais Forte (886); estes, em todo caso, são transmitidos principalmente na forma de discursos. Sabe-se muito pouco sobre as técnicas pedagógicas dos sofistas e dos filósofos naturais para se ter confiança de que os métodos aparentemente mais dialógicos e dialéticos aos quais Sócrates recorre refletem seu estilo específico de ensinar, mas pode ser que a audiência teria associado tais abordagens ao Sócrates que conheciam.[15]

Alguns estudiosos viram em *As nuvens* uma alusão a uma nova concepção da alma (*psukhê*) ou do eu, que atribuíram ao Sócrates histórico (HAVELOCK, 1972; SARRI, 1973, 1975). *Psukhê* na linguagem popular da época significava comumente um fantasma (*Os acarnianos* 375) ou simplesmente vida (*Os acarnianos* 357, *Os cavaleiros* 457), em vez de uma faculdade psíquica, e é assim que Estrepsíades emprega inicialmente a palavra (94), embora mesmo aqui Aristófanes possa estar fazendo um trocadilho com um sentido mais abstrato.[16] Eric Havelock (1972, p. 15) argumentou que juntamente a *psukhê*, pode-se ver um novo uso do pronome reflexivo (si) em *As nuvens*:

> Boa parte do humor baseia-se no expediente de parodiar uma sintaxe verbal que, se forem comparados registros contemporâneos e póstumos, pode ser identificada com toda probabilidade como socrática. Os mesmos papéis são atribuídos ao pronome reflexivo, os mesmos verbos de intelecção ocorrem conectando o sujeito consigo mesmo como objeto.[17] (15)

---

15 *Cf.* Nussbaum (1980, p. 48-49, 79); Sarri (1973, p. 534, 548-50); Mignanego (1992, p. 98); Andic (2001, p. 163): Sócrates é "a *mesma* pessoa que encontramos nos diálogos platônicos" (163; *cf.* 170); Edmunds (1986, p. 210) conclui que "estamos diante do mesmo Sócrates que conhecemos a partir de Platão e Xenofonte".
16 *Cf.* Adkins (1970, p. 19); Sarri (1973, p. 538); *contra* Handley 1956; Dover (1986: *ad loc*).
17 Mignanego (1992, p. 74, 78) também nota o uso especial de *phrontizô*.

Se reconhecemos a paratragédia – isto é, passagens trágicas-zombeteiras que parodiam tragédias reais –, raciocina Havelock, por que negar "a composição, com igual habilidade, de passagens 'parafilosóficas'?" (16-17). Pode ser que Aristófanes tenha empregado *psukhê*, assim como outros termos, a fim de parodiar a linguagem de Sócrates ou da elite intelectual em geral (em particular, talvez, de Diógenes de Apolônia).

Vimos que embora Sócrates tenha vários interesses científicos, Estrepsíades está preocupado exclusivamente com a instrução em discursos dúbios ou astutos, e é para aprender isso que ele se volta para o *phrontistêrion*.[18] O tipo de sofisma que ele deseja adquirir não reside na retórica enquanto tal, entendida como a habilidade de compor discursos longos e persuasivos, mas na réplica rápida e esperta que deixa o oponente sem palavras. É fácil imaginar como tal visão das habilidades verbais de Sócrates teria surgido, dada a natureza de seus interrogatórios cruzados, como representados em Platão e Xenofonte; o Sócrates de Platão reconhece na *Apologia* (23A-C) que o debate de fato irritava seus interlocutores e divertia jovens espectadores. Nessa medida, a imagem de Sócrates em *As nuvens* pode corresponder ao modo como ele aparecia a seus contemporâneos.

Não há nenhuma indicação em Platão ou Xenofonte de que Sócrates estivesse interessado em métrica ou no tipo de análise gramatical que se preocupava com inconsistências de morfologia e gênero e com o uso adequado (*orthôs*, 659) a esse respeito. Mas Sócrates, assim como a maioria dos homens instruídos, aventurava-se a interpretar a poesia e aplicá-la à vida, e isso pode ter dado a Aristófanes um gancho para pendurar os exageros linguísticos mais abstrusos, e ao mesmo tempo mais ridículos, que ele atribui a Sócrates em *As nuvens*. Platão, no *Protágoras* (338E-42A), representa Sócrates debatendo com Protágoras o sentido mais profundo de um poema de Simônides, e Xenofonte (*Memoráveis* 1.2.56-57) relata a acusação de que Sócrates "escolhia as piores passagens dos poetas mais conceituados e, usando-as como testemunho, ensinava aqueles que se associavam a ele a serem criminosos e tiranos".

---

18 Sobre a distinção entre os princípios de Sócrates e os de Estrepsíades, *cf.* Vander Waerdt (1994, p. 75); Andic (2001, p. 179).

De acordo com Platão (*Fédon* 96A), Sócrates, quando jovem (*neos*), era fascinado pela filosofia natural. Alguns estudiosos viram nos interesses cosmológicos e outros interesses científicos do Sócrates de Aristófanes um reflexo desse entusiasmo inicial, embora reconhecendo que várias doutrinas atribuídas a Sócrates são derivadas de outros pensadores – por exemplo, Dâmon, o Ateniense, ou Diógenes de Apolônia (GELZER, 1956, p. 68-69, 83-84; MORALES TRANCOSO, 2001). Paul Vander Waerdt (1994, p. 61) sustenta que "Sócrates é consistentemente representado em *As nuvens* como um aderente às visões de Diógenes de Apolônia", e considera isso verdadeiro em relação ao Sócrates histórico na época em que *As nuvens* foi composta (62-75), quando ele ainda se preocupava principalmente com a filosofia física em vez da ética. Segundo essa visão, a *Apologia* de Platão e alguns outros dentre os primeiros diálogos (*cf.* XENOFONTE, *Banquete* 6 e *Econômico* 11) deliberadamente refutam a caracterização de Aristófanes ao enfatizarem a indiferença de Sócrates em relação à filosofia física. Quando *As nuvens* foi produzida, Sócrates tinha quase 45 anos, estando muito além da idade em que seria descrito como jovem, e se dermos crédito a Aristófanes, será necessário rejeitar o testemunho explícito de Platão (Platão e Xenofonte, lembremos, tinham cinco ou seis anos de idade nessa época). Para mim, a questão parece indecidível. É claro que Aristófanes reuniu uma miscelânea de empreendimentos intelectuais, desde a argumentação erística até a especulação sobre os deuses, astronomia, fenômenos meteorológicos, biologia, poesia e gramática, e combinou todos eles em Sócrates.[19] Sócrates não escreveu nada, mas é concebível que ele tenha se envolvido em discussões sobre um amplo leque de questões, e que isso tenha causado uma impressão em seus contemporâneos mais velhos.[20]

O *phrontistêrion* é certamente uma invenção de Aristófanes (*contra* BARZIN, 1968; *cf.* ROSSETTI, 1974), tanto quando o balanço no qual

---

19 Vander Waerdt (1994, p. 65), no entanto, enxerga todos eles como compatíveis com o interesse principal de Sócrates naquela época, a filosofia natural, especialmente como representada por Diógenes de Apolônia; *cf.* Gelzer (1956, p. 84).
20 Epiteto (2.1.32) afirma que Sócrates escrevia extensamente, como um substituto para a conversa quando não havia interlocutores disponíveis; mas isso é sem dúvida uma ficção.

Sócrates fica suspenso para melhor contemplar os céus. A inspiração para ele pode ter sido os ginásios que Sócrates frequentava, onde gostava de conversar com os jovens (como no *Lísis* de Platão), mas tais encontros eram casuais; não havia nada como uma matrícula mediante uma taxa. Além disso, o estabelecimento que Aristófanes descreve é menos uma escola do que um centro de conhecimento esotérico. O modelo é, em parte, o de uma associação cúltica, e a sabedoria transmitida ali é descrita por um dos discípulos de Sócrates como "mistérios" (143; *cf.* 824). Antes de começar sua instrução, Estrepsíades passa por uma iniciação formal, na qual ele é posto sentado, coroado com uma grinalda, borrifado com água, e recebe a ordem de permanecer em silêncio reverente enquanto ouve a oração que invoca as Nuvens (254-266), um procedimento que, como explica Sócrates, é empregado com todos os iniciados (258-259). Alguns desses ritos encontram paralelos no que se sabe sobre outros cultos;[21] é provável também que Aristófanes estivesse satirizando sociedades filosóficas esotéricas como a dos pitagóricos.[22] Aqui podemos detectar outra inconsistência na caracterização de Sócrates por parte de Aristófanes: se ele desejava ocultar suas compreensões, em vez de disseminá-las, é difícil enxergar por que ele pareceria ser uma ameaça tão grande para a comunidade, a ponto de exigir a aniquilação de sua academia – ou por que ele teria admitido um personagem como Estrepsíades em seu círculo de confiança (BERG, 1998, p. 3). Não há nenhuma sugestão de que o próprio Sócrates tivesse usado sua habilidade de argumentação para propósitos ilícitos (GUTHRIE, 1971, p. 39-55; ANDIC, 2001, p. 170).

O Sócrates de Aristófanes era uma figura composta, combinando características de Protágoras (a gramática), Dâmon (a métrica: *cf.* a *República* de Platão, 400A), Hipo de Elis (o céu como uma tampa) e Diógenes de Apolônia, que considerava o ar como o princípio absoluto de todas as coisas.[23]

---

21   Demóstenes (18.259); *cf.* Dieterich (1893); Gelzer (1956, p. 67-68); Dover (1968: ad v. 254); Nussbaum (1980, p. 73-74); Byl (1980); Marianetti (1992, p. 41-63); Janko (1997).
22   *Cf. Teeteto* 155E, *Banquete* 209E. Adkins (1970) argumenta que a paródia dos mistérios apresenta Sócrates como blasfemo, análogo a "celebrando a Missa Negra" (15); *cf.* Marianetti (1992, p. 64-75); Marianetti (1993); Patzer (1993); *contra*, de Vries (1973).
23   Note o papel proeminente das nuvens e de divindades tais como o Ar, o Sopro e o Éter na comédia; *cf.* Vander Waerdt (1994, p. 71-75); Sarri (1973, p. 543-545).

Anaxágoras havia sido acusado de ateísmo devido a sua doutrina de que o Sol era apenas uma pedra, e não é improvável que essa fosse uma acusação que podia ser dirigida a qualquer aparente livre-pensador. Na *Apologia* de Platão (26D), Sócrates explicitamente se distancia dessa opinião e denuncia a aproximação deliberada que Meleto faz de suas ideias com as de Anaxágoras. Além disso, Estrepsíades afirma ter aprendido de "Sócrates, o Meleno" (830), que o Turbilhão expulsara Zeus. É razoável supor que a referência aqui seja Diógenes de Melos, que era amplamente considerado como ímpio ou ateu (LANA, 1959; MIGNANEGO, 1992, p. 87). Quanto às investigações da escola em biologia, sabe-se que Diógenes (Fr. 6, 9) e Demócrito interessaram-se pela fisiologia humana. A hostilidade a Sócrates em *As nuvens* pode, portanto, representar a maneira de Aristófanes de capturar a ansiedade popular despertada não apenas pelo próprio Sócrates, mas por todo o movimento intelectual que podemos denotar pelos termos "pré-socrático" e "sofista", embora os gregos da época vissem pouca ou nenhuma diferença entre eles.

Mas se Sócrates é um dublê de novas correntes de pensamento crítico em geral, por que Aristófanes e Ameipsias concentraram-se especificamente nele? Certamente ele deve ter sido um objeto de escárnio e divertimento fácil e evidente, de uma maneira que talvez outros pensadores contemporâneos não fossem. Diversas explicações vêm à mente para a adequação de Sócrates como bode expiatório em 423 a.C. – isto é, antes que sua associação com figuras políticas radicais como Alcibíades e Crítias manchasse sua reputação e sem dúvida provocasse o julgamento e a condenação em 399 a.C., embora a anistia declarada em 403 a.C. proibisse explicitamente a menção da sangrenta luta de classes que havia dividido Atenas desde 411 a.C. Em primeiro lugar, Sócrates parece ter tido uma aparência estranha, o que é sempre uma boa qualificação para ser alvo de piadas (KARAVITES, 1973-1974), embora se deva reconhecer que, como nota Dover (1968, p. 32), não há nenhuma menção de sua aparência em *As nuvens* (se isso era comunicado por uma máscara grotesca é uma questão duvidosa). Além disso, Sócrates era um ateniense nativo, ao passo que a grande maioria dos filósofos naturais e retóricos era estrangeiro; é melhor atacar uma figura local e conhecida de muitos do que azucrinar um visitante como Górgias ou Protágoras, que poderia valer uma risada, mas dificilmente sustentaria o interesse de uma audiência ateniense durante uma peça inteira (WHITMAN, 1964, p. 142; HENDERSON, 1992, p. 12). Finalmente, e talvez o mais importante, Sócrates era uma personalidade e mesmo um certo incômodo público – isto é, ele não era simplesmente um cientista ou dialético de elite que era íntimo dos ricos, mas um enxerido, conforme os atenienses o percebiam, que andava confrontando as pessoas nas ruas e nas praças, argumentando com elas e expondo a opinião exagerada que elas tinham da própria inteligência. Pelo menos é assim que Platão descreve o efeito de suas interrogações ao ar livre. E o efeito dessas interrogações, junto à ausência de qualquer programa educacional positivo, pode muito bem ter sido, ou ter sido percebido como, corrosivo em relação aos valores tradicionais (NUSSBAUM 1980, p. 81-85; VANDER WAERDT, 1994, p. 79).

Na *Apologia* de Platão, Sócrates parece sugerir que essa prática de buscar interlocutores em meio ao povo fora inspirada primariamente pela resposta que seu amigo Querefonte recebera do oráculo délfico – Querefonte perguntara se alguém era mais sábio que Sócrates, e a sacerdotisa pítia respondera que ninguém era (20E-21A). Sócrates afirma que fora tão incrédulo em relação a essa resposta que decidira investigar seu sentido questionando todos os que tinham uma reputação de sabedoria. A *Apologia* deixa a impressão de que, antes do oráculo, Sócrates não adotava a prática de interrogar seus concidadãos em geral.[24]

Duas questões se colocam. A primeira: o que Sócrates fazia antes do oráculo colocá-lo nesse caminho? A segunda: quando Querefonte fez essa pergunta fatídica? Quanto à segunda, não há nenhuma evidência externa, nem mesmo para uma data aproximada. É curioso, no entanto, que não há nenhuma alusão ao oráculo em *As nuvens*, embora Querefonte seja mencionado ali diversas vezes como associado ou pupilo de Sócrates (104, 144-147, 156, 503, 831). Será que isso autoriza a inferência de que o episódio ocorreu em algum momento após 423 a.C. (ou mesmo depois da

---

24 Sobre o oráculo, *cf.* West (1979, p. 104-126); Brickhouse e Smith (1989, p. 87-108); Stokes (1992); Holland (2000, cap. 4).

versão revisada)? Mesmo antes do oráculo Sócrates deve ter adquirido uma reputação de esperteza, pois do contrário tanto a pergunta de Querefonte quanto a resposta seriam estranhas. Não é necessário assumir que nesse estágio ele ainda estava envolvido com a ciência natural, em contraste com as investigações éticas (*contra* VANDER WAERDT, 1994, p. 79). De fato, embora a resposta do oráculo possa tê-lo feito colocar seu sentido à prova por um período, o relato de Sócrates na *Apologia* de Platão não implica que ele tenha feito isso por muito tempo. Uma vez que ele havia se satisfeito com a resposta de que a ignorância dos outros se encontrava na crença de que eles sabiam o que de fato não sabiam, Sócrates supostamente voltou a discutir assuntos com amigos e conhecidos, como fazia antes.

É seguro assumir que algo a respeito de Sócrates havia prendido a atenção dos atenienses em 423 a.C. ou pouco antes disso, para que ele fosse alvo de zombaria em duas comédias naquele ano. Muito possivelmente há uma alusão a tal evento em *As nuvens*, mas se esse é o caso, isso é opaco para nós. O que quer que tenha sido, Sócrates servia como um bom alvo para uma sátira sobre o novo aprendizado e sobre a retórica, pois ele era típico o suficiente para representar o movimento como um todo, e ao mesmo tempo era suficientemente idiossincrático para ser prontamente identificável como uma personalidade única.

5 Sócrates e o novo aprendizado

PAUL WOODRUFF

A vida de Sócrates coincide com um período no qual vários movimentos intelectuais pareciam, aos conservadores, crescer a ponto de tornarem-se um ataque coordenado aos valores tradicionais.[1] Reunirei esses movimentos sob um único nome, "o novo aprendizado", sem pretender implicar que qualquer pessoa em particular aderisse a todos eles. Os dois elementos do novo aprendizado que parecem ter perturbado mais os tradicionalistas eram a ciência natural e o argumento forense. Sócrates era associado ao novo aprendizado, aos olhos do público; essa associação é uma das poucas coisas que sabemos sobre ele com certeza histórica. Provavelmente, ele era parte do movimento à sua própria e única maneira, embora ele tivesse pouco a ver com a ciência e se opusesse ao ensino da oratória pública.

5.1 Ciência e argumentação

A ciência natural da época diferia da ciência moderna de muitas maneiras, mas elas têm a seguinte semelhança: ela buscava substituir explicações sobrenaturais tradicionais com explicações naturais, e ao fazê-lo encontrava alguma resistência (embora não tão feroz quanto a resistência moderna ao ensino da evolução). Os primeiros cosmologistas propunham explicações dos princípios das coisas em termos de processos naturais conhecidos,[2]

---

1 Nossa principal evidência a esse respeito é *As nuvens* de Aristófanes, que mostra que ele ou sua audiência foram perturbados por vários aspectos do novo aprendizado (421 a.C.).
2 Os primeiros cosmologistas incluem figuras como Anaximandro (cujo processo pode ter sido um turbilhão) e Anaxímenes (condensação e rarefação), que antecedem o novo aprendizado em um século (tendo vivido em meados do século VI a.C.), mas a especulação cosmológica

enquanto os primeiros antropólogos explicavam a cultura como produzida pela invenção humana,[3] e um historiador explicou os eventos humanos em termos de uma teoria empírica da natureza humana.[4] Tomadas em conjunto, essas teorias não deixam nenhum espaço para explicações tradicionais que apelam para a ação dos deuses. O novo aprendizado ofereceu aos gregos antigos a cosmologia sem criação, o progresso humano sem ensinamento divino e a história humana sem intervenção divina. O verdadeiro ateísmo é elusivo nesse período, e não conhecemos com certeza nenhum pensador que negasse a existência dos deuses.[5] Negar que os deuses agem não chega a ser ateísmo no sentido pleno, mas isso era suficientemente revolucionário para despertar uma forte reação. "Por que deveríamos dançar", pergunta, com efeito, um coro de Sófocles, "se os deuses não fazem os oráculos que eles concedem tornarem-se verdadeiros?"[6] Por que, de fato, tomar parte

---

continuou até o século V com Anaxágoras (que de fato postulou um turbilhão), e evidentemente provocou uma resposta dos tradicionalistas. *As nuvens* de Aristófanes mostra a escola de Sócrates substituindo Zeus pelo Turbilhão (828).

3 Os textos antropológicos mais antigos incluem o *Anonymus Iamblichi*, a Ode ao Homem na *Antígona* de Sófocles, e a *Arqueologia* de Tucídides. *Cf.* Guthrie (1971, p. 79-84), e sobre as origens dessa parte do novo aprendizado, Cole (1967).

4 Sobre a visão de Tucídides sobre a natureza humana, *cf.* Reeve (1999). Tucídides sustenta que o comportamento humano segue padrões gerais, familiares ao historiador, que são afetados de diferentes maneiras por diferentes circunstâncias: "A guerra civil trouxe muitas atrocidades para as cidades, tal como acontece e sempre acontecerá enquanto a natureza humana permanecer a mesma, embora elas possam ser mais ou menos violentas ou assumir diferentes formas, dependendo da variedade de circunstâncias em cada caso. Na paz e na prosperidade, as cidades e os indivíduos privados têm melhores atitudes, pois não são lançados na necessidade de fazer coisa alguma contra sua vontade; mas a guerra é uma professora violenta: ela dá à maioria das pessoas impulsos que são tão maus quanto sua situação, quando retira o suprimento fácil daquilo de que elas precisam para a vida diária" (3.82). Essa e outras traduções usadas neste capítulo são minhas, tiradas de Gagarin e Woodruff (1995) ou, como neste caso, de Woodruff (1993).

5 O orador no fragmento do Sísifo, provavelmente de autoria de Eurípedes, é um ateísta no sentido pleno, mas não conhecemos nenhuma figura histórica que sustentasse essa visão. *Cf.* Kahn (1997). Pródico pertence àqueles que explicaram a crença religiosa, mas não é óbvio que ele fosse, portanto, um ateísta: "O sol e a lua, os rios e fontes, e todas as outras coisas que beneficiaram nossas vidas, foram chamadas de deuses pelas primeiras pessoas porque elas eram coisas benéficas. Os egípcios, por exemplo, deificaram o Nilo" (Fr. 5).

6 Esse é o estribilho do segundo estásimo de *Édipo tirano*; os famosos versos (895-896) são: "Mas se os deuses honram uma vida como essa, / Por que eu deveria dançar em oração e louvor?".

em quaisquer práticas religiosas? Se os deuses não realizam quaisquer ações que possam nos afetar, por que buscar influenciá-los através de sacrifícios, rituais ou orações? É claro, há uma resposta que apela para o efeito ético da cerimônia sobre os indivíduos e a comunidade, mas isso teria sido muito sutil para os defensores da tradição (assim como é hoje para os atuais defensores do mito da criação).[7]

O argumento forense era uma dentre várias matérias ensinadas por professores viajantes que depois vieram a ser chamados de sofistas. Esses parceiros do novo aprendizado ensinavam um certo número de matérias sob o título de uma "arte das palavras". Estas incluíam discursos de exibição para entretenimento intelectual, bem como técnicas para apresentar argumentos em contextos deliberativos e forenses. Além disso, vários sofistas ensinavam matérias como matemática, astronomia, história, crítica literária, antropologia, ética e teoria política. A questão de se algum sofista ensinava aquilo que hoje é conhecido como retórica é controversa.[8]

Os atenienses destacavam o argumento forense nesse catálogo de ofertas em razão do papel desse tipo de argumento nos tribunais populares de Atenas. Os cidadãos proeminentes temiam ser acusados por alguém que tivesse dominado a arte – qualquer cidadão podia fazer acusações – e as pessoas comuns temiam que os criminosos que tivessem dominado a arte pudessem sair em liberdade por meio do discurso, não importando o quanto fossem culpados.

---

7 Conforme praticada, a religião da Grécia antiga era difícil de distinguir de práticas destinadas a influenciar ou mesmo (como na magia) manipular os deuses. Mas o sentido mais profundo do sacrifício, como representado nos poetas, tem a ver com o intercâmbio de honras cruzando a divisória entre o humano e o divino, um intercâmbio que não necessariamente colocava os deuses sob alguma obrigação para com os humanos. A reverência é principalmente uma virtude ética, expressada mas não corporificada nas práticas que pareciam servir aos interesses dos deuses. Sobre esse tópico, cf. por exemplo Woodruff (2001).

8 Sobre os sofistas, cf. Guthrie (1971); Kerferd (1981). Para textos relevantes, cf. Sprague (1972), que traduz as partes relevantes de Diels-Kranz; também Gagarin e Woodruff (1995). As representações de Platão sobre os sofistas dominaram a arena intelectual antes de serem reavaliadas por Hegel; a obra pioneira em inglês é o famoso capítulo que Grote escreveu sobre eles em sua história (1869), mas o feitiço de Platão ainda paira sobre esse assunto. Para visões recentes dos sofistas, que diferem daquilo que foi amplamente ensinado no passado, cf. Bett (1989), Woodruff (1997) e Gagarin (2001). Sobre a controvérsia acerca da retórica, cf. Cole (1991) e Schiappa (1990; 1999).

Ambos os temores foram resumidos na expressão que supostamente capturava o principal ensinamento dos sofistas, "tornar mais forte o argumento mais fraco". Em si mesmo, pareceria inofensivo ensinar estudantes a fortalecerem argumentos fracos, mas considerava-se que a expressão implicava que um aluno bem-sucedido dos sofistas pudesse fazer o lado errado vencer. O medo que isso gerava era mais real do que a ameaça; o maior mestre do argumento forense do período foi Antifonte, que foi executado (provavelmente com justiça) apesar de ter feito um discurso famosamente brilhante em sua própria defesa.[9]

5.2 O caso de Sócrates

A opinião popular sustentava que Sócrates fora fortemente contaminado pelo novo aprendizado, enquanto seus defensores – Xenofonte e Platão – o exibiam resistindo a certas inovações.[10] Mas a resistência de Sócrates estava evidentemente longe de uma defesa da tradição. Conforme é mostrado por seus defensores, ele fora afetado pelo novo aprendizado, assim como outros pensadores de sua época, de modo que sua resistência ao novo aprendizado consistia em desenvolver alternativas às modas intelectuais da época. Essas alternativas não eram menos revolucionárias do que as modas às quais ele se opunha. O julgamento de Sócrates não se presta a uma explicação única; até onde sabemos, a maioria dos 501 juízes no quadro tinha muitas razões diferentes para votar "culpado". Mas a reputação de Sócrates como um professor do novo aprendizado certamente causava

---

9 O discurso de defesa de Antifonte foi admirado por Tucídides (8.68.2); um fragmento dele sobreviveu e encontra-se traduzido em Gagarin e Woodruff (1995, p. 219).

10 As opiniões modernas sobre Sócrates derivam principalmente de Platão e Xenofonte, com dois resultados: primeiro, os sofistas foram vistos como perigos morais (até a época de Hegel e Grote, e ainda são por muitos escritores); segundo, a evidência de Aristófanes acerca de Sócrates tende a ser posta de lado. Este capítulo parte de uma visão bastante positiva sobre os tipos de coisas que os sofistas ensinavam, e procura elementos semelhantes em nossas principais fontes filosóficas sobre Sócrates.

uma má impressão.[11] Essa reputação havia sido amplamente difundida, e a uma longa distância, por uma peça popular produzida aproximadamente 22 anos antes.

Em sua peça cômica *As nuvens*, Aristófanes imaginou uma escola dirigida por Sócrates, que promove tanto a ciência natural quanto o argumento persuasivo; assim Aristófanes convenientemente pintou um alvo humano para a ira conservadora que ambas as tendências despertavam. A *Apologia de Sócrates* de Platão, no entanto, mostra o filósofo alegando em sua defesa que as acusações informais da peça contra ele são falsas. Quanto à avaliação dessa defesa, devemos admitir alguma medida de ignorância; nossas fontes não nos permitirão afirmar que sabemos precisamente o que o Sócrates histórico ensinava e pensava. Mas para os propósitos deste capítulo, Platão será suficiente. Se Platão não desvincula Sócrates do novo aprendizado – como mostrarei que ele não faz –, então provavelmente o Sócrates histórico tinha algo do novo aprendizado nele. Exatamente com que grau de proximidade Sócrates pertencia ao novo aprendizado é a questão deste capítulo.

5.3 O novo aprendizado

Há mais coisas no novo aprendizado do que a ciência e o argumento forense. A fim de avaliar o lugar de Sócrates nessa família de movimentos intelectuais, precisamos rever seus elementos principais em mais detalhes. Os contribuidores do novo aprendizado incluem os professores viajantes que se tornaram conhecidos como sofistas, e que tinham um amplo repertório de matérias para ensinar – Protágoras, Górgias, Hípias, Pródico e Antifonte são as figuras principais. Deveríamos incluir também os historiadores, dos quais os mais famosos são Heródoto e Tucídides, por seus interesses pelas origens da cultura e pela explicação dos eventos humanos. A estes devemos acrescentar filósofos do século V, tais como Demócrito e Anaxágoras, pelo interesse em explicar o mundo natural. Demócrito estava

---

11 A *Apologia* de Platão responde explicitamente à *As nuvens*. Os *Memoráveis* de Xenofonte se dão ao trabalho de mostrar que Sócrates diferia dos sofistas.

interessado também em assuntos humanos, e ele pode ter sido o fundador do novo movimento em antropologia que emerge um certo número de textos sobreviventes.[12] Na ciência natural, as principais figuras do novo aprendizado são os escritores médicos cujo trabalho sobrevive no *Corpus hipocrático*, e que favorecem explicações naturalistas para fenômenos médicos. A influência do novo aprendizado revela-se claramente também nos principais poetas atenienses da época: o autor de *Prometeu acorrentado* (possivelmente Ésquilo), Sófocles e Eurípedes, todos os quais exibem um interesse pelo debate e pela disputa, bem como pela explicação humana de eventos humanos.

Por que criar um grupo a partir desses pensadores díspares? Porque todos eles estavam envolvidos no tipo de coisa que parece ter incomodado a audiência de *As nuvens* de Aristófanes. Porque o que eles estavam fazendo era novo no século V a.C., embora baseado em ideias que eram tão antigas quanto podemos rastrear no pensamento grego. E porque eles partilhavam certas características – uma disposição de questionar ideias e costumes tradicionais, um fascínio pelo que é ser humano, e um deleite no uso efetivo das palavras. Há cinco temas principais que tratarei com mais detalhes em seguida.

5.3.1. Desalojamento do divino

Nesse período, as pessoas educadas buscaram cada vez mais explicações naturais para eventos de todos os tipos. As narrativas tradicionais explicavam as coisas apelando para ações dos deuses, concebendo-os como personalidades segundo o modelo humano. Tais narrativas foram desalojadas pelas novas explicações baseadas na natureza. Já discuti isso como um tipo de ciência natural, mas deveríamos distingui-la da ciência moderna. Todas as explicações que desalojavam os deuses apelavam de algum modo para a natureza, para processos naturais ou para algo como a natureza humana, e muitas delas apelavam para a observação. Mas poucas delas eram apoiadas pelo tipo de estudo empírico que a ciência moderna exige. Ocorria pouca experimentação, e nenhuma nesse período utilizava algo que se assemelhasse

---

12 Cole (1967).

a grupos de controle. Todo o empreendimento era altamente especulativo, e, de fato, parecia depender pesadamente do domínio de seus proponentes sobre a arte das palavras, em vez da apresentação de evidências.[13]

O exemplo de Tucídides é instrutivo no caso da ciência social. Embora ele pareça basear suas visões nas evidências empíricas dadas em sua narrativa, a própria narrativa não é bem fundamentada em evidências. O famoso realismo de Tucídides consiste em sua tese subjacente de que os seres humanos são mais afetados pelo medo, cobiça e ambição do que por considerações religiosas. Sua narrativa de fato dá suporte a isso. Mas ele selecionou certas partes da narrativa para contar com proeminência, outras para encerrar no que corresponde às suas letras miúdas, e ainda outras para passar em silêncio. Em particular, ele deixou de apresentar os eventos que teriam mostrado a um historiador menos tendencioso que as considerações religiosas eram de fato operativas na história.[14]

O argumento geral é que as explicações naturalistas do novo aprendizado eram muito menos poderosas do que aquelas da ciência moderna. Um pensador crítico poderia conscientemente rejeitar muitas delas como excessivamente especulativas ou excessivamente dependentes do discurso engenhoso para serem inteiramente críveis.

5.3.2. Consistência acerca dos deuses

Também nesse período, e mesmo antes, muitos pensadores rejeitaram uma inconsistência óbvia no centro das narrativas sobre os deuses: por um lado, os deuses eram representados como entidades sobre-humanas que usavam seus poderes para fazer com impunidade coisas que nós humanos condenaríamos em bases morais (mas que talvez secretamente desejaríamos também fazer com impunidade). Por outro lado, supunha-se que os deuses

---

13 Assim, Górgias acerca da astronomia em seu *Elogio de Helena*, 13: "Para ver que a persuasão, quando acrescentada ao discurso, de fato molda a mente como deseja, deve-se primeiro estudar os argumentos dos astrônomos, que substituem opinião por opinião: desalojando uma, mas implantando outra, eles tornam assuntos incríveis e invisíveis aparentes aos olhos da opinião".
14 Hornblower (1992) mostra "O que Tucídides não nos diz" a respeito dos fatores religiosos na guerra entre Esparta e Atenas.

fossem os campeões da justiça e de outras virtudes, e até mesmo, às vezes, exemplares morais em si mesmos. Mas eles não podem realmente ser ambas as coisas. Em vez de rejeitar o modelo do exemplar moral, os pensadores que desejavam consistência negariam (ou pelo menos não acreditariam) nas narrativas sobre os deuses.[15]

5.3.3. Respeito pela sabedoria humana

O crescente humanismo do período coloriu as artes e alimentou o impulso para a democracia.[16] Esse humanismo refletia-se na nova antropologia (terceira seção e n. 150 deste capítulo) que buscava causas humanas para o progresso humano. A confiança no juízo humano refletia-se na crítica moral aos deuses, conforme exibida na poesia (discutida na terceira seção). Mas a mais notável exibição de humanismo foi o avanço da democracia na Sicília, em Atenas, e em muitas outras partes do mundo grego. A governança grega tradicional provavelmente sempre envolveu uma assembleia de cidadãos de sexo masculino em idade militar, conforme retratada em Homero e praticada em Esparta; tais assembleias votavam sobre questões colocadas diante delas, mas o direito de falar diante da assembleia era reservado a homens de alta posição. Na democracia, contudo, todo cidadão tem o direito de falar na assembleia, e o homem da ágora desejava ter o direito de falar na assembleia, embora ele tivesse pouca probabilidade de exercê-lo na prática.[17]

---

15 Sobre o papel dos deuses na ética, ver especialmente Lloyd-Jones 1983; sobre o desconforto sentido acerca dessa inconsistência durante o período, ver, por exemplo, Eurípedes, *Íon*, linhas 436-451 (GAGARIN; WOODRUFF 1995, p. 67-68). "Aqueles que ensinam tais coisas", na última linha, pode se referir aos poetas que contam histórias sobre a imortalidade divina: Pois quando vós [os deuses] buscais prazeres sem pensar no futuro, cometeis injustiça. Não mais será justo chamar de maus os homens se estamos apenas seguindo os "bons" exemplos estabelecidos pelos deuses; somente aqueles que ensinam tais coisas são corretamente chamados de maus.

16 A democracia nesse período significava principalmente a rotação de posições entre os cidadãos por sorteio, a responsabilização severa dos magistrados, e o direito de cidadãos adultos do sexo masculino de falar na assembleia. Para mais detalhes, ver Hansen (1991). Sobre a conexão com o novo aprendizado, *cf*. Farrar (1988) e Woodruff (2005).

17 As pessoas que falavam regularmente na assembleia, e que eram habilidosas em fazê-lo,

A importância desse desenvolvimento é sublinhada pelos gritos de protesto contrários por parte de aristocratas como Platão, que respondiam com a metáfora do navio-estado: quem desejaria fazer uma pausa para reunião durante uma tempestade no mar? E quem chegaria a ouvir um marinheiro comum quando o capitão é um navegador perito?[18] Essa metáfora antidemocrática é destinada a apoiar o argumento de que as pessoas comuns não sabem o suficiente para tomar parte em sua própria governança. Mas o argumento não precisaria ser defendido a menos que um grande número de pessoas discordasse – a menos, como indicam os fatos da democracia, que muitos acreditassem na sabedoria do homem comum.

Para um filósofo elitista, a sabedoria do homem comum ameaçaria justificar apelos à opinião comum, e assim apoiaria a prática de apresentar questões a uma vasta audiência para debate e decisão – uma prática amplamente honrada na Grécia e desenvolvida ao grau de uma fina arte por alguns professores do novo aprendizado (5.3.5).

Um desenvolvimento ulterior dessa ideia é o relativismo que Platão atribui a Protágoras, de que aquilo em que um indivíduo acredita é verdadeiro, pelo menos para aquela pessoa.[19] Protágoras provavelmente não era um relativista desse tipo, mas ele de fato disse: "Um ser humano é a medida de todas as coisas, das coisas que são, enquanto são, e das coisas que não são, enquanto não são" (Fr. 1). O que ele pretendia é incerto, mas parece pelo menos expressar confiança nas mentes dos seres humanos para apreender as coisas corretamente – "todas as coisas", diz Protágoras, sugerindo que, se

---

eram chamadas de *retores*. Sobre a importância do direito de falar em assembleia, *cf.* Eurípedes (*As suplicantes*, p. 438-441), no qual Teseu fala pelos atenienses ordinários, defendendo a democracia: Isto é liberdade, perguntar "Quem tem uma boa proposta que deseja introduzir para a discussão pública?" E alguém que responde ganha fama, enquanto alguém que não deseja fica em silêncio. O que poderia ser mais justo do que isso em uma cidade?

18   O uso dessa metáfora por parte de Platão é proeminente na *República* 6.488bc; ver também *Protágoras* 319de sobre essa questão. A imagem é enganosa: em um barco, todos na verdade dependem de trabalhar juntos sob uma boa liderança para sobreviver, e a liderança em um barco pode ser aprendida. Em uma cidade, não é claro que a liderança pode ser aprendida (como Sócrates irá mostrar no *Protágoras*), e os ricos ou poderosos podem ser capazes de fazer arranjos privados para sua própria sobrevivência.

19   *Teeteto* 152a6-8, *cf.* 167c4-5.

algo não é aparente à mente humana, esse algo não está lá de modo algum. E isso é sem dúvida uma resposta aos filósofos naturais que apelam em suas explicações para aquilo que não é visto nem visível.[20]

A crítica de Platão ao relativismo de Protágoras fez o retrato histórico tornar-se indistinto. Protágoras certamente não foi um relativista consistente, e pode não ter sido um relativista de modo algum.[21] Como veremos na próxima seção, o tema mais comum entre os professores do novo aprendizado não era o relativismo, mas algo incompatível com ele – a crítica do papel dos costumes na cultura. A democracia não assume que a vontade do povo é sempre correta; de fato, a experiência dos atenienses ensinou-lhes a necessidade de colocar certas restrições ao poder da assembleia.[22] É possível insistir no respeito pela sabedoria das pessoas comuns sem ensinar o relativismo.[23]

5.3.4. Crítica dos costumes e da lei

Os professores do novo aprendizado reconheceram o enorme poder dos costumes na vida humana, e buscaram fundamentos para desafiá-lo. Uma famosa anedota de Heródoto mostra quão claramente os intelectuais gregos do período entendiam o modo como os costumes variam em suas demandas, exigindo um certo tipo de funeral em uma cultura enquanto o tornam abominável em outra:

> Durante seu reinado, Dário chamou alguns gregos que estavam na Pérsia, e perguntou-lhes quanto dinheiro os tornaria dispostos a comer os cadáveres de seus pais; e eles disseram que não fariam isso

---

20 Górgias, *Helena* 13, citado na n. 160.
21 A doutrina de Protágoras sobre a correção das palavras não é compatível com o relativismo, e sua ideia (se for dele) de que a justiça e a reverência são dádivas de Zeus à humanidade também não. Sobre a questão geral dos sofistas e do relativismo, *cf.* Woodruff (1997) e Bett (1989).
22 Após o julgamento dos generais em comando em Arginusae, os atenienses tomaram cuidado para não deixar a assembleia triunfar sobre a lei outra vez. O julgamento foi uma anomalia, e no início do século IV a.C. a democracia se desenvolveu de modos que restringiam o poder da assembleia (WOODRUFF, 2005, p. 56).
23 Para uma defesa moderna da ideia de que, em relação a tipos específicos de questões, as multidões podem ser mais sábias do que os especialistas, *cf.* Surowiecki (2004).

em troca de coisa alguma. Depois daquilo, Dário chamou alguns habitantes da Índia chamados de calatianos, que de fato comem seus pais (Os gregos estavam presentes e entenderam o que eles disseram através de um intérprete.). Então Dário perguntou aos calatianos que soma de dinheiro eles aceitariam para queimar seus pais em uma pira após sua morte; os calatianos deram um grande grito e disseram-lhe para não falar em sacrilégios. Então vemos que essas coisas são estabelecidas por costumes; e Píndaro, em minha opinião, estava certo quando disse que o costume é o "rei de todos".[24]

Reconhecer o poder dos costumes é o primeiro passo para se adotar uma atitude crítica em relação a eles. Se um determinado tipo de funeral fosse de fato baseado na natureza das coisas, ou no mandamento divino, então todos teriam de usar aquele tipo ou sofrer sérias consequências. Mas um pouco de viagem mostrou aos gregos que esse não era o caso. Diferentes funerais pareciam funcionar igualmente bem para diferentes povos, e os deuses não puniam claramente um povo por não ser grego em seu modo de vida. Segue-se que as bases para sustentar cada modo de vida são aproximadamente iguais.

Duas respostas contrárias são possíveis em relação a essa descoberta. Uma é a conclusão relativista de que não há bases objetivas para escolher um tipo de funeral, de modo que um costume é correto para aqueles que o seguem, e não há mais nada a dizer. Todos são governados pelos costumes, e esse é o verdadeiro governante dos assuntos humanos: "O costume é rei"; *nomos basileus*, como disse famosamente Píndaro.[25] Isso nos deixa com um relativismo cultural que não admite nenhuma base para criticar ou reformar tradições.

O relativismo individual é a visão de que uma proposição é verdadeira para você se você acredita nela; e o relativismo cultural diz que um costume é correto sempre que é o costume. O relativismo individual é absurdo e facilmente refutado, mas o relativismo cultural pode ser satisfatório para os

---

24 Heródoto (*História* 3.38).
25 Sobre a expressão de Píndaro, "o costume é rei", ver a tradução e o comentário em Gagarin e Woodruff (1995, p. 40-41).

funerais. Ele é menos atraente, contudo, para as leis que definem a justiça e a injustiça para uma sociedade. Nem todos os professores do novo aprendizado aceitavam a inferência, a partir de observações de diferença cultural, da conclusão forte de que o costume deve ser rei (o que não é a mesma coisa que "o costume *é* rei"). E de fato a inferência é falsa. As diferentes leis poderiam expressar imperfeitamente um princípio comum de justiça que poderia ser ele próprio objetivamente fundamentado. Este seria o caso se, como acreditavam Protágoras e outros professores do novo aprendizado, a justiça é essencial para a sobrevivência da sociedade, como resultado de certas características da natureza humana, ou pelo menos de características comuns da condição humana.[26]

Se há alguma maneira de basear uma concepção de justiça na natureza, então devemos estar preparados para questionar os costumes que supostamente expressam a justiça. Alguns professores do novo aprendizado rejeitaram completamente a justiça baseada nos costumes e buscaram substituí-la com leis e concepções de justiça baseadas na natureza.[27] É claro que isso é uma antítese do relativismo, pois busca um padrão objetivo comum para a moralidade. Mas é igualmente ameaçador para a moralidade tradicional. Tanto o relativismo quanto a crítica dos costumes deixam a tradição em um estado enfraquecido; não deveria ser surpreendente que os tradicionalistas tenham reagido contra o novo aprendizado com uma defensiva violenta.

A lei e o costume são relacionados através de uma palavra grega comum, *nomos*, que é usada para ambos. Alguns pensadores que criticaram ideias costumeiras sobre a justiça também criticaram as leis da cidade, e nem sempre distinguiram as duas coisas (Uso esse termo para distinguir entre as leis da cidade e a lei divina ou a lei dos gregos, um código não escrito de conduta entre as cidades.). O antigo conceito de lei parece sempre ter sido normativo – isto é, a lei nunca era entendida em um sentido

---

26 Sobre Protágoras, *cf.* o *Protágoras* de Platão (320c-22d); sobre Platão, que baseia o argumento da *República* nesse pressuposto, *cf. República* 433a, 369.
27 A rejeição do *nomos* (costume, lei) em favor da natureza por parte de Cálicles é dada no *Górgias* de Platão (482e-483d). Cálicles pode ser um produto da ficção, mas Antifonte foi bastante real, e parece ter criticado o *nomos* do ponto de vista da natureza (Fr. 44, GAGARIN e WOODRUFF, 1995, p. 245-47; sobre a interpretação, *cf.* WOODRUFF, 2004).

puramente positivo como o comando daqueles que detêm a autoridade. Quando os professores do novo aprendizado conceberam a ideia de que a lei era o produto de um contrato social, eles pretendiam com essa proposta reduzir a força moral da lei. Se a lei não tem mais domínio sobre nós do que um acordo negociado por fraqueza, então pareceria que as pessoas deveriam desconsiderá-la em favor de princípios de conduta que são melhor fundamentados, com base na natureza das coisas, como propõe Cálicles.[28]

5.3.5. A arte das palavras

A maioria dos professores do novo aprendizado ensinava as artes dos *logoi*, e estas incluíam teorias da linguagem (tais como a teoria dos atos de fala), a arte da oratória de exibição (uma forma de entretenimento), a habilidade de debate e aquilo que hoje chamaríamos de retórica para propósitos forenses ou deliberativos. Platão implica que Górgias e outros ensinavam a retórica como uma arte distinta, separável de todas as outras divisões do conhecimento, e dedicada exclusivamente à persuasão.[29] Mas alguns estudiosos argumentam que essa concepção de retórica é uma invenção de Platão. Seja como for, nenhum professor do novo aprendizado, com possível exceção de Górgias, estabeleceu-se como professor de retórica nesse sentido, e mesmo Górgias parece ter estado mais interessado em exibições de oratória do que na persuasão bem-sucedida.[30] Górgias de fato disse, em um discurso de exibição, que a linguagem é tão poderosa quanto uma droga, mas ele levantava dúvidas sobre a comunicação ser possível de todo.[31]

No final do século V a.C., desenvolveu-se uma profissão de logografia, ou escrita de discursos. Os especialistas nesse campo, tais como Lísias, Antifonte (que provavelmente também foi um professor do novo aprendizado) e o jovem Demóstenes, escreviam discursos para os atenienses usarem em casos legais, e esses discursos visavam persuadir. A vida do orador podia

---

28 Os principais textos são: Platão, *República* 358e3-359b5, e *Górgias* 483a7-484c3.
29 *Górgias* 452e, *cf.* 459c; *Fedro* 260a.
30 Sobre a tese de que Platão inventou a retórica, *cf.* Cole (1991) e Schiappa (1990; 1999); sobre o argumento a respeito da persuasão, *cf.* Gagarin (2001).
31 Sobre o paradoxo das visões de Górgias sobre a linguagem, *cf.* Mourelatos (1987).

depender de sua habilidade de vencer um debate, de modo que as artes das palavras desenvolvidas no novo aprendizado foram empregadas em um uso sério nesses discursos escritos. Pensava-se que as pessoas ricas que podiam pagar logógrafos – aliás, que podiam pagar por lições privadas com um professor como Górgias – estavam em vantagem no tribunal. Mas, como vimos, a arte não salvou Antifonte.

Sabemos bastante sobre os discursos de exibição, pois vários deles sobreviveram. Conhecemos a retórica forense da última parte desse período pelos discursos de Lísias e do fragmento do discurso de defesa de Antifonte. Não sabemos tanto sobre a arte do debate, contudo, pois dependemos principalmente dos relatos de Platão e de exemplos fictícios, dos quais o mais notável é o conjunto de artifícios de debate no *Eutidemo*. Estes mostram os sofistas fazendo um uso esperto e interessante da falácia, mas eles pertencem à ficção histórica.

Protágoras estava interessado na classificação dos atos de fala e em algo que ele chamava de "correção das palavras" ou "correção da dicção", e isso aparentemente abrangia assuntos como a evitação da contradição e a atribuição apropriada de gênero às palavras.[32] Pródico estava evidentemente interessado em distinções sutis e na escolha precisa entre palavras com significados semelhantes.[33] Esses professores do novo aprendizado parecem ter tido um interesse pela linguagem como objeto de estudo em si mesma, e não meramente como um instrumento para a persuasão.

5.4 A resposta de Sócrates

Sócrates fez parte do novo aprendizado de muitas maneiras, mas se afastou dos principais professores em pontos cruciais. Ele não afirmava ser

---

32 Sobre Protágoras acerca da correção, *cf.* Platão, *Protágoras* 338e7-339a1 em seu contexto, que diz respeito à contradição, bem como *Crátilo* 391c3 e *Fedro* 267c6. Sobre a ideia da correção no argumento, *cf.* Plutarco, *Vida de Péricles* 36.3, 172. Sobre o ponto acerca do gênero, *cf.* Aristóteles, *Sophisticis elenchis* [*Refutações sofísticas*] 14, 173b17. Sobre o interesse de Protágoras em classificar atos de fala, *cf.* Aristóteles, *Poética* 19, 1456b15.
33 Pródico acerca das palavras: *Cármides* 163d, *Crátilo* 384b, *Laques* 197d.

um professor, como eles, e não esperava pagamento daqueles que lhe faziam companhia a fim de aprender. Contudo, ele de fato causava um efeito nos jovens, e era em algum sentido um professor. Isso lhe foi fatal. Platão não é útil para avaliar o ensinamento socrático, pois ele raramente mostra Sócrates com seus seguidores mais socráticos, tais como Querefonte, preferindo em vez disso representá-lo em discussões fracassadas com figuras como Cármides, que claramente não o entendem.

5.4.1. Desalojamento do divino

Como vimos, *As nuvens* acusa Sócrates de tentar desalojar os deuses das explicações de eventos naturais, mas Platão o defende vigorosamente dessa acusação, tanto na *Apologia* quanto em outros diálogos. No *Fédon*, Sócrates diz que não estava satisfeito com o tipo de explicação buscado por Anaxágoras (96a-99d), porque ele negligenciava a causa real das coisas – por que é bom que as coisas sejam como são. Os filósofos tais como Anaxágoras, implicava ele, estavam oferecendo causas meramente necessárias – as quais posteriormente vieram a ser chamadas de causas materiais e eficientes – no lugar de causas teleológicas, as quais, implicava ele, devem figurar em qualquer explicação genuína.

No *Fedro*, Sócrates refere-se brevemente às explicações naturais para as narrativas sobre os deuses. Ali ele diz que não tem tempo para explicar todas as narrativas sobre os deuses; está ocupado demais tentando conhecer a si mesmo, e assim "aceita a crença geral" (229d-230a).

Sócrates abstinha-se do desalojamento do divino por meio da explicação natural, não por ser um tradicionalista, mas porque ele havia se lançado em novos projetos que estavam fora dos limites do novo aprendizado. Tanto a jornada interior rumo ao autoconhecimento quanto o impulso de entender o mundo teleologicamente seriam suficientes para retirar Sócrates da corrente principal do novo aprendizado e estabelecê-lo como a fonte de um rio inteiramente novo, que cresceu ao nível de uma inundação no período posterior a Aristóteles.

No entanto, há um nicho de onde Sócrates de fato desalojou os deuses, embora nesse ponto ele não esteja em oposição evidente ao ensinamento tradicional. Sócrates não atribui a nenhum deus o papel de árbitro moral. Ele parece comprometido no *Eutífron* com a visão de que não é a aprovação divina que torna uma ação virtuosa; antes, os deuses aprovam a ação porque ela é virtuosa (11ab).

Provavelmente escrevendo muito tempo depois, Platão faz Sócrates atribuir às almas divinas e humanas a mesma posição com relação à Forma da Justiça. Ambas as espécies – os deuses e os humanos – dependem de serem capazes de ver a Forma onde esta se encontra, no espaço além do céu. Se falharem em vê-la, eles desgastam sua habilidade de permanecer no céu; a única diferença é que os deuses são mais bem capacitados do que os humanos para voar alto o suficiente para ver as Formas além da orla do teatro celeste (*Fedro* 246a-249c).

A visão geral de Sócrates parece ser que o raciocínio que fundamenta o juízo ético é mais acessível aos deuses do que aos homens, mas que tal raciocínio é independente da maioria dos fatos sobre os deuses; "um deus o deseja" é algo que nunca poderia figurar no raciocínio ético.[34] Os deuses do *Fedro* são exemplares para nós somente porque eles têm seus olhos sobre as Formas. Sócrates nunca propõe em nenhum ponto do *corpus* platônico resolver uma questão de ética pela referência à vontade ou à revelação divinas, nem mesmo por meio do apelo à sua voz divina pessoal. O desalojamento ético dos deuses está alinhado com o novo aprendizado, mas sua articulação clara parece ter sido única de Sócrates.

5.4.2. Consistência acerca dos deuses

A esse respeito, Sócrates simplesmente adere à posição amplamente adotada pelos intelectuais do século V: que as narrativas de comportamento não ético por parte dos deuses não podem ser verdadeiras. De fato, Sócrates

---

34 Os diálogos socráticos que investigam questões éticas buscam definições de termos éticos, na maior parte sem nenhuma referência aos deuses. A tentativa de definir a reverência em relação aos deuses no *Eutífron* falha. A decisão de Sócrates de recusar a oferta de Críton para escapar da prisão, no *Críton*, é baseada em um raciocínio que não faz nenhuma menção aos deuses. A única exceção é a promessa de Sócrates de não obedecer à cidade se isso exigir que ele abandone sua missão; ali ele parece justificar sua decisão apelando para sua alegação de que ele foi encarregado pelo deus de trabalhar como ele trabalha (*Apologia* 29d).

atribuiu a acusação de impiedade contra ele à sua recusa de aderir a tais narrativas (*Eutífron* 6ab).

Portanto, Sócrates não faz exatamente o que ele diz no *Fedro*, em 229d-230a. Platão pode ser inconsistente acerca do assunto, mas é mais provável que a passagem do *Fedro* tenha de ser lida segundo um tipo de interpretação socrática. Em vez de simplesmente aceitar aquilo que era a crença geral sobre os deuses, qualquer que fosse aquela, Sócrates aceitava um sistema de crença que é definido segundo o elenco (o método de Sócrates de testar a consistência). Se desafiado a defender sua alegação de aceitação das crenças correntes, ele responderia que adere ao que resta das crenças tradicionais após o elenco – isto é, a um subconjunto consistente delas, especificamente o subconjunto das crenças comuns sobre os deuses que é consistente com a premissa central de que os deuses são exemplares morais, uma premissa que ele não esperaria que nenhum de seus pares rejeitasse sob um exame cruzado.

Dessa maneira, Sócrates consegue, não sem ironia, declarar aliança às visões comuns enquanto propõe uma reescrita radical das narrativas sobre os deuses. O programa delineado na *República* em 2.379a e ss. é socrático em essência, e pode ter sido parcialmente responsável, como Sócrates sugere no *Eutífron*, por sua reputação como perigoso inovador. Os acusadores estavam certos: a esse respeito, Sócrates é tão revolucionário quanto qualquer professor do novo aprendizado.

5.4.3. Respeito pela sabedoria humana

Como vimos, Sócrates entendia que Protágoras afirmava que as percepções ou julgamentos de cada pessoa são verdadeiros para aquela pessoa (*Teeteto* 152b); segue-se que, para Protágoras, qualquer pessoa deveria estar em segurança ao confiar apenas em seus próprios julgamentos. Agora parece que a posição de Sócrates é semelhante: Sócrates pode confiar em seus próprios julgamentos se eles sobreviveram ao teste do elenco (*Górgias* 508d-509a); e o que vale para Sócrates deve valer para qualquer pessoa. De fato, uma característica notável do elenco é sua universalidade: qualquer pessoa que sabe grego tem os recursos para participar do elenco e aprender com ele,³⁵ portanto qualquer pessoa poderia descobrir por si mesma quais os julgamentos em que pode confiar. Esse tributo à sabedoria comum da humanidade é moderado pela exigência do elenco, mas é impressionante de qualquer maneira. Sócrates de fato aderia a esse princípio crucial do novo aprendizado, mas de modo condicional.

Entre os professores do novo aprendizado, Protágoras aparentemente apoiava a democracia com base em seu compromisso com a capacidade comum dos seres humanos de adquirir a perícia política representada pela justiça e pela reverência (*Protágoras* 322d, *cf.* 327b-e).

Nem todos os professores do novo aprendizado teriam concordado; Antifonte foi executado por conspirar para enfraquecer a democracia em favor da oligarquia, embora ele acreditasse em uma natureza humana comum.³⁶ Sócrates podia, como Antifonte, aceitar algumas das premissas do novo aprendizado sem reconhecer as virtudes da democracia. De fato, a democracia como praticada em Atenas dependia de um processo de raciocínio oposto ao elenco. Enquanto o elenco põe as crenças de uma pessoa em julgamento, tomando aquela pessoa como testemunha e juiz, as deliberações e julgamentos da democracia ocorrem em um foro público, e a multidão que está presente age coletivamente como juiz. Mas nenhuma multidão pode submeter-se ao elenco. O elenco razoavelmente assume que há uma resposta para uma questão como "Em que Cálicles realmente acredita a respeito da vergonha e da justiça?" De fato, ele pressiona Cálicles a trabalhar rumo à resposta, mas ninguém iria supor que a mesma pergunta poderia ser respondida por uma multidão. Diferentes membros têm visões diferentes, e talvez nenhum deles, tomados enquanto indivíduos, permaneceria

---

35 A respeito do assistente de Mênon, um escravo, Sócrates pergunta apenas se ele fala grego, antes de lançar-se em uma lição argumentativa bem-sucedida (*Mênon* 82b).

36 Eu aceito a visão antiga de que houve um Antifonte, tanto sofista quanto político. *Cf.* Woodruff (2004) sobre a questão da identidade de Antifonte e a interpretação de sua visão sobre a natureza humana: "Todos nós respiramos ar através de nossas bocas e de nossas narinas, e rimos quando satisfeitos, ou choramos quando aflitos. Enxergamos por meio da luz com nossa visão; trabalhamos com nossas mãos e caminhamos com nossos pés"; "Conhecemos as leis das comunidades que estão próximas [...]. Quando nascemos, a natureza nos fez completamente iguais em nossa capacidade de ser estrangeiros ou gregos". Antifonte *in* Gagarin e Woodruff (1995, p. 244, 7).

comprometido com a posição assumida pela multidão da qual eles haviam sido parte.

A versão de Sócrates do compromisso do novo aprendizado com a sabedoria humana é surpreendentemente nova. Sócrates é o primeiro pensador nessa tradição a admitir um apelo à consciência individual. No *Críton*, Sócrates parece não ter nada em que se basear a não ser sua consciência, na qual ele está preparado para confiar apenas quando ela foi testada na discussão com seu amigo. Não há especialistas sobre a alma disponíveis para serem consultados, e nenhuma maneira de verificar as visões dos deuses sobre o assunto. Sócrates deve simplesmente examinar suas próprias crenças, avaliar os argumentos que as sustentam e, após a reflexão e discussão adequadas, tomar sua própria decisão ou confirmá-la (*Críton* 46b, 48e).

Em uma visão do elenco, seu principal objetivo é estimular a reflexão necessária antes de alguém realizar um juízo de consciência.[37] É claro que muitas das discussões éticas desenvolvidas no novo aprendizado pressupunham que os membros individuais da audiência tomariam suas próprias decisões, mas a ideia principal aqui não havia sido enunciada claramente antes de Sócrates; ela não poderia ter sido articulada de modo algum antes da invenção do elenco. A ideia principal é que cada indivíduo tem os recursos necessários para realizar um bom juízo de consciência quando posto sob pressão por parte de um questionador socrático. O próprio Sócrates não deixou esse ponto tão claro quanto gostaríamos, mas muitos leitores o enxergaram nas entrelinhas dos diálogos de Platão.

5.4.4. Crítica dos costumes e da lei

Sócrates não era um tradicionalista, embora ele às vezes se colocasse contra pessoas que tentavam minar os valores tradicionais. Ele desafiou as inovações de Eutífron acerca do tema da piedade, por exemplo. O princípio subjacente ao desafio parece ser que alguém precisa ter um conhecimento perito da virtude antes de tentar substituir ideias tradicionais com ideias novas (*Eutífron* 4e). De todo modo, Sócrates nunca alegou possuir um

---

37 Woodruff (2000).

conhecimento perito da virtude, mas ele foi um inovador em muitas áreas da ética, como vimos; seu conceito ampliado de coragem (*Laques*), seu apelo à consciência individual e seu método do elenco, todos parecem ter surgido com ele.

Sócrates foi um crítico, ou pelo menos um desafiante, dos princípios democráticos convencionais em Atenas, especialmente da ideia de que pessoas comuns deveriam ser ouvidas na assembleia (*Protágoras* 319d); além disso, ele não admirava nenhum dos heróis da democracia ateniense, tais como Péricles e Temístocles (*Górgias* 514a, 515d-517c). E ele foi um crítico de princípios que parecem ter sido fundamentais para a cultura grega, mais notavelmente a regra de que uma pessoa deveria ajudar seus amigos e causar danos a seus inimigos.[38] Ao invés disso, não se deveria causar danos a ninguém; mas se alguém está agindo mal, dever-se-ia ministrar uma punição não como dano, mas como um meio de melhoramento moral. Sócrates partilhava com outros novos pensadores a ideia radical de que o objetivo da punição deveria ser educar ou melhorar as pessoas na virtude, nunca lhes causar danos (*República* 1.335d; *Protágoras* 324c).

Sobre o tema da lei, Sócrates é especialmente interessante. Ele adotava a explicação do novo aprendizado da base da lei no contrato social, mas invertia essa explicação. Quando os professores do novo aprendizado, tais como Cálicles, utilizavam essa explicação, isso visava minar a lei como baseada em um mero acordo entre seres humanos. Quando Sócrates utilizou a explicação no *Críton*, foi para explicar o domínio moral que a lei tinha sobre ele pessoalmente, por meio do apelo ao seu contrato pessoal com as leis. Sócrates transformou o argumento do contrato social concentrando-se no aspecto pessoal, e tratando as leis como parceiras reais no contrato. Ele entendia essas leis como princípios normativos fundamentais, independentes das decisões do povo de Atenas e definidas pelo objetivo de comunicar a virtude aos cidadãos (*Críton* 54b-c, *Hípias maior* 284a-e). De outro modo, sua defesa da obrigação de obedecer a lei seria estranha à atitude crítica que ele exibia em relação às instituições da democracia (*Apologia* 29d). A lei é

---

38 Por exemplo, na *República* 1.335d.

uma coisa, e é boa; os decretos das pessoas são outra coisa, e podem de fato ser muito ruins.

Em suma, Sócrates não foi menos crítico das ideias comuns do que os professores do novo aprendizado, mas ele foi, não obstante, um oponente da inovação ignorante e um defensor da lei como um ideal.

5.4.5. A arte das palavras

Sócrates foi um adepto da arte das palavras em duas arenas. Ele era capaz (assim Platão o representou) de usar uma excelente técnica retórica, como na *Apologia*, e nunca falhava na arte do debate, a julgar por Platão e Xenofonte.

Ele fez discursos formais em diversas ocasiões, de acordo com Platão. O discurso que fez em sua própria defesa é o único proferido por sua própria pessoa, e é o mais refinado. De fato, esse é o mais elegante discurso de defesa que chegou até nós, e, pelo menos na estrutura, ele segue o modelo estabelecido pelos professores do novo aprendizado. Em outros casos, contudo, Sócrates tende a recusar a responsabilidade por aquilo que ele diz em formato de discurso. Por exemplo, ele atribui seu discurso no *Banquete* a Diotima, embora ele seja muito proximamente relacionado às discussões anteriores para ser qualquer coisa se não obra do próprio Sócrates. Mesmo que as ideias básicas fossem de Diotima, a maior parte de sua expressão, firmemente ligada ao discurso de Agatão e ao diálogo de Sócrates com ele, deve pertencer a Sócrates. No *Críton*, Sócrates dispõe seu argumento em favor da obediência à lei na forma de um discurso apaixonado feito pelas próprias Leis. E no *Fedro* Sócrates compõe dois discursos formais extemporaneamente, pelos quais ele não assume o crédito.

Por que um pensador que rejeitava a retórica praticava-a com tanta elegância e refinamento? E por que ele renegava seus discursos? Essas duas perguntas têm uma única resposta: quando Sócrates proferia um discurso formal, ele não tinha o objetivo retórico comum de persuadir. A despeito de toda sua beleza inebriante, os discursos de Sócrates no *Banquete* e no *Fedro* claramente não têm a intenção de nos converter ao ponto de vista de Sócrates. Em vez disso, eles representam fontes que não estão presentes e não podem se explicar ou defender suas próprias visões. Eles apresentam ideias e imagens brilhantes para discussão, desafiam seus leitores ao pensamento árduo, mas não visam persuadir nem as audiências de Sócrates nem os leitores de Platão. O discurso de defesa chega perto da intenção usual da retórica, contudo, esse também é um desvio. Embora Sócrates queira ser desculpado valendo-se do que diz em seu discurso, ele claramente não quer se livrar por meio da elegância ou do *pathos* de sua retórica.

A história a respeito do debate é semelhante: Sócrates parecia exibir a maestria de uma arte ensinada segundo o novo aprendizado, mas ele usava sua maestria de uma maneira nova. As pessoas que estudavam debate no período aprendiam a confundir seus parceiros de disputa, da mesma maneira que os jogadores de tênis de hoje querem fascinar e confundir seus oponentes. Aquilo que parece um debate da parte de Sócrates em Platão, no entanto, não visa simplesmente confundir um parceiro de disputa, embora esse frequentemente seja o resultado. É verdade, Sócrates parece a seus inimigos ser um debatedor que diria qualquer coisa para vencer, e de fato Sócrates nunca foi vencido em um argumento, de acordo com os relatos que temos dele. Mas o método de debate de Sócrates tinha o objetivo de humilhar seus parceiros de modo a fazê-los se dedicar mais seriamente à busca pelo conhecimento e pela virtude. Assim como seu método nos discursos formais, esse método era destinado a fazer as pessoas pensarem mais profundamente sobre crescerem em virtude, e ao mesmo tempo cuidarem daquilo que pensam. Sócrates foi explícito acerca desse objetivo no discurso de defesa (*Apologia* 29d-30b), e nada que encontramos em outros contextos sugere que ele estivesse enganando seu quadro de juízes.

Um parceiro confuso de Sócrates poderia bem pensar que havia sido humilhado por um artesão profissional de palavras, por um mágico das palavras, e em certo sentido ele o fora (*Eutífron* 11b-d). A habilidade de Sócrates com as palavras é imensa, e é mais assustadora do que qualquer coisa da qual tenhamos notícia acerca de outros professores do novo aprendizado. Mas Sócrates usa sua habilidade acima de tudo para um convite muito sério à filosofia, e esse uso não tem paralelo nas obras sobreviventes do novo aprendizado.

5.5 A transformação do novo aprendizado por parte de Sócrates

Platão foi o crítico mais severo do novo aprendizado entre os filósofos antigos, contudo ele é a fonte da história que contei na quarta seção deste capítulo. Sócrates trouxe novas ideias e uma nova intensidade a todas as áreas principais tocadas pelo novo aprendizado. Diferentemente da maioria dos professores do novo aprendizado, porém, ele não era um generalista. Concentrava-se na ética, à exclusão de tudo mais. Juntou-se ao desalojamento geral dos deuses, mas não por meio da ciência natural ou social; ele desalojou-os como árbitros morais, e colocou em seu lugar um tipo de conhecimento moral que acreditava que os deuses possuíssem de maneira exemplar. Uma consequência disso (junto a outras crenças que ele tem sobre os deuses) é que os deuses são unânimes e consistentes acerca de assuntos morais; aqui ele se junta a uma corrente principal de pensadores e poetas do novo aprendizado que põem de lado os mitos menos morais. Contudo, o Sócrates de Platão foi mais além. Tanto no *Eutífron* quanto na *República*, ele rejeitou completamente as antigas narrativas, uma ação que deve ter exigido uma coragem considerável.

Sua visão dos deuses deixa os seres humanos em um estado perigoso. Há um conhecimento moral a ser alcançado, e os deuses o possuem, mas nós evidentemente não. O que temos, em vez disso, é um recurso para responder bem ao questionamento socrático acerca de assuntos morais, um recurso que se assemelha àquilo que chamamos de uma consciência.[39] À sua maneira única, Sócrates se junta à corrente principal do novo aprendizado, celebrando uma capacidade dos seres humanos comuns que teria sido novidade para o restante do novo aprendizado.

Sua crítica do papel dos costumes na cultura é incisiva, como é adequado ao novo aprendizado, embora focada em questões morais acima de todas as outras. Sua defesa da lei implicitamente separa a lei e o costume, fazendo assunções morais sobre a lei que são paralelas àquelas que ele faz sobre os deuses: assim como os deuses, a lei deve ser boa,

---

39 Woodruff (2000).

e as crenças costumeiras sobre ambos os assuntos devem ser sujeitas a duros questionamentos.

E é claro, em tudo que ele faz, emprega sua majestosa habilidade na arte das palavras. Essa arte pertence ao novo aprendizado, mas seu uso dela é diferente de todos os outros – ele tem o mesmo objetivo em seus discursos e nos questionamentos breves: despertar a consciência individual e estimular seu possuidor a se dedicar à busca pelo conhecimento moral.

Sócrates nadou no rio do novo aprendizado, mas redirecionou-o para fins puramente morais, e nesse processo transformou-o na semente da augusta tradição platônica da filosofia. Por meio de Sócrates, Platão foi não apenas um crítico, mas também um herdeiro do novo aprendizado.

6 Religião socrática*

MARK L. MCPHERRAN

Sócrates é reconhecido como um filósofo moral de primeira ordem: o fundador da ética de virtudes e o principal expoente do método socrático (o método elênquico de exame cruzado por meio de perguntas e respostas).[1] No entanto, também é comum menosprezar a ideia de que ele foi em grande medida um homem de sua época no que diz respeito ao sobrenatural, assumindo em seu discurso e em seu pensamento a existência de deuses vastamente superiores a nós em poder e sabedoria, bem como outros compromissos religiosos gregos tradicionais desse tipo. É claro que o julgamento e a execução de Sócrates sob uma acusação de impiedade indicam que ele não isolou suas crenças religiosas daquelas muitas outras crenças novas às quais ele havia chegado filosoficamente. Antes, nossos textos indicam

---

* Uma versão anterior deste capítulo aparece como parte do capítulo "Socrates and Plato" ["Sócrates e Platão"] in: Oppy, G. e N. Trakakis (Eds.). *The History of Western Philosophy of Religion* [*História da Filosofia Ocidental da Religião*]. Durham: Acumen, 2009.]

1 Aristóteles (*Metafísica* 1078b7-32, *Ética a Eudemo* 1216b3-1216b26); Cícero (*Disputas Tusculanas* 5.4.10-11). *Cf.* o capítulo 8 de Hugh Benson neste volume. Este capítulo não tenta identificar as visões do Sócrates histórico, mas antes as da figura literária, composta a partir de múltiplos diálogos, que emerge dos diálogos socráticos de Platão em combinação com as recordações de Xenofonte e outros (por ex., Aristóteles). Esses retratos constituem um mosaico de características, métodos, visões e atividades de um Sócrates que manifesta de modo distinto atitudes filosóficas diferentes daquelas expressas pelo Sócrates da *República* de Platão e de outros diálogos semelhantes, construtivos e supostamente posteriores. Essa restrição me permite evitar a difícil questão de como poderíamos chegar com precisão às visões do professor real de Platão, e ainda assim nos permite confrontar muitas das questões mais interessantes provocadas pelas obras de Platão. Não há espaço suficiente aqui para abordar a questão complexa de se (e como) poderíamos legitimamente utilizar o testemunho de Aristóteles em conjunção com o dos diálogos de Platão e o da obra de Xenofonte para chegar por triangulação às visões do Sócrates histórico, à maneira de Vlastos (1991, caps. 2 e 3); mas *cf.*, por exemplo, McPherran (1966, cap. 1.2).

que Sócrates entendeu seus compromissos religiosos como integrais à sua missão filosófica de exame e retificação moral; em contraposição a isso, ele usou as convicções de origem racional subjacentes àquela missão para reformular as convenções religiosas de sua época, a serviço do estabelecimento do novo empreendimento da filosofia. O legado direto desse projeto foi a teologia racional de Platão, dos estoicos, e de outros. Esta é, de qualquer maneira, a tese mais abrangente deste capítulo. Meu objetivo a seguir é delineá-la e justificá-la oferecendo um esboço da dimensão religiosa da filosofia socrática – um esboço que ilustre o modo como Sócrates ao mesmo tempo desafiou e renovou as concepções religiosas de sua época.

6.1 A religião grega

Os fenômenos distintos que designamos mediante o uso de termos como "religião" e "o sagrado" eram, para Sócrates e seus contemporâneos, integrados sem ruptura na vida cotidiana. Além disso, nenhum texto antigo como a *Ilíada* de Homero tinha o *status* de uma Bíblia ou de um Alcorão, e não havia nenhuma igreja organizada, nenhum clero treinado, nem um conjunto sistemático de doutrinas imposto por eles. O que distinguia uma cidade ou indivíduos gregos do século V a.C. como piedosos (*hosios*; *eusebês*) – isto é, estando de acordo com as normas que governavam as relações entre seres humanos e deuses – não era, portanto, primariamente uma questão de crença, mas antes de observância correta da tradição ancestral. As mais centrais dessas atividades consistiam na realização oportuna de preces e sacrifícios.[2] Tais sacrifícios iam desde a libação de vinho por parte de um indivíduo no início de uma refeição até os grandes sacrifícios cívicos de gado realizados por ocasião de um festival religioso, culminando em um banquete comunal que renovava os laços das divindades protetoras da cidade com os cidadãos mediante o mecanismo da refeição compartilhada (sendo uma porção de carne separada e

---

2 Para exemplos de preces, *cf. Ilíada* 1.446-58 e Ésquilo, *Sete contra Tebas*, p. 252-260.

queimada como oferenda aos deuses; *cf.*, por exemplo, *Odisseia* 3.418-72). No entanto, além de tais atividades destinadas a assegurar o favor de uma divindade, devemos considerar também aqueles outros rituais que visavam causar danos a outros, e não os ajudar; em particular, as maldições (*cf.*, por exemplo, Píndaro, *Olímpicas* 1.75-115; *Ilíada* 3.299-301; *Odisseia* 2.134-145; Sófocles, *As traquínias* 1238-40). Qualquer que fosse o ritual, as ações que o compunham eram tipicamente voltadas para uma divindade específica e eram ligadas a uma comunidade, indo desde uma família até grupos mais complexos como o *deme*. O princípio organizador mais óbvio, entretanto, era a cidade e seus oficiais religiosos, que exerciam autoridade final sobre todas as funções religiosas e supervisionavam as exibições mais proeminentes de piedade pública fornecidas pelos numerosos festivais da cidade.[3]

Deve estar claro que a religião grega antiga pressupunha uma noção de divindade bastante diferente das tradições modernas. Sócrates e seus pares foram educados com base no retrato dos deuses traçado nas obras de Homero e Hesíodo, e – para começar – esses deuses não criaram o cosmo e a humanidade, mas foram eles mesmos criados. Seu poder era frequentemente obtido por meio da duplicidade e da violência, eles não eram nem oniscientes nem onipotentes, nem eternos, e assumia-se que eles intervinham regularmente nos assuntos humanos para o bem ou para o mal (infligindo, por exemplo, fome, guerra e peste).[4] Aqui na terra, assim, não há nenhuma separação clara entre o religioso e o secular, e, assim, toda ação humana, toda faceta da natureza, tinha aquilo que chamaríamos de uma dimensão religiosa. Mas embora o mundo grego antigo fosse permeado pelo divino, sua expressão mais potente eram entidades distintamente diferentes das criaturas perecíveis e mortais: deuses, *daimones* e heróis.[5]

---

3   Para uma discussão *cf.* Burkert (1985, caps. 2 e 5); Cartledge (1985); Zaidman e Pantel (1992, parte 2).
4   *Cf.*, por exemplo, Zaidman e Pantel (1992, cap. 13).
5   *Daimones* eram às vezes pensados como "poderes intermediários", mas uma vez que "todo deus pode agir como um *daimon*", o termo é melhor compreendido referindo-se ao "semblante velado da atividade divina" (BURKERT, 1985, p. 180). Um herói era um indivíduo falecido há muito tempo, sobre quem podiam ser contadas aventuras épicas. Tanto quanto

Embora essas concepções antigas de divindade não fossem elaboradas ou impostas por um corpo teológico oficial, a educação religiosa não era deixada inteiramente ao acaso. Tanto Homero quanto Hesíodo eram reconhecidos por ter estabelecido para os gregos "uma espécie de repertório canônico de histórias sobre os Poderes do Além".[6] Era nesse repertório que "os poetas elegíacos, líricos e trágicos se baseavam sem restrições, enquanto simultaneamente dotavam os mitos tradicionais com uma nova função e significado".[7] Assim, por exemplo, os dramas de Ésquilo e Sófocles (por exemplo, *Antígona*) justapõem alguma situação presente aos eventos representados nos textos de Homero, estendendo aquela mitologia, enquanto também questionam criticamente alguma faceta da condição humana e da resposta da sociedade contemporânea a ela. Na época de Sócrates, uma parte dessa sondagem de histórias tradicionais era influenciada pelas especulações e pelo ceticismo daqueles pensadores que trabalhavam dentro das novas tradições intelectualistas da filosofia da natureza (por exemplo, Heráclito) e da sofística (por exemplo, Protágoras). Como resultado, nas obras de autores como Eurípedes e Tucídides, até mesmo os princípios fundamentais da religião popular acerca da eficácia do sacrifício e da prece se tornaram alvos de crítica.[8] Embora esteja além do escopo deste capítulo traçar a influência de tais pensadores sobre Sócrates, farei breves alusões a alguns deles conforme avançarmos.

---

qualquer deus, um herói havia alcançado o *status* de divindade, e assim podia responder a preces e sacrifícios, concedendo proteção, retribuição, e assim por diante. Sobre os *daimones*, *cf.* Burkert (1985, cap. 3.3.5); sobre os heróis, *cf.* Burkert (1985, cap. 4); Zaidman e Pantel (1992, cap. 13).
6   Vernant (1980, p. 193).
7   Zaidman e Pantel (1992, p. 144).
8   Para Eurípedes, *cf.*, por exemplo, *As bacantes* 216-220; *As troianas* 1060-1080; *Andrômaca* 1161-1165. Para Tucídides, *cf.*, por exemplo, *História da Guerra do Peloponeso* 2.8.2.

6.2 Os enigmas da 'religião socrática'

A reputação filosófica de Sócrates repousa sobre sua adesão aos padrões mais elevados de racionalidade, uma adesão que recebe sua expressão mais clara no *Críton*:

> T1 "Princípio de Racionalidade": não agora pela primeira vez, mas sempre, sou do tipo de homem que não é persuadido por nada exceto pelo argumento (*tô logô*) que me parece melhor quando raciocino (*logizomenô*) sobre o assunto. (*Crí.* 46b4-6)

O raciocínio socrático emprega comumente o método socrático, e somos encorajados a crer que durante muitos anos Sócrates sujeitou uma ampla variedade de especialistas autodeclarados sobre o tópico da virtude a essa forma de exame (*Ap.* 20d-23c). O resultado desse longo esforço, contudo, parece não ser um corpo de conhecimento, mas a pobre recompensa do ceticismo moral:

> T2 Princípio de Ignorância: tenho consciência de não ser sábio acerca de coisa alguma, grande ou pequena [...] (*Ap.* 21b4-5) [exceto que] [...] sou mais sábio nisto, que eu não suponho que sei aquilo que não sei [...]. (21d6-8)

Isso não seria um resultado tão surpreendente se Sócrates não representasse essa consciência como resultado de uma busca realizada sob as ordens da autoridade religiosa preeminente da Grécia, o oráculo délfico. Conforme Sócrates enxerga a situação, o deus Apolo posicionou-o em Atenas como se ele fosse um guerreiro, ordenando-lhe a filosofar examinando a si mesmo e aos outros por meio do elenco (28d-29a, 30e-31a). Assim ele resume o assunto:

> T3 Missão Divina: [...] procuro e investigo segundo a vontade do deus [...] vou ao auxílio do deus [...] por causa de minha devoção ao deus (*Ap.* 21e5-23c1) [...] o deus posicionou-me [...] ordenando-me a viver filosofando e examinando a mim mesmo e aos outros [...]. (*Ap.* 28e4-29a2)

Sócrates também enfatiza que sua interpretação do pronunciamento do Apolo délfico de que "ninguém é mais sábio" do que ele como uma ordem para filosofar foi confirmada por meio de outras fontes extrarracionais:

> T4 Informação Extrarracional: fazer isto [filosofar] me foi ordenado [...] pelo deus através de oráculos, de sonhos e por todos os outros meios segundo os quais uma divindade já ordenou a alguém fazer alguma coisa. (*Ap.* 33c4-7; *cf. Ap.* 30a; *Crí.* 43d-44b; *Féd.* 60c-61c)

Além disso, Sócrates diz aos jurados em seu julgamento que ele foi auxiliado em sua missão filosófica pelos frequentes avisos de seu sinal divino, o *daimonion*:

> T5 *Daimonion*: [...] vem uma espécie de voz (*phonê*), a qual, quando vem, sempre me detém antes daquilo que estou prestes a fazer, mas nunca me incita adiante. (*Ap.* 31d2-4)

Nossos textos – Missão Divina (T3), Informação Extrarracional (T4) e *Daimonion* (T5) – deveriam agora nos levar a perguntar como é que Sócrates pode também se submeter a seu Princípio de Ignorância (T2): pois, carecendo de sabedoria, como Sócrates pode confiar que deuses tais como Apolo existem, e ainda mais estar certo de que Apolo sempre diz a verdade (21b) e que seus sonhos e sinais divinos não são meros delírios? Ademais, uma vez que ele também endossa o Princípio de Racionalidade (T1), podemos esperar que ele justifique as alegações implicadas nesses textos; mas é difícil ver como o método socrático poderia fornecer esse tipo de garantia (uma vez que ele parece apenas revelar a inconsistência das crenças dos interlocutores; portanto, sua falta de conhecimento especializado).[9] Textos como a Informação Extrarracional (T4) e o *Daimonion* (T5) também fazem Sócrates parecer muito mais supersticioso do que o ateniense médio: não é esse o tipo de comportamento que esperamos do paradigma

---

9 Para uma discussão recente de se o elenco também pode ser usado para estabelecer conclusões positivas (por exemplo, que a definição de um interlocutor é de fato falsa), *cf.* o capítulo 8 de Benson neste volume, e Scott, G. (2002).

da vida racionalmente autoexaminada. Afinal, se contemporâneos esclarecidos como Tucídides podiam permanecer alheios a elementos comparáveis da religião popular, e se até mesmo autores de teatro de mentalidade tradicional como Aristófanes podiam zombar cruelmente de videntes e pronunciadores de oráculos (por exemplo, *As aves* 521, 959-91), como é que Sócrates podia não o fazer? Pior ainda, é difícil ver como o Sócrates que aceita o Princípio de Racionalidade (T1), a Missão Divina (T3) e alegações de Informação Extrarracional (T4), conforme ele investiga as afirmações religiosas de seus interlocutores, pode ser consistente consigo mesmo quando critica esses interlocutores por agirem com base em juízos religiosos sem fundamento:

> T6 Princípio de Eutífron: [...] se você [Eutífron] não distinguisse claramente o piedoso e o ímpio, não haveria nenhuma maneira de você tentar processar um ancião, seu pai, por assassinato, em benefício de um homem contratado. Antes, em relação aos deuses, você teria temido o risco de não o fazer corretamente, e em relação aos seres humanos você teria se envergonhado. (*Eufr.* 15d4-8)

Aqui está implícito um princípio racional de moralidade: ações que são moralmente ambíguas não devem ser realizadas na ausência de uma plena compreensão dos conceitos relevantes envolvidos. Assim, ficamos a nos perguntar como o Sócrates epistemicamente modesto do Princípio de Ignorância (T2) responderia se pressionado a defender sua conduta arriscada de desafiar as visões morais e religiosas de seus companheiros atenienses. A mera citação da autoridade divina instaurada pelos textos da Missão Divina (T3), da Informação Extrarracional (T4) e do *Daimonion* (T5) pareceria inadequada em vista das demandas do Princípio de Racionalidade (T1); tal citação também daria a interlocutores tais como Eutífron (um autodeclarado adivinho) a possibilidade de responder em espécie, dizendo que eles também, como Sócrates, foram ordenados em adivinhações e sonhos a contestar as normas convencionais.

Os textos anteriores exemplificam o modo como Platão nos apresenta um enigmático filósofo pregador de rua que é tão racional quanto religioso, e cuja relação com a piedade ateniense cotidiana é tudo exceto clara. Para começar a dar sentido a essa relação, e assim resolver as tensões entre esses e outros textos relacionados, é útil analisar o exame do próprio Sócrates, de um autodeclarado especialista em religião grega: Eutífron.

6.3 Piedade e filosofia socráticas

A discussão do *Eutífron* sobre a virtude da piedade faz dele um texto-chave para determinar a dimensão religiosa da filosofia socrática.[10] Ele também fornece exemplos vívidos do método socrático por meio de seu retrato da incansável interrogação por parte de Sócrates das cinco tentativas de Eutífron de definir a piedade.[11] A definição 1 – a piedade é agir contra quem quer que cometa injustiça (5d-6e) – é rapidamente descartada por ser muito restrita: Eutífron sustenta que há casos de ação piedosa que não envolvem a ação contra malfeitores (5d-e). Sócrates também lembra a Eutífron que ele está buscando a característica (*eidos*) *única* da piedade: aquela qualidade única, idêntica a si mesma, e universal cuja posse torna piedosa qualquer ação piedosa, e que Eutífron havia anteriormente concordado ser o objeto da busca deles (6d-e; *cf.* 5C-d; *M.* 72c). A definição 2 – a piedade é aquilo que é amado pelos deuses (6e-7a) – é rejeitada em seguida, com base no fato de que, uma vez que os deuses de Eutífron disputam a respeito da correção das ações, uma ação amada por um deus, portanto piedosa, poderia ser também uma ação odiada por um deus, desse modo ímpia; assim, essa definição falha em especificar a natureza real das ações puramente piedosas (7a-9d). Note, contudo, que ao pressupor sem restrição, em sua busca de uma definição, que a definição de piedade deve se aplicar a *toda* ação piedosa – e dada sua aparente rejeição da inimizade e violência divinas

---

10 Nem todo mundo concorda com essa avaliação: se o *Eutífron* é uma fonte de doutrina socrática positiva ou meramente uma investigação aporética é uma questão muito debatida; *cf.* n. 200.

11 Para uma explicação mais completa do exame de Sócrates, *cf.* Geach (1966); Heidel (1900); e McPherran (1996, cap. 2).

(6a-d, 7b-9c) – Sócrates está comprometido com as afirmações de que: 1) há apenas um cânone moral universal para todos os seres, tanto divinos quanto humanos, e assim ele deve rejeitar a tradição de um duplo padrão divino de moralidade (*cf.*, por exemplo, *Rep.* 378b). O exame de Sócrates também sugere que: 2) seus deuses são perfeitamente justos e bons, portanto 3) eles não experienciam nenhuma discordância moral entre si.

A refutação, por parte de Sócrates, da terceira tentativa de Eutífron de fornecer uma definição – a piedade é aquilo que é amado por todos os deuses (9e) – constitui a seção mais logicamente complexa do *Eutífron* (9e-11b).[12] A aparente rejeição dessa definição por parte de Sócrates ocorre no final de uma passagem longa e complexa (10e-11b), na qual ele primeiro estabelece sua conclusão de que as várias concessões de Eutífron enfraquecem essa terceira definição de piedade, e depois explica a aparente fonte da confusão de Eutífron – a saber, dada a afirmação de Eutífron de que algo é amado pelos deuses porque esse algo é dotado de piedade, sua proposta de definição de "amado pelos deuses" parece designar apenas uma propriedade não essencial da piedade (um *pathos*) em vez de especificar a natureza essencial da piedade (sua *ousia*). Com isso, Sócrates torna evidente que ele não é nenhum teórico do Mandamento Divino – isto é, diferentemente dos deuses concebidos segundo o modelo da realeza homérica, seus deuses não instauram a moralidade *estabelecendo* mandamentos de modo que uma ação piedosa seja piedosa simplesmente por ser amada pelos deuses; antes, ao que parece, seus deuses amam coisas que são independentemente piedosas, porque eles próprios são por natureza seres sábios e amantes da virtude. Ao admitir tacitamente que os deuses são *unânimes* acerca do tópico da virtude, Sócrates estabelece aqui o fundamento para a visão de que há em última instância apenas uma divindade (ver quinta seção).

Sócrates auxilia Eutífron a produzir uma quarta definição de piedade, confrontando-o com a questão da relação da piedade para com a justiça genérica: será que tudo que é justo é piedoso, ou a justiça é mais ampla do que a piedade, de modo tal que a piedade seja então uma parte da justiça

---

12 Para análises desse argumento, *cf.* Cohen (1971) e Benson (2000, p. 59-62). McPherran (1996, p. 43, n. 43), fornece uma versão do esqueleto do argumento.

(11e-12e)? Após sua adoção da visão de que ela é parte da justiça, Eutífron tenta diferenciar a justiça piedosa do restante (a "justiça humana"), estipulando que a piedade envolve o *cuidado terapêutico* dos deuses (*therapeia theôn*) (12e6-9). Essa diferença, contudo, é rejeitada por meio da referência a uma analogia de perícias comparando aqueles que cuidariam dos deuses dessa maneira com aqueles que cuidam de cavalos, cães e gado (13a-d). Tais terapeutas possuem o tipo de conhecimento especializado que inclui a capacidade de beneficiar substancialmente seu tipo particular de objeto mediante a restauração ou manutenção da saúde deste, ou então por satisfazer as necessidades essenciais e melhorar o modo como esses objetos funcionam. Obviamente, portanto, uma vez que meros mortais não podem beneficiar os deuses dessas maneiras, a virtude da piedade não pode ser uma forma de terapia (13c-e). Por contraste, o *serviço habilidoso* (*hupêretike*), como aquele prestado por assistentes a artesãos, contribui para uma diferença aceitável da justiça genérica; os assistentes de um construtor de navios, por exemplo, servem ao construtor satisfazendo seu desejo de receber assistência na construção de navios, mas não restauram ou melhoram a própria natureza ou o funcionamento do construtor. Sócrates então conduz Eutífron ao ponto de concordar que: "P: a piedade é aquela parte da justiça que é um serviço dos humanos aos deuses, assistindo os deuses em sua tarefa principal de produzir seu mais belo produto (*pagkalon ergon*)" (12e-14a).

Dentro dos limites dessa explicação, é então pedido a Eutífron para especificar precisamente a natureza daquele mais belo produto do trabalho principal dos deuses, em cuja produção eles podem empregar nossa assistência (13e-14a). Eutífron, contudo, tenazmente evita responder a essa questão (13d-14a), citando em vez disso uma quinta tentativa de definição: 5) a piedade é o conhecimento da realização de sacrifícios e da prece (14b-15c).[13] A isso, Sócrates enfaticamente responde que Eutífron está abdicando da busca deles justamente no ponto em que uma resposta *breve* – uma resposta análoga a "comida", o produto da arte da lavoura (14a) – poderia ter finalmente dado a Sócrates toda a informação que ele realmente

---

13   *Cf.* McPherran (2000b).

precisava ter sobre a piedade (14b-c). Muitos estudiosos acharam essa uma boa evidência para atribuir algo como P a Sócrates.[14] A questão torna-se então: como Sócrates teria respondido à questão sobre a identidade do belo produto principal dos deuses?

Primeiro, podemos esperar que Sócrates sustente que embora nós, humanos, não possamos ter uma explicação completa do trabalho dos deuses, uma vez que os deuses são inteiramente bons, seu principal projeto e produto deve ser superlativamente bom. Mas quais razões, conforme o Princípio de Racionalidade (T1), Sócrates tem para sustentar que os deuses são inteiramente bons? Seu pensamento pareceria desenvolver-se aproximadamente como se segue. Uma vez que os deuses são perfeitamente dotados de conhecimento, eles devem ser inteiramente sábios (*Ap.* 23a-b; *H. Ma.* 289b3-6); mas dado que a sabedoria e a virtude se acarretam mutuamente (e uma vez que existe apenas uma esfera moral), seguir-se-ia que um deus deve ser pelo menos tão bom quanto uma pessoa boa; mas novamente, uma vez que esta última só pode fazer o bem, nunca o mal (*Crí.* 49c; *Rep.* 335a-d), o mesmo vale para o primeiro (*cf. Rep.* 379a-391e).[15]

A reforma moral dos deuses por parte de Sócrates indica que seus deuses não podem ser plenamente identificados com aqueles da tradição popular. Pois o pensamento popular grego assumia como um princípio fundamental, desde Homero, que a justiça consiste em reciprocidade, em retribuição em espécie: um presente por um presente, um mal por um mal

---

14 Entre aqueles "construtivistas" dispostos a fazê-lo encontram-se Brickhouse e Smith (1994, cap. 6.1); Burnet (1924, p. 136-137); McPherran (1985); Rabinowitz (1958); Reeve (1989, cap. 1.10); Taylor, (1982) e Vlastos (1991, cap. 6). Aqueles que não pensam que uma explicação socrática da piedade está implícita no texto (anticonstrutivistas) incluem Allen (1970, p. 6-9, 67) e Grote (1865, p. 437-57). Beckman (1979, cap. 2.1); Calef (1995) e Versényi (1982) são anticonstrutivistas restritos, uma vez que eles argumentam que nenhuma definição de piedade *envolvendo referência aos deuses* pode ser colhida dos enunciados explícitos do diálogo, e que de fato a noção de piedade para a qual Sócrates dirige Eutífron é uma noção secular que a identifica com a totalidade da virtude (REEVE, 1989, p. 64-66, também parece seguir nessa direção). Para referências adicionais, *cf.* McPherran (1985, cap. 2, n. 2-4; e 1996, p. 30, n. 4 e 5).
15 Para discussões adicionais, *cf.* McPherran (1996, caps. 2.2.2-6, 3.2) e Vlastos (1991, p. 162-165).

(a *lex talionis*).¹⁶ Mesmo entre os deuses o princípio da *lex talionis* é assumido como básico (por exemplo, Zeus sugere que Hera poderia permitir que ele destruísse uma das cidades favoritas dela em retorno por abandonar Troia [*Ilíada* 4.31-69]; *cf.* Sófocles, *Ajax* 79).¹⁷ Em relação a esse princípio venerável, Sócrates deve ser classificado como um revolucionário moral autoconsciente (*Crí*. 49b-d): conforme ele o entende, uma vez que nunca deveríamos cometer injustiças, nunca deveríamos fazer o mal, e daí segue-se que nunca deveríamos fazer um mal em retorno nem mesmo por um mal feito a nós (*Crí*. 48b-49d, 54c; *cf. Grg*. 468e-474b; *Rep*. 335a-d). Para Sócrates, portanto, nem mesmo Zeus (ou antes, Zeus menos do que todos) pode devolver uma injúria por outra.¹⁸

Em seguida, a visão socrática de que o único e mais importante bem é a virtude/sabedoria (por exemplo, *Ap*. 30a-b; *Crí*. 47e-48b; *Grg*. 512a-b; *Eutd*. 281d-e) torna provável que o único ou mais importante componente do principal produto dos deuses seja a virtude/sabedoria. Mas então, uma vez que a piedade como virtude deve ser um conhecimento artesanal de como produzir a bondade (por exemplo, *Laq*. 194e-196d, 199c-e; *Eutd*. 280b-281e), *nosso* principal serviço aos deuses – aquele que somos mais adequados para realizar – pareceria ser ajudá-los a produzir bondade no Universo pela proteção e melhoria da mente/alma humana. Dado que o exame filosófico de si mesmo e dos outros é para Sócrates a atividade-chave que ajuda a alcançar esse objetivo pela melhoria da consistência das crenças morais e da redução das pretensões humanas à sabedoria divina (por exemplo, *Ap*. 22d-23b), filosofar é uma atividade preeminentemente piedosa.¹⁹

Finalmente, o tratamento de Sócrates para a quinta definição de Eutífron – "a piedade é o conhecimento da realização de sacrifícios e da prece" – torna

---

16 *Cf.*, por exemplo, Ésquilo (*As coéforas* 306-314), *Agamemnon* 1560-1566; Aristóteles (*Ética a Nicômaco* 1132b21-1133a6); Hesíodo (fr. 174 Rzach); Píndaro (*Píticas* 2.83-5) e Platão (*Mên.* 71e).
17 Yunis (1988, caps. 1 e 3).
18 *Cf.* Xenófanes, o qual testemunha que "Homero e Hesíodo atribuíram aos deuses tudo que é vergonha e opróbrio entre os humanos, como roubar, cometer adultério e enganar uns aos outros" (SEXTO EMPÍRICO, *Adversus mathematicos* 11.193).
19 *Cf.* McPherran (1996, caps. 2.2 e 4.2).

evidente que ele rejeita a ideia de que a piedade consista na prece e sacrifício tradicionais motivados por esperanças de uma recompensa material (14c-15c).[20] Em adição a isso, a visão de Sócrates de que o único bem real é a virtude significa que não se deve rezar por qualquer recompensa material particular, uma vez que qualquer recompensa desse tipo poderia de fato reduzir a felicidade de alguém. Não obstante, segundo essa perspectiva, os presentes sacrificiais de tempo, orgulho e bens convencionais ofertados na busca da atividade filosófica de fato agradam aos deuses em maior medida do que qualquer oferenda queimada poderia (por exemplo, *Ap.* 23b-c, 31b-c, 37e-38a; *Mem.* 4.3.17-18).

No entanto, essa apropriação e reconcepção da piedade como exigindo de nós o autoexame filosófico pareceria uma ameaça direta à piedade cotidiana. Por ora pareceria que, para Sócrates, o tempo gasto com preces e sacrifícios é simplesmente um tempo roubado da tarefa mais exigente e verdadeiramente piedosa do autoexame racional, em conformidade com o Princípio da Racionalidade (T1). Ainda mais ameaçadora, a teologia de Sócrates de deuses inteiramente justos, "implacavelmente benéficos", em conjunção com sua teoria moral, pareceria tornar os sacrifícios e as preces (e especialmente as maldições) inteiramente inúteis.[21] Pois tais práticas parecem repousar sobre a suposição tradicional e fundamental de que a justiça consiste na reciprocidade, na retribuição em espécie (i. e., a *lex talionis*): um princípio de devolver mal por mal, que Sócrates rejeita (*Crí.* 49b-d). Em que medida, então, Sócrates se encontra em conflito com o fundamento ritual da religião grega?

Penso que é claro que Sócrates não rejeita as práticas religiosas convencionais *em geral*, mas apenas as motivações estreitamente egoístas subjacentes à observância comum dessas práticas. Xenofonte, por exemplo, retrata-o – como o mais visível dos homens – no serviço do culto aos deuses (*Mem.* 1.2.64) e o faz testemunhar que ele frequentemente sacrificava nos altares públicos (*Ap.* 10-12; *cf. Mem.* 1.1.1-2, 4.8.11). Parece improvável que Xenofonte fosse oferecer como defesa um retrato de

---

20 *Cf.* McPherran (2003b).
21 Vlastos (1989, p. 235). Mas *cf.* McPherran (2000).

Sócrates que simplesmente nenhum ateniense poderia levar a sério.[22] Há, em acréscimo, alguma evidência platônica que corrobora esse ponto.[23] Embora não pareça que Sócrates considerasse as preces ou sacrifícios por si sós *essencialmente* ligados à virtude da piedade (uma vez que, independentemente da intenção correta, tais ações em si mesmas não servem necessariamente ao propósito dos deuses conforme P), sua realização ainda assim é compatível com as demandas da piedade concebida como filosofar. Afinal, uma vez que Sócrates abraça o lado positivo do *talio* – a retribuição de um bem por outro –, devemos retribuir tão bem quanto pudermos as muitas boas dádivas dos deuses (*cf.*, por exemplo, *Eufr.* 14e-15a), honrando-os de maneiras adequadas por meio da realização de atos com a intenção interior de agradecer-lhes e honrá-los (*Mem.* 1.4.10, 18; 4.3.17). Enquanto, novamente, o serviço aos deuses através do autoexame filosófico tem um lugar privilegiado na propiciação de tais honras, não há nenhuma razão pela qual tais ações não possam incluir preces e sacrifícios (*cf. Mem.* 4.3.13, 16). Sócrates pode muito bem sustentar que as preces e sacrifícios que visam honrar e agradecer aos deuses, ou que solicitam auxílio moral deles, servem tanto a nós mesmos quanto aos deuses: eles ajudam a induzir nossas almas a seguir o caminho da justiça (assim produzindo o bem desejado pelos deuses no Universo), habituando-nos a retribuir o bem com o bem. Essas ações também ajudam a cultivar e a manter uma crença geral na existência de deuses bons e prestimosos, e uma consciência de nosso *status* inferior em termos de sabedoria e poder, algo que Sócrates claramente tem interesse em promover (*cf.*, por exemplo, *Mem.* 1.4.1-19, 4.3.1-17; *Ap.* 21d-23c). É claro, não se pode esperar que nenhuma ação desse tipo estabeleça uma obrigação da parte de qualquer divindade, que nos dê um direito de esperar qualquer retorno imediato ou específico.

---

22 Alguns críticos modernos rejeitam as afirmações categóricas de Xenofonte sobre a piedade socrática como exemplos de exagero narrativo; por exemplo, Vlastos (1971, p. 3).
23 Por exemplo, Platão está disposto a colocar doze preces na boca de seu Sócrates (*cf.* JACKSON, B. D., 1971; *Eutd.* 275d; *Féd.* 117c; *Bnq.* 220d; *Fedr.* 237a-b, 257a-b, 278b, 279b-c; *Rep.* 327a-b, 432c, 545d-e; *Fil.* 25b, 61b-c). *Eutd.* 302c-303a, *Menexeno* 243e-244b, e *Fedr.* 229e testificam sobre a ortopraxia de Sócrates, e note-se o estabelecimento do cenário no início da *República* (327a), em que Sócrates desce até o Pireu a fim de rezar à deusa Bendis e observar seu festival.

Não obstante, Sócrates parece pensar que os deuses ajudam aqueles que fazem o que é virtuoso. Xenofonte, por exemplo, representa Sócrates aceitando a visão de que ele recebe bens do(s) deus(es) (por exemplo, seu *daimonion*) *por causa*, aparentemente, da piedade de sua missão junto aos atenienses (*Mem.* 1.1.9, 1.1.19, 1.3.3, 1.4.15-19, 4.3.16-17, 4.8.11; *Banq.* 47-49). Portanto, uma vez que as preces e sacrifícios rogativos que oferecem honras aos deuses *são* virtuosos por tentarem oferecer bem por bem, Sócrates esperará que coisas boas nos sejam retribuídas por tais esforços de alguma maneira (*Mem.* 1.3.2, 2.1.28): assim como um mestre artesão oferece orientação, nutrição e ferramentas a seus assistentes quando eles lhe pedem, teria pensado Sócrates, também se pode esperar que os deuses nos ajudem de modo semelhante. Novamente, contudo, embora para Sócrates os deuses sejam sempre agradados em algum sentido pela honra que tais práticas de motivação sincera exibem em relação a eles, eles – diferentemente dos deuses cultuados por alguns atenienses – não respondem à base material do sacrifício ou às especificidades do pedido (uma vez que cada item particular solicitado pode não conduzir a nosso bem real; *Mem.* 1.3.2; especialmente as petições socraticamente injustas – por exemplo, maldições ou imprecações injustas).

Parece, portanto, que com as divindades perfeitamente sábias e justas de Sócrates nós temos poucas imprecações específicas e materialmente recompensadoras a fazer: além da prece sincera e geral para que alguém seja auxiliado na busca da virtude, há poucos pedidos ou sacrifícios aos quais se pode contar que divindades absolutamente sábias irão responder (uma vez que, em nossa ignorância, nós nunca podemos saber se qualquer pedido específico será um auxílio para a virtude, e uma vez que os deuses não têm nenhuma necessidade de nossos sacrifícios; *cf.*, por exemplo, a prece de Sócrates em *Fedr.* 279b-c). Essa implicação da teoria moral de Sócrates atinge o âmago das motivações egoístas cotidianas subjacentes a muitos exemplos particulares de práticas de culto. Mas se Sócrates rejeitava a eficácia de pedidos impropriamente motivados, então ele era uma ameaça para a piedade popular – quer ele fosse ou não reconhecido como tal por qualquer um de seus jurados. Afinal, para muitos atenienses, o auxílio de Hércules significaria acima de tudo uma ajuda contra as forças invisíveis, não humanas, que pesam sobre alguém (por exemplo, a peste), e para muitos deles isso significava ajuda material contra *outras divindades* opressoras. Ao remover-se a inimizade dos deuses e concebê-los como plenamente benéficos, então, a eficácia e a necessidade *desse* Hércules também são removidas.

Parece claro que aqueles jurados capazes de reconhecer as implicações das visões de Sócrates para o culto sacrificial o teriam visto como uma ameaça à estabilidade da cidade: pois se alguém remove os conflitos das divindades e as expectativas de recompensas materiais e proteções físicas particulares do culto, esse alguém desconecta a religião da vida cotidiana e a cidade de suas raízes práticas. Para aqueles que ainda não estão centrados no desenvolvimento de suas vidas interiores, o substituto da difícil e dolorosa atividade do autoexame filosófico pareceria oferecer pouco consolo diante das dificuldades imediatas, cotidianas, da vida. Sócrates, portanto, elevava consideravelmente os custos de viver uma vida de piedade, ao tomar como sua medida final o estado da alma filosoficamente purificada da pessoa.

6.4 Razão socrática e revelação

Como os textos sobre a Missão Divina (T3), a Informação Extrarracional (T4) e o *Daimonion* (T5) demonstram, Sócrates é retratado como um homem que claramente dá crédito às supostas mensagens e previsões divinas encontradas em sonhos, oráculos, e outras incursões divinas tradicionalmente aceitas.[24] Mas o grau de confiança que Sócrates deposita em tais fontes parece colocá-lo em conflito com os princípios de Racionalidade e Ignorância (T1 e T2): qual é a justificativa racional para levá-las em consideração, e, ao fazê-lo, será que não é necessário que a pessoa as considere como fontes de sabedoria? A resposta natural é sustentar que enquanto Sócrates aceita a noção cotidiana de que os deuses nos fornecem sinais

---

24 Zaidman e Pantel (1992, p. 121-128).

extrarracionais, e portanto não se dedica a uma forma da rejeição intelectualista da eficácia da adivinhação,[25] ele também não considera as operações das práticas divinatórias tradicionais segundo seu valor aparente. Em vez disso ele insiste, em concordância com o Princípio de Racionalidade (T1), que os métodos convencionais de interpretação oracular devem ceder lugar a um método racional para avaliar tais fenômenos. Contudo, essas fontes extrarracionais não fornecem a Sócrates as afirmações teóricas gerais constitutivas do conhecimento moral especializado que ele busca e nega ter obtido, segundo o Princípio de Ignorância (T2). Antes, elas produzem itens do que podemos chamar de conhecimento moral não especializado (por exemplo, que sua morte é boa [*Ap.* 40a-c]).[26] Consideremos alguns exemplos.[27]

Logo de início em seu discurso de defesa, Sócrates explica que sua reputação de sabedoria pode ser melhor compreendida atentando-se para o testemunho dado pelo deus que fala por meio do oráculo délfico: Apolo (*Ap.* 20d-23b).[28] Conforme a história relatada por Sócrates, seu amigo Querefonte viajara a Delfos para perguntar ao oráculo se alguém era mais sábio que Sócrates, e a resposta fora: "Ninguém é mais sábio" (21a5-7). Esse relato, contudo, estava em conflito com a convicção do próprio Sócrates de que ele não possuía nenhuma sabedoria real (a saber, uma compreensão plena de virtudes como a piedade), e assim – dado que "não é legítimo (*themis*) que o deus fale com falsidade" (21b5-7) – ele foi provocado a descobrir uma interpretação que preservasse a veracidade de Apolo. Ele fez isso indo de um autodeclarado especialista a outro, na esperança de encontrar alguém mais sábio do que ele mesmo, de modo a refutar o significado aparente do pronunciamento oracular (e assim descobrir seu real significado). Depois de

---

25 Por exemplo, à maneira dos personagens de Eurípedes, que desafiam tanto as habilidades e a honestidade dos videntes tradicionais (por exemplo, *Filoctetes* fr. 795) quanto a existência dos deuses que supostamente concedem o conhecimento premonitório (*Belerofonte* fr. 286; *As troianas* 884-887; Fr. 480; SEXTO EMPÍRICO, *Adversus mathematicos* 9.54). Cf. Ostwald (1986, p. 279-290), para uma discussão.
26 Para uma discussão de como Sócrates pode endossar o Princípio de Ignorância (T2), mas também conhecer (ou acreditar justificadamente) nas coisas, cf. Brickhouse e Smith (1994, cap. 2); Vlastos (1994).
27 Para uma discussão abrangente, cf. McPherran (1991; 1996, cap. 4).
28 Sobre o oráculo, cf. Fontenrose (1978); Parke e Wormell (1956).

falhar continuamente em encontrar tal pessoa, Sócrates conclui que o que o deus de fato queria dizer era que Sócrates é mais sábio por apreender melhor sua própria falta de sabedoria real (esta é a "sabedoria humana"). Isso, por sua vez, significaria que Apolo posicionou Sócrates em Atenas ordenando-lhe filosofar e *examinar* a si mesmo e aos outros (28d-29a). Assim, uma vez que alguém deve sempre obedecer ao comando de um deus a todo custo, Sócrates é obrigado a filosofar a despeito de quaisquer perigos (29d; *cf. Rep.* 368b-c). Seus jurados deveriam, portanto, compreender que o pronunciamento do oráculo marcou um ponto de transição tão profundo em sua vida que ele agora filosofa sob um mandato único e divino (Missão Divina [T4] e *Ap.* 29c-30b). Sócrates também interroga continuamente os outros, porque ele veio a crer que o deus o está usando como um *paradigma* para transmitir a mensagem indutora de virtude de que a pessoa mais sábia é aquela que – como Sócrates – se torna mais consciente de quão pouca sabedoria real ela possui (*Ap.* 23b).[29]

Essa explicação, apesar de sua complexidade, sugere que Sócrates considera obrigatório sujeitar sinais extrarracionais a uma interpretação e confirmação racionais sempre que possível, especialmente se eles o impelem a agir de modos que parecem ir contra a tradição ou contra considerações de prudência. Esse postulado dissolve dois de nossos enigmas iniciais. Primeiro, o conflito entre a razão conforme o Princípio de Racionalidade (T1) e a revelação conforme os textos da Missão Divina (T3), da Informação Extrarracional (T4) e do *Daimonion* (T5) é mitigado notando-se como Sócrates permite que revelações *racionalmente* interpretadas e testadas contem como *razões* no sentido do Princípio de Racionalidade (T1).[30] A segunda tensão, entre a revelação e o Princípio de Eutífron (T6), também é dissolvida: pode-se entender esse princípio como a afirmação de que ações tradicionalmente consideradas injustas devem ser evitadas na ausência de evidências

---

29   Para discussões do problema de como Sócrates é capaz de derivar uma afirmação prescritiva de que ele *deve* filosofar, a partir da afirmação meramente descritiva de Pítia de que ele *é* o mais sábio, *cf.* Brickhouse e Smith (1983); McPherran (2002b); Stokes, M. C. (1992, p. 29-33); Vlastos (1989, p. 229-230; 1991, p. 166-173).
30   Vlastos (1989; 1991, cap. 6) opõe-se a essa visão, e é contestado por Brickhouse e Smith (1994, cap. 6) e McPherran (1991; 1996, cap. 4).

convincentes em contrário, sejam elas evidências racionais ou evidências divinatórias *racionalmente* interpretadas e testadas. O próprio Eutífron ameaça a piedade filial tradicional com sua ação judicial, mas não pode, sob exame, defender sua conduta; e suas supostas habilidades divinatórias falham em fornecer-lhe quaisquer revelações cujo significado ele possa decifrar ou justificar racionalmente. Sócrates, por outro lado, envolveu-se em poucas atividades que de fato violaram o código tradicional, e nunca violou os ditames essenciais da piedade tradicional (especialmente se estes são entendidos corretamente). E embora ele tenha corrido algum risco moral ao dedicar-se a vida de exame filosófico, sua crença no valor moral superior dessa vida sobreviveu a uma vida de semelhantes testes. Em particular, ele se esforçou bastante para chegar à sua compreensão do pronunciamento do oráculo de Delfos, e recebeu indicações extrarracionais variadas e consistentes que suportam sua interpretação (as quais são, por sua vez, sujeitas ao teste filosófico). Finalmente, Sócrates tem uma justificativa e confirmação secular disso com sua concepção das virtudes, para crer que sua missão junto aos atenienses é um grande bem (*Ap.* 30a, 30d-31a). Para confirmar essa explicação do tratamento de Sócrates para as indicações extrarracionais, vamos considerar a confiança dele em seu sinal divino, o *daimonion*.[31]

O *daimonion* de Sócrates, como nos é dito, é um "sinal" (*sêmeion*; *Ap.* 40b1, c3; *Eutd.* 272e4; *Fedr.* 242b9; *Rep.* 496c4; *Mem.* 1.1.3-5) e uma "voz" (*phonê*; *Ap.* 31d1; *Fedr.* 242c2; Xen. *Apol.* 12), premonitória, interna, e privada, que é feita aparecer no horizonte da consciência por um deus (provavelmente Apolo).[32] Ele aconteceu a poucos ou a ninguém antes de Sócrates (*Rep.* 496c), e foi seu companheiro desde a infância (*Ap.* 31d).

---

31 Para discussões do *daimonion* – em oposição a Vlastos (1996, cap. 6) e Nussbaum (1985), os quais depreciam a importância epistêmica do *daimonion* – *cf.* Brickhouse e Smith (1994, cap. 6.3); e McPherran (1991; 1996, cap. 4.1; 2005).

32 *Cf. Ap.* 40b1, com 26b2-28a1. *Cf.* também *Ap.* 31c8-d4, 40a4-6, 40c2-3, 41d6; *Eufr.* 3b5-7; *Teet.* 151a2-5; *Teag.* 128d1-131a7; Xen. *Mem.* 1.1.2-4, 4.8.1; *Apol.* 4-5, 8, 12-13; *Banq.* 8.5. A evidência que existe (*cf.* especialmente *Ap.* 27c10-28a1) sugere que Sócrates não tem certeza quanto à natureza e identidade da divindade por trás de seu "sinal", mas Apolo é certamente um importante candidato, uma vez que foi Apolo quem o incumbiu de sua missão filosófica junto aos atenienses, uma missão que o expõe ao tipo de perigo que justificaria o auxílio de um deus.

A intervenção do *daimonion* em seus assuntos é frequente e diz respeito tanto a questões importantes quanto triviais (*Ap.* 40a-b, *Eutd.* 272e-273a). O fato de que Sócrates recebe e obedece a esses conselhos é bem conhecido em Atenas (*Ap.* 31c-d; *Eufr.* 3b), e eles são entendidos como sinais apotropaicos que o alertam para *não* seguir um curso de ação que ele está em processo de iniciar (*Ap.* 31d; *Fedr.* 242b-3; *Teag.* 128-131a).[33] Essas intervenções são consideradas infalivelmente corretas naquilo que indicam (*Mem.* 1.1.4-5), exatamente como esperaríamos que fosse o presente de uma divindade infalivelmente boa. A generosidade do *daimonion* talvez se estenda até mesmo a alertar Sócrates sobre a não recomendabilidade de ações intencionadas por outros (*Teet.* 150c-151b; cf. *Teag* 128d-131a; *Mem.* 1.1.4; *Apol.* 13), mas em nenhum caso ele fornece afirmações teóricas gerais constitutivas do conhecimento moral especializado que Sócrates busca e nega ter obtido, conforme o Princípio de Ignorância (T2). Tampouco o *daimonion* lhe fornece explicações prontas acerca de sua oposição. Em vez disso, suas ocorrências produzem exemplos de conhecimento moral não especializado sobre a não recomendabilidade de realizar certas ações porque estas são desvantajosas para Sócrates e para outros – por exemplo, o conhecimento de que não seria benéfico deixar um certo aluno continuar a estudar com ele (ver, por ex., Xen. *Banq.* 8.5; *Teet.* 150c-151b; *Alc.* I 103a-106a). Finalmente, esses "sinais" divinos sempre visam resultados não benéficos *futuros*, e especialmente aqueles cuja previsão razoável se encontra além do poder da razão humana (*Ap.* 31d; *Eutd.* 272e-273a; *Mem.* 1.1.6-9, 4.3.12). Esta é, em suma, uma espécie de faculdade de adivinhação, adequada à descrição que Sócrates faz dela como sua "adivinhação costumeira" (*Ap.* 40a4) e de si mesmo como um "vidente" (*mantis*) (*Féd.* 85b4-6; cf. *Fedr.* 242c4).

Um importante exemplo que mostra a confiança de Sócrates e a confirmação racional de um alerta daimônico é encontrado na *Apologia* 31c-32a. Ali, Sócrates nota sua obediência à resistência do *daimonion* à sua entrada na política partidária pública (*cf. Rep.* 496b-c) e então oferece uma explicação para aqueles alertas – a saber, que tal atividade política teria lhe trazido uma

---

[33] Embora em Xenofonte (por exemplo, *Mem.* 1.1.4; 4.3.12; 4.8.1; *Apol.* 12) o *daimonion* ofereça conselhos positivos.

morte prematura, reduzindo assim sua missão vastamente benéfica junto aos atenienses (*cf. Fedr.* 242b-243a; *Alc.* I 103a-106a). Essa explicação é introduzida à maneira de alguém totalmente convencido não apenas da explicação, mas da verdade extrarracionalmente indicada que dera origem àquela explicação – a de que o *daimonion* se opõe agora, como fizera no passado, a toda tentativa de Sócrates de entrar para a política. Sócrates nunca duvida de que os alertas do *daimonion* sejam absolutamente confiáveis, embora as questões de *como* ou *por que* o resultado de sua obediência será benéfico sejam opacas para o cálculo racional (*Teet.* 150c-151b; *Mem.* 4.3.12, 1.1.8-9). Mas essa confiança não é de modo algum *ir*racional – portanto não contradiz o Princípio de Racionalidade (T1) –, pois ela pode ser racionalmente confirmada em sua sabedoria e assim receber crédito com base em uma indução; uma vez que: 1) na longa experiência de Sócrates com o *daimonion* nunca foi mostrado que ele não fosse um sistema de alerta confiável (XENOFONTE *Apol.* 13; *Ap.* 40a-c) e 2) a confiabilidade de seus alertas foi confirmada pelos bons resultados que derivam do ato de levá-lo em conta (*i. e.*, deveríamos supor que desde uma tenra idade Sócrates observou após o alerta do *daimonion* que ele muito provavelmente teria experienciado algum dano se não tivesse levado em conta seu conselho).

Uma vez que a confiança de Sócrates na acurácia do *daimonion* fora alcançada indutivamente, as crenças resultantes de que vários planos de ação intencionados não são benéficos não é tão segura a ponto de equivalerem a um conhecimento certo (logo, elas não ameaçam o Princípio de Ignorância [T2]). Esse pareceria ser o motivo de ele confirmar seu argumento do silêncio daimônico na *Apologia* 40a-b com o argumento de 40c-41d.

O *daimonion*, portanto, parece ser compatível com a profissão que Sócrates faz de seus princípios de Racionalidade e Ignorância (T1 e T2): se, durante ou após um processo de deliberação, o *daimonion* se opusesse a sua ação, então dada a confiabilidade prévia racionalmente estabelecida do mesmo, pareceria que uma ocorrência sua contaria de modo perfeitamente direto *como uma razão* para não realizar aquela ação. Pois se alguém tivesse muito frequentemente no passado sempre obedecido às indicações de um alerta interno que esse alguém tem razão para crer ser proveniente de deuses absolutamente sábios, e isso sempre tenha sido julgado resultar no melhor acontecimento, então esse alguém tem boas razões para deixar esse alerta interno se sobrepor a seu julgamento meramente humano (embora isso não forneça o tipo de explicação completa das virtudes que seria contraditória com o Princípio de Ignorância [T2]).

6.5 A teologia socrática

As alegações de Sócrates de receber orientação dos deuses nos conduzem a nosso último enigma: como Sócrates pode satisfazer as demandas racionais do Princípio de Racionalidade (T1), a limitação cética demarcada pelo Princípio de Ignorância (T2), e ainda assim afirmar que os deuses existem e que eles possuem características tais como a sabedoria (*Ap.* 41c-d; *Eufr.* 14e-15a; *Grg.* 508a; *H.Ma.* 289b; *Mem.* 4.4.25)? Infelizmente, os textos de Platão mostram Sócrates simplesmente assumindo e nunca provando a existência dos deuses (embora o Sócrates de Platão talvez pudesse adotar o *daimonion* como evidência de que seu deus existe). Contudo, em Xenofonte nos são dadas uma inovadora cosmologia e teodiceia teleológicas baseadas no argumento a favor da existência de um Deus onisciente e onipresente: o Demiurgo de um universo ordenado e belo, uma divindade que também agora o governa de modo análogo ao modo como *nossas* mentes governam *nossos* corpos (1.4.1-19; 4.3.1-18; *cf.* SEXTO EMPÍRICO, *Adversus Mathematicos* 9.92-94).

O principal argumento teleológico contido nos *Memoráveis* sustenta que, uma vez que os entes individuais no Universo são produtos ou de um plano inteligente (*gnomê*) ou da mera sorte cega (*tuchê*), e uma vez que os seres humanos são claramente produtos de um plano inteligente, deveríamos então ser persuadidos de que existe um Deus vastamente conhecedor e poderoso, um Deus que é além disso um "Demiurgo (*dêmiourgos*) amoroso e sábio" (1.4.2-7; *cf.* 4.3.1-18). O argumento – com alguns retoques interpretativos – pode receber essa estrutura formal:

1. tudo que é claramente proposital (*ôphelia*; uma adaptação benéfica de meios a fins) é produto de um plano inteligente (*gnômê*; *i. e.*, arte [*tekhnê*]) (e não mera sorte cega [*tuchê*]);
2. os seres humanos (e outras características do Universo, vivas e não vivas [1.4.8]) exibem "sinais de premeditação" (1.4.6); por exemplo, os olhos têm pálpebras e cílios protetores, os dentes são adaptados para cortar, e o ânus fica longe das narinas;
3. coisas que exibem sinais de premeditação são claramente propositais;
4. portanto, os seres humanos são produto de um plano inteligente;
5. a existência de produtos de um plano inteligente implica a existência de um projetista-criador (um que possua a inteligência e o poder necessários para produzir seus produtos; *cf.* 1.4.2-4);
6. portanto, existe um projetista-criador inteligente do cosmo.

Esse é um fragmento bastante impressionante de filosofia para ser encontrado em qualquer seção de texto do século IV a.C., uma vez que não é um mero protótipo, mas quase uma versão plena do clássico Argumento do Planejamento.[34] Sócrates, portanto, está em conformidade com seu Princípio de Racionalidade (T1) quando afirma a existência de deus. Parece também que, por causa da relação analógica que Sócrates postula entre esse deus Demiurgo e a alma humana (por exemplo, ambos são invisíveis), sua concepção desse deus é uma extrapolação da compreensão que ele tem da alma humana. Isso explica por que tem a convicção de que o deus Demiurgo tem muitas características mentais humanas elevadas ao nível da perfeição. É-nos dito, por exemplo, que esse ser tem – diferentemente das divindades da imaginação popular – um conhecimento completo do presente, possuindo consciência de todas as coisas de uma vez, por estar presente em todos os lugares (*Mem.* 1.4.17-19). A Divindade também tem conhecimento do passado graças a Sua posse de uma memória divina completamente abrangente, e Ela tem um conhecimento suficiente do futuro

---

34 Essa inferência foi adotada pelos estoicos como sua principal prova teológica; *cf.*, por exemplo, J. G. DeFilippo e Mitsis (1994); Long (1996). Para uma discussão adicional e o argumento de que o testemunho de Xenofonte deve ser aceito, *cf.* McPherran (1996, cap. 5.2).

para Lhe permitir enviar-nos presságios das coisas por vir (*cf. Banq.* 4.47-49). Um vasto poder também deve ser atribuído a esse Ser: poder suficiente para Lhe permitir implementar Seus planos cósmicos (*Banq.* 4.48). Finalmente, como vimos anteriormente na terceira seção, a sabedoria desse deus assegura sua completa bondade.

Dada essa caracterização extrapolada, não é surpreendente descobrir que o Demiurgo de Sócrates tem desejos e estados afetivos. De fato, aqui Sócrates revela-se um teólogo mais ousado que muitos filósofos teleológicos modernos: o verdadeiro argumento vai além da mera afirmação de existência da conclusão 6, ao caracterizar o Demiurgo como "amoroso" (1.4.7).[35] Naturalmente, essa designação não deriva estritamente do argumento, mas Sócrates oferece apoio para ela posteriormente, quando responde à postulação de Aristodemo de um Demiurgo indiferente (*Mem.* 1.4.10.19; *cf.* 4.3.2-14): parece, diz Sócrates, que fomos não apenas projetados, mas projetados tendo em vista a *maior vantagem* em relação a outras criaturas vivas. Primeiro, exibimos uma adaptação superior de meios a fins em nossa constituição física – por exemplo, nossas mãos versáteis, nossa capacidade de fala, e a adequação de nossos corpos para alojar o tipo de alma que nos foi dado (1.4.11-12, 13-14; *cf.* 4.3.11). Em acréscimo, o restante do universo material também exibe um projeto zeloso, na medida em que parece ser especialmente construído com as exigências da felicidade humana em mente; pois ele oferece luz, estações e safras de alimentos adaptadas àquelas estações. Além disso, quando nossa razão é incapaz de discernir o futuro adequadamente, os deuses enviam presságios em nosso auxílio (1.4.15, 18; *cf.* 4.3.12). A teodiceia de Sócrates torna-se tão generosa no relato do Livro IV dos *Memoráveis* – e tão aparentemente alheia aos terremotos, aos tiranos e às pragas – que Sócrates até mesmo afirma que *tudo* no Universo é "justo e bom" (4.3.13; *cf.* 1.4.13).[36]

---

35 O atributo "amoroso" marca um novo e surpreendente desenvolvimento, pois a atitude tradicional sustentava que estaria abaixo da dignidade de Zeus amar meros mortais (BURKERT, 1985, p. 274).

36 Embora nunca vejamos Sócrates lidar diretamente com o problema de reconciliar a existência de deus(es) bom(bons) e sábio(s) com a existência de desastres naturais e do mal moral, sua visão de que a piedade envolve servir aos deuses mediante a melhoria de

A relação entre essa Divindade onisciente e onipresente e os outros deuses permanece inteiramente obscura. Sócrates fala em um momento sobre essa Divindade singular ser responsável por nossa criação e auxílio, e no momento seguinte representa os deuses plurais fazendo o mesmo (por exemplo, 1.4.10-11, 13-14, 18). Depois ele distingue *entre* essa Divindade única e os outros deuses, caracterizando-A como aquele deus particular que "coordena e mantém unido todo o cosmo" (4.3.13), mas também trata aquela Divindade como cumpridora de *todas* as funções dos deuses. Para reconciliar essas esquisitices com a evidência existente de que Sócrates afirmaria uma crença no Apolo délfico e nos deuses gregos plurais, poderíamos dizer que ele é um henoteísta – isto é, ele pode entender o deus Demiurgo como uma Divindade suprema que supervisiona uma comunidade de divindades menores, à maneira do "supremo deus único" de Xenófanes (DK 21 B23). Alternativamente, também é possível que Sócrates partilhasse da visão não incomum que entendia os deuses como manifestações de um único Espírito supremo.[37] De qualquer maneira, podemos esperar que Sócrates sustente que suas razões para afirmar a existência e a natureza de seu deus Demiurgo não constituam o tipo de explicação completa e certa que lhe concederia o tipo de sabedoria teológica que ele nega possuir com seu Princípio de Ignorância (T2).

---

nossas almas por meio do exame filosófico, e sua aparente visão de que somos – enquanto seres humanos – impedidos de possuir plenamente o conhecimento da virtude constitutivo da sabedoria divina (*Ap*. 20d-e, 23a), sugerem que ele pode ter sustentado algo semelhante a uma resposta tradicional de "edificação da alma" para o problema. Segundo esse tipo de explicação, não há nenhum mal natural: tempestades oceânicas, doenças e morte não são más em si mesmas, mas assumem valor apenas em relação ao desenvolvimento moral da alma de uma pessoa (*cf*., por exemplo, *Eutd*. 277d-282e; *Grg*. 511c-512e). Males morais, por outro lado, são uma consequência de termos almas humanas imperfeitas, uma imperfeição que é uma condição necessária de seres humanos não divinos terem sido criados em primeiro lugar, uma criação que é – levando-se tudo em conta – uma coisa boa.
37 Guthrie (1971, p. 156); Zaidman e Pantel (p. 176), "Conforme os gregos o entendiam, o divino simplesmente se manifestava em aspectos multiplamente diversos".

6.6 Sócrates em julgamento

De acordo com os relatos de Diógenes Laércio (D.L. 2.40) e Xenofonte (*Mem.* 1.1.1), e como o próprio Sócrates relata na *Apologia* 24b-c (*cf. Eufr.* 3b-d), Sócrates foi perseguido com base em uma acusação de impiedade que consistia em três especificações distintas: 1) Sócrates não reconhece (*nomizein*) os deuses reconhecidos pela cidade; 2) Sócrates introduz novas divindades (*kaina daimonia*); e 3) Sócrates corrompe a juventude ao *ensinar* aos jovens as noções especificadas pelas outras duas alegações.[38] Sócrates aborda essas alegações em ordem reversa, começando com 3, mas primeiro ele se dirige às preocupações informais que considera motivá-las: estes são os velhos rumores de que Sócrates investiga fenômenos naturais ao estilo de Anaxágoras e é um habilidoso praticante da argumentação sofística como Protágoras, e ensina a outros seus resultados e métodos nessas áreas (18b-c, 19b-c, 23c-d). Essas alegações são especialmente perigosas, porque a opinião popular sustenta que tais intelectuais "não reconhecem (a existência dos) deuses" (18c2-3). Depois, quando Sócrates aborda as acusações formais interrogando Meleto quanto à natureza precisa da acusação 1, o ateísmo novamente se torna a principal alegação (26a-e). Mas como nossos textos da Missão Divina (T3), da Informação Extrarracicional (T4) e do *Daimonion* (T5) – e agora o argumento teleológico dos *Memoráveis* (quinta seção) – indicam, Sócrates não é nenhum ateu; além disso, Sócrates não tem nenhum problema em mostrar que a alegação 2 de Meleto, sobre introduzir novas divindades, seja inconsistente com uma acusação de ateísmo (26a-28a).

No entanto, como discutido anteriormente na terceira seção, não pareceria possível identificar plenamente os deuses de Sócrates com as divindades cívicas de Atenas nem com as dos poetas. Por exemplo, em resposta à menção, por parte de Eutífron, da história de que Zeus aprisionou seu pai Cronos por cometer uma injustiça, Sócrates exclama:

---

38 *Ap.* 26b7; uma redução encontrada paralelamente em *Eufr.* 3b-4e; Reeve (1989, p. 75-76). *Cf.* também Brickhouse e Smith (1989, p. 30); Versnel (1981, p. 124, n. 122).

Será por isso, Eutífron, que sou um réu da acusação: pois sempre que alguém diz tais coisas sobre os deuses [por exemplo, que Zeus aprisionou seu próprio pai, que os deuses brigam], eu os recebo com incômodo? Por causa disso, como é provável, alguém afirmará que sou um malfeitor. (*Eufr.* 6a; cf. 6b-d, 7a-9b)

Esse fragmento de especulação anterior ao julgamento, contudo, não é decisivo, e mais tarde Sócrates afirma sua crença nos deuses cívicos na *Apologia* 35c-d. Não obstante, a evidência que vimos a respeito da teologia de Sócrates na terceira e quinta seções argumenta que, embora Sócrates esteja comprometido com a existência dos deuses e esteja disposto a "reconhecê-los" tanto intelectualmente quanto pela prática sacrificial tradicional segundo seus nomes cívicos, eles não podem ser completamente identificados com os deuses cívicos ou poéticos na medida em que esses deuses são concebidos como estando em desacordo com outros deuses, ou sendo dados à justiça retributiva, ou carecendo de sabedoria ou poder.[39] Novamente, a concepção que Sócrates tem dos deuses como inteiramente bons parece minar as motivações cotidianas subjacentes a concepções tradicionais de prece e sacrifício. Mas se é assim, então Sócrates teria sido associado aos tipos de críticas da religião popular encontradas em Xenófanes e nos cientistas naturais, e àquelas dos sofistas que seguiam uma linha revisionista semelhante.[40] Em que medida, então, Sócrates é realmente culpado do não reconhecimento dos deuses cívicos (alegação I)?

Embora sua teologia revisionista coloque Sócrates em divergência para com alguns de seus companheiros atenienses, isso não parece por si mesmo algo suficientemente problemático para justificar uma condenação com base na acusação 1. Afinal, a culpa prática e legal de Sócrates diante do tribunal

---

39 Platão levanta o mesmo ponto, em uma clara referência ao *Eutífron* na *Rep.* 377e-378e; cf. *Leis* 886c-d; *As nuvens* 1079-84 e 904.

40 Por exemplo, Demócrito, um provável contemporâneo de Sócrates, declarou que os deuses são a fonte de todo o bem e que o homem é responsável pelo mal que ele sofre (DK B 175); enquanto o falante no fragmento de Sísifo (provavelmente de autoria de Eurípedes) sustenta que os deuses e sua justiça são uma falsa invenção de um certo "homem astuto e sagaz" (DK 88B.25).

com base nessa alegação seria em grande medida uma questão do significado que cada jurado atribuía à expressão "deuses da cidade": mas, para a maioria dos atenienses no final do século V a.C., não teria sido nenhum grande choque ouvir expressões de dúvida ou franca negação acerca das narrativas dos poetas sobre o capricho, a inimizade, a imoralidade e a falta de resposta ao sacrifício por parte das divindades. Eles haviam sido expostos a tais críticas durante anos por pensadores como Sólon, Xenófanes, Heráclito e Eurípedes, nenhum dos quais parece ter sofrido perseguições de fundo religioso.[41] Além disso, outros como Píndaro puderam falar francamente sobre as "mentiras de Homero" (*Nemeias* 7.23) sem incorrer em sanções legais, e não temos nenhuma evidência de que qualquer pessoa tenha sido perseguida por não acreditar nas histórias de Homero e Hesíodo.[42] Portanto, embora possa haver muitas implicações problemáticas para a religião tradicional na concepção de divindade de Sócrates, a acusação I não parece capaz de suportar todo o peso explicativo da condenação de Sócrates. Então vamos considerar novamente a acusação 2.

Até onde sabemos, Sócrates foi a primeira pessoa na história de Atenas a ser formalmente acusado do crime especificado por 2,[43] mas apesar da falta de precedentes há toda razão para pensar que a alegação seja legalmente permissível. A pólis ateniense assumia um papel ativo na supervisão de toda atividade religiosa; em particular, ela tinha o poder de excluir ou admitir formas de culto, e aqueles que desejavam introduzir novos cultos em Atenas tinham de buscar a sanção oficial.[44] Uma vez que tais representações para a pólis implicavam um acesso privilegiado ao divino, eram em última análise inverificáveis, geravam uma competição em relação aos cultos estabelecidos, e podiam facilmente ser baseadas em motivos políticos ou egoístas, um significativo ônus de prova teria sido atribuído ao solicitante. Mesmo assim, contudo, "novos deuses e seus patrocinadores

---

41 *Cf.*, por exemplo, Eurípedes, *Hércules* 1340-1346.
42 Lloyd-Jones (1971, p. 134); Burnet (1924, p. 114); Dodds (1951, p. 141-143); Yunis (1988, p. 39).
43 Garland (1992, p. 136, p. 146); Versnel (1981, p. 127).
44 Para uma discussão detalhada desse procedimento, *cf.*, por exemplo, Parker (1996, caps. 9 e 10); Garland (1992, especialmente p. 14-22, 137, 149). *Cf. Leis* 738b-739a.

não tinham de modo algum asseguradas boas-vindas calorosas quando solicitavam entrada em uma comunidade grega".⁴⁵

Então, a quais tipos de *daimonia* Sócrates e seus jurados consideravam que o *kaina daimonia* da alegação II se referia? Embora seja possível que o termo vise os deuses moralmente purificados de Sócrates, há diversas razões para adotar a visão de que o *daimonion* era central na alegação. A principal dentre estas é a sugestão de Eutífron (à qual Sócrates de fato faz objeção) de que Sócrates havia sido indiciado por causa de seu *daimonion*.⁴⁶ Parece então que tudo o que os acusadores de Sócrates precisavam fazer era sugerir aos jurados que a fonte do *daimonion* de Sócrates não havia sido formalmente "licenciada" pela cidade, e assim instigar as suspeitas naturais que os atenienses tinham em relação a importações religiosas estrangeiras.⁴⁷ Há então pelo menos três áreas de perigo potencial para as quais os acusadores poderiam ter apontado: 1) a fonte do *daimonion* pode ser uma divindade não licenciada à qual Sócrates presta um culto não licenciado; 2) sua caracterização desse sinal o coloca em termos especiais e privados com uma divindade; e 3) esse sinal e a divindade por trás dele podem ser ilusórios, ou a divindade pode ter intenções hostis em relação a Atenas.⁴⁸ Embora a primeira preocupação seja aquela que é explicitamente sujeita à ação judicial, os itens 2 e 3 também podem ser entendidos como geradores do tipo de má vontade que Sócrates cita como a verdadeira causa de sua condenação (28a). Sócrates deve ter apenas aprofundado tais temores em alguns de seus jurados quando ele afirmou que foi o *daimonion* que o impediu de entrar para a política pública

---

45 Garland (1992, p. 146).
46 *Eufr.* 3b5-9; cf. 5a7-8. Xenofonte também afirma que a alegação II deriva das conversas de Sócrates sobre o *daimonion* (*Mem.* 1.1.2-3; *Apol.* 12), e o Sócrates da *Apologia* de Platão relata que "Meleto escreveu sobre ele [o *daimonion*] na acusação" (31d1-2). Acrescente-se a isso o fato de que Xenofonte sente a necessidade de defender Sócrates contra esse tipo de compreensão da segunda alegação (*Mem.* 1.1.3-4; *Apol.* 12-14; cf. *Mem.* 4.3.12-13), e temos bases sólidas para supor que o *daimonion* de Sócrates fosse de fato o principal alvo da alegação. Cf. Burkert (1985, p. 317); Garland (1992, p. 149).
47 Versnel (1981, p. 121-122), nota que os cultos estrangeiros tendiam a ser associados a rituais privados, que por sua vez fomentavam todo tipo de suspeitas.
48 McPherran (1996, p. 135); *cf.* R. Kraut (2000, p. 17).

(*Ap*. 31d-32a), e então ameaçou desobedecer a qualquer ordem que eles pudessem preparar para interromper sua missão assistida pelo *daimonion* em benefício de Apolo (29b-d).

Como Sócrates certamente percebera, ele não se encontrava em uma posição ideal para abrandar esses tipos de reações ao *daimonion* (por exemplo, o tempo atribuído a seu discurso de defesa era inadequado para a formidável tarefa de remover, por meio da razão, respostas que eram em grande medida emocionais; *cf. Ap*. 18e-19a). Sócrates não podia negar que o *daimonion* lhe concedia uma vantagem única na vida, e outros tipos de negações sem provas adequadas eram tudo que ele tinha tempo de oferecer em resposta às suspeitas de que sua voz oferecia maus conselhos (por exemplo, notando que seu conteúdo era sempre dissuasivo, nunca prescritivo; 31d). Além disso, uma vez que Meleto optara por sua alegação de completo ateísmo (26b-c), Sócrates fora obrigado a concentrar a maior parte de sua defesa contra aquela alegação, e não em todas as outras suspeitas que o júri podia ainda estar pesando contra ele. Assim, aqui na segunda especificação penso que encontramos uma fonte potente que Meleto pode ter invocado ao pressionar uma alegação de não conformidade, e uma fonte para o verdadeiro voto de condenação por parte do júri: a invocação do *daimonion* por parte de Meleto pode muito bem ter inflamado os preconceitos do júri, levando um bom número deles a votar a favor da condenação com base na especificação de introduzir *kaina daimonia*.[49]

Enquanto certos jurados podem ter tido discernimento suficiente para enxergar ou intuir o perigo para o culto de motivação tradicional presente na revisão filosófica dos deuses e da virtude da piedade por parte de Sócrates, a atenção dos jurados que votaram a favor da condenação teria mais provavelmente sido atraída por sua aparente introdução de uma nova provisão sem buscar a sanção da pólis: *essa* teria parecido sua mais óbvia e gritante violação de normas aceitas.[50] Naturalmente, dada

---

49 *Cf.* Garland (1992, cap. 7); e Kraut (2000).
50 Embora o próprio Sócrates nunca cite o *daimonion* como uma fonte das "primeiras acusações" que conduziram às especificações formais, é possível que haja uma alusão a ele quando Sócrates fala na *Apologia* 23a sobre calúnias não especificadas ligadas às alegações

a sobredeterminante constelação de fatores atuando contra Sócrates, os jurados que acreditavam que ele fosse culpado de introduzir ilegalmente uma nova divindade podem muito bem ter feito outras inferências condenadoras acerca de seus ensinamentos.

Não deveríamos ficar surpresos, portanto, de que a defesa de Sócrates em última instância tenha falhado. No fim, os preconceitos e alegações dirigidos contra Sócrates se mostraram tão numerosos e de alcance tão amplo que ele foi efetivamente posto em julgamento pela conduta de toda sua vida. Sua estranha e provocativa conduta de pregador de rua, supostamente ordenada por uma divindade e exemplificando a nova concepção intelectualista de piedade que Sócrates havia forjado, provou-se muito suscetível a ser erroneamente representada perante uma multidão sem discernimento. Vista de fora do círculo da filosofia socrática, aquela piedade revisada parecia semelhante demais à moderna impiedade que Aristófanes havia satirizado em sua *As nuvens* muito tempo antes (423 a.C.), uma impiedade que o próprio Sócrates teria condenado (*Ap.* 19c-d). É, portanto, parte do drama e da ironia do martírio de Sócrates que o sinal de seu deus fosse também o sinal de sua extinção. Mas, conforme minha explicação, também é natural que, até mesmo com suas últimas palavras,[51] Sócrates tenha agradecido a um deus pela assistência extrarracional que lhe concedera uma vida de extraordinária racionalidade.

---

de que ele possui sabedoria, e quando ele nota, em 23d-e, a alegação de que ele ensina sobre "coisas elevadas". De fato, uma vez que é claro que o *daimonion* foi a fonte da formulação de uma das especificações formais, parece provável que Meleto tenha tentado usar uma formulação que *de fato* tirasse proveito de um preconceito preexistente, e que o *daimonion* – como fonte para a formulação da especificação 2 – fosse, portanto, uma fonte de preconceito anterior ao julgamento.

51   A saber, "Críton, devemos um galo a Asclépio: por favor pague a dívida, e não se esqueça" (*Féd.* 118a7-8), sobre as quais *cf.* McPherran (2003a).

7 Sócrates e a Atenas democrática

JOSIAH OBER

Em 399 a.C., o cidadão ateniense Sócrates, filho de Sofronisco, do *deme* (município) de Alopece, foi julgado por um tribunal ateniense sob a acusação de impiedade (*asebeia*). Foi declarado culpado por uma pequena maioria dos juízes escalados, e executado na prisão pública poucos dias depois. O julgamento e a execução constituem os eventos mais bem documentados da vida de Sócrates, e são momentos decisivos da relação entre a filosofia grega e a democracia ateniense. Desde então, filósofos e historiadores procuraram explicar aspectos problemáticos do caso: por que será que Sócrates, o modelo filosófico de um homem bom, foi acusado de má conduta pública? Por que ele foi condenado, e por que isso aconteceu com uma margem tão pequena de votos? Será que era culpado de impiedade ou de outros crimes? Por que se submeteu ao julgamento e à execução, em vez de partir de Atenas para dar continuidade às suas investigações filosóficas em outro lugar? Será que sua lealdade era para com Atenas, para consigo mesmo, ou para com o mundo? E, talvez o mais premente: como foi que uma comunidade democrática, comprometida com o valor do discurso livre e do debate público, veio a condenar e executar seu mais famoso cidadão-filósofo? Dado que não existem respostas simples para essas questões, a tradição antiga e a pesquisa moderna sobre o julgamento e suas consequências são ricas e de interesse duradouro.[1]

---

1 A "questão de Sócrates e a Atenas democrática" foi uma preocupação principal de Gregory Vlastos, um filósofo clássico bastante influente que dedicou boa parte de sua carreira a Sócrates: ver especialmente Vlastos (1983, reimpresso como VLASTOS, 1994) e Vlastos (1991). A partir de diferentes perspectivas, as mesmas questões motivaram o trabalho vitalício do filósofo político conservador Leo Strauss (*cf.* especialmente STRAUSS, 1964) e tornaram-se o projeto culminante do comentador político de esquerda I. F. Stone (1988). Tratamentos

7.1 A narrativa legal

A cadeia de eventos que começou com as acusações legais que foram registradas contra Sócrates, e que culminou na morte dele, seguiu seu curso de acordo com as práticas judiciais estabelecidas da pólis democrática. Meleto, um promotor voluntário (*ho boulomenos*: "aquele que escolhe agir"), levou seu caso ao Basileu (Rei-arconte), um magistrado público escolhido por sorteio, responsável pela investigação preliminar de crimes religiosos (*inter alia*). As acusações de Meleto contra Sócrates foram as seguintes: "Sócrates comete um malefício criminoso (*adikei*) por não reconhecer (*ou nomizon*) os deuses que a pólis reconhece (*nomizei*), e além disso por introduzir novas divindades (*daimonia*); ele também comete um malefício criminoso por corromper (*diaphthairon*) os jovens (*neous*)".[2] O Basileu convocou Sócrates a seu gabinete na ágora (praça pública) ateniense para uma audiência preliminar; o *Eutífron* de Platão imagina uma conversa que ocorreu ali pouco antes da audiência.[3] Tendo interrogado tanto Meleto quanto Sócrates, o Basileu encaminhou a questão para um "tribunal popular" (*dikasterion*) ateniense. O caso foi julgado ao longo de um único dia

---

recentes em livros por parte de filósofos clássicos centrados no relato de Platão sobre o julgamento incluem Reeve (1989), Brickhouse e Smith (1989). Colaiaco (2001) é uma introdução detalhada e bem informada. Schofield (2002) concentra-se no debate implícito entre Vlastos e Stone acerca da atitude de Sócrates em relação à democracia e do "quietismo" de Sócrates. Nails (2006) discute o julgamento e a morte em detalhes, com especial ênfase na atmosfera de fundamentalismo religioso de 399 a.C., e com considerável detalhe em relação às biografias dos acusadores de Sócrates. Wilson (2007) avalia relatos e respostas antigos e modernos sobre a morte de Sócrates. As principais fontes primárias encontram-se reunidas em Brickhouse e Smith (2002) e Reeve (2002).

2   Citada completamente em Diógenes Laércio (1.5.40), essa passagem é consistente com os principais relatos antigos (XENOFONTE. *Mem.* 1.1.1; XENOFONTE. *Apol.* 11-12, 19; PLATÃO *Ap.* 24b, *Eutífron* 2c-3b), embora essas possam não ser as palavras exatas da indiciação de Meleto. O termo mais difícil aqui é o grego *nomizein*, que pode significar tanto "acreditar em" quanto "reconhecer apropriadamente" (por atuação ou ações corretas). O cenário mais provável é que o promotor tenha jogado com os dois sentidos da palavra, alegando que Sócrates agiu erroneamente (em relação à prática religiosa) a partir de uma crença errônea (em relação aos deuses reconhecidos pela cidade).

3   *Cf.* Camp (1992) para detalhes sobre a ágora ateniense e seus edifícios.

por um quadro de 501 juízes, que haviam sido selecionados aleatoriamente a partir de uma reserva de cidadãos atenienses com idade acima de trinta anos. Os juízes ouviram um discurso de acusação com duração cuidadosamente controlada por parte de Meleto, o qual, seguindo a prática ordinária da promotoria em Atenas, cedeu parte de seu tempo atribuído de fala a dois associados (Anito e Licon). Em seguida, Sócrates, como réu, recebeu um período idêntico de tempo durante o qual podia falar em sua própria defesa. Ele utilizou parte de seu tempo em um raro, mas legalmente pouco extraordinário, interrogatório de Meleto.[4]

Os 501 atenienses que ouviram o caso devem ser classificados como juízes em vez de jurados, pois eles tomavam decisões significativas a respeito do significado e da aplicabilidade da própria lei, em vez de meramente determinar questões de fato. A lei escrita ateniense, embora fosse bastante específica acerca das regras de procedimento destinadas a assegurar a imparcialidade (por exemplo, tempos iguais de discurso para o promotor e o réu), tendia a não incluir definições das abstrações nas quais a aplicação da lei se baseava. Cabia aos juízes decidir por si mesmos, sem auxílio especializado, o significado de termos relevantes, bem como a aplicabilidade destes a casos particulares. O exemplo mais bem documentado é a lei ateniense sobre o ultraje (*hubris*): a lei especificava cuidadosamente as categorias de pessoas contra quem o ultraje não podia ser cometido, o procedimento a ser seguido em caso de julgamento, e a lista de penalidades que podiam ser infligidas a um indivíduo culpado. Contudo, a lei não definia *hubris* – ela não especificava quais comportamentos ou ações eram ultrajantes. Isto significava que era aberto ao promotor e ao réu o debate tanto dos fatos (aquilo que o réu supostamente fizera) quanto de seu significado legal (se o que ele fizera constituía uma infração da lei). Os precedentes não ofereciam nenhuma orientação firme: os corpos jurídicos atenienses não eram obrigados por decisões anteriores, embora os litigantes frequentemente citassem julgamentos sábios do passado.[5]

---

4 Procedimento legal ateniense: MacDowell (1978); Lanni (2006). Tribunais atenienses: Boegehold (1995).
5 A lei contra *hubris*: Fisher, 1992. Foco procedimental da lei ateniense: Todd (1993).

A lei ateniense sobre a impiedade parece ter sido semelhante na forma, detalhando o procedimento legal a ser seguido, mas mantendo silêncio a respeito do escopo das crenças, comportamentos ou atos que constituíam a impiedade.[6] Havia um forte consenso entre os atenienses de que certas ações eram ímpias, portanto mereciam litígio: realizar imitações de ritos religiosos, desfigurar objetos sagrados, roubar bens armazenados em um templo, colocar um ramo de oliveira em um altar em um momento impróprio, ou remover um tronco de oliveira sagrada de uma terra privada.[7] Contudo, Sócrates não foi acusado de nada desse tipo. As acusações de Meleto – de falhar em reconhecer de modo apropriado os deuses da cidade, introduzir novos deuses de modo impróprio e corromper os jovens – eram mais vagas, e carecemos de evidências detalhadas acerca de litígios atenienses de impiedade sobre bases semelhantes.[8] À luz da pequena margem de votos, não há nenhuma razão para supor que um forte consenso normativo vigorasse a respeito do que constituía um "reconhecimento" apropriado dos deuses da cidade, ou que tipo de ações constituiriam uma "introdução" imprópria de novos deuses, ou o que contava como um tipo de corrupção "ímpia".

7.2 Uma digressão: pistas falsas

Meleto tinha de demonstrar aos juízes que as coisas que ele acusava Sócrates de fazer ou deixar de fazer eram *normativamente* ímpias, bem

---

Precedentes: Lanni (2004); Rubinstein (2007).
6 MacDowell (1978, p. 197-202); *cf.* Parker (1996, cap. 10, n. 63), para uma discussão adicional.
7 Parker (1996, cap. 10).
8 Plutarco (*Vida de Péricles* 32.2) menciona um decreto da cidade contra o ateísmo, aprovado após a moção de um certo Diopeites em 432 a.C. Nenhum outro autor antigo cita esse decreto; se ele de fato existiu, pode ter saído de vigor no decurso da revisão do código legislativo ateniense no final do século V a.C. De qualquer maneira, não temos nenhuma evidência de litígios com base nesse decreto; *cf.* também Reeve (1989, p. 79-82). Os relatos antigos acerca de outros julgamentos atenienses por "crimes de pensamento" foram comprovados como espúrios: Dover (1975); Wallace (1994). Sobre as escassas evidências acerca de três acusações posteriores de "introduzir novos deuses", *cf.* Parker (1996, cap. 10, n. 62 e 63).

como mostrar *factualmente* que Sócrates as tivesse feito ou deixado de fazer. Esse ônus legal está diretamente relacionado à questão da inocência ou culpa de Sócrates. Dada a aparente falha da lei em definir a impiedade, e na ausência de evidências que comprovem um consenso ateniense sobre o que constituía o reconhecimento, a introdução e a corrupção impróprios, não é possível responder à questão "será que Sócrates era culpado ou inocente, de acordo com a lei ateniense?" de maneira simples – a não ser afirmando, tautologicamente, que após o julgamento ele foi certamente culpado, pois o julgamento do tribunal o constituíra legalmente como um homem culpado. Se (como parece provável) a impiedade permaneceu indefinida na lei ateniense e não havia nenhum consenso normativo ateniense sobre o que constituíam o não reconhecimento, a introdução e a corrupção ímpias, a questão central da maior parte dos estudos sobre o julgamento – "será que Sócrates (fosse ele o Sócrates de Platão ou o Sócrates histórico) era *de fato culpado*?" – é impossível de ser respondida.[9] Em vez disso, abordo uma questão que é talvez tão interessante quanto essa, e tem certamente mais possibilidade de ser respondida: "Como e por que a tradição socrática inicial buscou provar a inocência de Sócrates – em relação à justiça absoluta e aos olhos de um juiz ateniense 'razoável'?"

A *Apologia* de Platão e a *Apologia* e os *Memoráveis* de Xenofonte abordam de maneiras diferentes a tarefa de desculpar Sócrates: ambos reconhecem, seja implícita (Platão) ou explicitamente (Xenofonte), que o discurso de Sócrates pareceu extraordinariamente jactancioso e pouco convincente para os juízes. Xenofonte explica isso com base na suposição de que Sócrates, embora fosse inocente de qualquer pensamento de comportamento ímpio ou de corromper qualquer pessoa, teve intenção de cometer uma espécie de suicídio judicial, e assim enfureceu intencionalmente os jurados com um discurso jactancioso. A abordagem de Platão é mais sutil: seu Sócrates apresenta um discurso de notável sofisticação retórica e cheio de fascinantes ardis lógicos. Sócrates repetidamente induz o juiz/leitor a

---

9 Culpado de impiedade (como causando danos à pólis ao minar a religião tradicional): Burnyeat (1997); culpado de causar danos à democracia: Stone (1988). Inocente da impiedade: Reeve (1989); inocente de quaisquer tendências antidemocráticas: Vlastos (1983).

pensar que a defesa está se desenvolvendo de acordo com os protocolos normais da retórica forense de Atenas, e então subitamente inverte esses protocolos de maneiras que claramente têm intenção de serem chocantes – para estimular o ouvinte/leitor a um estado desperto. Seu interrogatório sarcástico de Meleto procura mostrar que as visões de Meleto sobre a política e a educação são incoerentes e típicas da maioria dos atenienses. Sócrates é crítico em relação às assunções subjacentes à cultura democrática de Atenas: de que os cidadãos são capazes de tomar decisões importantes, e que as instituições públicas da pólis são adequadas para educar os jovens em bons valores cívicos. O Sócrates de Platão alega buscar a absolvição, mas é muito pessimista quanto à probabilidade de isso acontecer, e por uma boa razão: ele revela que seus próprios compromissos com os valores morais e com o ato de dizer a verdade estão fundamentalmente em conflito com as atitudes da maioria dos atenienses – e que o trabalho de sua vida é o doloroso processo de levar seus companheiros a reconhecer seus fracassos individuais e coletivos. E apesar de tudo isso, Platão exorta seu leitor a supor que um juiz reflexivo e imparcial *deveria* ter votado pela absolvição: tanto com base na substância do caso quanto em seu próprio interesse e no de sua cidade.[10]

A questão dos *argumentos reais* utilizados pela promotoria e pela defesa conduz a outro beco sem saída interpretativo. Dado que nenhuma versão dos discursos da promotoria sobreviveu, pode-se apenas tentar adivinhar seus argumentos principais. É bastante possível que Meleto tenha acusado Sócrates de completo ateísmo, como afirma Platão (*Apologia* 26e). Meleto provavelmente afirmou que Sócrates deixou de participar da rodada comum de práticas religiosas patrocinadas pela cidade (sacrifício, procissão e ritual de culto) – um argumento que Xenofonte procurou refutar em seus *Memoráveis*.[11] Meleto supostamente acusou Sócrates de dar atenção imprópria a uma divindade não reconhecida pela cidade (o famoso *daimonion* de Sócrates).[12] Se Meleto acusou Sócrates de corromper atenienses específicos

---

10 Para uma análise mais detalhada da retórica da Apologia de Platão, cf. Ober (1998, p. 166-179).
11 Discutido em detalhes em McPherran (2000).
12 A cidade de Atenas de fato permitia a introdução de novos deuses de acordo com um

(por nome ou implicação), estes provavelmente incluíram Alcibíades (um líder ateniense durante a Guerra do Peloponeso, cuja traição contribuiu para a perda de Atenas na guerra) e Crítias (tio de Platão e líder de um governo antidemocrático estabelecido em Atenas pelos espartanos em 404 a.C.). Meleto pode ter implicado que Sócrates corrompia os jovens ensinando-lhes a se comportar como ele, portanto tornando mais provável que eles intencionalmente ferissem seus concidadãos (como Crítias e Alcibíades haviam feito).[13] Ao desenvolver sua acusação de impiedade, Meleto provavelmente teria aludido a vários outros crimes e malfeitos, incluindo uma hostilidade generalizada em relação à própria democracia. Provavelmente foi dito aos jurados que Sócrates era um arrogante (XENOFONTE, *Apol.* 32), um orador diabolicamente esperto (PLATÃO, *Ap.* 17a-b), e um antipatriota que zombava da lei e tinha um caráter inerentemente perverso (XENOFONTE. *Mem* 1.2.9). Meleto pode ter afirmado que estava acusando-o apenas com relutância, como um patriota realizando um serviço público, e que uma falha em o condenar colocaria a cidade em um grave risco. Para provar seu argumento, ele pode ter citado o testemunho juramentado de testemunhas (XENOFONTE, *Apol.* 24), mas ele também poderia ter apelado para os próprios jurados como testemunhas informais, afirmando que era do conhecimento comum que Sócrates agia impiamente.

Minhas conjeturas sobre a *exposição* retórica de Meleto são baseadas nos lugares comuns utilizados por outros promotores atenienses. Minhas conjeturas sobre a *substância* do argumento da promotoria contra Sócrates são baseadas nas acusações e na tradição filosófica socrática a respeito do julgamento.[14] Essa tradição consiste em duas *Apologias* (discursos de defesa)

---

procedimento formal aprovado pela cidade; *cf.* Garland (1992); Parker (1996, cap. 9). Platão, (*Apologia* 26b-c), observa que a prática de introduzir novos deuses é incompatível com um completo ateísmo.

13   Essa acusação de "educar para a maldade" é uma parte central do retrato hostil de Sócrates em As *nuvens* de Aristófanes. Meio século após o julgamento, o orador Esquines (1.173) lembrou aos jurados que "vocês" condenaram Sócrates por ter educado Crítias, e Xenofonte (*Memoráveis* 1.2.12), afirma que a associação de Sócrates com Crítias e Alcibíades foi mencionada pelos promotores.

14   *Cf.* Ober (1989) para uma análise da retórica dos tribunais atenienses. Hansen (1995) é uma tentativa recente e historicamente bem informada de compreender o julgamento de

de Sócrates bastante diferentes, escritas algum tempo após o julgamento por Xenofonte e Platão, seguidores de Sócrates; em vários comentários sobre o julgamento no extenso corpo de "conversas socráticas" escritas por esses dois autores; e em uma miscelânea de testemunhos fragmentários, improvisados, e muito posteriores.[15] A *Apologia* de Platão é a peça individual mais importante da tradição. Ela assume a forma de três discursos em sequência: a defesa de Sócrates propriamente dita (para a qual temos muitas comparações quase contemporâneas no *corpus* de discursos legais atenienses), um discurso durante a fase sentencial do julgamento, e um discurso final aos jurados que haviam votado pela condenação. O discurso de defesa principal se assemelha a discursos de defesa atenienses reais; os outros dois são *sui generis*. A *Apologia de Sócrates* de Xenofonte não segue o modelo de discursos de defesa atenienses reais; ela assume a forma de um relatório de segunda mão sobre o julgamento e suas consequências. Os *Memoráveis* de Xenofonte foram escritos em resposta a uma versão literária da acusação de um promotor contra Sócrates.[16] Não há nenhum documento sobrevivente da antiguidade que possa ser considerado análogo a uma transcrição dos verdadeiros comentários de Sócrates no julgamento – os textos que constituem a tradição socrática inicial acerca do julgamento foram escritos com propósitos filosóficos ou retóricos, em vez de propósitos históricos ou forenses. Como resultado, não sabemos o que o Sócrates histórico disse em sua própria defesa. Uma vez que as conjeturas sobre os argumentos substantivos da promotoria dependem da mesma tradição, é impossível reconstruir o que os promotores *ou* o réu realmente disseram.

Sócrates "a partir do ponto de vista ateniense".

15   Além das *Apologias*, as obras quase contemporâneas mais importantes para nossos propósitos são o *Eutífron*, o *Críton* e o *Górgias* de Platão, e os *Memoráveis* de Xenofonte (acerca dos quais *cf.* GRAY, 1998). A tradição antiga posterior sobre Sócrates foi reunida em Calder (2002). Duas referências às acusações pelos oradores atenienses Esquines e Hipereides são consideradas posteriormente.

16   Provavelmente pelo orador político ateniense Polícrates, um texto ao qual o famoso escritor de discursos Lísias ofereceu-se para escrever ainda outra *Apologia de Sócrates*: *Escólio em Aristidemo* 3.480 (DINDORF).

O julgamento de Sócrates foi, no entanto, um evento notável e memorável para os atenienses. Ele foi um momento definitivo para a tradição socrática e para os escritores que responderam a ela, gerando rapidamente uma literatura substancial. O julgamento ocorreu em um período bem documentado da história política e legal de Atenas; podemos dizer muito sobre o contexto do julgamento, e sobre os contextos nos quais os textos que constituem a tradição socrática a respeito do julgamento foram escritos. Devemos ter em mente que o "Sócrates" que toma parte na "história do julgamento" é, como um personagem em um romance histórico, um aglomerado: em alguma medida um modelo construído a partir do Sócrates real, e em um ente fictício inventado pelos autores da tradição. Apesar da tinta vertida a respeito do assunto, não há nenhuma maneira de quantificar objetivamente quanto do Sócrates de Platão ou de Xenofonte é histórico, e quanto é inventado; a opinião acadêmica ponderada sobre esse assunto abrange um amplo espectro.[17] Minha abordagem aqui é procurar situar no contexto legal e histórico ateniense os eventos conforme retratados na tradição (especialmente em Platão, mas levando em conta Xenofonte). O resultado não será "o Sócrates histórico real", mas espero mostrar que a tradição socrática se engajou criativamente no contexto ateniense, que o "Sócrates no julgamento e na prisão" foi construído pela tradição como um personagem ateniense plausível, um personagem profundamente preocupado com os valores e práticas da cidade democrática.

---

17 Vlastos (1991, especialmente caps. 2 e 3), argumentou que era possível recuperar, principalente a partir dos primeiros diálogos socráticos de Platão, as visões e argumentos do Sócrates histórico. Morrison (2000) revê cuidadosamente a questão da precisão histórica do relato de Platão sobre o julgamento, concluindo que ele relata confiavelmente os fatos históricos básicos sobre o julgamento, mas não há nenhuma razão para supor que a *Apologia* de Platão (não mais do que qualquer outro relato antigo) nos forneça qualquer aproximação dos argumentos reais de Sócrates.

7.3 A narrativa legal (continuação)

Após os discursos de Meleto e seus associados, Sócrates apresentou seu discurso de defesa. No relato de Platão sobre o julgamento, a defesa de Sócrates se baseava em duas alegações substantivas: primeiro, negativamente, Meleto era incapaz de reconhecer a impiedade, porque ele não tinha nenhuma compreensão da piedade. Tampouco ele compreendia como os jovens haviam sido corrompidos ou beneficiados. Sua ignorância era demonstrada por sua incapacidade de evitar a autocontradição a respeito desses assuntos, sob o exame cruzado de Sócrates. Uma vez que Meleto não podia explicar o que eram a piedade ou a educação sem se contradizer, ele não podia sustentar um argumento coerente de que Sócrates havia se comportado de maneira ímpia ou havia educado mal qualquer pessoa. Segundo, positivamente, em concordância com as crenças de outros atenienses, Sócrates considerava a piedade uma virtude. Platão argumenta que as ideias de Sócrates sobre a piedade eram internamente coerentes e estavam dentro do escopo da opinião ateniense razoável sobre o assunto.

O argumento da tradição em favor da inocência é baseado nessas afirmações: Sócrates conduziu sua vida em concordância com seus compromissos morais. Uma vez que ele considerava a piedade uma virtude e sua concepção de piedade concordava com a opinião ateniense razoável, Sócrates não teria se envolvido em ações que um ateniense razoável teria considerado ímpias, portanto ele não fez isso. Ele não tinha nenhum motivo para corromper os outros, uma vez que, ao fazê-lo, teria causado danos a si mesmo. Não havia nenhuma evidência de corrupção dos jovens, uma vez que nem os jovens atenienses nem seus pais testemunharam que Sócrates os tivesse corrompido. Esses argumentos a favor da inocência de Sócrates poderiam ter convencido alguns dos juízes, mas eles não respondiam diretamente às acusações do promotor. Um juiz razoável ouvindo o discurso da *Apologia* de Platão dificilmente poderia ser culpado por concluir que a lição de lógica dada a Meleto era um acobertamento, que Sócrates na verdade não acreditava nos deuses aprovados pela cidade, e por essa razão evitava a participação nos rituais religiosos da cidade, promovia uma divindade pessoal não reconhecida pela cidade, e corrompera famílias inteiras tão completamente que elas não conseguiam reconhecer os danos que elas sofriam e causavam. Esse juiz poderia aceitar o argumento de Meleto de que tal comportamento era ímpio. Platão colocou a refutação lógica das concepções de piedade e educação de Meleto por parte de Sócrates em um discurso que desafiava as assunções atenienses sobre o que constituía uma defesa legal apropriada. E assim é dado ao leitor favorável entender que Sócrates era inocente, mas também que muitos dos juízes atenienses teriam tido razão para votar pela condenação. Um leitor favorável da *Apologia* de Xenofonte provavelmente chegaria a uma conclusão semelhante.

O "Sócrates em julgamento" de Platão, assim como muitos litigantes atenienses reais, gastou uma parte relativamente pequena do tempo que lhe fora atribuído respondendo às acusações da promotoria; assim como outros réus atenienses, a maior parte de seu discurso de defesa foi dedicada a uma discussão da conduta de sua vida e a uma avaliação de seu comportamento e atitudes com respeito à cultura democrática da pólis. A escolha de usar boa parte da água do relógio para a apresentação de si mesmo não era algo inerentemente peculiar. Contudo, Platão apresenta Sócrates como divergindo radicalmente da prática costumeira dos litigantes atenienses na *substância* de sua apresentação de si. Os litigantes comuns buscavam apresentar suas vidas e atitudes concordando intimamente com as normas democráticas. Por contraste, Sócrates apresentou a si mesmo como um antigo crítico explícito dos costumes atenienses, e como decididamente crítico de certos princípios e práticas centrais da cultura política democrática. O objetivo da apresentação pessoal de Sócrates não era o mesmo do réu ateniense comum – isto é, persuadir os juízes a votarem pela absolvição com base no caráter honesto e no modo de vida democrático do réu, quer eles acreditassem ou não que uma lei tivesse sido infringida. O verdadeiro objetivo retórico de Sócrates foi assunto de debate na antiguidade: Xenofonte sugere que, uma vez que ele estava cansado de viver, representou a si mesmo de um modo que visava assegurar sua própria condenação. Argumentarei que, no relato filosoficamente mais rico dado por Platão, o objetivo de Sócrates, ao se apresentar como um crítico social e político, era a educação (em seu sentido distintamente socrático de "estimular um estado moral desperto") dos juízes.

Após o discurso de Sócrates, os juízes imediatamente votaram sobre o veredito, por sufrágio secreto e sem consulta formal. Uma vez que a maioria (de acordo com Platão, aproximadamente 280 de 501) dos juízes votou pela condenação, Meleto e Sócrates fizeram cada qual outro discurso com tempo marcado, oferecendo penas alternativas. Carecendo de autoridade para determinar a sentença, os juízes eram legalmente obrigados a escolher entre essas alternativas. Meleto propôs a morte. O Sócrates de Platão propôs uma bizarra "pena" aglomerada: uma multa substancial (trinta minas: aproximadamente dez anos de salário de um artesão) paga por seus amigos ricos, junto à extraordinária honra de fazer refeições no salão de jantar público (*prytaneion*) pelo resto de sua vida. Uma maioria dos juízes votou pela morte, e Sócrates foi encarcerado na prisão pública (*desmoterion*). Seguiu-se um atraso de vários dias por causa de uma proibição religiosa (um navio sagrado estava em curso vindo de Delos). Os amigos de Sócrates procuraram fazê-lo escapar da prisão (XENOFONTE, *Apol.* 23). O *Críton* de Platão conta a história da recusa de Sócrates, com base em princípios éticos, de cooperar com o plano de fuga. Sócrates recebeu visitantes em sua cela de prisão, alguns dos quais ficaram com ele até o fim (*cf.* o *Fédon* de Platão). A sentença de morte foi executada, por envenenamento de cicuta, tão logo a proibição religiosa foi suspensa.[18]

A história do julgamento é inserida em um referencial narrativo comprimido e dramático muito familiar aos leitores atenienses de Platão e Xenofonte. Sócrates é o protagonista dessa história, porém o antagonista não é apenas Meleto, mas também a pólis de Atenas: seus cidadãos (como juízes), suas leis estabelecidas, e sua cultura política democrática. O duro confronto entre o filósofo moral e a cidade democrática, na dramaticamente agradável narrativa do julgamento legal, tornou-se uma história de fundação da civilização ocidental – e especialmente da filosofia moral. É difícil exagerar seu impacto. De acordo com a *Sétima Epístola* (325a-26a, um produto da

---

18 Todd (2000) revê os métodos de punição capital em Atenas.

Academia inicial, se não de Platão), o julgamento e a execução de Sócrates foi o evento decisivo que afastou o jovem Platão de um envolvimento na política democrática e colocou-o na direção do projeto filosófico que resultou na composição e circulação dos diálogos socráticos e na fundação da Academia. Os eventos de 399 a.C. lançam uma longa sombra sobre a obra de Platão; o tema do julgamento notavelmente retorna no *Górgias*, em que o interlocutor de Sócrates, o aspirante político ateniense Cálias, prevê que ele será incapaz de se defender no tribunal quando acusado injustamente de um crime.

O julgamento de Sócrates deu origem a um novo tipo de literatura ateniense: discursos de defesa (*Apologiai*) e de acusação (*Kategoriai*) escritos a favor e contra Sócrates – os primeiros pelos seguidores de Sócrates, os segundos por seus oponentes intelectuais.[19] O julgamento foi suficientemente notável meio século depois para ser citado em um tribunal ateniense pelo político e promotor Esquines (1.173), que argumentou que a condenação de Sócrates seria considerada injusta em retrospectiva, se os juízes permitissem que Demóstenes, apoiador do réu, fizesse uso do julgamento como uma plataforma de exibição sofística. Aproximadamente uma década antes (*c.* 352 a.C.), o retórico ateniense Isócrates, cuja escola era rival da Academia de Platão, escreveu uma imensa e pomposa super-*Apologia*. Naquele discurso (*Antidosis*), Isócrates se colocava no papel de um intelectual falsamente acusado de "corromper os jovens", que enfrentava acusações capitais se sua defesa falhasse em convencer os juízes: havia obviamente a intenção de que o leitor de Isócrates reconhecesse a *Apologia de Sócrates* de Platão como o modelo literário que Isócrates buscava ultrapassar em sua longa e floreada ficção legal.[20]

Notavelmente, na cena do julgamento no *Górgias* de Platão, assim como nas citações tanto de Esquines como de Isócrates, os temas do intelectual dissidente confrontando a cultura política democrática e a

---

19 A mais famosa *kategoria* foi escrita pelo sofista do século IV a.C. Polícrates, que é provavelmente o alvo de Xen. *Mem.* Livro I e de Isócrates (*Busíris* 4). *Cf.* também Brickhouse e Smith (2002, p. 5-8).
20 Isócrates e Sócrates: Nightingale (1995); Ober (1998, cap. 5); Ober (2004).

corrupção dos jovens são proeminentes, mas a impiedade enquanto tal saiu de cena. O aspecto especificamente *religioso* do julgamento provou ser seu traço menos duradouro, pelo menos para a tradição clássica. Isso talvez seja porque Atenas não tinha nenhum estabelecimento religioso independente. O aspecto da religião relevante para o julgamento era uma faceta da vida cívica, e assim o julgamento de Sócrates é relevante para a questão da compatibilidade da dissidência filosófica com as normas cívicas democráticas. A história de Sócrates e Atenas permanece relevante na modernidade – em uma época na qual a "democracia conjugada com a lei", como originalmente definida pelos antigos atenienses, e a "investigação ética crítica", como originalmente definida por Sócrates, são ambas consideradas por muitas pessoas como bens primários e básicos para a prosperidade humana. Embora não se possa esperar que alguma repetição do relato seja definitiva ao levar em conta os contextos relevantes – culturais, sociais, políticos e legais, bem como intelectuais e filosóficos – podemos começar a entender melhor a história do confronto entre o Sócrates filosófico e a Atenas democrática.

7.4 Os deveres cívicos de Sócrates

Podemos melhor compreender a história do julgamento se começarmos com suas consequências, em um momento-chave para a tradição socrática, com Sócrates na prisão aguardando a execução. De acordo com o *Críton* de Platão – um diálogo que, como as *Apologias de Sócrates*, coloca Sócrates em uma conversa ativa com normas e práticas democráticas – Sócrates se recusou a participar de um plano de fuga, porque escapar da prisão significava quebrar a lei: a fuga violaria uma ordem legal emitida por autoridades públicas competentes. Fugir, como admite Platão, causaria um dano substantivo ao edifício da lei ateniense.[21]

O Sócrates do *Críton* toma a consideração do dano como decisiva. Ele rejeita os contra-argumentos que consideram os maus efeitos da morte

---

21 Para discussões bem refletidas sobre os argumentos filosóficos do *Críton*, cf. Allen (1980); Kraut (1984); e Weiss (1998).

de Sócrates sobre seus amigos e filhos, e sobre as reputações daqueles que poderiam tê-lo salvo, mas falharam em fazê-lo. Essa indiferença acerca de condições de vida moralmente irrelevantes é típica de Sócrates conforme representado na tradição. O que é mais surpreendente, no entanto, é que Sócrates também se recusa a questionar a substantiva imparcialidade do julgamento contra ele próprio. Tanto Críton quanto Sócrates (e supostamente o leitor-alvo de Platão) aceitam que os juízes atenienses erraram em condenar Sócrates por impiedade. Como vimos, na *Apologia* de Platão Sócrates havia atacado a coerência da concepção de piedade de Meleto e buscara estabelecer seu próprio compromisso com a piedade como uma virtude. O leitor filosoficamente inclinado pelos textos de Platão provavelmente concluiria que Sócrates havia sido condenado erroneamente, no que diz respeito à justiça absoluta. Ainda assim, Sócrates havia sido corretamente condenado no que diz respeito à lei ateniense. Isso quer dizer que o júri ateniense não cometera nenhum erro de procedimento ao chegar a seu veredito legal. Uma vez que o julgamento havia sido legalmente (isto é, em termos de procedimentos) correto, a decisão do tribunal tinha autoridade legal. Se o veredito havia sido baseado na aceitação de uma definição de piedade logicamente falha por parte dos juízes, isso era lamentável, mas estritamente irrelevante em termos da lei. No processo legal ateniense, não havia nenhum magistrado presidente que pudesse declarar uma falha de julgamento, nenhuma previsão de apelo a um tribunal superior, e certamente nenhuma previsão de apelo à autoridade da "justiça absoluta". A fuga foi proposta por Críton na ausência de quaisquer opções óbvias de reparação legal.[22]

Tendo rejeitado as preocupações de Críton com o efeito negativo da morte de Sócrates sobre os indivíduos e reputações (danos sem relevância moral), Sócrates pesa a suposta *injustiça da condenação* contra o potencial *dano às leis da pólis*, e chega a uma conclusão inequívoca: a consideração

---

22 Acerca do "positivismo legal" ateniense, *cf.* Ober (2005). Os réus atenienses condenados podiam desafiar a decisão do tribunal por vários meios indiretos (por exemplo, indiciando uma das testemunhas da promotoria por perjúrio: *cf.* OSBORNE, 1985), mas não é claro se havia tempo para lançar tal desafio no caso de Sócrates, nem se Sócrates teria tido qualquer interesse em fazê-lo.

de que a fuga acarretaria danos (moralmente relevantes) às leis decidia a questão, e assim ele se recusava a cooperar com o plano de fuga. Mas no diálogo de Platão Sócrates chega a essa conclusão em duas etapas: causar danos às leis é inicialmente rejeitado como um curso de ação eticamente inaceitável, com base no princípio de que causar danos moralmente relevantes é impermissível.[23] Sócrates lembra a Críton que eles haviam concordado previamente (em uma conversa não disponível aos leitores de Platão) sobre a impermissibilidade de causar danos. Se causar danos moralmente relevantes é impermissível, e causar danos à lei é algo moralmente relevante, então causar danos às leis é impermissível. Assim, a discussão sobre o que Sócrates deveria fazer parece, filosoficamente, ser decidida de modo rápido e decisivo.

Contudo, o diálogo passa para uma segunda etapa, assumindo a forma de uma conversa imaginada entre as "leis (*nomoi*) de Atenas" e um Sócrates que está (contrafactualmente) contemplando seriamente quebrar a lei escapando da prisão. Esse "diálogo dentro de um diálogo" continua entre Sócrates e o júri na *Apologia* de Platão. A diferença é que agora o interlocutor de Sócrates é a lei de Atenas como ele próprio veio a entendê-la, em vez de cidadãos atenienses falíveis e educáveis.

As leis imaginadas de Atenas apresentam o que Sócrates considera ser um poderoso argumento acerca do dever de obediência de Sócrates em relação a elas próprias: a obediência à lei ateniense é exigida com base no argumento de que Sócrates, como cidadão, assim como seus antepassados, é um "filho e escravo" das leis (50e). Esse argumento, com sua inesperada introdução de posições sociais fundamentalmente desiguais (um pai ou senhor pode fazer coisas com um filho ou escravo que o filho ou escravo não pode fazer com o pai ou senhor), diz respeito aos danos (às leis) e a quais ações são permissíveis. Ele não se baseia, contudo, na impermissibilidade geral de

---

23 É importante distinguir entre danos, simplesmente, e danos moralmente relevantes. Sócrates deve ter aceitado voluntariamente a possibilidade de que poderia infligir danos físicos a seus oponentes quando lutou nas guerras atenienses; esse tipo de dano evidentemente se encontra fora da categoria da relevância moral, embora as guerras em que Sócrates lutou fossem consideradas indefensáveis de acordo com a moderna "doutrina da guerra justa".

causar danos moralmente relevantes. Mas, em vez disso, no valor da reciprocidade em um contexto cívico/político: se Sócrates, um cidadão de Atenas, causasse danos às leis de sua pólis, ele estaria devolvendo males em troca dos bens que havia recebido previamente das leis. Fazer isso seria análogo ao comportamento de um filho que bate no pai (um tropo comum na literatura ateniense) apesar dos bens que recebeu de seu genitor no passado. O fortalecimento do tropo paternal implicado pela referência a Sócrates como filho *e escravo* das leis baseia-se na afirmação de que Sócrates, enquanto cidadão, recebeu benefícios das leis de Atenas que excederam até mesmo os benefícios que um filho recebeu de um genitor. A saber: Sócrates recebeu das leis seu nascimento (*genesis*), sua criação (*trophe*) e sua educação (*paideia*).[24]

A tríade "nascimento/criação/educação" não era um conjunto de bens humanos idiossincrático ou distintivamente "socrático" – as leis imaginadas de Atenas apresentam os benefícios que conferiam a cada cidadão como um "fato moral" simples e comumente aceito, bem conhecido por qualquer ateniense moralmente atento. A tríade reproduz o que era provavelmente uma lista canônica de bens recebidos dos pais.[25] O que é notável nesse caso é que os bens relevantes são transferidos da esfera parental para a esfera cívica: eles são fornecidos pelas próprias leis enquanto "sobregenitor". No *Críton*, a provisão de nascimento, criação e educação define a formação do cidadão ateniense individual por, através de, e em relação com sua pólis: o cidadão é literalmente um produto das leis. Segundo essa explicação, a lei da pólis enquanto "estado" assume um papel que é substancialmente diferente do papel legal do estado liberal moderno – isto é, algo diferente de um garantidor moralmente neutro de direitos individuais inalienáveis (centrados na busca de felicidade definida individualmente), dentro de um regime estável de regras transparentes e constitucionalmente administradas por mandato. Em vez disso, como provedora tanto do ser original de um indivíduo quanto de seu subsequente tornar-se, portanto da totalidade de sua identidade fundamental, a lei se encontra em uma relação paternal e

---

24 Sobre o ato de bater nos pais como um tropo ateniense com especial saliência na época de Sócrates: Strauss (1993).
25 *Cf.* Aristóteles (*EN* 1162a4-7).

"senhorial" para com cada um e todos os cidadãos.²⁶ Embora o Sócrates do *Críton* iguale os bens recebidos da cidade pelo cidadão *apenas* à tríade paternal de nascimento, criação e educação, a concepção geral de que o cidadão ficava eternamente em dívida para com a pólis e sua lei por ter recebido uma cesta de bens era, como veremos, comum no pensamento político normativo ateniense.

A relação entre o cidadão e a lei da pólis é caracterizada por Sócrates como paternal e senhorial (entre outras coisas) porque não há nenhuma chance significativa de o cidadão individual pagar a dívida: como nota Aristóteles na *Ética a Nicômaco* (1161a), os pais e os filhos permanecem em nível de desigualdade (e assim os filhos devem obediência aos pais, e não vice-versa) por causa da impossibilidade da reciprocidade completa. Contudo, a impossibilidade do pagamento não liberta o filho ou cidadão de uma obrigação de pagar a seus pais ou à pólis, na medida em que for capaz, os juros sobre o empréstimo impagável de capital.²⁷ Fazendo empréstimo de várias fontes acerca das atitudes político-culturais atenienses, podemos dividir o "cronograma de pagamento de bens recebidos pelo cidadão" como se segue:

Primeiro e antes de tudo, a pólis exige *obediência* às leis escritas e aos costumes não escritos da pólis (o termo *nomoi* inclui ambos) e às ordens dos magistrados públicos legitimamente designados. Essa forma de obediência legal incluía obedecer à convocação para o serviço militar: quando convocado, o bom cidadão servia à pólis com seu corpo – mais frequentemente como cavaleiro, soldado de infantaria (hoplita) ou remador na frota. E quando em campo ele obedecia às ordens de seus comandantes, que eram eles próprios magistrados eleitos ou designados pela cidade. A obediência às leis e aos magistrados, especialmente no contexto do serviço militar, podia acarretar

---

26 O discurso público da pólis ateniense empregava vários tropos parentais (*patris*: terra ancestral; *patrios nomos*: lei ancestral), mas o "estado como pai" era ordinariamente obscurecido pela conexão "fraternal" dos cidadãos masculinos como guerreiros e atores políticos em nível de igualdade, que coletivamente constituíam a pólis: *cf.* Loraux (1993).
27 Portanto, a questão é esta: será que a obrigação cria um círculo virtuoso de benefício mútuo, ou uma relação viciosa semelhante à "oferta que você não pode recusar" e à "dívida que você não pode pagar" do mafioso?

grave perigo físico, e podia em última instância exigir do indivíduo o sacrifício de sua vida: entre as cerimônias anuais mais importantes da cidade democrática estava a "lei ancestral (ou paternal)" (*patrios nomos*), que especificava o enterro coletivo público e a comemoração pública (por discurso e monumento gravado) para os soldados atenienses que haviam morrido naquele ano. Na *História da Guerra do Peloponeso* de Tucídides, o "Discurso fúnebre de Péricles", proferido no primeiro ano da guerra (431 a.C.), oferece um testemunho eloquente da profunda assunção cultural ateniense de que os bens oferecidos pela pólis a cada cidadão tornavam adequado, e de fato glorioso, que um cidadão individual desse sua vida em batalha pelo bem da pólis. De modo semelhante, de acordo com o argumento oferecido a Sócrates pelas leis de Atenas no *Críton*, o sacrifício da vida de alguém podia ser justamente exigido em pagamento (parcial) pelo recebimento da tríade de bens básicos. Na *Apologia*, o Sócrates de Platão alude com proeminência a seu serviço militar ativo como soldado de infantaria pesada, e comenta especificamente sobre sua obediência voluntária às ordens dos comandantes militares atenienses eleitos. A tradição socrática posterior também celebrou a coragem e firmeza de "Sócrates, o cidadão soldado".[28]

Além da obediência, a pólis esperava uma certa quantidade de *participação* cívica de cada cidadão individual: a cidade exigia o tempo e a presença do cidadão a fim de operar as instituições da comunidade democrática. A participação cívica normalmente incluía o serviço político, bem como o militar. Em vez de se apoiar nos esforços de uns poucos especialistas políticos (como os "reis-filósofos" de Platão), a democracia dependia do serviço ocasional de uma massa de "amadores dedicados" para servir como participantes de assembleias; como conselheiros no Conselho dos 500, que estabelecia as agendas; como juízes nos tribunais populares; como magistrados sorteados; como árbitros públicos; e como promotores voluntários (como Meleto) contra malfeitores públicos. A descrição da democracia ateniense do século IV a.C. na *Athenaion politeia* aristotélica dá uma vívida impressão do grande número de dias de serviço público exigidos dos

---

28 Platão (*Apologia* 28e); Diógenes Laércio (1.5.23).

cidadãos a cada ano a fim de que a democracia operasse. Embora o serviço político de Sócrates seja menos proeminente na tradição socrática do que seu serviço militar, a tradição reconhece que Sócrates de fato correspondeu a essa demanda de participação: no *Górgias* de Platão, Sócrates menciona que frequentava a assembleia ateniense e ouvia cuidadosamente os debates ocorridos ali. Ele serviu durante um ano no Conselho dos 500 em 406 a.C. – e coincidiu ser ele um dos magistrados responsáveis por conduzir uma sessão especialmente contenciosa da assembleia, na qual generais atenienses foram acusados em massa de abandono do dever. Nessa ocasião, Sócrates procurou impedir que os membros da assembleia agissem fora das normas legais estabelecidas da pólis.[29]

Com relação aos deveres de obediência e participação cívica, os cidadãos atenienses eram considerados mais ou menos intercambiáveis. A obediência e a participação cívica eram exigidas de todos os atenienses, independentemente de suas capacidades particulares e individualizadas. Mas também se esperava que o ateniense pagasse os "juros" da "dívida principal" impagável, representada pelos bens que ele recebera da pólis, oferecendo à pólis qualquer excelência individual e pessoal que ele porventura possuísse. No caso do indivíduo rico, isso significava pagar impostos especiais periódicos baseados na propriedade familiar total (*eisphora*). Para os muito ricos, isso significava contribuições materiais substanciais na forma de liturgias festivas (por exemplo, como produtores do coro para uma série de tragédias) e liturgias navais (custear a despesa de manter uma frota de navios de guerra) periódicas. Bons cantores e dançarinos se apresentavam em um dos coros tribais de cinquenta homens (e cinquenta meninos) durante os grandes festivais. Um atleta vitorioso, demonstradamente forte de corpo, e amado pelos deuses, podia assumir uma posição de destaque em formações militares. Esperava-se que o cidadão que tivesse algum conhecimento especializado e fosse um orador público capaz oferecesse conselhos nas sessões públicas de corpos democráticos.[30]

---

29 Sócrates na assembleia: *Górgias* (455d-e, *cf.* 503a-d); sobre o Conselho: Platão (*Apologia* 32c-d, *Górgias* 473b-74a); Xenofonte. (*Mem.* 1.1.18). Cf. também Ober (1998, p. 193-197).

30 *Eisphora*: Thomsen (1964); liturgias festivas: Wilson (2000); liturgias navais: Gabrielsen

As contribuições baseadas na excelência do cidadão eram diferentes de seus deveres de obediência e participação, pois, sob as circunstâncias corretas, ele podia alegar que aqueles serviços especiais colocavam a pólis em dívida *para com ele*. Os litigantes atenienses que haviam voluntariamente realizado mais do que sua parcela atribuída de liturgias financeiras podiam, por exemplo, alegar que os juízes lhes deviam uma audiência favorável. Aqueles cuja excelência pessoal beneficiava grandemente a pólis esperavam honrarias públicas, potencialmente incluindo decretos de agradecimento, a entrega de uma grinalda de ouro, estátuas em lugares públicos – ou o privilégio de fazer suas refeições no salão de jantar público. Foi por Sócrates acreditar que sua própria excelência especial havia sido fonte de substanciais benefícios para a pólis que ele incluiu refeições públicas gratuitas na "pena" que propôs após ser declarado culpado de impiedade. Mas, como vimos, no *Críton* Sócrates também afirmou que devia às leis de Atenas uma dívida impagável pelos bens que ele próprio havia recebido. Embora alguns atenienses (como Alcibíades) podem ter sentido que sua dívida para com a pólis pelos bens recebidos estava mais do que paga por seus serviços especiais, tanto o pensamento ateniense comum quanto o pensamento socrático eram mais complexos: a realização de serviços notáveis merecia o reconhecimento público na forma de honras notáveis, mas essas honras não indicavam o pagamento completo da dívida subjacente do indivíduo para com a pólis. Em vez disso, o endividamento entre cidadãos excelentes e a pólis era recíproco, e a reciprocidade era expressada em uma linguagem de honrarias e obrigações mútuas.[31]

Diferentemente de suas reações convencionais, em geral, às obrigações de obediência e participação cívica, no campo do dever baseado na excelência individual Sócrates desenvolveu uma concepção distintiva de sua responsabilidade para com a pólis. Ele não era rico, não era nenhum atleta e não nos é dado supor que seu canto e dança estivessem à altura dos padrões do coro ateniense. Embora fosse instruído e politicamente astuto à

(1994); coros: Wilson (2000); atletas: Kurke (1993); oradores instruídos: Ober (1989, p. 314-327).
31 Reciprocidade e obrigações mútuas de gratidão como aspectos-chave da cultura democrática: Ober (1989, p. 226-230); Domingo Gygax, no prelo.

sua maneira, ele não era um orador público. De fato, na *Apologia* (31c-32a) de Platão, Sócrates menciona sua falta de disposição para "falar em debates públicos" – e isso é às vezes erroneamente tomado como evidência de que Sócrates se recusava a realizar os deveres cívicos ordinários de participação. Mas, de fato, relativamente poucos atenienses falavam em reuniões públicas. Esse tipo de "quietismo" não era excepcional, e não era em nenhum sentido incompatível com um registro ativo de serviço público; de fato, isso era estruturalmente essencial para a governança democrática: se até mesmo uma minoria substancial dos atenienses procurasse exercer ativamente seu igual direito de discursar em público (*isegoria*) nas grandes reuniões públicas, a pólis se tornaria ingovernável.[32]

Muitos atenienses que careciam da "excelência" específica necessária para servir, por exemplo, como liturgistas ou oradores públicos, contentavam-se em pagar sua dívida para com a pólis cumprindo os deveres de obediência e participação cívica. Mas Sócrates imaginava que ele de fato tinha um campo particular de excelência em que podia servir Atenas: como uma mutuca educativa pública. A *Apologia* de Platão assume que suas conversas filosóficas, conduzidas nos espaços públicos da ágora ateniense, eram uma forma de serviço público. Na *Apologia* (30e-31b) de Platão, o serviço de despertar os atenienses de seu sono moral é famosamente comparado ao serviço que uma mutuca ferroadora realiza para um cavalo grande e bem cuidado, mas preguiçoso. Foi precisamente com base em suas "beneficências públicas" como mutuca que Sócrates fez, durante a fase de sentença de seu julgamento, a aparentemente audaciosa proposta de que lhe fossem oferecidas refeições gratuitas pela cidade (36d-e), uma honra normalmente reservada para atletas vitoriosos que, como vimos, podiam ser convocados a assumir posições de extraordinário risco na guerra. Apesar de que essa honra (se tivesse sido concedida) não teria posto fim às obrigações de Sócrates em relação ao serviço público, ela teria sido, supunha ele, um reconhecimento razoável e apropriado para

---

32 Variedades de quietismo ateniense: Carter (1986). A questão do suposto quietismo político de Sócrates é um elemento-chave das explicações de Vlastos e Stone: Schofield (2002, p. 277-281).

os benefícios educativos que ele provia, e dos riscos que ele incorria no processo.

É claro que, assim como propor uma honra extraordinária como "pena", a analogia da mutuca de Sócrates é deliberadamente paradoxal: ninguém que tenha observado um cavalo verdadeiro respondendo ao ataque persistente de moscas ferroadoras – abanando a cauda, tremendo os flancos, balançando a cabeça e a crina – imaginará que o cavalo aprecia o "serviço" realizado pelas moscas ao impedirem-no de dormir. Dada a oportunidade, o cavalo matará a mutuca – e de modo semelhante, Sócrates reconhecia que seus concidadãos tinham pouca probabilidade de reconhecer como um benefício a prática dele próprio de torná-los desconfortáveis em sua preguiça moral. Diferentemente da alusão de um litigante rico a um sólido registro de liturgias públicas, a alusão de Sócrates no julgamento a seu bem conhecido comportamento de "mutuca" certamente não fez nada para ajudá-lo a ganhar a simpatia dos jurados e assim assegurar a absolvição; tampouco, como implica Platão, era essa sua intenção.

Não devemos permitir que a interpretação distintiva que Sócrates faz de suas responsabilidades públicas no que diz respeito à "excelência especial" obscureça sua interpretação amplamente convencional de seus deveres em termos de obediência legal e participação cívica – é a mistura de convencionalidade e originalidade que torna Sócrates tão complexo e interessante. Ela também o torna extremamente difícil de compreender, pois Sócrates parece ao mesmo tempo tomar de empréstimo e ainda assim divergir de uma série de antigos tipos de caráter atenienses: estes incluem os sofistas e cientistas aos quais Sócrates era equiparado por Aristófanes e outros poetas cômicos; Platão e seus vários rivais e sucessores filosóficos, separados em escolas privadas; e Diógenes, o Cínico, famoso por seu comportamento ultrajante e seu desapego a bens materiais. Mas o principal tipo de ateniense com o qual devemos imaginar os jurados atenienses de 399 a.C. lutando para comparar Sócrates, e ao qual ele tanto correspondia quanto divergia de maneiras vertiginosas, era o "bom cidadão comum" vividamente representado no retrato idealizado oferecido pelo Péricles de Tucídides.

A comparação entre Sócrates e o "cidadão pericleano" é adequada. Nos discursos que ele atribui a Péricles, Tucídides expressa claramente a dependência, tanto da prosperidade comunitária da pólis quanto da prosperidade de cada cidadão, em relação à disposição patriótica de cada um e de todos os cidadãos para trabalhar com firmeza e consistência para o bem comum. Assim como as leis atenienses que o Sócrates do *Críton* imagina criticando um transgressor da lei, o Péricles de Tucídides enfatiza o dano catastrófico que acontecerá à pólis se cidadãos particulares ou subgrupos sociais colocarem interesses privados acima do bem comum. De modo semelhante, em seus discursos legais proferidos diante de audiências massivas de juízes e espectadores, Demóstenes, Licurgo, Esquines e outros oradores políticos atenienses equacionam a prosperidade da pólis com a disposição ativa dos cidadãos para obedecer a lei, defender as leis com seu serviço público voluntário, e oferecer qualquer excelência pessoal que possuam, sempre que solicitados. Assim como o Péricles de Tucídides, esses oradores atenienses do século IV a.C. equacionavam a falha em obedecer, participar e oferecer a excelência pessoal à comunidade com a incapacidade catastrófica da pólis de assegurar a continuidade de sua existência.[33]

Havia, em suma, uma concordância geral entre Sócrates (conforme retratado no *Críton* de Platão) e a cultura política democrática de Atenas, em que o cidadão tinha um dever substancial para com a pólis: obediência às leis, aos costumes e aos magistrados da pólis; participação pública no apoio às instituições de governança; e contribuições com base em qualquer excelência especial que ele pudesse possuir. Esses deveres eram justamente exigidos pela pólis com base em uma concepção de troca recíproca que podia ser representada segundo a analogia de um contrato justo (embora desigual): os deveres do cidadão eram um pagamento (inadequado) por bens fundamentais recebidos da pólis e de suas leis por cada cidadão.

Contudo, ainda que Sócrates e a cultura política ateniense concordassem acerca do princípio geral do contrato social justo, a lista dos "bens recebidos da pólis pelo indivíduo" que eles enfatizavam era diferente.

---

33 O Péricles de Tucídides: Tucíd. 2.37.1, 2.60.2-5. Oradores atenienses: Ober (1989, p. 295-304).

Como vimos, no *Críton* Sócrates enfatiza a tríade "parental" de nascimento, criação e educação. Por contraste, o Péricles de Tucídides se concentra fortemente na glória nacional e na riqueza. Os oradores atenienses do século IV a.C., por sua vez, enfatizavam a liberdade, a igualdade política e a segurança desfrutadas por cada cidadão. Ao justapor a ética socrática às visões normativas de seus concidadãos atenienses, não devemos perder de vista *nem* o fato de que o princípio de um contrato entre o cidadão e a pólis era compartilhado, *nem* que a cesta de bens que cada qual considerava relevantes para o contrato cívico era diferente.[34] Como vimos, o leitor do *Críton* aprende que Sócrates era obrigado a obedecer a lei por uma convicção acerca da impermissibilidade de causar danos moralmente relevantes. Mas a quantidade de tempo que ele posteriormente emprega expondo a relação contratual entre o cidadão e as leis sugere que o contrato implícito seja uma chave para compreender a relação entre Sócrates e a democracia ateniense.

É impossível demonstrar que o Sócrates *histórico* estava comprometido com a concepção contratual de deveres do cidadão que o Sócrates de Platão expõe no *Críton*. Contudo, assumir que o Sócrates real tinha tal concepção de fato ajuda a explicar a base ética de alguns fatos raramente contestados acerca do Sócrates histórico: seu registro de serviço militar e cívico; seu hábito de se envolver em conversas filosóficas com pessoas comuns em público (em vez de se limitar a conversas privadas com a elite educada); sua disposição para responder às convocações legais do Basileu e depois se apresentar ao tribunal popular conforme ordenado (em vez de ignorar a ordem do magistrado e ir para casa, como fez quando ordenado por um magistrado dos trinta oligarcas a prender Leônidas de Salamina); sua escolha de fazer um discurso de defesa no julgamento (em vez de permanecer mudo, como Máximo de Tiro posteriormente afirmou que ele fizera);[35] sua decisão de beber a cicuta (em vez de escapar da prisão); e sua decisão de

---

34 É importante notar que essas concepções gregas de "contrato social" com sua atenção à participação e à excelência individual diversa, bem como à obediência e ao bem comum, são muitos diferentes das teorias de contrato social do início do período moderno como, por exemplo, as de Hobbes e Rousseau. *Cf.* ainda Ober (1996, cap. 11).
35 Máximo de Tiro (*Discurso* 3.7 e *passim*).

continuar a viver em Atenas (em vez de se mudar para outro lugar com "leis melhores", por exemplo, Esparta). Retornaremos a essas decisões ao final deste capítulo.

Os bens que o Sócrates do *Críton* reconhece ter recebido das leis da pólis foram seu nascimento, sua criação e sua educação – em vez de glória nacional, poder e riqueza, ou liberdade individual, igualdade e segurança. O argumento das leis atenienses no *Críton* sugere que coletivamente os três bens "parentais" constituíam a formação cívica fundamental do cidadão individual. Embora a maioria dos cidadãos atenienses tivesse uma concepção mais ampla dos bens oferecidos pela pólis, não há nenhuma razão para supor que eles discordariam do argumento positivo apresentado pelas leis no *Críton*: os bens parentais sublinhados pelas leis davam a cada cidadão sua identidade primária; seu nascimento, criação e educação ensinavam-lhe como conduzir sua vida.

Há obviamente muito na formação ética e na identidade de Sócrates que *não pode* ser atribuído a essa formação cívica padronizada. Mas o Sócrates do *Críton* acreditava que a formação que ele havia recebido a partir de seu nascimento, criação e educação cívica era *consistente com* os compromissos éticos e morais distintivos que ele desenvolveu posteriormente no decurso do estudo e das conversas filosóficos. No momento em que Sócrates percebesse um conflito entre quem ele era como cidadão e quem ele era como sujeito ético autoconsciente, ele seria livre para deixar a pólis – como as leis de Atenas lhe disseram no *Críton*. A tradição enfatiza que Sócrates nunca deixou a pólis exceto sob ordens militares, e assim apoia a validade da afirmação das leis imaginadas do *Críton* de que Sócrates estava satisfeito com as leis atenienses. A implicação é, portanto, que sua formação cívica e sua formação ética permaneceram compatíveis ao longo de sua vida.[36]

Sócrates rejeitava a noção de que ele pudesse acreditar em uma coisa e agir de outro modo, e afirmava que sua voz interior, seu *daimonion*, impedia-o consistentemente de agir de modo errôneo. Assim, devemos supor

---

36 Sobre a permanência de Sócrates na terra natal: *Críton* 52b.

que as ações e comportamentos exigidos pela "formação ateniense" de Sócrates – os deveres que ele assumia enquanto cidadão – eram plenamente consistentes com sua concepção da ética e da moralidade. E nessa medida, apesar de sua resposta crítica a certos princípios e práticas da democracia ateniense, podemos dizer que a filosofia socrática e a democracia ateniense eram compatíveis.[37] Contudo, se esse é o caso, então a série de eventos que resultou na morte de Sócrates por cicuta, na prisão de Atenas, foi historicamente contingente, em vez de ser o resultado previsível de um profundo conflito subjacente entre a filosofia ética socrática e a cultura política democrática. A linhagem platônica da tradição socrática que temos seguido até aqui revela assim um território comum que Sócrates e Atenas podiam habitar conjuntamente.

7.5 Os bens recebidos

A fim de testar a compatibilidade entre os compromissos éticos de Sócrates e a democracia, devemos examinar com mais detalhes os três "bens parentais" que ele reconhecia (no *Críton*) ter recebido das leis de Atenas. Será que esses bens, considerados em si e por si mesmos (isto é, sem o acréscimo de "bens" moralmente problemáticos como a glória nacional, o poder e a riqueza), eram uma troca justa em relação aos deveres exigidos dos cidadãos atenienses? Qual era a relação dos bens parentais com os bens frequentemente citados (por oradores públicos atenienses e democratas modernos) da liberdade, igualdade e segurança? Será que o contrato descrito pelas leis no *Críton* é justo, e será que ele foi apresentado por Platão de uma maneira que representava com precisão os compromissos normativos atenienses?

Examinando brevemente como a lei e os costumes atenienses regulavam o nascimento, a criação e a educação, podemos ver como a liberdade, a igualdade e a dignidade eram integradas na formação dos cidadãos. Além

---

37 Kraut (1984, cap. 7) e Schofield (2002, p. 271-277) reveem as evidências sobre a postura crítica de Sócrates em relação à democracia; *cf.* ainda Ober (1998, p. 184-185 e *passim*), para a distinção essencial entre crítica e hostilidade.

disso, fazer referências cruzadas à lei e aos costumes espartanos ajudará a esclarecer a dívida de Sócrates para com as leis de Atenas. O *Críton* (52b, 53c) sugere que Sócrates considerava que Esparta (bem como Creta, Tebas e Megara) tinha leis melhores que as de Atenas; ainda assim, Sócrates escolheu viver em Atenas, sujeito à lei ateniense. Será que Sócrates recebeu das leis "inferiores" de Atenas bens que ele não teria recebido sob o regime legal "superior" de Esparta? Essa exploração legal/histórica nos fornece um ponto de partida para avaliar as circunstâncias históricas que permitiram a Sócrates viver uma vida cívica e ética em Atenas, bem como as circunstâncias que puseram Sócrates e a cultura política ateniense em um curso de colisão em 399 a.C., culminando na morte extemporânea do filósofo e em uma mancha permanente no registro da comunidade democrática.

7.6 Nascimento

Sócrates imagina que as leis lhe perguntam, "Nós não o trouxemos à existência? Não foi mediante nós que seu pai se casou com sua mãe e gerou você? Agora diga-nos, você encontra alguma falha naquelas de nós que são as leis do casamento?" (*Críton* 50d). As leis em questão dizem respeito ao casamento legítimo. Em contraste com o costume de casamento homérico, que reconhecia os plenos direitos de herança dos bastardos, a lei ateniense definia o casamento legítimo como aquele que constitui a família nuclear monogâmica como um grupo de herança, portanto como um grupo de descendência.[38] Ao cancelar um dos privilégios da riqueza (a geração de um número ilimitado de herdeiros legítimos: *cf.* os cinquenta filhos de Príamo na *Ilíada*), a lei de casamento ateniense colocara o pai de Sócrates, Sofronisco (e eventualmente o próprio Sócrates), em maior pé de igualdade com os atenienses mais ricos. Sócrates teria também um número limitado de irmãos, e poderia, portanto, esperar herdar uma parcela substancial da propriedade

---

38 Lape (2002-2003); note-se, contudo, que Diógenes Laércio (1.5.26) afirma que Sócrates teve duas esposas durante um breve período em que isso foi permitido por uma lei especial de tempo de guerra.

de Sofronisco. Essa linha básica de igualdade de direitos de nascimento entre os atenienses permitia que a voz de Sócrates fosse ouvida pela elite ateniense, de um modo que contrasta nitidamente com o tratamento dado a outro personagem famosamente feio e de origem humilde na literatura grega, Tersites na *Ilíada* de Homero (Livro 2), que é sumariamente execrado quando critica o comportamento dos superiores.

Sócrates nasceu em 469 a.C., o que significa que ele chegou à maioridade (fez dezoito anos) em 451, o ano em que os atenienses aprovaram uma nova lei exigindo que os cidadãos atenienses tivessem tanto pai quanto mãe atenienses (isto é, no caso da mãe, que ela fosse filha de pai ateniense).[39] Sofronisco provavelmente levou o jovem Sócrates à presença dos cidadãos de seu *deme* (município) natal de Alopece na primeira reunião para examinar a ascendência dos atenienses que eles tiveram sob a nova lei. Sofronisco e sua esposa Fenerete foram aceitos pelos homens de Alopece como atenienses nativos, e Sócrates foi incluído entre os cidadãos do *deme* e da pólis.[40] As leis de casamento definiam o "ser cívico" de Sócrates como uma herança igual proveniente de ambos os genitores, e fazia dos atenienses um corpo fechado — uma aristocracia demótica. As leis de casamento definiram as condições subsequentes da criação e educação de Sócrates, bem como limitaram suas próprias opções futuras de casamento. Em suma, as leis do casamento realizaram boa parte do trabalho de trazer Sócrates, como cidadão ateniense, à existência em um sentido social e político. Elas concediam a Sócrates uma herança complexa, pois tornavam civicamente desiguais pessoas que podiam ser consideradas moralmente iguais (por exemplo, o cidadão Glauco e o meteco Polemarco), e tornavam civicamente iguais homens que podiam ser considerados moralmente desiguais (por exemplo, Sócrates e Meleto). Contudo, a referência de Sócrates (na *Apologia* de Platão, 30a) à sua relação especial com outros cidadãos

---

39 Patterson (1981); Boeghold (1994), com literatura citada.
40 Há um debate entre os estudiosos sobre se os meninos nascidos de mães estrangeiras antes da aprovação dessa lei eram aceitos como "netos". Hansen (1991, p. 53), segue Humphreys (1974), ao supor que aqueles nascidos de mães não atenienses antes de 451/0 eram excluídos da posição de cidadãos. Ogden (1996) argumenta em favor da aceitação dos netos.

atenienses devido ao parentesco sugere que essa era uma herança que ele aceitava de bom grado.

7.7 Criação

A criação de Sócrates não era especificada pela lei ateniense formal, como teria sido, por exemplo, se ele tivesse nascido de pais espartanos. Mas as *nomoi* que o Sócrates do *Críton* imagina dirigindo-se a ele incluíam costumes atenienses estabelecidos, bem como a lei escrita. Em contraste com Esparta, o costume ateniense especificava que a escolha fundamental entre *criar* uma criança ou matá-la (por exposição) pouco após o nascimento cabia à família em vez da cidade. Se Sócrates fosse filho de pais espartanos, ele teria sido examinado como recém-nascido por oficiais encarregados de exterminar os bebês que pareciam malformados. Embora não saibamos quais os critérios empregados pelos oficiais espartanos à luz da tradição antiga sobre a aparência bastante peculiar de Sócrates, é pelo menos concebível que ele devesse sua sobrevivência após o nascimento aos costumes atenienses relacionados à criação. Pouco após seu nascimento, Sócrates foi exibido aos membros da família e posteriormente apresentado aos membros da fratria (um grupo regional de parentesco) de Sofronisco; aos dezoito anos de idade, ele foi formalmente apresentado aos munícipes de Alopece. Na medida em que a identidade de Sócrates era baseada no parentesco e na localidade, ela era um produto de sua criação, dada de acordo com o costume estabelecido de Atenas.[41]

Um segundo aspecto da criação de Sócrates era sua herança paternal. Segundo o costume ateniense, esperava-se que o pai ensinasse ao filho uma profissão, e esperava-se que um pai que sobrevivesse até a idade madura transferisse oportunamente sua herança a seus filhos legítimos: a herança seria dividida igualmente entre os filhos, que poderiam então arranjar esposas.[42] Um pai ateniense com um filho legítimo não tinha autoridade legal para

---

41 Sobre as práticas comuns de criação atenienses, *cf.* Golden (1990).
42 Costumes atenienses acerca da herança: Strauss (1993).

deserdá-lo: mesmo se Sofronisco (como o Estrepsíades de Aristófanes em *As nuvens*) desaprovasse as atividades do filho, a lei e o costume atenienses exigiam que Sócrates fosse seu herdeiro. Embora não conheçamos nenhum detalhe, Sócrates evidentemente herdou uma propriedade suficiente para lhe permitir alistar-se nas fileiras da infantaria pesada hoplita, casar-se duas vezes e criar três filhos. Um casamento (a ordem é debatida pelas fontes antigas) foi com uma mulher que tinha o nome aristocrático de Xantipa. O outro casamento, de acordo com a tradição, foi sem dote, com uma filha do distinto estadista ateniense Aristides (apelidado de "o Justo").[43] As duas conexões sugerem que sua posição financeira herdada era relativamente segura – segura o suficiente, talvez, para lhe permitir empregar um tempo substancial em investigações filosóficas, em vez de preocupar-se quanto a morrer de fome. Sócrates não era um homem rico, e quando sua carreira filosófica realmente começou, sua propriedade declinou (*Ap.* 31b-c). Mas é inegável que sua criação ateniense convencional possibilitou que ele se tornasse um filósofo.

7.8 Educação

Quando Sócrates reconheceu que havia recebido sua educação (*paideia*) das *nomoi* de Atenas, ele devia estar se referindo tanto à lei escrita quanto aos costumes. As leis imaginadas do *Críton* perguntam a Sócrates se ele estava insatisfeito com aquelas leis que "disseram a seu pai para educá-lo na música (*mousike*) e na ginástica" (50d). Aqui a referência é ao costume: a tradição assume que Sofronisco tinha condições de dar a seu filho não apenas uma educação primária básica (e portanto a capacidade de ler e escrever), mas também uma educação cultural mais avançada oferecida por tutores privados em poesia, *performance* musical e prática atlética. Esse tipo de educação era considerado pelos atenienses como apropriada para um jovem com antecedentes confortáveis. Sócrates, conforme apresentado

---

43 Casamentos de Sócrates: Diógenes Laércio (1.5.26).

por Xenofonte e Platão, tinha um domínio profundo e fácil da poesia e da música, e ficava bastante à vontade no ginásio. O contraste com Esparta é instrutivo. Se Sócrates tivesse sobrevivido a uma infância espartana, sua educação (após a idade de sete anos) teria sido fortemente regulada e fornecida pela cidade: ele teria sido atribuído a um "pastor de meninos" com base em sua idade e submetido a um treinamento físico extraordinariamente rigoroso, inteiramente destinado a torná-lo um membro efetivo do exército terrestre altamente profissional de Esparta. Cada espartano era ensinado a ser "semelhante" (*homoios*) a cada outro espartano; suas atitudes para com o mundo, seu comportamento público e privado, e suas condições de vida eram, pelo menos em princípio, padronizadas pela cidade. O modelo ao qual o jovem espartano era formado também visava ser atemporal: a mudança, a diferença, a inovação e a novidade eram sistematicamente suprimidas como hostis à preservação da sociedade espartana. Em suma, a educação legalmente instituída de Esparta não teria deixado nenhum espaço para Sócrates desenvolver ou se dedicar a seus interesses intelectuais e éticos distintivos. Por contraste, a educação "musical e ginástica" que o costume ateniense exigia que Sofronisco lhe desse claramente o permitia.[44]

Embora a lei ateniense não instituísse nada semelhante ao treinamento espartano, a cultura política democrática e as práticas participativas de governança atenienses proviam a cada cidadão uma educação cívica. A educação cívica ateniense pode parecer aleatória em comparação com Esparta, mas ela era reconhecida pelos atenienses como essencial para a perpetuação do regime democrático. Os oradores públicos atenienses enfatizavam o aspecto educativo das decisões públicas: os decretos da assembleia, os julgamentos dos tribunais populares e as próprias leis. O objetivo dessa educação cívica ateniense era claramente "edificar cidadãos" – isto é, fazer daqueles jovens atenienses que haviam satisfeito a restrição de dupla descendência de nascimento membros corajosos e patrióticos de uma comunidade democrática.[45] Era por meio das operações cotidianas da cultura e das práticas

---

44 Sobre a educação tradicional em Atenas, Esparta e em outros lugares da Grécia, *cf.* Griffith (2001).
45 Sobre a "coragem racional" em Atenas, *cf.* Balot (2004).

democráticas que cada jovem cidadão aprendia que tinha um dever para com a pólis, devido às coisas boas que ele havia recebido da mesma. Embora o Sócrates da *Apologia* desdenhasse da crença de Meleto de que os juízes, os membros da assembleia, os membros do Conselho e outros oficiais atenienses fossem professores efetivos dos jovens, enquanto Sócrates sozinho os corrompia, a posição normativa ateniense acerca da boa cidadania era bastante próxima das coisas que Sócrates imaginava ouvir as leis dizendo no *Críton*, e em relação às quais ele não tinha nenhuma objeção.

Platão, na *República*, fez uma menção especial à efetividade e ao alcance pervasivo da "educação cívica por prática pública" ao estilo de Atenas. Contudo, longe de considerá-la um bem recebido, ele representa a educação cívica ateniense como ideológica no pior sentido – como um treinamento de conformidade com atitudes populares e prejudicial para o surgimento de uma perspectiva genuinamente filosófica.[46] A grande distância entre a posição acerca da educação apropriada do cidadão aceita implicitamente por Sócrates no *Críton* e aquela desenvolvida na *República* pode ser tomada como uma medida de quão longe Platão teve de ir a fim de resolver o problema ético deixado a ele pela adequação de Sócrates à cultura democrática ateniense.[47] Parece que, à medida que Platão lidava com seu problema de "Sócrates e Atenas", seu Sócrates literário se torna ao mesmo tempo menos cívico e menos "ateniense". Sócrates é difícil de apreender, em parte porque muito da tradição socrática inicial (Xenofonte e o Platão da *Apologia* e do *Críton*) o viam como simultaneamente um filósofo "criado por si mesmo", que viveu sua vida de acordo com posições morais não refutadas alcançadas por meio de conversas filosóficas não coagidas, *e* como um cidadão ateniense, possuindo uma identidade cívica dada pela pólis. Na *República*, Platão simplifica o retrato despindo Sócrates da maioria dos vestígios de uma identidade cívica ateniense.

Em suma, o Sócrates da tradição inicial acreditava que havia recebido muitas coisas das leis e dos costumes de sua cidade natal: as circunstâncias

---

46 Sobre as distinções entre a educação cívica na Calípolis de Platão e em Atenas, *cf.* Ober (2001).
47 *Cf.* também Ober (1998, cap. 4).

do início de sua vida e sua formação inicial foram profundamente afetadas pelo distintivo regime legal e costumeiro ateniense sob o qual ele nasceu e foi criado e educado; sob outras circunstâncias, suas circunstâncias de vida poderiam não ter lhe permitido se dedicar à filosofia. Dado que Sócrates estava satisfeito com quem ele era e com quem ele havia se tornado, e dado que seu ser e tornar-se haviam sido dados (em alguma medida) pela pólis, ele de fato tinha para com Atenas uma dívida substancial. Sócrates cumpria sua parte de um contrato justo, ao viver uma vida compatível com muitos (se não todos) dos elementos de um "bom cidadão comum" pericleano. Não há nenhuma razão para acreditar que a tradição inicial tenha representado mal esse ponto fundamental.

7.9 O intelectual crítico em público e em privado

Se ele não tinha nenhuma disputa fundamental com as leis de Atenas, como o "bom cidadão Sócrates" veio a ser julgado e executado por seus concidadãos? Não há uma resposta única para essa questão, tanto historicamente quanto em termos da tradição filosófica. As respostas acadêmicas podem ser agrupadas, a grosso modo, em *políticas* (um promotor ambicioso mobilizou a ira popular contra o comportamento antidemocrático de Sócrates e/ou de seus alunos Crítias e Alcibíades) e *culturais* (as atitudes atenienses do pós-guerra em relação ao inconformismo intelectual endureceram, e a preocupação com a piedade cresceu).[48] Tanto fatores políticos quanto culturais certamente desempenharam algum papel, mas estes devem ser postos lado a lado com o contexto da obrigação cívica: o julgamento tornou-se possível pela interpretação idiossincrática e pelo persistente cumprimento, por parte de Sócrates, de seu "dever de contribuir para a pólis com sua excelência pessoal". Em vez de usar suas capacidades únicas para beneficiar a pólis de maneiras óbvias e aceitáveis (por exemplo, mediante contribuições materiais ou bons conselhos sobre política de estado), ele consistentemente procurou

---

48 Explicações políticas: Stone (1988); Wood e Wood (1978). Explicações culturais: Connor (1991); Parker (1996, cap. 10).

beneficiar seus companheiros atenienses educativamente, criticando publicamente a cultura democrática e seus hábitos associados de pensamento, palavra e ação.[49] Os atenienses estavam acostumados à crítica política; de fato, eles reconheciam a crítica como essencial para a prosperidade democrática. Sócrates conseguiu ser crítico em termos éticos que foram novos, poderosos e, em última instância, profundamente inquietantes para seus concidadãos. Suas ferroadas eram genuinamente dolorosas e às vezes inoportunas. Contudo, foi somente nas circunstâncias políticas e culturais especiais da época após a Guerra do Peloponeso que os atenienses decidiram dar um tapa em sua mutuca impertinente.

Por volta dos anos 420 a.C., Sócrates era suficientemente bem conhecido como "intelectual público" para ser representado como o costumeiro "cientista louco/sofista conivente" nas comédias de Aristófanes e de outros poetas cômicos. Mas Sócrates divergia de seus contemporâneos intelectuais, porque via sua relação para consigo mesmo, para com os outros e para com sua comunidade em termos explicitamente éticos, e porque iniciava conversas críticas com pessoas comuns em lugares públicos. Uma vez que Sócrates, diferentemente de outros intelectuais atenienses, realizava boa parte de seu trabalho crítico abertamente e em público, ele era conhecido pelo público ateniense em geral – e era, portanto, um alvo conveniente para os poetas cômicos acostumados a zombar de figuras públicas.[50] Sócrates também era notável por conjugar seu empreendimento crítico com seus deveres como cidadão participativo. Como vimos, enquanto conselheiro encarregado de uma sessão da assembleia na qual diversos generais foram acusados de má conduta em massa, Sócrates se recusou – acima das objeções vocais dos cidadãos da assembleia – a colocar o assunto procedimentalmente irregular em votação. Pode haver poucas dúvidas de que a reputação de Sócrates

---

49 Boa parte dos estudos acadêmicos é polarizada em torno da questão de se Sócrates era um amigo (VLASTOS, 1983) ou um inimigo (STONE, 1988) da democracia; *cf.* ainda SCHOFIELD, 2002, p. 271-277; estou sugerindo que a questão é mal formulada: que Sócrates era um crítico, e que ser um crítico engajado não precisa acarretar nem amizade nem inimizade.

50 Sócrates em público: Xenofonte. *Mem.* 1.1.10; Platão (*Ap.* 17c, 19d, 33a-b); Máximo de Tiro (3.7).

como crítico explícito do *status quo* estava seguramente estabelecida bem antes de 399 a.C.

Sócrates era renomado também em círculos de elite. Platão e Xenofonte escreveram um *Banquete* cada um, sugerindo que Sócrates era bastante solicitado em reuniões exclusivas de intelectuais atenienses. Socialmente, aquela era uma sociedade heterogênea, composta de cidadãos aristocráticos (como Críton, Alcibíades, Crítias e Cármides), metecos ricos (como Céfalo e seus filhos Polemarco e Lísias) e visitantes estrangeiros distintos (como Protágoras, Górgias e Trasímaco). Algumas dessas pessoas vieram a se considerar "alunos" de Sócrates – mas isso certamente não significava que eles adotavam todas as atitudes e comportamentos de Sócrates. Ao passo que alguns dos amigos e interlocutores de elite de Sócrates (como o cidadão Querefonte e a família meteca de Céfalo) eram apoiadores leais do regime democrático, outros (notavelmente Alcibíades e Crítias) vieram a desprezar a democracia e trabalharam para derrubá-la. Esse segundo grupo claramente não aceitava a concepção da "dívida para com as leis da pólis" por parte do cidadão, à qual o Sócrates do *Críton* adere. Os revolucionários antidemocratas eventualmente derrubaram (com ajuda espartana) o regime democrático e as leis que o sustentavam, em favor de uma oligarquia: o "regime dos Trinta".

Sócrates negava que tivesse alunos, uma vez que ele não recebia dinheiro para ensinar. Ele também não aceitava que fosse possível que alguém tivesse sido corrompido por suas conversas públicas ou privadas. Na medida em que os antidemocratas atenienses de fato aprenderam com Sócrates, eles evidentemente se concentraram em sua visão crítica da governança democrática como baseada em uma crença errônea de que pessoas comuns, em contraste com especialistas em educação moral, eram plenamente capazes de realizar políticas públicas que tornassem as pessoas melhores. Isso era lenha para a fogueira dos revolucionários antidemocratas, mas não é incompatível com a assunção de que o próprio Sócrates permanecera como um cidadão obediente e participativo da pólis democrática: Sócrates pode muito bem ter acreditado que não existia nenhum especialista em educação moral, ou que era impossível identificá-los, ou que a autoridade deles não podia ser estabelecida sem causar danos eticamente impermissíveis às leis. De qualquer modo, não há nenhuma contradição necessária entre ser um crítico da ideologia democrática e ser um bom cidadão da comunidade democrática. Os próprios políticos atenienses, por sua vez, eram frequentemente críticos agudos dos hábitos políticos atenienses.[51]

Assim como um político democrático ateniense, embora por razões bastante diferentes, Sócrates passou a viver em dois mundos – o mundo aberto da praça pública, em que seu acume intelectual e suas atitudes críticas estavam à vista do público, e o mundo privado das reuniões de elite. E ainda assim, como um político ateniense, Sócrates insistia que sempre permanecera homogeneamente ele mesmo – que ele era o mesmo ao longo do tempo, e que não havia nenhuma distinção entre seu "eu público" e seu "eu privado".[52] No caso de Sócrates, não há razão para duvidar de que sua afirmação de "ser sempre o mesmo" era sincera. Além disso, as alegações de Sócrates de que ele era um bom cidadão e "consistentemente uno consigo mesmo" em público e em privado foram evidentemente aceitas pela maioria dos atenienses ao longo da maior parte de sua vida. Apesar de sua associação com Alcibíades, e apesar do envolvimento de Alcibíades (e de outros conhecidos de Sócrates) nos notórios "Escândalos dos Mistérios e das Hermas" em 415 a.C., não há nenhuma evidência de que Sócrates tenha sido acusado – como eles foram – de zombar impiamente dos sagrados Mistérios de Elêusis em uma casa particular ou de desfigurar as estátuas sagradas do deus Hermes erigidas em espaços públicos e privados da cidade.[53] Por contraste, o político ateniense Andócides, que também foi processado em 399 a.C. sob uma acusação de impiedade, empregou boa parte de seu discurso de defesa (*Sobre os mistérios*) tratando da questão de por que ele não podia ser legitimamente processado por seu papel nos eventos de 415. Sócrates evidentemente não era considerado, em 415 ou nos anos que se seguiram, como o tipo de malfeitor politicamente descontente que tinha probabilidade de ser associado a uma atividade antidemocrática. Em suma,

---

51 Ober (1989, p. 318-324).
52 Péricles como "sempre ele mesmo": Tucídites. (2.61). *Cf.* também (Connor, 1971).
53 Os associados de Sócrates e o Escândalo dos Mistérios: Ostwald (1986, p. 537-550).

embora ele fosse bem conhecido, e embora um certo número de atenienses, como vítimas de seus interrogatórios públicos, pudessem ter razões para não gostar dele, não há nenhuma evidência de que a maioria dos atenienses considerasse Sócrates um malfeitor perigoso nas décadas anteriores a 399 a.C.

"Sócrates em Atenas" – famoso como sofista, cientista, filósofo público e contestador em geral, amigo dos notáveis e parceiro de conversa do homem comum nas ruas; um dissidente obediente; um crítico da cultura democrática que assume cargos públicos e é fiel às regras legais – pode parecer uma massa de contradições para o leitor moderno. Mas a ideologia e o discurso democráticos atenienses medravam com tais aparentes contradições: esperava-se que os líderes políticos se apresentassem ao mesmo tempo como extraordinários e ordinários, e simultaneamente como porta-vozes daquilo que "todo mundo sabe" e como fontes de conselhos políticos altamente originais. Litigantes famosos por sua riqueza se apresentavam nos tribunais como incapazes de pagar o dote de suas filhas. Os atenienses se deleitavam com a liberdade individual de expressão e pensamento, contudo eles também honravam o consenso como ideal público. Assim, se "Sócrates em Atenas" é paradoxal, ele não obstante se enquadra em uma cultura ateniense baseada em uma capacidade dos cidadãos de abraçar contradições.[54] A questão de por que Sócrates foi julgado e executado em 399 a.C. deve ser localizada no contexto de sua longa carreira como um famoso intelectual crítico em uma comunidade famosamente litigiosa. Precisamos lidar *tanto* com o julgamento de 399 a.C. *quanto* com o fato de que ele ocorreu apenas após décadas de notoriedade pública.

7.10 Explicando 399: por que acusar? Por que defender?

Argumentei que não havia nenhuma incompatibilidade fundamental entre Sócrates, conforme o conhecemos a partir da tradição, e a cultura democrática ateniense. Apesar dos muitos aspectos da cultura ateniense que

---

54 Contradições: Ober (1989, cap. 7).

Sócrates achava dignos de crítica, ele considerava que o contrato implícito que fizera com as leis era justo e compatível com seus compromissos éticos. Apesar do desconforto e da confusão que alguns atenienses experimentavam na companhia de Sócrates, as peculiaridades de comportamento e expressão acarretadas pelos compromissos filosóficos de Sócrates eram adequadamente equilibradas por seu sincero e convincente autorretrato como um cidadão obediente e participativo. O equilíbrio resistiu até que Sócrates tivesse setenta anos de idade. O que perturbou esse equilíbrio?

Em 404 a.C., Atenas havia se rendido a Esparta, pondo fim à Guerra do Peloponeso. Dois associados de Sócrates, Crítias e Cármides, além de outros 28 antidemocratas atenienses, foram logo instalados como os novos governantes de Atenas pelos espartanos vitoriosos. O reinado dos Trinta foi curto e brutal, envolvendo prisões arbitrárias, assassinatos judiciais, confisco de propriedades e exílio em grande escala. Platão escreve na *Sétima epístola* (324d) que a era democrática anterior parecia uma era de ouro por comparação. Alguns atenienses abandonaram a cidade para se juntar a um exército pró-democrático, baseado primeiro na aldeia fronteiriça de Filo, e depois na cidade portuária de Pireu. Em 403, o governo dos Trinta foi derrubado pela insurgência democrática: Crítias foi morto em batalha e outros fugiram. A paz que se seguiu, mediada pelos espartanos, permitiu o restabelecimento de um governo democrático na cidade, com uma nova pólis oligárquica a ser fundada na aldeia ateniense de Elêusis pelos partidários sobreviventes dos Trinta. Enquanto isso, os democratas na cidade proclamaram uma anistia, protegendo a todos contra processos legais com motivações políticas, exceto os próprios Trinta e alguns poucos de seus associados mais próximos. Dois anos depois, em 401, após outra batalha, a pólis foi reunida sob um regime democrático.[55]

De acordo com a tradição socrática (especialmente a *Sétima epístola* e as duas *Apologias*), o próprio Sócrates deu pouca atenção a essa dramática sequência de eventos. Ele permaneceu na cidade após a tomada do poder pelos Trinta, aparentemente continuando sua rodada ordinária de encontros

---

55 Sobre esse período difícil da história ateniense, *cf.* Krentz (1982); Wolpert (2002); Carawan (2002).

filosóficos. Contudo, os Trinta não se contentaram em deixá-lo livre do envolvimento: de acordo com Xenofonte (*Mem.* 1.2.29-38), Crítias odiava Sócrates por este ter chamado atenção para seus fracassos pessoais e políticos, e promulgou uma lei especial proibindo Sócrates de ter conversas filosóficas com qualquer pessoa que tivesse menos de trinta anos. Platão concentra-se na tentativa dos Trinta de implicar Sócrates em um assassinato judicial: juntamente com outros quatro atenienses, Sócrates foi ordenado a se apresentar no Tolos, um edifício público na ágora. Quando os cinco homens chegaram, foi-lhes dito para irem a Salamina (uma ilha ateniense na costa oeste da Ática) para prender um certo Leônidas e trazê-lo para Atenas para ser executado. A *Apologia* (32c-d) de Platão diz que os outros quatro obedeceram à ordem do magistrado, mas Sócrates simplesmente voltou para casa, recusando-se a ser intimidado pelos Trinta a fazer algo injusto. A recusa, por princípios, de Sócrates a cooperar não salvou Leônidas ou outras vítimas dos Trinta. Contribuir ativamente para um ato injusto era moralmente impermissível, mas a ação heroica visando salvar outros homens da injustiça evidentemente não era exigida.[56]

O incidente de Leônidas poderia parecer, diante das circunstâncias, ter apresentado a Sócrates uma escolha difícil entre a desobediência legal impermissível e a realização de um ato injusto. No *Críton* ele afirma que é impermissível infringir as leis, e claramente considera que ignorar ordens emitidas por autoridades legítimas (por exemplo, a execução ordenada pelo tribunal em 399 a.C.) é uma infração da lei. Todavia, Sócrates deliberadamente ignorou a ordem dada a ele pelos magistrados dos Trinta, e não há nenhuma sugestão na tradição de que essa escolha tenha sido difícil. A decisão de Sócrates de ir para casa em vez de obedecer a ordem de prender Leônidas sugere que ele não acreditava que o código legal ateniense sob o qual ele havia crescido houvesse sido anulado pelo estabelecimento de um novo

---

56 A resposta passiva de Sócrates ao assunto de Leônidas é considerada por Stone (1988) como prova de sua disposição fundamentalmente antidemocrática. O livro de Stone ajudou a reabrir a questão dos antecedentes políticos do julgamento sem demonizar a democracia ateniense, mas a meu ver ele erra ao fazer de Sócrates um simples oligarca cujas visões eram genuinamente perniciosas e ativamente destrutivas à persistência democrática.

governo sob os Trinta. Se Sócrates considerava que as leis atenienses que haviam vigorado antes de 404 a.C. permaneciam em vigor após o golpe dos Trinta e não eram suplantadas pelas leis que os Trinta procuravam colocar no lugar delas, então a recusa de Sócrates de obedecer à ordem do magistrado de prender Leônidas de Salamina é plenamente consistente com uma postura de obediência inabalável às leis de Atenas sob as quais ele havia nascido e sido criado e educado. Sócrates certamente aceitava que a lei estabelecida podia ser modificada pela ação legislativa legítima (por exemplo, a nova lei de cidadania de 451 a.C.). Mas ele evidentemente não aceitava que as práticas legais *ad hoc* do novo governo oligárquico constituíssem um código de leis que ele fosse obrigado a obedecer.[57] Diferentemente das *nomoi* de Atenas sob as quais Sócrates nascera e fora criado, as proclamações legais *ad hoc* dos Trinta falhavam em constituir uma entidade que sofreria um dano moralmente relevante como resultado de sua desobediência. Além disso, somente o código legal democrático que vigorara durante sua juventude podia exigir a obediência de Sócrates, com base em seu papel paternal de dar a ele o nascimento, a criação e a educação.

No período posterior à restauração democrática, a cidade de Atenas foi libertada dos Trinta, mas permaneceu em uma situação difícil: a população estava devastada pelos efeitos da longa guerra; a economia estava dizimada; a grande frota e as muralhas inexpugnáveis que haviam protegido a cidade haviam sido destruídas pelos espartanos. Os atenienses que haviam sobrevivido à guerra e aos Trinta haviam perdido muito: em muitos casos, sua propriedade ancestral fora perdida para sempre. Famílias outrora ricas e orgulhosas estavam agora destituídas e lutavam para sobreviver.[58] Os atenienses fizeram o que podiam: realizaram celebrações cívicas enfatizando a unidade nacional, honraram os heróis que haviam iniciado a resistência

---

57 Xenofonte. *Mem.* 1.2.34 humoristicamente apresenta Sócrates em um diálogo com Crítias e Cáricles acerca da nova lei destes proibindo-o de discutir com os jovens, e como aberto ao argumento de que ele deveria obedecer. Mas o Sócrates de Xenofonte está claramente sendo irônico, e o leitor não é levado a supor que seja dada a Sócrates uma boa razão para obedecer.

58 Os *Memoráveis* de Xenofonte situam Sócrates nesse ambiente, e em seus livros finais fazem dele uma fonte de conselhos práticos financeiros e militares.

democrática contra os Trinta e completaram a árdua tarefa de reformular as leis. Mas essas medidas foram realizadas em um ambiente político inquieto; Atenas não recuperaria a plena estabilidade política por alguns anos. Na assembleia, havia debates rancorosos sobre as questões mais fundamentais de associação cívica. Foram feitas propostas, finalmente derrotadas, que teriam alterado radicalmente a composição do corpo de cidadãos, de um lado privando do direito de voto os atenienses mais pobres, e de outro concedendo esse direito a todos os não atenienses que haviam participado da resistência contra os tiranos. Enquanto isso, a anistia significava que a raiva e a dor das pessoas em relação às terríveis perdas sofridas durante o reinado dos Trinta não podiam ser saciadas pela obtenção do que deve ter parecido a muitos como uma vingança justa por meio do aparato legal. Aquela era uma época agonizante; a vida de todos fora lançada na desordem.

Isto é, todos menos Sócrates. Sua resposta à ordem de prender Leônidas de Salamina, conforme relatada na *Apologia* de Platão, "saindo dali, fui para casa", pode ser tomada como um resumo de sua falta de preocupação com o caos ao seu redor: aquele não era, ao que parecia, um bom dia para uma conversa filosófica na ágora, então ele foi para casa; mas haveria outros dias, e outras conversas. A tradição socrática procura dar grande importância à bravura de Sócrates em ignorar a ordem de prisão: na *Apologia* de Platão, Sócrates afirma que ele próprio poderia ter sido executado se o regime dos Trinta não tivesse caído pouco tempo depois. Porém, para os atenienses que haviam arriscado suas vidas e perdido muito mais a fim de provocar a queda da oligarquia assassina, a fácil disposição de Sócrates para ficar na cidade durante o pior dos excessos oligárquicos, e sua relação próxima com alguns dos líderes oligárquicos, tinham maior importância do que sua recusa por princípios em colaborar com uma prisão. Mas novamente, muitos atenienses tinham conexões com membros dos Trinta, e muitos outros haviam ficado na cidade durante seu reinado. A anistia visava evitar que as instituições da democracia restaurada fossem implicadas em atos de vingança privada contra aqueles atenienses cuja colaboração com os Trinta fora essencialmente passiva – ou mesmo contra a maioria daqueles que haviam colaborado ativamente. Apesar de que, como suposto professor de Crítias,

Sócrates era sem dúvida um alvo de raiva, essa raiva era impedida, pela anistia, de empregar a lei como seu instrumento legítimo.

Não podemos saber os motivos reais de Meleto ou os de seus associados para o processo de 399 a.C. Mas podemos dizer com certeza que, ao decidir acusar Sócrates, Meleto era limitado tanto pelas condições da anistia quanto pelo risco legal que ele corria como promotor. A anistia significava que Meleto não podia abertamente processar Sócrates com base na acusação de este ser professor e colaborador de um oligarca: um ateniense já havia sido condenado à morte por violar a prescrição contra procurar acusar alguém em oposição à anistia. Ao mesmo tempo, a lei ateniense instituía penalidades severas para promotores atenienses que falhassem em obter um quinto dos votos do júri.[59] Não havia nenhuma razão para Meleto supor que Sócrates seria um alvo particularmente fácil. As *nuvens* de Aristófanes mostram que Sócrates era renomado por sua astúcia verbal, e Meleto necessariamente enfrentava a possibilidade de que Sócrates planejaria uma defesa retoricamente sofisticada e convincente.

A escolha de Meleto com base na "impiedade" assegurava que ele não entraria em dificuldades com a anistia. E a impiedade podia ser, diante das circunstâncias, uma acusação segura para um promotor. Quer o período do final do século V e início do século IV a.C. fosse ou não uma época de "crise religiosa" em Atenas, como é às vezes retratada, houve um certo número de processos bem-sucedidos no pós-guerra sobre bases legais de impiedade. Em pelo menos alguns dos casos, as preocupações políticas pairavam entre os antecedentes imediatos.[60] Contudo, os outros julgamentos bem conhecidos de impiedade diziam respeito a comportamentos que a maioria dos atenienses provavelmente reconheceria como inequivocamente ímpios. No caso de Sócrates, não havia nenhum flagrante de zombaria em relação aos Mistérios, nem danificação de hermas, desenraizamento de oliveiras, ou coisas semelhantes. Se pretendesse convencer um júri sobre a culpa de Sócrates, Meleto teria de expandir o horizonte legal comum da impiedade. Como

---

59 Execução por violação da anistia: [Aristóteles] *Ath. Pol.* 40.2. Penalidades por acusações excessivamente fracas: MacDowell (1978, p. 64).
60 Sobre a "crise religiosa", *cf.* Connor (1991); Parker (1996, cap. 10).

vimos, a impiedade provavelmente não estava definida na lei escrita, e assim Meleto era livre para procurar definir a impiedade como a falha de reconhecer os deuses reconhecidos pela pólis e a introdução de novos deuses. Mas isso seria um território legal com o qual os juízes não estavam familiarizados; como vimos, não havia nenhum processo anterior seguramente atestado sob a lei de impiedade empregando a definição de Meleto. Mesmo considerando a antiga e familiar associação de Sócrates com cientistas e sofistas possivelmente ateus, como exemplificado pelas *As nuvens* de Aristófanes, Meleto não podia ter confiança de que os juízes votariam contra Sócrates com base nas acusações reais. Tampouco Meleto podia contar com um número suficiente de juízes aleatoriamente escolhidos tendo razões pessoais profundas o suficiente para votar automaticamente pela condenação. Em resumo, Meleto certamente deve ter contado com fatores políticos para inclinar a decisão em seu favor.

Os fatores políticos mais comumente citados pela tradição socrática, e especialmente por Xenofonte, são as acusações de que Sócrates fora o professor de Alcibíades e Crítias, e de que ele era pessoalmente antidemocrático. Xenofonte era ávido por contestar ambas as acusações, e houve muitas discussões entre os estudiosos a respeito da legitimidade e do verdadeiro peso delas no julgamento.[61] Embora pareça incontestável que alguns juízes atenienses de fato teriam um preconceito fatal contra Sócrates com base nessas acusações, também é verdade que outros seriam cônscios do espírito da anistia e respeitosos de seu juramento de julgar em concordância com a lei escrita e com a justiça quando a lei permanecia em silêncio.[62] A insatisfação ateniense com Sócrates derivava, pelo menos em parte, do fato de que Sócrates parecia não ser afetado em suas atitudes e em seu comportamento público pelos eventos momentosos do final do século V a.C. Todavia, eu sugeriria que Meleto contava menos com a "baixa política" do ressentimento e da vingança do que com a "alta política" das concepções normativas de dever público e responsabilidade.

---

61 *Cf.* Schofield (2002).
62 O juramento dos jurados atenienses: MacDowell (1978, p. 44).

As duas *Apologias* sobreviventes nos dão fortes razões para supor que, após a queda dos Trinta, Sócrates deu continuidade a sua atividade filosófica costumeira: buscando sinceramente parceiros de conversa no espaço público da ágora, bem como em reuniões privadas e de elite, humilhando aqueles que falhavam em evitar a autocontradição, e no processo, reunindo ao seu redor um grupo de jovens ávidos por serem conhecidos como seus alunos. Nos anos que antecederam a crise política do final do século V a.C., esses jovens haviam incluído Alcibíades, Crítias e outros bem conhecidos inimigos da democracia. O Sócrates de Platão enfatiza que suas conversas visavam o benefício de si mesmo e de seus interlocutores, e que ele não tinha nenhuma intenção de corromper ninguém. Dado que ele estava fazendo o bem e não o mal, Sócrates não via nenhuma razão para não seguir após a queda dos Trinta exatamente o mesmo tipo de vida que ele havia seguido antes e durante seu reinado. Mas muitos atenienses haviam passado a ver as coisas de modo diferente.

Sócrates era famoso por conduzir conversas notáveis sobre a justiça e a responsabilidade (entre outras) em lugares públicos e diante de audiências admiradas. Os atenienses, por sua vez, eram profundamente dispostos por sua cultura política a associar a fala com a ação.[63] Eles acreditavam que os cidadãos deviam aceitar a responsabilidade e pagar pelas consequências de sua fala, mesmo se aquelas consequências não fossem intencionais ou previsíveis. Os atenienses aceitavam a *parrhesia*, o discurso franco, e a *isonomia*, o direito igual ao discurso público, como pedras angulares de sua democracia. Contudo, o livre discurso não significava, para eles, a liberdade em relação às consequências do discurso: os cidadãos podiam dizer basicamente o que quisessem, mas da mesma forma eles eram considerados responsáveis pelas consequências públicas de seu discurso.[64]

---

63 Tucídides 2.40.2-3, com Ober (1998, cap. 2).
64 O orador ateniense Hipérides (F 44 [Jensen]) afirma que Sócrates foi condenado "por palavras"; *cf.* a discussão em Parker (1996, cap. 10, com n. 19). Markovits (2008, cap. 2), faz um levantamento das concepções atenienses de responsabilidade, com referência especial à *parrhesia* tanto em contextos públicos quanto privados.

Essa convicção normalmente dizia respeito ao discurso no contexto das instituições públicas. Por exemplo, aquele que empregasse seus poderes de discurso franco e igualitário fazendo com que uma resolução fosse aprovada com sucesso na assembleia ateniense era considerado responsável por aquela resolução. O patrocinador individual de uma resolução que viesse a ter efeitos públicos negativos podia ser considerado legalmente responsável, com base no princípio de que ele havia proposto algo *paranomon* – isto é, contrário às *nomoi* dos atenienses.[65] Era bem sabido que vários dos jovens que haviam andado na companhia de Sócrates durante os anos da guerra posteriormente cometeram crimes contra outros cidadãos, e contra a própria ordem pública. Embora Sócrates renunciasse à ideia de que ele fosse um professor ou de que tivesse intenção de causar danos aos outros, havia razões imediatas para relacionar as ações criminais dos seguidores de Sócrates a coisas que Sócrates dissera em público e, por implicação, em privado. Embora após a anistia Sócrates não pudesse ser processado pelos crimes cometidos por aqueles que o ouviam, sua falta de disposição para aceitar que ele fosse em qualquer sentido responsável pelos efeitos de seu discurso era profundamente perturbadora para as sensibilidades atenienses – de fato, ela parecia indicar uma falta de preocupação com a justiça, e ser uma evidência de irresponsabilidade pessoal. Em suma, Sócrates veio a parecer um tipo particularmente perigoso de hipócrita público.

Muitos atenienses, convencidos pela necessidade da anistia, provavelmente estavam dispostos a conceder a Sócrates o que era, com efeito, um passe para aquilo que eles consideravam (correta ou erroneamente) como os efeitos negativos de seu discurso anterior – isto é, por seu papel na formação de Alcibíades, Crítias, e outros inimigos da democracia que já haviam sido reprimidos em 403 a.C. Mas então, após a restauração da democracia, Sócrates alegremente retornou a suas práticas de costume. Ele agia como se nada tivesse acontecido no meio-tempo, conduzindo exatamente os mesmos tipos de conversas nos mesmos lugares públicos, como sempre fizera. Punha de lado as críticas, afirmando que seu discurso simplesmente não

---

65 *Graphe paranomon*: MacDowell (1978, p. 50-52).

podia ter tido consequências negativas. E assim ele se tornou vulnerável à acusação de que perversamente e perigosamente evitava aceitar a responsabilidade pelos efeitos passados ou (potencialmente) futuros de seu próprio comportamento. Em tais circunstâncias, sua alegação de ser um benfeitor público provavelmente seria tomada por muitos como uma evidência de má-fé.

A constância do comportamento de Sócrates, o fato de que ele era realmente "sempre o mesmo" em circunstâncias que haviam se tornado muito diferentes, tornou-o vulnerável à acusação de Meleto. Como vimos, Sócrates acreditava que era eticamente obrigado a colocar sua excelência pessoal única a serviço de sua pólis na forma de "ferroadas" benéficas; nada nas novas circunstâncias exteriores da cidade mudava isso. E foi assim que sua inabalável e peculiar interpretação de seu próprio dever público o colocou em última instância em um conflito fatal com a lei ateniense. Embora as convicções filosóficas de Sócrates e os valores subjacentes da democracia ateniense permanecessem compatíveis, as circunstâncias especiais dos anos pós-guerra viraram o equilíbrio contra ele. Sua reputação como cidadão obediente e participativo não era mais suficiente para convencer um número suficiente de concidadãos de que seu comportamento público distintivo se encontrava dentro do escopo dos parâmetros expansivos estabelecidos pela cultura democrática ateniense: dado que não aceitava nenhuma conexão entre seu discurso e as ações dos outros, Sócrates, que havia dedicado sua vida a agir com justiça, parecia não estar disposto a aceitar suas próprias responsabilidades em relação à justiça.

Em 399 a.C., a crise política imediata havia passado, mas também havia passado a euforia pública por terem sobrevivido à guerra, evitado a guerra civil interminável e reunificado a pólis sob um código legal restabelecido. Veio a compreensão de que a reunificação era apenas o início de um custoso e incerto período de reconstrução, e que os atenienses permaneciam frágeis e vulneráveis a seus inimigos. A disposição ateniense para tolerar comportamentos potencialmente perigosos e atitudes públicas aparentemente irresponsáveis chegou a um ponto limite. E assim, o momento era propício para Meleto: ele podia acusar Sócrates de impiedade com base em princípios relativamente novos, com pouca preocupação de incorrer em alguma penalidade por falhar em obter um quinto dos votos.

No fim das contas, a defesa idiossincrática de Sócrates permitiu que Meleto obtivesse um veredito de culpado. A tradição socrática sustentou que ele não podia ter oferecido qualquer outro tipo de defesa e ainda assim ter permanecido fiel a suas próprias convicções, e reconheceu que aquela tinha pouca probabilidade de assegurar sua absolvição. Mas a questão permanece: por que Sócrates escolheu defender-se, em primeiro lugar: por que não ir para outro lugar? Ou, se ele se recusava a deixar Atenas, por que dizer qualquer coisa de todo no julgamento? A tradição socrática foi incomodada por essas questões: no *Górgias* (521c-22c) de Platão, Cálicles prevê que Sócrates será legalmente acusado por algum homem mau, e que (carecendo do treinamento de Górgias em retórica) ele falhará em defender-se, e assim será morto. O Sócrates do *Górgias* concorda com essa previsão. Em sua metáfora do médico sendo julgado por um pasteleiro perante um júri de crianças, ele aparentemente prevê que a irracionalidade do procedimento o deixaria sem nada para dizer em sua própria defesa. A afirmação de Máximo de Tiro de que Sócrates permaneceu em silêncio no julgamento traduz essa previsão em fato. Contudo, o Sócrates histórico certamente se dirigiu aos juízes atenienses. Talvez ele o tenha feito por acreditar que embora as chances de absolvição fossem pequenas, ele tinha para consigo mesmo (isto é, para com a continuação de seu projeto filosófico) a obrigação de fazer o esforço. Mas certamente havia outra razão, tão forte quanto aquela: Sócrates acreditava que era seu dever cívico procurar educar (despertando-os por meio de ferroadas) seus companheiros – e especialmente seus concidadãos atenienses. Embora as condições do julgamento – falar detalhadamente diante de uma audiência de massa e com limites de tempo – não eram ótimas, Sócrates tinha para com sua pólis a obrigação de oferecer sua última e melhor ferroada. E assim, quando Sócrates afirmou que não poderia ter oferecido qualquer outra defesa, ele deve ter tido em mente (entre outras coisas) que seu dever para com sua pólis exigia um discurso que fosse tanto uma "ferroada" quanto uma defesa.

7.11 Conclusão: por que Sócrates viveu em Atenas?

Finalmente, vale a pena perguntar por que Sócrates escolheu continuar a viver em Atenas nos anos anteriores ao julgamento, quando não tinha nenhuma obrigação moral de fazê-lo, e quando, de acordo com a tradição, ele acreditava que Esparta (pelo menos) tinha leis melhores. Uma resposta completa está além do escopo deste capítulo, mas uma parte da equação pode ser que o regime legal ateniense permitia-lhe viver como um filósofo e como um cidadão obediente. Como vimos, o regime ateniense dera a Sócrates condições de nascimento, criação e educação que eram compatíveis com as exigências de uma vida filosófica, ao passo que o regime espartano, por exemplo, não o teria feito. Além disso, se ele tivesse vivido sob um regime legal em que abstrações legais como a "piedade" fossem cuidadosamente definidas, Sócrates poderia ter desenvolvido uma concepção de comportamento piedoso que contradizia a definição legal. Ele teria, portanto, enfrentado uma escolha difícil entre sua responsabilidade moral de agir de acordo com suas convicções filosóficas e sua responsabilidade de obedecer à lei. Em Atenas, Sócrates não tinha nenhuma necessidade de escolher, pois a lei procedimental ateniense preocupava-se com o estabelecimento de regras justas para as práticas legais, em vez de definir termos legais em uma tentativa de alcançar bons resultados de modo consistente. Uma vez que a lei ateniense aparentemente proibia a impiedade sem defini-la, Sócrates precisava apenas aceitar que a impiedade (entendida apropriadamente) era de fato digna de punição.

À luz da tradição socrática, os jurados atenienses estavam errados em aceitar a definição de impiedade de Meleto. Contudo, Sócrates aceitava a autoridade de um sistema legal que dava ao réu a chance de confrontar seu acusador diretamente e argumentar por uma definição melhor. Como uma conversa dialética socrática, o processo legal ateniense permitia o debate acerca de termos moralmente relevantes. Tanto Sócrates quanto o sistema legal ateniense assumiam que definições melhores de termos avaliativos contestados podiam ser alcançadas, e definições piores rejeitadas. Uma vez que o processo legal ateniense não estabelecia consistentemente boas definições, na visão de Sócrates, ele dificilmente podia ser considerado "bom": de fato, as definições legais usadas em Esparta (por exemplo) eram evidentemente melhores de modo geral, nos termos de Sócrates. Mas um código legal baseado em definições de abstrações morais não era sujeito (como eram as definições provisórias de termos morais de Sócrates) à constante investigação e ao aprimoramento filosófico. Assim, tal sistema tinha probabilidade de eventualmente empregar uma definição que a investigação filosófica havia demonstrado ser seriamente defeituosa. O regime espartano "melhor" tinha, ironicamente, a probabilidade de colocar Sócrates diante de uma escolha difícil entre seus deveres para com a filosofia e com a cidadania. Assim Sócrates escolheu Atenas, apesar do que ele via como suas falhas, e apesar da chance de que, ao permanecer o mesmo diante de circunstâncias radicalmente alteradas, ele enfrentaria o processo.[66]

A democracia ao estilo ateniense foi até o fim o melhor regime do mundo real para Sócrates. Isso pode não ser particularmente surpreendente para os leitores modernos, que assumem como garantida uma relação próxima entre a democracia, os direitos do indivíduo e o estado de direito. Mas isso foi profundamente enigmático para Platão. A grande realização de Platão, enquanto teórico político, foi planejar regimes políticos imaginários nos quais sua criação literária, "Sócrates", podia verdadeiramente prosperar – nos quais as leis lhe dariam um nascimento, uma criação e uma educação dignos de suas capacidades filosóficas. Sugeri que uma maneira de unir o Sócrates histórico, filho de Sofronisco do *deme* de Alopece, e o "Sócrates de Platão" é reconhecendo as maneiras como Sócrates foi ao mesmo tempo um produto de sua autoformação filosófica e da cultura cívica ateniense. Essa conjunção estabeleceu um desafio para todos aqueles que alegaram ser herdeiros intelectuais de Sócrates: a exigência de vivermos ao mesmo tempo como filósofos e como cidadãos.

---

66 *Cf.* ainda Ober (2000), que também procura resolver (fazendo referência aos compromissos de Sócrates e aos princípios fundamentais da lei ateniense) a aparente contradição entre o enunciado de Sócrates na *Apologia* de Platão, no sentido de que ele teria de desobedecer a uma lei que o proibisse de filosofar, e seu enunciado no *Críton*, no sentido de que era impermissível desobedecer à lei.

8 Método socrático

HUGH H. BENSON

Os diálogos socráticos de Platão exibem repetidamente um traço distintivo do personagem principal desses diálogos – o assim chamado método socrático.[1] Platão enfatiza essa característica de Sócrates quando faz seu personagem principal na *Apologia* atribuir a culpa de seu processo judicial a seu método costumeiro (27b2). Aristóteles enfatiza essa característica de Sócrates quando limita as duas coisas que podem ser corretamente atribuídas a Sócrates aos "argumentos indutivos e a definição do universal" (*Metafísica* 1078b27-29).[2] Não obstante, a natureza desse assim chamado método socrático foi sujeita a uma variedade de questões, enigmas e problemas. De fato, dois estudiosos socráticos proeminentes foram recentemente levados a declarar que "não existe tal coisa como 'o [método] socrático' ".[3] Sustento que tal resposta para essas questões, enigmas e problemas não é nem necessária nem desejável. Os diálogos socráticos de Platão coerentemente apresentam Sócrates praticando um método filosófico distintivo que exibe

---

[1] Os diálogos socráticos são os seguintes (em ordem alfabética): *Apologia, Cármides, Críton, Eutidemo, Eutífron, Górgias, Hípias maior, Hípias menor, Íon, Laques,* porções do *Mênon,* do *Protágoras* e da *República* I. Esses diálogos foram frequentemente classificados juntos como consequência de sua posição imaginada na ordem cronológica da composição dos diálogos por Platão. Eles frequentemente foram considerados como constituindo as primeiras composições de Platão. No entanto, nada do que segue depende de tal tese cronológica.

[2] Se Aristóteles for tomado como uma fonte relativamente independente acerca do Sócrates histórico, então podemos suspeitar que o método foi um traço característico do Sócrates histórico. Contudo, se o relato de Aristóteles sobre Sócrates for considerado dependente de Platão, então minha discussão deve ser entendida como restrita ao método característico de Sócrates conforme retratado nos diálogos socráticos de Platão. Para mais acerca da questão do Sócrates histórico, *cf.* o capítulo 1 deste volume.

[3] *Cf.* Brickhouse e Smith (2002, p. 147 e 154-156), e mais recentemente Wolfsdorf (2003, p. 301-302).

uma forma comum, uma estratégia comum, e um pressuposto epistemológico comum.

8.1 Forma comum: o elenco

Na *Apologia* de Platão, Sócrates explica em detalhes por que ele está sendo processado. Ele começa sua explicação duvidando de que esteja sendo processado por acreditar-se que seja culpado das acusações oficiais apresentadas por Meleto, Anito e Licon. Em vez disso, ele sugere que os jurados o condenarão por outras acusações mais antigas, apresentadas por vários indivíduos, no sentido de que ele "é culpado de má conduta por se ocupar de estudar coisas celestes e subterrâneas; tornar mais forte o pior argumento; e ensinar essas mesmas coisas a outros" (19b4-c1; tradução de Grube).[4] Mas Sócrates duvida até mesmo de que essas acusações expliquem seu processo. Em vez disso, sugere que está sendo processado por conta de uma certa prática na qual se envolveu pelo menos desde que Querefonte visitou o oráculo délfico e recebeu a resposta de que ninguém era mais sábio que Sócrates.[5] Essa prática que Sócrates e seus jovens imitadores empregavam irritou e embaraçou muitos homens que tinham reputação de serem sábios. Consequentemente, esses homens levantaram contra Sócrates acusações que poderiam ser levantadas contra qualquer filósofo. Essas últimas acusações foram, contudo, exageradas como resultado da raiva e do embaraço que Sócrates e seus jovens imitadores engendraram ao expor a ignorância desses homens.

Note-se que Sócrates não sugere que está sendo processado por defender posições impopulares e controversas. Ele não acha que é processado por acreditar e por encorajar outros a acreditar, por exemplo, que alguém não deve causar danos nem aos amigos nem aos inimigos, que os líderes devem ser determinados pelo conhecimento e não pela eleição popular ou por

---

4 Todas as traduções são minhas, exceto onde notado em contrário.
5 Não estou sugerindo que Sócrates só começou a praticar seu método característico após a visita de Querefonte ao oráculo délfico. *Cf.* Benson (2000: p. 19 n. 6).

sorteio, ou mesmo que o sol é uma bola de ferro incandescente. Embora Sócrates não diga isso explicitamente, acusações com base em crenças impopulares podiam ser feitas a qualquer filósofo, portanto isso não explicaria por que Sócrates, em particular, está sendo processado.[6] Antes, Sócrates acredita que está sendo processado devido a uma certa prática ou maneira de filosofar que é peculiar a ele e àqueles que o imitam.[7] Assim, Sócrates acredita que pelo menos uma parcela de seu filosofar pode ser caracterizada como peculiarmente associada a ele – isto é, como socrática. É essa parcela de seu filosofar que explica seu processo judicial. Ele descreve essa prática distintiva ao relatar sua resposta à resposta do oráculo de Delfos a Querefonte.

Conforme a descrição de Sócrates, quando Querefonte lhe informou de que o oráculo havia declarado que ninguém era mais sábio que Sócrates, ele ficou confuso quanto ao que o oráculo podia significar. Pois ele era "cônscio de não ser sábio acerca de coisa alguma, grande ou pequena" (21b4-5), entretanto o deus não podia mentir. A fim de entender o oráculo, Sócrates realizou a seguinte investigação. Ele procurou aqueles que eram considerados sábios por si mesmos ou por outros, pensando que podia assim refutar o oráculo – dizendo "este homem é mais sábio que eu, mas dissestes que eu era mais sábio" (21c2; tradução de Grube). No entanto, após visitar os políticos, os poetas e os artesãos, Sócrates descobriu que era incapaz de refutar o oráculo da maneira como havia antecipado. Em vez disso, ele descobriu que todos aqueles cuja suposta sabedoria ele examinara sofriam do mesmo defeito. Todos eles pensavam que sabiam (ou considerava-se que sabiam) certas coisas que eles não sabiam. Consequentemente, sua investigação o levou a concluir que o oráculo significava que "entre vós, mortais, é mais sábio aquele que, como Sócrates, compreende que sua sabedoria não tem

---

6   Cf. Diógenes Laércio (*Vida de Anaxágoras* IX), que nos diz que Anaxágoras é um filósofo – o único do qual temos notícia – no qual pode ter sido perseguido pela crença impopular e ímpia de que o sol é uma bola de ferro incandescente.

7   Sócrates aqui reconhece explicitamente que sua prática distintiva pode ser empregada por outros, embora eles possam ser menos proficientes do que ele. Cf. Brickhouse e Smith (1994, p. 27-29). Que Sócrates considera essa prática distintiva como uma maneira de filosofar é tornado claro em sua resposta à oferta hipotética do júri de declará-lo inocente se ele prometer parar de filosofar (*Apologia* 29c-30b).

valor" (23b2-4; tradução de Grube) e, portanto, ordenava a Sócrates "andar procurando qualquer um, cidadão ou estrangeiro, que penso ser sábio. Então, se eu não pensar que ele o é, venho em auxílio do deus e mostro-lhe que ele não é sábio" (23b4-7; trad. Grube).[8]

No curso da descrição dessa maneira distintiva de filosofar que Sócrates considera ser responsável por seu processo, dois traços se tornam imediatamente aparentes. Primeiro, ela consiste em examinar a suposta sabedoria de qualquer pessoa que Sócrates porventura encontra. Sócrates provavelmente começou seu teste do oráculo presumindo que aqueles que ele examinava tinham a sabedoria que eles tinham a reputação de ter, embora suspeitemos que, com o tempo, essa suposição se desfez. Não obstante, a prática socrática distintiva começa com um exame ou teste da suposta sabedoria de um indivíduo, independentemente do que Sócrates presume que o teste irá mostrar. Segundo, ele realiza esse exame não apenas para mitigar sua ignorância sobre o significado do oráculo, mas também para persuadir aqueles que têm a reputação de serem sábios de sua ignorância, se eles não forem sábios (*Apologia* 23b7), e para aprender com eles, se eles forem sábios (*Apologia* 22b5).[9] Aqui, portanto, temos algo como as condições de identidade de uma maneira distintamente socrática de filosofar – pelo menos distintamente socrática segundo a compreensão do próprio Sócrates. Aqueles episódios nos diálogos socráticos em que encontramos Sócrates examinando a suposta sabedoria dos interlocutores a fim de persuadi-los de sua ignorância (se for revelado que eles não são sábios) ou de aprender com eles (se for revelado que eles são sábios) podem ser identificados como exemplos da prática distintiva de Sócrates. Assim identificada, essa prática socrática

---

8 *Cf.* Brickhouse e Smith (1983); Brickhouse e Smith (1989, p. 87-100), para uma explicação plausível de como Sócrates deriva um comando ou missão divinos do pronunciamento do oráculo. *Cf.* também McPherran (2002).

9 *Cf.* também *Hípias maior* 287a6-7 e *Hípias menor* 369d1-e2. Essas duas motivações para examinar o conhecimento dos outros são relacionadas. O objetivo maior de Sócrates antes mesmo da resposta do oráculo é o conhecimento das coisas mais importantes. Tentar aprender isso com outros que têm esse conhecimento é uma maneira óbvia de alcançar esse objetivo, e tentar encorajar outros que não o têm a juntar-se a ele na busca é outra. Sócrates está convencido de que ninguém buscará o conhecimento de que carece antes de, primeiro, reconhecer que carece desse conhecimento.

distintiva é o elenco socrático.¹⁰ Essa não é, contudo, a única maneira de filosofar que Sócrates emprega. Considere, por exemplo, a maior parte do argumento da *Apologia* na qual nenhum interlocutor supostamente sábio está presente,¹¹ ou o discurso das Leis no *Críton*, durante o qual o interlocutor epônimo já quase desapareceu após ter admitido sua ignorância em 50a5,¹² ou o mito da pós-vida no *Górgias* durante o qual o autodeclarado sábio Cálicles de fato desaparecera.¹³ Não obstante Sócrates de fato envolve-se frequentemente em sua prática distintiva.

Ao longo dos diálogos socráticos, Sócrates pode ser visto envolvendo-se em trocas rápidas de pergunta e resposta com interlocutores considerados sábios por si mesmos ou por outros. Dos 34 interlocutores¹⁴ nos diálogos socráticos, 21 fazem alguma alegação de sabedoria que Sócrates passa a examinar.¹⁵ Em nenhum caso a sabedoria do interlocutor é revelada, e somente em

---

10 *Cf.* Wolfsdorf (2003: p. 306), contra o emprego da *Apologia* dessa maneira.

11 O diálogo com Meleto na *Apologia* 24b-28 assemelha-se a um elenco genuíno, mas sustento que ele não é. Sócrates não está genuinamente examinando a sabedoria de Meleto (ele não tem dúvida de que Meleto não é sábio), e Sócrates também não está interessado em persuadir Meleto de sua ignorância (ele está interessado em persuadir os jurados da ignorância de Meleto). Mas não argumentarei sobre esse ponto aqui. A chave é que Sócrates não está sempre praticando o elenco nos diálogos socráticos, quer ele esteja ou não fazendo isso em seu diálogo com Meleto.

12 Depois que Críton admite sua ignorância no *Críton* 50a 4-5, ele responde a uma pergunta socrática apenas três vezes no decurso das quase quatro páginas seguintes, segundo a paginação de Estefano.

13 Pode-se objetar que o mito não é um argumento, mas é difícil negar que o mito não constitui parte do método de filosofar de Sócrates nos diálogos elênquicos; *cf.*, por exemplo, McCabe (1992).

14 Meleto, Cármides, Crítias (duas vezes), Críton (duas vezes), Dionisodoro, Eutidemo, Clínias, Críton, Ctêsipo (duas vezes) Eutífron, Górgias, Polo, Cálicles, Hípias (três vezes), Eudico, Íon, Melesias, Lisímaco, Laques, Nícias, Hipótales, Lísis, Menexeno, Mênon, o menino escravo, o amigo, Hipócrates, Protágoras, Cálias, Alcibíades, Pródico, Céfalo, Polemarco e Trasímaco.

15 Cármides (*Cármides* 154e5-155a1); Críton (*Críton* 45a3 & 46a7-8, juntamente com o argumento em 47a-48a); Crítias 162d4-e5; Dionisodoro (*Eutidemo* 271c5-272b4); Eutífron (4e4-5a2); Górgias (*Górgias* 449c9-d2); Polo (*Górgias* 462a5-7); Cálicles (*Górgias* 487a-488a); Hípias (*Hípias maior* 281a-c, 286d-284-7b); Hípias (*Hípias menor* 364a-b); Íon (*Íon* 530c1-d3); Laques (*Laques* 184e11-187a1, 190c4-5); Nícias (*Laques* 184e11-187a1, 196c); Menexeno (*Lísis* 211b6-d4); Mênon (*Mênon* 71d5-8, 71e1-72a2); menino escravo (*Mênon* 82e5-6); Hipócrates (*Protágoras* 311a8-b2, 312c4-5); Protágoras (*Protágoras* 316c-317c, 320c-d);

sete casos o interlocutor é persuadido de sua ignorância.[16] Não obstante, em quase todos os casos, Sócrates parece preparado para aprender com o interlocutor se sua sabedoria for confirmada, e tenta persuadir o interlocutor de sua ignorância uma vez que Sócrates a reconhece.[17] Assim, embora não devamos considerar todo argumento socrático como um exemplo da prática distintiva de Sócrates, ele repetidamente se envolve em sua prática distintiva ao longo dos diálogos socráticos.

Naqueles diálogos em que Sócrates de fato examina a suposta sabedoria de seu interlocutor, um padrão começa a emergir. Sócrates começa fazendo ao interlocutor uma pergunta, cuja resposta é uma indicação da suposta sabedoria do interlocutor. Essa é frequentemente, mas não sempre, a pergunta socrática "O que é F?".[18] Após a resposta do interlocutor

---

Polemarco (*República* I 331e7-8, 335e1-4) e Trasímaco (*República* I 338a1, 344d-e).

16   Cármides (*Cármides* 162b9-10 & 176a6-b4); Críton (*Críton* 50a4-5); Íon (*Íon* 541e1-542b); talvez Nícias (*Laques* 199e11-200c1); Hipócrates (*Protágoras* 312e6-313c4); Mênon (*Mênon* 79e7-80b4); e o menino escravo (*Mênon* 84a1-2). Estes dois últimos são únicos, pois apenas no caso deles a troca entre Sócrates e o interlocutor continua após eles reconhecerem sua ignorância. Eutífron (11b6-8), Laques (*Laques* 194a6-b4) e Menexeno (*Lísis* 213c9) admitem serem incapazes de dizer o que sabem, mas não admitem a ignorância. Finalmente, Lísis nunca parece ser sábio, e não foi contado entre os vinte e um cuja suposta sabedoria Sócrates passa a examinar. Não obstante, Sócrates de fato indica que seu diálogo com Lísis visa ser um modelo de como alguém deve tratar seu amado. O objetivo de tal diálogo deve ser forçar o amado a reconhecer sua ignorância ou eliminar sua soberba, o que aparentemente Lísis faz em *Lísis* 210d4-8.

17   Dos 21 interlocutores cuja sabedoria é examinada, Sócrates explicitamente anuncia seu desejo de aprender com eles em doze casos (*Eutidemo* 272b, 272d5-6, 273c2-d9; *Eutífron* 5a3-c8; *Górgias* 447c1-3, 461d, 487e-488a; *Hípias maior* 286d-287b; *Hípias menor* 369d-e, 372a-d; *Laques* 191c-d, 196c; *Lísis* 212a4-7; *Protágoras* 348c5-349a6; *República* I 337d-338b, 344d-e, 344e). Em três outros, essa motivação está implícita (Crítias na transição a partir de Cármides, Críton por argumento, e Mênon pela analogia da arraia). A motivação de persuadir o interlocutor de sua ignorância nunca é explicitamente expressada. Isso é de se esperar, dado o desejo de Sócrates de que o interlocutor permita que sua sabedoria seja examinada. Não obstante, essa motivação é evidenciada pelo fato de que Sócrates nunca considera um único episódio elênquico como suficiente (exceto talvez no caso de Críton, que admite sua ignorância). Um único episódio elênquico pode ser suficiente para Sócrates reconhecer a ignorância do interlocutor, mas raramente será suficiente para desiludi-lo. Considere aquelas passagens em que o interlocutor admite ser incapaz de dizer o que sabe, mas não admite sua ignorância, citadas na nota 318.

18   Para a conexão entre a pergunta "O que é F?" e a sabedoria, o conhecimento ou a perícia, ver a próxima seção.

a essa pergunta inicial, uma série de outras perguntas eliciam respostas do interlocutor, que são usadas por Sócrates para derivar a negação da resposta original. Nesse ponto, o interlocutor reformula sua resposta original (por exemplo, *Eutífron* 10d1-2) ou oferece uma resposta inteiramente nova (por exemplo, *Hípias maior* 289e2-4), ou admite ser incapaz de dizer o que sabe (por exemplo, *Laques* 194b1-4), ou professa sua ignorância (por exemplo, *Cármides* 162b9-10), ou é substituído por outro interlocutor cuja sabedoria é examinada (por exemplo, *Górgias* 461e5-462b2), ou vai-se embora ofendido (por exemplo, *Eutífron* 15e3-4). Consequentemente, os exemplos típicos da prática distintiva de Sócrates têm mais ou menos a seguinte estrutura formal:

Primeiro,

1) Sócrates faz ao interlocutor uma pergunta cuja resposta visa exibir a sabedoria do interlocutor, usualmente, mas nem sempre, a respeito da definição de algum conceito moral (Vou me referir a essa resposta inicial, p, como o *refutando aparente*).

Em seguida,

2) o interlocutor fornece respostas, q, r, e s, a uma série de outras perguntas socráticas (Vou me referir a essas respostas como as *premissas* do elenco).

Terceiro,

3) Sócrates passa a mostrar que essas respostas acarretam a negação da resposta original.

Portanto,

4) a conjunção p & q & r & s é falsa.[19]

Assim encontramos uma prática distintiva de filosofia socrática que exibe uma forma comum. Isto é, encontramos o elenco socrático. Infelizmente,

---

19 *Cf.* Vlastos (1994, p. 11) para uma caracterização semelhante da forma daquilo que Vlastos chama de "elenco-padrão".

nós mal começamos a enfrentar as questões, enigmas e problemas que ele gera.

8.2 Uma estratégia comum: coerência doxástica

Em um ensaio que já se tornou clássico, Vlastos sustentou que *o* problema com o elenco socrático é "como Sócrates pode afirmar [...] ter provado que o refutando [aparente] é falso, quando tudo que ele estabeleceu foi sua inconsistência com premissas cuja verdade ele não tentou estabelecer naquele argumento" (VLASTOS, 1994, p. 3). Esse suposto "problema do elenco" depende de sustentar que Sócrates conclui, a partir da falsa conjunção em 4, que p, o refutando aparente, é falso e que não-p é verdadeiro. Para resolvê-lo, alguém deve explicar o que justificaria essa conclusão de Sócrates. Uma variedade de estudiosos seguiu Vlastos ao compreender o elenco dessa maneira. Eles concordam que Sócrates entende seu elenco como estabelecedor da verdade ou falsidade de respostas individuais, embora nem todos concordem sobre o que justifica Sócrates compreender seu método dessa maneira.[20] Tal interpretação do elenco foi chamada de interpretação construtivista, pois entende o elenco como estabelecedor da verdade ou falsidade de respostas individuais. O elenco, segundo essa interpretação, pode ter e tem resultados construtivos ou positivos. No entanto, essa interpretação foi questionada. De acordo com o que foi chamado de explicação não construtivista, Sócrates não considera que seu elenco estabeleça a verdade ou falsidade de respostas individuais, nem estaria justificado se o fizesse.[21] Em vez de apresentar os detalhes do debate, quero me concentrar no que considero ser sua essência – a relativa credibilidade das premissas do elenco – q, r, e s.

Se o elenco falha em estabelecer a verdade ou falsidade de respostas individuais, isso não acontece por causa de sua forma. Qualquer pessoa que buscasse mostrar que a tese de um oponente é falsa e que sua própria

---

20 *Cf.*, por exemplo, Kraut (1983); Polansky (1985); Reeve (1989); Adams (1998) e Woolf (2000).
21 *Cf.*, por exemplo, Stokes (1986) e Benson (2000, caps. 2-4).

posição, negada por um oponente, é verdadeira procuraria obter premissas a partir das quais a negação da posição do oponente pudesse ser derivada. Fazer isso não impediria de nenhuma maneira o estabelecimento da verdade ou falsidade da tese relevante. De fato, é difícil imaginar de que outra maneira alguém procederia. O que impede o estabelecimento de tal verdade ou falsidade não é a forma do elenco, mas a relativa credibilidade de suas premissas. Se as premissas obtidas não são mais bem conhecidas, mais evidentes, mais justificadas, ou de alguma maneira mais críveis do que a tese cuja falsidade alguém visa estabelecer, então o argumento não pode estabelecer a falsidade daquela tese. Além disso, mesmo se as premissas do elenco forem mais críveis do que o refutando aparente, Sócrates deve reconhecer que elas o são, e considerar tal distinção epistêmica como relevante para o resultado pretendido do elenco. De outro modo, não deveríamos entender o uso que Sócrates faz do elenco como pretensão de mostrar a falsidade do suposto refutando. Mas um exame da estratégia que Sócrates emprega ao praticar seu método distintivo mostra que ele não reconhece nenhuma distinção epistêmica relevante entre as premissas de seu elenco e o refutando aparente. No que diz respeito a Sócrates, as premissas e o refutando aparente são igualmente críveis. De acordo com ele, todas elas – as premissas e o refutando aparente – são meramente crenças do interlocutor. É por essa razão que o elenco[22] não pode fazer mais do que estabelecer a falsidade da conjunção do suposto refutando e das premissas do elenco – isto é, da conjunção $p \& q \& r \& s$.[23]

O argumento de que Sócrates não reconhece nenhuma distinção epistêmica entre as premissas do elenco e o refutando aparente é simples.

---

22 Pelo menos um episódio elênquico individual. *Cf.* BRICKHOUSE e SMITH, 1994, p. 3-29 para uma defesa da visão de que episódios elênquicos repetidos podem ser capazes de resultados mais construtivos.

23 Dado o compromisso de Sócrates com a visão de que o conhecimento acarreta a coerência doxástica, Sócrates pode concluir, com base nos resultados de um episódio elênquico individual, que o interlocutor não possui o conhecimento que se supõe que ele tenha. Mas a habilidade de Sócrates de tirar essa conclusão deriva não do estabelecimento bem-sucedido da verdade ou falsidade de uma resposta individual, mas do estabelecimento bem-sucedido da incoerência doxástica do interlocutor – isto é, do estabelecimento da falsidade da conjunção.

Vamos chamá-lo de "Argumento contra o construtivismo".

1) A única propriedade que Sócrates exige que as premissas do elenco tenham é que o interlocutor acredite nelas.[24]
2) A propriedade de serem crenças do interlocutor também é exigida do refutando aparente.[25]
3) Consequentemente, Sócrates não reconhece uma distinção epistêmica entre as premissas do elenco e o refutando aparente; eles são igualmente críveis.
4) Consequentemente, Sócrates não toma a falsidade do refutando aparente como estabelecida.[26]

O argumento pode ser simples, mas as questões em torno das premissas não são.

A atenção dos estudiosos concentrou-se apropriadamente na primeira premissa – a de que, segundo Sócrates, ser uma crença do interlocutor é condição necessária e suficiente para a aceitabilidade de uma premissa. Ofereci anteriormente três considerações em sua defesa.[27] Primeiro, as observações metodológicas de Sócrates acerca das premissas de seu elenco

---

24 Essa premissa é semelhante à variadamente nomeada "exigência de dizer o que você acredita" (VLASTOS, 1994, p. 7), ou "regra da sinceridade" (IRWIN, 1993, p. 11), que se tornou um lugar-comum nos estudos socráticos. *Cf.* Beversluis (2000, p. 38, n. 3) para uma lista admiravelmente completa de estudiosos que endossam essa exigência. Mais recentemente, poder-se-iam acrescentar Bailly, (1999, p. 66), Woolf (2002, p. 242 n. 38) e Blondell (2002, p. 116). Enquanto a "exigência de dizer o que você acredita" estipula que ser uma crença do interlocutor é uma condição necessária para a aceitabilidade de uma premissa, a primeira premissa do "Argumento contra o construtivismo" acrescenta que essa é a *única* exigência para a aceitabilidade de uma premissa. Para um argumento recente de que as premissas também sejam crenças de Sócrates, *cf.* Wolfsdorf (2003, p. 280-283). Ele não mostra, contudo, que Sócrates acha que ele deve acreditar nas premissas para que o *elenco* alcance os resultados pretendidos.

25 O argumento em favor dessa premissa pode ser encontrado em Benson (2000, p. 54-55).

26 De fato, 1 e 2 acarretam apenas que não haja nenhuma distinção epistêmica relevante entre as premissas do *elenco* e o refutando aparente, e que a falsidade do suposto refutando não seja estabelecida. A lógica deixa em aberto a questão de se Sócrates reconhece essas conclusões. No capítulo 4 de Benson (2000; *cf.* também BENSON, 1995), argumento que nada nos diálogos elênquicos exige que Sócrates deixe de enxergar a força dessas conclusões.

27 Para uma versão mais longa dessas três considerações, *cf.* Benson (2000, p. 37-55).

apelam sempre e somente para as crenças de seu interlocutor. Por exemplo, quando tenta determinar se a premissa de que o mergulhador de poços inexperiente é mais corajoso do que o mergulhador de poços experiente, quando cada um mergulha em um poço, deve ser aceita no elenco que visa examinar o professo conhecimento de Laques de que a coragem é a sábia resistência da alma, Sócrates indica que ela deve ser aceita se, e somente se, Laques acreditar nela (*Laques* 193c6-8).[28] Segundo, um exame cuidadoso das premissas reais que Sócrates emprega em seus episódios elênquicos nos diálogos socráticos indica que a única propriedade que todas elas têm em comum é que são crenças do interlocutor. Propriedades como serem crenças de Sócrates,[29] autoevidência,[30] senso comum, ou as crenças dos sábios[31] são sujeitas a contraexemplos imediatos. E, finalmente, ser uma crença do interlocutor é justamente o tipo certo de propriedade ao qual Sócrates pode apelar, dada a universalidade de seus exames elênquicos. A propriedade de ser uma crença do interlocutor é a única que tem probabilidade de estar disponível a qualquer interlocutor que ele porventura encontre, jovem ou velho, cidadão ou estrangeiro, que professe preocupar-se com a verdade, com o conhecimento, ou com o cuidado de sua alma (*Apologia* 29e4-30a4). Não obstante, essas considerações pressupõem uma concepção mais ortodoxa e simplista da crença do que o texto dos diálogos socráticos permite.

No *Górgias* 474b2-6, Sócrates atribui a Polo[32] a crença de que ele preferiria sofrer uma injustiça a cometê-la, apesar da inflexível negação de Polo de que ele acredite em tal coisa[33] – de fato, apesar da afirmação de Polo de que ele acredita, ao contrário, que sofrer uma injustiça é pior do que cometê-la. Aqui Sócrates atribui a Polo uma crença com base na qual Polo claramente não está disposto a agir, e a qual ele nem mesmo pensa possuir.[34]

---

28 *Cf.* também *Protágoras* 331c1-d1, *Górgias* 495a7-c3, 499b9-c6, e *República* I 349a4-8.
29 *Cf.* Vlastos (1994, p. 1-37) e Wolfsdorf (2003).
30 *Cf.* Gulley (1968), Nakhnikian (1971) e talvez Santas (1979).
31 *Cf.* Polansky (1985) e Bolton (1993).
32 E a todas as outras pessoas. Deixo de lado as implicações e a justificativa para essa afirmação adicional. *Cf.* Brickhouse e Smith (1994, p. 79-82).
33 *Górgias* 474b2-6. *Cf.* também *Górgias* 482a6-c3.
34 Isso exclui tanto as explicações behavioristas de crenças quanto as simples explicações

Mas, então, por que Sócrates atribui tal crença a Polo? A resposta parece clara. Polo tem outras crenças nas quais ele está disposto a agir e/ou que ele pensa ter, das quais se segue a crença de que é preferível sofrer uma injustiça do que a cometer. Sócrates está prestes a mostrar-lhe que esse é o caso. Ele inclui aqui entre as crenças de Polo não apenas aqueles fenômenos doxásticos nos quais o mesmo está disposto a agir, e que pensa que possui,[35] mas também aquelas que são dedutíveis (quer Polo reconheça isso ou não) daqueles fenômenos nos quais Polo está disposto a agir ou que ele pensa que possui. Essa é uma concepção heterodoxa e expansiva de crença.[36] Ela equivale a atribuir a cada um e a todos os indivíduos um número infinito de crenças, com base na maioria das quais eles nunca estarão dispostos a agir, ou que nunca reconhecerão que possuem. No entanto, a primeira premissa do "Argumento contra o construtivismo" não pode basear-se em uma tal concepção expansiva da crença. A "crença" de Polo de que é preferível sofrer uma injustiça a cometê-la não é suficiente para aceitá-la como uma premissa do elenco. Se fosse, o argumento em *Górgias* 474b-479 e não seria necessário. As "crenças" de Polo são imediatamente inconsistentes. Para ver qual outra propriedade Sócrates exige para a aceitabilidade de premissas, podemos nos voltar para outra passagem frequentemente citada contra a primeira premissa do "Argumento contra o construtivismo".

Na *República* 348d, Trasímaco afirma que a injustiça é uma virtude, e a sabedoria e a justiça são seus opostos (doravante "a injustiça é uma virtude", para abreviar). Sócrates reclama que será mais difícil do que ele havia antecipado persuadir Trasímaco de que a vida da pessoa justa é mais

---

cartesianas de transparência. Note que ao rejeitar o condicional "se A não acredita que A acredita que *p*, então A não acredita que *p*", Sócrates não precisa rejeitar o condicional "se A acredita que A acredita que *p*, então A acredita que *p*".

35 Sócrates não nega que Polo acredite que seja preferível cometer uma injustiça a sofrê-la. Esse tipo de atribuição de crença é relativamente familiar – baseado em uma disposição para agir de alguma maneira ou em uma autoatribuição baseada na introspecção. A ideia familiar de que as crenças são disposições ou capacidades (*dunameis*) para agir de várias maneiras (mesmo que apenas verbalmente) é sugerida em *Laques* (190c6) e em outros lugares, enquanto a ideia de que as crenças podem ser autoatribuídas como resultado da introspecção é sugerida, por exemplo, em *Cármides* (158e7-159a7).

36 Vlastos (1994, p. 23) descreve as crenças desse tipo como crenças marginais ou ocultas.

proveitosa do que a vida da pessoa injusta, contrariamente à crença expressa daquele de que a vida da pessoa injusta é mais proveitosa.[37] Não obstante, afirma Sócrates, ele deve dar continuidade ao argumento enquanto Trasímaco realmente acreditar no que acaba de afirmar. Quando Trasímaco responde perguntando que diferença faz se ele acredita ou não, Sócrates surpreendentemente responde: "Não faz diferença nenhuma" (349b1).

Como mencionei, essa passagem é frequentemente citada como uma violação da primeira premissa do "Argumento contra o construtivismo". Em vez de afirmar que é necessário que Trasímaco acredite nas premissas do elenco, Sócrates parece aqui negar explicitamente que isso importe. Mas apesar das aparências, isso não é o que a passagem sugere. Sócrates afirma que não importa se Trasímaco acredita que a injustiça é uma virtude. Mas "a injustiça é uma virtude" não é uma premissa do elenco de 349b1-350c11. Ela é o refutando aparente desse elenco. Sócrates tivera esperança de usar a premissa de que a justiça é uma virtude e uma sabedoria, e a injustiça seu oposto (doravante "a justiça é uma virtude", para abreviar) em seu exame da sabedoria de Trasímaco – a saber, em sua tentativa de persuadir Trasímaco de que a vida justa é mais proveitosa do que a vida injusta, contrariamente à crença de Trasímaco de que a injustiça é mais proveitosa. Mas Trasímaco nega crer que a justiça seja uma virtude, e em vez disso afirma que a injustiça é uma virtude. Sócrates está prestes a mostrar que Trasímaco de fato acredita que a justiça é uma virtude, independentemente do que mais ele pense acreditar. Ele está prestes a fornecer um argumento a partir de premissas nas quais Trasímaco reconhece que acredita, em favor da crença de que a justiça é uma virtude (349b1-350c11). Sócrates emprega aqui a concepção expansiva de crença indicada no *Górgias*. De acordo com ele, Trasímaco acredita que a justiça é uma virtude, quer ele pense que acredita nisso ou não.[38] Não

---

37 Cf. *República* 348a-b para esse objetivo explícito. Dado o elogio de Sócrates (não importando quão irônico) à suposta sabedoria de Trasímaco e seu desejo de ser ensinado por ele em 337d-338b e 344d-e, Sócrates parece sugerir a Glauco em 348a-b que eles tentem persuadir Trasímaco de que ele também acredita que a vida da pessoa justa é proveitosa, bem como que a vida da pessoa justa não é proveitosa, a fim de examinar sua suposta sabedoria.
38 Sabemos, a partir do *Górgias*, que sua crença de que a injustiça é uma virtude não é nenhum obstáculo para que ele acredite também que a justiça é uma virtude, embora as duas

faz nenhuma diferença para Sócrates se Trasímaco realmente acredita que a injustiça é uma virtude. O que importa é que ele acredite que a justiça é uma virtude. Se ele também acredita que a injustiça é uma virtude, então Sócrates terá estabelecido uma inconsistência no conjunto de crenças de Trasímaco já em 350d;[39] se não, então os argumentos subsequentes de 350d em diante o farão.

Note que em vez de servir como evidência de que a crença do interlocutor não é necessária para a aceitabilidade da premissa, esse diálogo indica que tal crença não é suficiente. De acordo com Sócrates, Trasímaco acredita que a justiça é uma virtude, independentemente de que ele acredite mais ou pense que acredita em 348e, exatamente como Polo acredita que sofrer uma injustiça é preferível a cometê-la em *Górgias* 474b. A crença de Trasímaco de que a justiça é uma virtude é dedutível de outras crenças que Trasímaco reconhece que possui. Não obstante, Sócrates não quer empregar essa crença como uma premissa em seu argumento elênquico antes de mostrar a Trasímaco a dedução. Não apenas o interlocutor deve acreditar na premissa antes que ela seja empregada em um elenco socrático, mas o interlocutor deve também reconhecer que acredita nela. É por isso que Sócrates está preocupado em determinar a sinceridade de Trasímaco em 349a. Se Trasímaco é sincero ao afirmar que acredita que a injustiça é uma virtude e que não acredita que a justiça é uma virtude, então Sócrates precisará mostrar a Trasímaco que ele também acredita que a justiça é uma virtude – isto é, fornecer o argumento em 349b1-350c11 – a fim de empregar a premissa de que a justiça é uma virtude no elenco subsequente. Se Trasímaco não é sincero, então o argumento é inútil. O que é necessário e suficiente para a aceitabilidade de uma premissa não é simplesmente que Trasímaco acredite que a justiça seja uma virtude, mas que ele reconheça que acredita nisso.[40]

---

proposições sejam contrárias.
39 Por pelo menos uma segunda vez. Ele havia feito isso anteriormente em 339b-342e.
40 O que não é exigido, contudo, é que o interlocutor admita que reconhece que acredita na proposição relevante. Sócrates está preocupado em fazer o interlocutor reconhecer sua incoerência cognitiva, sua ignorância, não em fazer a audiência do elenco reconhecer a incoerência cognitiva do interlocutor. Esse pode ser o ponto de duas outras passagens que são frequentemente citadas como violações da primeira premissa do "Argumento contra

Agora que vimos as dificuldades em torno da natureza da crença envolvida na primeira premissa do "Argumento contra o construtivismo", imediatamente nos perguntamos sobre a natureza da crença envolvida na segunda premissa. Em que sentido, alguém pode se perguntar, será que o interlocutor genuinamente acredita no refutando aparente, dado quão rapidamente ele parece rejeitá-lo quando vê que é inconsistente com as outras crenças que ele reconhece possuir, e quão rápido ele é em oferecer uma alternativa?[41]

Agora não deveríamos sobrestimar a velocidade com que os interlocutores abandonam suas respostas iniciais. Hípias no *Hípias maior*, por exemplo, não abandona rapidamente sua crença (que serve como refutando aparente para todos os elencos naquele diálogo) de que Aquiles e Odisseu são diferentes porque o primeiro é honesto, enquanto o segundo é mentiroso, e tampouco Protágoras abandona rapidamente sua crença de que a coragem e a sabedoria são distintas, o refutando aparente da última quarta parte do *Protágoras*. Além disso, a defesa de Nícias para sua resposta de que a coragem é o conhecimento de coisas temíveis e ousadas no *Laques* 195a-200c, e a defesa de Crítias de sua resposta inicial de que a temperança é cuidar de seus próprios assuntos no *Cármides* 162e-164c, são ambas sustentadas ao longo de múltiplos elencos.[42] Também não podemos simplesmente ignorar a evidência de que os interlocutores acreditam no refutando aparente, dado

---

o construtivismo" – *Protágoras* 333c2-9 e 352c-d. No primeiro caso, Sócrates aparentemente aceita uma premissa em que a maioria acredita, mas na qual Protágoras afirma não acreditar; e no segundo caso, o refutando aparente é atribuído à maioria, mas Protágoras nega acreditar nele. Em ambos os casos, Sócrates pode sentir que a dedução de que *p* é verdadeira, a partir da doutrina de Protágoras de que o homem é a medida de todas as coisas e de sua crença de que a maioria acredita que *p* é imediata demais para que Protágoras plausivelmente falhe em reconhecê-la. Consequentemente, apesar da negação de Protágoras, Sócrates sente-se confiante em assumir que Protágoras de fato reconhece que ele acredita – isto é, que ele está comprometido – na premissa e no refutando aparente, independentemente do que Protágoras diz. De fato, é interessante que em ambos os casos, importa menos que Protágoras negue acreditar nessas proposições, e mais que ele teria vergonha de admiti-las.

41 Para um enunciado explícito dessa preocupação, *cf.* Brickhouse e Smith (2002, p. 149).
42 *Cf. Laques* 195a2-196c1, 196c1-197d8, e 197e2-200c2; e *Cármides* 162e7-164d3 e 163e1-164c7.

que aproximadamente metade das respostas oferecidas para perguntas socráticas do tipo "O que é F?" é explicitamente proposta como crenças ou pensamentos do interlocutor.[43]

Não obstante, há algo de importante nessa preocupação. É duvidoso se no começo do elenco com Laques, por exemplo, pode-se definitivamente dizer que ele acredita no que é a coragem. Será que ele acredita que a coragem é a resistência da alma, ou será que ele acredita que ela é a resistência sábia da alma? De acordo com o conceito expansivo de crença encontrado no *Górgias*, ele provavelmente acredita que a coragem é a resistência sábia da alma. Mas ele pensa que acredita que a coragem é simplesmente a resistência da alma, e Sócrates não sugere isso. De fato, o que Laques pensa que acredita sobre a natureza da coragem é algo confuso, vago e indefinido. Certamente, isso pode explicar em geral por que o interlocutor usualmente (mas nem sempre) abandona ou modifica sua definição proposta ou o refutando aparente.

Além disso, é improvável que no *Cármides*, por exemplo, Cármides esteja tão comprometido com sua terceira resposta a "O que é a temperança?" quanto estava com a primeira. No ponto em que Cármides profere a resposta de que a temperança é cuidar de seus próprios assuntos, ele já está se agarrando a qualquer oportunidade. Ele está dando respostas que ouviu de outros. Ele não tem certeza de que acredita nisso. Ele nem mesmo tem certeza se entende o que isso significa, como a discussão subsequente com Crítias sugere. Mas ele acha que acredita, e isso é suficiente para Sócrates.[44] Não obstante, mesmo se entendermos essa última resposta como, de alguma maneira, uma expressão da crença de Cármides – embora de maneira vaga ou indefinida –, não podemos negar que essa crença é mais fraca do que sua crença na primeira resposta. Não apenas as crenças dos interlocutores

---

43 Cf. *Eutífron* 9e8-9, 12e5-8 (*cf.* também 15e1-2); *Cármides* 159a9-b6, 160e3-5, 160d5-e1, 162e6; *Laques* 192b9-c1; *Mênon* 73d9-10, 78c1-2; e *Hípias maior* 288a3-5, e 293e7-8.
44 Não estou aqui comprometendo Sócrates com o princípio de que se A acredita que *p*, então A acredita que A acredita que *p*, que a passagem de Polo pareceria violar. Em vez disso, estou comprometendo Sócrates com o princípio de que se A acredita que A acredita que *p*, então A acredita que *p*, o qual não é violado em nenhuma parte dos diálogos socráticos, até onde tenho conhecimento, e que é apoiado pelo compromisso de Sócrates com a noção que simplesmente exige que o interlocutor seja sincero ao responder às perguntas.

são frequentemente confusas, vagas e indefinidas; elas também ocorrem em vários graus.

Nada disso, contudo, mostra que o "Argumento contra o construtivismo" falha. O que isso mostra é que a concepção de crença empregada na segunda premissa, como também na primeira, é ortodoxa e simplista demais para apreender a prática de Sócrates.[45] O elenco socrático não mostra que Laques, por exemplo, tem um conjunto de crenças determinadas e bem formadas, todas da mesma força, a respeito da coragem. Em vez disso, ele mostra que a condição doxástica de Laques acerca da coragem é confusa e indefinida. Suas crenças sobre a natureza da coragem não são bem formadas, nem determinadas e consistentes. Mas nada disso sugere que Sócrates exija que as premissas de seus episódios elênquicos sejam mais determinadas, ou sustentadas com mais força, do que o compromisso do interlocutor com o refutando aparente. Tudo que Sócrates exige é que o interlocutor reconheça ou tenha consciência de seu compromisso doxástico (seja diretamente ou por inferência). A estratégia comum de Sócrates para examinar a sabedoria de um interlocutor é testar sua coerência doxástica, evidenciada pela tentativa sincera do interlocutor de responder às perguntas de Sócrates de acordo com o que pensa crer. A incoerência doxástica, contudo, pode não ser um resultado de crenças determinadas e inconsistentes, todas da mesma força, mas antes um resultado de crenças indefinidas ou confusas, ou concordâncias, ou quase crenças.[46] A evidência de tal incoerência doxástica não fornece nenhuma razão para supor que alguma crença supostamente visada seja falsa, ou que sua negação seja verdadeira. Para isso precisamos de evidências de que Sócrates pense que o grau da crença ou sua nitidez de definição carreguem

---

45 Embora seja uma questão em aberto se Sócrates e/ou Platão teriam pensado que ela está errada. A sugestão de Platão de que a crença é um diálogo silencioso (*Sofista* 263e e *Teeteto* 189e-190a) pode indicar que ele não pensaria. Suspeito que a evidência dos diálogos socráticos subdetermina a resposta. Não obstante, isso de fato sugere um projeto de pesquisa valioso. *Cf.*, por exemplo, Brickhouse e Smith (1994, p. 73-83).

46 Para a distinção entre crença e concordância, *cf.* Cohen (1992), e para a noção de quase crenças ou crenças parciais, *cf.* Morton (2002, p. 55-80).

consigo algum peso epistêmico.[47] Mas não se pode encontrar nenhuma evidência desse tipo.

É claro que uma estratégia de examinar a coerência doxástica de seus interlocutores a fim de examinar sua suposta sabedoria pressupõe uma concepção bastante robusta de conhecimento ou sabedoria.[48] Uma vez que Sócrates repetidamente considera que a descoberta da incoerência doxástica revela a falta de sabedoria do interlocutor, ele deve estar pressupondo no mínimo que a coerência doxástica seja uma condição necessária da sabedoria. Uma tal concepção robusta de sabedoria é apresentada como uma característica adicional do método socrático, para a qual nos voltaremos agora.

8.3 O elenco como teste de definições

Até aqui, não dissemos nada (exceto de passagem) sobre o que Aristóteles enfatiza como um elemento central do método característico de Sócrates – sua preocupação com a definição.[49] Embora Platão não enfatize esse elemento do método socrático na *Apologia*, ele certamente o faz em outros diálogos socráticos. Dos catorze diálogos socráticos, seis são primariamente voltados para definições: *Eutífron, Cármides, Hípias maior, Laques, Lísis*[50] e *República* I, enquanto três outros contêm seções substanciais voltadas para definições: *Protágoras* 312c-314d, *Górgias* 449a-466a e *Mênon* 71d-79e. Após apresentar brevemente as principais condições de adequação da definição socrática, concluirei este capítulo discutindo a conexão entre

---

47 Mesmo isso não seria suficiente. Precisaríamos de evidência de que todas as premissas dos episódios elênquicos são sustentadas com mais força ou são mais definidas que o compromisso do interlocutor com o refutando aparente.
48 Durante todo o tempo tenho usado e continuarei a usar "conhecimento" (*epistemê*), "sabedoria" (*sophia*) e "perícia" (*tekhnê*) de modo intercambiável seguindo Platão, pelo menos nos diálogos socráticos. Cf. Benson (2000, p. 10-11).
49 Deixo aqui reservada para outro momento a menção de Aristóteles da indução (*epagoge*); *cf.* brevemente Benson (2000, p. 77, n. 82), e agora McPherran (2004).
50 Há alguma disputa sobre se o *Lísis* é genuinamente voltado para uma definição. Cf., por exemplo, Sedley (1989).

essa preocupação socrática e a preocupação de Sócrates de examinar a suposta sabedoria daqueles que ele porventura encontra.

Deixe-me começar com uma advertência. Embora seja tradicional discutir esse interesse socrático como um interesse por definições, devemos ter cuidado. Sócrates de fato usa às vezes a palavra grega para definição (*horimos*) nesses diálogos, mas é sua fascinação e preocupação com uma certa forma de pergunta que é digna de nota. A pergunta em questão é: "o que é F?", em que 'F' é um marcador de posição para algo como uma propriedade ou natureza suscetível em princípio a múltiplas manifestações. Por exemplo, no *Laques,* Sócrates procura uma resposta para a pergunta "o que é a coragem?"; no *Eutífron,* "o que é a piedade?"; no *Cármides*, "o que é a temperança?"; no *Mênon*, "o que é a virtude?"; e no *Protágoras*, "o que é um sofista?". Sócrates ilustra suas perguntas com exemplos como "o que é uma abelha?", "o que é uma figura?" e "o que é a cor?" no *Mênon*, e "o que é a rapidez?" no *Laques*. Menciono isso principalmente para nos lembrar de que descrever a preocupação de Sócrates aqui como uma preocupação com definições já é interpretar o texto. O que o texto apresenta é uma preocupação fundamental com a pergunta "o que é F?" Descrever essa preocupação como uma preocupação com definições é o mesmo que compreender a pergunta "o que é F?" de uma maneira particular – uma maneira que é, de fato, potencialmente enganosa.

É quase certo que ao procurar responder à sua pergunta "o que é a piedade?", por exemplo, Sócrates não está perguntando pelo significado da palavra "piedade" (ou melhor, pelo significado da palavra *hosiotes*). Ele certamente não está fazendo uma pergunta que poderia ser respondida usando um dicionário. Está fazendo o mesmo tipo de pergunta que os cientistas fazem quando perguntam "o que é a água?" e descobrem que a resposta é "água é H_2O". Poderíamos explicar esse ponto sustentando que ao fazer sua pergunta "o que é F?", Sócrates está à procura de uma definição real, diferente de uma definição nominal,[51] mas seria menos anacrônico sustentar que Sócrates esteja à procura da essência ou natureza essencial. O próprio

---

51 *Cf.* Locke (1961, p. 3.3) e, por exemplo, Fine (1992, p. 202).

Sócrates explica que ao perguntar "o que é a piedade?", por exemplo, ele está buscando "a própria forma pela qual todas as coisas piedosas são piedosas". Ao fazer sua pergunta "o que é F?", Sócrates está à procura do que faz as coisas que são F serem F. Ele está buscando o que explica por que as ações piedosas são piedosas.

Em adição a essa exigência explicativa, Sócrates exige que as respostas para sua pergunta "o que é F?" sejam coextensivas a coisas que são F. Ele explica isso sustentando que as respostas para sua pergunta "o que é F?" devem estar em (*Mênon* 73a1-3), dar-se através de (*Mênon* 74a9), ser comuns a (*Mênon* 73d1), ser sobre (*Mênon* 75a4-5), ou ser possuídas (*Mênon* 72c6-d1) por todas as coisas que são F, e somente por elas. Por exemplo, Sócrates opõe-se à resposta de Eutífron de que a piedade é perseguir malfeitores, com base no argumento de que, segundo Eutífron, perseguir malfeitores não é algo comum a todas as ações piedosas. Por outro lado, ele se opõe à resposta de Górgias de que a retórica é a arte que utiliza a fala, com base no argumento de que isso não pertence apenas aos retóricos.

Finalmente, Sócrates indica que uma resposta a sua pergunta "o que é F?" deve ser "aquilo que é chamado de F em todas as coisas que são F, e somente nelas". Por exemplo, ao explicar sua pergunta "o que é a coragem?" a Laques no *Laques*, Sócrates explica que ao perguntar "o que é a rapidez?" ele está perguntando pelo que é chamado de rapidez em todas as coisas rápidas, e somente nelas (192a9-10). Com essa condição, estamos quase de volta ao ponto de partida. Alguns comentadores consideram que essa condição indica a preocupação de Sócrates com os significados, enquanto outros sustentam que essa assim chamada condição semântica é compatível com uma preocupação socrática, com as assim chamadas definições reais. Independentemente de como este último debate seja resolvido, podemos concluir essa breve excursão pela natureza da definição socrática sustentando que, de acordo com Sócrates, uma resposta adequada para sua pergunta "o que é F?" deve apelar para o que é chamado de F em todas as coisas que são F e somente nelas, o que pertence às coisas que são F e somente a elas, e o que faz as coisas que são F serem F.[52]

---

52 Para uma discussão mais extensa sobre a natureza da definição socrática, *cf.* Benson (2000, p. 99-111). *Cf.* também Vlastos (1981) e Wolfsdorf (2003).

Com essa explicação da definição socrática em mãos, alguém pode se perguntar o que motiva a preocupação de Sócrates com a definição. Por que Sócrates dedica tanto tempo buscando respostas para suas perguntas "o que é F?" com seus interlocutores? No passado, já foi um lugar-comum responder a essa pergunta apelando em parte para a crença de Sócrates de que o conhecimento da definição – isto é, o conhecimento da resposta para uma pergunta socrática do tipo "o que é F?" – é anterior ao conhecimento de qualquer outra coisa acerca de F.[53] Assim, Eutífron não pode acuradamente afirmar saber que processar seu pai por assassinato é uma ação piedosa, se ele não sabe o que é a piedade, nem Mênon pode afirmar saber que a virtude pode ser ensinada, se ele não sabe o que é a virtude. Nos diálogos socráticos, Sócrates testa a suposta sabedoria de seus interlocutores fazendo-lhes a pergunta "o que é F?" relevante, e nosso exame anterior do método elênquico indica que ele considera a coerência doxástica do interlocutor como uma condição mínima do conhecimento deste sobre a resposta para a pergunta. Se Hípias, por exemplo, pretende manter sua reputação de sabedoria acerca de belos discursos e atividades, ele deve pelo menos manter sua coerência doxástica no decurso de um teste elênquico de seu conhecimento sobre o que é a beleza.

Em décadas recentes, contudo, surgiram várias objeções contra a atribuição dessa visão da prioridade do conhecimento de definições a Sócrates nos diálogos socráticos. Não será meu propósito nas páginas restantes responder completamente a essas objeções, nem de outro modo defender essa atribuição. Em vez disso, voltarei-me para a objeção que considero estar no centro das outras, e sugerirei uma resposta que se integra bem à explicação do método socrático que estive desenvolvendo.

A maioria das objeções à atribuição da prioridade do conhecimento de definições a Sócrates nos diálogos socráticos se enquadra mais ou menos em dois grupos – primeiro, que não há nenhuma evidência textual

---

53 *Cf.* Robinson (1953, p. 51), que por muito tempo safou-se com a afirmação de que os diálogos davam a "vaga impressão" de que Sócrates tinha esse compromisso. Podemos exprimir a prioridade do conhecimento de definições da seguinte maneira: "Se A não sabe o que é F, então A não sabe, para qualquer x, que x é F, ou para qualquer G, que F é G."

convincente para atribuir a Sócrates tal visão de prioridade,[54] e segundo, que há boas evidências textuais contra a atribuição dessa visão a Sócrates.[55] Mas no centro desses dois primeiros tipos de objeção encontra-se uma terceira objeção – de que a prioridade do conhecimento de definições é falsa. Ela é simplesmente implausível demais para ser atribuída a alguém como Sócrates.[56] A implausibilidade da visão é familiar a partir de Wittgenstein (entre outros).[57] Como Peter Geach sucintamente expressou em um artigo clássico: "Sabemos um monte de coisas sem sermos capazes de definir os termos nos quais expressamos nosso conhecimento".[58] É essa a objeção de implausibilidade que motiva as outras duas. Se Wittgenstein e Geach estiverem corretos, devemos esperar evidências virtualmente incontestáveis antes de atribuir a Sócrates algo semelhante a essa visão. Além disso, qualquer evidência textual, mesmo pequena, será suficiente para deixar de atribuir a Sócrates uma visão tão obviamente implausível. O resultado é que se Wittgenstein e Geach estiverem corretos, não podemos mais nos contentar com o julgamento de Robinson de que os diálogos socráticos dão a "vaga impressão" de que Sócrates está comprometido com a prioridade do conhecimento de definições.

Mas nem todo mundo optou por esse tipo de resposta para a objeção de implausibilidade. Nem Geach nem Wittgenstein tomaram a implausibilidade da visão como uma razão para negar que Sócrates a sustentasse. Em vez disso, eles culparam Sócrates por esse "estilo de pensamento errôneo" que, de acordo com Geach pelo menos, foi mais influente até mesmo do que a Teoria das Formas de Platão, no decurso da filosofia pós-platônica.

---

54   *Cf.* Beversluis (1987, p. 215), Lesher (1987, p. 285) e Nehamas, (1986, p. 278-291).
55   *Cf.* Nehamas (1986, p. 292), Woodruff (1987, p. 22) e Vlastos (1994, p. 74).
56   Todos os três tipos de objeções são plausíveis e foram poderosamente defendidos, mas eles não deveriam sair vencedores. Para uma refutação detalhada dos dois primeiros tipos de objeção em particular, *cf.* Benson (2000, p. 112-141). Uma quarta objeção sustenta que a prioridade do conhecimento de definições é incompatível com as repetidas profissões de ignorância de Sócrates acerca das respostas às perguntas de tipo "O que é F?", e suas raras declarações de saber várias coisas. Para uma resposta a essa objeção, *cf.* Benson (2000, p. 223-238) e Wolfsdorf (2004).
57   *Cf.* Wittgenstein (1965, p. 19-20) e (1958, seção 70). *Cf.* também Moore (1962, p. 225).
58   Geach (1966, p. 371).

Além disso, um argumento bastante forte sobre a melhor explicação apoia a atribuição dessa visão a Sócrates. Embora seja verdadeiro que Sócrates nunca enuncia explicitamente e em plena generalidade seu comprometimento com a prioridade do conhecimento de definições, e embora haja indicações no texto que podem ser entendidas como argumentação contra seu comprometimento, quando todas as passagens são postas lado a lado, as interpretações que buscam evitar esse comprometimento socrático começam a parecer *ad hoc*, parciais e forçadas. Atribuir a Sócrates a plena prioridade geral do conhecimento de definições começa a parecer uma melhor explicação dos vários textos.[59] Consequentemente, em vez de apelar para a caridade para forçar uma variedade de atribuições aparentemente *ad hoc*, parciais e manipuladas, faríamos melhor em deixar a caridade nos forçar a reavaliar a implausibilidade da visão sobre a prioridade.[60]

Wittgenstein, Geach, *et al.* se opõem à prioridade do conhecimento de definições com base no argumento de que temos conhecimento – no sentido ordinário ou justificado de conhecimento – de "um monte de coisas" sobre F sem saber o que é F. Mas dada a frequência de passagens que podem ser explicadas por um apelo à prioridade do conhecimento de definições, a caridade poderia levar alguém a questionar se o conhecimento empregado nessa visão é o conhecimento no sentido ordinário. Em vez de pensar que a visão implica que alguém não pode saber no sentido ordinário nada mais sobre F antes de saber o que é F, poderíamos ser mais caridosos com Sócrates e pensar que ele não tem o sentido ordinário de conhecimento em mente. O que a atribuição da prioridade do conhecimento de definições a Sócrates indica não é que ele está comprometido com uma visão implausível, mas que ele está comprometido com uma concepção de conhecimento mais forte do que a ordinária. Sócrates poderia concordar com Wittgenstein, Geach, *et al.* que podemos saber no sentido ordinário – na medida em que

---

59 Para uma defesa mais longa e completa dessa inferência da melhor explicação, *cf.* Benson (1990, p. 19-44). Para a refutação mais detalhada dessa defesa, *cf.* Brickhouse e Smith (1994, p. 45-54).
60 Para outras respostas, *cf.* Prior (1998) e Wolfsdorf (1994, p. 39-66).

Sócrates reconheceria tal sentido de conhecimento[61] – um monte de coisas sobre F antes de saber o que é F. Mas o apelo de Sócrates à prioridade do conhecimento de definições indica que ele tem pouco ou nenhum interesse em tal sentido de conhecimento. Ele está interessado em um sentido de conhecimento mais forte e robusto, e este é aquele tipo de conhecimento que alguém não pode ter sobre nada a respeito de F antes de saber o que é F. De fato, descobrir que Sócrates está comprometido com tal sentido de conhecimento não deveria nos surpreender, à luz de tudo mais que aprendemos a respeito do método socrático neste capítulo. Devemos lembrar que o método característico de Sócrates é motivado por seu reconhecimento de sua falta de conhecimento de "montes de coisas" e por seu desejo de retificar essa ignorância examinando as alegações de conhecimento de outras pessoas. Além disso, devemos lembrar que seu método de retificar essa ignorância – aprender com aqueles cujas alegações de conhecimento forem validadas – é frustrado por sua falha absoluta em confirmar as alegações de conhecimento daqueles que ele examina. Finalmente, devemos lembrar que seu método de examinar essas alegações de conhecimento depende de examinar a coerência doxástica daquele cujo conhecimento está sendo examinado, e quando as crenças do indivíduo são reveladas como doxasticamente incoerentes, Sócrates conclui que ele carece do conhecimento que alega ter. Tal condição de conhecimento dificilmente é ordinária, e sugere uma concepção robusta. Consequentemente, a preocupação de Sócrates com a definição entendida desse modo se ajusta bem ao restante de seu método característico.

8.4 Conclusão

Neste capítulo, sustentei que nos diálogos elênquicos Platão nos apresenta um método socrático coerente e distintivo. Esse não é o único método que Sócrates pratica nesses diálogos, embora tenda a predominar. É o

---

61 *Cf.* "conhecimento elênquico" [*elenctic knowledge*] em Vlastos (1994, p. 39-66).

método que Sócrates considera ter conduzido ao seu julgamento e eventual execução, e consequentemente é um método que ele considera como distintivo, mas não único, dele próprio. Além disso, esse é o método pelo qual ele busca examinar as alegações de conhecimento robusto daqueles que têm a reputação de serem sábios. Ele faz isso por duas razões. Primeiro, ele visa encorajar esses indivíduos a buscarem o conhecimento robusto que eles não possuem, se de fato for revelado que eles não o possuem. Segundo, ele visa adquirir deles o conhecimento que ele não possui, se for revelado que eles o possuem. Finalmente, ele examina o conhecimento robusto desses indivíduos testando sua coerência doxástica mediante uma série de perguntas, frequentemente começando com sua famosa pergunta "O que é F?". Tal explicação do método característico de Sócrates é coerente e plausível quando compreendida de modo apropriado. Essa explicação é o elenco socrático.

9 Autoexame

CHRISTOPHER ROWE

Há dois textos que podem ser considerados fundamentais para a compreensão da noção socrática de autoexame: um da *Apologia* e um do *Fedro* (Neste capítulo, limitarei-me à discussão da noção conforme ela aparece em Platão, sem afirmar que Platão nos fornece a versão socrática autêntica [isto é, histórica] – embora eu não conheça nenhuma evidência que interfira seriamente com tal afirmação).

1. *Apologia* 37E3-38A6:

> Talvez alguém diga: "Mas Sócrates – por que você não poderia deixar Atenas e ficar de boca fechada, vivendo uma vida tranquila?" Persuadir alguns de vocês a respeito disso é o mais difícil. Se eu disser que viver uma vida tranquila é desobedecer ao deus e que, portanto, é impossível fazê-lo, vocês não acreditarão em mim pois pensarão que estou sendo irônico. Se, por outro lado, eu disser que é realmente um bem da mais alta ordem para um ser humano passar cada dia *em discussões sobre a virtude* [ou 'excelência', 'bondade': *aretê*] *e sobre as outras coisas acerca das quais vocês me ouvem conversar, e examinando a mim mesmo e os outros, e que a vida não examinada não é digna de ser vivida por um ser humano* – se eu disser isso, vocês acreditarão ainda menos.

2. *Fedro* 229E4-230A6:

> Por mim mesmo [é novamente Sócrates quem está falando], de modo algum tenho tempo para essas coisas [a saber, racionalizar mitos tradicionais como o de Bóreas e Orítia], e a razão para isso, meu amigo, é a seguinte. Não sou ainda capaz, em concordância

com a inscrição délfica, de "conhecer a mim mesmo"; parece-me, portanto, absurdo que, enquanto eu seja ainda ignorante desse assunto, eu investigue coisas que não me dizem respeito. Assim, despedindo-me dessas coisas e acreditando no que comumente se pensa sobre elas, investigo [...] não estas coisas, mas a mim mesmo, para ver se sou de fato uma besta mais complexa e mais violenta do que Tífon [um dragão de cem cabeças que foi o último obstáculo para a ascensão de Zeus ao reinado sobre os deuses],[1] ou uma criatura mais mansa e mais simples, partilhando de alguma parcela divina e não tifônica por natureza.

Deixarei a passagem 2 de lado, por enquanto, e me concentrarei na passagem 1.

9.1 O "autoexame" na apologia e em alguns outros diálogos platônicos intimamente relacionados

O que é exatamente que Sócrates "examina" (o verbo é *exetazein*) quando ele fala sobre "examinar a mim mesmo e aos outros"? A visão comum é que Sócrates examina suas próprias *convicções*[2] e as dos outros. Suponhamos – como fazem muitos estudiosos – que o método típico de Sócrates é partir da *convicção* de um interlocutor sobre o que é uma das "virtudes" (note-se a referência na passagem 1 a "discussões sobre a virtude e outras coisas"), e seguir dali para outras coisas sobre as quais seus interlocutores estão convencidos, ou nas quais eles acreditam, a fim de fazê-los pensar em abandonar aquela primeira convicção ou crença: então será natural supor que o que ele está fazendo é procurando pela *consistência nos conjuntos de crenças das pessoas*.[3] Acrescente-se a suposição de que toda pessoa tem pelo menos

---

1 *Cf.* Hesíodo, *Teogonia* 820 ss.
2 *Cf.*, por exemplo, Vlastos (1991, p. 134: "[...] o argumento elênquico é o processo mesmo do qual [Sócrates] depende para testar a verdade de suas próprias convicções sobre a maneira correta de viver, não menos do que aquelas de seu interlocutor").
3 "O método pelo qual Sócrates 'examina a si mesmo e aos outros', que estou chamando de

algumas crenças ou convicções verdadeiras, sobre as coisas que realmente importam, e que Sócrates em particular terá tido sucesso em remover todas ou a maioria de suas próprias falsas crenças ou falsas convicções, e estaremos no caminho para a posse de um método para descobrir verdades reais sobre "a virtude e outras coisas [relevantes]" – dado, é claro, que se aceite a suposição crucial de que haja alguma verdade em meio às crenças das pessoas, ou ao menos entre as de Sócrates (de modo que tudo que precisa ser feito, em princípio, é organizar essas crenças).[4] Essa análise do "autoexame" socrático pode bem parecer receber uma confirmação indireta a partir da introdução, no *Mênon*, no *Fédon* e no *Fedro*, da "doutrina" ou teoria da "recordação". Segundo essa teoria, todos nós – talvez – temos conhecimento de verdades eternas latentes em nossas almas esperando apenas para serem "recordadas". Embora o Sócrates da *Apologia* seja agnóstico acerca de pelo menos parte do complexo conjunto de ideias sobre a natureza, a origem e o destino da alma que é introduzido – naqueles outros diálogos – para dar suporte à teoria da recordação, não obstante, pode parecer haver uma agradável continuidade e parentesco natural entre, por um lado, a proposta de que temos apenas (apenas!) que interrogar a nós mesmos, e nossas almas, para chegar à verdade, e por outro lado, o tipo de teoria de ideias inatas que parecemos encontrar no *Mênon*, no *Fédon* e no *Fedro*.

Portanto, segundo essa explicação, o autoexame seria uma maneira de chegar à verdade, com base no princípio de que a verdade está de algum modo presente em nós mesmos; mas ele seria também, de modo importante, uma questão de examinar e chegar a conhecer nosso *eu* – isto é, nosso verdadeiro eu – conforme este é revelado pelo descarte das falsas crenças e a identificação daquelas que são verdadeiras (Estas não são apenas as crenças verdadeiras ou profundas de uma pessoa, aquelas que a pessoa

---

'elenco' [...], envolve a forma de argumento que Aristóteles haveria de chamar de 'peirástico': uma tese é refutada quando, e somente quando, sua negação é derivada *'das próprias crenças daquele que responde'* (*Soph. El.* 165b3-5)" (VLASTOS, 1991, p. 111, itálico acrescentado).

4   Uma visão desse tipo sobre o método socrático é sustentada por Donald Davidson, seguindo Gregory Vlastos; Davidson acha que aquela (que chamei de) "suposição crucial" tem uma boa chance de ser verdadeira em qualquer caso. *Cf.* Rowe (2005), que discute a posição de Davidson.

verdadeiramente ou realmente sustenta, mas as crenças sustentadas por alguém que são realmente verdadeiras.). A partir daí, pode faltar apenas um pequeno passo para se chegar ao tipo de visão que encontramos no *Primeiro Alcibíades*[5] (quer este seja ou não um diálogo de Platão): que o que precisamos é chegar a conhecer a nós mesmos, e conhecer a nós mesmos é uma questão de saber que somos idênticos a nossas almas, e não a nossos corpos ou à combinação de alma e corpo.[6] De qualquer modo, o Sócrates de Platão parece pensar geralmente que cuidar de nossas almas, portanto de nós mesmos, tem tudo a ver com organizar nossas crenças. Sobre a interpretação em questão (o autoexame como o exame, por parte da pessoa, dos conjuntos de crenças pessoais), esse processo tem a ver com examinar e ordenar *nossas próprias crenças individuais*, mantendo algumas e jogando fora outras – um tipo de terapia intelectual individual (mesmo que todos terminem, supostamente, com exatamente o mesmo conjunto verdadeiro de crenças).[7] Isso – segundo a mesma interpretação – é o que Sócrates ajuda os outros a realizar, mas também, de modo mais importante, o que ele visa realizar por si mesmo: "Sócrates está mais preocupado com testar sua própria alma. E ele a testa para ver se ela tem crenças verdadeiras, assumindo que elas [isto é, as crenças, supostamente] determinam o caráter [...]".[8] Visto desse modo, o autoexame é um meio de melhoria de si, que fará emergirem – assim Sócrates espera – verdades reais ao longo do caminho.

Esse modo de compreender a *Apologia* se ajusta bem a outra característica da conversa socrática, a exigência de que o interlocutor sempre diga o que pensa (*cf.*, por exemplo, *Críton* 49D-E, *Górgias* 495A). Como alguém poderia examinar as crenças de outra pessoa sem saber quais são de fato essas crenças? A mesma compreensão também parece – à primeira vista – se ajustar de muito bom grado a um bem conhecido contexto do

---

5   *Cf.* Annas (1985).
6   *Cf. Alcibíades I* 124A, 130E-131B, 132C-133E.
7   Isto é, acerca dos assuntos mais importantes, aqueles que afetam a qualidade de nossas vidas (*cf.* passagem 2: Sócrates não se preocupará muito, por exemplo, com a verdade ou falsidade da história de Bóreas e Orítia).
8   Irwin (1979 [comentário sobre o *Górgias*], p. 182, sobre *Górgias* 486D).

Górgias, quando Sócrates diz, extraordinariamente, que "Eu *e você* [Polo] *e todo o restante da humanidade consideramos* que cometer uma injustiça é pior do que a sofrer, e que não cumprir a pena pela injustiça é pior do que a cumprir" (474B3-5) – quando Polo afirma de fato acreditar exatamente no oposto, e plausivelmente acrescenta à barganha que todo mundo, exceto Sócrates, concordará com ele. Segundo a interpretação usual dessa conversa, o que Sócrates faz em seguida é encontrar alguma outra coisa em que Polo acredita (a saber, que cometer uma injustiça é mais *vergonhoso* do que sofrê-la) e deduzir disso o que ele, Sócrates, diz a respeito da injustiça. Em princípio, tal procedimento pode muito bem ser tomado como uma investigação sobre as crenças mais profundas do próprio Polo.

No entanto, há também uma boa razão para rejeitar essa abordagem (e também a interpretação geral que ela representa). O argumento que Sócrates usa aqui no *Górgias* para passar de "mais vergonhoso" (*aischion*) para "pior" (*kakion*) é geralmente considerado um argumento nitidamente pobre, que não consegue mostrar coisa alguma: se é assim, então sua afirmação sobre aquilo em que Polo e outros *realmente acreditam* tem probabilidade de parecer meramente provocativa (e mesmo que, como eu mesmo suponho, o argumento atue sobre as premissas do próprio Sócrates, isso dificilmente ajuda).[9]

Tampouco, se nos voltarmos para a motivação de Sócrates para exigir que seus interlocutores "digam o que pensam", esta precisa ser ligada a qualquer

---

9   Proponho que a afirmação de Sócrates em *Górgias* 474 é baseada na ideia de que, ao falar sobre a justiça e a injustiça, Polo e todas as outras pessoas estarão se referindo *ao que a justiça e a injustiça são realmente* – o que trará consigo todo tipo de consequências que estão em conflito com o que Polo e outros agora querem dizer sobre a justiça e a injustiça, embora esse fato não seja reconhecido por eles atualmente, e eles estejam ao mesmo tempo dizendo coisas (por exemplo, que cometer uma injustiça é mais vergonhoso do que sofrê-la) que, quando adequadamente compreendidas, de fato acompanham o que é realmente verdadeiro acerca da injustiça. Nessa medida, a afirmação de Sócrates sobre o que Polo (e outros) "consideram" é quase tão provocante quanto sua sugestão no *Protágoras* de que Simônides é real e verdadeiramente um socrático pleno (*cf. Protágoras* 339D-347A). No entanto, o ponto subjacente acerca da referência – aquilo sobre o qual todo mundo, ou qualquer um, estará falando quando discutir a justiça e a injustiça serão *as coisas reais justiça e injustiça* – deve ser tomado com absoluta seriedade. Acerca do princípio envolvido (o "princípio da referência real"), *cf.* a Parte II de Penner e Rowe (2005).

desejo de investigar suas crenças mais íntimas. Pedir que a outra pessoa diga o que pensa pode ser certamente apenas uma precaução elementar contra ser muito facilmente enganado por assunções errôneas, realizando passos falsos (Meramente dizer "que seja" será uma questão de ver em qual direção o argumento segue se aquela premissa em particular for verdadeira ou falsa – o que é uma característica de certos tipos de discurso, sejam eles retóricos ou "erísticos",[10] contra os quais o Sócrates de Platão repetidamente se indispõe.). E, aliás, o que Sócrates e seus interlocutores discutem não é usualmente marcado como algo com o qual qualquer um – seja Sócrates ou a outra pessoa – está particularmente *comprometido*.[11] Se frequentemente Sócrates leva tempo para entender o que as pessoas têm em mente quando elas dizem algo, novamente isso não precisa ter nada a ver com descobrir no que elas realmente acreditam; aquilo que elas simplesmente, porventura, propõem como resposta a uma pergunta – quer essa pergunta esteja ou não ligada ao que elas reconhecem como suas crenças – pode por si mesmo necessitar de qualificação, e de fato usualmente será esse o caso.[12] Assim, mesmo se aquilo que Sócrates e seu interlocutor acabam por derivar daquilo com que eles começaram puder contar em algum sentido simples como a "crença" de um ou outro ou de ambos, isso estará longe de ser o que normalmente contaria como uma "convicção".

Isso não significa negar que haja ocasiões em que os interlocutores sejam encontrados defendendo suas convicções: o que Trasímaco defende no primeiro livro da *República* é certamente algo do qual ele está convencido, de fato apaixonadamente; e algo semelhante ocorre com Cálicles no *Górgias*. O comprometimento de ambos os homens com suas posições é

---

10 "Erística" é uma forma de especialidade verbal que coloca a vitória no argumento acima de qualquer outro fim: Eutidemo e Dionisodoro no *Eutidemo* são erísticos por excelência.

11 Algumas partes do *Primeiro Alcibíades* (doravante meramente *Alcibíades*) podem parecer sugerir um interesse desse tipo em relação ao eu individual, mas em uma análise mais detalhada isso se revela como uma ilusão. Assim, por exemplo, uma passagem sobre "o si em si mesmo" (*to auto auto*: 130e-131b) visa simplesmente explicar o que é examinar algo (qualquer coisa) em, ou por, si mesma, e o *Alcibíades* não mostra nenhum outro interesse sobre o que são os seres humanos do que ele mostra pelo que uma *coisa* individual *qualquer* é.

12 O *Cármides* fornece numerosas ilustrações desse ponto (*cf.* adiante).

fortemente enfatizado. Mas essas são exceções. Uma situação muito mais comum é aquela que Sócrates descreve no *Cármides*:

> Mas eu [Sócrates] disse, "Crítias, você me pressiona como se eu alegasse ter conhecimento das coisas sobre as quais pergunto, e como se eu fosse concordar com você se eu quisesse, simplesmente; mas não é assim. Antes, *eu investigo com você em cada ocasião o que é apresentado*, justamente porque eu mesmo não sei a resposta". (*Cármides* 165B5-C1)

Sócrates, Cármides e Crítias consideraram uma série de diferentes explicações de *sôphrosunê*, sem mostrarem, separados ou em conjunto, qualquer grande apego a qualquer uma delas: elas são apenas explicações que foram "apresentadas" – se Crítias está inclinado a defender suas candidatas, isso é apenas porque ele não gosta de perder.[13]

Mas como, nesse caso, devemos entender a ideia do *auto*exame? Novamente o *Cármides* é revelador. Pouco depois da passagem que acaba de ser citada, Crítias acusa Sócrates de tentar meramente refutar a ele, Crítias, sem qualquer preocupação com o assunto em questão – ao que Sócrates responde:

> Que coisa a pensar de mim, [...] mesmo que eu esteja de algum modo refutando você – pensar que estou refutando você com qualquer outro propósito senão o de investigar completamente o que *eu* estava dizendo, por medo de que eu alguma vez pensasse, sem perceber, que sabia algo quando não sabia. Agora, da mesma maneira: *isto* é o que afirmo estar fazendo, examinando o que foi dito, principalmente em meu próprio benefício, mas talvez também no de meus amigos; ou você não supõe que seja uma coisa boa para praticamente toda a raça humana que o modo de ser de cada uma das coisas que são [o caso?] torne-se claro? (*Cármides* 166C7-D6)

---

13 O termo *sôphrosunê* aqui é virtualmente intraduzível: tradicionalmente ele é "temperança", supostamente por causa de sua associação com o autocontrole – isto é, controle de alguém sobre seus próprios desejos –, mas enfaticamente ele não é isso no *Cármides*. "Saúde mental" seria uma tradução melhor: *cf.* adiante.

O que está claramente em questão aqui não é aquilo em que as pessoas acreditam, ou do que estão convencidas, mas antes se elas *sabem* ou não alguma coisa. O autoexame é uma extensão do exame dos outros, ou vice-versa – e será um *auto*exame apenas na medida em que for um exame de como alguém se posiciona, por si mesmo, em relação ao conhecimento. Essa, para Sócrates, é a questão absolutamente fundamental.

Por quê? Porque para o Sócrates de obras como a *Apologia* e o *Cármides*, a única diferença que importa entre as pessoas é se elas são sábias ou não. A "virtude" ou "excelência" (ou "bondade": *aretê*) *é* conhecimento – esse é o tema do qual o Sócrates de toda uma série de diálogos dança, sem jamais o afirmar com firmeza; mas afinal como ele poderia afirmá-lo, se ele não sabe nada? Nenhum de nós deseja outra coisa senão o bem – real –, como nos diz o *Lísis*,[14] e como Diotima dissera a Sócrates, segundo seu relato no *Banquete* (205E-206A); a dificuldade para todos nós é estabelecer exatamente o que é o bem real em qualquer conjunto de circunstâncias. Nem mesmo Sócrates é ousado o suficiente para assumir que vai acertar (é *por isso* que ele diz continuamente que não sabe nada). A única maneira como ele ou qualquer pessoa pode acertar continuamente é se adquirir conhecimento; se o fizerem serão pessoas boas – "virtuosas", "excelentes" –, mas até que o façam não serão nem boas nem más – não serão boas porque não serão sábias, e não serão más porque não serão terminalmente ignorantes (isto é, dado que a bondade/"virtude" *é* conhecimento). Assim, o conhecimento tem importância absoluta; isso quer dizer, o conhecimento do que é realmente bom (que se revela como conhecimento, e a vida sábia) e do que é realmente mau (ignorância, e uma vida construída sobre a ignorância), porque somente ao possuirmos o que é realmente bom e evitando o que é realmente mau podemos ter o que todos desejamos (o bem real, também conhecido como felicidade). Se partirmos daí, saber o que alguém sabe ou não sabe será tudo o que esse alguém precisa para conhecer a si mesmo. Nada mais importa[15] (Isso também será compatível com o tratamento do

---

14 *Cf.* Penner e Rowe (2005).
15 Isto é, para a vida. Se eu sei que sei o que é bom/mau para mim (não importa como), posso seguir adiante e agir com base no que acredito/sei; se eu sei que não sei, então devo

autoconhecimento no *Alcibíades*, na medida em que este culmina na compreensão de que os únicos bens são bens da alma – e na medida em que os bens da alma se reduzem ao conhecimento).

Tudo isso se encontra logo abaixo da superfície do *Cármides*. Não muito antes da primeira das duas passagens do diálogo citadas anteriormente, Crítias propusera que a *sôphrosunê* era uma questão de "fazer o que diz respeito a si mesmo", que, em resposta ao questionamento de Sócrates, ele logo corrige para "fazer o que é bom (para si mesmo)". Mas, pergunta Sócrates, não é necessário que a pessoa que faz o que é bom para si mesma saiba quando está fazendo isso? Exatamente, diz Crítias – e esse é o ponto em que o autoconhecimento entra na discussão: a *sôphrosunê* basicamente (*schedon*) é uma questão de conhecer a si mesmo, Crítias agora afirma (164D3-4). Sócrates inicialmente converte isso em um conhecimento que é conhecimento do próprio conhecimento – isto é, uma consciência da presença ou ausência de conhecimento; e isso ele afirma considerar distintamente problemático. É bastante óbvio por que ele deveria estar interessado em tal especialidade, uma vez que essa é mais ou menos aquela que ele reivindica para si na *Apologia*, apesar de não ter nenhum (outro) conhecimento – isto é, nenhum conhecimento substantivo. Então a pergunta é: é possível ter um conhecimento (*epistêmê*) que seja apenas conhecimento do próprio conhecimento e de sua ausência (um não conhecimento, nesciência:

---

ser circunspecto sobre agir com base no que acredito, e começarei – se eu realmente tenho consciência de minha falta de conhecimento sobre o que realmente importa para mim – a procurar por esse conhecimento (fazendo filosofia). Pode ser tentador supor que saber o que é bom/mau *para* mim deva contar como conhecimento *sobre* mim. Mas isso seria pressupor não apenas 1) que o que é bom/mau para mim é específico a mim, mas 2) que o caminho para que eu seja feliz pode ser diferente do(s) caminho(s) pelo(s) qual/quais outras pessoas serão felizes; e embora Sócrates pudesse concordar com 1, na medida em que aquilo que pode praticavelmente gerar felicidade para uma pessoa em um dado conjunto de circunstâncias pode ser diferente do que pode praticavelmente gerar felicidade para outra pessoa em um conjunto diferente de circunstâncias, não temos nenhum fundamento para supor, e temos bons fundamentos para não supor, que ele concordaria com 2. Se ele aceitasse 2, seria difícil compreender, por exemplo, por que ele teria depositado tanta fé no argumento filosófico, que parece capaz de gerar muitos poucos resultados sobre o que torna uma pessoa feliz em contraposição a outra – se de fato existe tal coisa (Sobre a noção de "felicidade praticável", *cf.* PENNER e ROWE, 2005, p. 90, 263).

anepistêmosunê), sem que esse conhecimento exija um conhecimento *de* qualquer coisa além de si mesmo? Será que há visões, audições, sensações de qualquer tipo que são apenas de si mesmas, e não – absolutamente – dos objetos de outras visões, audições, sensações – isto é, objetos outros que não as próprias sensações... (e assim por diante com outros exemplos)? Certamente não! Ainda assim Sócrates não está disposto a desistir desse tipo de análise da *sôphrosunê*, e é perfeitamente claro que, se a *sôphrosunê* pudesse oferecer uma capacidade de distinguir conhecimento de ignorância, nossas vidas seriam mais felizes por causa disso. Isto é, nossas vidas seriam mais felizes se existisse algo como o conhecimento do conhecimento e da ignorância (e pudéssemos adquiri-lo) – não o conhecimento de qualquer velho conhecimento ou ignorância, mas o conhecimento do conhecimento e da ignorância sobre o que é bom e o que mau (174B-C), que é o que de fato dá a todos os outros tipos de perícias qualquer valor que elas possam ter. Então, se *isso* é o que a *sôphrosunê* é, ela será absolutamente tão benéfica para nós quanto Sócrates está convencido de que a *sôphrosunê* deve ser. Pois, uma vez que o que todos nós queremos é ser felizes, de posse do bem real, o conhecimento de nossa ignorância deve nos motivar para aquele tipo de investigação que é a única que pode nos conduzir a uma compreensão do que é o bem real (Ou, no caso improvável[16] de sabermos que já temos essa compreensão, tal conhecimento será um subproduto de nós a termos – tendo assim o que queremos).[17]

Não há espaço suficiente aqui para um tratamento completo do *Cármides* e dos volteios e reviravoltas às vezes desnorteantes de seus argumentos. Contudo, dificilmente pode deixar de ser significativo para o tópico do presente capítulo que a discussão mais extensa de Sócrates (ou de Platão) sobre o autoconhecimento[18] venha a ser uma discussão do princípio e da

---

16 "Improvável" apenas porque o próprio Sócrates alega ignorância – e ele passou a maior parte de sua vida no tipo necessário de investigação.
17 Se o que está em questão é a felicidade *praticável* (*cf.* n. 379), a lacuna entre saber o que queremos e de fato possuir aquilo não será mais do que conceitual e/ou temporária.
18 O "conhecimento do conhecimento" no *Cármides* é bem mais do que apenas *auto*conhecimento, na medida em que inclui o conhecimento do conhecimento nos outros. Mas ele incluirá de qualquer maneira o conhecimento de alguém sobre seu próprio (estado de) conhecimento.

possibilidade da atividade preferida do próprio Sócrates, a de examinar a si mesmo e os outros; o que é ainda mais significativo é que o conhecimento cuja presença a *sôphrosunê* ou "saúde mental" seria capaz de verificar, se fosse capaz do que Crítias alega para ela, seria o conhecimento do que é bom e do que é mau (identificado especificamente como aquilo que nos torna felizes, *eudaimones*, ou infelizes). Aqui está a visão de Sócrates sobre o que a *sôphrosunê* poderia fazer por nós:

> [...] que benefício obteríamos da *sôphrosunê* se ela fosse dessa natureza [isto é, conhecimento do conhecimento e da ignorância]? Bem, se [...] o homem que é *sôphrôn* soubesse o que ele sabe e o que ele não sabe (e que ele sabe o primeiro, mas não o segundo) e fosse capaz de investigar outro homem que estivesse na mesma situação, então seria de grande benefício para nós sermos *sôphronês*; pois aqueles de nós que tivessem *sôphrosunê* viveriam vidas livres de erro e o mesmo valeria para todos aqueles que estivessem sob nosso comando. Nem nós estaríamos tentando fazer coisas que não compreendemos – em vez disso encontraríamos aqueles que compreendessem e passaríamos o assunto para eles – nem confiaríamos naqueles que comandamos para fazer coisa alguma exceto aquilo que eles fariam corretamente, e isso seria aquilo de que eles possuíssem o conhecimento. E assim, por meio da *sôphrosunê*, toda casa seria bem conduzida e toda cidade bem governada, e assim seria em todo caso onde a *sôphrosunê* reinasse. E com o erro extirpado e a correção no controle, os homens nessas circunstâncias necessariamente viveriam de modo admirável e bem em todos os seus afazeres, e vivendo bem eles seriam felizes. Não é isso o que entendemos por *sôphrosunê*, Crítias, eu disse, "quando dizemos, que bom seria saber o que alguém sabe e o que alguém não sabe?".[19]

---

19 Donald Morrison, editor da versão inglesa do presente volume, objetou aqui que qualquer suposto benefício desse tipo de conhecimento dependeria de "[haver] pessoas nas redondezas que *de fato* sabem o que é bom e o que é mau, às quais pudéssemos transferir o assunto" (há especialistas sapateiros nas redondezas para consertar nossos sapatos com defeito, médicos para curar nossas doenças etc.). A isso respondo que o que Sócrates diz também pode ser lido, por exemplo, como uma crítica aos governos existentes (etc.), por agirem em busca de certos objetivos antes de terem perguntado se estes são de fato dignos de serem buscados. Aqui pensamos imediatamente no "programa" político da *República* (independentemente de como este deva ser lido).

(*Cármides* 171D1-172A5, tradução de Sprague, mas com pequenas modificações)

É claro que, neste ponto do diálogo, e também posteriormente, ainda falta estabelecer que o "conhecimento do conhecimento" é possível, e qual exatamente é sua relação com o conhecimento substantivo do que é bom e do que é mau (Estas são as questões das quais a dialética do *Cármides* e a *aporia* ou impasse no qual ele, pelo menos formalmente, termina são construídos). Mas dado o que Sócrates diz naquela passagem da *Apologia* a partir da qual iniciei (a passagem 1 anterior), ele dificilmente desistirá de qualquer um desses dois tipos de conhecimento: o que ele quer mais do que tudo é o conhecimento substantivo em questão, e uma precondição para que ele obtenha *aquele* conhecimento será saber se e quando ele, ou qualquer pessoa, o possui.

Penso que não é exagero afirmar que o próprio *Cármides* é um exemplo supremo de autoexame socrático: não apenas porque ele mostra Sócrates perguntando em que ele deve acreditar (discutindo com Crítias "por medo de que eu alguma vez pensasse, sem perceber, que sabia algo quando não sabia": *Cármides* 166D1-2), mas porque ele o mostra perguntando se suas próprias afirmações fundamentais vão se manter de pé, ou como e por que elas se mantêm de pé. Porém aqui, novamente, não há nada individual, no sentido de qualquer coisa *pessoal*, envolvido; o sujeito não é Sócrates, com todas as suas peculiaridades, sua história, seus traumas, e sua herança genética, mas um conjunto de ideias e um programa que, como ele propôs, deveriam ser adotados por todos, porque – afirma Sócrates – isso lhes permitirá viver vidas melhores – isto é, alcançar a felicidade que todos nós inevitavelmente queremos. Por paridade de raciocínio, ele só está interessado nas crenças de outras pessoas na medida em que ele desejará saber se deve adotá-las; "ou você não supõe que seja uma coisa boa para praticamente toda a raça humana que o modo de ser de cada uma das coisas que são torne-se claro?" (*Cármides*, 166D4-6, novamente). Se há uma "terapia" aqui, é a "terapia" do tutorial acadêmico (dirigido por um tutor amigável, beneficente, mas em última instância obcecado pela pesquisa, e que pensa que descobrir a verdade é mais importante que qualquer outra coisa); essa não é de modo algum a terapia do divã do psiquiatra – ou do psicoterapeuta –, e qualquer um que seja tentado a equiparar esta última à prática socrática simplesmente não entendeu Platão ou, eu arriscaria dizer, o Sócrates original.

Uma consequência imediata da leitura do autoexame e do autoconhecimento socráticos que acaba de ser proposta é que ela livra Sócrates da assunção de que a verdade se encontra de algum modo dentro de nós, se ao menos soubermos como procurar por ela.[20] É verdade que a teoria do aprendizado como recordação mostra que em algum momento Platão interessou-se pela possibilidade, talvez mesmo pela necessidade, de algum tipo de conhecimento inato; mas não é inevitável que vejamos isso como um resultado da investigação socrática,[21] que parece perfeitamente capaz de passar sem isso. A investigação socrática, a partir dos vislumbres que temos dela em obras como a *Apologia*, o *Lísis*, o *Cármides* ou o *Eutífron*, parece sentir pouca necessidade de hipóteses extravagantes sobre a origem da alma, ou mesmo sobre a natureza do aprendizado, na medida em que o progresso intelectual parece ser entendido como ocorrendo sem elas. De qualquer modo, dificilmente se pode dizer que a taxa de sucesso das propostas feitas pelos interlocutores do Sócrates platônico teria dado a ele muito encorajamento para supor que a verdade se encontra de algum modo em todos nós. Esse ponto não é ignorado pelo próprio Sócrates: ele relata na *Apologia* que uma busca sistemática por alguém mais sábio do que ele próprio não revelou ninguém com qualquer conhecimento significativo (portanto, o oráculo délfico está certo: ele é mais sábio que as outras pessoas, mas somente devido a sua consciência de que ele não sabe nada). A teoria, ou "doutrina", da recordação parece ser uma resposta para questões adicionais: se o conhecimento

---

20 *Cf*. acima. A assunção é fácil o suficiente para qualquer um (talvez como Davidson: *cf*. n. 368) que seja inclinado em algum grau para uma noção intersubjetivista de verdade; e bem mais difícil para um Platão ou um Sócrates. *Cf*. Rowe (2005).
21 "Ao mesmo tempo, pelo menos no *Mênon* [a doutrina da recordação] era uma teoria do método socrático, destinada a explicar como o processo dialético de elicitar as crenças de um interlocutor e testar a consistência delas não precisa ser inteiramente negativo e destrutivo; se a discussão for realizada com sinceridade e determinação, a investigação socrática pode levar ao conhecimento" (BURNYEAT, 1992 [1977], p. 57).

é possível, como Sócrates parece propor, mesmo enquanto sugere que ninguém o possui de fato, então como o reconheceríamos se nos deparássemos com ele,[22] e o que garantiria seu *status* como conhecimento?

Será então que não há mais nada no autoconhecimento do que uma pessoa saber se ela sabe ou não (a questão levantada no *Cármides*), e mais nada no autoexame do que descobrir a resposta para essa questão? A passagem de Burnyeat citada a seguir ilustra uma interpretação do autoconhecimento que à primeira vista sugere uma espécie de conciliação entre a interpretação que este capítulo tem recomendado até aqui e a que este capítulo tem até aqui feito o esforço de rejeitar (a de que conhecer a si mesmo, para Sócrates, assim como para nós, é uma questão de conhecermos a nós mesmos, de algum modo, como indivíduos únicos). A referência imediata é ao *Teeteto*, geralmente considerado pertencente a um período relativamente posterior entre os escritos de Platão, e certamente não um daqueles diálogos tradicionalmente chamados de "socráticos". Mas o que ela diz pode em princípio ser igualmente aplicável àqueles diálogos:

> [...] a educação socrática só pode ter sucesso com alguém como Teeteto, que tem consciência de, e pode aceitar, sua necessidade dela; essa medida de autoconhecimento é uma condição motivadora indispensável, pois sempre o maior obstáculo ao progresso intelectual e moral com Sócrates é a falta de disposição das pessoas de confrontarem sua própria ignorância.

> O autoconhecimento, portanto, não é apenas o objetivo da educação socrática. Ele é também, desde o início, uma força vital do próprio processo, que envolve e é sustentada pela crescente *consciência de seus próprios recursos cognitivos, e das forças e limitações desses recursos*, por parte do pupilo [...]. (BURNYEAT, 1992 [1977], 60; itálico acrescentado)

---

22 Esse tipo de pergunta, especificamente levantado no *Mênon* (resposta: porque aprender é apenas recordar), também está implícito no *Cármides*.

Por certo, o que está em questão é a "consciência *de seus próprios* recursos cognitivos [...]" por parte do pupilo/interlocutor. No entanto, isso precisa ser manuseado com bastante cuidado, para separá-lo da visão do autoexame como um exame das próprias crenças por parte de alguém. Como sugeri, não há nenhuma evidência para a visão – e proponho que o mesmo será verdadeiro quer estejamos falando sobre o *Teeteto* ou sobre um dos primeiros diálogos "socráticos" – de que para Sócrates

> alguém descobrir os limites de seu próprio conhecimento [isto é, descobrindo o que sabe e o que não sabe] é um primeiro passo necessário para esse alguém descobrir *em que realmente acredita*. [Uma] opinião precisará ser testada, mas tê-la formulado e *pensado sobre suas implicações e conexões com outras crenças* já é um passo rumo ao autoconhecimento. (BURNYEAT, 1992 [1977], p. 59; itálico acrescentado)

Sócrates – como eu disse – de fato frequentemente tem de passar algum tempo entendendo o que as pessoas realmente estão dizendo – por exemplo, com Crítias no *Cármides*, que em resposta ao questionamento de Sócrates tem de fazer várias tentativas de dizer o que é a *sôphrosunê* antes de chegar à proposição que os dois finalmente discutem. Contudo, de novo, isso dificilmente parece ter muito a ver com organizar as crenças de Crítias.[23] Tem mais a ver com o que Sócrates – e sem dúvida Platão, o autor – realmente deseja discutir. Minha afirmação neste capítulo é que o que está em jogo é algo muito mais simples do que aquilo que Burnyeat – e outros – sugere. Sócrates precisa saber, e seus interlocutores precisam saber, se o que está sendo proposto – pelos interlocutores[24] – em cada ocasião (*Cármides* 165b8) é verdadeiro ou não: primeiro porque todos eles precisam saber a verdade, segundo[25] porque, se eles não a tiverem

---

23   *Cf.* o texto relacionado ao n. 377.
24   Usualmente não por Sócrates, embora ele frequentemente dê um empurrão (se ele propõe algo por sua própria conta, como no *Lísis* 216C-217A, ele faz uma canção e uma dança sobre o quanto aquilo é incomum).
25   Acrescento, para fins de esclarecimento, que não proponho nem por um momento que "não haja [para citar o editor do presente volume] nada interessantemente intermediário entre

em mãos agora, eles precisam saber que não a têm, a fim de continuar a investigar em outro lugar.²⁶

9.2 O autoexame no Fedro

> Investigo [...] não estas coisas, mas a mim mesmo, para ver se sou de fato uma besta mais complexa e mais violenta do que Tífon ou uma criatura mais mansa e mais simples, partilhando de alguma parcela divina e não tifônica por natureza. [*Fedro* 229E4-230A6, passagem citada no início deste capítulo]

Este é evidentemente um tipo de autoexame bastante diferente do primeiro. A referência a Tífon lembra uma imagem da *República* IX, que representa a alma humana contendo três tipos de criaturas: uma besta multicolorida (*poikilos*) de muitas cabeças; um leão; e um homem – este último representando a parte racional; o leão representando a parte de nós que valoriza a honra e as recompensas da competição; e o monstro representando a parte que contém nossos variados apetites por comida, bebida, sexo, e assim por diante (No Livro IV, Sócrates já argumentara extensamente sobre a existência dessas três partes.). No próprio *Fedro*, as três partes são representadas de modo diferente e – no caso da parte apetitiva – bem mais gentil:²⁷ a

---

conhecer o puro fato de que alguém é ignorante, e conhecer a verdade sobre uma questão: que uma investigação autorreflexiva sobre os detalhes do próprio progresso não seja especialmente útil". Se o conhecimento do conhecimento e da ignorância é benéfico, então sempre será benéfico para alguém tentar ver se ele próprio progrediu. De fato, não consigo ver qual outra forma a "investigação" deveria assumir.

26   Burnyeat afirma que "os primeiros interlocutores de Sócrates, uma vez tendo apreendido o que lhes é perguntado, são bastante rápidos em produzir uma 'definição', ao passo que Teeteto necessita de Sócrates como 'parteiro'" (1992 [1977], p. 58); mas isso parece ser uma falsa antítese, especialmente se for admitido que a "arte da parteira" se estenda a ajudar as pessoas a enxergar o que estão dizendo, o que abrange uma grande parte do que Sócrates parece estar fazendo com seus "primeiros interlocutores".

27   De qualquer maneira, na medida em que o cavalo preto não é nenhum monstro, e tem apenas uma cabeça; mas também o *Fedro* só se refere nesse contexto a um aspecto do apetite – a luxúria.

razão é o condutor da carruagem, as outras duas partes são seus dois cavalos, um branco e um preto, o segundo dotado de uma tendência intrínseca a seguir na direção errada, e difícil de controlar. De qualquer modo, a questão de Sócrates no início do diálogo parece corresponder à de se ele próprio é (e por implicação se nós humanos somos, em geral) identificável com os aspectos *apetitivos* da alma, que são profundamente irracionais, ou com seus aspectos *racionais*.

Como uma questão de fato, o Sócrates do *Fedro* parece comprometido com a ideia de que todas as almas humanas combinam necessária e irreversivelmente elementos irracionais e racionais. Então não é como se pudéssemos de algum modo nos livrar do irracional em nós. Sócrates tem antes algo diferente em mente: algo, talvez, no sentido da seguinte passagem da *República* X:

> [...] nosso argumento recente e outros também nos compelem a acreditar que a alma *é* imortal. Mas, para ver a alma como ela é na verdade, devemos estudá-la não como ela é enquanto mutilada por sua associação com o corpo e outros males – que é o que estávamos fazendo antes –, mas como ela é em seu estado puro [...]. Descobriremos então que ela é uma coisa muito melhor do que pensávamos, e que podemos ver muito mais claramente a justiça e a injustiça, bem como as outras coisas que discutimos. O que dissemos da alma é verdadeiro sobre ela conforme aparece no presente. Mas a condição em que nós a estudamos é como a do deus marinho Glaucos, cuja natureza original (*archaios*) não pode ser discernida [...]. Algumas de suas partes originais foram arrancadas, outras esmagadas, e todo seu corpo foi mutilado pelas ondas e pelas conchas, algas e pedras que se ligaram a ele, de modo que ele parece mais um animal selvagem do que seu ser natural. A alma também se encontra em uma condição semelhante [...]. É por isso, Glauco, que temos de procurar em outro lugar a fim de descobrir sua verdadeira natureza [...] [a saber,] em seu amor pela sabedoria [sua *philosophia*]. Devemos perceber o que ela apreende e a quais tipos de coisas ela busca se associar, na medida em que ela é aparentada ao divino e ao imortal, e ao que existe sempre [...]. (*República* 611b9-d8, tradução de Grube e Reeve)

De acordo com essa perspectiva, as partes irracionais da alma não são partes de sua *essência*. Em sua natureza essencial e verdadeira, a alma é uma entidade racional que ama a sabedoria – e essa, se juntarmos a passagem do *Fedro* (nossa passagem 2) com esta, será a resposta final para a questão de Sócrates, "se sou de fato uma besta mais complexa e mais violenta do que Tífon ou uma criatura mais mansa e mais simples, partilhando de alguma parcela divina e não tifônica por natureza". Ele é na verdade uma "criatura mais mansa e mais simples", assim como cada um de nós. Mas isso significa então que nossos *eus* – apesar da introdução de partes de alma irracionais, cujos desejos não são voltados para o bem[28] – são idênticos a nosso eu *racional*.[29] E descobrir o que este é ainda será talvez uma questão, como era na *Apologia* e no *Cármides*, de descobrir se, e o que, sabemos e o que não sabemos. Mas como quer que seja isso, aqui também não há nenhum traço daquela ideia completamente moderna de que a chave para a vida se encontra na identificação de nossas histórias *pessoais* e de chegar a um acordo com o que quer que faça de nós *unicamente* nós mesmos.[30] Para Sócrates e para Platão, aquilo que nós unicamente somos, ou nos tornamos, permanece como um objeto de suprema indiferença, exceto na medida em que possa nos impedir de nos tornarmos aquilo que poderíamos ser: isto é, de nos tornarmos tão semelhantes aos deuses – ou seja, tão sábios – quanto possível para os seres humanos.

---

28 Segundo o modelo pressuposto pelas obras anteriores à *República*, o que diferencia meu eu do seu é apenas o estado de nossas respectivas *crenças*.
29 *Cf.* Gerson (2003).
30 Tampouco há qualquer garantia de que qualquer um de nós tenha qualquer crença verdadeira; nenhum de nós pode contar com a verdade do que qualquer um de nós está dizendo. *Cf.* seção 1.

10 Ignorância socrática*

RICHARD BETT

10.1

Sócrates famosamente alega carecer de conhecimento ou sabedoria. Essa profissão de ignorância parece levantar diversas questões. Há a questão de sobre o que precisamente ele se considera ignorante – ou ao contrário, quais categorias de conhecimento, se houver, ele considera possuir. Há também a questão da atitude de Sócrates em relação a sua suposta ignorância: será que ela é um objeto de remorso ou desalento, ou será que há, na visão dele, aspectos positivos de se encontrar nesse estado? Embora eu acredite que algum progresso pode ser feito, e de fato foi feito, a respeito dessas questões, a imagem que emergirá desta discussão não é tão elegante e organizada quanto os tratamentos dados a esse tópico por alguns outros estudiosos.

Como em todas as discussões de Sócrates, é necessário começar deixando claro quem é entendido como "Sócrates". Discorrerei quase inteiramente sobre o personagem Sócrates conforme retratado em uma certa subseção dos diálogos de Platão. O Sócrates de Xenofonte em dado momento deprecia a investigação sobre o mundo físico, em parte com base no princípio de que nem ele nem ninguém pode ter conhecimento de tais assuntos (*Memoráveis* 1.1.12-15). Mas o Sócrates de Xenofonte nunca professa ignorância sobre os assuntos que ele discute centralmente, e que ele considera especialmente importante estudar, a saber, os assuntos éticos.

---

* Agradeço a Don Morrison e Mary Berk por comentários úteis feitos a uma versão prévia deste capítulo.

É verdade, como notaram outros,[1] que o Sócrates de Xenofonte regularmente procede, assim como o Sócrates de Platão, segundo o método de perguntas e respostas, em vez de simplesmente fazer preleções a seus interlocutores; e esse método pode parecer natural para alguém que não afirma saber a verdade sobre os tópicos em questão. Mas essa conexão nunca é feita em Xenofonte, e em geral o Sócrates de Xenofonte parece estar muito mais no controle da direção da conversa – como cabe a alguém que sabe muito bem aonde ele quer levá-la – do que o Sócrates de Platão. Em Platão, por outro lado, as profissões de ignorância de Sócrates são comuns e frequentemente importantes para o modo como a conversa se desenvolve. O Sócrates de Platão também nega ter conhecimento de assuntos físicos, na *Apologia* (19c5-8) e também em uma famosa passagem do *Fédon* (96a ss.), na qual Platão faz Sócrates oferecer uma breve autobiografia intelectual. Mas essa não é a ignorância que importa para ele, porque a teoria física não é o que importa para ele; é sua ignorância de assuntos éticos que, como veremos, ele considera importante repetidamente enfatizar.

A concordância entre Xenofonte e Platão sobre a professada ignorância de Sócrates a respeito de assuntos físicos nos dá alguma razão para pensar que isso reflete uma postura do Sócrates histórico – especialmente porque a passagem do *Fédon* é explicitamente apresentada como uma autobiografia. Mas há também alguma razão, apesar do silêncio de Xenofonte, para pensar que o mesmo é verdadeiro em relação às profissões de ignorância ética que Platão atribui a Sócrates. Um fragmento de um diálogo *Alcibíades* pelo autor socrático Esquines (fr. 11 DITTMAR, *SSR* VI A 53) mostra Sócrates negando ter qualquer tipo de habilidade ou técnica (*tekhnê*) de melhoria humana, e enunciando que ele não tem conhecimento de qualquer tipo de aprendizado (*mathêma*) que ele possa ensinar a alguém de modo a beneficiar essa pessoa. Nenhum desses paralelos *prova* que a pessoa real Sócrates negasse possuir sabedoria ou conhecimento nas áreas em questão; até onde sabemos, um autor pode ter se apropriado de um tema introduzido por outro. Mas as características que são mais plausíveis de serem atribuídas

---

1 *Cf.* Guthrie (1971, p. 122-124); Waterfield (1990, p. 16-17).

ao Sócrates real são claramente aquelas que são atestadas por mais de um autor contemporâneo, e esse parece ser o caso aqui.[2] Contudo, a questão das verdadeiras características do Sócrates histórico é espinhosa, na melhor das hipóteses. De agora em diante, deixarei de lado a questão da historicidade e me concentrarei na ignorância socrática como um aspecto do retrato que Platão faz de Sócrates em uma série de diálogos.

Referi-me duas vezes a uma *série* de diálogos platônicos. A profissão de ignorância não é parte do retrato que Platão faz de Sócrates em todo o quadro. A exploração mais demorada do tema da ignorância ocorre na *Apologia* de Platão. Além dessa, o tema aparece principalmente naqueles diálogos platônicos que são relativamente curtos e que se concentram em grande medida, se não inteiramente, em assuntos éticos, especialmente nas definições de termos éticos.[3] Esses diálogos são às vezes classificados como "aporéticos" – isto é, não alcançando nenhuma conclusão definida; mas essa descrição não se adéqua ao *Críton* ou ao *Górgias* (ou, aliás, à própria *Apologia*), embora eles sejam naturalmente classificados nesse grupo com base em princípios temáticos. Esse grupo de diálogos também é frequentemente tido como composto no início da carreira de Platão. Mas esse retrato da cronologia dos diálogos de Platão – e, de fato, todas as tentativas de estabelecer uma tal cronologia – foram objetos de consideráveis suspeitas em anos recentes. O retrato geral de três grandes grupos de diálogos – os

---

2   Outro fragmento de evidência pode ser invocado sobre esse assunto. No *Teeteto* Sócrates se descreve como um parteiro intelectual, e pensou-se que uma fala posta na boca de Sócrates em *As nuvens* de Aristófanes fazia alusão a esse fragmento do imaginário socrático. Uma vez que, como veremos, o tema da parteira é ligado à professa ignorância de Sócrates, isso pode parecer equivaler a uma evidência de que a professa ignorância é historicamente genuína. Mas a conexão entre a fala em *As nuvens* e a arte da parteira no *Teeteto* é aberta a sérios questionamentos; *cf.* Burnyeat (1977); Tarrant (1988).

3   Os diálogos desse grupo que devo mencionar são (em ordem alfabética) a *Apologia*, o *Cármides*, o *Críton*, o *Eutidemo*, o *Eutífron*, o *Górgias*, o *Hípias maior*, o *Íon*, o *Laques*, o *Lísis*, o *Mênon* e o *Protágoras*. O *Hípias menor* também seria tipicamente atribuído a esse grupo, mas não terei nada a dizer sobre ele aqui. O Livro I da *República* é frequentemente adicionado à lista, e devo mencioná-lo ocasionalmente em notas. Pensou-se às vezes que ele foi originalmente composto como um diálogo separado e independente, mas não há necessidade de aceitar isso a fim de concordar que, tomado em si mesmo, ele compartilha das características essenciais desse grupo.

iniciais, os do período médio e os tardios –, com o grupo de diálogos em discussão pertencendo à categoria dos iniciais, ainda me parece fazer mais sentido psicológico e filosófico do que qualquer outra cronologia proposta. Contudo, não posso me incumbir de defender essa posição aqui; tampouco, de fato, isso é necessário para os propósitos deste capítulo. O que podemos dizer, independentemente das questões cronológicas, é que esses diálogos parecem formar um grupo natural dentro do *corpus* platônico, em virtude de suas preocupações e abordagens compartilhadas, e a profissão de ignorância é uma dentre estas. Em outros diálogos, tais como o *Fédon* e a *República*, Sócrates frequentemente nega ter certeza sobre tópicos particularmente difíceis, mas isso não o impede de propor doutrinas ambiciosas e não o faz professar qualquer tipo de ignorância geral.

O único diálogo que não se encaixa no padrão descrito é o *Teeteto*. Esse diálogo é de fato aporético, mas é sobre a natureza do conhecimento em vez de assuntos éticos. E aqui a profissão de ignorância de Sócrates de fato desempenha um papel importante; na verdade, é aqui, e somente aqui, que encontramos em Platão o tema de Sócrates como um parteiro intelectual – alguém que é intelectualmente infértil, mas que pode inspirar a sabedoria nos outros. Terei um pouco a dizer sobre o *Teeteto* perto do final, mas na maioria dos aspectos ele está apartado dos outros diálogos nos quais o tema da ignorância socrática desempenha um papel importante.

Antes de chegarmos aos detalhes, uma outra questão precisa ser resolvida. Sustentou-se às vezes que Sócrates não tem uma intenção séria de afirmar suas profissões de ignorância; em vez disso, pensou-se que ele está simplesmente sendo irônico ao afirmar que não sabe sobre o assunto em discussão.[4] É verdade que Trasímaco na *República* acusa Sócrates de ironia por recusar-se a responder perguntas (337a4-7). Também é verdade que Sócrates frequentemente adota uma postura irônica (por exemplo, de falsa admiração) em relação àqueles que afirmam saber sobre certos assuntos. Mas não há nenhuma razão para acreditar que Sócrates não seja sincero quando professa ignorância sobre algum tópico. Tal ironia só faria sentido em um

---

4 *Cf.*, por exemplo, Gulley (1968).

contexto dialético no qual Sócrates estivesse, por quaisquer razões, brincando com seu interlocutor. No entanto, como foi notado em um momento atrás, a obra na qual o tema da ignorância socrática é mais plenamente explorado é a *Apologia*; mas nesta, exceto por uma breve troca com Meleto que é irrelevante para o presente assunto, não há interlocutores – Sócrates simplesmente se dirige ao júri. Mais de uma vez na *Apologia* Sócrates até mesmo descreve suas próprias reflexões interiores sobre sua ignorância (21b2-5, d2-6).[5] A não ser que venhamos a compreender Sócrates na *Apologia* como envolvido em um padrão abrangente de fingimento sobre seus próprios motivos e atividades – uma interpretação que não tem absolutamente nenhuma base no texto de Platão –, não podemos evitar ler essas profissões de ignorância como sinceras. Mas se elas são sinceras na *Apologia*, teria de haver evidências consideráveis para não as lermos como sinceras também em diálogos relacionados; e não há nenhuma. Considero, portanto, que Sócrates é retratado por Platão realmente acreditando que é ignorante; a questão agora é o que isso supostamente significa, e o que ele pensa sobre esse estado de coisas.

10.2

Começo com a *Apologia*. Diz-se frequentemente que Sócrates anunciou nesse diálogo que ele sabia que não sabia nada – isto é, supostamente nada *além* dessa única coisa. Essa leitura remonta à Antiguidade. Diz-se que Arcesilau, o chefe da Academia que primeiro conduziu aquela instituição na direção cética, alegou produzir melhorias em relação a Sócrates; ao passo que Sócrates professava saber que não sabia nada, Arcesilau nem mesmo considerava possuir essa única parcela de conhecimento que Sócrates se permitia (CÍCERO, *Academica* 1.45). Mas não é isso que Sócrates diz. Quando confrontado com o oráculo que o declarava a pessoa mais sábia de todas, a reação inicial de Sócrates é de fato uma reação de incredulidade. Mas o que ele realmente diz é que tem bastante consciência de não ser nem um pouco *sábio* (*sophos*,

---

5 Conforme notado por Vlastos (1994, p. 42). Sobre a importância da *Apologia* para desacreditar as alegações de ironia nesse contexto, ver também, por exemplo, Taylor (1998, p. 44).

21b4-5) – não de não possuir absolutamente nenhum conhecimento além deste único item. Após examinar as pretensões de sabedoria de um certo número de outras pessoas, qualifica sua posição – como, de fato, ele sempre esperara que teria de fazer (uma vez que o deus que emitira o oráculo dificilmente poderia estar mentindo ou estar enganado); revela-se que ele de fato possui um certo tipo de sabedoria – a "sabedoria humana" (20d8) – em contraste com alguma forma de sabedoria superior como a que os deuses possuem ou aquelas outras pessoas alegavam possuir. Agora se diz que essa sabedoria inferior, "humana", consiste não em não saber absolutamente nada, mas em não saber nada *de valor* (*kalon k'agathon*, 21d4 – literalmente, "belo e bom") e em enxergar que a pessoa não "vale nada" (*oudenos axios*, 23b3) no que diz respeito à sabedoria. Não há, portanto, nenhuma mudança de opinião aqui; Sócrates simplesmente passa a entender o que o oráculo realmente significava. A sabedoria que ele descobre possuir consiste simplesmente no reconhecimento de que ele carece de uma sabedoria de qualquer tipo mais elevado.[6] Contudo, o modo como ele formula isso claramente permite uma distinção entre duas categorias de conhecimento; está aberta a possibilidade de que haja certos tipos de coisas que Sócrates de fato considera que sabe, mas não considera valiosas, e um certo outro tipo de conhecimento que ele consideraria valioso se o possuísse, mas que ele não considera possuir – pelo menos por ora, de qualquer modo. A questão, portanto, é se podemos encontrar uma maneira clara de traçar a distinção que ele parece permitir.

A própria *Apologia* oferece algumas pistas nessa direção. Primeiro, há um tipo de conhecimento que Sócrates admite ser possuído por um certo grupo – esse é o conhecimento pertencente aos praticantes de habilidades ou artes tais como a carpintaria ou o treino de cavalos. No entanto, embora esse tipo de conhecimento não seja, na visão dele, "sem valor" – ele espera descobrir que os artesãos sabem "muitas coisas belas" (*polla kai kalla*, 22d2),

---

6 Benson (2000) insiste corretamente neste ponto. No entanto, do fato de que Sócrates entende que sua sabedoria humana "reside unicamente em seu reconhecimento de sua ignorância" (p. 170) não se segue que ele não possa, de modo consistente com esse reconhecimento, reivindicar conhecimentos de vários tipos; tal conhecimento não seria *parte* de sua sabedoria humana, mas tampouco seria incompatível com ela.

e descobre que estava certo – este claramente não está incluído naquele tipo de conhecimento que ele considera verdadeiramente valioso. Pois a posse desse tipo de conhecimento por parte deles é contrabalançada, na opinião dele, pela ignorância (mas pretensão de conhecimento) deles sobre outras coisas da maior importância (22d-e); como saldo final, Sócrates considera que ele próprio é mais sábio do que eles, apesar de não possuir nenhum conhecimento artesanal, dado seu reconhecimento de sua falta de sabedoria sobre aqueles assuntos realmente importantes. E os primórdios de uma resposta também estão disponíveis na *Apologia* acerca do que esse conhecimento realmente importante poderia ser. Ele diz que critica regularmente aqueles que colocam assuntos triviais acima daqueles que valem mais (*pleistou axia*, 30a1); e o que acusa essas pessoas de negligenciar é assegurar que suas almas estejam na melhor condição possível (29e1-3, 30b1-2). Isso, por sua vez, é o que ele próprio tenta persuadi-los de fazer. Sócrates também descreve essa tarefa como tentar fazê-los preocupar-se com serem tão bons e sábios (*phronimôtatos*) quanto possível (36c7), e como discussão da *virtude* (*aretê*) com eles, testando-os sobre isso e outras coisas (38a3-5). A virtude e o estado da alma de alguém, portanto, são os assuntos mais importantes para Sócrates. Contudo, é supostamente algum tipo de conhecimento ou sabedoria nessa área, algum tipo de conhecimento ou sabedoria éticos, que é o tipo verdadeiramente valioso do qual considera que ele próprio e todas as outras pessoas carecem.

Contudo, até mesmo na *Apologia*, como foi frequentemente observado,[7] Sócrates aparentemente assume que conhece algumas verdades éticas. Ao considerar as penas que poderia propor para si mesmo como alternativas à pena de morte proposta por seu acusador Meleto, diz que seria absurdo para ele escolher alguma pena que sabe muito bem ser uma coisa má, em preferência à morte, da qual ele não está certo se é boa ou má (37b5-8). E antes, acerca de um tópico semelhante, diz que não sabe como é a pós-vida, mas que sabe que é mau e vergonhoso cometer injustiça e desobedecer a um superior, seja este um deus ou um ser humano (29b2-9). Nenhuma dessas

---

7 *Cf.*, por exemplo, Vlastos (1994, p. 43); Brickhouse e Smith (2000, p. 103).

observações é muito específica conforme são apresentadas, mas ambas podem facilmente ser tornadas mais específicas atentando-se para o contexto. As possíveis penas que Sócrates rejeita incluem o aprisionamento e o exílio, e a injustiça e desobediência na qual ele está se recusando a se envolver é a de ignorar a missão que considera que o deus lhe atribuiu. Sócrates, portanto, não considera que carece de todo conhecimento ético. Qual é então o tipo especial de conhecimento ético do qual ele se considera ignorante naquele momento, e que considera tão valioso?

Aqui os recursos da *Apologia* terminam, e devemos iniciar a tarefa delicada de complementar o quadro da obra com ideias sugeridas em outros lugares. Outros diálogos, além da *Apologia*, sugerem uma combinação semelhante de conhecimento, incluindo algum conhecimento ético, e ignorância de certos outros assuntos éticos realmente importantes. No *Eutidemo*, por exemplo, é realmente perguntado a Sócrates se ele sabe alguma coisa; ele responde que é claro que sabe muitas coisas, mas coisas pequenas e insignificantes (*smikra ge*, 293b8). No mesmo diálogo ele professa um fragmento de conhecimento ético: que os bons não são injustos (296e8). Novamente, no *Górgias* Sócrates nos conta que o capitão de um navio sabe como levar passageiros em segurança pelo mar, mas não pode dizer se com isso ele lhes fez um favor; pois se o corpo de alguém, ou pior ainda, a alma de alguém está em condições irremediavelmente ruins, é certamente melhor ter se afogado no mar do que ter feito uma viagem segura. Elaborando sobre isso, ele diz que o capitão "sabe que é melhor para uma pessoa má não estar viva", uma vez que tal pessoa necessariamente vive mal (512b1-2). Ao apresentar o assunto dessa maneira, Sócrates claramente implica que também sabe aquilo que o capitão sabe.[8] No entanto, apenas algumas páginas antes há também uma negação de conhecimento.

Essa negação particular é digna de uma inspeção cuidadosa. Sócrates estivera argumentando que alguém está em situação pior ao cometer uma injustiça do que ao sofrê-la. Resumindo sua discussão, ele afirma que essa conclusão é estabelecida "com argumentos de ferro e inflexíveis" (509a1-2),

---

8   Como enfatizado por Vlastos (1994, p. 47).

e que, pelo menos em sua experiência, ninguém tentou refutá-los sem parecer ridículo. Contudo, nessa mesma passagem ele diz que "não sei como são essas coisas" (a5, *cf.* 506a3-4). Como essa inequívoca profissão de ignorância pode coexistir com uma expressão quase inequívoca de confiança na conclusão que acabara de ser alcançada?

Uma plausível resposta recente coloca ênfase nas palavras "como são essas coisas".[9] O que Sócrates considera que não possui, de acordo com essa explicação, é uma *compreensão geral* do assunto que acaba de ser discutido. Ele pode ter bastante confiança – talvez até mesmo de modo justificado – no fato de que alguém está em situação pior cometendo uma injustiça do que a sofrendo. Mas ele não considera que possui uma explicação da natureza da justiça e da injustiça em geral, que lhe permitiria inserir esse resultado em um referencial mais amplo e enxergar plenamente *por que* ele deve ser válido como parece. Se isso estiver correto, pode-se bem imaginar que alguém poderia ter conhecimento de muitas coisas, e até mesmo algum conhecimento ético, e ainda assim carecer desse tipo preferido de compreensão geral.

Parte do que torna esta uma resposta plausível é que ela se conecta bem com as preocupações de Sócrates em diversos outros diálogos curtos com orientação ética. Como é bem sabido, esses diálogos estão caracteristicamente preocupados com aquela que foi chamada de pergunta "O que é F?" – isto é, com o fornecimento de uma definição, ou de uma explicação especificando a natureza, alguma propriedade ética. As propriedades em questão são mais frequentemente virtudes – a coragem no *Laques*, a temperança no *Cármides*, a piedade no *Eutífron*, a virtude em geral no *Mênon* –, mas elas às vezes incluem outras qualidades eticamente ou avaliativamente relevantes, tais como a amizade no *Lísis* e a beleza (*to kalon*) no *Hípias maior*. Dois pontos são importantes aqui. Primeiro, Sócrates tipicamente expressa ignorância sobre a

---

9 Sigo aqui a interpretação de Brickhouse e Smith (2000, p. 108-109). No entanto, afasto-me de Brickhouse e Smith quando eles falam sobre diferentes *tipos* de conhecimento, "ordinário" e "especializado"; por razões dadas na próxima seção, prefiro falar de diferentes assuntos sobre os quais Sócrates sabe ou não sabe algo. A esse respeito, minha explicação é mais próxima da de Lesher (1987).

natureza dessas coisas, e essa professada ignorância não é dissipada no decurso do diálogo. Segundo, Sócrates dá numerosas indicações de que o conhecimento da natureza dessas coisas seria extremamente valioso, se alguém o tivesse. Tomados em conjunto, esses dois pontos sugerem que o conhecimento da natureza das virtudes e de outras qualidades relacionadas é, ou é pelo menos um exemplo principal, sabedoria ou conhecimento verdadeiramente valioso, que Sócrates nega possuir na *Apologia*. O primeiro ponto é facilmente documentado; todos os diálogos que acabam de ser mencionados incluem observações de Sócrates no sentido de que ele não sabe a resposta para a pergunta "O que é F?" em discussão – e essas observações ocorrem em vários pontos diferentes dos diálogos, inclusive no fim.[10] O segundo ponto, no entanto, é menos óbvio, e precisará de um pouco mais de explicação.

Qual seria o valor de saber as definições das virtudes? Uma resposta é sugerida no *Eutífron*. Sócrates pressiona Eutífron para dizer-lhe o que é a piedade. Depois do fracasso inicial de Eutífron de dar-lhe uma resposta do tipo que ele está buscando, ele reitera sua demanda, e acrescenta algo sobre o que ganhará se vier a saber a resposta: "Então olhando para ela [isto é, para a característica, qualquer que seja, que torna piedosas todas as ações piedosas] e usando-a como modelo, posso dizer que qualquer uma das coisas que você ou alguma outra pessoa façam que seja como ela é piedosa, e qualquer uma delas que não seja assim não é piedosa" (6e4-6). A ideia parece ser que o conhecimento da natureza da piedade dará a alguém um guia sistemático e confiável para quais ações são piedosas e quais não são. E não parece haver nenhuma razão por que esse quadro não devesse ser generalizado, de modo que o conhecimento das naturezas de todas as virtudes, e talvez também da virtude em geral, daria a alguém um guia sistemático e confiável de como viver sua vida em geral.

---

10 *Laques* 200e2-5; *Cármides* 165b5-c1; *Eutífron* 5a3-b7, 11b1-5, e2-4, 14b8-c6, 15c11-e2 (essas passagens não alegam explicitamente ignorância sobre o que é a piedade, mas como coloca BENSON, 2000, p. 173, "A ignorância da definição acerca da piedade é claramente insinuada pelo desejo complexamente irônico de Sócrates de tornar-se pupilo de Eutífron e aprender dele o que é a piedade"); *Mênon* 71a1-b8, 80d1-3, 100b4-6; *Lísis* 223b4-8; *Hípias maior* 286c8-e2, 304d6-e3. Podemos acrescentar o Livro I da *República*, sobre a justiça; *cf.* 337d3-4, e4-5 e (no fim do livro) 354b9-c3.

Alguns pontos relacionados, porém mais pessimistas, aparecem em outros diálogos. O ônus destes é que *a menos que* saibamos a resposta para a pergunta "O que é F?", nosso conhecimento do assunto em discussão será extremamente defeituoso, ou mesmo inexistente. Sócrates claramente implica algo desse tipo no início do *Hípias maior*, ao introduzir a questão "O que é a beleza?". Ele aparentemente iguala o conhecimento de *o que é a beleza* ao conhecimento de *quais coisas são belas* (e quais coisas são o oposto, 286c8-d2); a implicação é que não somos capazes de dizer quais coisas são belas sem termos uma definição de beleza. E a mesma ideia é bastante explícita no final do diálogo, depois que eles falharam em encontrar uma definição satisfatória de beleza; Sócrates se imagina sendo censurado por pensar que pode distinguir belos discursos (ou outras coisas) daqueles que não são belos, sem saber o que é a beleza (304d8-e2).[11] De modo semelhante, no final do *Lísis* (223b4-8), Sócrates diz que ele e seus interlocutores fizeram papel de bobos, vendo que eles pensam que são amigos uns dos outros, tendo sido, contudo, incapazes de descobrir o que é um amigo; o ponto é claramente que apenas à luz do conhecimento da definição de um amigo as afirmações sobre quem é amigo de quem seriam seguras.[12] E no início do *Mênon*, Sócrates responde à pergunta impaciente de Mênon sobre se a virtude pode ser ensinada, dizendo que ele não pode dizer isso antes de saber o que é a virtude. Aqui o ponto é explicitamente generalizado: uma pessoa não conhece as qualidades de uma coisa antes de saber o que ela é (71b1-8). E posteriormente no diálogo (inclusive no final, 100b4-6), a falha em descobrir o que é a virtude é mencionada várias vezes por Sócrates

---

11 Brickhouse e Smith (1994, p. 46-47) afirmam que a visão enunciada aqui é compatível com Sócrates ter conhecimento de casos individuais de beleza. Mas o desafio é "Como você saberá quem planejou um discurso, *ou qualquer outra ação*, de modo belo ou não, sendo ignorante do belo?" Não vejo como a frase em itálico, que eles não discutem, admite exceções individuais.

12 Brickhouse e Smith (2000, p. 116) subestimam a importância dessa passagem, dizendo que ela relata "a reação de alguma outra pessoa à sua [...] inabilidade de fornecer uma definição". Contudo, embora a passagem de fato imagine a reação de outras pessoas (os assistentes e os irmãos de Lísis e Menexeno, que vieram para levá-los para casa), essa reação imaginada é claramente endossada pelo próprio Sócrates.

como a razão pela qual eles falharam em encontrar uma resposta satisfatória para a questão de se ela pode ser ensinada.

Dois princípios diferentes parecem estar em operação aqui. O princípio por trás das observações no *Lísis* e no *Hípias maior* parece ser que se alguém falha em saber o que é F, esse alguém falha em saber quais coisas são e não são F. O *Mênon*, por outro lado, parece pressupor o princípio de que se alguém falha em saber o que é F, esse alguém falha em saber quais características pertencem a F. Esses dois princípios foram às vezes combinados em um único princípio conhecido como a tese da Prioridade da Definição – a saber, que se alguém falha em saber o que é F, esse alguém falha em saber qualquer coisa acerca de F. Há um considerável debate sobre o quanto a tese da Prioridade da Definição, ou qualquer um de seus componentes, são difundidos nos diálogos com os quais estamos preocupados.[13] Mas quer nos concentremos nessa tese (que sustenta que o conhecimento do que é F é *necessário* para saber quais coisas são e quais não são F, ou quais características pertencem a F), ou quer nos concentremos na posição sugerida no *Eutífron* (no qual o conhecimento do que é F é considerado *suficiente* para identificar exemplos de coisas F de modo confiável), a importância vital do conhecimento de definições, aos olhos de Sócrates, é clara; em qualquer uma dessas visões, tal conhecimento realmente faz uma imensa diferença para a apreensão da esfera da ética em geral – e, portanto, certamente (retornando a um tema da *Apologia*) para o estado da alma de uma pessoa.

No entanto, se nos concentrarmos na sugestão do *Eutífron* – que poderia, é claro, ser facilmente sustentada em conjunto com a tese da Prioridade da Definição[14] – podemos ver, de modo especialmente claro, por que o conhecimento de definições éticas poderia ser pensado como dando-nos uma *compreensão sistemática* da esfera da ética, e por que tal compreensão sistemática seria, como o *Górgias* parece sugerir, aquilo que Sócrates considera

---

13 Para posições opostas, *cf.* Benson (2000, cap. 6) e o capítulo 8 deste volume; Brickhouse e Smith (1994, cap. 2.3, 2000, cap. 3.2). Brickhouse e Smith (1994, p. 52) admitem que o segundo princípio está presente no *Mênon*, mas argumentam contra quaisquer tentativas de atribuir o primeiro princípio a Sócrates.

14 Poderia ser, mas, como argumento na próxima seção, não há nenhuma boa razão para supor que, nesse diálogo, ela seja.

não possuir. Isso talvez já seja sugerido pela própria noção de saber o que algo é. Mas se saber o que é F for considerado dar a alguém uma habilidade bastante geral de discernir quais coisas são e quais não são F, a ideia de que as definições fornecem uma apreensão geral de todo um assunto parece ser ainda mais atraente. Como alguns estudiosos enfatizaram,[15] o conhecimento de definições éticas, segundo essa concepção, equivaleria ao tipo de corpo abrangente de conhecimento (geralmente prático) designado pelo termo *tekhnê*. Esse termo é regularmente traduzido como "habilidade", "arte" ou "perícia", mas é o último destes que é talvez o mais relevante nesse contexto. No *Górgias*, Sócrates afirma até mesmo ser um praticante da *tekhnê* "política" (521d6-8). Isso é incomum, e (em vista das negações de posse de conhecimento no *Górgias*) não pode ser tomado significando que ele realmente dominou essa perícia, em oposição a estar no caminho de adquiri-la. Mas não é difícil enxergar a aspiração a uma *tekhnê* na ética como estando presente também em outros diálogos – especialmente dado o uso comum nesses diálogos de analogias derivadas de *tekhnai* reconhecidas da época. De qualquer modo, sugiro que é esse tipo de conhecimento que Sócrates pretende negar possuir, que ele dedica sua vida tentando adquirir, e que pensa que faria toda diferença do mundo para ele se o possuísse. A *Apologia*, com a qual começamos, não diz isso de fato. Mas Sócrates o diz em outros diálogos que parecem claramente relacionados à *Apologia*, e é pelo menos tentador combinar os recursos desses vários diálogos de modo a produzir uma imagem única e composta. Se essa imagem é internamente consistente, ou consistente com outras coisas ditas nesses diálogos, isso é outra questão. As próximas duas seções abordam problemas nessa área.

10.3

Uma dificuldade sem dúvida já é aparente. Se alguém leva a sério a tese da Prioridade da Definição, e se esse alguém não se considera de posse

---

15 Sobre isso, *cf.* especialmente Woodruff (1990).

de quaisquer definições éticas, como pode pensar que esteja em posição de reivindicar qualquer conhecimento ético que seja? Podemos tentar explicar isso minimizando a importância das alegações de conhecimento ético de Sócrates; talvez ele esteja simplesmente falando de modo vago, e realmente não pretenda alegar nada mais forte do que a crença verdadeira.[16] Mas isso não seria convincente. É verdade que alegações explícitas de conhecimento sobre assuntos éticos por parte de Sócrates nesses diálogos são relativamente raras, e há de fato passagens (como a passagem do "ferro inflexível" citada anteriormente do *Górgias*) nas quais ele afirma ter uma forte confiança a respeito de algo sem explicitamente alegar ter algum conhecimento. Mas as passagens nas quais ele alega um conhecimento ético na *Apologia*, pelo menos, não são plausivelmente rejeitadas como produto de mera negligência. Em ambas as passagens (29b2-9, 37b5-8), como vimos na seção anterior, Sócrates está contrastando muito deliberadamente algo que ele não sabe com algo que sabe; não faria sentido para ele fazer isso se, nesses últimos casos, não tivesse realmente a intenção de significar "sabe".

Outra possibilidade cujo efeito seria basicamente o mesmo é que Platão tenha a intenção de uma distinção sobre a força ou caráter das alegações de conhecimento admitidas e não admitidas. Segundo essa visão, Sócrates entende algo muito mais forte com "sabe" quando nega ter conhecimento de definições éticas do que quando alega conhecimento de verdades éticas particulares ou de tópicos não éticos mundanos. Uma versão dessa visão é que o conhecimento que ele nega ter é a *certeza*, ao passo que o conhecimento que ele alega ter é meramente o tipo de confiança que pode ser produzido pelos resultados de um típico exame socrático.[17] Outra versão traça a distinção em termos de conhecimento especializado e não especializado: o conhecimento especializado é o tipo sistematicamente integrado necessário para uma *tekhnê*, ao passo que o conhecimento não especializado satisfaz padrões mais frouxos (mas não especificados).[18] O problema com qualquer uma das propostas é que Platão não dá nenhuma indicação de

---

16 *Cf.*, por exemplo, Benson (2000, cap. 10.2).
17 Assim Vlastos (1994).
18 Assim, Woodruff (1990); Brickhouse e Smith (2000, cap. 3).

querer multiplicar os sentidos das várias palavras traduzidas como "sabe", ou de traçar qualquer distinção sistemática entre as palavras para "sabe" usadas nesses dois contextos diferentes. De fato, podemos ir mais adiante. Dado que os mesmos termos são usados nos dois contextos, seria bastante surpreendente se Sócrates de fato adotasse em um contexto um significado diferente do que ele adotara no outro.[19] Pois uma assunção recorrente nesses diálogos (*Eutífron* 5d1-5, 6d10-e6; *Laques* 191e9-192b8; *Mênon* c6-d1), e de fato em outros diálogos platônicos (por exemplo, a *República* 435a5-8), é que cada palavra representa uma única característica; se o sentido de "sabe" fosse bifurcado de qualquer uma das maneiras sugeridas, sem nenhuma indicação explícita nos diálogos, isso seria uma espantosa contradição de um princípio semântico aparentemente estável.

Parece melhor, portanto, traçar a distinção necessária não em termos de sentidos distintos de "sabe", mas da maneira feita na seção anterior – isto é, em termos de assuntos distintos para o conhecimento que Sócrates alega possuir e para o conhecimento que ele nega possuir. E aqui, como vimos, a noção de *tekhnê* parece relevante. O conhecimento que Sócrates nega possuir é melhor entendido em termos do conhecimento de definições éticas, que equivaleria a uma *tekhnê* de como viver a vida; esse conhecimento, se ele o tivesse, seria, pensa ele, muito mais valioso do que o conhecimento que ele considera possuir – mas em razão de seu objeto, não de alguma concepção intensificada do próprio conhecimento conforme aplicada a esses casos. De fato, muito pouca atenção é dada, nos diálogos com os quais estamos principalmente preocupados, à natureza do próprio conhecimento (diferentemente do *Teeteto*, em que esse é o tópico central); Sócrates parece simplesmente assumir que o que significa alegar ter conhecimento de algo não precisa ser esclarecido por si mesmo.[20] Mas se é assim, uma distinção entre níveis ou concepções de conhecimento seria novamente muito inesperada.

---

19   Como foi notado em Lesher (1989, p. 278).
20   Portanto, aqui não há nenhuma resposta precisa para uma das questões que mencionei no início – o que Sócrates entende ao professar ignorância e negar ter conhecimento. A questão pode ser uma que ocorre naturalmente para nós, mas não é uma em que o próprio Sócrates se concentra.

Objetou-se que Sócrates de fato emprega padrões diferentes para atribuir conhecimento em diferentes casos, e que isso só pode ser esclarecido por meio de uma distinção entre noções mais e menos rígidas de conhecimento.[21] Mas a única evidência oferecida para essa afirmação é que, no início do *Eutífron*, Sócrates se recusa a aceitar a alegação de Eutífron de saber sobre a piedade e a impiedade, a menos que possa fornecer uma definição de cada – ao passo que suas próprias alegações de conhecimento são proferidas sem que ele tenha satisfeito qualquer exigência desse tipo. No entanto, há uma explicação imediata para isso que novamente apela para o assunto, em vez de apelar para distinções entre níveis de conhecimento. Eutífron está processando seu pai por assassinato, e assim ele tem o potencial de ser responsável pela morte de seu próprio pai. Os valores gregos comuns da época considerariam essa ação uma violação ultrajante dos deveres de alguém para com seus pais,[22] deveres que eram entendidos como tendo um fundamento religioso; assim, a reação comum à ação de Eutífron seria que ela era perigosamente ímpia. O fato de que Eutífron tenha certeza da correção *dessa* ação claramente indica que ele se considera possuidor de uma perícia excepcional sobre o assunto da piedade e da impiedade. É apenas natural, portanto, que Sócrates espere que ele seja capaz de produzir definições de cada uma delas. Eutífron está de fato sendo considerado em uma alta posição, mas não devido a qualquer hesitação em relação àquilo em que Sócrates considera que o próprio conhecimento consiste.

A questão, portanto, ainda permanece: como se pode conciliar a aparente adesão de Sócrates aos dois componentes da tese da Prioridade da Definição, e sua admissão de que ele carece de conhecimento sobre quaisquer definições éticas, com sua ocasional disposição de alegar possuir conhecimento ético? Uma terceira maneira possível de lidar com a dificuldade é questionar até que ponto a adesão de Sócrates à tese da Prioridade da Definição se estende, nesses diálogos. Na seção anterior, mencionei três diálogos (*Lísis*, *Hípias maior* e *Mênon*) nos quais um ou outro componente

---

21 Woodfruff (1990, p. 64).
22 Especificamente dado que a pessoa que seu pai supostamente matou era ela própria um assassino.

dela parecem presentes. Mas o *Eutífron*, como vimos, contém em vez disso a alegação – que é bastante diferente de qualquer um desses componentes – de que o conhecimento da natureza da piedade (etc.) é *suficiente* para o conhecimento de quais ações são piedosas (etc.); embora ela certamente seja compatível com a tese da Prioridade da Definição, nem essa alegação nem qualquer outra coisa no *Eutífron* implica essa tese. Isso foi contestado com base no princípio de que um compromisso com a tese da Prioridade da Definição explicaria melhor por que Sócrates é tão insistente na alegação de que encontrar uma definição de piedade é o caminho para descobrir quais ações são piedosas;[23] mas isso é altamente questionável. Alguém poderia muito bem pensar, como de fato Sócrates claramente implica, que encontrar uma definição de piedade é a única maneira de descobrir *de modo sistemático e abrangente* quais ações são piedosas – uma descoberta cujo valor tentei mostrar na seção anterior – sem pensar que não se pode saber de *quaisquer* ações se elas são piedosas sem conhecer a definição. Sócrates não explica *como* alguém poderia vir a saber de ações individuais que elas são piedosas – ou, em geral, como alguém pode saber as várias coisas que ele de fato alega saber – na ausência da definição relevante. Mas não há nenhuma razão pela qual devêssemos esperar que ele tivesse uma resposta para essa questão; apesar de sua preocupação com a questão do conhecimento e da ignorância, nada nos diálogos em que Sócrates alega conhecimento sugere que ele considere que cada alegação particular de conhecimento necessite de explicação ou justificação.

Não temos, portanto, nenhuma necessidade e nenhuma base para concluir que Sócrates esteja comprometido com a tese da Prioridade da Definição no *Eutífron*. E isso parece abrir caminho para a visão de que o compromisso de Sócrates com a tese, ou com um ou outro componente dela, varia de um diálogo para outro. Três diálogos exibem um claro compromisso com um ou outro dos componentes da mesma, e nesses diálogos uma alegação de conhecer verdades particulares na ausência da definição relevante seria inconsistente; contudo, o *Lísis*, o *Hípias maior* e o *Mênon* não parecem

---

[23] Benson (2000, p. 124).

conter quaisquer alegações desprevenidas (por parte de Sócrates – seus interlocutores são outro assunto). Por contraste, os diálogos nos quais Sócrates de fato alega saber várias coisas não parecem exibir um compromisso com nenhuma das partes da tese da Prioridade da Definição. Os diálogos que já mencionei conter alegações de conhecimento por parte de Sócrates são a *Apologia*, o *Eutidemo* e o *Górgias*; outros poderiam acrescentar o *Críton* (48a5-7), o *Íon* (532d8-e4) e o *Protágoras* (357d7-e1).[24] Mas destes, somente o *Protágoras* e o *Górgias* foram alguma vez considerados como incluindo uma referência à tese da Prioridade da Definição, e o argumento não é forte para nenhum deles.[25] No *Protágoras*, Sócrates alerta Hipócrates de que, se ele não sabe o que é um sofista, ele não sabe se um sofista é bom ou mau (312c1-4); e no *Górgias*, ele se recusa a responder se a retórica é admirável antes de ter respondido o que ela é (462c10-d2, 463c3-6). Mas é inteiramente de se esperar que Sócrates, entre todas as pessoas, seria cauteloso sobre fazer qualquer avaliação geral de algo – que é o que está em questão em ambos os casos – sem saber o que é esse algo; atribuir *essa* relutância a Sócrates de maneira nenhuma exige que suponhamos que ele não considere saber *coisa alguma* sobre os sofistas ou sobre a retórica, respectivamente.

O aparente problema de consistência com o qual iniciamos esta seção só é um problema real se insistirmos em tratar todos os diálogos de nosso grupo como atribuindo a Sócrates uma posição única, monolítica. Mas não há nenhuma razão para fazer isso. Uma explicação possível para a discrepância apontada é que o pensamento de Platão se desenvolve no decurso dos diálogos; talvez a tese da Prioridade da Definição seja um produto da reflexão sobre o empreendimento de buscar definições, e represente um estágio posterior em seu pensamento em relação aos diálogos nos quais ela não aparece. Isso pode ser apoiado pelo fato de que é no *Mênon*, que foi

---

24 Benson (2000, cap. 10.2.2) reúne todas as passagens relevantes. Além dessas citadas, Benson menciona a *República* 351a5-6; conforme notado anteriormente (n. 397), o Livro I da *República* pode ser considerado como pertencente ao nosso grupo de diálogos, pelo menos para alguns propósitos. No entanto, o conhecimento citado nessa passagem é o conhecimento meramente condicional – de que *se* a justiça é sabedoria e virtude, então a injustiça é ignorância –, não uma peça de conhecimento ético independente.
25 Benson (2000, cap. 6.7); novamente, o argumento é do tipo "inferência da melhor explicação".

frequentemente considerado um marco de transição dos diálogos iniciais de Platão para os do período médio, que a tese, ou pelo menos um componente dela, recebe sua articulação mais explícita.

No entanto, não precisamos recorrer a nenhuma hipótese de desenvolvimento desse tipo. Outra possibilidade é simplesmente que Platão retrata Sócrates explorando ideias diferentes e incompatíveis em diferentes diálogos. Enquanto o foco geral sobre as questões éticas e especialmente sobre as definições é consistente ao longo desse grupo de diálogos, não temos nenhuma razão para esperar que haja algum conjunto único e consistente de teses ao qual ele seja mostrado aderindo, em todos os diálogos. Se podemos encontrar ecos e temas comuns entre eles – como tenho feito na maior parte deste capítulo –, isto é certamente algo de interesse. Mas pode muito bem haver limites para essa abordagem. Afinal, Sócrates não expõe teorias nesses diálogos, mas envolve-se em discussões – na maioria dos casos, discussões bastante tentativas e inconclusivas. Mesmo que ele fosse uma pessoa real com estados psicológicos reais, não haveria nenhuma razão para assumir, dada a natureza dessas discussões, que ele não experimentaria com ideias distintas, e até mesmo inconsistentes, em diferentes discussões. Mas o Sócrates de quem estamos falando aqui é uma criação literária de Platão (qualquer que seja sua relação com a pessoa histórica Sócrates), e Platão podia ter todo tipo de razões, filosóficas e outras, para retratá-lo experimentando com essas ideias distintas e até mesmo inconsistentes. Não parece haver um conflito no interior de qualquer diálogo dado acerca dos pontos com os quais estivemos ocupados nesta seção; mas tomados como um grupo, esses diálogos de fato parecem apontar em direções opostas acerca da prioridade da definição e da posse de conhecimento na ausência de definições. No entanto, não precisa haver nada extraordinário ou desagradável nisso.

10.4

Além de professar ignorância, Sócrates famosamente afirma, na *Apologia*, que "a vida sem exame não é digna de ser vivida" (38a5-6), e isso abre a possibilidade de outro tipo de conflito.[26] Seria de se esperar, dadas as evidências apresentadas até aqui, que Sócrates estaria extremamente ansioso para adquirir o conhecimento ético sistemático que considera tão valioso. Poder-se-ia também esperar que ele expressasse desapontamento ou mesmo desespero, pelo menos periodicamente, acerca de suas repetidas falhas em encontrar o conhecimento ético que diz estar buscando. Ora, pode-se ocasionalmente encontrar observações nesse sentido. A mais notável é talvez a sugestão no final do *Hípias maior* de que, na ausência do conhecimento de uma definição (nesse caso, da beleza), alguém não está melhor vivo do que morto (304e2-3). Esse comentário é posto na boca de outra pessoa; mas essa "outra pessoa" imaginária, que desempenhara um papel proeminente em boa parte do diálogo, é uma espécie de *alter ego* do próprio Sócrates. Sócrates pode não endossar esse sentimento em toda sua força – sua reação a ele é um tanto jocosa –, mas ele também claramente não o rejeita. No entanto, tais observações são poucas e espaçadas. Na maior parte do tempo, Sócrates parece bastante contente com a realização de suas investigações, a despeito de suas repetidas falhas bem como de seus interlocutores. De fato, ele regularmente parece considerar a própria busca como um exercício valioso e digno de ser realizado, independentemente das perspectivas de realmente encontrar as definições que ele está buscando. Isso está geralmente implícito na atitude alegre com que ele aborda suas investigações, mas recebe expressão explícita na *Apologia*; a famosa citação é parte disso, mas há mais.

Sócrates tem uma quantidade considerável de coisas a dizer na *Apologia* sobre o valor que ele confere aos outros, e à cidade em geral, mediante suas tentativas constantes, por meio de discussões, de fazer as pessoas se preocuparem com o estado de suas almas. De fato, sua concepção da missão imposta a ele pelo oráculo é expandida de modo a incluir isto. Apesar de ter passado a compreender, por muitos exemplos, que o oráculo está correto no sentido explicado, ao dizer que ele é mais sábio que todas as outras pessoas, ele continua a procurar por alguém mais sábio que ele próprio; mas

---

26 Para as ideias na primeira parte desta seção, estou especialmente em débito para com Alexander Nehamas.

essa atividade também passa a incluir um componente didático – uma vez que ele tenha descoberto, como sempre faz, que seu interlocutor *não* é mais sábio. Ele de fato diz em certo momento que não há "nenhum bem maior para a cidade" (30a5-6) do que seu serviço ao deus. Porém, de modo ainda mais surpreendente, também diz que não há nenhum bem maior para *ele mesmo* do que se envolver nessa atividade. Imediatamente antes da famosa observação, e em explicação dela, Sócrates diz que "esse é o maior bem para um ser humano, envolver-se todo dia em discussões sobre a virtude e as outras coisas que vocês me ouvem discutindo, e examinar a mim mesmo e aos outros" (38a2-5). Não há nenhuma sugestão aqui de que vir a saber as *respostas* para as questões sendo discutidas conferiria um valor ainda maior ao empreendimento. Antes, a vida de investigação é ela própria aparentemente tão boa quanto qualquer vida humana pode ser, independentemente de produzir qualquer resultado definido; e a ignorância que Sócrates livremente professa não é aparentemente nenhum obstáculo para a realização dessa vida sumamente boa.

Há algo profundamente paradoxal nisso – e nesse caso, não penso que possamos separar diferentes linhas de pensamento em diferentes diálogos. Um certo número de diálogos tenta descobrir definições das virtudes; obtemos uma noção do extraordinário valor que Sócrates pensa que o conhecimento de tais definições teria, e ainda assim, na maioria das vezes, nesses mesmos diálogos, ele é implacavelmente otimista diante das consistentes falhas em alcançar tal conhecimento. E na *Apologia*, ele proclama que vive o melhor tipo possível de vida humana, contudo sua admitida ignorância, que aparentemente não é incompatível com a realização dessa vida melhor, é dita consistir em não saber nada que tenha valor ou que valha a pena. Alguém pode perguntar o que é tão bom acerca dessa infindável busca de compreensão das virtudes, se a obtenção real de respostas para as perguntas não faria diferença para a qualidade da vida de alguém – uma vez que ela já é tão boa quanto pode ser? E se esse é o caso, qual é a força da alegação de que o conhecimento que a pessoa não possui, mas que está buscando alcançar, é (em contraste com o conhecimento insignificante que ela possui) valioso ou vale a pena?

Além disso, se o conhecimento que Sócrates não possui é, como argumentei, um conhecimento ético sistemático e abrangente, como ele pode ter uma concepção tão clara de em que consiste a melhor vida humana, a ponto de anunciar que ele a alcançou? Não há nenhuma contradição formal aqui, uma vez que ele não alega *saber* que esse é o melhor tipo de vida humana. No entanto, ele resolutamente afirma que esse é o caso, diante do suposto ceticismo dos jurados (38a7-8). E em qualquer caso, concepções sobre a melhor vida humana (em contraste com, digamos, alegações éticas particulares) são o tipo de coisa que alguém pode particularmente esperar que exija alguma forma de compreensão ética sistemática a fim de ser confiavelmente julgada. Então, não apenas Sócrates está aparentemente feliz por se encontrar em um estado de ignorância; ele é tão *confiante* nos méritos de se encontrar nesse estado a ponto de lançar dúvida sobre a própria alegação de ignorância. Para tentar dissipar ou pelo menos mitigar esses paradoxos, alguém poderia apontar para a classificação que Sócrates faz da sabedoria que ele possui como "sabedoria humana"; por contraste, alguém poderia dizer, a sabedoria que ele não possui deve ser sobre-humana, e assim talvez seja impraticável para qualquer pessoa esperar alguma vez alcançá-la. Mas isso novamente nos forçaria a perguntar por que Sócrates dedica toda sua vida a tentar alcançá-la, por que essa investigação necessariamente infrutífera constitui em si mesma a melhor vida humana possível, e como ele pode estar tão certo de que esse é o caso.

Essa tensão – a tensão na atitude de Sócrates em relação a sua própria ignorância confessa, mas também em quão seriamente ele parece considerar sua própria confissão de ignorância – não me parece ter sido adequadamente reconhecida na maior parte dos estudos recentes.[27] Ela não parece ser eliminável, e levanta profundas questões sobre a natureza do empreendimento socrático. É claro que é perfeitamente possível que Platão tivesse consciência dessa tensão, e pensasse que seria valioso, por diversas razões, que o leitor refletisse sobre ela. Também é possível que ele tenha planejado as metodologias e doutrinas positivas expostas, por exemplo, na *República* e no

---

27 Uma notável exceção é Nehamas (1998, especialmente cap. 3).

Fédon, em parte como uma maneira de deixar para trás o curioso impasse hermenêutico no qual os diálogos com os quais estivemos ocupados parecem nos deixar. Mas de qualquer modo, o *status* de Sócrates como buscador de conhecimento nesses diálogos é misterioso. Há razões para vê-lo como profundamente interessado em alcançar um certo tipo de conhecimento, e bastante sério e sincero ao dizer que ele não o possui; mas também parece que ele considera que sua vida não admite nenhuma melhoria, quer ele tenha sucesso em alcançá-lo ou não – e sua confiança sobre esse estado de coisas é ela mesma difícil de distinguir de uma alegação de conhecimento.

Um outro diálogo sugere uma função positiva para a ignorância socrática, mas é notável que esta seja muito mais modesta do que qualquer coisa sugerida nos parágrafos anteriores. No *Teeteto*, conforme notado anteriormente, Sócrates compara-se a uma parteira (que ele afirma ter sido a profissão de sua mãe). Segundo a convenção grega antiga, a própria parteira não é mais capaz de conceber, mas realiza o parto da prole de outras pessoas. De modo semelhante, Sócrates afirma ser ele próprio estéril de sabedoria, porém capaz de elicitar a sabedoria de outras pessoas. O tema é introduzido no início do diálogo, e posteriormente mencionado diversas vezes, inclusive no final. Aqui Sócrates atribui a si mesmo um papel vital na investigação, apesar de, ou talvez mesmo por causa de, sua ignorância. Mas não há nenhuma sugestão aqui de que ele seja mais sábio do que todas as outras pessoas. Ao contrário, a analogia da parteira claramente sugere que as outras pessoas com quem interage são capazes, com sua orientação, de expressar verdades que ele próprio não poderia ter expressado por si mesmo. Não é sugerido que isso aconteça sempre, e de fato no próprio *Teeteto* isso não acontece; o diálogo como um todo, para continuar a analogia, é uma série de abortos. Mas a analogia claramente expressa a esperança de um parto bem-sucedido – e visivelmente implica que isso seria preferível a um aborto. Não obstante, os próprios resultados negativos do diálogo são considerados como dotados de algum valor (210b4-d1). As lições dessa discussão serão úteis se Teeteto alguma vez se envolver em discussões futuras sobre o mesmo tópico; e mesmo se ele nunca chegar a uma compreensão do tópico (no caso, a natureza do próprio conhecimento), será mais gentil e menos irritante com seus companheiros como resultado de não pensar que sabe aquilo que ele não sabe.

Claramente há aqui alguma conexão com temas da *Apologia*. Mas o papel desempenhado pela ignorância de Sócrates, e pelo reconhecimento da ignorância de outras pessoas por parte delas mesmas, é bem menos momentoso do que a *Apologia* sugerira. Em particular, não há nenhuma indicação de que a vida de investigação, *independentemente de seu sucesso*, seja a melhor vida possível. O *Teeteto*, como notado anteriormente, não pertence naturalmente ao grupo de diálogos com os quais estivemos nos ocupando principalmente; embora ele seja aporético, diz respeito ao conhecimento em vez de qualquer uma das virtudes, e emprega um aparato teórico muito mais sofisticado, desenvolvido em muito mais detalhes, do que aquele contido em qualquer um deles. Da mesma forma, apesar da importância temática da ignorância socrática no *Teeteto*, a tensão que identificamos em outros diálogos acerca da atitude de Sócrates para com sua ignorância não parece estar presente neste.

10.5

Sócrates certamente não é o único pensador grego, e nem mesmo o primeiro, a expressar dúvidas sobre nossas perspectivas de alcançar o conhecimento. Dentre aqueles pensadores gregos que o fizeram, alguns (os pirronistas posteriores) se chamaram de céticos e outros são rotineiramente citados nos estudos modernos como céticos seja em algum sentido como o pirrônico, ou em algum outro sentido corrente na filosofia moderna. Será que o Sócrates de Platão é um cético, nos diálogos em que ele professa ignorância?[28]

Hoje em dia, um cético é usualmente pensado como alguém que nega a possibilidade do conhecimento (seja globalmente, ou em algum domínio específico). No mundo antigo, por contraste, um cético era uma pessoa que se abstinha das crenças e suspendia o juízo. Não há nenhuma boa razão para

---

28 Discuti essa questão em mais detalhes em Bett (2006).

chamar Sócrates de cético em nenhum desses sentidos. Sua declaração de que *ele* não possui conhecimento de um certo tipo não é de modo nenhum a mesma coisa que declarar que o conhecimento é inalcançável; e, como notado na seção anterior, sua busca incessante pelo conhecimento do tipo que ele considerava realmente importante faria pouco sentido se ele pensasse que não havia nenhuma perspectiva de obtê-lo. Tampouco Sócrates é plausivelmente visto como um praticante da suspensão do juízo; ao contrário, sua professada falta de conhecimento ético importante não o impede de estar (subjetivamente, de qualquer modo) bastante certo de várias coisas – incluindo algumas coisas bastante extraordinárias e controversas, tais como (no *Górgias*) que uma pessoa está em situação pior fazendo o mal do que o sofrendo, ou (na *Apologia*) que um homem melhor (tal como ele se considera ser) não pode ser prejudicado por um pior (30c8-d5). O fato é que a profissão de ignorância de Sócrates é um elemento em uma concatenação única de visões e atitudes, incluindo uma confiança extrema sobre diversas coisas e mesmo, às vezes, uma alegação de saber certas coisas; se alguém olhar para o pacote completo, esse alguém não estará inclinado a rotular Sócrates como um cético em qualquer sentido ordinário do termo.

Há, não obstante, uma maneira em que a atitude de Sócrates é semelhante à dos céticos gregos. A palavra "cético" deriva da palavra grega para "investigar" (*skeptesthai*), e os céticos pirrônicos se descreviam como investigadores perenes, em contraste com aqueles que pensavam que haviam descoberto a verdade, ou que a verdade era impossível de ser descoberta. Eles também recomendavam essa vida de "investigação" perene em preferência às vidas dos não céticos. Ora, na *Apologia*, como vimos, Sócrates também representa a si mesmo envolvido em uma vida de constante investigação, e também afirma que essa vida é ela mesma a melhor vida humana possível; nessa medida, a atitude dos céticos é reminiscente da dele. Mas há ainda algumas diferenças notáveis. Uma delas é que os céticos não afirmariam que sua vida era a *melhor vida possível*, uma vez que isso mesmo seria um enunciado dogmático; eles simplesmente afirmariam preferi-la por eles mesmos, e convidariam outros a ver se concordavam.²⁹ Outra coisa, a razão pela qual os céticos preferiam sua vida a outras era porque, afirmavam eles, a sustentação de crenças definidas levava a muitos tipos de tumultos emocionais; seu objetivo era a liberdade em relação à preocupação (*ataraxia*), e eles consideravam que a liberdade em relação à crença fosse a rota mais segura para isso. Tal desobrigação intelectual e prática certamente teria sido anátema para Sócrates.

Contudo, negar que Sócrates fosse um cético não é negar que os céticos posteriores podiam razoavelmente ter encontrado elementos no retrato de Sócrates por Platão, incluindo sua profissão de ignorância, que fossem compatíveis com sua própria perspectiva. Mencionei a reação de Arcesilau à profissão de ignorância de Sócrates. Mesmo que, como sugeri, Arcesilau leia erroneamente a letra do que diz Sócrates, não é surpreendente, dado o precedente dado por Sócrates nos diálogos aporéticos, que a Academia de Platão tenha se movido em uma direção cética poucas gerações após sua fundação.³⁰ Mas então, como foi frequentemente notado, virtualmente todas as escolas helenísticas afirmavam, por alguma razão, encontrar em Sócrates um precedente importante;³¹ isso é uma medida de quão multifacetado, e, portanto, também elusivo e enigmático, ele revela ser. Espero ter deixado claro que, a esse respeito, o tema da ignorância socrática não é exceção.

---

29 Sobre algumas das dificuldades encontradas pelos céticos nessa área, *cf.* Bett (2003).
30 Sobre esse tópico, cf. ainda Annas (1994); Shields (1994).
31 Sobre isso, *cf.* especialmente Long (1988).

11 Reconsiderando a ironia socrática*

MELISSA LANE

11.1 Introdução

A caminho do tribunal, como réu contra as acusações – de não prestar culto aos deuses da cidade; de introduzir novos deuses; de corromper os jovens – que levarão à sua condenação e execução, Sócrates encontra seu obsequioso compatriota ateniense Eutífron. Eutífron está promovendo uma acusação contra seu próprio pai por assassinato, uma ação que a maioria dos atenienses consideraria com horror como violação da obrigação divina da piedade filial. À bazófia de Eutífron, que diz ter conhecimento do divino e da piedade e impiedade, Sócrates responde: "É de fato importantíssimo, meu admirável Eutífron, que eu me torne vosso pupilo, e no que diz respeito a essa acusação eu conteste Meleto [um dos três cidadãos-promotores que acusam Sócrates] [...] e diga-lhe [...] que [...] me tornei vosso pupilo" (*Eufr.* 5a-b).

Você pode achar difícil acreditar que Sócrates seja sincero em seu desejo admirado de se tornar pupilo de Eutífron. Esse é um dos principais

---

* Pelos comentários e conselhos sobre vários aspectos deste capítulo, agradeço a Alex Long, Donald Morrison, Emile Perreau-Saussine, Quentin Skinner, Karl Steven e Michael Trapp. Também sou grata pela permissão para ver e citar provas de um artigo de M. M. McCabe anteriores à publicação (McCABE, 2006) em um volume editado por Trapp. Esse volume é o primeiro de dois baseados na conferência de Trapp no King's College, Londres, sobre "Os usos de Sócrates", em que apresentei um artigo que foi um antecessor tanto de Lane (2006), um texto companheiro deste capítulo, quanto do próprio (Minha eventual publicação nos volumes da conferência de Trapp examinou um tópico diferente, "Sócrates na América do século XX": *cf.* LANE, 2007.).

exemplos dos discursos socráticos nos diálogos de Platão que muitos leitores acharam necessário, ou desejável, interpretar como irônico: nesse caso, implicando que o presunçoso Eutífron de fato não tem nada a ensinar a Sócrates. Pois a "ironia" é, em uma definição representativa, o "dizer algo com intenção de que a mensagem seja entendida como comunicando o oposto ou um significado que de outro modo seja diferente"[1] – embora devamos imediatamente perguntar, entendida por quem? Às vezes, por um destinatário de quem se espera que entenda a ironia, e nesse caso a ironia pode ser um modo gracioso e brincalhão de comunicar uma mensagem. Outras vezes, quando se espera que o destinatário seja insensível a ela e a ironia destina-se à recepção por um terceiro, a ironia pode ser um modo zombeteiro e mesmo selvagem de discriminar entre aqueles capazes de compreender o verdadeiro significado e aqueles que são cegos para ele.[2]

Qual é o caso com Eutífron? A maioria dos leitores que discernem a ironia socrática para com Eutífron assume que ela se enquadra na segunda categoria: não há intenção de que Eutífron a entenda, a ironia visa ser entendida apenas pelo leitor de Platão (Em outros diálogos, a ironia pode ser percebida como dirigida ao entendimento de um terceiro personagem, tal como o menino Clínias no *Eutidemo*, em cujo benefício Sócrates interroga e comenta as farsas destrutivas de dois irmãos sofistas). O mesmo é verdadeiro nos casos candidatos de ironia socrática que abundam no *Hípias maior*, em que Sócrates aclama Hípias como "belo e sábio" (281a1) e comenta sobre o sucesso de Hípias como sofista:

---

1 Essa definição é adaptada daquela em Opsomer (1998, p. 14). Compare as definições em Brown (1993, I), "ironia" q.v., entre as quais figura "a expressão de um significado usando um linguajar que normalmente expressa o oposto". Embora essas duas definições se concentrem na fala, devemos expandi-las para incluir a possibilidade de outros casos de ação irônica (sendo a própria fala, é claro, uma forma de ação).

2 Na ironia trágica ou dramática, a intenção relevante é a do autor, em vez da dos personagens; o conhecimento transmitido ou esperado da audiência permite que ela veja que as palavras e ações dos personagens produzirão de fato um significado diferente daquele que visam, embora os próprios personagens não visem (comunicar) isso naquilo que fazem ou dizem. Esse tipo de ironia é relevante para a questão de se Platão é irônico como autor, uma questão (distinta de nosso tópico presente, de se Sócrates é irônico como personagem) que não pode ser explorada aqui; para uma discussão dela, *cf.* Griswold (2002) e Nehamas (1998).

Isso é que é ser verdadeiramente sábio, Hípias, um homem de completas realizações: em privado você é capaz de ganhar um monte de dinheiro de pessoas jovens (e de conceder benefícios ainda maiores àqueles de quem você o recebe); enquanto em público você é capaz de fazer à sua própria cidade um bom serviço (como cabe a alguém que espera não ser desprezado, mas admirado pelas pessoas comuns). (281b5-c3)

A implicação de que Hípias é "verdadeiramente sábio"; a sugestão de que ganhar dinheiro ensinando, algo que o próprio Sócrates se recusava a fazer (*Ap*. 19d9-e1, 31c), seja parte dessa sabedoria; e a adoção das "pessoas comuns" como padrão para a admiração, são todos aspectos da interação de Sócrates com Hípias que parecem exigir ser lidos ironicamente. A esses tipos de casos de "ironia socrática" (discutiremos posteriormente por que as conversas com Hípias e Eutífron produzem os candidatos mais notórios) pode ser acrescentada a postura mais ampla associada a Sócrates na *Apologia*, de negação do conhecimento. A ideia de que esta deveria ser lida ironicamente tinha defensores já no mundo antigo. Ainda assim, o significado de atribuir ironia a Sócrates foi interpretado de muitas maneiras. Quando fala ironicamente, será que ele (ou qualquer pessoa) simplesmente tem intenção de significar o oposto do que suas palavras realmente dizem – de modo que, se ele está ironicamente negando ter conhecimento da excelência e da virtude humanas (*Ap*. 20c3, 21b), ele está realmente alegando possuí-lo? Ou será que a ironia é um aspecto mais misterioso e potencialmente abrangente do caráter de alguém, tornando o ironista essencialmente opaco? Além disso, será que a ironia socrática é um fenômeno ocasional e incidental, ou será que ela permeia o próprio ser de Sócrates e tem uma função essencial em sua filosofia?

Que Sócrates seja irônico é algo em que muitas pessoas que sabem pouco mais sobre Sócrates acreditam. Se essa crença estiver baseada em textos antigos, essas pessoas provavelmente estarão pensando nos retratos de Sócrates de Platão e Aristóteles, em vez dos de Aristófanes e Xenofonte, por duas razões. Primeiro, a ironia está ausente dos traços de Sócrates satirizados em *As nuvens* de Aristófanes (que o trata antes como um pedante distraído), e embora incidências de ironia tenham sido detectadas nos escritos de Xenofonte sobre Sócrates,[3] ela não foi central para a maioria das interpretações desses escritos ou para o retrato de Sócrates que eles criam. Em segundo lugar, nem Xenofonte nem Aristófanes usam alguma vez a respeito de Sócrates a palavra grega *eirōneia*, que é o único termo grego (às vezes) traduzível como "ironia". Por contraste, Platão e Aristóteles usam essa palavra e suas cognatas a respeito de Sócrates (embora eu argumente depois que ela não é de fato traduzível como "ironia" em Platão), e isso desempenhou um papel-chave na formação da tradição da "ironia socrática". O restante desta introdução discutirá o papel de Aristóteles na formação dessa tradição, e aqueles influenciados por ele, enquanto os diálogos platônicos serão o foco do restante do capítulo.

Aristóteles restringe suas discussões centrais da *eirōneia* ao caso especial da autodepreciação, concebido como o oposto da extrema bazófia, ambas em contraste com uma média de veracidade. Como ele explica:

> O modo como as pessoas que se autodepreciam [*eirōnes*] subestimam a si mesmas faz seu caráter parecer mais atraente, uma vez que elas parecem fazê-lo a partir de um desejo de evitar a pompa, e não visando tirar proveito; acima de tudo, são coisas que trazem boa reputação que essas pessoas também negam, como de fato fazia Sócrates.[4] (*EN* 4.7, 1127b23-26)

Quando a *eirōneia* de Aristóteles foi transliterada para o latim como *ironia* por Cícero, ela trouxe consigo essa visão da ironia socrática e a reforçou como uma subestimativa modestamente autodepreciadora. A análise de Aristóteles também foi remontada a Platão por muitos leitores, incluindo

---

3 Vlastos aceitava em 1987 (citado aqui em uma versão posterior de 1991) aquilo que ele havia anteriormente negado, que "há uma autêntica veia de ironia na representação que Xenofonte faz de Sócrates" (1991, p. 31). Mas ele insistia que em Xenofonte – em contraste com Platão – isso "não contribui nada para a elucidação da filosofia de Sócrates" (1991, p. 31). Morrison (1987) aceita e expande a lista de ironias socráticas em Xenofonte, enquanto defende que a ironia não é filosoficamente central para os retratos de Sócrates de Xenofonte nem de Platão.

4 Tradução de Rowe e Broadie (2002).

alguns dos comentadores antigos, que vieram assim a considerar os personagens em Platão que acusam Sócrates de *eirōneia* como chamando-o de ironista autodepreciador.[5]

Um influente retórico romano imperial do primeiro século, Quintiliano, expandiu significativamente a tradição retórica da *eirōneia* iniciada por Aristóteles e continuada por Cícero.[6] Em seus termos, os usos da ironia que estivemos discutindo até aqui, nos quais uma expressão irônica modifica o significado das palavras usadas (como nos exemplos do *Hípias maior* anteriormente, em que, ao chamar Hípias de sábio por ganhar dinheiro com seu conhecimento, pode-se considerar que Sócrates significa o oposto), são somente um tipo de ironia – que Quintiliano chamou de "tropo", um movimento retórico no qual o significado das palavras usadas se modifica (*Inst.* 8.6.54-55). Havia também, postulava Quintiliano, um movimento retórico de ironia mais amplo e mais profundo no sentido de uma "figura", no qual o significado das palavras usadas não muda, mas o efeito global é transparentemente o de um significado diferente (*Inst.* 9.2.44-46) – por exemplo, *Uma proposta modesta* de Jonathan Swift, em 1729, no qual o objetivo de qualquer sentença dada propondo que os ingleses comam os irlandeses não é comunicar o sentido oposto, mas antes a obra como um todo visa ironicamente ser um comentário sobre a insensibilidade das atitudes inglesas. A figura pode emergir como um resultado do uso repetido do tropo (*Inst.* 9.2.45, 46). E neste último contexto, Quintiliano observou que "se pode tomar toda uma vida como ilustração da Ironia, como se pensou de Sócrates" (*Inst.* 9.2.46).[7] Isso consolidou uma nova visão da ironia socrática, como algo que envolve não simplesmente observações autodepreciadoras

---

5 Sedley (2002) mostra que os comentadores platônicos não concordavam sobre se Sócrates era de fato irônico; embora essa fosse a tradição dominante, a maioria dos que aderiam a ela tinham o cuidado de distinguir os tipos de falantes aos quais Sócrates usava ironia daqueles aos quais ele não o fazia. Ele também nota a necessidade de um conjunto de regras que nos permita decidir se uma passagem deve ou não ser lida como irônica (41), e o fato de que quaisquer regras ou assunções desse tipo estarão imbuídas de preconceitos interpretativos específicos (52).
6 Neste breve capítulo não é possível abordar todos os desenvolvimentos intermediários, tais como a obra de Teofrasto, sobre o qual *cf.* Diggle (2004) e Lane (2006, p. 53-54, n. 12).
7 Tradução de Russell (2001).

ocasionais, mas todo um modo de vida, uma perspectiva global e um modo de interação. Essa visão ressoaria poderosamente nos retratos de Sócrates e da ironia produzidos por muitos dos autores medievais e renascentistas tão profundamente marcados por Quintiliano e por outros autores antigos (KNOX, 1989), e seria revivida no retrato romântico da ironia socrática como o traço mais importante e profundo do caráter de Sócrates.

Como resultado de Aristóteles, Cícero, e acima de todos Quintiliano, nasceu uma rica e internamente diversa tradição filosófica de considerar Sócrates irônico, uma tradição que frequentemente afastou-se dessas âncoras para desenvolver interpretações mais gerais do que significa a ironia socrática. Alguns leram Sócrates como globalmente irônico,[8] enquanto outros insistiram em distinguir momentos nos quais ele é irônico de momentos nos quais ele não é.[9] Alguns celebraram a ironia como um dos aspectos atraentes e filosoficamente valiosos de Sócrates;[10] outros a consideraram como uma indicação tanto de sua realização quanto de suas limitações;[11] ainda outros atacaram-na como um sinal de seu fracasso e do erro da concepção de seu projeto como um todo.[12]

---

8   Para uma explicação global da ironia como uma espécie de consciência, cf. Jankélévitch (1964), e para a ironia romântica que o influenciou, ver a breve discussão em Szlezák (1999, cap. 21). Mais recentemente uma explicação global foi defendida em termos analíticos em McCabe (2006).

9   Para uma posição interessante distinguindo momentos de "ironia condicional" de momentos de "ironia reversa" no Sócrates de Platão, cf. Vasiliou (1998; 2002); no entanto, critico alguns aspectos dessa posição em Lane (2006, p. 50, n. 4).

10 Para um argumento moderno que compartilha a visão de que a ironia e a dialética são intimamente relacionadas para Sócrates, mas que avalia ambas positivamente, em linha com a visão quintiliânica da ironia como parte do modo de vida socrático, cf. Schaerer (1941, p. 196): "Socrate pratique l'ironie comme le sceptique pratique le doute, et le Chrétien la charité". [Sócrates pratica a ironia como o cético pratica a dúvida, e o cristão a caridade].

11 Apesar de todas as suas diferenças, Hegel e Kierkegaard viram a ironia socrática como uma realização que foi também fortemente limitada em seu valor e potencial. Hegel enxergou as limitações como relacionadas à posição de Sócrates na evolução da dialética do espírito, enquanto Kierkegaard enxergou-as antes marcando os limites da razão e a necessidade da fé.

12 A ironia socrática é interpretada como parte do fracasso de Sócrates como professor por Gagarin (1977, p. 36 e passim).

11.2 Propósito e audiência: visões diversas

Aqueles que sustentam tais atitudes divergentes sobre o valor da ironia socrática dividem-se particularmente em relação a seu propósito (por que ele faz isso?) e a sua audiência (quem é capaz de compreendê-lo?). A visão dominante sobre o propósito da ironia, operando em um referencial aristotélico, foi moldada por Cícero, que no *De Oratore* (2.269-270) descreveu a ironia como "brincadeira séria" (*severe ludas*), implicando que ela pode ir além da autodepreciação, enquanto retém o propósito de brincadeira e autoapresentação da concepção de Aristóteles. Em seu *Brutus* (292), o personagem Ático diz que a *ironia* é usada por Sócrates nos livros de Platão, Xenofonte e Esquines quando, "discutindo a sabedoria, [ele escolhe] negá-la a si mesmo e atribuí-la de brincadeira [*in ludentem*] àqueles que têm pretensões de possuí-la".[13] Segundo essa explicação, o propósito brincalhão da ironia é ligado a sua transparência para a audiência. Há o objetivo de que a audiência perceba a modéstia e a brincadeira do ironista, e perceba-as como tal. Ninguém é intrinsecamente excluído de apreender essa ironia brincalhona. Muitos escritores associados aos movimentos do Iluminismo do século XVIII adotaram uma abordagem semelhante ao elogiar Sócrates por sua habilidade retórica de utilizar a ironia.[14]

Uma explicação oposta da ironia socrática enxerga seu propósito como baseado na resposta do filósofo a uma audiência inerentemente dividida, da qual alguns membros devem perceber a ironia e outros não. Essa é a visão, por exemplo, de Leo Strauss: "A ironia é [...] a nobre dissimulação, por parte

---

13 O texto latino é da edição *Oxford classical texts* [*Textos clássicos de Oxford*], Cic. *Rhet*. v. II, que utiliza um esquema diferente de parágrafos (no qual essa passagem é a 85). A tradução é de Hendrickson (1971).
14 Fitzpatrick (1992, p. 180-181), discute o modo como os filósofos do século XVIII que valorizavam a racionalidade socrática lidaram com elementos em sua *persona* que não se enquadravam naquela imagem. Em particular, as declarações de Sócrates de "não saber nada" eram entendidas por alguns como ironia, tratadas meramente como uma questão de elegância e modéstia; mas críticos do Iluminismo como Johann Georg Hamann levaram a sério sua confissão de ignorância, enxergando-a como uma precursora que abria caminho para a fé cristã (LANE, 2001, p. 22).

de alguém, de seu valor, de sua superioridade. Podemos dizer que ela é a humanidade peculiar ao homem superior: ele poupa os sentimentos de seus inferiores, ao não exibir sua superioridade" (STRAUSS, 1964, p. 51). Para Strauss, a ironia não é um gracejo retórico; ela é uma necessidade política. Conforme ele sustentou: "Se a ironia é essencialmente relacionada ao fato de que há uma ordem natural de posição entre os homens, segue-se que a ironia consiste em falar diferentemente para diferentes tipos de pessoas" (p. 51). De modo concomitante, sua audiência visada é necessariamente esotérica, limitada aos poucos filósofos. Para Strauss, a ironia socrática não é apenas um modo gracioso de falar, ela é planejada para tornar seu verdadeiro sentido acessível apenas a alguns, e proteger seu significado daqueles que não são capazes de compreender nem a ironia nem a filosofia que ela protege.[15]

Enquanto para Strauss a ironia tem a função de proteger a filosofia, para outros escritores a ironia seria vista como inerente à própria filosofia – ou no caso especial, à filosofia socrática.[16] Novamente, para alguns, o propósito de tal ironia filosófica seria celebrado como enraizado na e revelando a natureza intrinsecamente crítica da filosofia. Em seu *Fragmentos Críticos*, de 1797, que foi uma espécie de texto fundador paradoxal do romantismo alemão, Friedrich Schlegel elogiou uma ironia literária e filosófica rematada como sendo a exaltação da subjetividade do ego.[17] Para outros, contudo, a natureza essencialmente irônica do pensamento socrático era um sinal de suas limitações. Em suas *Lições sobre a História da Filosofia* de 1805-1806, G. W. F. Hegel criticava Schlegel por inflar demais a ironia socrática, sustentando em contraste que ela tinha um valor limitado, mas positivo de revelar as verdadeiras ideias subjetivas de seus interlocutores, portanto

---

15 Bloom segue Strauss de modo geral, argumentando que as propostas políticas de Sócrates na *República* devem ser lidas envolvendo ironia (BLOOM, 1968, p. 411), de modo que "a cidade perfeita é revelada como sendo uma perfeita impossibilidade" (p. 409). *Cf.* também Clay (2000).

16 Que a ironia é inerente à filosofia socrática é argumentado por Alexander Nehamas (1998) e Gregory Vlastos (1991), ambos discutidos posteriormente.

17 *Cf.*, por exemplo, o *Fragmento crítico* n. 108, traduzido em Schlegel (1971, p. 155-156), argumentando que a ironia socrática era a única atitude literária que podia dar aos românticos uma total liberdade literária.

de "trazer o Conceito à consciência" (HEGEL, 1892, p. 400). Contudo, ele sustentava que essa mesma ironia era também uma marca da incompletude da postura socrática, que necessitava de uma integração ulterior e mais positiva à dialética.

A incompletude da ironia socrática também foi enfatizada por Søren Kierkegaard, tanto em sua dissertação de 1841, *O Conceito de ironia com referência contínua a Sócrates*, quanto em outros lugares. Mas ele rejeitava a solução progressivista de Hegel para a ironia, argumentando em vez disso que os limites da ironia socrática atestavam a necessidade de um salto para a fé religiosa (KIERKEGAARD, 1989; 1998). Kierkegaard resumia o contraste da seguinte maneira: "a ironia [de Sócrates] não era o instrumento que ele usava a serviço da ideia [como havia afirmado Hegel]; a ironia era sua posição – mais do que isso ele não tinha" (KIERKEGAARD, 1989, p. 214). Para o sucessor de ambos, Nietzsche, em seus estados de espírito mais mordazes no início e no fim de sua carreira (que incluíra em toda sua extensão um amplo espectro de visões sobre Sócrates e Platão), a ironia era um sinal do conhecimento que Sócrates tinha de seu próprio fracasso: um sinal do medo do pessimismo, em *O nascimento da tragédia* de 1872 (1999, p. 4 [§1]), e supostamente "uma expressão de *ressentimento* plebeu" no *Crepúsculo dos ídolos* de 1888 (2005, p. 164 [§7]).

Finalmente, houve um influente debate sobre a importância interpessoal bem como filosófica da ironia socrática. A visão dominante hoje é que a ironia socrática serve a, pelo menos, algum propósito dialético e argumentativo: por exemplo, um dicionário histórico a define como "a simulação de ignorância praticada por Sócrates como um passo para refutar um adversário" (BROWN, 1993, I, "ironia", q. v.) e como "uma pose de ignorância por meio da qual um questionador habilidoso expõe a vacuidade das alegações de conhecimento daquele que responde" (BROWN, 1993, II, "ironia socrática", q. v.). Uma variante inovadora é argumentar que ao ocultar as crenças do próprio Sócrates, sua ironia serve para "nos dizer algo sobre a estrutura da sabedoria, mas não sobre seu conteúdo", uma vez que cada pessoa deve chegar à sabedoria por si mesma (McCABE, 2006, p. 31). Mas sempre houve oposição à linha de argumento de que a ironia socrática é pedagogicamente frutífera de algum modo. A contra-afirmação de que ela é evasiva e irresponsável em relação ao que o filósofo deve à sua audiência remonta ao ataque epicurista a Sócrates.

Diferentemente dos céticos e dos estoicos, os epicuristas se recusaram a idealizar Sócrates ou a considerá-lo a fonte simbólica de sua tradição, e uma das principais razões para essa recusa era seu uso da ironia em vez da instrução filosófica direta (STEVEN, manuscrito não publicado). Cícero, um antiepicurista declarado, comentou a abordagem de Epicuro a Sócrates na continuação da passagem do *Brutus* citada anteriormente:

> Assim, Sócrates nas páginas de Platão exalta Protágoras, Hípias, Pródico, Górgias e o restante até os céus, enquanto representa a si mesmo como sem conhecimento de coisa alguma e um mero ignorante. Isso de algum modo se ajusta a seu caráter, e não posso concordar com Epicuro, que o censura. (*Brut.* 292)[18]

Os epicuristas concentravam suas críticas na afirmação de que a ironia socrática é pedagogicamente estéril: se Sócrates tinha algo a dizer, ele deveria tê-lo dito, em vez de esconder-se por trás de um véu de ironia. A esse tipo de crítica, outros acrescentaram a denúncia de que a ironia socrática é emocionalmente prejudicial, por exemplo sendo humilhante para seus interlocutores (TARNOPOLSKY, 2004). Isso novamente tem um precursor em Nietzsche: "a dialética permite que você haja como um tirano; você humilha as pessoas que derrota" (2005: §7, p. 164).

A visão mais desenvolvida desse tipo é a de Nehamas, para quem a ironia, incluindo a ironia socrática, é inerentemente danosa, afirmando a superioridade do ironista, e, portanto, tem um parentesco com as formas mais grosseiras de sarcasmo e zombaria (1998, p. 49, 58). Contudo, para Nehamas, o propósito da ironia socrática é inerentemente misterioso. Dado que, como ele observa, a ironia não precisa acarretar que alguém acredita no oposto do que diz, mas apenas e simplesmente que esse alguém acredite em algo diferente do que diz, a ironia não necessariamente comunica

---

18 Para o texto e a tradução, *cf.* n. 438.

algum significado. Ela não torna o significado transparente (1998, p. 56, 67-69). (Para tomar emprestado um exemplo da discussão sobre ironia na *Wikipedia*: o comediante Sacha Baron Cohen não significa o *oposto* do que diz quando, sob o disfarce do suposto *rapper* Ali G, ele pergunta a um informante do Centro Nacional de Informações sobre Venenos, "As droga [*sic*] de Classe A garante absolutamente que elas é [*sic*] de melhor qualidade?")[19] O ironista é, ou pode escolher ser, misterioso, e é assim que Platão retrata Sócrates, talvez (assim presume Nehamas) por que ele próprio não compreendesse Sócrates.

Como se essa série de interpretações contraditórias da ironia socrática não fosse desafiadora o suficiente, a tarefa de julgar essas interpretações da ironia socrática é adicionalmente complicada pela dificuldade de provar qualquer caso de ironia de todo. A ironia se encontra necessariamente e notoriamente no olho do observador. Na ausência de "marcas de ironia" semelhantes a pontos de interrogação e de exclamação (que os franceses alegam que Jean Paul instigou os impressores a inventar), a questão de se Sócrates é ou não irônico em qualquer dado exemplo, ou globalmente, é uma questão de interpretação. Não há nenhum ponto fixo na interpretação da ironia socrática. Compreendê-la exige discutirmos sua história complexa na interpretação da figura de Sócrates e dos textos (acima de tudo) de Platão; desembaraçar aspectos dela que são frequentemente confundidos; e em última instância assumir uma posição sobre a questão de se, onde e como a ironia socrática aparece.

Em outras palavras, o fato mais fundamental sobre a ironia é sua qualidade elusiva inerente.[20] Isso torna impossível reunir um conjunto de casos incontestáveis de ironia socrática para o leitor inspecionar. Os debates sobre o sentido da ironia socrática não podem ser distinguidos dos debates sobre o que deve contar como ironia socrática em primeiro lugar.[21] Portanto, este

---

19 Disponível em: <http://en.wikipedia.org/wiki/Irony>. Acesso em: 28 nov. 2006.
20 Conforme observado por Morrison (2007, p. 241): "Não há nenhum algoritmo, nenhuma quantidade de força bruta em filologia, que demonstre a presença da ironia para alguém que não a enxerga, ou o contrário".
21 De fato, essas questões também são ligadas ao debate sobre quem é entendido por "Sócrates": o Sócrates histórico; o Sócrates dos diálogos platônicos "iniciais", se estes puderem

capítulo passará a considerar três elementos distintos que foram incorporados a análises da ironia socrática: 1) a autodepreciação socrática, tanto conforme exemplificada em Platão quanto como descrita por Aristóteles e Cícero; 2) o significado da *eirōneia* conforme atribuída a Sócrates por personagens platônicos; 3) o uso aparente por parte do Sócrates de Platão daquilo que foi chamado de "elogio irônico". Em um espírito cético, será argumentado que nenhum destes necessariamente ou claramente apoia a imputação da ironia a Sócrates.

11.3 Autodepreciação

A visão aristotélica de que a ironia de Sócrates, incluindo seu elogio irônico aos outros, é intimamente relacionada a sua autodepreciação, foi extremamente influente. Na medida em que os leitores julgam Sócrates como intelectualmente superior a seus interlocutores, o elogio que ele faz a eles por terem algo a lhe ensinar pode ser visto como uma depreciação irônica do conhecimento do próprio Sócrates. Quando Sócrates lisonjeia outros como tendo algo a lhe ensinar, ele parece, portanto, ironicamente diminuir suas próprias alegações de mérito, uma vez que o leitor que tem em mente a ironia tenderá a assumir que é muito mais provável que Sócrates tenha algo a ensinar aos interlocutores. Contudo, será que elogiar alguém sempre implica depreciar a si mesmo?[22] Não necessariamente: imagine a mulher que venceu em um certo dia sua final individual do Torneio de Wimbledon parabenizando o

---

ser seguramente identificados e seu "Sócrates" descoberto como significativamente diferente do "Sócrates" de outros diálogos, conforme argumentado por Vlastos (1991, p. 45-80); o Sócrates de Platão e Xenofonte; e assim por diante. Este capítulo se concentra no Sócrates que aparece em Platão, conforme notado anteriormente, e não assume nenhuma ligação forte ou profunda entre o Sócrates de alguns diálogos e o de outros, embora reconheça alguns pontos em comum nos diálogos estruturados pelo método do elenco em comparação com aqueles que não o são, uma posição defendida em Lane (2000).

22 Clay (2000, p. 93-94), coloca bem a questão – "ou ele [Sócrates] é insincero e, como consequência, jactancioso e vaidoso; ou ele pode ser considerado sincero e verdadeiramente em dúvida quanto a seu conhecimento" – embora confundindo a *eirōneia* definida como autodepreciação com "ironia".

homem que venceu a dele no dia seguinte. Mas quando aquilo que é elogiado é o conhecimento de alguém, o elogio pode parecer implicar que a pessoa tem algo a aprender com aquele que é elogiado, portanto implicaria uma diminuição ou depreciação dos méritos próprios daquela pessoa.

Um fenômeno semelhante ocorre quando, nos diálogos que narra, Sócrates às vezes se descreve como tendo uma forte reação emocional a seus interlocutores. Por exemplo, ele relata que estava "com medo" da explosão de Trasímaco e só foi capaz de responder "tremendo um pouco" (*Rep.* 336d6, e1-2). Novamente, tais reações não precisam necessariamente implicar uma autodepreciação, elas podem fluir naturalmente das correntes emocionais da conversa, sem implicar que Sócrates não tenha base para uma resposta ponderada. Mas muitos leitores acham difícil não ler tais apartes narrativos ironicamente, pois acham difícil acreditar que Sócrates seja realmente perturbado por tais desafios.

É claro que Sócrates na *Apologia* faz explicitamente pelo menos uma afirmação autodepreciadora: ele relata que quando ouviu que o oráculo délfico havia proclamado que ninguém era mais sábio que ele, ele asseverou que "sou muito cônscio de não ser nem um pouco sábio" (*Ap.* 21b). Apesar de outros exemplos nos diálogos, em que Sócrates de fato afirma saber alguma coisa (por exemplo, *Ap.* 29b6-7: "Sei que é perverso e vergonhoso fazer o mal e desobedecer a um superior, seja ele um deus ou um homem"; *Bnq.* 177d7-8: "a única coisa que digo que compreendo é a arte do amor"), a autodepreciação da *Apologia* foi amplamente considerada como uma negação de conhecimento: uma alegação de saber que ele não sabe. Interpretada como tal, será que ela deveria ser lida ironicamente?

A negação de conhecimento certamente pode parecer envolver uma inversão irônica. Se somente Sócrates sabe que ele não sabe, então há um sentido em que ele está (ironicamente) afirmando ser sábio, concomitante com um sentido em que ele (literalmente) afirma ser ignorante: "[O] sábio que não sabe que sabe é ignorante; e o ignorante que sabe apenas que não sabe nada é sábio" (MACKENZIE [agora MCCABE], 1988, p. 350).[23]

---

23 Para uma discussão adicional da negação de conhecimento, *cf.* Woodruff (1990) e Irwin (1995, cap. 2).

Contudo, a questão de como entender a negação de conhecimento, não menos do que a questão da ironia, exige o estabelecimento de um referencial interpretativo global para os diálogos. Ao considerar a negação do conhecimento literalmente, gera-se um tipo de leitura dos diálogos no qual Sócrates aparece como o investigador cético genuinamente buscando conhecimento por meio do exame elênquico e da investigação colaborativa. Ao considerá-la ironicamente, gera-se um tipo muito diferente de leitura no qual Sócrates aparece como a esfinge que não compartilha seu conhecimento, apresentando uma face irônica por razões particulares suas (ou antes, de Platão); ou no qual a ocultação de seu conhecimento serve a algum propósito específico, seja ele benigno ou sinistro. O que é certo é que o conceito da ironia socrática não oferece nenhuma base firme para decidir entre essas diferentes interpretações.

11.4 Será que a *eirōneia* significa "ironia"?

No entanto, o leitor pode querer objetar, há certamente uma base firme para imputar ironia a Sócrates: o uso do termo *eirōneia* acerca de Sócrates nos diálogos. Sócrates é chamado de *eirōn* por três personagens em Platão, todos eles figuras complicadas e desafiadoras: Cálicles, o agressivo acólito do poder por meio da retórica no *Górgias*; Trasímaco, o beligerante defensor da afirmação de que a justiça serve ao interesse do mais forte na *República*; e Alcibíades, o glamouroso e perigoso político ateniense mostrado no *Banquete* como um jovem que caiu parcialmente sob o feitiço do Sócrates. E na *Apologia* de Platão (37e5-38a1), o próprio Sócrates imagina que se ele seguisse um certo curso de ação ele seria chamado de *eirōn* pelos atenienses. Será que ele indica que os atenienses pensariam nele como um "ironista", e será que Cálicles, Trasímaco e Alcibíades indicam que ele seja um? Responder a essa questão completamente exigiria um estudo textual detalhado de cada passagem, mas em suma, a visão defendida aqui é que eles (e ele) não indicam isso.²⁴ Para ver por que não, precisamos revisar os destinos cambiantes da palavra *eirōneia*.

Há dois pontos fixos na carreira dessa palavra. Vimos que, a partir do tratamento dado por Aristóteles no século IV a.C. à *eirōneia* como autodepreciação, surgiu uma tradição retórica na qual a *eirōneia* podia pelo menos às vezes significar "ironia". Igualmente, os estudiosos concordam que duas gerações antes, no escritor cômico de teatro Aristófanes, a *eirōneia* e seus cognatos certamente não significavam "ironia", mas eram melhor traduzidos por uma expressão como "ocultar por fingimento".²⁵ Esses dois significados não devem ser confundidos: eles são essencialmente diferentes. O propósito de um *eirōn* aristofânico (e doravante a palavra grega será restrita a seu significado aristofânico) é *ocultar* aquilo que não é dito, enquanto o propósito de um ironista é *comunicar* o que não é dito (a alguma audiência, embora não necessariamente ao destinatário do enunciado irônico). Assim, alguém acusado de ser um *eirōn* é acusado de enganação, enquanto alguém considerado um ironista não pode ser universalmente percebido como enganoso.²⁶ O ironista pode estar simplesmente comunicando seu significado de maneira brincalhona e modesta, e mesmo que ele esteja ocultando seu significado daqueles que são obtusos demais para compreender a ironia, ela não poderia ser uma ironia se não houvesse uma audiência destinada a compreendê-la como tal.

---

24 Para um argumento mais completo, no qual o presente capítulo se baseia, *cf.* Lane (2006).
25 Os usos mais importantes em Aristófanes são *As aves* 1211 e *As vespas* 174; há pouco contexto para avançar na interpretação de *As nuvens* 449. Edições recentes de Aristófanes concordam que esses usos não significam ironia (por exemplo, SOMMERSTEIN, 1983, sobre *As vespas*, DUNBAR, 1995, sobre *As aves*, ambos *ad. loc.*), e no debate iniciado por Vlastos sobre quando a *eirōneia* passou a significar "ironia", é assumido como o ponto comum que não foi em Aristófanes.
26 *A* pode ser percebido como um *eirōn* por *B* (isto é, como ocultando seu verdadeiro significado), quando *A* está de fato se dirigindo ironicamente a uma terceira pessoa, *C*. Embora tais casos sejam teoricamente possíveis, Platão apresenta os dois fenômenos em contextos distintos: a *eirōneia* é cuidadosamente segregada como uma acusação feita por um certo tipo de personagem, enquanto o elogio irônico e a autodepreciação são (quando apropriadamente interpretados) dirigidos a um tipo diferente.

Entre Aristófanes e Aristóteles, o único autor grego chegado até nós que fala da *eirōneia* é Platão. Consequentemente, floresceu o debate sobre se as incidências de *eirōneia* em Platão devem ser lidas retroativamente, de modo aristofânico, ou em perspectiva adiantada, de modo aristotélico. Gregory Vlastos (1991) iniciou o debate contemporâneo em um trabalho apresentado pela primeira vez em um artigo de seminário em Cambridge, em 1984. Vlastos reconhecia que Platão às vezes usava a *eirōneia* em seu sentido aristofânico de dissimulação ou engano. Mas ele sustentava que nos contextos cruciais do *Górgias* (489e1) e do *Banquete* (216e2-5, 218d6-7) – nos quais Cálicles e Alcibíades respectivamente chamam Sócrates de *eirōn* – ele estava inaugurando seu novo significado de "ironia", e fazendo isso em relação a Sócrates. De fato, Vlastos foi além para argumentar que Sócrates é mostrado em Platão como iniciador de uma nova forma de "ironia complexa", na qual o que é dito ao mesmo tempo é (em um sentido) e não é (em outro sentido) o que é significado.

O objetivo de Vlastos era mostrar que Sócrates não era um enganador; sua estratégia era mostrar que nem Cálicles nem Alcibíades, ao chamá-lo de *eirōn*, estavam acusando-o de sê-lo.[27] Mas essa estratégia é defeituosa. A questão de se Sócrates é um enganador é diferente da questão de se Cálicles *et al.* acreditam que ele é. O que é mais importante, o argumento de Vlastos de que Cálicles e Alcibíades deviam ser traduzidos chamando Sócrates de "irônico" não faz jus à qualidade de ataque inerente à acusação de *eirōneia* de Cálicles, nem ao contexto no qual Alcibíades se apresenta desvelando algo enganosamente oculto em Sócrates (contrastado com a intenção comunicativa da ironia). Ao acusar Sócrates de *eirōneia*, tanto Cálicles quanto Alcibíades, e de fato também Trasímaco, empregam uma retórica de remover tentativas de ocultação, que se ajusta muito melhor ao sentido aristofânico do que ao aristotélico do termo. Exatamente como os personagens de Aristófanes, eles usam a *eirōneia* para significar aproximadamente "ocultação por fingimento",

---

27 Vlastos (1991, p. 24-25) admitia que Trasímaco usara o termo para indicar que Sócrates era um enganador, em vez de para chamá-lo de ironista; mas Nehamas (1998, p. 58), argumentou que Trasímaco, assim como Cálicles e Alcibíades, deveria ser tomado como chamando Sócrates de irônico em vez de enganador.

em um contexto de tentativa implícita de engano. Em suma, o fato de que alguns dos personagens de Platão chamam Sócrates de *eirōn* não fornece nenhuma justificativa para a afirmação de que ele é um ironista.

11.5 Elogio irônico

Mesmo que a *eirōneia* não deva ser traduzida como "ironia" nos textos de Platão, outras evidências podem mostrar que Sócrates é um ironista. O leitor alerta do (digamos) *Górgias* pode sentir que Sócrates é claramente mostrado ali, e em outros lugares, como nas passagens do *Eutífron* e do *Hípias maior* com as quais iniciamos, praticando o elogio irônico (NIGHTINGALE, 1995, p. 115, 119). Muitos leitores sentiram que Sócrates não pode possivelmente significar literalmente os cumprimentos que ele presta a muitos interlocutores (por exemplo, Sócrates a Cálicles: "você realmente tem boa vontade para comigo" [*Grg.* 487d2-3]), e assim supuseram que ele deve significá-los ironicamente.[28] Antes de passarmos para uma consideração geral de tal elogio irônico, precisamos considerar uma categoria especial dentro dele: os "termos de tratamento de amizade".

11.6 Termos de tratamento de amizade

Assim como muitas outras obras da literatura grega, os diálogos de Platão são cheios de expressões como "ó, maravilhoso", "estrangeiro", e assim por diante. Estes são "termos de tratamento", que vão desde o uso do nome próprio todo ou em parte, a uma relação de idade ou de gênero, até termos referindo-se especificamente a aspectos de uma relação de amizade (a cujo gênero "ó, maravilhoso" pertence). Na língua ática, assim como em outras línguas antigas e modernas, tais termos são usados de maneiras culturalmente padronizadas que indicam e policiam a natureza das relações

---

28 A menos que seja notado de outro modo, as traduções de Platão são de Cooper (1997).

que eles expressam. (Em inglês, pense em *howdy, pardner* [olá, parceiro], *my good fellow* [meu bom companheiro] ou *hello there, stranger* [olá, estranho].). A filóloga Eleanor Dickey (1996) fez um estudo sobre o modo como termos de tratamento funcionam em grego antigo em comparação com outras línguas, e os resultados são espantosos para a questão da ironia socrática.

Os mais usados nos diálogos de Platão são termos de tratamento de amizade – isto é, expressões com apóstrofe que significam literalmente "ó, maravilhoso", "ó, magnífico", e assim por diante. Para os leitores modernos, é difícil colocar de lado o sentido literal de tais frases, mas é igualmente difícil aceitar esse sentido literal. O resultado é uma forte inclinação para ler os termos de tratamento de amizade em Platão ironicamente: assumir que quando Sócrates (que é o maior, mas não o único, usuário de tais termos em Platão) chama alguém por "ó, maravilhoso" ele está sendo irônico. Na medida em que os leitores julgam que a maioria dos interlocutores de Sócrates esteja em posição intelectual inferior em relação a ele, é ainda mais tentador assumir que ele não pode estar sério com tais termos positivos de tratamento.

Contudo, a análise de Dickey estabelece que tais epítetos, incluindo em particular os termos de amizade, nunca devem (com apenas uma exceção) ser lidos ironicamente em Platão.[29] A alegação de Dickey é que "[os termos de amizade] em Platão, em vez de serem lisonjeiros para o destinatário, mostram a dominância do falante" (DICKEY, 1996, p. 117). Ela argumenta que eles são genuinamente usados como termos polidos ao invés de insultos ou rebaixamentos irônicos. No entanto, sua polidez serve para demonstrar o controle que o falante tem da situação, de maneira um tanto condescendente (DICKEY, 1996, p. 122, 126). Uma troca de termos de amizade, tais como aqueles rebatidos de um lado para outro por Sócrates e Cálicles no *Górgias*, não é uma indicação de ironia; ela é antes uma indicação da disputa sobre o domínio da conversa, que marca o diálogo como

---

29 Dickey (1996, p. 143), menciona apenas um único caso de um termo de amizade usado em Platão, assim como em outros autores, de maneira "usualmente irônica": este é *sophōtate*, usado cinco vezes por Sócrates em Platão. Mas as evidências e a análise completas dela mostram o quanto é raro tal uso irônico de um termo de amizade em Platão.

um todo. Os termos de tratamento de amizade podem parecer casos de elogio irônico, mas de fato eles não o são.

11.7 Elogio irônico fora dos termos de tratamento

Excluindo-se os termos de tratamento de amizade, então, os exemplos mais notáveis e extensos de elogio irônico são as interações de Sócrates com pessoas como Hípias e Eutífron.[30] Ele repetidamente elogia Hípias como "belo e sábio" (fazendo um trocadilho com o *kalon* [belo] que é o assunto principal do *Hípias maior*) e elogia Eutífron como sábio ("sois tão mais jovem do que eu quanto sois mais sábio", 12a4-5), por exemplo. Note que aqueles que são mais prodigamente elogiados dessa maneira são os que podemos chamar de "presunçosos complacentes".[31] Sócrates não se envolve em nada parecido com esse nível de elogio com qualquer um dos jovens que ele conduz em conversas; ele o reserva para aqueles homens maduros e mais velhos que são uniformemente presunçosos. Além disso, nenhum daqueles que são tratados com tais elogios pródigos fica irritado com Sócrates por este tratá-los dessa maneira.[32] Eutífron e Hípias parecem inteiramente impermeáveis a qualquer possibilidade de que o elogio possa ser irônico, aceitando-o como merecido. Embora o elogio irônico seja dirigido a um certo número de diferentes tipos de interlocutores, de Agatão no *Banquete* a Cálicles no *Górgias*, o caso do presunçoso complacente é o mais desenvolvido e notável.

---

30 Sobre a ironia no tratamento de Sócrates a Eutífron, em particular 5ab, *cf.* West (1993).
31 Compare-se com Nehamas (1998, p. 48): "Platão povoa sua obra com inocentes arrogantes". Mas Nehamas sugere que esses sejam a maioria dos interlocutores, aos quais "a atitude de Sócrates [...] é [...] quase infalivelmente irônica", ao passo que eu argumento aqui que os presunçosos complacentes são um caso pequeno e especial, e mesmo em relação a eles pode haver menos ironia socrática do que tendemos a pensar.
32 Cálicles, em *Grg.* 489e1, poderia parecer uma exceção a isso, mas argumento em outro lugar que a irritação de Cálicles aqui é dirigida contra Sócrates por (segundo ele acredita) enganá-lo, em vez de elogiá-lo (LANE, 2006, p. 62-64). Sua irritação deveria ser entendida como registro do uso que Sócrates faz dos termos de amizade, não como elogio, mas como condescendência (LANE, 2006, p. 64-65).

Por que Sócrates adula alguns de seus interlocutores de modo tão egrégio? A maioria das respostas, como veremos, invoca um propósito pedagógico de algum tipo ou de outro. É claro que poderia haver outras interpretações desvinculadas de qualquer referencial pedagógico. Por exemplo, o elogio irônico poderia ser considerado uma indicação de que Sócrates (que sugere já conhecer bem Eutífron e Hípias) sabe que seus encontros com eles são fadados ao fracasso. Ele poderia estar jogando tão pesado por causa de um amargo desespero. Ou o elogio irônico poderia indicar a natureza "selvagem" de Platão em seu desdém por seus próprios contemporâneos e por aqueles que ele acreditava não terem compreendido Sócrates.[33] Mas as linhas de interpretação dominantes (consideraremos três delas) compartilham a assunção de que o "elogio irônico" tem um propósito pedagógico – encorajar pelo menos parte de sua audiência a se envolver na dialética socrática –, embora elas discordem sobre qual é a audiência a ser encorajada e como exatamente o elogio irônico visa efetuar o encorajamento.

Na primeira linha desse tipo de interpretação, pode-se pensar Sócrates como tendo a *intenção* de que seus interlocutores percebam a ironia em sua bajulação, porque é a percepção da ironia que terá um efeito pedagógico salutar sobre eles. Ser ferido pela ironia socrática engajará o orgulho dos interlocutores em um desejo de provar que ela está errada. A dor da humilhação fará com que eles desejem desenvolver a discussão filosófica a fim de provar seu próprio valor e o valor de seu conhecimento atual, ou a fim de aprender o que é verdadeiro a fim de se melhorarem. Nesse caso, a audiência relevante para a ironia seriam os próprios interlocutores (quer terceiros ou o leitor de Platão também a percebam ou não).

Uma segunda abordagem seria a de que Sócrates é indiferente a seus interlocutores perceberem a ironia ou não (ele provavelmente espera que eles não a percebam), mas ele (isto é, Platão ao escrever sobre seu personagem nos diálogos) tem intenção de que a *audiência* – terceiros que estejam

---

33 Morrison (1987) observa que "tanto em Platão quanto em Xenofonte, Sócrates é muito mais selvagem e irônico quando lida com sofistas profissionais e outros estrangeiros" (p. 10); ele também comenta sobre o temperamento "selvagem" de Platão em contraste com o de Xenofonte (p. 14).

presentes, e o leitor platônico – a perceba. Essa percepção em si mesma os induz a uma falsa complacência sobre sua superioridade, como sugeriu Nehamas em conexão com sua interpretação da ironia socrática (1998, p. 62). Segundo a explicação de Nehamas, se há intenção de que o leitor perceba a ironia no elogio de Sócrates a Hípias, pode-se intencionar não apenas que o leitor acredite que Hípias seja presunçoso, mas o leitor também pode ser tentado a se colocar em uma posição igualmente presunçosa ao acreditar que é superior a Hípias por perceber a ironia a respeito dele.

A terceira interpretação argumenta que é o próprio elogio, e não qualquer ironia nele, que visa servir a um propósito pedagógico. Nesse caso, o elogio não visaria ser percebido como irônico pelos próprios interlocutores. Pretende-se que eles o ouçam como um elogio real, de modo a serem encorajados a se envolver.[34] A questão se a audiência percebe ou não a ironia nisso seria irrelevante para seu propósito pedagógico: terceiros, e o leitor platônico, pode achar tal elogio ridículo, mas isso não importaria se ele servisse a seu propósito de fazer o presunçoso se envolver no debate filosófico. Segundo essa visão, perguntar se tal elogio – assumindo que ele seja falso – é, portanto, desonesto arrisca ser anacronicamente moralista.[35] O propósito ético predominante de Sócrates, como Platão frequentemente explica, é incitar seus leitores a examinar suas vidas e procurar a sabedoria. Mentir é certamente proibido no conteúdo do elenco socrático, quando se recomenda aos interlocutores que digam aquilo em que acreditam, mas se seu uso visa encorajar os interlocutores a *se envolver* no elenco, então ele pode muito bem ser justificado.[36]

---

34 Compare com Vlastos (1991, p. 138-139), no artigo "Does Socrates cheat?" [Será que Sócrates trapaceia?], argumentando que tais "extravagâncias socráticas extraelênquicas" não enganam aqueles que são falsamente elogiados, pois eles "já estão chafurdando no autoengano"; em vez disso, ele afirma que tal elogio irônico prepara-os para a "dolorosa cirurgia elênquica".
35 Mas contraste com McCabe (2006, p. 18): "para Platão a lógica e a moralidade são inseparáveis, e acho que Platão pode estar certo".
36 A discussão mais extensa de Platão sobre a mentira, na qual ela é recomendada em certos contextos, é encontrada na *República*; *cf.* a discussão em Schofield (2006: p. 284-309), e aquela que percorre Rosen (2005).

11.8 Uma leitura retórica da "ironia socrática"

Acabamos de discutir a possível função pedagógica do elogio irônico: destinado a encorajar os interlocutores a se envolver. Esse tipo de imperativo pedagógico também é de fato, e mais profundamente, um imperativo retórico, e como o elogio irônico tem uma função retórica, o mesmo vale para os outros supostos elementos da ironia socrática que estivemos discutindo. Embora detectar e interpretar a ironia (ou a ausência dela) dependa da abordagem global de alguém a um texto, nosso desmembramento dos possíveis elementos da ironia socrática em *eirōneia*, elogio irônico (separado do caso não irônico dos termos de tratamento de amizade) e autodepreciação revelou funções retóricas relacionadas entre todos esses fenômenos bastante diferentes.

Os encontros dialéticos, como os encontros eróticos gregos, envolviam a constante negociação de quem estava por cima e quem estava por baixo. Essa interação dinâmica de equilíbrio era difícil de manter em uma situação em que uma pessoa estava convidando outra a se envolver na dialética. Aquele que convida está em uma posição superior em virtude de seu controle sobre o início do encontro. Mas aquele que convida tem de arriscar aquela superioridade se o encontro visa ser um encontro real envolvendo a possível derrota, enquanto, ao mesmo tempo, mantém um controle suficiente do encontro para assegurar que as regras da dialética sejam observadas. De modo complementar, o convidado tem de arriscar seu orgulho e qualquer senso geral de superioridade que ele possa ter para se envolver na dialética, enquanto, ao mesmo tempo, mantém um orgulho suficiente para defender sua posição com espírito.

Há diferentes possíveis itinerários emocionais para se alcançar esse equilíbrio dinâmico necessário para manter um encontro argumentativo.[37] Alguém poderia invocar a amizade em ambos os lados e, assim, realizar a dialética por boa vontade e a partir de um desejo mútuo de sucesso. Alguém

---

37 Esses diferentes itinerários emocionais são independentes da questão de qual é o propósito pedagógico, se existir, ao qual o encontro pode visar servir.

poderia buscar alistar o orgulho do convidado, pedindo-lhe para exibir sua habilidade e seus recursos argumentativos, tendo ao mesmo tempo que o temperar suficientemente para que ele estivesse disposto a se flexibilizar na troca dialética em vez de defender rigidamente uma posição assumida. Ou alguém poderia elicitar o orgulho do convidado para dar prova de si mesmo mostrando que ele pode fazê-lo contra o desafio daquele que convida, que diz que ele não é capaz. A dificuldade é alistar o orgulho do lado que entra na dialética, enquanto se evita qualquer irritação que possa militar contra a continuação do encontro. Em uma cultura competitiva e agonística como a da antiga Atenas, isso era especialmente complicado.[38]

Esse referencial oferece uma nova perspectiva sobre os supostos elementos da ironia socrática considerados anteriormente. Aqueles personagens de Platão que acusam Sócrates de ser um *eirōn* não o chamam, portanto (se o argumento dado acima estiver correto), de ironista. Eles não estão indicando que se sentem vítimas de sua ironia superior; em vez disso, estão afirmando uma superioridade deles próprios. Os personagens que fazem essa acusação não são, afinal, os desafortunados que são incapazes de lidar com os desafios socráticos (ou pelo menos no momento em que fazem a acusação eles ainda se acreditam plenamente capazes de lidar com esses desafios). Trasímaco, Alcibíades e Cálicles são agressivos e autoconfiantes, buscando não apenas exibir seu próprio conhecimento, mas também desmascarar o que eles consideram ser as fintas e manobras de Sócrates. Eles acreditam ter penetrado os disfarces de Sócrates e deslindado um segredo que ele desejaria ocultar – quer este seja (no caso de Alcibíades) o genuíno conhecimento filosófico e a virtude de Sócrates, ou (no caso de Trasímaco) o medo que Sócrates tem de não possuir nenhum conhecimento que possa resistir a um exame público. O vetor de superioridade nessas acusações está inteiramente a favor deles.

---

38 Sobre a natureza competitiva do contexto dos discursos atenienses, *cf.* Allen (2000) e Ober (1989). Minha ênfase sobre a situação retórica tem uma dívida de reconhecimento para com a discussão com Karl Steven de suas próprias visões sobre a ironia socrática em relação à dialética.

Contrastem-se os personagens bastante diferentes, tais como Eutífron e Hípias, que Sócrates parece bajular com elogios irônicos. Eles são complacentes e presunçosos, acreditando que têm grande conhecimento a exibir, mas são afáveis em suas atitudes iniciais para com Sócrates. Estão mais interessados em exibir seus próprios méritos do que em atacar o dele, embora desejem fazê-lo em seus próprios termos de exibição retórica pública, em vez do exame cruzado elênquico. Esses personagens também são autoconfiantes, mas não são agressivos; eles estão seguros, pelo menos inicialmente, na convicção de sua própria superioridade. Aqui, o "elogio irônico" por parte de Sócrates serve para reforçar o senso que eles têm de sua própria superioridade, enquanto sutilmente remodela esse senso para encorajar uma disposição de engajar-se com ele em seus termos. Na medida em que o "elogio irônico" é lido por eles ou pelo leitor platônico como autodepreciador, esse autoposicionamento como inferior também reforça os termos nos quais os presunçosos complacentes estão dispostos a entrar no debate. Uma vez que os interlocutores estejam envolvidos no argumento, no entanto, a tarefa é mantê-los no trilho correto. Para esse propósito, Sócrates às vezes precisa afirmar sua própria superioridade, o que ele faz em parte mediante o emprego estratégico dos termos de tratamento de amizade que (como vimos anteriormente) afirmam e significam o domínio da conversa. A conversa só continuará a fluir se as pessoas estiverem simultaneamente dispostas a tentar demonstrar sua superioridade persistindo nela, e a jogar segundo as regras da conversa. Manter esse equilíbrio às vezes exige que Sócrates subordine seus interlocutores a fim de mantê-los no trilho.[39]

Será que o elogio ao presunçoso complacente é de fato dito ironicamente por Sócrates? Isto é, ele certamente é um elogio, mas será que é realmente um elogio irônico? Segundo a leitura que acaba de ser esboçada,

---

39 Dinâmicas conversacionais semelhantes são identificadas por Michelini (1998, p. 52 e *passim*), mas ela equipara a *eirōneia* à ironia, e ignora os momentos em que Sócrates deve assumir a posição superior: "Por meio de sua pose eirônica [*sic*] de inferioridade, Sócrates desempenha o papel de (e fala pelos) perdedores do argumento; e sua postura tranquilizadoramente inferior tem um efeito pedagógico, uma vez que ela diminui o perigo de que os iniciantes abandonem a filosofia antes de começarem a aprender."

Sócrates não estaria elogiando-os com a intenção de que eles compreendessem o elogio como irônico: o elogio visa apanhá-los em sua própria avaliação, enquanto faz com que se envolvam na conversa em termos socráticos, uma troca elênquica que tentará discipliná-los para revelar se eles possuem ou não o conhecimento que alegam. No que lhes diz respeito, o elogio é significado literalmente: Sócrates não está tentando comunicar outro sentido *a eles* diferente daquele que ele está pronunciando literalmente. Mas será que o elogio de Sócrates tem um sentido irônico com referência ao leitor de Platão? Será que essas passagens são escritas para comunicar ao leitor que Sócrates não significa literalmente o elogio que ele profere?

Ler tal elogio como "irônico" é torná-lo bastante forte em sua função literária. Ele seria o equivalente, em prosa, a cutucadas e piscadelas: aqui Sócrates está dando a entender que leva a sério alguém que alega saber, como ele alegou ter dedicado sua vida a fazer na *Apologia*, enquanto sorrateiramente sinaliza que já sabe que essa pessoa é um bufão ou um ignorante, que não deve ser levado a sério de modo nenhum. Esses diálogos estariam acabados, do ponto de vista do leitor, antes mesmo de começarem; eles seriam autópsias dos presunçosos, em vez de tentativas de testar suas alegações de conhecimento e estimulá-los a reconhecer se elas são deficientes ou não.

É preferível construirmos nosso ponto de vista a partir do fato de que o elogio a pessoas como Eutífron e Hípias está concentrado quase exclusivamente no início de cada diálogo. Ele representa Sócrates levando a sério e respeitando as alegações iniciais de saber dessas pessoas, enquanto as encoraja a se envolver em um encontro dialético no qual o conhecimento delas será testado e talvez exposto. Nem mesmo a expressão de admiração acerca de Hípias por este cobrar por seu ensinamento, no início do *Hípias maior*, precisa ter uma intenção irônica. Enquanto Sócrates faz objeção, na *Apologia*, às pessoas que cobram taxas por ensinar enquanto carecem do conhecimento da virtude, em nenhum lugar ele condena a cobrança por ensinamentos que genuinamente merecem esse título. O elogio que deixou alguns leitores tão desconfortáveis foi o concomitante lógico do projeto da *Apologia*: "Ando procurando qualquer um, cidadão ou estrangeiro, que eu pense ser sábio" (23b4-6).[40]

Isso não é o mesmo que negar que haja quaisquer momentos de ironia nos diálogos envolvendo Sócrates, sejam os de Platão ou os de Xenofonte. Mas é negar que a "ironia socrática" seja um traço organizador central de Sócrates conforme representado por Platão. Pode-se argumentar que cada um dos elementos comumente associados a esse fenômeno é livre de ironia: a autodepreciação de Sócrates, tal como se apresenta, não é necessariamente irônica; as atribuições de *eirōneia* em Platão não significam ironia; os termos de tratamento de amizade em Platão não funcionam ironicamente; e o elogio irônico não é, pelo menos em alguns casos centrais, melhor entendido como "irônico" de modo algum. Há certamente uma retórica no jogo interativo das conversas socráticas, e ela vale a pena de ser compreendida, mas não precisa equivaler à ironia. E se não há nenhuma base textual para uma imputação sistemática (em contraste com uma imputação ocasional e casual) de ironia a Sócrates, então aquelas tradições que postulam sua importância filosófica – independentemente de como são avaliados seu propósito, sua audiência e seu valor – precisam ser reconsideradas.

---

40 Em um manuscrito de livro não publicado, provisoriamente intitulado "Conversation and self-sufficiency in Plato's dialogues" [Conversa e autossuficiência nos diálogos de Platão], Alex Long observa que em 282e9-b3 Sócrates diz que ganhar dinheiro é uma prova de sabedoria, e considera isso como evidência de que o elogio de Sócrates a Hípias deve ser insincero, embora não irônico (porque Sócrates não está tentando comunicar qualquer significado oculto a Hípias). A distinção de Long entre insinceridade e ironia é instrutiva. No entanto, é possível ler aquela passagem como a continuação de uma explicação descritiva do que as pessoas comuns admiram e desprezam (*cf.* 281c2-3): a partir dali (e supostamente desde a abertura do diálogo) até 283b3 Sócrates está articulando a visão amplamente difundida, que Hípias compartilha, de que ganhar dinheiro é um sinal de sabedoria e da superioridade dos sofistas modernos sobre seus predecessores intelectuais. Ele está considerando Hípias conforme a estimativa do próprio Hípias, antes de investigar sua alegação e sabedoria; e por sua vez, é possível para Sócrates acreditar que alguém verdadeiramente sábio de fato ganharia dinheiro com sua sabedoria e seria conhecido como sábio por isso: diferentemente de Górgias, Pródico e Hípias, ele não cobra (e de fato não ensina) porque afirma ser ignorante (*cf. Ap.* 19d8-20c2).

12 A ética socrática e a psicologia socrática da ação: um referencial filosófico*

TERRY PENNER

Ao decidir o que fazer, as pessoas frequentemente trabalham com uma distinção entre o que é bom como meio (para alguma outra coisa) e o que é bom como fim. Se alguém faz x visando y, então esse alguém está considerando x um bom meio e y um bom fim. Alguns fins – "fins intermediários" – são eles mesmos meios para outros fins. Mas se pretendemos evitar uma sucessão infinita de meios para fins – uma vez que isso nunca nos permitiria agir de todo[1] –, alguns fins devem ser finais: coisas boas individuais, em vista das quais todas as outras coisas na progressão teleológica (de um meio para um fim) relevante são em última instância desejadas. Todos os três, Sócrates, Platão e Aristóteles, pegam essa bola e correm com ela. Eles acreditam não apenas que toda ação deliberada é gerada por um desejo de um único fim terminal, mas de modo mais forte, que para os seres humanos esse fim terminal é o mesmo em todos os casos: a felicidade.[2]

---

* Aqueles em busca de uma explicação mais usual da ética e psicologia da ação socráticas acharão úteis todas as obras de Annas, Dodds, Kahn, McCabe, McDowell, Morrison, Price, Rudebusch, Vlastos, e especialmente Irwin, listadas nas Referências Bibliográficas. Eu aprendo alguma coisa toda vez que pego uma dessas obras. Agradeço a Don Morrison por um conjunto de comentários deveras úteis sobre rascunhos anteriores deste capítulo.

1 Aristóteles, *Ética a Nicômaco* 1094A20-21, derivando sem dúvida de *Lísis* 219C1-D2.
2 O bem como um único fim para o qual toda ação deliberada será o meio relevante: *Lísis* 219C-220B, *Górgias* 466A-468E e *Filebo* 20C-21A; *Ética a Nicômaco* I.1094a1-22, 1097a15-34. A felicidade como esse fim único: *Banquete* 205a1-4, *Eutidemo* 278E3-6, 282A1-7, *Mênon* 88C3; *Ética a Nicômaco* 1097a34-b21. Que o bem seja a felicidade também pode ser inferido, segundo uma certa assunção plausível, com base no *Protágoras* 355A-357E (A assunção é que o prazer, se não limitado ao prazer corporal, pode ser equivalente à felicidade: *cf.*, por exemplo, *República* IX.581C ss., especialmente 582e-583e, 587E, em que dois dos três argumentos de que a pessoa justa é mais feliz, incluindo aquele que Platão diz ser "o maior e mais

É verdade que Platão e Aristóteles se afastam de Sócrates ao acreditarem que há algumas ações motivadas que não são ações deliberadas. Ambos acreditam que existam coisas como ações "acráticas", geradas por desejos irracionais (de comida, bebida, sexo e coisas semelhantes). Ambos supõem que esses desejos irracionais às vezes sobrepujam (se impõem à força) o desejo deliberado pelo bem, que de outro modo teria produzido uma ação bastante diferente.[3] Mas não Sócrates. Ele sustenta que todas as ações motivadas são ações deliberadas – isto é, ações geradas pelo desejo de um bem ou fim terminal, a felicidade, que se encontra no topo de uma estrutura de meios para fins, e remonta por todo o itinerário até a ação de fato realizada.

A resultante psicologia socrática da ação é uma teoria da crença e do desejo, tratando toda ação motivada como determinada pela interação mútua de dois elementos. Primeiro, temos o desejo generalizado do bem (isto é, da felicidade), que é o primeiro motor de toda ação humana, qualquer que seja, e que nessa capacidade assume a forma de um desejo de realizar qualquer ação que seja melhor – isto é, qualquer ação particular que revelar

---

decisivo", são de fato argumentos de que a vida da pessoa justa é "mais prazerosa".). Que o bem é a felicidade na *República* será óbvio a partir do fato de que o ponto principal da *República* é mostrar que cada indivíduo será mais feliz se ele ou ela for justo do que se for injusto.
3 Considero uma ação "deliberada" se ela for tomada como parte de uma hierarquia de meios para fins, que conduza ao bem do agente de modo geral. Não exijo que o agente esteja autoconscientemente ciente de uma deliberação passo a passo. Aqueles que acreditam que alguns atos sejam atos de acrasia sustentam que os acráticos veem seus desejos irracionais levando-os a agir contrariamente àquela hierarquia de meios a fins (*cf. República* 438A1-4 com 439E5-440A4, 574D5-575A8, bem como *Ética a Nicômaco* III.2.1111b16-17). Os desejos que causam esses atos são, por assim dizer, totalmente impossíveis de persuadir por quaisquer considerações sobre o que é melhor (554D1-3); antes, eles "arrastam" a razão (577E2, *cf. Ética a Nicômaco* VII.2.1145b24). Essa visão platônico-aristotélica também é a visão da "multidão" descrita no *Protágoras* 352C2 – uma visão que Sócrates, naquele diálogo socrático, põe-se a negar (Para Platão, Aristóteles e a multidão, o que temos é uma arena de forças em luta, em que desejos racionais e irracionais lutam cada qual para dominar o outro. Para Platão, *cf. República* 558D4, 561B5, 560A1-2, 573D4-574A1, 587A4, 590C3-4. Para Aristóteles, *cf. Ética a Nicômaco* 1102a26-8, 1102b13-1103a3, 1111b10-16, 1147a10-24, 1148a4-10, com 1145b8-14, bem como *De anima* 433a1-12, b5-10.). O leitor deve ter consciência de que houve recentemente alguma tentação de argumentar contra essa explicação da *República* e assimilar a psicologia da ação de Platão à de Sócrates (*cf.* o interessante CARONE, 2001) – contradizendo de modo um tanto implausível a explicação sobre Sócrates e Platão no *Magna Moralia* I.i.7-8 aristotélico.

ser o melhor meio disponível nas circunstâncias dadas, para o máximo do bem, ou fim, da felicidade. Podemos chamar isso de um desejo de "seja o que for". Segundo, temos uma crença sobre qual ação particular produzirá da melhor maneira esse bem ou fim. Essa crença resulta de uma síntese das crenças e percepções atuais do agente (sobre aquele fim terminal, sobre os cursos de ação disponíveis nas circunstâncias particulares da pessoa, e sobre quais tipos de coisas são meios para quê). O processo deliberativo (seja ele conscientemente articulado ou não) pode ser representado como se segue: começando com o fim terminal, a felicidade, inicialmente se quer qualquer ação que seja o melhor meio disponível para a maior quantidade de tal felicidade que se mostrar disponível nas circunstâncias. Esse "desejo de seja o que for" é o desejo generalizado de fazer seja o que for melhor para obter esse fim, presente como ponto de partida em toda ação, qualquer que seja ela. A pessoa então se lança na situação para ver o que pode discernir sobre: a) as circunstâncias particulares e também sobre b) todas aquelas prioridades gerais (saúde, segurança, prazeres, comida, o bem daqueles com quem a pessoa se preocupa e outras prioridades para sua felicidade) que se tornem relevantes naquelas circunstâncias. Uma vez que essas considerações gerais e particulares tendem a reagir umas em relação às outras, isso pode levar a investigações adicionais sobre as particularidades da situação, e à modificação de crenças, tanto gerais quanto particulares (Se é necessário agir imediatamente, a pessoa simplesmente segue o que considera como sendo melhor na situação.). Usualmente, decide-se logo sobre um curso de ação particular como o melhor disponível nas circunstâncias.

Podemos agora retornar ao desejo em questão. Uma vez tendo chegado à crença sobre o melhor curso de ação, o agente integra essa crença ao desejo "de seja o que for" que colocara todo o processo em movimento, substituindo o "seja o que for" no desejo generalizado por esse curso de ação particular. Isso por sua vez dá ao desejo generalizado de bem uma direção concreta particular que ele não tinha inicialmente, um ponto de aplicação no mundo real. Esse desejo agora se transformou, passando de um desejo generalizado "de seja o que for" para um desejo de realizar uma ação bastante particular. Se não há mudanças adicionais de crença à medida que a pessoa se prepara para agir, o desejo generalizado se transforma (para esse momento da ação) no "desejo executivo" (a *prohairesis*, ou escolha, de Aristóteles), que então produz a ação "imediatamente".[4]

Mas pode também ocorrer que, justamente quando a pessoa se prepara para agir, haja mudanças adicionais de crença, seja por meio de: a) a pessoa enxergar novas circunstâncias particulares, ou b) a pessoa ser surpreendida por novas crenças sobre a relevância, exatamente em relação àquelas circunstâncias, de várias prioridades gerais para sua felicidade. Essas mudanças de crença podem redirecionar o desejo generalizado para outro curso de ação, cujos méritos podem gerar investigações adicionais. Obviamente, a deliberação envolverá um constante movimento para cima e para baixo entre: a) essas considerações gerais (tais como saúde, segurança, prazer) e b) os cursos de ação particulares disponíveis, conforme se avalia e reavalia as circunstâncias e as várias prioridades para as quais as circunstâncias vêm a ser relevantes. Quando os custos da investigação adicional vêm a parecer grandes demais, a pessoa se fixa em uma crença de que esse curso de ação particular será o melhor, e então realiza a ação. Pode-se ver o quanto o curso dessas deliberações pode ser amplo. De fato, não se pode estabelecer nenhum limite sobre quais crenças podem vir a ser envolvidas, dentre o vasto estoque de crenças de uma pessoa. Afinal, quer-se, tanto quanto for prático nas circunstâncias, fazer um julgamento "levando tudo em conta".

Temos agora um esboço de como a crença e o desejo socráticos oferecem uma explicação para toda ação motivada, qualquer que seja ela. Deve-se notar um contraste entre essa teoria socrática da crença e do desejo e as psicologias modernas da ação baseadas na crença e no desejo, nas quais é aparentemente suficiente explicar, digamos, esta ação particular de beber deste copo d'água, fazendo referência a: a) um desejo de beber, com b) a crença de que há um copo d'água convenientemente diante de mim.[5] Perguntamo-nos:

---

4 Aristóteles, *Ética a Nicômaco* VII.3.1147a28, *De motu animalium* 7.701a14, 15, 17, 22. Sobre a impressionante psicologia da ação de Aristóteles em geral, cf. *De anima* III.9-12, *De motu animalium* 7-10. No entanto, Aristóteles, assim como Platão, supõe que no último momento um desejo irracional pode intervir, sobrepujando o desejo deliberado e assim sequestrar a ação.

5 Davidson (1980 [1967], p. 3-4).

por que, em tais teorias, se uma pessoa tem seis crenças e sete desejos ao todo, ela não realiza simultaneamente outras 41 ações exatamente no mesmo instante? Para Sócrates, isso não é um problema, uma vez que a única conclusão sobre a melhor ação naquelas circunstâncias é integrada em um único "desejo de seja o que for" maximizador da felicidade (o qual, apropriadamente transformado em qualquer caso dado pelas crenças envolvidas, gera toda ação motivada). Sem algum dispositivo como esse "desejo de seja o que for", a pessoa será reduzida à mera coocorrência de crenças e desejos para produzir a ação.[6]

Alguns podem objetar à tese de que somente um desejo, o desejo de qualquer coisa que seja melhor, sempre gere as ações. Pois, podem perguntar, "será que o desejo de beber nunca gera uma ação? Como pode ser? Está sendo negado que temos esses desejos?" Não, o desejo de beber de fato ocorre, mas o modo como ele nos faz agir é apresentando-se a nosso desejo de felicidade, que se volta para o sistema de crenças para produzir uma estimativa dos ganhos possíveis a partir de várias escolhas para satisfazer esse desejo. Assim, o desejo de beber opera não pela geração de qualquer ação, mas por conduzir a uma crença sobre as vantagens de satisfazer o desejo; aquele desejo é então inserido no julgamento que a pessoa faz, levando tudo em conta, sobre qual ação particular é a melhor; aquele julgamento é integrado ao desejo "de seja o que for" (por substituição), e então o desejo executivo resultante, de realizar essa ação particular, produz a ação. Nesse ponto vemos que é, afinal, conforme afirmado, precisamente aquele desejo único do bem que gera toda ação.

Quanto à expressão "toda pessoa deseja o bem (felicidade)", compreendo a unicidade desse fim terminal como se segue: aquilo que é

---

6 Esse argumento exclui a visão de que os desejos animais levam-nos a agir por mera coocorrência. Ela também exclui a visão de que nossos "desejos animais" – aqueles desejos de comida, bebida e sexo que compartilhamos com os animais, e que Platão e Aristóteles consideram tão importantes – possam nos fazer agir meramente pela coocorrência de um desejo desses com alguma crença perceptiva. Mesmo no caso dos animais, algum tipo de dispositivo "seja o que for", selecionando e integrando as características perceptuais com os desejos, será necessário para que a ação ocorra. Cf. Penner e Rowe (2005, p. 227-228, com n. 50, e 1990, p. 40, e especialmente p. 61, n. 24).

para todos nós o desejo da mesma coisa, a felicidade, é para mim o desejo da minha felicidade, para você o desejo da sua felicidade, e assim por diante. Essa análise de todos nós desejando a mesma coisa pode ser surpreendente (Não é verdade que a minha felicidade é uma coisa, a sua felicidade outra coisa – duas felicidades diferentes em vez de uma?). Mas ela não deveria ser surpreendente. "Há uma coisa que todos querem" – se a coisa não mencionada for um aparelho de televisão, isso certamente diz, no caso geral, que eu quero um aparelho de televisão para mim, você quer um para você, e assim por diante. Da mesma forma, "há uma coisa que todo mundo aqui parado quer fazer", se a coisa não mencionada é correr, isso diz que eu quero que eu corra, você quer que você corra, e assim por diante.[7] Ninguém deveria supor que isso diga que tanto eu quanto você queremos que todos (no mundo) corram, e muito menos que você ou eu queremos que alguma outra pessoa corra.[8] De maneira análoga, quando se relata que Eudoxo disse (*Ética a Nicômaco* X.2.1172b9-15) que toda coisa viva deseja uma e a mesma coisa – a saber, o prazer –, ele está se apoiando no fato de que os asnos desejam o prazer de comer feno (e não os prazeres de pensar), ao passo que os seres humanos desejam, se alguma coisa, os prazeres de pensar e não os prazeres de comer feno. É por isso que não há nada errado com a inferência de Aristóteles, bem no início da *Ética a Nicômaco* (1094a1-3, 18-19), de que,

---

7   O exemplo do aparelho de televisão é adaptado das conferências de Michael Dummett de 1967. *Cf.* ainda Penner (2007, p. 98-99).
8   Alguns estudiosos interpretam a afirmação socrática de que, na pessoa virtuosa, a felicidade é o fim terminal de toda ação deliberada, como se ela dissesse que a felicidade geral – a felicidade de todo mundo, não necessariamente a da própria pessoa – pode ser o fim terminal de toda ação deliberada de alguém. *Cf.*, por exemplo, Morrison (2003, especialmente p. 22-26); Rudebusch (2003, p. 131-132), Annas (1993, p. 127-128, bem como n. 17). Mas não posso ver como esses estudiosos podem obter "os virtuosos desejam a felicidade" (nenhuma passagem em que eu consiga pensar) de algum lugar a não ser "todos desejam a felicidade". Além disso, não consigo ver como alguém pode obter desta última frase a afirmação de que todos desejam a felicidade geral. McCabe (2005, p. 189-191, 193), enxerga o fato de que a felicidade e o bem são universais como excluindo a possibilidade de que eles sejam relevantes para motivar agentes individuais (buscando seu bem ou felicidade particular) à boa ação – uma preocupação que, se eu estiver correto, os comentários aqui sobre haver uma coisa que todos querem fazer [a saber, correr] removem inteiramente.

uma vez que toda ação visa algum bem, há, portanto, um e o mesmo bem que é visado em toda ação.⁹

Quando Sócrates fala sobre desejar a felicidade entendida simplesmente, considero que ele não esteja dizendo que todo mundo deseja, em toda ação, a máxima felicidade possível que qualquer um, em qualquer lugar, poderia ter – isto é, a felicidade perfeita ou ideal (Muito frequentemente, é disso que Aristóteles fala – como quando ele diz que a vida de contemplação é a mais feliz.). Pois isso certamente situa o limiar em uma posição irrealisticamente alta – uma vez que tal felicidade perfeita raramente está disponível para mim, se é que alguma vez esteja, nas circunstâncias em que me encontro. O que é necessário aqui é certamente o máximo de felicidade que estiver disponível para mim – e pelo resto de minha vida – partindo de onde estou agora. Tomando emprestado um termo de Aristóteles (*Ética a Nicômaco* I.7.1097a23), falarei (onde Aristóteles não o faz) de felicidade praticável.

Essa compreensão da felicidade como felicidade praticável nas passagens que dizem respeito à ação é notavelmente confirmada pela solução de uma aparente contradição no *Eutidemo* (279C5-7, 280B2-4, 281B2-3). Ali Sócrates diz que: a) a sabedoria é boa sorte – isto é, sucesso; que b) não precisamos da adição da boa sorte se tivermos sabedoria; e também que c) a sabedoria nos traz não apenas boa sorte, mas também sucesso (*eupragia*). O que ele deve estar dizendo nessas observações aparentemente contraditórias é que: a) a sabedoria é uma boa sorte praticável – o máximo de sucesso que você pode planejar, dadas as suas circunstâncias (deixando de lado a sorte); que b) não precisamos de sorte alguma que não seja praticável se tivermos sabedoria; e que c) se notarmos o modo como a sorte cega pode destruir o sucesso – uma sugestão certamente implantada na mente de todo mundo pela afirmação de "a" por parte de Sócrates –, então vemos que o que a sabedoria nos traz é o sucesso praticável.

Quanto ao contraste com as psicologias modernas da crença e do desejo, note-se que se há apenas um fim terminal para todos os desejos humanos que geram ações deliberadas, então a felicidade do próprio agente

---

9 *Cf.* Anscombe (1979, p. 15-16), para a suposta falácia; contra a existência de uma falácia, *cf.* Penner (2003, p. 207-210, com n. 32).

é o único candidato realista para aquele fim único, uma vez que mesmo se alguém admitisse aquilo que muitos modernos sustentam, e que Kant esperava que fosse o caso – a saber, que:

M1a: as pessoas às vezes escolhem a justiça (a moralidade, o bem dos outros, o bem geral) acima de seu próprio bem,

ninguém (e muito menos Kant) afirmaria que:

M1b: as pessoas escolherão a justiça (a moralidade, ...) acima de seu próprio bem em todos os casos onde se puder supor[10] que haja um conflito da justiça (moralidade, ...) com seu próprio bem.

Com esse aparato psicológico em mãos, posso agora sugerir que Sócrates, em seu famoso dito ético:

S1: A virtude é conhecimento,[11]

não está dizendo que tal conhecimento (ciência, perícia – Sócrates usa tais palavras de modo intercambiável), que Sócrates também chama de sabedoria, é bom como um fim terminal, mas sim que essa sabedoria é boa como um meio para alguma outra coisa. Se desejamos perguntar o que é bom como um fim – o que é aquilo para o qual a sabedoria é um meio –, precisamos nos voltar para dois outros ditos psicológicos familiares:

S2: Todos desejam o bem; e
S3: Ninguém erra de propósito [ao buscar o bem].[12]

---

10 Trasímaco é alguém que supõe que haja tais casos de conflito, uma vez que, por trás de sua visão de que a injustiça é uma virtude (*República* I.348C), podemos certamente enxergar seu pensamento de que (se a pessoa puder sair impune disso) a vida de injustiça é a vida feliz.
11 *Eutidemo* 281E, *Mênon* 88B-89A (Note-se que 89A4 não diz que, como colocado em muitas traduções, a sabedoria é ou a totalidade ou uma parte da virtude, mas sim que a virtude é ou a totalidade ou uma parte da sabedoria). Sabedoria aqui é, como frequentemente é feito, usado amplamente para incluir outras ciências como a medicina, a navegação, a agricultura, e assim por diante; ver n. 28. Para a identidade da justiça com a sabedoria, *cf. República* I. 350D, 351A-C, e especialmente 353D3E11 (sobre a justiça como a virtude da alma humana), *Hípias menor* 375DE.
12 Usei aqui a convenção comum de colocar algumas das palavras entre colchetes para

Considero que o bem em questão nesses dois ditos é aquilo que é bom como um fim – de fato, como o único fim terminal de todas as ações, quaisquer que sejam elas, a saber –, a felicidade própria de uma pessoa.

Alguém pode ser tentado a procurar evitar esses resultados argumentando que "todos desejam o bem" diz meramente que "toda pessoa às vezes gera suas ações por meio desse desejo (mas outros desejos também podem gerar suas ações)".[13] Porém esse movimento é infrutífero. Considere o dito S3 de

---

indicar ao leitor que não há nenhum equivalente óbvio dessas palavras no texto grego, sendo os colchetes colocados aqui uma maneira que vejo como explicando o que está na mente do falante nesse ponto. Para meu argumento de que as palavras entre colchetes são fornecidas corretamente, ver minha discussão sobre o "bem real" a seguir..

13 Dentre aqueles tentados a evitar essa explicação da virtude, Morrison (2003, p. 19, 23) trata a felicidade do próprio agente como "um fim que fornece uma razão, talvez entre outros", citando o ponto em que Mênon e Sócrates concordam que todos desejam a felicidade como compatível com a possibilidade de o agente desejar outros tipos de coisas – por exemplo, a felicidade de outros quando esta envolve o sacrifício da sua própria (Esse tipo de leitura de passagens socráticas remonta pelo menos a VLASTOS, 1969). Morrison pensa em Sócrates como um "eudemonista racional" [isto é, um utilitarista] que pensa que as pessoas que agem bem promovem não seu próprio bem, mas antes o bem de todos: promovendo o "bem enquanto tal" (21), a "felicidade simplesmente" (20), ou aquilo que é "intrinsecamente" bom. Outros falam no mesmo sentido sobre aquilo que é "bom em si", em contraste com o que é "instrumentalmente" bom (IRWIN, 1995, p. 66 ss.; ANNAS, 1993, p. 127; McCABE, 2005, p. 190, 195, 199, 201-202, 208). Tais visões são destinadas a tornar a teoria da motivação de Sócrates segura para a moralidade, de modo que possa haver um desejo "independente" de ser justo (MORRISON, p. 73), com a justiça evidentemente sendo concebida de modo a produzir ações intencionalmente contrárias ao melhor interesse de um agente. Mas argumentar a partir do que é meramente compatível com um texto me parece algo bem diferente do modo como um texto pode razoavelmente ser interpretado. Quando Sócrates argumenta que a virtude é boa (*Mênon* 87D ss.), isso é explicado unicamente em termos de benefícios e danos, e o contexto, conforme eu o vejo, deixa bastante claro que, independente do que possa ser compatível com o texto, que aquele é o benefício ou dano para o possuidor da virtude. O mesmo ocorre com o *Eutidemo* 279E-282C. *Cf.* a discussão adicional na n. 475. A dificuldade para aqueles que desejam fazer com que seja eticamente bom que as pessoas ajam pelo que é "bom enquanto tal" é que eles terão de ter uma psicologia da ação que permita que os agentes tenham alguns desejos de bem que não sejam desejos para o seu próprio bem. Mas que Sócrates tivesse visado qualquer psicologia da ação desse tipo acaba de ser refutado aqui no tratamento de "ninguém erra de propósito". O argumento socrático é: inevitável que as pessoas não façam nada que não seja com vistas à sua própria felicidade. À luz dessas considerações, buscar o bem de outros só pode ser isso: ter a sabedoria para ver que o bem da própria pessoa será encontrado em, entre outras coisas, produzir o bem dos outros. Esses assuntos são abordados de modo mais completo em Penner e Rowe (2005, cap. 12).

que ninguém erra de propósito. A questão aqui não pode ser que às vezes as pessoas não erram de propósito. É certo que ninguém jamais erra de propósito em qualquer uma de suas ações. Mas essa é apenas outra maneira de dizer que todos desejam o bem em todas as suas ações.

Afirmei que o significado de todos desejarem a felicidade é eu desejar a minha felicidade, você desejar a sua felicidade, e assim por diante. Isso não implica que a virtude – conhecimento, sabedoria ou ciência – citada em S1 seja uma ciência egoísta – uma ciência do que é bom para mim. Pois nada do que foi dito até agora implica que minha sabedoria (se eu a possuísse) seria a sabedoria sobre minha felicidade apenas. Pois o conteúdo de toda ciência e perícia é perfeitamente geral.[14] Assim como a medicina pode curar com a mesma facilidade a sua doença e a minha, a ciência de ganhar dinheiro ajudará você a fazer seus investimentos tanto quanto eu a fazer os meus, e a perícia de fazer sapatos fará sapatos para você e para mim, bem como para os próprios sapateiros; da mesma forma, também se Sócrates tivesse a ciência do bem (ou da felicidade), que é a sabedoria, ele seria capaz de ver o que é bom para a tua felicidade tão bem quanto ver o que é bom para a felicidade dele próprio. O desejo de Sócrates é egocêntrico da maneira indicada aqui; a sabedoria socrática não é. O desejo é absolutamente particular; a ciência e a perícia são absolutamente gerais (Esse ponto é importante para muitos dos argumentos de Sócrates na *República* I.).

Mas agora, se o fim terminal é a felicidade, entendida desse modo – e não a sabedoria –, como é que a virtude, ou a excelência humana, é a sabedoria, em vez de "ser feliz"? Se notarmos que Sócrates de fato diz que a virtude (sabedoria), em vez da felicidade, é a única coisa "boa em si mesma" (*Eutidemo* 281DE, *Mênon* 88C), e não diz isso da felicidade, a questão não

---

14 O ponto é que os objetos que uma ciência estuda são universais, não particulares. Isso está explícito na formulação de Aristóteles para o "Argumento das Ciências" de Platão (sobre o qual *cf.* PENNER, 1987, p. 40-43, 2006b, *passim*), e está implícito na visão socrática absolutamente central de que a virtude é ensinável (*Mênon* e *Protágoras, passim*). Pois o ponto de ensinar a ciência médica é certamente que os estudantes serão capazes de curar não apenas os pacientes do professor, mas qualquer um que possa surgir posteriormente como um dos pacientes do estudante. Portanto, o que o professor de ciência médica ensina ao estudante é a saúde em geral – não simplesmente a saúde de pacientes particulares do professor.

desaparece. Se a felicidade é o único fim terminal de todas as ações, por que ela não é a única coisa boa em si mesma?

Aqui um falante de inglês precisa distinguir entre o bem humano [*human good*] e a bondade humana [*human good-ness*].[15] A bondade humana é a virtude, enquanto o bem humano é a felicidade. Isso ficará mais claro se considerarmos a teoria geral de meios e fins de Sócrates sobre funções (*erga*, obras), virtudes e bens. A função de uma faca é dada por seu bem ou fim, que é um corte limpo, enquanto a virtude da faca é dada por sua bondade em produzir aquele corte limpo – seu provimento dos meios para o sucesso em obter aquele fim. Sócrates sustenta que esse aparato de função, virtude e bem se aplica a todos os artefatos, todos os órgãos corporais (tais como olhos e ouvidos), todas as atividades atléticas e (o que é mais relevante para a ética, dado que para Sócrates a virtude é uma ciência ou perícia) para todas as ciências e perícias. Cada ciência ou perícia dada tem um bem ou fim que lhe é próprio, cujo provimento é a função daquela ciência; e a virtude do praticante de uma dada ciência consiste em prover os meios para o fim daquela ciência.

Com essa distinção em mãos, está ao nosso alcance o movimento central da ética socrática – inteiramente original, embora ainda não reconhecido em grande medida. Também está ao nosso alcance a principal razão pela qual a psicologia da ação delineada no início deste capítulo é tão central para o pensamento socrático. Refiro-me ao fato de que, para Sócrates, a ética também é uma ciência como qualquer outra. Ela é a ciência do bem ou

---

15 Não estou dizendo que Sócrates faça em algum lugar algo equivalente à distinção inglesa entre bondade [*good-ness*] e bem [*good*]. Afinal, o grego da época de Platão carece do substantivo abstrato correspondente, *agathotês*. Platão usa *aretê* (virtude) não apenas para a bondade humana, mas também para a bondade de facas, corredores, arqueiros e assim por diante (*Hípias menor* 373C-375C, cf. *República* I.352E-354A). Então é fácil para um leitor inglês, comentando sobre o grego de Platão, confundir ser bom (bondade) com ser um bem (ou o bem). Tal confusão seria inteiramente improvável em Platão. Assim, quando Platão faz Sócrates (ou qualquer outra pessoa) falar sobre todos os seres humanos desejando o bem (n. 467), considero que ele não esteja dizendo que todos os seres humanos desejam a bondade humana (Por exemplo, no *Mênon* 78C-D, Mênon estupidamente afirma que o ouro, a prata e um alto posto são candidatos para o bem humano; ele certamente não pensa que eles são candidatos para serem o que a bondade humana é).

fim humano. Essa é a ciência do que é bom (isto é, benéfico) para os seres humanos – a ciência da felicidade humana. Assim como em qualquer outra ciência ou perícia, o que é o fim é uma questão puramente factual. Isso não é uma questão de verdade moral, ou de normas, ou de valores, e não é uma questão de o que é intrinsecamente bom, bom enquanto tal, bom em si, bom simplesmente, ou qualquer coisa do gênero. Isso é simplesmente o que é bom para os seres humanos. Para a ética socrática, em total contraste com a maior parte da filosofia moral moderna, não há quaisquer elementos adicionais ao objeto da ética envolvendo as mencionadas normas, valores, princípios morais, bens intrínsecos e coisas semelhantes. Há apenas a ciência do que é bom para os seres humanos e os meios para aquele bem.

Nisso, a ciência socrática puramente factual do bem coloca Sócrates em completa oposição à cultura grega clássica em geral, em que as noções de responsabilidade, punição devida e culpa devida são ubíquas. Da mesma forma, quanto à existência dos "valores" – aquilo que as pessoas "acham que é bom", sem permitir que a questão "mas será que isso é realmente bom?" emirja – Sócrates e Platão divergem completamente dos sofistas, notavelmente Protágoras (n. 506, 509, 511). Isso a despeito do fato de que Sócrates foi regularmente tratado pelos atenienses conservadores como um sofista (adiante, mais sobre isso).

Se essa leitura dos textos "socráticos" nos diálogos de Platão estiver correta, então será necessária uma reorientação considerável do pensamento ético moderno, se houver o objetivo de apreender o pensamento ético socrático a partir do interior. Vale a pena até mesmo considerar se tal reorientação não poderia ser desejável do ponto de vista de nosso próprio pensamento (É claro que essa é uma reorientação em forte contraste com aquela presente na igualmente original *Genealogia da Moral* de Nietzsche). Notando o modo como a posição socrática parece abster-se de ir além dessas considerações puramente funcionais e teleológicas, todas encontráveis no mundo natural, podemos ser tentados a chamar essa visão de "naturalismo ético". Infelizmente, esse termo foi usado de tantas outras maneiras por filósofos (por exemplo, como uma teoria dos valores!),[16] que não empregarei qualquer outro rótulo a não ser simplesmente "ética socrática".

Então as outras ciências ou perícias também têm cada qual seu objeto puramente factual. Assim como a ciência da medicina tem como seu bem e fim a saúde (a comunicação da saúde aos doentes), e um médico tem a virtude dos praticantes médicos (é um bom médico) por meio de sua bondade em prover os meios que conduzem àquele fim, a ciência da ética (a ciência da felicidade) tem como seu fim, ou bem, a felicidade humana, e um ser humano tem a virtude de um ser humano, ou é um bom ser humano, por ser bom em prover os meios que conduzem àquela felicidade (*Hípias menor* 373C-375D, *República* I.352D-354A).[17]

Às vezes diz-se que essas características da bondade humana em Sócrates derivam de uma "analogia de ofício", mas essa sugestão, embora útil e completamente compreensível, é duplamente errônea. Primeiro, ela não é uma analogia. A virtude em Sócrates não é simplesmente como uma ciência ou perícia; ela é uma ciência ou perícia. A virtude é conhecimento.[18] Segundo, as perícias socráticas se estendem a ofícios como a navegação, a fabricação de sapatos, a agricultura, o pastoreio, o jogo de damas e coisas semelhantes – por todo o percurso até a aritmética e a geometria. Se alguém pergunta o que é seu bem, a resposta de Sócrates é que as obras (*erga*) produzidas pela

---

16 *Cf.*, por exemplo, Darwall (1998, p. 28-30).

17 É essa antropologia, essa teoria da natureza humana e do bem humano (uma extensão da biologia – a biologia teleológica de todos os três, Sócrates, Platão e Aristóteles) – que, juntamente à psicologia socrática da ação, faz com que, para Sócrates, "o bem para cada ser humano é sua própria felicidade" seja tanto uma verdade psicológica sobre aquilo que nós de fato desejamos, quanto uma verdade ética (embora ainda factual) sobre o que é bom para nós desejarmos. Não há nenhum "dever fazer" aqui, acima e além do que é bom para nós fazermos, e nenhum "deveria ter feito" (Note-se que "deveria ter feito" requer que alguém pudesse ter feito algo de outro modo, diferente daquele como a pessoa de fato fez. Mas não há espaço para isso em Sócrates se, como argumento depois, Sócrates for um determinista, e não admita que alguém jamais pudesse ter feito algo de modo diferente de como seu desejo do bem e suas crenças no momento determinaram).

18 Para a "analogia de ofício", *cf.* o influente Irwin (1977). O próprio Irwin fala desse modo, ao mesmo tempo que tem bastante consciência de que o próprio Sócrates sustenta que a virtude é uma ciência. Supostamente, Irwin fala sobre uma analogia somente porque ele próprio pensa que Sócrates está errado em afirmar essa identidade entre a virtude e a ciência do bem.

aritmética são elas mesmas usadas pelos dialéticos, que praticam a ciência de elaborar meios para o bem humano (*Eutidemo* 290C, *Crátilo* 390C). O que se encontra por trás dessa sugestão, acho eu, é o pensamento (que acredito estar perfeitamente correto) de que a prática da ciência é ela mesma uma atividade teleológica ou de meios para um fim, na arena da cultura humana – de modo que seus objetivos também são (em última instância) fins dos seres humanos. Vistas dessa maneira, todas as ciências são teleológicas – ciências de algum bem (Alguém pode, é claro, afirmar esse pensamento sem o absoluto erro de compreensão de supor que, portanto, o objeto das ciências é determinado por fins ou conceitos humanos, em vez de ser o que é de maneira bastante independente de quaisquer objetivos humanos. Pois nada menos que a verdade real – independente do que os humanos possam desejar ou acreditar – servirá bem às deliberações humanas, mesmo a respeito de seu próprio bem.).

De volta à nossa pergunta de antes: por que Sócrates, na presente interpretação, não diz que a felicidade, em vez da virtude, é a única coisa boa em si mesma? Quando Sócrates diz que a virtude é a única coisa boa em si mesma, o contexto é uma discussão de meios para a felicidade (*Eutidemo* 279A1-4 com 278E3-6 e 282A1-7). Então, o que Sócrates está dizendo aqui, nesse contexto de escolha entre candidatos rivais para serem os melhores meios para a felicidade, e ao destacar a sabedoria como a única coisa "boa em si mesma", não é que a sabedoria é a única coisa boa em si mesma simplesmente – apesar do quanto isso será atraente aos ansiosos para encontrar o bem intrínseco ou o bem moral em Sócrates –, mas que a sabedoria é a única coisa boa em si mesma como um meio para a felicidade. Ele está pressupondo que a felicidade é o fim terminal, portanto o bem. Consequentemente, quando ele diz que a sabedoria é a única coisa boa em si mesma, ele só pode estar dizendo que ela é a única coisa boa em si mesma como um meio. Qual é então a força de "em si mesma"? Bem, lembre-se que o que está em discussão aqui é a escolha entre candidatos rivais para serem os melhores meios para a felicidade. A questão é, enfim: o que há com os outros supostos bens (chamemo-los de "bens-padrão"), tais como a saúde, a riqueza, a boa aparência, um alto posto, um corte limpo, sapatos e assim por diante, que nos leva a dizer que eles não são bons em si mesmos?[19] O que Sócrates diz é que, em alguns contextos, eles podem de fato causar danos se não forem usados com sabedoria – como quando minha boa saúde pode me levar a uma expedição imprudente para escalar uma montanha; ao passo que, se eu tiver uma asma muito ruim, mesmo que eu seja um idiota, serei muito menos tentado a me juntar a tal expedição. Portanto, uma vez que os bens-padrão não são bens em si mesmos, porque eles não são sempre bons (*Górgias* 467E6-468C4, *Lísis* 220C4-5), sugiro que o significado de a sabedoria ser "boa em si mesma como um meio" é ela ser sempre boa como um meio para a felicidade.

De fato, a sabedoria não apenas é sempre um meio para a felicidade, ela é um meio essencial para a felicidade, dado que a felicidade precisa ser alcançada por ações de um tipo ou de outro, e dado que toda ação tem a estrutura deliberativa de meios e fim que acaba de ser descrita. Pois dada a complexidade mencionada anteriormente, das considerações gerais e particulares envolvidas nas estruturas deliberativas de uma pessoa, quaisquer crenças falsas na estrutura de crenças empregada para se chegar a quaisquer que sejam os melhores meios naquelas circunstâncias arriscarão forçar um erro na identificação do melhor curso de ação disponível; e esse erro de identificação redirecionará o desejo para uma ação bastante diferente, sub-ótima. Uma vez que não há nenhum limite prévio que possa ser imposto sobre quais considerações ligadas aos meios e ao fim podem ser envolvidas na ação, será claro que não podemos passar sem o conhecimento de quais tipos de coisas e ações são boas como meios para quê.[20] É por isso que a sabedoria

---

19 Compreendo "em si mesmo" dessa maneira não apenas em 281D4-5, D9-E1, mas também em E3-5. Esse não é o caso em Irwin (1995, p. 55-60), que, assim como Vlastos (1991, cap. 8) e Annas (1999, *passim*), atribui a Sócrates a espantosa tese de que a virtude é suficiente para a felicidade. O quê? Sócrates pensa que uma pessoa virtuosa com uma dor excruciante e constante será feliz?

20 É essa complexidade envolvida em descobrir qual ação será a melhor disponível (em circunstâncias nunca completamente conhecidas) que explica o modo como alguém pode, de instante a instante, oscilar de um lado a outro, em circunstâncias preocupantes, entre diferentes estimativas resumidas sobre o resultado do conjunto completo de circunstâncias que esse alguém enfrenta ao tentar escolher entre possíveis cursos de ação (Devo pegar outro biscoito de aveia e passas, ou não?). É esse tipo de instabilidade (*Protágoras* 356D3-357B6)

(incluindo a perspicácia) também é um meio essencial para a felicidade. De fato, pode ser essa característica de ser necessária e suficiente para a maior felicidade disponível, juntamente com Sócrates simplesmente assumir que a felicidade é o fim visado, que explica por que Sócrates ocasionalmente parece tratar a sabedoria e a felicidade de modo intercambiável e não sente nenhum pudor em dizer que a sabedoria é a única coisa boa em si mesma.[21]

É hora de considerar um certo número de outras objeções à interpretação de Sócrates em termos da versão da ética socrática que tenho descrito. A objeção mais óbvia é que, por trás da teoria da bondade humana atribuída a Sócrates, espreita, em desafio a toda moralidade aceita, aquela besta faminta hobbesiana, o Egoísmo Autocentrado. Essa objeção considera que tal teoria daria um passe livre a todo pretenso Hitler e todo valentão de pátio de escola; ela permitiria a uma pessoa boa causar danos a outros de bom grado sempre que pensasse que fazer isso seria vantajoso para ela; e isso pareceria, de modo implausível, alinhar Sócrates com uma política endossada tanto por Trasímaco quanto por Cálicles – a da *pleonexia* (literalmente "ganhar mais": explorar os outros, tirando vantagem deles, obtendo seu próprio bem ao causar danos aos outros ou ao retirar o bem dos outros). Muitos objetarão:

---

que explica por que Sócrates pensa que a mera crença [verdadeira] não será suficiente para a ação efetiva e para evitar o que a multidão chama de "ser dominado pelo prazer", mas apenas o conhecimento – a ciência da medida – o será. Essa ciência, assim como todas as outras ciências, é absolutamente estável em seu estado acabado (*Protágoras* 356D3-E2, *Mênon* 97C-98A, *Eutífron* 15B-C).

21 Se no *Eutidemo* Sócrates identifica a sabedoria com a boa sorte (praticável), p. 265 anteriormente, seria bastante possível que ele falasse também como se identificasse a sabedoria com a felicidade praticável. Da mesma maneira, parece haver uma razão para identificar o "primeiro amigo" no *Lísis* 219C3 ss. tanto com a felicidade quanto com a sabedoria (de modo que o bem seja a sabedoria): *cf.* o exemplo socrático, aparentemente escolhido de modo deliberado, sobre a sabedoria em 218D2-B3, e Penner e Rowe (2005, p. 273-278), apoiado pela análise em 143 ss., especialmente p.148 (§ 3)-153. A base dessa estranha conversa sobre identificação parece residir no fato de que, na visão de Sócrates, visar com sucesso a máxima felicidade disponível é algo idêntico, na natureza das coisas, a visar essa sabedoria.

Não é verdade que qualquer interpretação de Sócrates como um egoísta autocentrado, mesmo que baseado na ciência, é excluída pela preocupação de Sócrates com a rejeição moral da *pleonexia*, que se torna central para o pensamento de Sócrates quando chegamos ao *Górgias* e à *República* I? Será que isso não mostra que Sócrates, como qualquer outro ser humano melhor, apela para certas regras de moralidade ou justiça que envolvem regras que ocasionalmente sobrepujam minha felicidade individual?

Mostrarei que não. Mas será útil primeiro abordar uma objeção aristotélica relacionada. Ela pode ser colocada em termos da seguinte questão: "Será que essa explicação da virtude humana como uma ciência não faz Sócrates confundir estupidamente virtudes com ciências e perícias de um modo contra o qual tanto Aristóteles quanto Tomás de Aquino alertam?" Aristóteles e Tomás de Aquino de fato pensam que, diferentemente da virtude, a bondade em uma ciência ou perícia pode aparecer em ações destinadas precisamente a obter o oposto do bem da ciência ou perícia relevante. Esse ponto é claramente correto para todas as ciências outras que não a sabedoria simplesmente.[22] De qualquer modo, o bem-padrão visado por essas ciências pode vir a ser mal para nós (como no caso da saúde e o exemplo da asma, anteriormente). Podemos chamar esse problema de ambivalência das ciências e perícias: uma vez que a bondade humana não é ambivalente dessa maneira, será que não devemos seguir Aristóteles e Tomás de Aquino e distinguir entre a virtude humana, por um lado, e as ciências e perícias, por outro?

Sócrates parece abordar essa questão em um diálogo no *Hípias menor*, que considero ser um dos maiores frutos do gênio dramático e filosófico de Platão. É verdade que alguns intérpretes[23] argumentam que Sócrates nesse

---

22 Aristóteles (*Ética a Nicômaco* V.1.1129a7 ss., VI.5.1140b21-24), Tomás de Aquino, (*Summa Theologiae* I-II, q. 57, art. 4). Sabedoria simplesmente: a sabedoria acerca do bem. Os antigos gregos geralmente usavam "sábio" em relação a escultores e construtores, simplesmente em virtude da habilidade destes em sua própria perícia: *cf.*, por exemplo, Aristóteles (*Ética a Nicômaco* VI.7.1141a9-17).
23 Kahn (1996, p. 225); também Gould (1955, p. 42-44).

diálogo está precisamente reduzindo ao absurdo o tratamento da bondade humana como uma ciência ou perícia. Dizer que alguém sabe como tornar os outros (ou mesmo a si próprio) infelizes não é dizer que esse alguém irá fazer isso, advertem eles. Assim, segundo essa interpretação, alega-se que Sócrates, ansioso por evitar essa confusão de habilidade com motivação, está reduzindo ao absurdo a visão de que a justiça (virtude) é uma ciência.

Mas essa é uma leitura errônea. Em resumo, o contexto é o seguinte: Sócrates está (maliciosamente) argumentando que Odisseu, o mentiroso astuto, é um homem melhor do que o simples e verdadeiro Aquiles. A base de seu argumento é a alegação deliberadamente paradoxal (364B ss.) de que o homem falso (o homem mais capaz de dizer mentiras bem-sucedidas) é também o homem verdadeiro – uma alegação que faz parecer que Sócrates está confundindo aqui o que alguém é capaz de fazer com o que esse alguém fará – isto é, confundindo habilidade com motivação. Em apoio a seu ataque ultrajante à integridade de Aquiles, Sócrates observa (369E2) que Aquiles também diz falsidades! (Ele diz que deixará Troia e não lutará mais com os troianos. Contudo, ele fica e luta!). Em 371E9-372A5, Hípias protesta, afirmando que Aquiles diz tais falsidades sem querer (isto é, não percebendo que elas são falsidades), ao passo que Odisseu engana as pessoas de propósito, tendo bastante consciência de que está dizendo falsidades. Ora, pergunta Hípias, será que aqueles que, de propósito, causam danos aos outros e[24] fazem-lhes injustiças podem ser melhores do que aqueles que fazem isso sem querer? Não há perdão quando o dano é causado sem querer? E a lei não é mais dura com aqueles que fazem malfeitos e dizem falsidades de propósito (371E9-372A5)?

Sócrates, iniciando uma resposta elaborada (372A6 ss.), admite que não sabe nada, sendo um sujeito simples que só é bom em uma coisa – a saber, ele é persistente em questionar aqueles que, como Hípias, são mais sábios. Deve ser o caso que Sócrates não sabe nada sobre esse ponto, uma vez que ele discorda de Hípias a respeito! É verdade que, às vezes, diz Sócrates,

---

24 Provavelmente o "e" aqui é um "e" explicativo, equivalente a "isto é". Sócrates frequentemente considera que fazer injustiças e causar danos são a mesma coisa (Encontro a mesma assunção em *Críton* 46B-D).

ele de fato concorda com Hípias sobre errar de propósito e sem querer. Mas, no momento, o argumento que o convence é que aqueles que, como Odisseu, erram de propósito são melhores do que aqueles que erram sem querer (372D7-373A8).

Não é sobre um detalhe pequeno que Sócrates se afasta de Hípias aqui. Sócrates não está apenas se afastando das visões de Hípias, mas também da visão (jurídica) da responsabilidade, da punição e da culpa merecida (legais e morais), que encontramos não apenas na civilização grega clássica, mas ao longo do tempo até a época moderna. Isso é mais lenha para a fogueira daqueles intérpretes que ainda supõem que Sócrates não teria sustentado essa ética puramente científica, e assim o *Hípias menor* deve estar, afinal, reduzindo aqui ao absurdo a visão de que a virtude é conhecimento.

Ao responder a um Hípias impaciente, Sócrates examina todos os seguintes exemplos de coisas com funções, virtudes e fins: a) várias habilidades, perícias, realizações (abrangendo aqui a corrida, a luta corpo a corpo, o exercício, a dança, o canto); b) partes do corpo (pés, olhos), ferramentas ou instrumentos (lemes, arcos, liras); e c) "almas" (Almas abrangem aqui – estranhamente, sob uma perspectiva moderna, mas prenunciando o clímax disfarçado do diálogo – disposições de alma ou espírito em cavalos; perícias de arqueiros, médicos, tocadores de flauta, tocadores de lira; bem como as almas dos escravos). Com base no que é verdadeiro em todos esses casos, Sócrates infere que:

> *ERRAR*: se uma pessoa ou perito de tipo T, cujo tipo tem como função realizar ações de tipo X é descoberto errando de propósito ao realizar X, então ele ou ela será um perito melhor de tipo T e um melhor fazedor de X do que alguém que erra sem querer ao realizar X.

Aqueles que têm maior perícia (*epistêmê*) e habilidade (*dunamis*) serão os que erram o alvo de propósito, não os que erram o alvo sem querer.

Sócrates agora está pronto para o golpe de misericórdia (375D7 ss.). Voltando-se para a alma humana, ele argumenta que, sendo a justiça a virtude (porque é a ciência e o poder) da alma humana, a melhor alma humana (= a melhor pessoa) será a alma que comete atos injustos de propósito – pelo menos se houver tal pessoa (376B5-6). Hípias fica absolutamente desconcertado – nem sequer suspeitando da presença de um ponto que Sócrates pode estar levantando para aqueles que podem ver que a cláusula "se" aqui é vazia. Hípias, o homem de muitas perícias (de virtualmente todas as perícias, exceto a mais importante de todas), foi enganado. Mas Platão deixa claro o suficiente, para o leitor alerta, qual é o argumento de Sócrates: de todos os muitos tipos T, há exatamente um tipo em que o perito daquele tipo, embora absoluta e unicamente capaz de errar de propósito ao realizar ações cumprindo a função, nunca tem um motivo para realizar tais ações, e assim nunca erraria de propósito nelas. Esse é o tipo "ser humano", cuja função é viver bem ou com felicidade, e cuja virtude é a justiça – justiça aqui sendo uma questão de ser bom naquilo para que os seres humanos são feitos. Para seres desse tipo, a psicologia socrática da ação descrita no início deste capítulo assegura que "ninguém erra de propósito [ao buscar seu próprio bem]" como um mero corolário.

Mais uma vez, essa teoria da bondade das pessoas não se afasta de modo algum da teoria geral do bem funcional introduzida anteriormente, com suas funções, virtudes e fins ou bens(-padrão) para todas as ciências, todas caracterizadas em termos da distinção entre meios e fim. Assim como a ciência da medicina tem uma função (curar pacientes), uma virtude (ser capaz de gerar a saúde nos pacientes) e um bem visado pela função (a saúde), da mesma forma o ser humano tem uma função (viver uma vida humana), uma virtude (ser bom em ter sucesso ao viver) e um bem (viver bem – um modo comum de se referir à felicidade). A sabedoria é a virtude de uma alma humana e o fim é a felicidade. Uma teoria ética notável e puramente factual![25]

Para retornar ao *Hípias menor*, será que é mesmo filosoficamente crível que um filósofo da estatura de Sócrates tenha desistido de uma noção

---

25 Nesse ponto, alguns leitores perguntarão: "Como isso pode ser uma teoria ética?" Tentarei ser claro. Se tratarmos qualquer teoria comprometida com noções tais como aquelas da culpa ou punição merecida como uma teoria moral (n. 488), e qualquer teoria do bem humano e da bondade humana como uma teoria ética, então a ética socrática se qualifica como uma teoria ética, embora ela não admita tais noções morais. Williams (1993, p. 5-9) trabalha com uma distinção semelhante entre moralidade e ética; mas sua noção de moralidade é bem mais restrita: ele pensa que a moralidade não está presente entre os antigos gregos.

tão fundamental e mesmo essencial como a responsabilidade? Não é de admirar que alguns estudiosos pensem que Sócrates devia estar reduzindo ao absurdo a ideia da virtude como uma ciência ou como uma habilidade ou poder (*dunamis*), e que ele deve ter rejeitado qualquer suposta confusão funcionalista de virtudes com ciências. Infelizmente, essa visão é implausível como uma interpretação do *Hípias menor*. Afinal, por que cargas d'água Platão desejaria reduzir ao absurdo a visão de que a justiça é uma perícia (ao mostrar que segundo essa visão funcionalista as pessoas justas cometeriam injustiças de propósito), e nos mostrar como evitar a conclusão de que os peritos em justiça cometeriam atos injustos (usando "ninguém erra de propósito")? O intérprete deve escolher: ou a) Sócrates está atacando a ideia da virtude como uma ciência com base no princípio *a priori* de que não seria possível para Sócrates ter identificado virtudes com ciências, ou motivação com habilidade; ou b) Sócrates está argumentando que, com uma teoria correta da motivação (incluindo "ninguém erra de propósito") – isto é, com a psicologia socrática da ação –, não há nenhum problema com a ideia da virtude como ciência – ou de fato como uma habilidade ou poder (*dunamis*). Não se pode afirmar tanto "a" quanto "b". Uma pessoa que considere o dito "ninguém erra de propósito" como um dito socrático, dificilmente pode estar em dúvida de que a segunda opção é a que deve ser escolhida.

Mas talvez haja evidências textuais prioritárias de outros lugares, de que Sócrates não poderia ter desistido da responsabilidade e de sua prole, o bem moral, em troca de noções inteiramente não morais de função, perícia e bem? Assim, Vlastos, Price e Annas,[26] apoiando-se parcialmente naquilo que eles veem como a plausibilidade moral em geral, defenderiam Sócrates contra a suposição de que ele seja um assim chamado egoísta autocentrado. A visão deles é que: a) encontramos às vezes nesses diálogos outro fim além da felicidade do próprio agente – a saber, aquilo que é justo ou moral – sendo que isso pode levar um agente a escolher cursos de ação sobre os quais ele estará bastante consciente de que eles não conduzem à sua maior felicidade em geral.

---

26 Vlastos (1991, p. 179 ss., 214 ss.); Price (1995, p. 16-17); Annas (1999, p. 35).

Uma formulação alternativa engenhosa dessa visão, construída a partir de uma sugestão de Irwin (1977, 1995; a qual Irwin encontra em Platão e não em Sócrates, embora outras a tenham aplicado a Sócrates) é a seguinte: b) a sabedoria ou a justiça não é um meio para a felicidade (isto é, um meio "instrumental"), mas é uma parte ou componente da felicidade. A noção de que a justiça (ou bondade moral) é uma "parte" ou "meio componente" deve ser entendida da seguinte maneira: nada que não inclua o fato de o agente ser justo (ou moral) contará como felicidade.[27] Assim, as Interpretações a e b de Sócrates encontram-se em oposição mútua acerca da questão de se a justiça ou moralidade pode conflitar com a felicidade de uma pessoa. Não obstante, a sugestão b de Irwin obtém aquilo que os proponentes de a desejam – a saber, que a moralidade e os "bens intrínsecos" sejam o, ou partes do, bem mais elevado. Mas esse ganho ocorre sem admitir que a moralidade poderia nos forçar ao sacrifício de nossa felicidade. Essa é uma

---

27 Para a distinção supostamente aristotélica entre meios instrumentais e partes, cf. Irwin (1995, caps. 5, 15, especialmente p. 65-67 com 89-90, 247-254); e para a aplicação a Sócrates, Annas (1999, 33 ss.). Para redefinições do que é a felicidade, ver a grande quantidade de manobras sobre questões de quais "concepções" de felicidade Cálicles, Sócrates ou Platão estão empregando, em vários argumentos em Irwin (1995, p. 106, 117-121, 125, e especialmente 244, 248, 250-251, 254); e cf. também p. 332 de The morality of happiness [A moralidade da felicidade] de Annas – apropriadamente nomeado, dadas as visões dela sobre as "concepções" antigas de felicidade – bem como seu 1999, p. 36-51. Algo é um meio "instrumental", nessa visão, se esse algo seria omitido caso o fim pudesse ser alcançado de uma maneira alternativa. Algo é uma "parte" ou "componente" da felicidade se uma pessoa não puder ser feliz a menos que possua ou faça aquilo que está contido na parte. A dificuldade com a noção (talvez) aristotélica de "partes" da felicidade é que, uma vez que façamos uma distinção entre a felicidade perfeita (que não pode de fato ser encontrada neste mundo) e a máxima felicidade disponível (a felicidade relevante para a ação humana), torna-se claro que, para Sócrates, não poderia haver nenhuma "parte" da felicidade que fosse relevante para a ação, exceto simplesmente a sabedoria. Considere o exemplo aristotélico da contemplação, que seria uma "parte" da felicidade para Aristóteles (uma vez que ele está neste ponto pensando na felicidade ideal). É claro que a máxima felicidade disponível que alguém é capaz de contemplar será às vezes melhor servida abandonando-se a contemplação a fim de ganhar dinheiro numa operação para salvar a vida do filho daquela pessoa, cuja felicidade da própria pessoa está vinculada. Considerações semelhantes certamente se aplicarão a supostas "partes" tais como agir moralmente, com justiça ou imparcialidade, mesmo que isso vá contra os interesses da própria pessoa, em circunstâncias nas quais, digamos, a própria vida de uma criança exija roubar daqueles que podem passar sem aquilo.

vantagem definitiva para b, uma vez que a ideia de felicidade como fim terminal é aparente em Sócrates em quase todos os lugares.

Não criticarei b aqui exceto para notar que ela funcionará melhor para aqueles que desejem encontrar em Sócrates uma concepção de moralidade (ou de bens intrínsecos acima e além daquilo que é bom para os seres humanos – isto é, benéfico para eles), do que para aqueles que encontram em Sócrates a concepção mais puramente funcional da ética oferecida aqui. Do ponto de vista da concepção puramente funcional, expedientes tais como efetivamente redefinir a "felicidade" como felicidade moral parecerão gratuitos. De qualquer modo, tudo que é importante acerca da suposta distinção entre partes (meios ingredientes) e meios "instrumentais" é capturado pela distinção bem mais ampla e menos problemática, já introduzida, entre aquilo que é sempre um meio para a felicidade e aquilo que às vezes é, e as vezes não é, um meio para a felicidade – e isso sem introduzir a moralidade na felicidade e assim contaminar a felicidade com supostas verdades "por definição" (Sustento que a felicidade em Sócrates é sempre simplesmente a felicidade natural. Isto é, eu rejeito aquilo que é comum a a e b – que Sócrates sustente que exista esse fim terminal, o bem moral, distinto da felicidade natural, e que a fim de ser (propriamente) feliz, alguém deve ser moral.).

Será útil desenvolver a objeção de que não seria possível que Sócrates estivesse abandonando as noções de responsabilidade moral e punição merecida, introduzindo uma passagem importante da própria *Apologia*. Refiro-me ao minidiálogo de Sócrates com Meleto em 25C-26A, que parafraseio brevemente a seguir:

– Há alguém que prefira sofrer danos em vez de ser beneficiado?
– Obviamente não.
– Eu corrompo os jovens de propósito, ou sem querer?
– De propósito.
– Sou tão ignorante a ponto de não perceber que causar danos a outros conduz a danos a mim mesmo (Pois nenhuma outra coisa me levaria a cometer essa grave ofensa de propósito.)? Você vê, ou eu não corrompo os jovens, ou eu faço isso sem querer, e de qualquer

uma dessas maneiras sua acusação é falsa (Uma vez que você rejeitará a visão de que eu não corrompo os jovens, devo estar fazendo isso sem querer.). Mas se eu faço isso sem querer, então o que eu preciso de você, Meleto, não é ser arrastado ao tribunal para ser punido, mas ser chamado de lado privadamente e ser instruído. O que é necessário aqui não é punição (*kolasis*), mas instrução (*mathêsis*).

O que vemos neste extraordinário, porém inteiramente incaracterístico, argumento socrático é não apenas "ninguém erra de propósito" [ao buscar aquilo que o fará feliz], mas também que o obverso de nossa velha amiga "a virtude é conhecimento" – a saber, "o vício é ignorância" – ou mais precisamente (em um exemplo característico do reducionismo teleológico de Sócrates),

S1a: O assim chamado vício não é de fato nada além da ignorância daquilo que é bom para mim.

Também vemos aqui, generalizadas a partir do argumento de Sócrates na passagem, algumas novas alegações bastante espantosas.

Primeiro:

S4a: Como uma questão de fato, causar danos àqueles ao seu redor [= aqueles com quem você interage] sempre terminará causando danos a você. Assim, nunca será vantajoso para você, em geral, causar danos a qualquer pessoa ao seu redor (Se você pensa que será vantajoso, então você é simplesmente ignorante).

Segundo:

S4b: A punição nunca é um bem ou uma resposta apropriada quando uma pessoa causa dano a (comete injustiça contra: n. 489) outra,[28]

---

28 Em Penner (2002, p. 203-204), noto que o *Górgias* (assim como o *Fédon* e a *República*) está desenvolvendo uma visão da punição (ver especialmente os mitos de influência pitagórica) bastante fora de sincronia com aquela que encontrei na *Apologia*. Se isso se deve à influência pitagórica que resulta da visita de Platão à Sicília mais de dez anos após a morte de Sócrates (*cf.* DODDS 1959, p. 20, 26-27, 303, 373-376), esse tratamento da punição não

uma vez que a ação só pode ter derivado da ignorância sobre o que era bom para ela.

E, portanto, terceiro:

S4c: Se alguém alguma vez causar danos a outrem, uma vez que isso sempre será feito por ignorância, o agente não será culpável ou responsável, apenas ignorante.

(Vemos aqui como a acusação de que essa interpretação faz de Sócrates um egoísta autocentrado de fato confunde o cuidado por ninguém exceto a própria pessoa [que é o autocentramento] com o egoísmo. As pessoas são tolas se supõem que não cuidar do bem daqueles ao seu redor faz parte de seu interesse, ou se elas ignoram as muitas felicidades de zelar pela felicidade daqueles com quem elas se preocupam.)[29]

Note-se que Sócrates é cuidadoso em não tornar explícito aquilo com que ele obviamente está comprometido: que seu próprio caso se generaliza para todos os casos de causar danos a qualquer pessoa ao redor de si. Isto é, ninguém jamais é responsável por causar danos aos outros. Tais ações são sempre baseadas na ignorância, portanto devem ser desculpadas. Sócrates tinha boas razões para não se expressar de modo mais explícito do que ele o faz aqui. Os atenienses ortodoxos e estritos da estirpe de Anito e Meleto sabiam em seu âmago que aquele homem era um radical perigoso. Foi por isso que ele foi levado a julgamento. Ao mesmo tempo, eles não tinham ideia de exatamente quão perigoso. Que Sócrates não tenha enunciado suas visões abertamente, mas insistisse sempre no diálogo para levar as pessoas a contemplarem o quadro completo por si mesmas. Não é de admirar que

---

fornecerá evidências contra a explicação de Sócrates sobre a punição que está sendo apresentada aqui.

29 A resposta natural para a posição que assumo aqui é que o autointeresse que cuida do bem-estar dos outros é, por assim dizer, um tipo de egoísmo profundo, portanto não um cuidado genuíno de modo algum. Essa parece ser a visão de Rudebusch (2003, p. 131-132). Ela levanta a questão kantiana de se o puro altruísmo baseado no autossacrifício é realmente possível. Penner e Rowe (2005, cap. 12) sugerem que não é.

muitos atenienses o confundissem com os sofistas.³⁰ Que ele tivesse pouca inclinação para procedimentos legais, e muito menos para a política prática.³¹ E não é de admirar que os atenienses, dado seu ocasional instinto assassino em relação àqueles que eles percebiam como sendo perigosos, fossem matá-lo (É tão difícil ver exatamente o que ele pretendia, que não consigo pensar em quaisquer intérpretes modernos que tenham argumentado em favor dessas três implicações generalizadas do pensamento socrático sobre a punição, o dano e a responsabilidade. Por outro lado, elas jazem abertas diante de nós na passagem – embora, é claro, dificilmente sejam explícitas.).

Não obstante, essa política de quase nunca afirmar suas visões explicitamente (ou dizer às pessoas suas respostas para suas próprias perguntas), mas apenas fazer perguntas e engajar-se em diálogos, envolve uma segunda consideração bastante diferente – uma que é muito mais importante para Sócrates. Isto é seu desejo de que as pessoas pensem sobre as coisas por si mesmas e não aceitem nada puramente com base no dizer de Sócrates (ou de qualquer outra pessoa). Por que ele insistia tanto nisso? Conjecturo que uma parte da razão para seu desejo possa ter sido o fato de que as pessoas podem concordar com uma sentença que é verdadeira, e ainda ser incapazes de explorá-la corretamente porque ela se coloca em contraste com um pano de fundo de outras sentenças com as quais elas também concordam, mas que são falsas. O resultado é que, ao compreender o que diz uma sentença, e ainda mais obviamente ao aplicar essa sentença, as coisas darão errado – até mesmo desastrosamente. Somente o diálogo, especialmente a forma distintamente ampla de diálogo na qual Sócrates se engajava – explorará não apenas a verdade de sentenças individuais, mas todo o pano de fundo de visões que afetarão o modo como as sentenças verdadeiras serão compreendidas e utilizadas.³²

---

30 Sobre os atenienses confundindo Sócrates com os sofistas, cf. Apologia 19A-24B, com Penner (2002, p. 198 s.).
31 *Apologia* 17D, 31D-32A. Que Sócrates às vezes evitasse se opor publicamente a injustiças, por conta desse distanciamento da política e da lei, isso lhe trouxe pouca simpatia de Vlastos (1994, p. 127-33).
32 Essa complexidade torna necessário que lidemos não apenas com aquilo que se segue logicamente a partir de uma sentença que alguém pronuncia, digamos, "a piedade é aquilo

A alegação de que nunca é vantajoso para alguém causar danos aos outros não deveria ser confundida com uma alegação moral que é frequentemente – e a meu ver erroneamente – atribuída a Sócrates no *Críton* 49B-E – a saber, que:

M4: Não se deve causar danos a alguém, nem mesmo em retaliação [uma vez que a pessoa tem uma obrigação moral, independentemente das consequências para sua própria felicidade, de não causar danos a ninguém].³³

Pois o que quer que digamos sobre essa passagem do *Críton* – e encontro aqui apenas a mesma alegação factual sobre o causar danos aos outros terminando por causar danos à própria pessoa³⁴ –, o argumento aqui na *Apologia* obviamente não se encontra no nível da moralidade.

Quero agora dizer um pouco mais sobre a identidade da virtude com o conhecimento ou sabedoria na ética socrática. Primeiro, vimos que no *Hípias menor* 367D Sócrates trata a virtude intercambiavelmente com a justiça (como ele faz na *República* I. 353E-354A, 351A com 348E-349A, 350D). Segundo, na passagem do *Mênon* mencionada anteriormente como paralela à passagem do *Eutidemo,* na qual pusemos tanta ênfase, Sócrates acrescenta algo (88B3-8) que não está explícito no *Eutidemo*. Considere-se a coragem: será que ela nos causará danos se não for usada com sabedoria? Sim, diz Sócrates, se ela não for conhecimento, mas antes, somente um

---

que é amado pelos deuses" (*Eutífron* 6E), mas com todo o contexto. Considere agora a sentença diferente: "a piedade é aquilo que é amado por seres como Zeus e Cronos". Nenhuma dessas duas sentenças segue da outra. Contudo, Eutífron certamente teria ficado igualmente contente usando qualquer uma das duas para expressar o que ele estava dizendo. Os apelos ao que se segue de algo no texto, independentemente do contexto literário completo, não estão lidando com o que o falante está dizendo, mas unicamente com um construto que consiste naquilo que a sentença diz (de acordo com a lógica). Mas Sócrates e Platão estão certamente considerando o que os falantes estão dizendo. Cf. meu livro *A morte do assim chamado "elenco socrático"* [*Death of the so-called "socratic elenchus"*], 2007.
33 Embora esse argumento sobre danos não seja um argumento moral, ele é ainda assim um argumento sobre a ética: ver n. 490.
34 Especialmente se alguém aplica a analogia (não moral) da alma com o corpo em 47A-48B à alma de modo tão direto quanto Sócrates faz (e como Platão faz na *República* IV.444E-445B) e não inclui no "viver bem" em 48B nada como o "viver de modo que seja moralmente bom" (ANNAS, 1999, p. 35, n. 20).

tipo de audácia (*tharros*). Se ela for mera audácia, ela às vezes causará danos (quando usada de modo ignorante) e trará benefícios somente quando usada com sentido (88A6-B5). E de modo semelhante para a temperança e outros atributos mentais.

Então, o que é a coragem? Será que ela é conhecimento (sabedoria, ciência, perícia)? Ou apenas um tipo de audácia? Mostrei em outro lugar[35] que assim como o *Protágoras* 351B-357E identifica a temperança com a ciência de medir os bens ou prazeres, o trecho 358A-360E identifica a coragem com essa mesma ciência da medida. Segue-se que a coragem, a temperança e a sabedoria são uma e a mesma coisa: o conhecimento do bem e do mal. Juntando isso com nossas observações anteriores sobre a justiça (e o fato de que Sócrates considerava a piedade como justiça aplicada a áreas teológicas), resulta que a coragem, a temperança, a sabedoria, a justiça e a piedade são todas uma, a mesma coisa – realmente apenas cinco nomes diferentes para a mesma coisa (329C6-D1, 332C8-333B6, 349A6-C5). Essa é a doutrina que chamo de unidade da virtude.[36] Então por que temos cinco palavras diferentes? Em Penner (2005a, p. 34), sugiro que aquilo de que precisamos aqui não é nada além da ideia de que, por razões históricas (ou por razões de comunicar-se com outros cujas visões não são socráticas), diferentes palavras são usadas para a ciência de "o que vale a pena trocar pelo que" em situações de perigo e em situações de tentação para o prazer. Apesar dos diferentes usos das palavras, ela é de fato a mesma coisa (Assim como, por razões históricas, usamos "Estrela da Manhã" pela manhã, "Estrela da Tarde" à tarde, mas trata-se do mesmo corpo celeste em qualquer um dos casos.).

Agora é hora de oferecer um esclarecimento absolutamente crucial para a explicação dada anteriormente[37] sobre o desejo do bem na psicologia socrática da ação – isto é, o desejo de realizar aquela ação que é o melhor meio disponível para o maior bem disponível. Será que Sócrates está falan-

---

35 Penner 1996 (com 1973, 1992).
36 Contraste com o plural no título do artigo de Vlastos de 1973, "A unidade das virtudes" ["The unity of the virtues"].
37 Nos primeiros onze parágrafos deste capítulo.

do sobre o desejo daquilo que o agente pensa ser o bem – o bem aparente – ou será que ele está falando sobre o bem real?

Considere o poderoso tirano imaginado por Sócrates no *Górgias* 466A-468e (com 470C ss.), que decide (digamos) matar seu primeiro-ministro como [o melhor] meio [disponível] para o maior bem do próprio tirano [isto é, como um meio para sua própria maior felicidade disponível acima de tudo]. Suponha ainda que, confiante em seu poder, o tirano não se dá ao trabalho[38] de aprender que esse ato que ele escolhe como meio de fato precipitará sua própria deposição, tortura e execução: em suma, uma vida muito pior do que ele teria obtido se não matasse seu primeiro-ministro. Ainda assim, aquele assassinato do primeiro-ministro é simplesmente a ação que o desejo do bem produziu. Parece seguir-se, portanto – sob pena de supor que o tirano quer tanto matar quanto não matar –, que o desejo do bem que produziu a desastrosa ação do tirano só podia ter sido, no fim, o desejo de matar. Mas esse, ao que parece, só pode ser um desejo daquilo que o tirano pensou ser o bem real – isto é, um desejo do bem aparente.

Certamente, Aristóteles pensou ser óbvio que o bem aparente era a resposta correta para a questão[39] – assim como pensa a maioria dos filósofos modernos.[40] Mas Aristóteles também pensou que essa não foi a resposta dada por Platão.[41] Além disso, Aristóteles está certo sobre aquilo em que

---

38 É essa confiança e subsequente despreocupação dos oradores [e dos tiranos] que motiva as falas de Sócrates, desmotivadas quanto ao mais, sobre os oradores como ignorantes (466E10).

39 Essencialmente, o argumento aqui é dado em *EN* III.4.1113a15-19.

40 Dizer que o ato de matar do tirano é o bem aparente é dizer que ele cometeu o ato de matar sob a descrição "o bem real". Isto é, embora dentro da mente do tirano, por assim dizer, o assassinato fosse o bem real, a verdade real, a verdade fora da mente do tirano, é que o assassinato não era o bem real. Para essa metodologia de dentro/fora, "sob a descrição de", descendente do argumento aristotélico recém-descrito, e virtualmente universal na filosofia moderna, *cf.* Anscombe (1957, p. 28, 30) e Davidson (1980, p. 12-13); para exemplos entre os importantes intérpretes de Sócrates, Platão e Aristóteles, Santas (1979, [1964], p. 187-188) e Irwin (1977, p. 145-147).

41 Nos *Tópicos*, um livro didático de argumentos para os alunos da Academia, Aristóteles sugere (de modo revelador) que embora a resposta obviamente correta para a pergunta "Qual é o objeto do desejo (*boulêsis*)?" seja "o bem aparente", aqueles que acreditam nas Formas platônicas não podem dar essa resposta, uma vez que eles pensam que não existe nenhuma

os dois pensadores acreditam. Pois, primeiro no *Górgias* 468C2-D7, vemos Sócrates dizendo explicitamente sobre esse caso em que o tirano age erroneamente que, se o assassinato que o tirano escolhe como meio para seu bem conduzisse de fato ao bem do tirano, então o tirano quisera cometê-lo. Mas se ele não conduzisse ao bem, diz Sócrates, então o tirano não quisera cometê-lo.[42] Aquilo meramente "parecera melhor" para ele.[43] Depois, encontramos essencialmente a mesma visão na *República* 577D: a afirmação de que "o tirano não faz nada que ele quer fazer" claramente depende dessa mesma ideia, de que se a ação escolhida não conduz ao bem, o tirano não quisera realizá-la. Então me parece bastante certo que Sócrates e Platão de fato sustentam que se a ação tiver maus resultados, o agente não quisera realizar a ação – e isso, evidentemente, porque a ação realizada não conduziu ao bem real.

Mas será que Aristóteles também está correto sobre Sócrates e Platão estarem simples e completamente errados quanto ao objeto do desejo? Ele não está, pois ele abordou a pergunta "como o desejo do bem real pode produzir a ação que não é o bem real?" de modo muito restrito. Com efeito, ele argumentou que uma vez que o meio sobre o qual a ação é realizada não

---

Forma de qualquer coisa aparente, muito menos do bem aparente (VI.8.146b36-147a11). Note que essa resposta aristotélica e moderna "sob a descrição" efetivamente eleva o bem aparente ao *status* de um tipo natural ao qual se deve remeter ao dar uma explicação universal da relação entre o desejo do bem e o bem. Note-se também que a suposta falha de Sócrates e Platão em fornecer essa resposta não poderia ter sido devida à falta de familiaridade deles com esse tipo de resposta – uma vez que a posição protagórica, descrita em detalhes no *Teeteto* 151E-183C, precisamente constrói cada atributo, tal como o bom, o verdadeiro e o real, como o bem aparente, o aparentemente verdadeiro, e o aparentemente real. *Cf.* também Aristóteles (*Ética a Nicômaco* III.4, especialmente 1113a33).

42 Como Harry Nieves certa vez me sugeriu, devemos comparar isso com a esposa que diz ao marido, já acima do peso e dispéptico, e que está prestes a comer mais outro taco apimentado de carne: "Você não quer fazer isso". É claro que os proponentes do bem aparente declararão imediatamente uma ambiguidade aqui, como fazem Dodds (1959, p. 236) e outros, de modo que a esposa está falando sobre querer "em um sentido especial". Tais postulações de sentidos especiais para explicar as coisas aparentemente estranhas que Sócrates e Platão às vezes dizem com certeza parecem suspeitavelmente fáceis (1991, seção 13).

43 Em Penner (1991, seções 4, 7), tento mostrar o grande esforço que Sócrates realiza para fazer essa importante distinção, para ele, entre fazer o que se quer e fazer o que parece melhor para si.

é de fato o meio para o bem real, portanto o desejo daquele fim, o bem que gerou aquela ação, só pode ser o desejo do bem aparente (Uma vez que ele escolhe o meio errado, seu desejo daquele fim seria, segundo essa perspectiva, também o desejo do fim errado.). Sob essa perspectiva, ninguém que alguma vez age de modo insensato exibe nesses atos o desejo do bem real. Talvez muitos suponham que isso esteja correto.

Vamos tentar ver por que isso não precisa ser assim, de modo que possamos ver por que Sócrates e Platão teriam quase certamente persistido em sua visão de que todo desejo produtivo de uma ação deliberada é um desejo do bem real.[44] Considere o modo como Platão faz Sócrates chegar à conclusão de que se a ação tem maus resultados, o tirano não quisera realizá-la. Uma coisa certamente vista aqui é que o que Sócrates tem em mente é que o objeto do desejo necessariamente tem uma estrutura de meios e fim ao longo das linhas sugeridas nos parágrafos de abertura deste capítulo. Ao querer fazer aquilo que produzirá sua própria felicidade real ou máxima felicidade disponível de fato, o tirano obviamente deveria querer também realizar qualquer ação particular que fosse de fato o melhor meio para aquele fim ulterior. Sabemos que aquele melhor meio seria não matar. Então temos o desejo do tirano dirigido (sem o conhecimento dele) para não matar. Mas também sabemos que o tirano acredita que a ação para a qual seu desejo de seu próprio bem real o dirige é esse ato de matar, que ele de fato produz. Então, certamente o que ocorreu foi que enquanto ele estava, por assim dizer, procedendo a partir de seu desejo da ação particular que de fato produziria seu próprio bem real, rumo à ação real que ele fez, suas crenças levaram-no a identificar erroneamente a melhor ação particular em

---

44 Sócrates e Platão teriam sido familiarizados com a ideia protagórica de que o desejo deve sempre ser do bem aparente e não do bem real (*Teeteto* 151E-183C). Será que isso teria sido por eles não serem familiarizados com a ideia de que o desejo poderia ser do bem aparente, e não do bem real? Não, conforme o tratamento dado a Protágoras no *Teeteto* 151E-183C mostra. Aristóteles afastou-se de Protágoras somente em sua recusa de aceitar a posição protagórica de que, em adição, não faz sentido falar sobre qualquer bem real (numênico). Assim, Aristóteles é cuidadoso ao falar, com uma obscuridade desnecessária, sobre aquilo que é "sem qualificação e em verdade" desejado como o bem real: mas essa é somente uma expressão do argumento de que quando pessoas boas desejam as coisas, seu bem aparente é o bem real.

questão (aquela que ele realmente queria realizar – de fato, não matar) com o desastroso assassinato. Assim, como resultado dessa falsa crença de identificação (da ação que é de fato melhor, com o assassinato desastroso), o desejo executivo foi sequestrado e erroneamente dirigido para o assassinato. Isso nos revela que o objeto do desejo executivo nesse caso é aquela ação que é realmente o melhor meio disponível [de fato, não matar] para o máximo de felicidade real agora disponível para mim, mas aquele ato é identificado com esse ato de matar o primeiro-ministro, que conduz à miséria para todo o sempre.

Porém, essa não era a ação que o tirano queria realizar. Essa explicação desse objeto (incoerente) do desejo esclarece como o tirano cometeu o assassinato por causa de seu desejo de seu próprio bem real e também por que ele não queria de fato realizar a ação que realizou. E isso me parece ser tudo que pode ser exigido da teoria socrática/platônica.

Note como, segundo essa explicação, a ação errônea do tirano não resulta de seu desejo de sua própria felicidade aparente. O fim desejado permanece sendo sua felicidade real. O erro na ação resulta de um erro nas crenças do tirano: suas crenças sobre o melhor meio disponível para sua felicidade real. Ele erroneamente identifica o meio realmente melhor, qualquer que este possa ser realmente (e que é de fato não matar) com o assassinato, que é de fato apenas o meio aparentemente melhor. Não há nenhum erro quanto ao fim desejado – o bem real.

Será que podemos dar sentido a esse erro de identificação, portanto, a esse objeto de desejo defeituoso (e mesmo incoerente) e ao modo como ele incorpora uma falsa crença de identificação?[45] Que Platão desejaria dar sentido a esse tipo de estado psicológico incorporando uma falsa crença de identificação pode ser visto pelo modo como ele trata a falsa crença no *Teeteto*. Suponha que eu pense – ou diga a mim mesmo – "aquele cara é o Teeteto", quando na verdade ele é o Teodoro.[46] Se "aquele cara" visa se

---

45 A explicação no parágrafo seguinte é levemente modificada a partir de Penner (1991, seções 8-10), com Penner e Rowe (1994, p. 1-8) e Penner e Rowe (2005, cap. 10, seção 4).
46 *Cf.* o tratamento das crenças de identificação em *Teeteto* 192d-197a. Deverei tratar em outro lugar dos magistrais tratamentos fregeanos (sentido/referência) dessa passagem (por

referir, mesmo dentro de meu estado psicológico, àquele cara, quem quer que ele seja de fato, então meu estado é o estado incoerente de pensar que alguém que não é Teeteto é Teeteto. Aqui temos uma escolha: ou a) admitimos que pelo menos algumas expressões que ocorrem, por assim dizer, dentro de estados psicológicos, podem se referir a coisas no mundo real, e assim consentimos que nossos estados podem ser incoerentes dessa maneira;⁴⁷ ou b) mantemos nossos estados internos como autoconsistentes e conhecidos com certeza pelo agente.⁴⁸ Isso envolverá representar o pensamento do agente de uma maneira que o separa inteiramente daquelas coisas que de fato estão no mundo. Se não, a pessoa não conheceria com certeza o conteúdo de seu pensamento, uma vez que ela não conhece os objetos de fato no mundo real dessa maneira. Os resultados dessa segunda opção são que nossa representação do pensamento do agente envolverá apenas as descrições das coisas conforme dadas pelo agente – independentemente de se elas apreendem alguma coisa.⁴⁹ Lembro-me de Gilbert Ryle comentando

---

exemplo, MCDOWELL, 1973), os quais, apesar de serem sem dúvida os melhores tratamentos até agora, me parecem não alcançar o objetivo por sua falha em lidar com um problema análogo àquele envolvido no desejo do bem real. Esses tratamentos com efeito consideram que fazemos algo que é isomórfico à identificação do aparente "aquele cara" com Teeteto.

47   Esse tipo de movimento parece ser exigido pelo tratamento dado na filosofia recente da linguagem aos nomes próprios e pronomes: ver, por exemplo, Perry (1997), com referências a Kaplan, Kripke, Donnellan, e, é claro, ao trabalho pioneiro de Frege. As dificuldades resultantes que esses tratamentos encontrarão acerca da coerência do estado psicológico foram menos enfatizadas.

48   Se simplesmente o bem aparente que fosse o objeto do desejo, então o objeto do desejo constituiria um todo consistente – e seria idêntico àquilo que o agente pensa que ele é (de modo que o agente saberia incorrigivelmente o que ele deseja). Note, contudo, que (como Mitsuyoshi Nomura corretamente enfatizou para mim) os tratamentos modernos usando "sob a descrição" (n. 505) também exigem uma descrição que seja realmente falsa sobre a ação que está sendo realizada. Sobre a incorrigibilidade, note sua aparição precoce na teoria protagórica do fenômeno/númeno em *Teeteto* 151D-152C, 178B5-7. Devo tratar em outro lugar desse tema, tão próximo de toda a abordagem fregeana dos objetos de estados psicológicos.

49   Alternativamente, nessa opção poderíamos permitir que as descrições se referissem àquelas coisas (e somente àquelas coisas) das quais as descrições são verdadeiras. Mas e se nossas descrições forem inadequadas, e até mesmo apreenderem um objeto sobre o qual não estamos falando? (Considere o famoso exemplo de Leonard Linsky, "o marido dela é gentil com ela" – quando na verdade aquele é o amante dela). Que isso também terminaria de modo insatisfatório a partir da perspectiva socrática/platônica se tornará claro na discussão

em algum lugar, em um contexto relacionado: "Sobre esse mostrar, a solidão é o destino inelutável da alma".

Na visão atribuída aqui a Sócrates e Platão, vemos (aquilo que chamei em outro lugar[50] de) um ultrarrealismo socrático/platônico atuando. Esse ultrarrealismo não admite a visão essencialmente protagórica de que nós só temos sucesso alguma vez em nos referirmos a, ou em amar, ou em temer as coisas conforme elas nos parecem. Tampouco ele admite a visão moderna de que nós só temos sucesso alguma vez em nos referirmos àquilo que nossas concepções (ou que os significados de nossas descrições) determinam no mundo real. Assim, no *Crátilo* (387A1-9, com 385D2 ss., 387C6-D9), Platão nos diz, contra os protagóricos, que quando queremos cortar algo, não queremos cortar de acordo com nossas crenças sobre o que é o ato de cortar, e nem mesmo de acordo com as convenções que governam o uso de nossas palavras, mas queremos cortar de acordo com a natureza real do ato de cortar – e (implícito nisso) mesmo que aquela natureza seja diferente do que nossas crenças (ou concepções) ou nossas convenções linguísticas (ou o significado de nossas palavras) determinariam que fosse o ato de cortar. Mais uma vez, somos convidados a ver nossa linguagem, nossas crenças e nossos esquemas conceituais não como coisas que determinam a quais ações ou coisas nós nos referimos, mas como coisas feitas para olharmos através (não importando o quão imperfeitamente e imprecisamente), em direção às coisas reais que estão lá, como elas são em si mesmas e com todas as suas propriedades conhecidas e desconhecidas.[51] De modo semelhante, nas investigações de Sócrates da forma "o que é X?" – e também naquilo

---

que imediatamente se segue, sobre a natureza real do corte (em contraste com aquilo sobre o qual nossas descrições do corte seriam verdadeiras).

50   Penner (2005b).

51   Em 385D2 ss., Sócrates identifica a visão que conhecemos como "convencionalismo linguístico" (as palavras se ligam às coisas unicamente em virtude de nossa convenção arbitrária), uma forma de Relativismo Protagórico. Essa identificação parecerá forçada, a não ser que se admita que, para um convencionalista, a convenção também deveria determinar o que é o objeto real, cujo nome é determinado pela convenção apenas. Isso valerá para muitos que acreditam que só podemos nos referir àquilo que as convenções de nossas palavras apreendem – que sustentam que "o significado determina a referência" (PENNER, 2005a, n. 30 e *passim*).

que as investigações "o que é X?" se tornam nos diálogos posteriores, a saber, a busca das Formas como os objetos das ciências –, a preocupação não é com nossos melhores conceitos científicos (isto é, com o que a ciência atual apresenta como entidades básicas), mas com o que as entidades básicas realmente são, mesmo que elas sejam diferentes daquilo que nossos conceitos apresentam (agora, ou mesmo no futuro indefinido).

A metafísica da psicologia da ação que obtemos com base nas passagens consideradas anteriormente – e em particular a exigência de que aquilo que todos desejam é o bem real, mesmo que aquilo seja algo diferente do que a pessoa pensa que ele é – é muito simples e intuitiva. Ela também está muito de acordo com esse ultrarrealismo socrático/platônico de modo geral, como quando Platão argumenta adicionalmente que nós não queremos que nossas palavras para "cortar" ("queimar", "nomear" e coisas semelhantes) deem nome àquilo que descrevemos como "cortar", "nomear", ou ao que é apreendido pelas supostas convenções linguísticas para nosso uso dessas palavras.[52] Em vez disso, queremos que elas se refiram ao que realmente é cortar (a implicação é que pelo menos algumas vezes nós o fazemos. Isto é, nós de fato temos sucesso em nos referir ao que cortar realmente é – em meio à neblina de várias falsas crenças ou convenções linguísticas mal direcionadas). Dessa maneira, na *República* (505E1-506A7, 505A1-B3), não é o que acreditamos ser melhor, ou mesmo supomos saber ser melhor, que desejamos para nós mesmos e para aqueles que amamos, mas o que é realmente melhor, embora não saibamos o que é aquilo. De modo semelhante, o que eu quero para aqueles com quem me preocupo não é o que penso ser melhor, nem o que eles pensam ser melhor, mas o que é realmente melhor, embora isso seja desconhecido tanto por mim quanto por eles.

É verdade, poderia parecer que, uma vez que não posso agora distinguir entre meu bem real e aquilo que penso ser meu bem, não faz, portanto, nenhum sentido negar que aquilo que eu agora desejo é o que penso ser meu bem real – isto é, meu bem aparente. Mas se posso me preocupar que

---

52   *Cf. Crátilo* 387B ss.

mais tarde parecerá que aquilo que penso ser meu bem real não é meu bem real, então posso certamente querer agora aquilo que virá a ser meu bem real, portanto querer o que quer que seja meu bem real, mesmo que este seja diferente daquilo que eu agora penso que ele seja.

Duas implicações importantes desse ultrarrealismo socrático/platônico devem ser notadas. Primeiro, sobre a noção de poder politicamente centrada, Sócrates observa que os oradores e os tiranos, na medida em que pensam que a habilidade de vencer somente pela persuasão (ou somente pela força militar e policial) garante o poder, de fato não têm poder algum (466D7-E1, 467A3). Pois suponha que o poder seja a habilidade de fazer o que você quiser, e que agir sem conhecimento do bem real está destinado a acabar em desastre se, apoiando-se na persuasão e na força, a pessoa ignorar a sabedoria (n. 504 acima). Uma vez que a vida, e nossas estruturas deliberativas, são tão complicadas que agir erroneamente tem a probabilidade inerente de terminar mal. Então os oradores e os tiranos não obterão seu bem real, e assim não terão feito nada do que queriam.[53]

Segundo, essa distinção entre fazer o que alguém deseja e fazer o que parece melhor é paralela à estranha, mas bem conhecida, distinção platônica entre prazeres verdadeiros e falsos, medos verdadeiros e falsos,[54] e aquela entre a verdadeira retórica, que é uma ciência, e a retórica ao estilo de Górgias, que não é uma ciência, e coisas semelhantes.[55] Nesse espírito, poderíamos até mesmo falar sobre o tirano que faz aquilo que meramente parece melhor, como num "falso desejo" de realizar aquela ação. Sócrates e Platão evidentemente pensam no desejo, assim como pensam em muitas emoções e outras experiências, muito mais envolvido com a verdade (envolvido com a realidade)

---

53 Assim, tanto Hitler tanto Nixon, quaisquer que tenham sido seus efeitos devastadores sobre as vidas de outros, não tinham poder algum.
54 *Filebo* 36C ss., *República* 583B ss.
55 A retórica ao estilo de Górgias não é uma ciência ou perícia: *Górgias* 449A-461, com Penner (1988). A verdadeira retórica: *Górgias* 517a, com *Fedro* 272D-E ss., especialmente 276A e 277B-278A. *Cf.* também o contraste que aparece na imagem do comandante de navio levemente surdo na *República* 487E-489C, que tem a ciência da navegação, em contraste com aquilo que a tripulação rouca, em 488D10, declara ser uma ciência. *Cf.* também 493A-C.

do que pensadores subsequentes.[56]

Como conclusão, noto duas consequências adicionais dessa surpreendente combinação da psicologia da ação com a ética socrática, que tenho recomendado. Primeiro, tão logo notemos que toda ação motivada, qualquer que seja ela, é determinada pelo desejo generalizado do bem e pela crença sobre qual ação é melhor, deve ocorrer a nós o pensamento de que ambos esses elementos são eles mesmos determinados. Pois o desejo do bem vale para todos nós em toda ação motivada, em virtude (do que chamaríamos) de uma lei da natureza. Assim, no nível do desejo do fim último, não poderíamos ter desejado de outro modo. Agora, os fins subordinados aparecem somente por meio da combinação desse fim último com as crenças de alguém. Mas aquilo em que alguém acredita em qualquer momento dado, também é supostamente algo determinado – pelos encontros da pessoa com o ambiente perceptual, e pela história mental do agente (incluindo quais discussões ele teve e com quem as teve). O resultado: em qualquer momento dado, uma pessoa não poderia ter desejado, nem acreditado de outro modo, diferente do que fez naquele momento. Assim, contrariamente a Aristóteles e à maioria dos filósofos morais ocidentais posteriores, ninguém jamais poderia ter feito algo diferente do que de fato fez. Esse determinismo (teleológico, ou dos meios ao fim) também confirma a explicação da atitude de Sócrates em relação à punição, e à responsabilidade legal e moral comuns, como ferramentas da ética.[57]

Segundo, as diferenças entre as pessoas que fazem coisas más (coisas que são más de fato) e as pessoas que fazem coisas boas não podem residir em seu desejo generalizado do bem – se ninguém quer (realmente) ser miserável e infeliz, então ninguém deseja (realmente) coisas más: *Mênon*

---

56   Na psicologia e na filosofia modernas, há alguns estados psicológicos envolvidos com a verdade ou com a realidade – quais sejam, saber *versus* acreditar falsamente, e ver *versus* perceber erroneamente (falsa visão!).

57   Omito a justificativa determinista e impiedosa de Platão para a punição e sua espécie determinista de responsabilidade nas *Leis* X – a despeito de ele ainda endossar o "ninguém erra de propósito". Um resultado da crença antissocrática de que as ações são causadas apenas por desejos irracionais é a crença platônica/aristotélica (e demasiado moderna) na punição e na habituação (condicionamento) como formas de educação moral.

78A6 –, pois a esse respeito todos somos semelhantes. Na teoria socrática do desejo e da crença, a diferença deve residir, portanto, unicamente nas crenças das pessoas.[58] É por isso também que, para Sócrates, o único fator que alguma vez é relevante para alterar a conduta de alguém, ou para educar alguém na virtude, é modificar suas crenças. É por isso também que a discussão com os outros, todos os dias, sobre as importantes questões de como viver, é a coisa mais importante na vida de alguém. Pois a vida é complexa, e o entendimento limitado (Como é bem conhecido, Sócrates sustenta que embora ele seja a pessoa mais sábia que existe, ele não sabe nada de qualquer importância sobre o bem). Uma pessoa não pode fazer tudo por si mesma. Quando Sócrates diz que a vida não examinada não é digna de ser vivida, o que ele tem em mente é o exame em conjunto – a dialética. Portanto, de fato, não apenas a vida não examinada, mas até mesmo uma vida que não seja examinada a toda hora desperta, não é digna de ser vivida.[59]

Agora posso propor uma resposta possível para nossa pergunta anterior: "por que Sócrates pensa que causar danos aos outros sempre acaba em danos a si mesmo?". Causar danos é exigir que alguém também engane os outros sobre aquilo que alguém está fazendo. Mas agir com os tipos de falsidade tão graficamente descritos na *República* I, IX, X, e em outros lugares, é apartar-se da dialética com aqueles que alguém danifica ou engana (ou aqueles que se preocupam com eles), uma vez que, sem tal falsidade,

---

58 *Mênon* 78A6-8. Note-se que isso não é assim na teoria de Aristóteles. Para Aristóteles, as pessoas boas diferem das pessoas más em seus desejos fundamentais, uma vez que as pessoas diferem no que é seu bem aparente. Segundo a explicação de Aristóteles para o desejo do bem, as falsas crenças das pessoas sobre o que é o bem contaminam o desejo fundamental. Enquanto em Sócrates a falha da pessoa má está em suas crenças, não no desejo do bem (o melhor fim disponível nas circunstâncias); em Aristóteles, assim como nos tratamentos modernos do desejo do tipo "sob a descrição", a falha da pessoa má também contamina o desejo do bem que é o princípio (*archê*) motriz da ação, resultando não na mera ignorância, mas na perversidade: cf. *Ética a Nicômaco* III.1.110b28-1111a1, com 1113a16-17, 1140b19-20, 1151a15-20.

59 Considere-se, por contraste, a visão de que as exigências sobre a bondade humana (princípios éticos) devem ser suficientemente descomplicadas para serem promulgadas publicamente e prontamente compreendidas pelo cidadão comum (RAWLS, 1971, p. 130-142) Dada a importância que Sócrates atribui à deliberação (visto anteriormente), essa provavelmente não seria uma visão que seria bem aceita por Sócrates.

alguém não pode mais esperar que tais pessoas entrem na dialética com o tipo de abertura que sozinha permite a esse alguém, juntamente àquelas pessoas, chegar ao fundo do que está sendo discutido. Mas com a falsidade, a própria pessoa não pode estar aberta (Do lado do enganador, pode não haver fim para as falsidades auxiliares forçadas ao enganador para manter sua história de pé). As consequências aqui serão bastante sérias, uma vez que, como os lógicos desde o tempo de Duns Scottus corretamente disseram, acrescentar uma falsidade àquilo que se está dizendo é implicar absolutamente tudo. E se uma pessoa quer que seus pensamentos se refiram às coisas como elas são no mundo real, haverá muitas falsidades. No fim, o problema não pode ser resolvido senão pela suspensão da comunicação, de um modo que também faz mal ao enganador. Essa necessidade de abertura é frequentemente citada por aqueles que dão aconselhamento sobre crianças, casamento, gestão e até mesmo, às vezes, governo. Sócrates teria achado o conselho não apenas bom, mas essencial.

A ética socrática, em minha leitura, é um simples corolário dessa psicologia ultrarrealista da ação, tomada em conjunto com a teoria funcional de Sócrates sobre o bem (que envolve teorias teleológicas tanto da própria natureza quanto de todas as ciências e perícias). Quanto à teoria das ciências e a teoria funcional do bem, elas envolvem não apenas o meio que a função deve prover, mas o fim ao qual a função serve. Na ética, todos os meios e fins são julgados em contraposição ao bem humano da máxima felicidade real disponível. Todas as questões aqui são puramente questões de fato – independentemente do quanto as respostas estão profundamente escondidas (mais profundamente, sem dúvida, do que as da física de partículas, outro assunto sobre o qual ninguém atualmente tem o conhecimento final). Para a ética socrática, portanto, também não há quaisquer elementos não factuais, não naturais, avaliativos, normativos, morais ou convencionais adicionais, nenhum princípio kantiano adicional e nenhum "bem intrínseco" adicional. Esta é, penso eu, a única teoria do bem objetivo livre de moralidade, disponível para nós, que não contém nenhum elemento de convenções do tipo que Sócrates ou Platão teriam considerado inaceitáveis. Ocorre-me a conjetura de que ela pode estar virtualmente sozinha entre as teorias não convencionalistas compatíveis com a descendência do homem a partir dos primatas superiores. Pois duvido que pudesse haver uma evolução comparável de um imperativo categórico não convencional.

13 Sócrates e a eudemonia

CHRISTOPHER BOBONICH

13.1 Introdução

Há muito tem sido um lugar-comum que o pensamento ético antigo seja caracterizado por seu eudemonismo. Um grande filósofo moral do século XIX, Henry Sidgwick, por exemplo, observa que "na controvérsia ética da Grécia antiga como um todo [...] foi assumido por todos os lados que um indivíduo racional faria da busca de seu próprio bem seu objetivo supremo". Sidgwick também pensa que o compromisso com o eudemonismo é um dos traços mais importantes que distingue a reflexão ética antiga daquela dos modernos, desde a época do bispo Butler em diante.[1] Quer aceitemos ou não as afirmações de Sidgwick, a *eudaimonia* (tipicamente traduzida como "felicidade") é um conceito central na filosofia ética e política grega antiga. Neste capítulo, examinarei a ideia de *eudaimonia* [eudemonia] ou felicidade no pensamento de Sócrates e considerarei qual o lugar dela em suas visões sobre como viver e como agir, qual conteúdo ele dá a ela, e sua relação com outras noções importantes, como a virtude e o conhecimento.

Antes de passar para essas questões substantivas, começo demarcando o território que devo explorar. Muitas controvérsias acadêmicas circundam qualquer discussão de Sócrates. Por exemplo, que evidência temos para as visões do Sócrates histórico? Quão confiáveis são as representações de

---

1 Sidgwick (1981, p. 92, 404-405). Para discussões gerais de felicidade na tradição grega, *cf.* Annas (1993) e White (2002).

Sócrates por Platão, Xenofonte, Aristófanes e outros escritores "socráticos"? Podemos datar confiavelmente os diálogos de Platão de modo a isolar aqueles que são mais próximos no tempo à sua associação com Sócrates? Uma vez que outros ensaios neste volume consideram essas disputas em maiores detalhes, devo simplesmente enunciar as limitações de minha discussão, sem examinar os argumentos que as justificam. Minha maneira de delimitar esse território, embora certamente não seja a única plausível, é bastante comum.

Confinarei minha discussão exclusivamente a Platão, mas não assumo nenhuma posição sobre a relação entre as visões do personagem chamado "Sócrates" nesses diálogos e as visões do Sócrates histórico. Os diálogos de Platão são comumente divididos em três grupos cronológicos: iniciais, intermediários e tardios. Os diálogos iniciais são às vezes chamados de diálogos "socráticos", conforme a crença de que eles refletem especialmente a influência de Sócrates sobre Platão. Também não assumo nenhuma posição sobre isso, mas devo me concentrar nos diálogos usualmente pensados como iniciais.[2] Assim, a relevância de minha discussão para as visões do Sócrates histórico dependerá de como essas controvérsias acadêmicas forem resolvidas.

13.2 Preliminares

O adjetivo *eudaimôn* (feliz) e suas formas cognatas, tais como a forma substantiva *eudaimonia*, são compostos de *eu* e o substantivo *daimôn*: *eu* é

---

2 Considero como iniciais: *Apologia, Cármides, Críton, Eutidemo, Eutífron, Górgias, Hípias maior, Hípias menor, Íon, Laques, Lísis, Menexeno, Mênon* e *Protágoras*. A evidência estilométrica para situar esses diálogos antes dos restantes é razoavelmente forte e é aceita por alguns estudiosos que não veem quaisquer diferenças filosóficas substantivas entre os diálogos iniciais e os intermediários (*Parmênides, Fedro, República* e *Teeteto*), cf. Kahn (1996, p. 37-48), e o capítulo 1 de Dorion neste volume. Embora haja alguma evidência estilométrica para situar o *Crátilo*, o *Fédon* e o *Banquete* após o grupo inicial e antes do intermediário, minhas razões para tratá-los como não pertencentes ao grupo dos outros diálogos iniciais depende de considerações substantivas sobre seu conteúdo, portanto são mais controversas.

o advérbio padrão do adjetivo que significa "bom" (*agathos*), e o substantivo *daimôn* denota seres divinos ou semidivinos (ou mais geralmente as forças ou poderes divinos) que influenciam o que acontece aos seres humanos. Ser *eudaimôn* é, portanto, etimologicamente, estar em boa situação ou ser bem-sucedido, ou ainda, estar em uma boa maneira com relação a tais seres ou forças.

Eudaimôn ocorre pela primeira vez na literatura grega sobrevivente do poeta antigo Hesíodo, na qual significa "livre da má vontade divina" ou "sendo divinamente favorecido".[3] Por exemplo, ao final de seu poema *Os trabalhos e os dias*, Hesíodo encerra uma discussão sobre quais dias são de boa sorte e quais são de má sorte com o comentário: "É feliz [*eudaimôn*] e próspero aquele que conhece todas essas coisas e realiza seu trabalho sem ofender os deuses imortais, que discerne os augúrios dos pássaros e evita a transgressão" (versos 826-828).[4]

De modo semelhante, em outros poetas arcaicos, tais como Teógenes e Píndaro, seu sentido básico é "ser divinamente favorecido". E o resultado de ser divinamente favorecido é que possuirei e desfrutarei de muitas coisas que são boas para mim, e evitarei coisas ruins.

Duas passagens desses escritos antigos são especialmente interessantes à luz de desenvolvimentos posteriores. Primeiro de Teógenes:

"Que eu seja feliz e amado pelos deuses imortais, Cirno, esta é a única excelência ou realização que desejo" (versos 653-654).[5]

Esta passagem demonstra a centralidade prática de ser feliz; esse é, para Teógenes, o objeto de desejo mais importante e talvez até mesmo a única realização desejada. A segunda passagem é o alerta de Píndaro de que "é impossível para um homem ter sucesso em obter a felicidade completa".[6] Isso sugere que embora a felicidade possa ser o principal objeto de desejo, os seres humanos não podem alcançá-la completamente ou permanentemente. Encontraremos questões relacionadas a isso em Sócrates.

---

3 De Heer (1968, p. 26) é um estudo útil sobre a felicidade no pensamento grego não filosófico.
4 Evelyn-White (1982). Aqui e em outros lugares fiz alterações ocasionais na tradução.
5 Edmonds (1968).
6 *Nemeanas* 7.55-6; Race, (1997).

Há duas linhas de pensamento centrais já implícitas nessas primeiras afirmações não filosóficas sobre a felicidade, que são especialmente importantes para a tradição filosófica grega posterior. A primeira destas entende a condição de ser feliz e a felicidade em termos de bem-estar. Como uma primeira aproximação, digamos que uma pessoa é feliz ou alcança a felicidade se, e somente se, ela vive uma vida que é a melhor para ela, levando-se todas as coisas em consideração.[7] Essa caracterização contém duas ideias básicas que, embora exijam alguma especificação adicional, são intuitivamente bastante claras: 1) a de algo ser bom (ou ruim) para uma pessoa e 2) alguma noção de otimização, maximização, ou ser melhor de modo geral. (Deixarei de lado algumas complicações sobre se a felicidade é uma noção escalar – isto é, ocorre em graus –, ou se é identificada estritamente com o ponto ótimo).[8]

Os antigos gregos, assim como nós, tinham uma noção de algo ser bom ou ruim para uma pessoa, e a noção de levar várias coisas boas e ruins em conta a fim de chegar a algum julgamento geral de quão bom ou ruim é o estado de uma pessoa. Se pensarmos sobre o ser *eudaimôn* dessa maneira, como alguém alcançar sua melhor condição geral, podemos pensar que "felicidade" é uma tradução inadequada, uma vez que é comumente compreendida hoje significando "sentindo prazer" ou "sentindo contentamento". Mas não há nenhuma tradução melhor que seja óbvia, e contanto que nos lembremos de que é uma questão substantiva a de se o melhor estado geral de alguém consiste em, ou mesmo envolve, por exemplo, sentir prazer, essa tradução não deve ser enganosa.[9] Pode haver alguma dificuldade em compreender como uma pessoa poderia estar enganada sobre se ela está sentindo prazer ou sentindo contentamento, mas é intuitivamente muito mais plausível que ela possa estar errada sobre se ela está em seu melhor estado possível, e os filósofos gregos normalmente sustentam que as pessoas podem estar (e frequentemente estão) enganadas sobre se elas são felizes.

---

7 Para a ideia de que a felicidade é o estado ou condição de ser feliz, cf. *Eutd*. 289C6-8 com 291B4-7 e *Grg*. 478C3-7.
8 Para uma discussão adicional, com referências, cf. Bobonich (2002, p. 210-213) e n. 534.
9 *Cf.* Kraut (1979) e Vlastos (1991, p. 200-209); essa preocupação remonta pelo menos a Sidgwick (1981, p. 92).

A segunda linha de pensamento começa com a ideia de que as ações e desejos humanos têm propósitos, objetivos, ou fins, e passa então a sugerir que a felicidade é o mais importante, ou talvez até mesmo o único, fim das ações e desejos humanos. Vimos algo assim na citação de Teógenes. Essa tese também necessita ser tornada mais nítida e mais precisa, mas podemos notar agora uma distinção importante. A primazia da felicidade poderia ser simplesmente um fato a respeito da ação ou do desejo humanos: como uma questão de fato, os seres humanos realmente concedem tal primazia à felicidade em todas as suas ações ou desejos. Mas o poema de Teógenes é uma série de exortações e conselhos a Cirno, e simples enunciados declarativos de como ele age e pensa são frequentemente parcelas implícitas de conselhos (supostamente sábios). Assim, poderíamos também compreender isso como uma afirmação normativa de que é sábio ou racional tornar a felicidade o fim primário das ações da pessoa.

Essas duas linhas de pensamento são logicamente distintas. Seriam necessários mais argumentos para mostrar que se há (ou se racionalmente deveria haver) um fim primário para as ações e desejos de uma pessoa, então este é a felicidade da própria pessoa. Por que o fim não poderia ser, em vez disso, a felicidade de todos, o avanço da verdade, ou a completa e perfeita obediência aos mandamentos de Deus? De modo semelhante, o próprio conceito do melhor estado geral para um indivíduo não inclui em si mesmo a afirmação de que esse estado é, ou racionalmente deveria ser, a meta primária de cada indivíduo. Poderíamos pensar, por exemplo, que às vezes é racional sacrificar meu próprio bem-estar ou felicidade por algum objetivo mais importante.

Mas juntando essas duas linhas de pensamento, chegamos a duas teses que foram frequentemente atribuídas a Sócrates.

> O Princípio do Eudemonismo Racional: é racionalmente exigido que, para cada pessoa, sua própria (maior) felicidade seja a consideração decisiva de todas as suas ações.

O Princípio do Eudemonismo Psicológico: cada pessoa busca (e tenta agir em relação a) sua própria (maior) felicidade como a consideração decisiva de todas as suas ações.[10]

O Princípio do Eudemonismo Racional é um princípio normativo: ele nos diz o que temos de fazer para viver à altura do padrão de agir racionalmente, mas não faz nenhuma afirmação sobre se os seres humanos de fato agem racionalmente. O Princípio do Eudemonismo Psicológico é uma tese descritiva: ele se propõe a dizer-nos como todos os seres humanos de fato agem. Versões mais fortes do eudemonismo racional e psicológico sustentam que a felicidade é a única consideração racional (ou psicológica) relevante para a busca e para a ação: a única razão última pela qual eu racionalmente deveria (ou psicologicamente faço) buscar algo é que esse algo contribui otimamente para minha própria felicidade. Concentrar-me-ei nos dois princípios conforme formulados (embora eu deva ocasionalmente trazer para a discussão os princípios mais fortes). Faço isso tanto porque a evidência é mais clara com relação aos princípios enunciados, quanto porque o que parece ser da maior importância prática é aquilo que racionalmente deveria determinar a ação, e o que, psicologicamente, de fato o faz.

No restante deste capítulo, passarei a considerar algumas das questões básicas em torno das visões de Sócrates sobre a felicidade.

1) Será que Sócrates endossa o Princípio do Eudemonismo Racional ou o Princípio do Eudemonismo Psicológico?
2) Em que Sócrates pensa que consiste a felicidade? Qual é a relação entre felicidade e virtude?
3) Que lugar a noção de felicidade ocupa no pensamento ético de Sócrates?

---

10 Para discussões adicionais, com referências, sobre ambos os princípios, *cf.* Crisp (2003) e Irwin (1995, p. 52-55). Nesses exemplos, a "maior felicidade" refere-se ao resultado ótimo segundo tanto a compreensão escalar quanto a compreensão otimizante da felicidade. Note-se que o Princípio do Eudemonismo Psicológico não diz exatamente quais fatos psicológicos a respeito de uma pessoa tornam verdade que seus desejos visem à felicidade, e esse princípio não leva imediatamente a que a pessoa deva ter quaisquer atitudes conscientes particulares; *cf.* n. 559.

No curso da discussão dessas questões, argumento também que as visões de Sócrates sobre a felicidade e sua relação com a virtude contêm também certas lacunas e tensões que certos diálogos do período intermediário de Platão, tais como o *Fédon* e a *República*, tentam resolver.

13.3 Eudemonismo racional e eudemonismo psicológico

Durante já algum tempo, uma maioria de estudiosos sustentou que os diálogos iniciais abraçam tanto o eudemonismo psicológico quanto o racional. Mas em anos recentes, ambas as partes desse consenso foram criticadas, assim como, de modo mais geral, a visão de que a ética grega antiga é eudemonista. Os críticos do consenso eudemonista com relação aos diálogos iniciais de Platão apresentaram duas preocupações. Primeiro, eles afirmam que Sócrates diz coisas nos diálogos iniais que são inconsistentes (ou pelo menos se adaptam de modo desajeitado) com o eudemonismo. Segundo, eles alegam que a evidência positiva para o eudemonismo nos diálogos iniciais é surpreendentemente tênue.[11] Uma vez que argumentarei em favor de uma versão da visão do consenso, começo examinando essas preocupações cuidadosamente.

Considere primeiro o ponto sobre a possível inconsistência. Em alguns desses diálogos, especialmente na *Apologia* e no *Críton*, Sócrates faz o que parece ser um compromisso inequívoco com ser e agir de modo virtuoso ou justo. Ao responder a uma objeção na *Apologia*, por exemplo, Sócrates diz:

---

11 Para discussões, com referências, sobre o eudemonismo, *cf.* Annas (1999, p. 31-51); Brickhouse e Smith (1994, p. 73-136); e Vlastos (1991, p. 200-232). Para críticas do consenso eudemonista, *cf.* Morrison (2003) e White (2002). Mais estudiosos são inclinados a desafiar o eudemonismo psicológico (especialmente com base em certas passagens do *Górgias*) do que o eudemonismo racional. Brickhouse e Smith (1994) e Irwin (1995) fornecem, ambos, referências úteis à literatura secundária sobre muitas das questões discutidas neste capítulo; eu os citarei frequentemente em vez de listar essa literatura. Gomez-Lobo (1999) é uma explicação útil que é mais acessível para o leitor geral.

Estais errado, senhor, se pensais que um homem, de qualquer bem, por menor que seja, deve [*dein*] levar em conta o risco da vida ou da morte; ele deveria olhar apenas para isto quando age, se aquilo que ele faz é justo [*dikaia*] ou injusto, se ele está agindo como um homem bom [*agathou*] ou mau [*kakou*].¹² (*Ap.* 28b6-c1)

Enquanto rejeita o plano de Críton para fugir da prisão, Sócrates lembra-lhe as concordâncias prévias dos dois:

Dizemos que alguém nunca deve de qualquer maneira agir injustamente de propósito, ou será que alguém deve agir injustamente de uma maneira e não de outra? Será que agir injustamente nunca é bom [*agathou*] ou belo [*kalon*], conforme concordamos no passado? [...] Acima de tudo, será que a verdade é tal como costumávamos dizer [...] que a injustiça é má [*kakon*] e vergonhosa [*aischron*] de todo modo para aquele que age injustamente? [...]. Então alguém nunca deve [*dei*] cometer injustiça. (*Críton* 49A4-B7)

Nessas passagens, Sócrates afirma que um indivíduo deve sempre agir de modo virtuoso ou justo. Tal compromisso levanta duas preocupações. Primeiro, se Sócrates indica que um indivíduo deve, a partir de um ponto de vista racional, sempre agir de modo justo mesmo que fazer isso diminua sua felicidade, isso seria incompatível com o Princípio do Eudemonismo Racional. Se essa é a indicação de Sócrates, e ele também faz a assunção razoável de que em pelo menos alguns desses casos uma pessoa fará o que deve a partir de um ponto de vista racional, então Sócrates também estaria comprometido com a negação do Princípio do Eudemonismo Psicológico. Segundo, mesmo que a virtude e a felicidade nunca possam ser separadas – isto é, mesmo que a vida virtuosa deva ser também a vida feliz –, isso não estabelece quais características de tal vida o indivíduo adota, ou racionalmente deveria adotar, como decisivas. Será que ele está escolhendo uma

---

12 As traduções de Platão se baseiam nas de Cooper (1997). *Dein* que é traduzido como "deve" vem de *déo* (B) no LSJ, i.e., "carecer, ter falta de, necessitar de", não como às vezes é dito, de *deô* (A) "prender, agrilhoar". O verbete do LSJ para *dei* tem o erro tipográfico de "*deô* (A)" para "*deô* (B)"; *cf.* também Frisk (1960-1972) e Goodell (1914).

vida tendo em vista a felicidade daquela vida, a virtude dela, ou alguma combinação das duas?

Para começar com o primeiro ponto, essas passagens não alegam ou mesmo sugerem que a felicidade do agente esteja ou mesmo possa estar em conflito com aquilo que a virtude exige. De fato, a passagem do *Críton* afirma que a injustiça "nunca é boa", e é "má de toda maneira" para aquele que age injustamente. E de fato, essa passagem em seu contexto sugere que a virtude é sempre consistente com a maior felicidade do agente (*cf.* a discussão posterior sobre o *Críton* 48b). Essa coincidência entre virtude e felicidade pode vigorar de diversas maneiras:

1) alegação de identidade. A felicidade é idêntica à (ou inteiramente constituída pela) virtude;
2) alegação de parte/todo. A virtude é uma parte da felicidade;
3) alegação instrumental. A virtude é apenas instrumental para a felicidade – isto é, a virtude é meramente um meio causal para o fim distinto que é a felicidade.

Claramente, se a alegação de identidade estiver correta, não pode haver nenhum conflito entre virtude e felicidade. A alegação de parte/todo não garante por si mesma uma coincidência entre a virtude e a felicidade, mas uma versão dela que fizesse da virtude uma parte suficientemente importante da felicidade poderia. A alegação instrumental poderia sustentar tal coincidência, mas somente se a virtude fosse um instrumento genuinamente necessário. Retornarei a essas opções posteriormente nesta seção e na seção 4. Como também discutirei nossa decisão entre essas opções que afetará nossa resposta para nossa segunda questão – isto é, qual é o critério último com base no qual as pessoas buscam, ou racionalmente deveriam buscar as coisas e realizar ações.

Os críticos do eudemonismo não apenas apontaram para passagens tais como aquelas da *Apologia* e do *Críton*, as quais notamos que enfatizam os compromissos de Sócrates com a virtude, mas também sugeriram que o eudemonismo não é invocado em lugares nos diálogos iniciais em que esperaríamos encontrá-lo. Um cético acerca da interpretação eudemonista, por exemplo, aponta para o envolvimento de Sócrates em questionar os outros como uma coisa que não é explicada pelo eudemonismo nos diálogos iniciais:

> Quando olhamos para suas [de Sócrates] palavras reais em busca de uma explicação de por que ele faz tamanhos esforços para melhorar seus concidadãos, encontramos pouco que esclareça qual poderia ser o lugar deles em sua própria *eudaimonia*. Suponha que ele fosse confrontado com a pergunta "Você está em situação melhor em virtude de suas atividades educativas, e é essa a razão pela qual você se envolve nelas, ou você as realiza parcialmente ou inteiramente por elas mesmas?" Não me parece – suspendendo a automática suposição não argumentada de que Sócrates aceitava uma visão francamente eudemonista – que as obras iniciais de Platão realmente nos deem uma base para dizer como ele responderia.[13]

Mas, na *Apologia*, Sócrates de fato explica por que ele se recusa a aceitar a soltura sob a condição de que ele se mantenha em silêncio no futuro.

> Se eu disser que é impossível para mim ficar quieto, porque isso significa desobedecer ao deus, vocês não acreditarão em mim e pensarão que estou sendo irônico. Por outro lado, se eu disser que o maior bem para um homem é todo dia discutir a virtude e as outras coisas acerca das quais vocês me ouvem conversar, e testar a mim mesmo e os outros, e que a vida não examinada não é digna de ser vivida por um homem, vocês acreditarão ainda menos. (*Ap.* 37E5-38A7)

Sócrates fornece aqui a resposta sobre por que ele se envolve em questionar seus concidadãos, e essa resposta parece dar uma razão decisiva para ele agir como faz (O contexto, penso eu, deixa claro que Sócrates enxerga esta como uma consideração decisiva). Essa passagem certamente não compromete Sócrates de modo explícito e inequívoco com qualquer forma de eudemonismo, mas sugere que podemos explicar suas "atividades educativas" pelo fato de que elas promovem sua felicidade e, de modo mais

---
13 White (2002, p. 181).

geral, que as considerações sobre o "maior bem" ou felicidade da própria pessoa deveriam ter um papel central em determinar o que fazer. Sócrates dá aqui duas razões para suas práticas: agir dessa maneira é ao mesmo tempo obedecer ao deus e também o "maior" bem para ele próprio. Ele não diz que uma tem prioridade sobre a outra.[14] Mas Sócrates também não sugere que elas possam ser separadas, e há razões a partir da própria *Apologia* para pensar que obedecer ao deus conduz à felicidade, pelo menos em grande parte, porque deus é benevolente e nos aponta rumo àquilo que conduz à nossa felicidade.[15] De modo semelhante, Sócrates não diz explicitamente que esses critérios deveriam guiar todas as nossas escolhas e ações, mas não há nada especial a respeito desse caso exceto sua importância.

De fato, em dois outros lugares na *Apologia*, Sócrates explicitamente descreve seu engajamento no tipo de conversas que ele tem sobre a virtude – e do qual tenta fazer seus concidadãos participarem – como sendo o que mais contribui para a felicidade dos participantes. Tal participação é, afirma Sócrates, o "maior benefício" para cada indivíduo: envolver seus concidadãos em discussões sobre a virtude é o modo como Sócrates os torna felizes (*Ap.* 36B3-D10). Note-se que Sócrates pensa que esse fato sobre a felicidade dá uma razão decisiva a seus concidadãos para praticar tal modo de vida, embora eles não tenham a razão especial de Sócrates de obedecer ao comando do deus dado pelo oráculo délfico. (Assim podemos resolver a possível ambiguidade da *Ap.* 37E-38A citada anteriormente). Envolver-se nesse tipo de conversa após a morte seria, afirma Sócrates, o maior bem – isto é, seria uma extraordinária felicidade, e esse é o melhor destino possível no pós-vida (*Ap.* 40E4-41C4).

A felicidade nessas passagens é a felicidade do próprio agente. Sócrates usa explicitamente a linguagem da otimização, e o fato de que se envolver em tais conversas sobre a virtude conduz à felicidade, concebida

---

14 Na *República*, Platão tenta mostrar que não importa qual seja a atitude dos deuses, a pessoa justa sempre está em situação melhor do que a pessoa injusta. Uma vez que Platão recomenda a justiça, parece que ele daria à felicidade da própria pessoa prioridade em relação a obedecer aos comandos de deus, na situação contrafactual em que elas fossem separadas.
15 Por exemplo, *Ap.* 41C8-D7, 30D6-31A9, *cf. Rep.* 379B1-C7; Brickhouse e Smith (1994, p. 176-212; *Ap.* 41C8-D7) sugerem que se envolver no elenco é algo bom independentemente de ser comandado por deus.

dessa maneira, é apresentado como justificando tal modo de vida. Embora Sócrates não enuncie aqui o Princípio do Eudemonismo Racional como plenamente geral e formal, essas passagens sugerem fortemente que ele o sustenta. Além disso, nessas passagens, Sócrates nem mesmo propõe que haja algum bem distinto da felicidade, que possa ser adicionado à felicidade para melhorá-la, que deva ser pesado em contraste com ela ou que haja alguma consideração além da felicidade, que uma pessoa racional deva levar em conta. Se Sócrates pensasse que qualquer uma dessas possibilidades era válida, deveríamos esperar que ele a mencionasse. Essas passagens também oferecem apoio para atribuir a Sócrates uma forma mais forte de eudemonismo racional, de modo que a maior felicidade própria de uma pessoa seja a única razão última para a ação.

No *Críton*, encontramos uma passagem que serve como auxílio adicional: "Devemos tratar como mais importante não a vida, mas a vida boa [*to eu zên*] [...] e a vida boa, a vida bela [*kalôs*] e a vida justa [*dikaiôs*] são a mesma" (*Críton* 48B4-7).

Sócrates aqui dá prioridade a viver a vida boa, e na medida em que ela é a mais importante, parece que deveria pelo menos se sobrepor a outras considerações a partir de um ponto de vista racional.[16] Mas o que "a vida boa" significa aqui? Dado seu contexto na conclusão de um argumento destinado a mostrar que a justiça é o maior benefício para seu possuidor (*Críton* 47A-48B), a vida boa deveria significar uma vida que é melhor para aquele que a vive. Se ela significasse meramente a vida bela, ou a vida justa (isto é, a vida virtuosa), não haveria nenhum sentido na afirmação adicional de Sócrates de que a vida boa é o mesmo que a vida bela e justa. É essa coincidência que permite a Sócrates passar a resolver a questão prática de o que fazer nessas circunstâncias, examinando o que a justiça exige (*Críton* 48B10 ss).[17]

---

16   Sócrates não diz explicitamente que a felicidade inclua em si todas as outras considerações. Assim, estritamente falando, isso deixa em aberto a possibilidade de que se dois cursos de ação são ligados como superiores em relação à felicidade, há alguma outra consideração que poderia servir para decidir racionalmente entre eles. Mas Sócrates não diz nada que sugira essa possibilidade.

17   Sobre a intercambialidade de *eu zên* e ser feliz, cf. *Rep.* 353E10-354A2. A expressão equivalente *eu prattein* (sair-se bem) é um tanto intercambiável com ser feliz, cf. *Eutidemo*

Essa passagem, com sua afirmação explícita de que devemos tratar a vida boa como mais importante, mostra que a consideração racional decisiva na avaliação das vidas é sua felicidade, e assim ela é um apoio ainda mais forte para atribuir o Princípio do Eudemonismo Racional a Sócrates.

E quanto ao Princípio do Eudemonismo Psicológico? Na *Apologia*, Sócrates se defende contra a acusação de que ele corrompe os jovens, argumentando que uma vez que corromper seus associados resultará em danos para si mesmo, ou ele não os corrompe ou ele o faz sem querer (*Ap.* 25D-26A). Embora Sócrates não seja inteiramente preciso nessa passagem, fazer X sem querer parece ser um caso em que alguém faz X enquanto falsamente acredita que se abster de X seria pior para si mesmo. Se a pessoa aprende a verdade de que fazer X é de fato pior para si, então ela se absterá de fazê-lo. Tais afirmações são justificáveis se Sócrates aceitar o Princípio do Eudemonismo Psicológico. Esse princípio não é a única maneira logicamente possível de justificar essas afirmações, mas é uma assunção plausível no contexto, e, como veremos depois, Sócrates de fato aceita em outros diálogos iniciais o princípio geral de que "ninguém erra de propósito", com base no Princípio do Eudemonismo Psicológico.[18] Para resumir: mesmo nos diálogos iniciais que são pensados como apresentando os maiores desafios para o eudemonismo, a *Apologia* e o *Críton*, encontramos um apoio muito forte para o

---

278E3, E6, 279A2 e 280B6-7; a evidência é bem apresentada por Brickhouse e Smith (1994, p. 113). Aristóteles pensa que a identificação de *eu zên* e *eu prattein* com o viver feliz é um lugar-comum, *cf. EN* 1095a18-20.

18 Sócrates pensa que se uma pessoa acredita que fazer X é ruim para si mesma (*Ap.* 25E4 pode sugerir que seja mais do que moderadamente ruim, mas isso não é exigido), a pessoa não fará X. A conclusão é não apenas que a pessoa tem alguma motivação para não fazer X, mas que ela simplesmente não o fará. A defesa de Sócrates seria enfraquecida se ele admitisse que poderia corromper os jovens – por exemplo, por causa de prazeres a curto prazo – mesmo que ele soubesse que seria ruim para ele próprio fazê-lo, e ele afirma que é simplesmente óbvio que se ele descobrir que algo é ruim, então ele agirá de outro modo (*Ap.* 26A4-5). Estritamente falando, essa passagem não compromete Sócrates com a ideia de que cada pessoa sempre age em concordância com o que pensa gerar o maior saldo positivo de bem em relação ao mal, levando todas as coisas em conta. Mas a evidência de que Sócrates sustenta o Princípio do Eudemonismo Racional em uma forma maximizante torna plausível que a maximização se aplique aqui também.

Princípio do Eudemonismo Racional, e também um apoio forte para o Princípio do Eudemonismo Psicológico.

Em alguns dos outros diálogos iniciais (especialmente o *Eutidemo*, o *Górgias*, o *Mênon* e o *Protágoras*), de fato encontramos conexões entre o eudemonismo e algumas afirmações normativas e psicológicas mais gerais. É controverso se Sócrates vai tão longe a ponto de endossar quaisquer afirmações normativas e psicológicas gerais nos primeiros diálogos e, se o faz, qual é exatamente a atitude que ele tem em relação a elas.[19] Mas há certas afirmações que temos boas razões para pensar que Sócrates levava especialmente a sério.

1) As virtudes são apropriadamente caracterizadas em termos do conhecimento do bem.
2) A acrasia (fraqueza da vontade ou incontinência) não é possível – isto é, grosso modo, não é possível para mim saber ou acreditar que um curso de ação é melhor para mim de acima de tudo, e ainda assim fazer algo diferente.
3) Todo malfeito é sem querer.

Agora devo voltar-me para algumas dessas conexões.

1) É bem sabido que os diálogos iniciais tipicamente terminam em *aporia* – isto é, uma falha de encontrar uma solução para o problema tratado. Paradigmaticamente, nos primeiros "diálogos de definição", Sócrates falha em encontrar explicações ou definições adequadas para as virtudes: para a coragem no *Laques*, a moderação no *Cármides* e a piedade no *Eutífron*. Não obstante, nesses diálogos iniciais, Platão leva especialmente a sério a ideia de que a virtude deveria ser definida em termos do conhecimento do que é bom e do que é ruim. No *Laques*, por exemplo, a definição final de coragem é uma que o interlocutor, Nícias, endossa e afirma ser baseada nas visões de Sócrates (Nícias pensa que sua própria definição chega perto de ser derivada de algo que Sócrates "frequentemente" disse; *Laques* 194C7-D10.). De acordo com essa definição, a coragem é

---

19 Cf. o capítulo 12, de Penner, e o capítulo 14, de Griswold, neste volume.

"o conhecimento daquilo que deve ser temido ou tentado, na guerra e em tudo mais" (*Laques* 194E11-195A1). Sócrates mostra que tal conhecimento só é possível se a pessoa tem conhecimento de bens (*agatha*) e males (*kaka*) futuros (*Laques* 198B2-C4). (Embora seja incomum em inglês, prefiro *bads* [aquilo que é ruim, no plural] em vez de *evils* [males], uma vez que esta última pode sugerir que estes são "males morais", em vez de simplesmente coisas que são ruins para seu possuidor.). Essa definição de coragem é questionada em última instância com base no argumento de que, juntamente a outras premissas aparentemente razoáveis, ela leva à conclusão de que a coragem é o conhecimento de todos bens e males [*bads*], passados, presentes e futuros. Isso acarreta, alega-se, a coragem sendo a totalidade da virtude, e não como havia sido concordado previamente, uma parte apropriada da virtude. Há discordâncias sobre como Sócrates pensa que esse enigma deveria ser resolvido. Mas segundo a maioria das visões plausíveis, Sócrates está pelo menos comprometido com a alegação de que toda virtude é alguma forma de conhecimento do que é bom e do que é ruim.[20]

Quais as implicações disso para o eudemonismo? Para começar, será que Sócrates entende por conhecimento do que é bom e do que é ruim o possuidor do conhecimento, ou de alguma outra maneira? Se esse conhecimento não inclui pelo menos o conhecimento do que é bom e ruim para seu possuidor, ele parece ter pouca relevância para o eudemonismo.

É claro, a partir do contexto que esse conhecimento do que é bom e do que é ruim o é para os seres humanos nas várias circunstâncias complexas da vida (por ex., *Laques* 194E11-195A1). Mas qual é a relação entre esse conhecimento e aquilo que é bom ou ruim para seu próprio possuidor? Um dos comentários da conclusão de Sócrates no *Laques* ajuda a responder à pergunta.

[Não há nada] faltando na virtude de um homem que conhece todas as coisas boas e tudo sobre a produção delas no presente, no futuro

---

20   *Cf.*, com referências, Brickhouse e Smith (1999, p. 158-173), e Cooper (1999, p. 76-117).

e no passado, e tudo sobre as coisas ruins de modo semelhante. [Tal homem não poderia carecer] de moderação, ou de justiça, ou de piedade, quando somente ele pode ter a precaução devida, em suas lidas com deuses e homens, no que diz respeito ao que deve ser temido e ao que não deve, e obter coisas boas graças a seu conhecimento do comportamento correto em relação a elas.[21] (*Laques* 199D4-E1)

De acordo com essa passagem, o resultado de possuir esse conhecimento é que o indivíduo agirá para obter coisas boas e evitar coisas ruins para si mesmo em suas ações. Uma pessoa que possui tal conhecimento possuirá todas as virtudes, portanto a virtude da sabedoria. De fato, esse conhecimento daquilo que é bom ou ruim para a própria pessoa é suficiente para a totalidade da virtude. Nenhum outro tipo de conhecimento especificamente moral é necessário para a virtude (embora esse conhecimento do que é bom e do que é ruim possa também incluir o conhecimento de que agir do modo que é usualmente pensado como, por exemplo, justo, é bom para você).[22] Então podemos inferir que, uma vez que agir de modo a obter coisas boas para si é o resultado da sabedoria, esse modo de agir deve ser o que a razão recomenda. Além disso, Sócrates assume que a pessoa que tem esse conhecimento agirá de fato em concordância com ele, e assume que as pessoas buscarão aquilo que elas sabem ser bom (isso não compromete Sócrates ainda com o pensamento de que as pessoas agirão em concordância com sua crença sobre o que é bom se elas tiverem apenas a crença).

Então, um indivíduo agirá para obter coisas boas e evitar coisas ruins, e isso é o que é exigido pela razão. Mas isso ainda não compromete Sócrates com o eudemonismo racional nem psicológico, uma vez que essas alegações

---

21 Estritamente falando, essa é uma questão à qual o interlocutor assente. Note-se que *porizô* no *Laques* 199E1 está na voz média.

22 Sócrates acabara de argumentar que o conhecimento genuíno (*epistêmê*) do que é bom e do que é ruim é geral em sua forma, então essa pessoa também conhecerá verdades gerais sobre o que é bom ou ruim para os seres humanos. Mas uma vez que Sócrates enfatiza que o resultado desse conhecimento é agir de modo a beneficiar a própria pessoa, é razoável concluir que esse é o objetivo de tal conhecimento.

dizem respeito àquilo que é bom, e ainda não dizem respeito explicitamente àquilo que é ótimo ou o melhor.

13.4. O bom e o melhor

Já vimos algumas evidências na *Apologia* e no *Críton* de que Platão está comprometido com alguma forma de otimização. E quanto aos outros diálogos iniciais? No *Cármides*, Sócrates observa que, se as pessoas alcançassem o conhecimento que é a moderação, elas seriam felizes:

> Pois com o erro abolido, e a correção guiando-os, os homens naquela condição [isto é, aqueles que possuem tal conhecimento] necessariamente estariam em uma bela situação e se sairiam bem [*eu prattein*] em todas as suas ações, e aqueles que se saem bem são felizes. (*Cárm.* 171E7-172A3)[23]

Essa passagem de fato revela coisas importantes. Primeiro, ela afirma que se o indivíduo tem esse conhecimento, ele se sairá bem e será feliz. É razoável inferir disso que tal conhecimento de fato visa a felicidade. Então, o fim ou objetivo visado por tal conhecimento não é meramente algum bem, mas tem o nível ótimo da felicidade (ele também tem o nível ótimo envolvido na ideia de que todas as ações desse tipo são corretas). Além disso, esse é o objetivo de "todas as ações", não apenas de algumas. Assim, essa passagem ajuda a responder à pergunta sobre a otimização, portanto, juntamente às outras passagens citadas, apoia o Princípio do Eudemonismo Racional.

Ademais, Sócrates pensa que a posse de tal conhecimento garante que o indivíduo se sairá bem ou será feliz, e tal assunção é razoável se

---

23 Sócrates poderia rejeitar essa definição proposta de moderação, mas não há nenhuma razão para pensar que ele rejeite a ideia de que uma pessoa que tivesse a moderação genuína estaria na condição que ele descreve; *cf. Laques* 199D4-E1. Essa visão parece exigir que as virtudes pelo menos acarretem umas às outras, e para nossos propósitos não precisamos solucionar a preocupação do *Laques* sobre se há alguma relação ainda mais forte entre elas. Que Sócrates está tentando identificar o conhecimento que tornará feliz seu possuidor também é claro a partir do *Cárm.* 173D6-174E2.

Sócrates sustentar o Princípio do Eudemonismo Psicológico: se fosse possível que um indivíduo agisse contrariamente a tal conhecimento do que é melhor, então não seria o caso de que ele "necessariamente estaria em uma bela situação e se sairia bem".[24]

O quadro é o mesmo e o contexto é menos complicado no *Mênon*. Sócrates começa com as afirmações de que: a) todos desejam o que é bom, e b) ninguém deseja o que é ruim (77B2-78B4). O contexto deixa claro que o bom e o ruim envolvidos aqui são aquilo que é bom ou ruim para o próprio agente.[25] Mas estas são, por si mesmas, afirmações bastante fracas.

I) Sócrates não diz que estes são nossos únicos desejos e aversões, ou que eles se sobrepõem a todos os outros desejos e aversões.
II) Estes são apresentados como fatos sobre a natureza humana, sem nenhuma afirmação adicional explícita de que esses desejos sejam racionais. (Embora, se fôssemos todos irracionais por natureza, esperássemos que Sócrates comentasse sobre isso.)
III) Sócrates afirma que desejamos o que é bom e não o que é ruim, então, novamente, essa afirmação ainda não o compromete com uma forma de otimização.

Mas passagens posteriores do *Mênon* fornecem algumas evidências adicionais. No *Mênon* 87C-89A, encontramos um argumento destinado a mostrar que a virtude é um tipo de conhecimento ou sabedoria. Nele, Sócrates faz duas afirmações importantes:

1) a sabedoria guia todos os bens exteriores e todas as qualidades da alma rumo ao fim que é a felicidade, e alguém que é guiado pela sabedoria alcança a felicidade (*Mênon* 88c1-3);

---

24 Para um argumento de que o *Eutd.* 278E ss., juntamente a um argumento do *Lísis*, sobre a explicação apropriada da ação, acarretam o eudemonismo psicológico, *cf.* Irwin (1995, p. 52-55).
25 *Mênon* 77B6-78B8, especialmente 77C7-9, 77E5-78B2. Mesmo aqueles que não pensam que Platão endossa o eudemonismo racional nos diálogos iniciais aceitam que o bom e o ruim visados nessa passagem são aquilo que é o bom ou ruim para o próprio agente; por exemplo, Morrison (2003, p. 23).

2) essa orientação dada pela sabedoria é correta (*Mênon* 88D6-E2, *cf.* 98E12-99A5).

Essas passagens parecem solucionar todas as três preocupações, (I-III). Primeiro, a afirmação de que o conhecimento do bem garante a felicidade fornece o mesmo tipo de argumento a favor do Princípio do Eudemonismo Psicológico que acabamos de notar no *Cármides*. Segundo, uma vez que a finalidade da sabedoria é a felicidade, a razão exige sua busca, portanto deveríamos aceitar o Princípio do Eudemonismo Racional.[26] Na verdade, o fato de que ele é o único objetivo mencionado sugere fortemente uma forma mais forte de eudemonismo racional, de modo tal que a felicidade inclua em si todos os outros objetivos. Finalmente, é dito que o objetivo racional é não apenas o bem, mas a felicidade, e assim o objetivo último tem a característica de otimização ligada à felicidade. O mesmo quadro é encontrado em uma passagem semelhante do *Eutidemo*.[27]

Terminarei esta seção examinando os dois diálogos iniciais que fornecem os detalhes mais explícitos sobre a psicologia ética de Sócrates, o *Górgias* e o *Protágoras*. Esses diálogos também nos permitirão explorar as conexões entre o eudemonismo e as visões de Sócrates sobre a acrasia e a afirmação de que ninguém comete erros de propósito. No *Górgias*, Sócrates, como parte de sua explicação da ação humana, divide as coisas existentes em boas, ruins e as coisas que não são nem boas nem ruins.

> As coisas que não são nem boas nem ruins [são] aquelas coisas que às vezes participam do que é bom e às vezes do que é ruim, e às vezes

---

26 Sócrates claramente pretende afirmar aqui que minha sabedoria guia todos os meus bens exteriores e as qualidades de minha alma de modo a produzir minha felicidade, e que minha falta de sabedoria faz com que essas mesmas coisas me causem danos, *Mênon* 88B1-8. Como mostra o *Mênon* 88B5-6, isso é o que Sócrates pretende que seu argumento (87E5-88D3) prove.

27 *Eutd.* 278E-282A. *Eutd.* 280B8-281D2 deixa claro que minha sabedoria orienta todos os meus outros bens de modo a alcançar minha própria felicidade, cf. *Eutd.* 288D6-E2. 282A1-7 nos diz que devemos (*deî*) de todas as maneiras tentar nos tornar tão sábios quanto possível, porque a sabedoria é necessária e suficiente para a felicidade do agente. Esse é um veredito geral a respeito do que devemos fazer, então a felicidade pelo menos tem prioridade sobre outros fins.

de nenhum deles, por exemplo, sentar, andar, correr, velejar [...] e qualquer outra coisa desse tipo [...]. As pessoas fazem essas coisas intermediárias, sempre que as fazem, tendo em vista coisas boas, [elas não fazem coisas boas tendo em vista as intermediárias] [...]. Então é buscando o bem que andamos, sempre que andamos; porque pensamos que é melhor [andar]. E de modo correspondente, sempre que ficamos parados, ficamos assim tendo em vista a mesma coisa, isto é, o bem. [I] E assim, executamos um homem, se de fato o executamos, ou o exilamos e confiscamos sua propriedade, porque pensamos que é melhor fazermos essas coisas do que não as fazer [...]. Então não queremos executar as pessoas ou exilá-las de nossas cidades e confiscar sua propriedade como um ato em si mesmo, mas se estas coisas são benéficas nós queremos fazê-las, enquanto se elas forem danosas, nós não as queremos. Pois queremos o que é bom [...] mas o que não é nem bom nem ruim nós não queremos, e nem aquilo que é ruim [...]. (*Grg.* 467E6-468C7)

Essa passagem compromete Sócrates com as afirmações de que: 1) toda ação "tem em vista" o bem, e 2) que todo querer visa o bem. Para ver quais implicações isso tem para o eudemonismo, precisamos considerar algumas questões adicionais.

Primeiro, será que o bem em vista do qual o agente age é o bem do próprio agente? Isso é o que o argumento de Sócrates exige. Por exemplo, a inferência feita em I na passagem citada anteriormente seria simplesmente inválida, a menos que a afirmação de que "as pessoas fazem essas coisas intermediárias, sempre que as fazem, tendo em vista coisas boas" signifique que "as pessoas fazem essas coisas intermediárias, sempre que as fazem, tendo em vista coisas boas para si mesmas" – isto é, ela deve significar que o bem em vista do qual X age é o bem do próprio X.[28]

---

28 Morrison (2003, p. 25-26), sugere que tudo com que Sócrates está comprometido nessa passagem é que uma pessoa sempre age tendo em vista o bem de alguém, não que a pessoa age tendo em vista seu próprio bem. Morrison também pensa que em *Grg.* 468b, quando Sócrates faz essa inferência, ele está assumindo a perspectiva do tirano, e que nesse caso devemos estar agindo tendo em vista nosso próprio bem. Mas a tese sobre agir pelo bem é perfeitamente geral nessa seção, e a afirmação sobre o que fazemos visa enunciar

Segundo, admitindo que sempre que X age, o faz tendo em vista o bem do próprio X, será que devemos entender isso como o bem máximo do próprio X? Já vimos evidências para a otimização ou maximização em outros diálogos iniciais, e encontraremos o enunciado mais desenvolvido disso no *Protágoras*. Mas há também alguma evidência no *Górgias*. Por exemplo, *Górgias* 468B1-7 pelo menos sugere fortemente a otimização. Sócrates apresenta a escolha aqui como uma dicotomia: podemos ou fazer X ou não fazer X, e fazemos aquilo que pensamos ser o melhor para nós. Tais comparações envolvem opções que são mutuamente exclusivas e conjuntamente exaustivas, portanto nos fornecem uma forma de otimização. Assim, uma vez que o que é visado é a maior felicidade do próprio agente, e uma vez que Sócrates parece endossar isso como um critério de escolha, essa passagem nos fornece uma boa evidência para o Princípio do Eudemonismo Racional.

Sócrates alega que a pessoa que comete uma injustiça é mais miserável (*athlios*) do que a pessoa que sofre a injustiça (*Grg.* 469A1-B6), porque cometer injustiça é a pior coisa (469B8-9). Para que essa inferência seja tão óbvia quanto Sócrates e Polo supõem que ela seja – Polo contesta a verdade da alegação de que a pessoa que comete a injustiça é mais miserável, não a conexão entre eu ser miserável e minha ação ser pior –, pior deve significar "pior para o agente". Sócrates então comenta que ele escolheria sofrer em vez de cometer uma injustiça (*Grg.* 469C1-2), por essa razão (note-se a partícula *ara* em 469B12). É razoável considerar isso tanto como uma consequência das afirmações psicológicas gerais que Sócrates acabara de fazer, uma vez que Sócrates aprova essa escolha, como um endossamento da racionalidade de escolher a opção menos miserável. Embora Sócrates não desenvolva um cálculo para levar o que é bom e o que é ruim em conta ao chegar a um julgamento geral de quão feliz a pessoa é, a afirmação de que a pessoa mais feliz é aquela sem qualquer ruindade em sua alma sugere que tais julgamentos gerais sejam possíveis (*Grg.* 478c3-e5).

---

uma verdade sobre como todas as pessoas agem; Grg. 467D6-E1, 468B1-4 (*cf.* Mênon 77E-78B).

A posição do *Górgias* sobre o eudemonismo psicológico é mais complicada. A primeira complicação deriva da aparente alegação de Sócrates de que queremos (*boulomai*) apenas aquilo que é realmente bom – isto é, o que é melhor para nós acima de tudo (*Grg.* 468C2-8).[29] Segundo a interpretação tradicional, Platão indica que todas as pessoas têm em todos os momentos a atitude de querer (*boulêsis*) em relação àquilo que é realmente bom, mas também ao mesmo tempo têm uma atitude desejante positiva – por exemplo, um desejo (*epithumia*) daquilo que elas pensam ser melhor. Além disso, todas as pessoas em todos os momentos agem (ou tentam agir) em relação ao desejo daquilo que elas pensam ser melhor. Mesmo sem desenvolver em detalhes as diferenças entre quereres e desejos, isso é nitidamente uma forma de eudemonismo psicológico, uma vez que o agente sempre age de modo a alcançar o que pensa ser melhor para si mesmo.

Uma linha de interpretação mais recente assume a posição bem mais radical de que Platão sustenta que a única atitude desejante positiva que temos é em relação ao que é realmente melhor. Mas também segundo essa interpretação, Platão está comprometido com o que é razoavelmente visto como uma forma de eudemonismo psicológico, pois ela lhe atribui a afirmação de que o agente sempre age em concordância com o que ele pensa ser melhor para si mesmo.[30]

Um desafio maior ao eudemonismo psicológico no *Górgias* é que Sócrates em sua conversa de encerramento com Cálicles afirma que uma

---

29 Minha discussão aqui explica por que eu penso que o bem como objeto do desejo é o que é melhor para o agente acima de tudo. Essa compreensão é partilhada tanto pelas interpretações tradicionais quanto pela interpretação de Penner. Sobre a terminologia de Platão, *cf.* Kahn (1987); para um levantamento das posições sobre essas questões, *cf.* McTighe (1984).

30 Acredito que esta seja uma descrição acurada da posição de Penner, ver (1991). Penner (1991, p. 201-202, n. 45), pode admitir desejos no *Górgias* em relação a coisas que não são realmente boas (por exemplo, *Grg.* 491DE, 493D-494A), contanto que eles não sejam suficientes para produzir a ação. Uma preocupação acerca da interpretação de Penner é se ela pode explicar ações que não alcançam o bem real. No caso de uma ação visando ao que é realmente melhor, a interpretação de Penner explica a ação em parte por um desejo do bem real. Quando cometo um erro e faço algo que erroneamente penso ser melhor, por que um desejo de realizar essa ação não é também necessário para explicar como eu ajo? *Cf.* também o capítulo 12 de Penner, neste volume.

pessoa justa deve "governar a si mesma" – em particular, deve governar seus próprios prazeres e desejos – e pode sugerir que a alma contém desejos que são "irrestritos" e "insaciáveis" (*Grg.* 491D7-E1, 493B1-3). São essas passagens que apresentam talvez a ameaça mais séria ao eudemonismo psicológico nos diálogos iniciais, uma vez que elas sugeriram a alguns que Platão vai tão longe a ponto de admitir que uma pessoa possa agir contrariamente ao que acredita ser naquele momento o melhor para si acima de tudo (acrasia com clareza de visão).[31] Mas se Platão de fato admite a "acrasia com clareza de visão" nessas passagens finais, isso é inconsistente com a evidência já notada no *Górgias* para o Princípio do Eudemonismo Racional. Além disso, Sócrates nunca se compromete nessas passagens finais com a existência dessa "acrasia com clareza de visão". Felizmente, há maneiras plausíveis de entender essas passagens finais de modo a manter a consistência do *Górgias*: a) Sócrates poderia admitir a persistência de desejos de algo diante de uma crença de que alguma outra coisa é melhor, mas não admitir que tais desejos movam o agente à ação, ou b) Sócrates poderia admitir que tais desejos movam o agente à ação, mas somente depois que eles modificam o julgamento da pessoa sobre o que é melhor, de modo que ela não age contra seu julgamento sobre o que é melhor no momento da ação. Tanto a quanto b são consistentes com o Princípio do Eudemonismo Psicológico, porém não com a visão de que todos os meus desejos ou motivações são direcionados para minha maior felicidade. Então, é mais plausível enxergar as passagens finais do *Górgias* como compatíveis com o Princípio do Eudemonismo Psicológico do que atribuir visões autocontraditórias a Sócrates.

Mas mesmo que Sócrates admitisse a "acrasia com clareza de visão" no *Górgias*, isso não eliminaria o eudemonismo racional. Sócrates alega que uma pessoa moderada será autocontrolada e possuirá todas as virtudes, e isso deve incluir a sabedoria. O resultado de agir em concordância com a sabedoria é que a pessoa virtuosa alcança a felicidade (*Grg.* 507A5-C7). Então, por razões semelhantes àquelas consideradas aqui em conexão com

---

31 *Cf.*, por exemplo, Brickhouse e Smith (2007); Cooper (1999, p. 29-75); Devereux (1995) e Irwin (1995, p. 114-117).

o *Cármides* e o *Mênon*, deveríamos ver Sócrates como, também aqui, comprometido com o Princípio do Eudemonismo Racional.

Uma razão final para pensar que Platão sustente o Princípio do Eudemonismo Psicológico no *Górgias* é que ele parece tirar deste algumas consequências importantes. Em particular, Sócrates explicitamente endossa a afirmação de que ninguém faz algo errado de propósito (*hekôn*), e liga isso a suas visões sobre a motivação pelo bem.[32] Próximo do final do diálogo, Sócrates alega que ele e Polo haviam concordado que "ninguém faz o que é injusto porque quer, mas toda pessoa que comete injustiça o faz sem querer" (*Grg.* 509E5-7). Não há nenhum lugar anterior nesse diálogo que enuncie exatamente essa afirmação, porém Sócrates provavelmente está se referindo às afirmações sobre motivação com as quais Polo havia previamente concordado e que discutimos anteriormente (*Grg.* 467C-468E).

Como vimos, é razoável interpretar Sócrates como afirmando que: "Sempre que faço X, acredito que fazer X seja melhor para mim acima de tudo".[33]

Então se faço uma injustiça, faço isso pensando que é melhor para mim. Mas esta é, pensa Sócrates, uma falsa crença. Assim, eu só faço uma injustiça se tenho a falsa crença de que é melhor para eu fazê-la. O que é, precisamente, que torna a injustiça uma ação involuntária? O simples fato de que uma pessoa tenha uma falsa crença sobre uma ação sua é uma condição muito fraca para tornar a ação involuntária. Poderíamos ter falsas crenças sobre uma grande variedade de nossas ações, mas a maioria dessas crenças seria irrelevante para nossa realização das ações.

O *Górgias*, no entanto, nos permite ir além disso. Dadas as alegações de Sócrates sobre a motivação, também ocorre que, se eu acreditasse que agir injustamente é pior para mim, eu não o faria. Em vez disso, faria aquilo que corretamente acreditasse ser melhor – isto é, agir justamente. O que explica por que eu ajo como ajo é minha falsa crença: sempre que eu faço X, faço X porque acredito que fazer X seja melhor para mim acima de tudo.

---

32 *Cf.* Brickhouse e Smith (1994); McTighe (1984) e Weiss (1985). Para uma linha de pensamento relacionada, *cf. Ap.* 25D9-26A8.
33 Tenho intenção de que isso seja neutro entre a interpretação tradicional e a de Penner.

Isso dá um bom sentido à afirmação de que todo malfeito é involuntário (Também pode ocorrer que durante todo o tempo eu queira fazer o que é realmente melhor para mim, e isso nos daria outro modo no qual o agir de maneira a fazer o que é ruim para mim é involuntário). O Princípio do Eudemonismo Psicológico pode, assim, explicar a visão de Sócrates de que todo malfeito é involuntário.

O último diálogo que considerarei nesta seção é o *Protágoras*, no qual Sócrates famosamente nega a possibilidade da acrasia. No início dessa discussão, Sócrates, em seu próprio nome e no de Protágoras, endossa a seguinte afirmação:

> O conhecimento é uma coisa boa, capaz de governar uma pessoa, e se alguém viesse a saber o que é bom e o que é ruim, então esse alguém não seria forçado por coisa alguma a agir de modo diferente do que o conhecimento ordena [...] (*Prt.* 352C3-6)

Esse conhecimento é o conhecimento não apenas do que é bom e do que é ruim, mas o conhecimento do que é melhor, e o que Sócrates e Protágoras pensam que é impossível é que uma pessoa não faça o que ela sabe ser melhor (*Prt.* 352D4-353A2).

No final de seu argumento, Sócrates resume suas conclusões:

> Ninguém que saiba ou acredite que haja alguma outra coisa melhor do que aquela que ele esteja fazendo e que seja possível, continuará fazendo aquilo que estivera fazendo quando for capaz de fazer o que é melhor. Ser mais fraco do que si não é outra coisa senão ignorância, e ser mais forte do que si não é outra coisa senão sabedoria. (*Prt.* 358B7-C3)
> [...]
> Ninguém vai de propósito na direção do que é ruim ou do que ele acredita ser ruim; tampouco é da natureza humana, ao que parece, querer ir na direção do que a pessoa acredita ser ruim em vez do que é bom. E quando forçado a escolher entre uma de duas coisas ruins, ninguém escolherá a maior se for capaz de escolher a menor. (*Prt.* 358C6-D4)

Essas passagens fornecem um apoio bastante forte para se atribuir tanto o Princípio do Eudemonismo Psicológico quanto o Princípio do Eudemonismo Racional a Sócrates. Elas afirmam que toda pessoa escolherá sempre agir para alcançar o que pensa ser melhor acima de tudo e menos ruim para si.³⁴ O *Protágoras* 352C3-6 enuncia a afirmação sobre uma pessoa que tem conhecimento; 358B7-C3 e 358C6-D4 generaliza-a de modo que a ação contrária ao que a pessoa acredita ser melhor também seja impossível. Isso é apresentado como um fato sobre a natureza humana, portanto é suficiente para o Princípio do Eudemonismo Psicológico. Mas uma vez que essa é uma ação em concordância com o conhecimento (ou com uma crença correspondente ao conhecimento), Sócrates endossa a racionalidade de agir dessa maneira, assim endossa o Princípio do Eudemonismo Racional.³⁵

A evidência do *Protágoras* é controversa, no entanto, porque o argumento específico de Sócrates contra a possibilidade da acrasia (que não examinamos aqui) se apoia em uma concepção hedonista do bem – isto é, na identificação do bem de uma pessoa com o prazer daquela pessoa. Muitos estudiosos sustentam, penso que corretamente, que Sócrates rejeita o hedonismo em outros lugares nos diálogos iniciais, e também nos diálogos intermediários.³⁶ Isso torna implausível que o *Protágoras* seja a única exceção. Então será que Sócrates tem outras bases além do hedonismo para rejeitar a acrasia?

---

34 O bom e o ruim em jogo aqui são aquilo que é bom ou ruim para o agente, por exemplo, *Prt.* 354A7-E2, 355D3-4, 358D1-4; para a otimização ou maximização acima de tudo, *cf. Prt.* 355B3-357E8.

35 Também, embora a multidão aqui duvide apenas do eudemonismo psicológico, ela não indica ter quaisquer dúvidas sobre o eudemonismo racional. O Princípio do Eudemonismo Psicológico não exige que o desejo do agente pelo bem acima de tudo, que produz a ação, esteja sempre plenamente disponível para sua consciência, e a análise de Sócrates sobre a acrasia aparente no *Protágoras* pode envolver um desejo do bem acima de tudo que não esteja plenamente disponível para a consciência; *cf.* Bobonich (2007). Kamtekar (2006) é útil.

36 *Cf.* Irwin (1995, p. 78-94) para uma interpretação que é favorável à descoberta do hedonismo no *Protágoras*; para uma interpretação alternativa, *cf.* Zeyl (1980). Para discussões gerais sobre o hedonismo nos diálogos iniciais e intermediários, *cf.* Gosling e Taylor (1984), e Weiss (1989).

Felizmente, encontramos aquilo de que necessitamos para construir tal argumento na refutação da acrasia no próprio *Protágoras*. Em um ponto do argumento, Sócrates afirma que os seres humanos realmente, como uma questão de fato, buscam o prazer porque ele é bom (*Prt.* 354C3-5). Assim, é a (percebida) bondade de uma opção que é motivacionalmente fundamental: ela explica por que buscamos aquilo que buscamos. Com base na assunção de que o bem é prazer, Sócrates especifica adicionalmente essa alegação de modo que aquilo que a pessoa busca não seja meramente algum prazer, mas aquilo que é mais prazeroso para ela acima de tudo e a longo prazo. Mas, uma vez que buscamos o que é prazeroso apenas porque aquilo é bom, e não vice-versa, Sócrates está comprometido com a ideia de que nós sempre buscamos o que consideramos melhor acima de tudo. Isso é suficiente para o Princípio do Eudemonismo Psicológico, portanto para a rejeição da acrasia.[37]

A busca bem-sucedida do prazer acima de tudo requer o uso da "arte da medida" – que é nossa "salvação na vida" – para calcular e comparar o tamanho e o número dos possíveis prazeres e dores (*Prt.* 356A-357B). Uma vez que a arte da medida nos dirige para maximizar nosso prazer, porque isso é melhor para nós, obtemos o Princípio do Eudemonismo Racional (*Prt.* 356A-357E). De fato, uma vez que Sócrates pensa que todo desejo é voltado para o bem, e entende isso de modo maximizante, ele está comprometido com uma forma mais forte de eudemonismo psicológico – isto é, com a alegação de que uma pessoa deseja e busca qualquer coisa apenas na medida em que esta conduz à sua própria felicidade maior. Uma vez que isso é o que a razão prescreve, Sócrates também está comprometido com uma forma mais forte de eudemonismo racional, tal que a maior felicidade de uma pessoa é a única consideração racional dessa pessoa em ação.

---

37 Basear-se no Princípio do Eudemonismo Psicológico para rejeitar a acrasia não trivializa o argumento de Sócrates: ele não faz simplesmente a inferência imediata a partir desse Princípio para a negação da acrasia, mas diagnostica em detalhes psicológicos por que os supostos casos de acrasia não são genuínos.

13.4 O conteúdo da felicidade

Tanto o eudemonismo psicológico quanto o racional são teorias formais: eles especificam qual é nossa atitude (ou qual ela deveria ser racionalmente) em relação à felicidade, mas não fornecem uma explicação de em que consiste a própria felicidade. Tampouco nós obtemos uma explicação como essa de maneira óbvia nos diálogos iniciais (especialmente se não pensamos que Sócrates endosse o hedonismo no *Protágoras*). Mas há duas questões relevantes para a natureza da felicidade que são explicitamente discutidas nos diálogos iniciais. Primeiro, há a questão de qual a relação entre ser virtuoso e ser feliz. Segundo, Sócrates propõe em certos diálogos uma Tese de Dependência segundo a qual a bondade dos outros bens, portanto a felicidade do agente, depende de sua posse da virtude ou do conhecimento do bem. Por que Sócrates sustenta essa tese e quais são suas implicações? Vamos começar com a primeira questão.

Virtude e felicidade

As três questões mais importantes sobre a relação entre felicidade e virtude nos diálogos iniciais são:

A) a virtude é idêntica à felicidade?
B) a virtude é suficiente para a felicidade?
C) a virtude é necessária para a felicidade?

Então vamos considerar cada uma delas. Em vez de apenas proceder enunciando quais conclusões são melhor apoiadas pelas evidências, discutirei com algum detalhe o âmbito das considerações que são relevantes para decidir quais posições deveríamos atribuir a Sócrates.

A) Há passagens nos diálogos iniciais que alguns estudiosos consideraram como sugestão de que a virtude é idêntica à felicidade:

Devemos tratar como mais importante não a vida, mas a vida boa [*to eu zên*] [...] e a vida boa, a vida bela [*kalôs*] e a vida justa [*dikaiôs*] são a mesma. (*Críton* 48B4-7)

Não penso que seja permitido que um homem melhor seja prejudicado por um pior. (*Ap.* 30D1-2)

A passagem do *Críton*, que discutimos anteriormente, ao afirmar que a vida boa e a vida bela são "a mesma", parece sugerir diretamente que a virtude e a felicidade são idênticas.[38] O apoio dado pela passagem da *Apologia* é menos direto, mas alguns argumentaram que, tomada em conjunto com outras coisas em que Sócrates acredita, ela sugere a tese da identidade. Essa passagem alega que um homem melhor não pode ser prejudicado por um homem pior. Uma vez que o homem pior pode infligir todo tipo de danos a um bom homem – a seu corpo, a sua alma, a seus bens exteriores, e àqueles que lhe são próximos – exceto diminuir sua virtude, podemos novamente pensar que a única coisa ruim para uma pessoa é o vício ou a diminuição da virtude, e assim a única coisa boa para uma pessoa é a virtude.

Contudo, antes de voltar à interpretação dessas passagens, deveríamos considerar as consequências filosóficas de aceitar a identidade entre a virtude e a felicidade. Como já vimos, até mesmo textos cuidadosamente escritos frequentemente admitem mais de uma leitura, e uma maneira importante de ver o que uma passagem em particular significa é ver como várias interpretações e suas consequências se encaixam com o restante do que Sócrates pensa. Alguns pensaram que se Sócrates sustentasse a tese da identidade, isso teria resultados desastrosos para ele. Primeiro, se a felicidade fosse idêntica à virtude, seguir-se-ia que a virtude seria o único bem não instrumental, e isso está em flagrante conflito com nossas intuições. Certamente, alguém pode pensar, coisas tais como o prazer e a boa saúde, mesmo que não sejam os bens mais importantes, são boas para nós independentemente de sua contribuição para a virtude. Segundo, Vlastos argumenta que se Sócrates aceitar a tese da identidade, então

---

38 Para discussão, *cf*. Brickhouse e Smith (1999, p. 123-155); Irwin (1995, p. 118-120) e Vlastos (1991, p. 200-232).

a felicidade é a razão final que pode ser dada para qualquer ação proposital, [e] portanto para qualquer escolha racional entre cursos alternativos de ação. Segue-se que se a identidade fosse a verdadeira relação entre a virtude e a felicidade, não teríamos bases racionais para a preferência entre alternativas que fossem igualmente consistentes com a virtude – assim nenhuma base racional para a preferência entre estados de coisas diferenciados somente por seus valores não morais. E se isso fosse verdade, eliminaria o fundamento do eudemonismo como uma teoria da escolha racional, pois muitas das escolhas que fazemos em nossa vida cotidiana têm de ser feitas justamente entre tais estados de coisas, nos quais considerações morais não fazem parte do quadro de modo algum.[39]

Para começar nossa discussão, nenhuma dessas consequências de fato segue-se da tese da identidade. Primeiro, mesmo se fosse o caso de que na vida feliz a única coisa que contribuísse para a felicidade dessa vida fosse sua virtude, não se seguiria que a virtude é o único bem não instrumental. Mesmo que a felicidade em um estado ótimo e a otimização sejam alcançadas pela inclusão da virtude e de nenhum outro bem, outras coisas poderiam ser não instrumentalmente boas. Poderia simplesmente ser o caso de que nenhuma combinação delas com um possível estado de virtude pudessem ser tão boas quanto a vida de virtude ótima.

E quanto à segunda preocupação, de que a tese da identidade eliminaria o eudemonismo como uma teoria da escolha racional? A preocupação de Vlastos quanto à subdeterminação só pode ser premente se as considerações sobre a virtude tipicamente deixarem em aberto uma ampla variedade de escolhas. Mas Sócrates pode não pensar que este seja o caso. Na *Apologia*, por exemplo, Sócrates perambula "sem fazer nada a não ser tentar persuadir os jovens e os velhos entre [os atenienses] a não cuidar de seu corpo ou de sua riqueza em preferência a, ou tão fortemente quanto, melhor condição de sua alma" (*Ap.* 30A7-B2). Essa atividade explica a grande pobreza de Sócrates (*Ap.* 31A-C), uma vez que lhe deixa pouco tempo para fazer

---

39 Vlastos (1991, p. 224-225, ênfase removida).

qualquer outra coisa. Então essa exigência sobre Sócrates é altamente dispendiosa e restringe agudamente seus possíveis padrões de atividade. Ademais, isso não parece ser simplesmente uma exigência especial imposta a Sócrates pelo deus, mas é exigida ou pelo menos recomendada pela natureza da justiça (por exemplo, *Ap.* 29D7-E3 e 32A1-2).

Embora essas duas objeções comuns à tese da identidade não tenham sucesso, há boas razões para pensar que Sócrates admite que: I) existem bens não instrumentais além da virtude; e que II) o estado ótimo de uma pessoa inclui mais do que a virtude –, portanto, Sócrates rejeita a tese da identidade.

1) Em um nível textual, há maneiras de desarmar as passagens citadas (*Ap.* 30D e *Críton* 48B) de modo que elas sejam consistentes com I e II. Essas passagens podem afirmar simplesmente uma certa primazia da virtude ou justiça – por exemplo, que ela é de longe o bem não instrumental mais importante.
2) Há uma grande quantidade de evidências de que Sócrates nos diálogos iniciais não é (e não recomenda ser) indiferente a todas as coisas boas e ruins além da virtude e do vício. A melhor explicação disso é que ele aceita o Princípio do Eudemonismo Racional e aceita I e II.[40]
3) Em um ponto relacionado a 2, no *Eutidemo* e no *Mênon*, Sócrates endossa a Tese da Dependência a respeito dos bens (*cf. Ap.* 30B2-4 e *Cárm.* 173A-175A). Grosso modo, essa é a afirmação de que nada é bom para seu possuidor a menos que ele seja virtuoso, mas outras coisas – tais como a saúde – podem se tornar boas para seu possuidor se ele for virtuoso. A interpretação mais razoável dessa tese (que discutiremos depois) é que Sócrates admite que algumas coisas, tais como a saúde, beneficiam uma pessoa virtuosa independentemente da contribuição dessas coisas para a virtude da pessoa.

Então de fato temos boas evidências de que Sócrates aceitava I e II nos diálogos iniciais, e assim rejeitava a tese da identidade. Não obstante,

---

40 Sobre 1 e 2, *cf.* a literatura citada na n. 562.

vale a pena explorar o que poderia motivar ou seguir de uma negação de I e II. Talvez seja especialmente útil fazê-lo, pois dessa maneira podemos ver melhor como as visões de Sócrates sobre a felicidade são ligadas a outras questões filosóficas.

Se tudo que é não instrumentalmente bom para mim é minha própria virtude, isso torna meu bem-estar fortemente confinado em si mesmo. Os únicos bens não instrumentais para mim são meus próprios estados ou atividades. Tal visão está em conflito, ou pelo menos em forte tensão, com algumas de nossas intuições e práticas básicas. Muitos de nós parecem pensar que os fatos sobre o mundo podem afetar diretamente nossa felicidade.[41] Muitas pessoas, por exemplo, pensam que a felicidade de seus entes amados é boa para elas mesmas, independentemente de seu efeito sobre a virtude delas (ou sobre qualquer outro estado delas). Confinar aquilo que é não instrumentalmente bom para mim à virtude também parece estar em tensão com a intuição relacionada de que realizar coisas no mundo, ou estados de coisas, que possuam valor genuíno pode me beneficiar diretamente. Por que não pensar que se eu sou um pesquisador do câncer, seria bom para mim se meus esforços vitalícios de fato tivessem sucesso em produzir uma cura para o câncer? Essa linha de pensamento é especialmente tentadora, se a pessoa sustentar uma visão realista sobre as propriedades não relacionais de valor das coisas: se as coisas possuem objetivamente a propriedade da bondade, por que a realização de coisas boas não contribuiria, pelo menos às vezes, para minha felicidade? De modo mais prosaico, parece-me um fato óbvio sobre a vida humana que podemos (e tipicamente o fazemos), mesmo após alguma reflexão, desejar e visar muitas coisas outras que não estados de nós mesmos como fins últimos. Poderíamos pensar que essas considerações sugerem ou que: a) os fins últimos da ação incluem mais do que aquilo que é melhor para a própria pessoa, ou que b) alguns desses fins visados e desejados deveriam contar como partes de minha felicidade. Somente a opção b retém um compromisso com o eudemonismo.

---

41 Para um início sobre discussões contemporâneas, *cf.* Parfit (1984, p. 493-502).

Nenhum desses conflitos ou tensões mostra que a identificação da felicidade com a virtude é incoerente ou patentemente falsa. Posteriormente, na tradição grega, os estoicos – às vezes apelando para Sócrates como um proponente inicial dessa visão – sustentaram explicitamente que o único bem não instrumental era a virtude e que o único mal não instrumental era o vício. Mas eles de fato responderam a essas tensões desenvolvendo teorias profundas e controversas da natureza humana e da natureza do mundo que apoiavam a tese da identidade.

Talvez uma maneira plausível de apoiar a tese da identidade seja por meio da identificação da felicidade ou bem-estar de uma criatura com a plena realização ou perfeição de suas capacidades naturais características, e sustentar que essa plena realização ou perfeição seja constituída pela virtude.[42] Tal identificação da virtude com a plena realização das capacidades naturais de um ser humano poderia vigorar de mais de uma maneira. Se a natureza humana consistisse no fundo em uma única capacidade (ou um conjunto de capacidades no qual as mais inferiores simplesmente servem às superiores), a virtude poderia ser uma coisa única, na medida em que a realização daquela capacidade única seria ela mesma unitária. De modo alternativo, se a natureza humana no fundo consistisse em várias capacidades distintas (que não meramente servem a uma única capacidade superior), então a virtude, portanto a felicidade, ainda poderia ter um certo tipo de unidade, na medida em que a plena realização dessas capacidades fosse concomitantemente realizável, ou, de modo mais forte, interdependente.

Contudo, mesmo se aceitarmos a identificação da virtude com a plena realização das capacidades, de cada uma dessa maneiras, não podemos ainda dizer o quão plausível é identificar o bem-estar do indivíduo com uma plena realização de suas capacidades. Se, por exemplo, a natureza de uma criatura envolvesse essencialmente a disposição para detectar e matar de modo predatório um certo tipo de animal, digamos ovelhas, dificilmente tal criatura estaria em melhor situação, não importando o quanto essas

---

42 Deixo de lado aqui a relação dessa alegação com a ideia de que a virtude é o que permite a uma coisa realizar sua natureza, ou o que faz dela uma boa manifestação do tipo ao qual ela pertence.

disposições fossem bem desenvolvidas, se não houvesse nenhuma ovelha no ambiente. O problema não é que ela morreria de fome (uma vez que isso envolveria uma falha em realizar suas capacidades), mas sim que, se não houvesse nenhuma ovelha nos arredores, um detector de ovelhas seria simplesmente um desperdício.[43] Poderíamos tentar enfrentar esse problema descrevendo a capacidade característica como, por exemplo, uma habilidade de detectar presas que pudesse se manifestar de diferentes maneiras em diferentes ambientes. Mas embora Platão e Aristóteles sejam sensíveis à ideia de que a mesma virtude possa ser expressada em diferentes ações em diferentes circunstâncias, ambos parecem pensar que as virtudes humanas envolvem capacidades e atividades bastante específicas e determinadas.

Mas a razão mais simples e filosoficamente fundamental para se rejeitar a tese da identidade é que, uma vez que tenhamos em mente como Sócrates entende a virtude nos diálogos iniciais, poderemos ver também que a tese da identidade deve ser altamente implausível. É fácil cair no pensamento de que por "virtude" Sócrates entende o conhecimento daquilo que é moralmente certo ou errado, ou conhecimento de princípios morais. Tal visão, embora seja às vezes encontrada na literatura acadêmica, é um erro. Como vimos, há razões para pensar que Sócrates leva especialmente a sério (ou está se movendo na direção de) uma explicação da virtude como conhecimento do que é bom e do que é ruim – isto é, conhecimento daquilo que é bom ou ruim para o agente (tal conhecimento poderia acompanhar ou ser baseado no conhecimento daquilo que é bom para os seres humanos em geral). Em tal explicação da virtude, há uma preocupação óbvia sobre como ela poderia ser idêntica à felicidade. Uma tese que identifica a virtude com a felicidade, nessa concepção de virtude, exigiria que tal conhecimento constituísse inteiramente por si mesmo aquilo que é melhor para o indivíduo.

Os diálogos do período intermediário, tais como o *Fédon* e a *República*, fornecem explicações da natureza humana que enfatizam a centralidade da capacidade racional de possuir uma compreensão da realidade e

---

43   *Cf.* Copp e Sobel (2004).

do valor, para essa natureza. Nessa concepção da natureza humana como essencialmente voltada para o conhecimento de verdades fundamentais sobre a realidade e sobre a bondade da realidade, podemos ver por que tal conhecimento, mesmo não sendo o único constituinte da felicidade, poderia ser um componente primário desta. Sócrates, no entanto, entende o conhecimento do bem como um conhecimento daquilo que é bom para seu possuidor. É extremamente difícil ver como qualquer teoria da natureza humana poderia fundamentar a identidade entre a felicidade e esse tipo de conhecimento (ou mesmo a primazia de tal conhecimento na constituição da felicidade).[44]

B) A virtude é suficiente para a felicidade? Há passagens nos diálogos iniciais que sugerem que a virtude seja suficiente para a felicidade. Estas incluem *Críton* 48B4-7 citada anteriormente, bem como a seguinte:

> É muito necessário que a pessoa moderada, porque ela é justa, corajosa e piedosa [...] seja uma pessoa completamente boa, e que a pessoa boa se saia bem e belamente em tudo que faz, e que a pessoa que se sai bem seja abençoada e feliz, enquanto a pessoa corrupta, aquela que se sai mal, é miserável.[45] (*Grg.* 507B8-C5, *cf.* 470E4-10 discutido anteriormente)

A relação exata entre a tese da suficiência e a tese da identidade é complicada.[46] Mas uma maneira como a tese da suficiência foi interpretada de modo a ser distintiva é a seguinte: ser feliz é uma noção limiar ou escalar, não uma noção otimizante. Há uma série de vidas que de algum modo estão abaixo da vida ótima, todas as quais são vidas muito boas, que contam

---

44 Alternativamente, alguém poderia pensar que o conhecimento exigido é algo como o conhecimento da vontade ou do plano de deus para as coisas. Partilhar da vontade ou plano de deus poderia ser visto como uma realização plena da natureza humana. O conhecimento exigido para partilhar do plano de deus, diferentemente do tipo de contemplação do *Fédon* ou da *República*, talvez não precise envolver a apreensão de uma teoria elaborada. Questões relacionadas se tornarão importantes nos estoicos.
45 Cf. *Rep.* 353D-354A e n. 566.
46 Para uma discussão com referências, *cf.* Bobonich (2002, p. 209-215).

como felizes. Segundo essa visão, poderia ser verdade que A é mais feliz que B, enquanto também fosse o caso de que A é feliz e B é feliz. O modo mais simples de dar corpo a essa ideia é enxergar a felicidade como um composto de bens distintos e o grau em que alguém é feliz como uma função (não necessariamente uma função simplesmente aditiva) dos bens que esse alguém possui. A virtude é um bem suficientemente importante de modo que, por si mesmo – sem quaisquer outros bens e apesar de quaisquer coisas ruins –, sua posse torna a vida da pessoa muito boa ou feliz. A adição de outros bens, ou uma redução das coisas ruins, poderia aumentar o excedente do bem sobre o que é ruim, e assim tornar a pessoa mais feliz.

A tese da suficiência teria duas implicações bastante surpreendentes:

A) Uma vez que a virtude do agente está dentro do controle dele, sua felicidade ou bem-estar está dentro de seu controle.[47]

B) O mundo dá suporte à virtude. Muitos modernos acham que há um conflito, ou pelo menos uma tensão, entre a virtude do indivíduo e seu bem-estar. Se a tese da suficiência for verdadeira, então o mundo – incluindo a natureza humana – é tal que a virtude garante a felicidade.

Se Platão de fato sustenta a tese da suficiência, então ele aceita essas duas alegações. Não obstante, elas são facilmente mal interpretadas por um leitor moderno. Como um ponto de comparação, considere as duas passagens seguintes, a primeira na qual Agostinho descreve a agitação em torno de sua conversão, e a segunda de Kant:

> Durante essa agonia de indecisão eu realizei muitas ações corporais, coisas que um homem nem sempre pode fazer, mesmo que queira fazê-las [...]. Arranquei meus cabelos e martelei minha testa com os punhos [...]. Mas eu poderia ter tido a vontade de fazer essas coisas e ainda assim não tê-las feito, se meus membros fossem incapazes de

---

[47] Este é especialmente o caso se não há quaisquer motivações não racionais que possam incitar o agente à "acrasia com clareza de visão". Deixo de lado aqui as preocupações sobre, por exemplo, o determinismo ou a sorte circunstancial. A tese da identidade também teria, é claro, essas mesmas implicações.

mover-se de acordo com minha vontade. Realizei todas essas ações, nas quais a vontade e o poder de agir não são o mesmo. Contudo, eu não fiz aquilo que eu ficaria muito mais contente em fazer do que todo o resto, e que poderia ter feito de uma vez, se eu tivesse querido de todo o coração. Pois nesse caso, o poder de agir era o mesmo que a vontade. Querer era fazer.[48]

Pergunte [a um homem] se, caso seu príncipe o exigisse, sob pena de [...] execução imediata, que ele prestasse falso testemunho contra um homem honrado que o príncipe quisesse destruir sob um pretexto plausível, ele consideraria possível superar seu amor pela vida, não importando quão grande este pudesse ser. Ele talvez não se aventurasse a afirmar se o faria ou não, mas deve admitir sem hesitação que isso seria possível para ele.[49]

Agostinho percebe, em seu período de luta, que está aberto a ele em qualquer momento seguir deus, e que ao fazê-lo ele pode se colocar em uma boa condição de alma e uma condição que é boa para ele. Tanto a boa condição da alma quanto o benefício para ele próprio estão plenamente sob seu controle; eles exigem apenas que ele queira apropriadamente (deixo de lado as complexidades que emergem das visões de Agostinho sobre o papel da graça). Na passagem de Kant, qualquer pessoa racional deve admitir que é possível para ela agir segundo a lei moral, portanto, que sua ação tenha valor moral. Kant não afirma que a felicidade da pessoa esteja sob o controle da própria pessoa, mas que agir segundo a lei moral está sob o controle da pessoa e depende simplesmente do modo de seu querer.

Para Sócrates, por contraste, a virtude está sob o controle da pessoa somente na medida em que ela é um estado da alma de um indivíduo, e não requer adicionalmente que qualquer coisa em particular seja verdade a respeito do corpo da pessoa ou do mundo exterior. Se a virtude é suficiente para a felicidade, isso também é verdadeiro acerca da felicidade. Mas se a

---

48 *Confissões*, Livro 8, Capítulo 8: Pine-Coffin (1983, p. 171-172).
49 *Fundamentação da metafísica dos costumes*, Livro I, Capítulo 6, Problema II, Observação 5:30: Gregor (1996, p. 163).

virtude requer conhecimento, ela não é assegurada por qualquer escolha ou decisão aberta à pessoa em qualquer momento dado: alcançar o conhecimento exigirá muito mais do que decidir fazê-lo, e de fato Sócrates não garante que isso seja possível para todos (discutirei depois se ele pensa que isso seja possível para alguém).

Quanto a B, os modernos tendem a enxergar possíveis conflitos entre o bem-estar individual e a moralidade, na medida em que a moralidade envolve um compromisso com, por exemplo, a promoção do bem-estar de todos, ou agir de modo que reflita um ponto de vista imparcial. Mas nenhuma dessas ideias é imediatamente relevante para a tese da suficiência conforme Sócrates a compreenderia. Tomando a virtude como o conhecimento do que é bom ou ruim para o agente, a tese da suficiência equivale à alegação de que saber o que é bom ou ruim para si mesmo é suficiente para a felicidade.[50] Conforme sugeri, não é claro se essa linha de argumentação tem sucesso, mas ela parece ser a linha de argumentação subjacente às afirmações de Sócrates de que a virtude é suficiente para a felicidade nas passagens que discutimos do *Cármides*, linha essa que discutiremos depois do *Eutidemo*. Note-se que as razões de Sócrates para a tese da suficiência não parecem apoiar-se em qualquer assunção substantiva adicional sobre o que a virtude requer, além da ideia de que ela requer o conhecimento daquilo que é bom para seu possuidor. Embora Sócrates pareça pensar que há uma considerável – mas não completa – sobreposição entre o que uma pessoa convencionalmente virtuosa e o que uma pessoa socraticamente virtuosa fariam, a linha de pensamento que apoia a tese da suficiência não exige isso, e Sócrates não explica inteiramente nos diálogos iniciais por que deveria haver tal sobreposição.[51]

---

50 Se Sócrates aceitar o Princípio do Eudemonismo Psicológico, uma pessoa com tal conhecimento agiria (ou tentaria agir) em relação a esse conhecimento; se ele reconhecer a existência de motivações não racionais que possam modificar irracionalmente o juízo do agente sobre o que é melhor, então seria natural para Sócrates reconhecer a existência de virtudes que inibiriam tais motivações não racionais.
51 Talvez as defesas mais específicas de práticas sejam as das obrigações políticas de Sócrates no *Críton* e as de suas atividades elênquicas na *Apologia* e no *Górgias* (que têm uma dimensão política clara, na medida em que essas atividades visam melhorar seus

No entanto, a tese da suficiência pode ser questionada por outras passagens que sugerem que algum grau de má saúde poderia não apenas privar uma pessoa da felicidade, mas de fato tornar sua vida indigna de ser vivida. No *Críton*, por exemplo, como parte de um argumento enfatizando a importância da justiça entendida como a condição sadia da alma, Sócrates parece sugerir que a vida não é "digna de ser vivida com um corpo que está em má condição e corrompido" (*Críton* 47E4-6, *cf. Grg.* 505A e 512AB).

Mas apesar dessas passagens, Sócrates pode muito bem aceitar a tese da suficiência, como as passagens citadas no início desta seção sugerem. *Críton* 47e4, *Grg.* 505a e 512AB podem significar apenas que uma condição corporal corrompida pode tornar uma pessoa virtuosa infeliz somente na medida em que essa saúde ruim enfraquece sua virtude. Uma constante dor excruciante, por exemplo, poderia enfraquecer qualquer conhecimento que uma pessoa tivesse.[52] Além disso, se a perda de bens, tais como a saúde, e o sofrimento de males, tais como a doença, podem tornar até mesmo a vida da pessoa virtuosa indigna de ser vivida, então esses benefícios e malefícios devem ter um peso considerável na determinação do saldo geral de coisas boas e ruins do indivíduo. Se é assim, torna-se cada vez mais difícil justificar as frequentes alegações de Sócrates de que ser virtuoso ou agir virtuosamente sempre tem prioridade sobre outras coisas boas e ruins.

Essa preocupação é especialmente aguda se a linha divisória entre ser virtuoso e não ser virtuoso é tal que a pessoa não virtuosa possa se aproximar consideravelmente da pessoa virtuosa. Se tal aproximação for possível, então é difícil justificar a prioridade da virtude. Por que a pessoa não virtuosa que se aproxima da pessoa virtuosa tanto quanto possível, e que tem todas as outras coisas boas possíveis e nenhuma ruim, pode estar em situação pior do que a pessoa virtuosa que não tem quaisquer outras coisas boas e todas as outras coisas ruins possíveis? A ideia de que a pessoa virtuosa está sempre

---

concidadãos; por exemplo, *Ap.* 30D-32A, 36B-E; *Grg.* 521D-522A: Sócrates pode ser o único verdadeiro político em Atenas). O princípio de "não causar danos" é afirmado no *Críton* (49AE) e recebe alguma defesa no *Górgias*, mas esse princípio é surpreendentemente pouco específico até recebermos aquilo que não obtemos nos diálogos iniciais – isto é, uma explicação sobre o que é realmente bom ou ruim para as pessoas.

52 Brickhouse e Smith (1999, p. 139-140); Kraut (1984, p. 37-39) e Vlastos (1991, p. 200-232).

em situação melhor e que alguém está sempre em situação melhor agindo virtuosamente parece exigir que haja uma grande separação entre a virtude e qualquer coisa que não a alcance. Isso se adequaria bem, por exemplo, com o tipo de descontinuidade encontrado entre uma ação que tem valor moral ou que carece desse valor no sistema de Kant, ou com aquela entre o conhecimento e a crença na epistemologia do período intermediário de Platão.

Finalmente, dada uma compreensão da virtude como conhecimento do bem, há problemas para a tese da suficiência que são relacionados àqueles que considerei em conexão com a tese da identidade. Meramente saber o que é bom ou ruim para si próprio não garante, ao que parece, que alguém de fato obtenha aquilo que é bom e evite o que é ruim (e talvez não seja nem mesmo necessário para isso, uma vez que a pessoa pode obter os bens requeridos sem ter esse conhecimento). Se, por exemplo, eu sei que o que é bom para mim é um saldo positivo geral de prazer em contraposição à dor, tal conhecimento não parece ser capaz de assegurar que eu obtenha tal saldo positivo. Aqui também, a menos que tal conhecimento tenha grande valor por si mesmo, é implausível pensar que ele é suficiente para a felicidade. Mas isso parece exigir que tal conhecimento seja mais do que simplesmente o conhecimento daquilo que é melhor para a própria pessoa.

C) A virtude é necessária para a felicidade? Pareceu para muitos que a resposta a essa pergunta seja obviamente sim. Considere-se, por exemplo, a seguinte passagem do *Górgias*:

> *Polo*: É claro, Sócrates, que você nem mesmo afirmará saber que o Grande Rei é feliz.
> *Sócrates*: Sim, e isso seria verdade, pois não sei qual a situação dele a respeito da educação e da virtude.
> *Polo*: Realmente? A felicidade depende inteiramente disso?
> *Sócrates*: Sim, Polo, assim digo, de qualquer maneira. Digo que a pessoa bela e boa, homem ou mulher, é feliz, mas que alguém que é injusto e perverso é miserável.[53] (*Grg*. 470E4-10)

---

53 *Cf*. Brickhouse e Smith (1999, p. 147-149).

A necessidade da virtude para a felicidade também se segue imediatamente da Tese da Dependência (que discutirei depois). Mas se a virtude é necessária para a felicidade, enfrentamos então sérias preocupações sobre a possibilidade da felicidade. Se o conhecimento é necessário para a virtude, então Sócrates não é feliz, e talvez nenhum ser humano possa ser feliz.

Para começar, não é claro que estes sejam resultados inaceitáveis. Especialmente se a felicidade for um estado ótimo, não é obviamente contraintuitivo ou um desastre para a teoria ética de Sócrates sustentar que ninguém, nem mesmo o próprio Sócrates, é feliz.[54] O que seria mais preocupante, no entanto, é a possibilidade de que sem a virtude ninguém possa ter uma vida digna de ser vivida (e seria uma consequência especialmente pouco atraente para Sócrates se ninguém pudesse melhorar com relação ao bem-estar, se não se tornasse virtuoso). Se esse fosse o caso, como a alegação de Sócrates na *Apologia*, de que ele confere o "maior benefício" a seus concidadãos e torna-os felizes (*Ap.* 36B3-D10), poderia ser verdadeira?

Conforme a explicação da virtude como conhecimento do que é bom ou ruim, parece bastante implausível que alguém possa viver uma vida bastante digna de ser vivida sem tal conhecimento, e é certamente plausível que alguém possa melhorar com relação ao bem-estar sem ter tal conhecimento. Uma pessoa poderia ter muitos bens outros que não a virtude e muitas crenças verdadeiras sobre o que é bom ou ruim, sem possuir conhecimento. Por que pensar que a vida de tal pessoa não seria digna de ser vivida, e por que negar que poderia haver melhorias ao seu bem-estar se ela obtivesse mais crenças verdadeiras e perdesse crenças falsas (especialmente se estas fossem crenças importantes)? De fato, essa linha de argumentação põe em questão a necessidade da virtude para a felicidade. Se a felicidade não é um estado otimizado, por que seria impossível para tal pessoa ser feliz? Embora como vimos, por exemplo, em nossa discussão da *Apologia* e do *Críton*, Sócrates afirme a centralidade da virtude para a escolha e para a vida, ainda não temos uma explicação da virtude que fundamente tal afirmação. Assim, volto-me para a defesa mais radical e filosoficamente interessante de Sócrates sobre a importância da virtude.

54　Cf. *Ap.* 40CE e de Heer (1968, p. 38-67).

A Tese da Dependência

No *Eutidemo* e no *Mênon*, Sócrates propõe uma tese sobre a dependência de todos os outros bens em relação à sabedoria ou conhecimento do bem.[55] Vamos introduzir alguma terminologia:

X é um Bem Dependente se e somente se *X* é bom para uma pessoa sábia e *X* é ruim para uma pessoa não sábia;

X é um Mal Dependente se e somente se *x* é ruim para uma pessoa sábia e *X* não é ruim para uma pessoa não sábia.

Os Bens Dependentes incluem coisas como a riqueza, a saúde, a beleza e a força, mas também alguns bens puramente psíquicos, como uma memória afiada. Os Males Dependentes são a classe de contraste natural, e incluem coisas como a pobreza, a doença, e assim por diante. Correspondendo a essa explicação dos Bens e Males Dependentes, podemos dar uma explicação de Bens e Males Independentes:

B é um Bem Independente se e somente se *B* é bom para uma pessoa independentemente do que mais ela possui;

M é um Mal Independente se e somente se *M* é ruim para uma pessoa independentemente do que mais ela possui;

a sabedoria é um Bem Independente e a falta de sabedoria é um Mal Independente.

No *Eutidemo* e no *Mênon*, Sócrates sustenta que todos os bens que são inteiramente distintos da sabedoria são Bens Dependentes (chamarei esta de a "Tese da Dependência".) Então por que ele pensa que isso é verdade? A linha de pensamento sugerida por alguns dos exemplos no *Eutidemo* (280B-281B) é esta:

---

[55] *Eutd.* 278e-282e, *Mênon* 87d-89a. Para discussões, *cf.* Annas (1999, p. 40-51); Bobonich (2002, p. 123-145); Brickhouse e Smith (1994, p. 103-136); Ferejohn (1984) e Irwin (1986, 1995, p. 55-58).

1) o uso correto de um Bem Dependente é uma condição necessária (e suficiente) para que seu possuidor se beneficie de um Bem Dependente;

2) a sabedoria é uma condição necessária (e suficiente) para o uso correto de um Bem Dependente.

Portanto,

3) a sabedoria é uma condição necessária (e suficiente) para que seu possuidor se beneficie de um Bem Dependente.

Os carpinteiros, por exemplo, não são beneficiados por possuírem ferramentas e matérias-primas a menos que saibam como usá-las, e a carpintaria provê o conhecimento de como usar meios para produzir fins benéficos (por exemplo, *Eutd.* 280C4-E2). Mais geralmente, a bondade dos Bens Dependentes para seu possuidor é dependente do conhecimento do bem, porque tal conhecimento é necessário e suficiente para usar os Bens Dependentes corretamente. Se você não sabe como usar os recursos que tem disponíveis, você não será capaz de usá-los corretamente, e se você não usar seus recursos corretamente, eles não beneficiarão a você. Se, por outro lado, você souber como usar seus recursos, você os usará corretamente e eles beneficiarão a você.

A Tese da Dependência pode ajudar a justificar algumas das visões de Sócrates sobre a conexão íntima entre a virtude e a felicidade. Se ela for verdadeira, a necessidade da virtude (entendida como sabedoria) para a felicidade segue-se rapidamente, uma vez que a pessoa que carece de virtude ou conhecimento não pode ter nada de bom. Qual é a relação da Tese da Dependência com a afirmação de que a pessoa virtuosa está sempre em situação melhor do que a pessoa não virtuosa, e que a virtude é suficiente para a felicidade? Primeiro, de acordo com a Tese da Dependência, ocorrerá que nada beneficia a pessoa que carece de conhecimento. Por outro lado, a pessoa com conhecimento possui o Bem Independente que consiste em ter tal conhecimento. No entanto, isso não resolve a questão comparativa, uma vez que a Tese da Dependência admite que Males Dependentes, tais como a doença, são ruins para a pessoa virtuosa. A tese comparativa só seria plausível se o conhecimento do bem fosse um bem especialmente importante em si mesmo, e a correspondente falta de conhecimento um mal especialmente importante. Entendendo a felicidade como um conceito de limiar, a suficiência da virtude para a felicidade exigiria que o conhecimento do bem por si mesmo (e a despeito da presença de quaisquer Males Dependentes) fosse importante o suficiente para fazer a pessoa ultrapassar o limiar da felicidade.

A Tese da Dependência tem, portanto, implicações importantes para as visões de Sócrates sobre as relações entre virtude e felicidade. Mas não é claro que Sócrates realmente tenha boas razões para aceitar a Tese da Dependência. A linha de pensamento natural sugerida pelas passagens do *Eutífron* e do *Mênon* é que a sabedoria relevante é o conhecimento do bem ou seu uso correto – isto é, ela consiste no conhecimento de como usar os Bens Dependentes a fim de produzir um bem para seu possuidor. Mas tal justificativa para a Tese da Dependência encontra sérios problemas. Primeiro, há o problema da má sorte. Tal conhecimento não parece suficiente para beneficiar-se dos Bens Dependentes, uma vez que o mau uso acidental e circunstâncias exteriores inesperadas podem arruinar o uso normalmente correto e fazer com que ele falhe.

Há também problemas com a boa sorte. Por que tal conhecimento deveria ser necessário, se uma pessoa pode acidentalmente usar o Bem Dependente corretamente, ou fazê-lo sob orientação de outros, sem possuir conhecimento ela própria? A segunda possibilidade deveria ser especialmente preocupante para Sócrates. Ao longo dos diálogos iniciais, ele enfatiza a grande importância prática de uma pessoa examinar suas próprias visões sobre o bem. Na *Apologia*, por exemplo, ele afirma que "a vida não examinada não é digna de ser vivida" (*Ap.* 38A5-6). Se uma pessoa pode usar seus Bens Dependentes corretamente apoiando-se na orientação de outros, não parece haver nenhuma necessidade adicional de conhecimento e autoexame. Mas o mais importante para nossas questões sobre a felicidade é que tal explicação do bem (portanto da virtude entendida dessa maneira) tem um valor que é mais do que instrumental. Mais uma vez, Sócrates não desenvolve uma justificativa elaborada para pensar que a virtude entendida dessa maneira tenha tal valor extraordinário, e podemos enxergar a metafísica, a epistemologia e a psicologia do período intermediário de Platão como oferecedoras dos recursos para prover alguma fundamentação para essa alegação.[56]

13.5 Questões concludentes

Como conclusão, consideremos algumas das atrações das visões de Sócrates acerca da felicidade, bem como alguns de seus problemas.

1. O Princípio do Eudemonismo Racional afirma que há uma única consideração racional decisiva para todas as ações e escolhas de uma pessoa – isto é, a (maior) felicidade da pessoa. De fato, encontramos boas evidências, a partir dos diálogos iniciais, de que Sócrates sustenta uma forma mais forte de eudemonismo racional, tal que a felicidade da própria pessoa é a única consideração racional. Isso dá a Sócrates uma estratégia clara para justificar a escolha de desenvolver as virtudes e agir virtuosamente: ele pode fornecer tal justificativa mostrando que isso é o que mais conduz à felicidade do indivíduo. Além disso, o Princípio do Eudemonismo Racional restringe agudamente a possibilidade de conflitos racionais não solucionáveis para um agente individual, ao fornecer um único objetivo para a ação – isto é, a (maior) felicidade do próprio agente (Se há empates para o primeiro lugar, parece razoável admitir que qualquer uma dessas ações é racional).
2. O fato de que a razão recomenda o curso de ação que mais conduz à felicidade do próprio agente não acarreta a razão recomendar que considerações de felicidade devam guiar as deliberações práticas reais do agente. Pode ser o caso que a felicidade seja melhor alcançada se a pessoa se concentrar em outras considerações em suas deliberações. Mas Sócrates não parece pensar que tal possibilidade de fato vigore. Ele parece pensar que a obtenção da felicidade é melhor alcançada quando a pessoa a adota como

---

56 Por exemplo, Bobonich (2002, caps. 1 e 2).

um alvo explícito de suas deliberações. É por isso que, por exemplo, ele enfatiza a necessidade premente de cada um de nós adquirir o conhecimento daquilo que é bom e ruim para nós.

Uma vez que todos desejamos ser felizes, e uma vez que parecemos nos tornar felizes mediante o uso das coisas e usando-as corretamente, e uma vez que o conhecimento é a fonte da correção e da boa sorte, parece que todo homem deve se preparar por todos os meios para se tornar tão sábio quanto possível[57] (*Eutd.* 282A1-6).

Portanto, junto a esse compromisso para com o eudemonismo racional, Sócrates tem uma teoria de como deveria ser a deliberação prática ideal. À luz da falta de conhecimento de Sócrates nos diálogos iniciais a respeito do que é a virtude e do que é bom, a deliberação não ideal assumirá a forma de apoiar-se em afirmações que foram examinadas e ainda não refutadas (*Críton* 46BC e 49A-B).

Conforme foi argumentado na Seção 3, a repetida ênfase de Sócrates na necessidade de a pessoa ser guiada em suas deliberações pelo pensamento do que é virtuoso ou justo é perfeitamente consistente com a ideia de que as deliberações do agente deveriam ser guiadas pelo pensamento de sua própria felicidade. Agir virtuosamente é sempre melhor para o agente (e o agente virtuoso tem consciência de que esse é o caso), portanto a pessoa pode, como Sócrates faz no *Críton* 47A-48D, deliberar sobre o que é justo como um modo de deliberar sobre o que é melhor para si.

3. O eudemonismo racional fornece uma especificação formal de nossa preocupação apropriada para com os outros: devemos levar em conta e nos preocupar com os outros da maneira que mais conduz a nossa própria felicidade. Isso não nos diz, contudo, até que ponto devemos nos preocupar com os outros. Mas sim fornece uma maneira natural de especificar adicionalmente essa preocupação. Tal preocupação poderia,

---

[57] A Tese da Dependência também restringe a forma da deliberação prática. Na medida em que a pessoa deve visar o que é melhor para si, e em que nada beneficia uma pessoa que carece da virtude ou conhecimento do bem, a deliberação prática deve ser executada à luz de quaisquer estados psicológicos que sejam exigidos para a virtude ou conhecimento do bem.

por exemplo, ser manifestada pelo respeito aos direitos dos outros, ou pela ajuda a eles para desenvolver suas preferências. Mas é natural para um eudemonista racional pensar que o alvo apropriado da preocupação com os outros é promover a felicidade deles. O eudemonismo racional pode assim nos permitir corrigir o modo como devemos mostrar preocupação com os amigos e com os outros de modo mais geral.[58]

Um eudemonista racional também deveria querer explorar se a felicidade pode ajudar a dar conteúdo a outras ideias éticas (e políticas) importantes. Como nossa análise da virtude mostrou, a felicidade dá conteúdo à noção de virtude, uma vez que minha ação é justa se, e somente se, ela é a melhor para mim acima de tudo. Conforme acaba de ser notado, a felicidade também dá conteúdo à noção de beneficiar os outros. Mas será que ela poderia também, por exemplo, ajudar a dar conteúdo à noção de uma lei ou instituição correta ou justa? A maneira mais simples, mas não a única, como ela poderia fazê-lo é por meio do princípio de que uma lei ou instituição justa é aquela que torna a cidade e seus cidadãos tão felizes quanto possível.[59] Além disso, um eudemonista racional deveria considerar se a felicidade pode ajudar a dar conteúdo à noção de tratar outra pessoa com justiça (na medida em que isso é distinto de tratá-la em concordância com uma lei ou instituição justa). Será que tal ação deve afetar a felicidade da pessoa de qualquer maneira especial? Em particular, será que é uma condição necessária ou suficiente (ou talvez ambas) para que uma pessoa seja tratada com justiça que esse tratamento vise (ou talvez seja apenas consistente com) a (maior) felicidade daquela pessoa? Este é, claro, um requerimento mais forte do que o de simplesmente não causar danos.

---

58 *Cf.*, por exemplo, *Eutd.* 282E e *Lísis* 208A. Para uma discussão moderna interessante, *cf.* Darwall (2002).
59 Para a ideia de que Sócrates visa beneficiar a todos, ver *Ap.* 36B-C. O *Górgias* alega que isso faz dele o único a praticar verdadeiramente a arte da política (521d6-8) e que essa é a tarefa do bom cidadão (*politês*, 517C1-2); mais geralmente, *cf. Grg.* 515BD, 517B-518C, e 521D-522B.

4. O Princípio do Eudemonismo Psicológico fornece a Platão a base de uma teoria da educação e do treinamento éticos. Se as pessoas sempre agem para tentar produzir o que parece melhor para elas, a educação e a persuasão éticas deveriam se concentrar nas crenças delas sobre o que é bom. Elas não precisam levar em conta a possibilidade de que os desejos e emoções possam levar a pessoa a agir contrariamente ao que ela pensa ser melhor no momento. O Princípio do Eudemonismo Psicológico não acarreta, no entanto, que a única motivação das pessoas seja a felicidade delas próprias. Pode haver razões para um treinamento especial se existirem desejos e emoções que possam causar uma alteração irracional no julgamento da pessoa sobre o que é melhor acima de tudo, ou se esses desejos e emoções meramente persistirem diante de um melhor julgamento geral, sem levar à "acrasia com clareza de visão" ou a alterações irracionais de julgamento, mas causarem alguma agitação psíquica. Porém vimos também que há boas evidências de que Sócrates aceita uma forma mais forte de eudemonismo psicológico na qual as únicas motivações são pela felicidade.

5. Finalmente, o eudemonismo racional pode ser atraente para nós por razões que o próprio Sócrates não articula e pode não compartilhar. Podemos pensar que o eudemonismo tem o potencial de prover um objetivo racional que é menos contestado e mais compatível com o naturalismo do que muitas outras opções. Pode ser possível chegar a algum acordo mais amplamente compartilhado sobre o que beneficia os seres humanos ou os faz prosperar do que concordar sobre o que a Forma da Justiça exige ou o que um agente racional pode querer como uma lei universal. Tal acordo pode se basear em nossa habilidade de desenvolver uma explicação da natureza humana e de compreender a felicidade em termos daquela natureza.[60]

---

60 *Cf.* Foot (2001) e Hursthouse (1999). Note que isso não acarreta que tais teorias da natureza humana seriam inteiramente não normativas.

Mas também há preocupações importantes sobre o eudemonismo de Sócrates e certas lacunas e tensões em suas visões. Começarei mencionando duas que foram especialmente relevantes:

1. linhas de pensamento significativas na filosofia moral moderna rejeitam a ideia de que o único objetivo último da razão prática é a felicidade do próprio agente. Kant, por exemplo, sustenta que a razão prática assume um interesse em agir a partir da lei moral, e Sidgwick aceita o "dualismo da razão prática", segundo o qual o princípio do egoísmo racional e o princípio da benevolência racional são igualmente autorizados, obrigatórios e racionais.[61] O eudemonismo racional precisará de uma resposta a essas visões;

2. uma objeção relacionada é que o eudemonismo racional é inaceitavelmente egoísta. Alguns argumentaram que se meu fim último é minha própria (maior) felicidade, então posso ter um interesse por outras pessoas ou coisas, tais como a virtude ou o bem-estar dos outros, apenas instrumentalmente – isto é, apenas na medida em que eles são meios causais para o fim distinto que é minha própria felicidade ou bem-estar. Essa preocupação gerou e continua a gerar uma animada controvérsia. Uma resposta razoável para essa objeção é que o eudemonismo racional pode admitir que essas coisas não sejam (meramente) instrumentais para minha própria felicidade, mas sejam elas mesmas parte da minha felicidade. Então eu não escolho, por exemplo, a virtude como um meio para minha felicidade, mas sim porque uma vida virtuosa é em si mesma parte do que é para mim viver com felicidade. Os objetores ainda se preocupam com: a) se escolher a virtude dessa maneira é realmente compatível com escolhê-la "por ela mesma", e b) que mesmo que seja compatível, o eudemonismo racional ainda tem a consequência pouco atraente de que se a virtude não conduz de modo ótimo à minha felicidade, eu não devo racionalmente escolhê-la.[62] Mas mesmo independentemente dessas

---

61 Para uma discussão de Sidgwick, *cf.* Frankena (1992).
62 Para uma discussão dessas questões, com referências à literatura, *cf.* Bobonich (2002,

preocupações, Sócrates não fornece, nos diálogos iniciais, uma descrição detalhada de como deveríamos levar os interesses dos outros em conta.

Devo encerrar apontando aquelas que penso serem talvez as duas lacunas mais sérias nas visões de Sócrates, que marcam questões às quais Platão e o restante da ética grega eram sensíveis. Primeiro, como notamos, Sócrates não fornece uma explicação detalhada do que é bom para os seres humanos. Sem alguma explicação desse tipo, é muito difícil dizer se a felicidade abrange tudo que é de interesse racional para nós. Quase todos os escritores posteriores na tradição ética grega tentaram fornecer uma tal explicação por meio de uma análise da natureza humana, juntamente à afirmação de que a realização daquela natureza é central para a felicidade. Embora Sócrates de fato ofereça algumas afirmações importantes sobre a natureza humana, tal como o eudemonismo psicológico, estas não são suficientemente detalhadas para prover uma explicação substantiva do bem humano. Além disso, sem uma tal explicação substantiva, é bastante difícil enxergar por que (como Sócrates claramente espera) uma pessoa que busca a felicidade seguiria, pelo menos em parte, juízos ordinários sobre o que é ou não é virtuoso.

Finalmente, como vimos, Sócrates nos diálogos iniciais ao mesmo tempo insiste na prioridade da virtude e parece se mover na direção de uma explicação da virtude como conhecimento do que é bom e do que é ruim. Contudo, como vimos também, não é claro que tal concepção de virtude possa sustentar a alegação de prioridade, necessidade ou suficiência da virtude para a felicidade ou a Tese da Dependência. Podemos enxergar a visão de Platão do período intermediário acerca dos seres humanos como criaturas fundamentalmente racionais, sua compreensão da racionalidade envolvendo o amor e o conhecimento da verdade, e sua concepção do conhecimento exigindo uma apreensão das Formas, fornecendo uma resposta para essa lacuna. Nessa concepção da natureza humana e em uma explicação da virtude envolvendo o conhecimento de Formas, a alegação de

---

p. 450-479).

prioridade, a necessidade e suficiência da virtude para a felicidade e a Tese da Dependência são muito mais plausíveis.⁶³

Nos estoicos, que talvez tenham mais em comum com Sócrates do que quaisquer outros pensadores éticos gregos, também encontramos uma resposta para essa lacuna, em seu desenvolvimento de teorias detalhadas da natureza humana como racional, da conexão da natureza humana com a natureza do resto do Universo, e de uma concepção do conhecimento que constitui a virtude como uma forma de conhecimento da bondade e da ordem do próprio Universo. Seria uma abordagem frutífera para a consideração da ética grega ver como cada uma das tradições responde às questões que precisamos responder a fim de avaliar as visões de Sócrates.

---

63 Isso não equivale a dizer que todas essas alegações necessariamente se seguem (e há preocupações particulares sobre a tese da suficiência). Para uma discussão adicional, *cf.* Bobonich (2002, cap. 1-2).

14 A filosofia política de Sócrates*

CHARLES L. GRISWOLD

> Acredito que sou um dos poucos atenienses – para não dizer que sou o único, mas o único entre nossos contemporâneos – a adotar a verdadeira arte política e a prática da verdadeira política. Isso é porque os discursos que faço em cada ocasião não visam a gratificação, mas sim o que é melhor.
>
> Sócrates[1]

Especialmente na Era Moderna, Sócrates é santificado como um defensor do discurso livre, da investigação honesta e implacável, e do amor pela verdade. Outros filósofos também partilharam esses compromissos, mas Sócrates defendeu-os à custa de sua própria vida. Ao desempenhar seus compromissos como ele o fez, Sócrates se tornou mais do que um teórico: em algum sentido ele foi também um ator no teatro político.

À luz das enormes dificuldades inerentes ao esforço de localizar seja a filosofia do Sócrates histórico, seja uma filosofia socrática cujo conteúdo os principais autores antigos sobre Sócrates concordem, neste capítulo me limitarei principalmente ao "Sócrates" platônico.[2] Quando me refiro a

---

* Sou grato a Jeffrey Henderson, David Konstan, Marina McCoy, Don Morrison, Josh Ober e Jay Samons pela discussão deste capítulo.
1 Do *Górgias* 521d6-9 de Platão. Todas as minhas citações das obras de Platão são de traduções contidas em Cooper e Hutchinson (1997). Para o texto grego da *República*, utilizei a edição de J. Burnet. Para o texto grego do *Eutífron*, da *Apologia* e do *Críton*, utilizei a *Platonis Opera*, v. I, revisada, E. A. Duke *et al.* (Ed.).
2 Para uma crítica da visão de que a *Apologia* seja mesmo uma "fonte historicamente confiável para a *reconstrução* do caráter e das opiniões de Sócrates" cf. Morrison 2000 (a citação é da p. 236, ênfase acrescentada). Ninguém defende mais a visão de que mesmo a *Apologia* de Platão busca meramente *relatar* o que o Sócrates histórico disse em seu julgamento; o

"Sócrates", estou indicando o Sócrates dos diálogos de Platão. Tomei nota de vários pontos de contato interessantes e relevantes com outros retratos de Sócrates nos quais fazê-lo foi útil para minha discussão. Embora me confinando principalmente ao Sócrates platônico, devo suspender o juízo sobre a relação entre Platão e Sócrates, exceto quando notado de outro modo. As visões de Sócrates que extraio de diversos diálogos platônicos podem ou não representar as visões do próprio Platão; uma discussão inteiramente diferente, e certamente muito mais detalhada, sobre os diálogos seria necessária para estabelecer esse ponto de qualquer uma das duas maneiras. Passarei também por vários diálogos nos quais Sócrates assume um papel ativo; essa abordagem não é restrita pelo esquema interpretativo inicial/intermediário/tardio.[3] Diálogos tais como o *Político*, que são obviamente relevantes para a filosofia política, receberão pouca atenção aqui, pois Sócrates quase não participa da discussão.[4] E *As leis*, no qual Sócrates não aparece, também não será discutido aqui.

Em um dado sentido, todos os diálogos platônicos dos quais Sócrates participa são relevantes para avaliar seu caráter como um ator na pólis, bem como um ou outro aspecto de sua filosofia política. Nenhum tratamento com a extensão de um capítulo sobre ambas as questões poderia esperar levar em conta cada um daqueles 22 diálogos.[5] Portanto, selecionarei passagens

---

diálogo é produto do gênio literário e filosófico de Platão.

3 Para uma avaliação crítica desse esquema, ver os artigos reunidos em Annas e Rowe 2002, em particular o artigo de Annas (ANNAS, 2002, "Os diálogos 'intermediários' de Platão estão no meio de quê?" ["What are Plato's 'middle' dialogues in the middle of?"]) e meus "Comentários sobre Kahn" ["Comments on Kahn"] (GRISWOLD, 2002; esse é um comentário acerca do "Sobre a cronologia platônica" ["On platonic chronology"] de Charles Kahn, incluído no mesmo volume). Sobre a questão geral da organização do *corpus* platônico, *cf.* Griswold (1999a) e também a troca subsequente entre Kahn e Griswold citada aqui.

4 Minhas visões sobre o *Político* podem ser encontradas em Griswold (1989). Seguindo as mesmas linhas gerais, *cf.* Miller (1980).

5 Os diálogos platônicos dos quais Sócrates ativamente participa são a *Apologia*, o *Banquete*, o *Cármides*, o *Crátilo*, o *Críton*, o *Eutidemo*, o *Eutífron*, o *Fédon*, o *Fedro*, o *Filebo*, o *Górgias*, o *Hípias maior*, o *Íon*, o *Laques*, o *Lísis*, o *Menexeno*, o *Mênon*, o *Parmênides*, o *Protágoras*, a *República*, o *Teeteto* e o *Timeu*. Ele aparece e fala no *Sofista* e no *Político*. A autoria do *Hípias maior*, do *Clitofonte* e do *Alcibíades I* é contestada; Sócrates é ativo em todos os três. O *Crítias* é um fragmento.

relevantes dos diálogos que os estudiosos admitiriam mais prontamente como básicas para a compreensão da filosofia política do Sócrates de Platão – em particular o *Eutífron*, a *Apologia*, o *Críton*, o *Górgias* e a *República*.

Sócrates é retratado por Platão – e especialmente em seu discurso de defesa, Sócrates retrata a si mesmo – como ativo em sua pólis. Na seção 1 deste capítulo, discutirei esse retrato e autorretrato "dramático". Embora Sócrates não fosse um "político" em qualquer sentido ordinário, ele sugere, na passagem do *Górgias* que encabeça este capítulo, que ele sozinho incumbe-se de ser o verdadeiro político de sua época (um líder genuíno que não detém nenhum cargo, com efeito). Sócrates também contrasta uma comunidade ideal com as comunidades existentes, especialmente na seção 2 examinarei brevemente algumas passagens relevantes da *República*.

Um tema comum em ambos os níveis – o das interações de Sócrates com os outros e o de sua filosofia política –, diz respeito à relação do filósofo com a pólis, da filosofia com a política (tomando este último termo no sentido mais amplo).[6] Portanto, esse tema será central no que se segue.

14.1 Sócrates Como Ator Político

Frequentemente pensamos em Sócrates filosofando na ágora como um "filósofo público" bastante envolvido nos debates intelectuais e culturais do período. Que Sócrates havia se tornado uma figura extremamente bem conhecida e controversa é claro a partir do fato de que Aristófanes e outros poetas cômicos o satirizaram, e que a Atenas democrática o vira como irritante o suficiente para condená-lo à morte. Nenhum outro grande intelectual foi condenado à morte pela pólis ateniense nos séculos IV ou V a.C.[7]

---

6 O termo "político" é potencialmente enganoso no contexto da filosofia de Platão, porque o contraste com "social" – tão natural para nós – nunca é feito por Platão. A distinção moderna carrega consigo um conjunto de pressupostos sobre o escopo do "político" que são supostamente estranhos a Platão. Quando me referir à "política" ou a "o político", portanto, a menos que seja notado de outro modo, terei em mente um sentido amplo o suficiente para abranger aquilo que chamaríamos de o social.

7 Sobre a questão da perseguição dos intelectuais na Grécia antiga, *cf.* Dover (1976) e

A imagem de Sócrates filosofando na ágora chega até nós principalmente a partir dos *Memoráveis* (I.1.2) de Xenofonte, em vez de Platão (*cf.* Diógenes Laércio 2.21). Conhecemos os limites geográficos da ágora, e é seguro dizer que Platão raramente retrata Sócrates envolvendo-se em conversas filosóficas nos caminhos abertos daquela.[8] Por certo, na *Apologia* 17c Sócrates refere-se a suas conversas costumeiras na ágora, e a implicação de suas descrições de seus interrogatórios dos poetas (22b) e dos artesãos (23a) é que há um número considerável de espectadores presentes, supostamente porque as conversas ocorreram em um lugar público (*cf. Apologia* 21c3-7, d1-2). O *Eutífron* ocorre no pórtico de um tribunal, também na ágora. Contudo, além da *Apologia*, os outros diálogos nos quais ele aparece ocorrem em residências privadas, fora dos muros da cidade, ou em lugares públicos como ginásios, escolas de luta, ou a prisão (se for possível chamar tal lugar de "público"). Além disso, de um modo geral, Platão não retrata Sócrates iniciando conversas com o "homem comum". Seus interlocutores tendem a ser jovens promissores de famílias notáveis, sofistas e retóricos, figuras públicas estabelecidas (incluindo generais), filósofos (Zenão e o idoso Parmênides) e figuras em posição de exercer influência política (tais como Cármides, Crítias e Alcibíades). Alguns são atenienses e outros não. Portanto, o Sócrates de Platão é inquestionavelmente uma figura pública, mas não tanto no sentido frequentemente imaginado.

O Sócrates de Platão não é nem a figura xenofôntica de envolvimento prático que perambula pela ágora, nem o teórico apolítico semelhante a Tales (compare com o retrato que Aristófanes faz de Sócrates em *As nuvens* e com *Teeteto* 173d-175e). Seu Sócrates é uma figura "política" consideravelmente mais complexa e consequentemente mais difícil de caracterizar de modo conciso.

Sócrates realizou seus deveres cívicos, tais como servir nas forças armadas em campanhas militares (*cf.* o início do *Cármides*, a *Apologia* 28e e o *Banquete* 219e5-7 e seu contexto), e em cargos políticos obrigatórios.

Wallace (1994). A lista completa de alvos da comédia pode ser encontrada em Sommerstein (1996). *Cf.* também *Protágoras* 316c5-317c5.
8   Para uma discussão útil da ágora ateniense, *cf.* Millett (1998).

Contudo, ele não foi um buscador de cargos políticos e responsabilidades cívicas. Não importando o quanto ele contrastasse um "ideal" político com a insatisfatória realidade da pólis histórica, ele não agitava a opinião pública visando a reforma de sua pólis, mediante, digamos, a proposta de medidas na assembleia ou a organização de movimentos de reforma. Tendemos a pensar nele como um radical em termos políticos, mas é importante lembrar que ele não se recusou a lutar nas guerras de Atenas no exterior; não foi um pacifista. Além disso, ele nunca se refere diretamente a elas nos diálogos platônicos, não fazendo uma pergunta de "filosofia política aplicada" tal como, "será que a expedição de nosso país à Sicília é justa?", embora ele certamente forneça uma base para propor uma crítica filosófica mordaz da busca de poder e riqueza, bem como de todo regime político existente. Não disse, e certamente não agiu como se fosse esse o caso, que é o dever de uma pessoa conscienciosa opor-se publicamente a todo ato político imoral. Por exemplo, não há nenhum registro de Sócrates ter publicamente criticado a decisão de Atenas de executar todos os mitilenos adultos do sexo masculino, embora um debate sobre o assunto tenha sido realizado em 428/427 a.C., nem de ele ter se oposto publicamente à expedição de Atenas à Sicília em 415 a.C. No *Críton*, ele explica (em um argumento cujas intenções e a defensibilidade são muito debatidas na literatura secundária) que não infringirá a lei – que não se deve fazê-lo –, por exemplo, escapando da prisão.[9] Ele não era um "individualista" que proclamava sem restrição os direitos de consciência acima da lei positiva, como poderíamos dizer hoje.

Contudo, ele não foi um quietista e deixou claro que se recusava a executar ordens da pólis que considerasse ilegais ou imorais. Ele dá dois exemplos. Um ocorreu no período da democracia: como membro do Conselho, somente Sócrates votou contra a cruel (e depois muito lamentada) decisão de condenar dez generais que foram incapazes (por causa de condições no mar) de resgatar os sobreviventes da batalha de Arginusae em 406 a.C. Sócrates merece elogios por essa oposição arriscada e corajosa. Seu outro exemplo é mais ambíguo: quando a oligarquia ordenou-lhe que ajudasse a

---

9 Uma amostra do debate será encontrada em Kraut (1984, cap. 3).

prender Leônidas de Salamina, a fim de executá-lo injustamente, Sócrates simplesmente "foi para casa", enquanto quatro outros obedeceram à ordem. Ele nota corretamente que arriscou a vida ao resistir dessa maneira (*cf. Apologia* 32a4-e1). Contudo, ele não fez, até onde sabemos, nenhuma tentativa de salvar Leônidas ou outros que foram maltratados de modo semelhante, nem de deixar a cidade (junto a muitos antioligarcas) durante esse período ou de ativamente pegar em armas contra a oligarquia.

A declaração de Sócrates de que ele não era um quietista ("Eu deliberadamente não vivi uma vida quieta", *Apologia* 36b5-6; *cf.* 38a1) é apoiada por sua insistência de que nem mesmo a ameaça de morte o impediria de filosofar segundo seu modo costumeiro, e que ele estava em uma missão vitalícia, dada por um deus, para melhorar a virtude de seus companheiros (*Apologia* 29d7-30b4, 30d6-31a2).[10] No *Laques*, ele é retratado levando dois generais (Laques e Nícias) a refletir criticamente sobre suas concepções de virtude, e da coragem em particular. No *Banquete* e em outros lugares, aprendemos que Sócrates também tentou com afinco converter Alcibíades, uma das figuras-chave da catastrófica expedição à Sicília, de seu amor pela fama e pelo poder para o amor pela sabedoria e pela virtude. Diálogos como esses ressoam com a insistência de Sócrates, na *Apologia*, de que ele buscava ativamente induzir seus companheiros – incluindo pessoas politicamente importantes – a refletir sobre suas vidas e assim corrigir seus modos. Enquanto Sócrates famosamente afirmou possuir apenas a sabedoria humana, ou a consciência de sua ignorância (*Apologia* 20d7-e3), ele não foi imobilizado por esse reconhecimento, pois claramente não é de modo nenhum equivalente à ignorância simplesmente, e muito menos à ignorância da própria ignorância. De fato, esse reconhecimento motivou um tipo peculiar de envolvimento com os cidadãos de sua comunidade.

---

10 Sobre a questão do suposto quietismo de Sócrates, *cf.* Ober (1998, cap. 4). Ober argumenta que enquanto Platão escolheu "o caminho quietista" (p. 186), o Sócrates politicamente ativo da *Apologia* (diferentemente daquele do *Górgias*) não o fez (p. 212). Ele também argumenta que o Sócrates da *República* resolve a tensão entre os dois, mas no contexto da pólis ideal (p. 237). Por contraste, o presente capítulo tenta localizar uma perspectiva que seja consistente entre a *Apologia*, o *Górgias* e a *República*.

O principal modo de participação – ou talvez devêssemos dizer, intervenção – de Sócrates na pólis foi o da conversa oral. Ele não escreveu filosofia, portanto escolheu não agir politicamente através daquele meio. Enfatiza que não foi um "professor", significando que não aceitava taxas de instrução (*Apologia* 33a-b). No entanto, é inegável que ele de fato tenha ensinado outros, em outros sentidos (às vezes "ensinando-lhes uma lição", outras vezes mostrando-lhes que uma questão filosófica existe e como investigá-la). Sócrates deixa perfeitamente claro que teve grande influência sobre os jovens (*Apologia* 23c, 33c, 37d6-e2, 39d) e gozou de uma ampla fama (*Apologia* 34e2-4, 38c1-5). Ao mesmo tempo ele foi e não foi um ator político; modelou, por assim dizer, uma prática altamente não convencional de engajamento político.

Essa foi também uma prática profundamente controversa. Os capítulos mais surpreendentes e famosos da vida de Sócrates são seu julgamento e sua execução. Ele apareceu diante de 501 concidadãos para responder às acusações levantadas contra ele e, com efeito, para justificar sua vida filosófica. A defesa de Sócrates enfatiza que o antagonismo que sua prática pública da filosofia gerava já existia há muito tempo, e o veredito do tribunal confirma que a reconciliação entre ele e a pólis – de fato, uma pólis democrática – não haveria de ocorrer. A relação de Sócrates com sua comunidade é decisivamente (embora, é claro, não inteiramente) caracterizada pelo permanente antagonismo.[11] De fato, os enunciados de Sócrates, tanto aqui quanto em outros lugares, sugerem que, segundo sua própria visão, o conflito é profundo e permanente:

> Estai certos, senhores do júri, de que se eu tivesse tentado tomar parte na política, eu teria morrido há muito tempo, não beneficiado nem a vós nem a mim mesmo. Não ficai irritados comigo

---

11 Isso não equivale a dizer que Sócrates não tivesse amigos ou a negar que eles estivessem em evidência em seu julgamento. Conforme registra Platão, Sócrates declara que "uma mudança de apenas trinta votos teria me absolvido", isto é, dado a ele uma maioria simples (*Apologia* 36a5-6). A votação foi surpreendentemente próxima. Para uma visão diferente sobre a relação de Sócrates com a Atenas democrática, *cf.* o capítulo 7 de Ober no presente volume. *Cf.* a vívida polêmica de Cálicles no *Górgias* 484c4-486d1.

por dizer a verdade; nenhum homem que genuinamente se opõe a vós ou a qualquer outra multidão e impede a ocorrência de muitos acontecimentos injustos e ilegais na cidade sobrevive. Um homem que realmente luta pela justiça deve levar uma vida privada, não pública, se pretender sobreviver mesmo por um tempo breve. (*Apologia* 31d6-32a3)

Quando Sócrates comenta sobre a possibilidade de ir para o exílio, diz que seria "expulso de uma cidade após a outra", com a hostilidade a seu filosofar ocorrendo de novo sucessivamente (*Apologia* 37d4-e2). Ao escolher exemplos dos períodos oligárquico e democrático da história ateniense recente para ilustrar sua resistência a colaborar com a injustiça, ele considera que a má conduta é endêmica à política enquanto tal.

Na República, Sócrates pinta um quadro igualmente sinistro da perigosa ignorância da pólis e da hostilidade desta para com aquele que realmente sabe como guiar o navio do Estado (488a2-489a2). O argumento mais revolucionário e famoso da República é muito provavelmente o de que

Até que os filósofos governem como reis ou aqueles que hoje são chamados de reis e homens de liderança genuinamente e adequadamente filosofem, isto é, até que o poder político e a filosofia inteiramente coincidam, enquanto as muitas naturezas que no presente se dedicam exclusivamente a uma destas coisas sejam forçosamente impedidas de fazê-lo, as cidades não terão descanso dos males, Glauco, e tampouco, penso eu, o terá a raça humana. (473c11-d6; recapitulado em 499b1-c5)

Aquém desse extraordinário ideal, o antagonismo entre a política e a filosofia parece profundo e permanente, como os livros V, VI e VII da *República* argumentam em detalhes. Sócrates declara aquilo que muito provavelmente permanece verdadeiro hoje: a saber, que nem uma única cidade é digna de uma natureza filosófica (*República* 497b1-2). De fato, seria necessária a "provisão divina" para um filósofo chegar à maturidade sem ser corrompido (493a1-2). O que um filósofo deve fazer, para que ele ou ela consiga escapar das forças destrutivas inerentes a qualquer comunidade mundana? A resposta de Sócrates claramente se liga às passagens da *Apologia* às quais já me referi, e de fato ele cita sua própria decisão (apoiado por seu "sinal daemônico", ao qual também se faz referência no mesmo contexto da *Apologia* [31c4-32a3]) de não entrar na política. Sócrates passa então a comentar sobre as almas raras que

> provaram o quanto é doce e abençoada a posse da filosofia, e ao mesmo tempo também viram a loucura da maioria e perceberam, em uma palavra, que dificilmente alguém age com sanidade em assuntos públicos e que não há nenhum aliado com quem elas pudessem ir ao auxílio da justiça e sobreviver; que em vez disso elas pereceriam antes de poderem beneficiar sua cidade ou seus amigos e seriam inúteis tanto para si mesmas quanto para os outros, exatamente como um homem que caiu entre animais selvagens e não está disposto a juntar-se a eles em cometer injustiça, nem é suficientemente forte para se opor sozinho à selvageria geral. Levando tudo isso em conta, elas levam uma vida quieta e realizam seu próprio trabalho. Assim, como alguém que sob um pequeno muro se refugia de uma tempestade de poeira ou granizo impelida pelo vento, o filósofo – vendo os outros preenchidos com a desordem – fica satisfeito se puder de algum modo conduzir sua vida presente livre da injustiça e de atos ímpios, e partir dela com uma boa esperança, sem culpa e contente.
> (*República* 496c5-e2)

Seria difícil imaginar um enunciado mais extremo da hostilidade entre a filosofia e a política conforme elas existem no mundo não ideal. O mesmo pensamento ecoa vividamente na alegoria da caverna, que representa os habitantes aprisionados de uma caverna, que são "como nós" (515a5), querendo matar o filósofo que havia milagrosamente escapado para as regiões acima (517a3-6). E o filósofo é apresentado preferindo ser um miserável servo sem terra do que viver novamente como um habitante da caverna (516d4-7).

O que está no centro desse antagonismo? Voltemos à surpreendente declaração de Sócrates no *Górgias* de que somente ele – e não figuras célebres como Péricles – adota a verdadeira *tekhnê* e prática da política.

Como ele explica ali, "os discursos que faço em cada ocasião não visam a gratificação, mas sim o que é melhor" (521d6-9; sobre Péricles, *cf.* 516d2-3 e o contexto). Com efeito, ele exige que a política seja baseada no conhecimento daquilo que é melhor para a comunidade, e isso significa o que é melhor para as "almas" dos cidadãos. A arte da política deveria ser baseada em uma compreensão filosoficamente defensável do que é melhor para os seres humanos. Sócrates era famoso, de modo correspondente, por levar cada pergunta de volta a um exame do modo de vida de seu interlocutor (por exemplo, *Apologia* 36c3-d1, 39c6-d2, *Banquete* 215e6-216c3, *Laques* 187e6-188a5), e por estar preocupado acima de tudo com o modo como ele deveria viver sua própria vida. Um dos métodos-chave que Sócrates usava para levantar a questão da justificabilidade do *modus vivendi* de um indivíduo ou de uma comunidade era o paradigma do conhecimento especializado. Nós certamente admitiríamos que, digamos, em áreas como a estratégia militar, o treinamento de cavalos ou a construção de navios, o especialista relevante deveria ditar o que deve ser feito. Por analogia, não devemos procurar pelo conhecimento especializado (*tekhnê* ou *epistemê*) sobre o que deveríamos fazer na política? Não seria irracional e danoso conformar-nos com menos?

Sócrates está efetivamente exigindo que procuremos guiar-nos pelo conhecimento daquilo que é melhor. É claro que isso não equivale a dizer que nós de fato possuímos o conhecimento necessário, mas apenas que devemos buscá-lo implacavelmente e de uma maneira particular – a saber, por meio da troca do diálogo socrático (não estou afirmando que Sócrates tinha ou pensava que tivesse o conhecimento de modo algum). As controversas assunções metafísicas e epistemológicas implícitas em sua visão de conhecimento dificilmente são evidentes na *Apologia* e no *Górgias*, mas emergem nos livros V-VII da *República* (entre outros lugares). Apesar do caráter discutível dessas assunções, e do problema profundamente difícil de o que significaria ser guiado por um ideal não realizado de conhecimento, é difícil resistir à motivação para as perguntas de Sócrates.

Considere a conversa dele com Eutífron. Ela é um esplêndido exemplo do tipo de troca que alimentou o antagonismo contra Sócrates. O cenário são os degraus do tribunal, aonde Sócrates havia ido para receber a indiciação contra si. Eutífron está lá a fim de processar seu próprio pai sob acusações de impiedade. O contexto, portanto, é política e moralmente carregado. Sócrates observa que ninguém daria um passo tão extraordinário contra um parente a menos que fosse sábio a respeito do assunto em questão – nesse caso a piedade –, a fim de não ser ele próprio corretamente acusado de agir de modo ímpio. E quem discordaria? Eutífron responde que, como uma questão de fato, ele realmente tem um conhecimento acurado da natureza da piedade (*Eutífron* 4e4-5a2). Mas o restante do diálogo demonstra que Eutífron simplesmente não pode responder à famosa pergunta "o que ela é?". Quando Sócrates lembra-lhe que ele certamente não daria continuidade a uma ação tão drástica sem ter uma explicação coerente da piedade, e implora-lhe para fornecer aquela explicação, Eutífron foge e o diálogo termina.

Sócrates está especialmente interessado no tópico da piedade por causa da acusação de Meleto contra ele. Certamente, Meleto também deve alegar ser sábio nisto, bem como nos outros assuntos citados na acusação que ele levantou contra Sócrates (*Eutífron* 2c2-d1), e ele não pode evitar a implicação de que, se ele for incapaz de defender sua alegação de sabedoria, não tem por que fazer a acusação. O diálogo de Sócrates com ele na *Apologia* é apenas longo o suficiente para dar suporte a sérias dúvidas sobre a habilidade de Meleto de fornecer qualquer explicação como essa por si mesmo. As consequências de sua ignorância são tão óbvias quanto injustas.

Eutífron é uma espécie de fanático, não apenas ao alegar explicitamente o que muitos assumem implicitamente – o conhecimento sobre o que é a piedade –, mas também ao afirmar sem restrições que se um ato é errôneo (ímpio), então quem quer que o tenha cometido deve ser perseguido segundo a plena extensão da lei, mesmo que o malfeitor seja seu próprio pai (4b7-e3). Meleto é à sua própria maneira um fanático. Ele está dando passos drásticos na absoluta certeza de que está em uma posição de avaliar se alguém está ou não corrompendo os jovens ou agindo impiamente, e, no entanto, carece de uma explicação racionalmente defensável dos próprios conceitos que ele mesmo emprega. Nem Eutífron nem Meleto cumprem satisfatoriamente as pesadas responsabilidades que assumiram. Eles orgulhosamente alegam ter um conhecimento que não possuem. Esta é, com efeito, a acusação de Sócrates a eles e a muitos outros, e não foi, bastante compreensivelmente, uma acusação que eles apreciaram, especialmente quando sua validade foi demonstrada publicamente. Por contraste, Sócrates se sobressai não como um fanático, mas como um moderado, precisamente (mesmo que de modo paradoxal) devido a seu zelo pela discussão filosófica, humilde em sua admissão de que não sabe as respostas (*cf. Teeteto* 210c5-d4). Essa é a dimensão ética e política do grande abismo que Sócrates enxerga entre ele próprio e praticamente todas as outras pessoas, como diz ao júri:

> E certamente é a ignorância mais culpável alguém acreditar que sabe aquilo que não sabe. É talvez sobre esse ponto e a esse respeito, senhores, que sou diferente da maioria dos homens, e se eu alegasse que sou mais sábio do que qualquer pessoa em qualquer coisa, seria nisso que, uma vez que não tenho nenhum conhecimento adequado das coisas no mundo inferior, então não penso que tenha. Eu sei, no entanto, que é vergonhoso e errado fazer o mal e desobedecer a um superior, seja ele um deus ou um homem. (*Apologia* 29b1-7)

A política socrática – ou melhor, sua filosofia política aplicada, se pudermos colocá-la desse modo – baseia-se no princípio de que a ignorância corrompe, que a busca (filosófica) do conhecimento salva a alma (para usar o termo de Sócrates) e que a melhoria da alma deveria ser nossa principal ocupação na vida.

Os compatriotas de Sócrates raramente se preocupam com essa busca. Em vez disso, eles se dedicam ao cultivo do corpo e ao acúmulo de riqueza e poder (talvez não sejamos completamente diferentes deles), enquanto, para Sócrates, essas não podem ser coisas benéficas a menos que sejam guiadas pelo conhecimento do bem (por exemplo, *cf. Apologia* 30a7-b4). O desinteresse de Sócrates pela busca da riqueza, do poder e da ornamentação do corpo destaca-o completamente da maioria de seus concidadãos, e ajuda a constituir a persona não convencional pela qual ele se tornou famoso. Desempenhar seus princípios revolucionaria a comunidade de dentro para fora, por assim dizer, pois colocaria cada alma em uma direção que provocaria uma mudança drástica de prioridades individuais e coletivas. Sócrates é bastante explícito em não visar nada menos que isso (por exemplo, *Apologia* 29e3-30b4). A sua é fundamentalmente a política da autotransformação.

Será que Sócrates recomenda que todos se esforcem para se tornar filósofos? A *Apologia* certamente sugere uma resposta afirmativa. Em princípio, todos deveriam se concentrar principalmente no autoconhecimento e na perfeição de sua própria alma. Como vimos, a *Apologia* também deixa perfeitamente claro que isso é extremamente improvável de acontecer, e diálogos tais como a *República* afirmam que poucos se tornarão de fato filósofos no sentido pleno do termo. Será que Sócrates está, portanto, recomendando o impossível e agindo com base nessa recomendação? Na próxima seção, direi algo mais sobre esse assunto, mas em antecipação note-se que não seria irracional acreditar que alguma autoconsciência filosófica é melhor do que nenhuma. Dado, no entanto, que a maioria das pessoas não se tornarão filósofas no sentido pleno (incluindo aquele modelado por Sócrates), e que suas vidas dependerão comunitária e individualmente de crenças para as quais elas carecem de razões filosoficamente defensáveis, o antagonismo – ou pelo menos a tensão – entre a filosofia e a vida política pareceria insolúvel. Uma compreensão abrangente da política incluiria o reconhecimento de que esse antagonismo ou tensão tem a probabilidade de ser permanente.

No entanto, se isso é verdade, por que Sócrates se envolve na vida política de todo? Por que não se retirar para trás de algum "pequeno muro" em algum lugar e, como o Tales que ele esboça no *Teeteto* (173d-175e), contemplar os padrões imutáveis das coisas, ou conduzir diálogos com amigos filosóficos em privado e concentrar-se em aperfeiçoar sua alma?

A forma que a resposta de Sócrates assume na *Apologia* – no sentido de que sua missão filosófica era concomitante com seu envolvimento político, seguindo-se a um evento que ele narra – não é convincente. Conforme ele conta a história, quando seu amigo impulsivo Querefonte (bem conhecido pelo júri e, como Sócrates tem o cuidado de sublinhar, um partidário da democracia) tomou para si a tarefa de perguntar ao oráculo de Delfos se algum homem era mais sábio que Sócrates, a Pítia respondeu que "ninguém era mais sábio". Naturalmente, Sócrates ficou intrigado, e descobriu uma maneira de tentar "refutar" o oráculo – a saber, interrogando aqueles que alegavam ser sábios (*Apologia* 21a, c1). Se algum deles o fosse, então o oráculo estaria errado. O impulso para testar pela refutação é paradigmaticamente socrático, sugerindo que Sócrates havia há muito compreendido o que significa filosofar (além disso, em nenhum outro lugar nos diálogos ele sugere que sua missão filosófica começara com o pronunciamento do oráculo). Essa tarefa de examinar os outros é uma que ele estabelece por si mesmo. O oráculo de Delfos nunca enviou Sócrates a missão nenhuma, nunca o declarou uma dádiva do deus à humanidade e nunca lhe deu qualquer diretiva (contrariamente à *Apologia* 23b5, 30d6-31a2). Sócrates observa com bastante precisão, após o veredito de culpado, que "se eu disser que é impossível para mim ficar quieto, porque isso significa desobedecer ao deus, vocês não acreditarão em mim e pensarão que estou sendo irônico" (37e5-38a1).

Sócrates examina os outros de modo a aprender algo sobre si mesmo – essa parte de sua autoapresentação na *Apologia* parece correta, apesar de incompleta. Ele não pode simplesmente falar consigo mesmo; ele precisa elaborar várias alegações, especialmente alegações sobre como viver melhor, por meio do diálogo com outros, que são atraídos por suas próprias visões dos assuntos em questão (considere-se o *Górgias* 486d2-7 e o contexto, e 487a; *Cármides* 166c7-d6 e *Protágoras* 348c5-e4). A troca pode ser benéfica para seu interlocutor, como Sócrates afirma na *Apologia*. Não há nenhuma razão para duvidar de que Sócrates também desejava que a filosofia beneficiasse os outros, inclusive em um estado de coisas não ideal em que os filósofos não governam. Seu envolvimento político, no entanto, não é primariamente altruísta. Viver sua *própria* vida de modo virtuoso é um imperativo axiomático de seu empreendimento, ao qual tudo mais é subordinado. Ele está preocupado acima de tudo (mas não exclusivamente) com o autoconhecimento (*Fedro* 229e4-230a7) e com a perfeição de sua própria alma. Sua disposição para intervir politicamente, mesmo quando sua vida pode ser colocada em perigo, é governada por esses axiomas.

Se tivermos em mente sua posição radical de que "a vida não examinada não é digna de ser vivida" (*Apologia* 38a5-6) e, portanto, que o principal dever de uma pessoa é melhorar sua própria alma, o minimalismo dos envolvimentos políticos de Sócrates (deixando de lado suas intervenções filosóficas) mostra-se como parte de uma vida moral concebida segundo uma perspectiva moral perfeccionista.[12] Ele estava disposto a morrer antes de desistir dela; se lhe fosse ordenado impedir você de se dedicar à vida examinada, ele se recusaria; e ele auxiliaria você na busca, na medida em que fazê-lo formasse parte da busca dele próprio. É questionável se ele morreria a fim de proteger a busca de autoperfeição de outra pessoa. A filosofia política de Sócrates é profundamente ligada a uma concepção perfeccionista da vida moral do indivíduo, portanto também à metafísica "transcendentalista" na qual ele afirma que ela se baseia.

14.2 Reconciliando o ideal e o real

As intenções da *República* foram assunto de controvérsias durante milênios. Aristóteles leu o diálogo como propondo um programa de reforma política (ver n. 610). Outros leitores até o presente também, com efeito, leram o diálogo como estabelecedor de um plano que o Sócrates de Platão ou o próprio Platão pretendiam pôr em prática.[13] Outra escola lê o diálogo como "irônico" e como a nos alertar *contra* qualquer esforço de reforma política radical guiada por um "plano" celestial (eles citam a *República* 592b2-5); a tensão interna da pólis "perfeita" de Sócrates, e entre ela e qualquer pólis não ideal, são tomadas como produtoras de uma espécie de teoria política secundária que se mistura com a prática de Sócrates de ficar de fora da política tanto quanto possível, a fim de dedicar-se à filosofia.[14]

---

12 Sobre o significado de "perspectiva moral perfeccionista", *cf.* Griswold (1999b).
13 Por exemplo, Popper (1966, vol. 1, p. 153-156). Para um argumento de que embora não tivesse um "plano", a cidade ideal da *República* visava ser uma possibilidade praticável (e desejável), *cf.* Burnyeat (1999). Uma parte do material do início desta seção é proveniente de Griswold (1999b).
14 Essa leitura é oferecida por Leo Strauss e seus seguidores. *Cf.*, por exemplo, o "Ensaio

Ainda outros leitores enfatizam a dimensão "literária" ou dialógica, enxergando o diálogo evoluindo de uma maneira que sucessivamente desvela novos horizontes para a reflexão sobre a ética, bem como sobre a política. O diálogo é visto aqui como estruturado de maneiras que indicam a intenção de Platão de que o regime fechado dos livros intermediários da *República* seja lido como aberto ao questionamento.[15]

Os antigos platônicos e estoicos, e pelo menos um estudioso moderno proeminente, negam que o diálogo seja principalmente sobre política; em vez disso, afirmam eles, ele é um tratado ético.[16] Afinal, os livros II a X são um esforço para responder ao famoso desafio levantado por Glauco e Adimanto a Sócrates: mostre-nos que a justiça é em si e por si mesma boa para a alma que a possui (367d2-5). As discussões "políticas" são introduzidas como um meio de compreender a alma e o que é melhor para ela (*cf.* 611e1-612b5). A cidade sendo a alma representada em grande escala (*cf.* 368e-369a) – a "maior de todas as reflexões sobre a natureza humana", para tomar emprestada a expressão de Madison –, uma analogia problemática entre a cidade e a alma orienta boa parte da discussão, mas ela não deve (de acordo com essa visão) ser erroneamente tomada como uma filosofia política.[17]

Esses debates interpretativos foram acompanhados de respostas principalmente negativas às propostas políticas que Sócrates apresenta no diálogo. A crítica começou quase imediatamente, com Aristóteles. Na Era Moderna, luminares do Iluminismo liberal, tais como Jefferson, Madison e Adams, foram incisivos em suas críticas a Platão.[18] A mais famosa polêmica

---

Interpretativo" [Interpretive Essay] de Bloom anexado a sua tradução da *República*: "Sócrates constrói sua utopia para ressaltar os perigos daquilo que chamaríamos de utopismo; como tal, ela é a maior crítica do idealismo político já escrita" (BLOOM, 1968, p. 410). *Cf.* também Strauss (1964, p. 65): "É certo que a *República* prove a cura mais magnífica já planejada para toda forma de ambição política". Eu critico essa abordagem em Griswold (2003, Seção I).

15 *Cf.* Clay (2002).
16 *Cf.* Annas (1999).
17 Madison escreveu em *Federalist* n. 51: "Mas o que é o próprio governo, senão a maior de todas as reflexões sobre a natureza humana? Se os homens fossem anjos, nenhum governo seria necessário. Se os anjos governassem os homens, não seriam necessários controles externos nem internos sobre o governo". *Cf.* Hamilton *et al.* (1961, p. 322).
18 Em sua semiaposentadoria, Thomas Jefferson escreveu a John Adams: "Foi bom para

recente foi sem dúvida a de Karl Popper, enquanto o livro muito discutido de Stone apresentou um ataque em um nível mais popular.[19] Para Popper, as visões de Platão foram "totalitárias" e prepararam o caminho para o nazismo e o stalinismo (certos teóricos nazistas de fato se consideraram continuadores do programa da *República* de Platão).[20] Embora a interpretação de Popper sobre Platão tenha sido sujeita a uma grande quantidade de avaliações críticas,[21] continua a ser difícil livrarmo-nos do julgamento há muito existente de que as propostas políticas de Sócrates na *República* são profundamente defeituosas.

As acusações específicas contra a filosofia política apresentada na *República* são de natureza quádrupla. Primeiro, a "bela cidade" de Sócrates (*República* 527c2; *cf.* 497b7) é acusada de ser injusta porque não está comprometida com uma noção de igualdade moral dos seres humanos. As teorias de Sócrates parecem desiguais em seu cerne, e os esquemas sociais e políticos que ele estabelece são, para nossas sensibilidades, ofensivamente hierárquicos. De modo correspondente, não ouvimos nada aqui sobre "direitos naturais" ou seu equivalente.[22] Segundo, as propostas de Sócrates parecem antiliberais ao extremo. Especialmente conforme apresentadas na *República*, elas parecem deixar muito pouco espaço para as liberdades políticas. E isso também nos parece injusto. Terceiro, são acusadas de serem ligadas a doutrinas metafísicas complexas e duvidosas que praticamente ninguém quer defender.

---

nós que o republicanismo platônico não tenha obtido o mesmo apoio que o cristianismo platônico; ou agora estaríamos todos, homens, mulheres e crianças, vivendo juntos numa confusão, como feras do campo ou da floresta". De Jefferson a Adams, 5 de julho de 1814; *in* Cappon (1988, p. 433).

19 Refiro-me a Stone (1988). Para discussões do livro de Stone, *cf.* Griswold (1991), Burnyeat (1988) e Schofield (2002).

20 *Cf.* Popper (1966, vol. I, p. 87, *passim*). Sobre a apropriação de Platão por teóricos nazistas, *cf.* Hoernlé (1967, p. 32-35).

21 Para uma amostra do debate, ver os ensaios reunidos em Brambough (1967) e em Thorson (1963); também Robinson (1969, cap. 4) e Klosko (2006).

22 Averróis, um leitor da *República* que é favoravelmente disposto em outros aspectos, faz objeção à visão da *República* de que os gregos são melhor dotados por natureza para a perfeição. *Cf.* Averróis (1974, p. 13-14, seção 27.1-13).

Um quarto conjunto de críticas alega que as propostas políticas apresentadas na *República* são simplesmente impraticáveis ou falham em produzir os resultados intencionados. Os argumentos de Aristóteles no sentido de que abolir a propriedade privada não remove a rivalidade nem o desejo de acumular propriedade, caem nessa categoria.[23] James Madison considerou ser um axioma crucial da arte da política que "uma nação de filósofos é tão difícil de se esperar quanto a raça filosófica de reis desejada por Platão".[24] As críticas pragmáticas de Locke (na *Carta sobre a tolerância*) sobre uma religião cívica que seja coercivamente implementada são ecoadas repetidas vezes no Iluminismo liberal por pensadores como Rousseau, Adam Smith e Voltaire, e são implicitamente dirigidas contra a *República*. A infame censura do diálogo aos poetas (muitos dos quais advogam a religião grega tradicional) também foi sucessivamente criticada (para seu enunciado final no diálogo, iluminado pela "antiga disputa entre ela [a poesia] e a filosofia", *cf.* 606e-608a).

A esses pontos sobre a impraticabilidade do esquema de Platão, podemos acrescentar a objeção, articulada por Rawls (sem referência específica a Platão), de que, uma vez que não existe nenhum consenso popular quanto à verdade de uma noção única do bem humano, uma "cidade no discurso" tal como aquela apresentada na *República* seria politicamente irrelevante mesmo que sua verdade pudesse ser estabelecida filosoficamente. As repúblicas democráticas modernas são caracterizadas por amplas e até mesmo extremas discordâncias sobre o bem humano, no sentido em que os diálogos de Platão falam daquele bem.[25] Essa característica das sociedades liberais modernas é uma causa de lamento para alguns, e de celebração para outros. Em qualquer caso, Rawls considera-a como um fato básico que deve orientar qualquer teoria realizável da justiça. Como coloca Rawls, uma teoria da justiça deve ser "política" e baseada em um consenso parcial, em vez de ser "metafísica". E a "concepção de justiça deveria ser, tanto quanto

---

23   *Cf. Política* 2.1261a37-1264b25, em que esta e outras das propostas da *República* são criticadas.
24   Hamilton *et al.* (1961, n. 49, p. 315). Para uma afirmação semelhante, *cf.* Hume (1987, p. 514).
25   *Cf.* Rawls (1999, p. 290-291, 214-215; e 1996, p. 41, 134).

possível, independente das doutrinas filosóficas e religiosas opostas e conflitantes que os cidadãos afirmam".[26]

Aparentemente todo aspecto da *República* é, portanto, um objeto de controvérsia. Contudo, podemos nos aventurar a observar que o diálogo é contínuo com a *Apologia*, no sentido de que ele insiste que uma forma de conhecimento especializado é necessária se existe a intenção de que indivíduos e comunidades vivam bem. Esse conhecimento vem a ser o conhecimento dialético ou filosófico das Formas, e em particular da Forma do Bem, "a coisa mais importante sobre a qual aprender", e graças à qual "as coisas justas e as outras tornam-se úteis e benéficas". Sem o conhecimento do Bem, "nem mesmo o conhecimento mais completo possível sobre outras coisas tem qualquer benefício para nós" (505a2-b1). Não nos tornaremos "perfeitos" (499b3), seja individualmente ou coletivamente, até que o filósofo (portanto, o conhecedor do Bem) governe. A *República* apresenta, de modo muito mais completo do que outros diálogos que mencionamos, a base perfeccionista da filosofia política de Sócrates. Pode-se dizer que a política de Sócrates é teológica, no sentido de que se baseia em uma noção do divino entendido como o Bem e nas outras Formas.[27] Estranhamente, contudo, a possibilidade de se alcançar o conhecimento do Bem no nível político – a possibilidade de se alcançar o Estado "ideal" – encontra-se em uma severa dúvida. Parcialmente porque a instituição dos governantes-filósofos é improvável, a possibilidade de o indivíduo alcançar a sabedoria perfeita também está em dúvida (*cf. República* 499a11-c5). E se isso estiver correto, então a *República* harmoniza-se em última instância com a insistência da *Apologia* em que a sabedoria humana, e não a divina, é tudo que provavelmente obteremos.[28] Noto que também nos é dito que se a cidade

---

26 Rawls (1996, p. 10, 9).
27 A palavra "teologia" é usada (aparentemente pela primeira vez na história da filosofia) em 379a5-6, quando Sócrates revisa drasticamente a religião grega tradicional de uma maneira que efetivamente transforma os deuses em sua concepção do divino (as Formas).
28 Será que isso é consistente com a declaração de Sócrates no *Górgias* citada no início deste ensaio? Penso que a resposta é afirmativa, se enfatizarmos o verbo "adotar" (*epicheirein*, no *Górgias* 521d7); Sócrates não alega realmente possuir a arte política, mas apenas ser um dos poucos a tentá-la e assim praticar (não há dúvida de que imperfeitamente) a "verdadeira

perfeita viesse a existir, logo morreria; ela parece carregar as sementes de sua própria destruição (546a-e).

Talvez essa seja uma razão pela qual no fim do livro IX Sócrates afirma que a melhor pólis só virá a existir pela "boa sorte divina", e estando esta ausente, a pessoa de entendimento não tomará parte na política de sua terra natal (592a7-9). Em vez disso, como coloca Glauco, ela "tomará parte na política da cidade que estávamos fundando e descrevendo, aquela que existe em teoria (*en logois*), pois não penso que ela exista em lugar algum da terra". Sócrates acrescenta que talvez "haja um modelo (*paradeigma*) dela no céu, para qualquer um que queira olhar para ela e tornar-se seu cidadão com base na força do que vê. Não faz diferença se ela existe ou alguma vez existirá em algum lugar, pois ele tomaria parte nos assuntos práticos daquela cidade, e de nenhuma outra" (592a10-b5).[29] A melhor cidade deve ser inscrita em letras pequenas na alma; somente a "constituição interior" (591e1) importa neste mundo, nosso mundo não ideal. A ênfase no final da *República* é sobre a formação do eu do indivíduo, portanto sobre um modo de vida. Esse é um dos temas principais do mito com o qual o diálogo conclui.

Não obstante, as famosas discussões da *República* sobre a constituição perfeita servem a um propósito crucial, quer a perfeição do eu ou da pólis seja ou não realizável. Elas fornecem o *telos*, e com isso o padrão ao qual tudo – incluindo a política do momento – deveria aspirar. Ajudam alguém a compreender os aspectos em que o não ideal é deficiente, e perceber que o não ideal jamais pode (graças ao tipo de coisa que ele é) tornar-se ideal (nenhuma alma alguma vez virá a *ser* uma Forma, nenhum ente criado, incluindo uma pólis, durará para sempre, e assim por diante). Qual é o resultado político? As frases citadas do final do livro IX poderiam sugerir o quietismo. Mas isso seria um erro. Para começar, como já vimos, o dialético aspirante – o filósofo socrático, em suma – não pode senão viver e participar em uma comunidade. O caráter da comunidade não pode senão importar para ele, e o filósofo o afetará por sua vez.

---

política". *Cf. Górgias* 517a1-3.
29   Esta passagem ecoa uma descrição muito anterior, em 500b8-d2. *Cf.* 611e1-612a6.

Mas que tipo de comunidade, precisamente? Governada por que tipo de constituição? Qual seria a aparência de sua estrutura econômica, social e política? O Sócrates de Platão não fornece respostas firmes e detalhadas para essas questões, e nesse sentido ele não tem uma "teoria política". No entanto, suas visões sobre a autoperfeição têm de fato consequências políticas. Como já mencionado, certos regimes seriam inaceitáveis (por exemplo, um que exija que seus cidadãos cometam grandes injustiças, tais como prender Leônidas de Salamina) e outros seriam sujeitos à crítica filosófica (a democracia e a tirania antigas vêm à mente). Mais positivamente, pareceria que, em um mundo não ideal, uma pólis que evitasse a injustiça, que tornasse possível a busca da sabedoria, que permitisse a expressão de demandas no sentido de que a sabedoria governasse, que encorajasse o debate e tolerasse a tensão entre a filosofia e as demandas da maioria não filosófica, seria melhor do que uma pólis que fizesse de outro modo. Reflexões como essas pelo menos limitam o escopo de regimes aceitáveis, mesmo que elas deixem a avaliação do caráter das alternativas aberta ao julgamento.

Alguns intérpretes sugeriram que, entre os regimes que figuram como segundas melhores opções que Sócrates esboça na *República*, uma pequena e surpreendente preferência pela democracia poderia ser indicada pelos tipos de considerações derivativas que acabam de ser esboçadas. A democracia é caracterizada por sua liberdade (incluindo a liberdade de discurso, 557b5), licença (557b5), pela permissão dada a cada um para organizar sua vida privada como julgar melhor (557b4-10), portanto por sua permissividade com relação à busca da sabedoria, bem como à luxúria e à decadência. De modo surpreendente, é dito que até mesmo a alma democrática é atraída pela "filosofia" às vezes (561d2). Sócrates em dado momento observa que a democracia é "um lugar conveniente para procurar uma constituição", pela razão de que

> ela contém todos os tipos de constituições, por causa da licença que concede a seus cidadãos. Então parece que qualquer um que queira colocar uma cidade em ordem, como estávamos fazendo, deveria provavelmente ir a uma democracia, como a um mercado de constituições, escolher o que lhe apraz, e estabelecer aquilo. (557d1-9)

[...]
Se alguém fosse ter o tipo de conversa que é a *República*, esse alguém deveria fazê-lo em uma democracia, em que a variedade necessária de regimes é defendida. Essa é uma sugestão não trivial, embora dificilmente conclusiva, sobre o valor relativo de um regime em um mundo não ideal.[30]

14.3 Conclusão

O *Críton* pode parecer oferecer um contraexemplo para a proposição de que Sócrates não tem nenhuma teoria política propriamente falando, nenhuma perspectiva política específica com uma noção elaborada de obrigação política. A questão particular diante de Sócrates é aceitar ou não o apelo urgente de Críton para que ele fuja da prisão a fim de salvar sua vida. Como Sócrates a coloca, a questão é "se é justo para mim tentar sair daqui quando os atenienses não me absolveram" (48b10-c1). Notavelmente, o argumento para permanecer é enunciado pelas "leis" (atenienses), não pela racionalidade filosófica enquanto tal (e não por Sócrates em seu próprio nome). E Sócrates também enuncia um importante princípio que restringe o alcance do argumento: "Penso que é importante persuadir você antes que eu aja, e não agir contra sua vontade" (48e3-5). O argumento é em grande medida dirigido a Críton, que é um amigo leal e um homem decente, mas nem mesmo remotamente um filósofo. As leis concluem com uma injunção para que Sócrates não deixe Críton persuadi-lo. Sócrates surpreendentemente acrescenta:

---

30 Para um enunciado cauteloso da preferência de Sócrates pela democracia, levando-se tudo em conta, *cf.* Roochnik (2003, cap. 3.1). *Cf.* também Kraut (1984, cap. 7) e sua troca com Orwin (KRAUT, 2002 e ORWIN, 2002); Euben (1996); Mara (1988); de Lattre (1970); Versenyi (1971) e Griswold (1999b). Considerem-se também as avaliações de Ober (1998, p. 245-247); Reeve (1988, cap. 4, especialmente p. 231-234); Saxonhouse (1996, cap. 4); Monoson (2000 e os caps. 2 e 3 do notável *Plato: political philosophy* [*Platão: filosofia política*] de Schofield (2006).

estas são as palavras [as das leis] que pareço ouvir, como os coribantes parecem ouvir a música de suas flautas, e o eco dessas palavras ressoa em mim, e torna impossível para mim ouvir qualquer outra coisa. No que diz respeito a minhas crenças atuais, se você falar em oposição a elas, você falará em vão. No entanto, se você pensa que pode conseguir alguma coisa, fale (54d3-8).

Críton deve ceder (e de fato, sua resposta final e resignada é simplesmente "Não tenho nada a dizer, Sócrates").

De modo correspondente, a questão de se os discursos das leis pretendendo provar que seria injusto escapar da prisão são endossados ou não por Sócrates sem restrições é o assunto de uma grande parcela de controvérsias acadêmicas.[31] Pelos tipos de razões que acabam de ser indicadas, entre outras, eu argumentaria em favor da visão de que Sócrates aqui está apresentando um argumento que se destina a encorajar a adesão às leis da pólis (democrática) por parte de não filósofos. Para Sócrates, esse é um curso mais sábio do que encorajar os Crítons do mundo a quebrar a lei sempre que sua "filosofia" livremente pensante os persuada de que é justo fazê-lo. O *Críton* leva seu destinatário à mesma conclusão à qual Sócrates chegara (a saber, não fugir da prisão) por diferentes razões. As leis são postas a dizer:

> Tu deves ou persuadi-la [a cidade], ou obedecer suas ordens, e suportar em silêncio o que quer que ela te instrua a suportar, sejam golpes ou grilhões, e se ela te leva à guerra para seres ferido ou morto, deves obedecer. Fazê-lo é correto, e alguém não deve ceder, recuar ou deixar seu posto, mas sim, tanto na guerra quanto nos tribunais, em todos os outros lugares, deve obedecer aos comandos de sua cidade e país, ou persuadi-la quanto à natureza da justiça. (51b4-c1)

A cláusula sobre "persuadir" limita o tipo de regime em discussão a um tipo em que as vias para a persuasão existem (as leis são as da Atenas

---

[31] Para a visão de que Sócrates endossa os argumentos postos na boca das "leis", *cf.* Kraut (1984). Para a visão de que o *Críton* apresenta um argumento destinado a dar a Críton razões para obedecer à lei, em vez de razões endossadas sem restrições por Sócrates, *cf.* Weiss (1998), Harte (1999) e Miller (1996).

democrática) e fornece uma alternativa a *meramente* obedecer a *qualquer coisa* que as leis ordenem. Ao mesmo tempo, o surpreendente enunciado que acaba de ser citado parece patentemente em conflito com as críticas de Sócrates ao governo da maioria (por exemplo, ele sustenta que a verdade não é determinada por uma votação, *cf. Laques* 184d5-185a9), bem como com sua correspondente invocação feita aqui (*Críton* 48a5-7; *cf.* 44c6-7, "Meu bom Críton, por que deveríamos nos importar tanto com o que a maioria pensa?"), na *Apologia* (29d3-4) e na *República*, de princípios superiores que servem como medida daquilo que é reivindicado pela comunidade. Eles acabam por incluir a Forma da Justiça, e em última instância a do Bem.[32]

Se essa linha de interpretação estiver correta, Sócrates não está comprometido sem restrições com a proposição de que a verdade libertará a você, como se toda alma fosse por natureza preparada para compreender a verdade e agir sabiamente com base nessa compreensão. Sua política – e a conversa que é o *Críton* que exibe sua política em ação – é moderada pelo reconhecimento de que, neste mundo não ideal, os filósofos em seu sentido particular do termo são poucos e esparsos. No *Fedro*, Sócrates argumenta que o retórico filosófico conhece ao mesmo tempo a verdade e a alma de seu interlocutor, de modo a ser capaz de apresentar o assunto de uma maneira que o interlocutor seja capaz de apreender sem ser ferido (*Fedro* 271c10-272b2, 272d2-273a1, 276e4-277c6). Isso pode muito bem acarretar que um interlocutor particular (ou tipo de alma) seja melhor abordado com um discurso que comunica alguma verdade, mas não toda, sobre o assunto. Até mesmo na *República*, Sócrates declara que o "Estado ideal" (em nossa linguagem) requer o contar de uma "nobre mentira", bem como o uso terapêutico da "falsidade e do engano" (414b8-c7; 459c2-d2). Muitas pessoas suspeitavam que Sócrates sabia mais do que ele deixava transparecer

---

32 *Cf.* também o notável elogio no *Górgias* de "um filósofo que se preocupou com seus próprios assuntos e não foi intrometido durante sua vida" (526c3-4), e sua declaração de que "desconsidero as coisas honradas pela maioria das pessoas, e ao praticar a verdade eu realmente tento, segundo o melhor de minha habilidade, ser e viver como um homem muito bom, e quando eu morrer, morrer assim" (526d5-e1).

(*Apologia* 23a3-5), sendo sua famosa ironia um exemplo disso. Em ação na esfera política, a filosofia socrática inevitavelmente assume uma dimensão retórica (o que não significa que ele seja simplesmente um ironista, muito menos um esoterista, porém que ele deva proceder como o bom retórico que ele descreve no *Fedro*).

Mas se os discursos das leis não explicam por que Sócrates se recusou a fugir da prisão, o que explica? Certamente, ele não considera a morte má em si e por si mesma (*Apologia* 40c1-2). O sonho de Sócrates relatado no início do *Críton* (44a5-b5), a invocação de deus na última sentença do diálogo e o comentário na *Apologia* de que seu *daimonion* ou voz interior não o desviou de seu curso de ação (40a2-4) conjuntamente sugerem que ele havia decidido que a hora de morrer havia chegado (*Apologia* 41d3-5: "é claro que seria melhor para mim morrer agora e escapar do problema"). Não é irrelevante que Sócrates já era um homem velho (*cf.* a *Apologia de Sócrates* de Xenofonte, 6-7). Além disso, se ele fosse escapar da morte persuadindo o júri por meios degradantes (digamos, implorando por misericórdia; *Apologia* 34c1-d10, 38d5-e2) ou fugindo da prisão, sua posição moral e sua reputação teriam sido fatalmente comprometidas (*Apologia* 34e1-35a3, 28d9-29a5). Afinal, Sócrates insistia publicamente que não tinha medo da morte; qualquer um desses cursos de ação teria feito dele um objeto de escárnio para sempre. Sócrates está explicitamente tentando definir e justificar uma nova possibilidade humana – o "filósofo" entendido de uma maneira distintiva e inovadora – e a forma de sua morte foi uma parte inerente desse desempenho daquela vida profundamente controversa. A política de Sócrates visava estabelecer pública e persuasivamente, portanto na ação bem como na palavra, que a vida filosoficamente examinada é a melhor.

15 Sócrates na filosofia grega posterior

ANTHONY A. LONG

15.1 Introdução

Sócrates é um filósofo cuja importância histórica e renome mundial deve-se em grande medida a três fatos notáveis.[1] Primeiro, sua vida e especialmente seu julgamento e morte, apesar de cardeais para sua influência e posição póstumas, foram eventos relativamente menores para a maioria de seus contemporâneos atenienses e para os descendentes imediatos destes. Durante os primeiros anos após sua morte, ele ainda era a figura controversa que havia sido ao longo da parte final de sua vida. Não havia escrito nada, somente alguns de seus companheiros, Platão, Antístenes, Xenofonte, e os outros autores socráticos, cujos escritos em sua defesa e ensinamentos começaram, embora apenas gradualmente, a transformar esse ateniense excêntrico e perturbador em um ícone intelectual e moral. Ele dificilmente havia alcançado esse status mesmo cinquenta anos após sua execução, pois é mencionado em apenas um contexto por Isócrates (Busíris 4.3; 5.9), somente uma vez pelo orador Esquines (Contra Timarco 173) e nunca por Demóstenes.

Sócrates, portanto, – e este é o segundo fato relevante – deve sua importância filosófica aos diversos modos como ele foi interpretado, louvado, e às vezes mesmo criticado por autores que, graças a sua *própria* criatividade

---

1 Ao escrever este capítulo, baseio-me seletivamente no material apresentado em Long (1996a, cap. 1) e ultrapasso esse material ao discutir o papel de Sócrates em Epiteto e em autores platônicos e cristãos do Império Romano.

intelectual e educacional, fizeram da filosofia grega a importante presença cultural que ela ainda não havia se tornado durante a vida do próprio Sócrates. Com a fundação de escolas oficiais de filosofia – a Academia, o Liceu, o Jardim de Epicuro, a Estoa zenoniana – e com movimentos filosóficos menos formalmente organizados, especialmente os cínicos, emergiram contextos para Sócrates voltar a viver uma vida de alcance bem mais amplo e variado do que qualquer coisa que ele próprio poderia ter imaginado. Uma vez que cada escola ou movimento tinha uma identidade bastante distinta, as interpretações de Sócrates seguiam essas propensões. Ainda assim, mesmo se tivesse havido mais unidade entre eles, a questão de o que exatamente Sócrates representava teria permanecido tão aberta e intrigante quanto ainda é para nós. Assim como nós, as gerações de pensadores depois de Platão, Xenofonte, Antístenes e dos outros socráticos depararam-se com um registro de imagens multifacetadas e longe de serem inteiramente consistentes sobre o homem. Elas tiveram de decidir, assim como nós, se seu Sócrates era um moralista radical e austero (o Sócrates estoico), um cáustico e exibicionista pregador do ascetismo (o Sócrates cínico), um dialético confessadamente ignorante (o Sócrates dos céticos acadêmicos), alguém com doutrinas teológicas (como em Xenofonte) ou um filósofo com fortes interesses por argumentos indutivos e definições (como em Aristóteles).

O terceiro fato que quero mencionar sobre a importância histórica mundial de Sócrates nos leva para muito além da filosofia no sentido estrito. A evidência para essa presença cultural na Antiguidade torna-se crescentemente maior conforme avançamos no tempo até o o século III da Era Cristã. Na época imperial romana, Sócrates torna-se um exemplar e um *tópos* retórico, um assunto constante para os anedotistas, um nome ao qual se ligam numerosos aforismos morais e um autor de cartas e lições forjadas. E para uns poucos dentre os primeiros autores cristãos, mais notavelmente Justino Mártir, ele é um autêntico precursor de Jesus.[2] Nesse material, o foco principal incide sobre a injusta acusação, julgamento e execução de

---

2 O SSR provê uma esplêndida coleção de testemunhos sobre Sócrates, começando com os poetas cômicos (outros que não Aristófanes) e com Aristóteles, e concluindo com os padres cristãos. Refiro-me a essa obra somente para as passagens mais recônditas que noto.

Sócrates, e sua equanimidade diante da morte. Esses detalhes biográficos haviam sido tratados há muito como modelos educacionais, especialmente entre autores estoicos, mas para os retóricos do Império Romano, tais como Díon de Prusa, Aélio Aristides e Libânio, esses detalhes, e pouco mais além disso, eram o que suas audiências esperavam ouvir sobre Sócrates. Nessa época, também, refletindo o *Zeitgeist*[3], encontramos um interesse especial em relação ao sinal divino (*daimonion*) de Sócrates, e menções de Sócrates como um sábio da lavra de Pitágoras, Platão e Heráclito.

Essa literatura posterior sobre Sócrates, apesar de extensa, tende a repetir os mesmos detalhes biográficos diversas vezes, tirados principalmente da *Apologia* de Platão. Ao passo que o Sócrates de Aristóteles e dos filósofos helenísticos, tomado coletivamente, é uma figura altamente complexa, o Sócrates da Antiguidade posterior foi reduzido em grande medida a uma vítima exemplar da perversidade humana, tendo sido esquecidos sua ironia, seu erotismo e sua dialética exploratória. Ocasionalmente ouvimos algo sobre sua confissão de ignorância, principalmente em contextos cristãos, mas até mesmo sua ética adquirira o ar bolorento da trivialidade. Contudo, apesar de todo esse tédio, o simples volume de material sobre Sócrates nessa época atesta uma figura icônica de importância e difusão sem paralelo; e assim ele seria transmitido para o mundo medieval e além.

Dada a riqueza de dados e a complexidade interpretativa que boa parte desses dados apresentam, meu tratamento da pós-vida de Sócrates tem de ser seletivo e superficial. O que farei, em vez de apresentar um levantamento enciclopédico ou cronológico, será me concentrar nos seguintes pontos: 1) a tradição doxográfica e suas principais fontes; 2) os fundamentos da ética socrática; 3) a ignorância, a dialética e a ironia socráticas; 4) as críticas a Sócrates; 5) Epíteto e o elenco socrático; 6) o sinal divino de Sócrates.

---

3   NT: O termo alemão *Zeitgeist*, que literalmente se traduz como "espírito do tempo", refere-se ao conjunto de tendências intelectuais e culturais de uma determinada época.

15.2 A tradição doxográfica e as principais fontes

Olhando para trás, para a história da filosofia na época helenística, os autores de manuais doxográficos enxergaram Sócrates como uma figura definidora central. Por um lado, uma vez que ele tinha a reputação de ter estudado física na juventude, podia ser visto como o último dos pensadores "jônicos", começando com Tales. Por outro lado, como o suposto originador da ética, ele se encontrava na origem de uma sucessão bifurcada.[4] Um ramo dessa sucessão ia de Platão até os céticos acadêmicos; o outro ia desde Antístenes, passando pelos cínicos, até Zenão e seus sucessores estoicos.

Uma vez que nosso Sócrates moderno é principalmente a figura que domina a discussão nos diálogos platônicos, regularmente levantamos questões acerca da historicidade de Platão; tentamos distinguir a voz específica e autêntica de Sócrates e as adições de Platão a ela. A maioria dos estudiosos modernos duvida se o Sócrates de carne e osso pode ser destacado inteiramente, em algum lugar, da pena brilhantemente criativa de Platão. Não obstante, há uma ampla concordância em que aqueles que tradicionalmente consideramos os diálogos socráticos "iniciais", começando com a *Apologia* e parando antes da *República*, fornecem a melhor evidência platônica para discussões e interesses autenticamente socráticos.

Os estudiosos da Antiguidade não levantaram nosso problema socrático. Contudo, no que diz respeito a Platão, o Sócrates que eles receberam dele é o mesmo que nosso Sócrates, pelo menos em sua maior parte. Cícero (106-143 a.C.) tinha bastante consciência de que Platão creditava a Sócrates aquilo que ele chama de doutrinas "pitagóricas" (*Rep.* 1.15-16), e tudo que Aristóteles atribui a Sócrates pode ser remetido aos diálogos iniciais. A polêmica epicurista contra Sócrates concentrava-se nos seguintes diálogos, todos eles, exceto talvez o último, considerados iniciais – *Eutífron, Lísis, Górgias* e *Eutidemo*. Na *Vida de Sócrates* de Diógenes Laércio, todos esses são citados, exceto o *Górgias*, e em acréscimo Diógenes (fl. 200 d.C.) refere-se à *Apologia*, ao *Mênon*, ao *Fédon*, ao *Banquete* e ao *Teeteto* – todos os últimos quatro

---

4   D.L. 1.13-15.

devido a dados biográficos e não doutrinários. Para Epíteto (*c.* 55-135 d.C.), cujo notável recurso a Sócrates devo discutir depois, os diálogos favoritos são o *Górgias* e a *Apologia*; e assim como outros na Antiguidade posterior, ele recorre ao longo discurso educativo de Sócrates no *Cleitofonte*.⁵

Embora os diálogos iniciais de Platão, especialmente a *Apologia*, fossem fundamentais para todas as imagens de Sócrates, a tradição doxográfica (pela qual entendo os retratos escritos padronizados que surgem a partir do início da era helenística) é fortemente marcada por uma única passagem dos *Memoráveis* de Xenofonte (1.1.11-16). Defendendo Sócrates contra a acusação de impiedade, Xenofonte enfatiza a distância de Sócrates em relação à investigação "inútil" e "contenciosa" da natureza (aquilo que chamamos de cosmologia pré-socrática), sua investigação concentrada em conceitos éticos e sua consideração do conhecimento destes últimos como a essência da excelência humana. Os leitores da *Apologia* de Platão podiam encontrar ali enunciados mais cheios de *nuances* no mesmo sentido, como o próprio Xenofonte provavelmente encontrou; mas foi a enérgica reapresentação de Xenofonte que encapsulou em grande medida a importância filosófica de Sócrates para as gerações posteriores, como podemos ver a partir do seguinte relato doxográfico:

> Os filósofos originais optaram apenas pelo estudo da natureza e fizeram deste o objetivo de sua filosofia. Sócrates, que os sucedeu muito tempo depois, disse que isso era inacessível às pessoas [...] e que o que era mais útil era a investigação de como melhor conduzir a vida, evitar as coisas ruins e obter a maior parcela possível de coisas boas. Acreditando que isso era mais útil, ele ignorava o estudo da natureza [...] e concentrava seu pensamento no tipo de disposição ética que podia distinguir entre o bom e o ruim, o certo e o errado.⁶

Sócrates é representado de modo padronizado, como aqui, como o pai fundador da ética filosófica e como alguém que repudiava o ramo da

---

5   Epiteto 3.22.6; *cf.* Plutarco, *De lib.* 4e; Díon de Prusa 13.16.
6   Ps.-Galeno, *História da Filosofia* 1 = I C 472 SSR.

filosofia posteriormente chamado de física.[7] Será que ele era então regularmente considerado, nas palavras de Vlastos, como "exclusivamente um filósofo moral"?[8] Em alguns círculos, certamente. Dentre seus seguidores imediatos, diz-se que Aristipo repudiava a matemática, a dialética e a física; os cínicos, seguindo a liderança de Antístenes, encaixam-se na descrição de Vlastos, e isso se ajusta muito claramente a um dos primeiros filósofos estoicos, Aríston (ver n. 640). Todas essas figuras, podemos presumir, consideravam-se seguidores da liderança de Sócrates. No entanto, mesmo os relatos truncados da tradição doxográfica também creditam a Sócrates habilidades retóricas formidáveis ou uma perícia em argumentos dialéticos, e a ironia de Sócrates é às vezes comentada.[9]

As referências a seus interesses lógicos ou metafísicos e à sua confissão de ignorância são mais espasmódicas. Aristóteles, após endossar a imagem-padrão de Sócrates como um ético que ignorava a física, diz notoriamente que ele "buscou o universal no domínio da ética e foi o primeiro a concentrar o pensamento em definições".[10] Os platônicos posteriores seguiram a liderança de Aristóteles, com Proclo (410-485 d.C.) contradizendo Aristóteles e até mesmo imputando "formas com existência separada" a Sócrates.[11] Antístenes parece ter reduzido as formas platônicas a conceitos; e os estoicos, ao agirem de modo semelhante, podem muito bem ter pensado que estavam sendo verdadeiros em relação à doutrina socrática.[12] Mas um Sócrates lógico ou metafísico não é uma característica dominante da tradição.

---

7 Cícero, *Tusc. disp.* 5.10, *Rep.* 1.16; Sexto Empírico, *M.* 7.8; Temístio 34.5 = SSR IV A 166; Aulo Gélio 14.3, 5-6, que cita Xenofonte e contrasta o relato deste sobre Sócrates com Platão, "em cujos discursos Sócrates discute física, música e geometria"; Lactâncio, *Div.inst.* 3.13, 6. Diógenes Laércio faz de Sócrates o fundador da ética (2.20), mas questiona seu repúdio da física (2.45), citando os discursos de Sócrates sobre a providência em Xenofonte.
8 Vlastos (1991, p. 47).
9 Cícero, *Tusc. disp.* 5.11; Arístocles *ap.* Euséb., *PE* 11.3.2 = I C 460 SSR; ps.-Galeno (n. 624 acima); D.L. 2.19 citando Tímon.
10 *Met.* 1.6, 987b1-3; *cf. Met.* 13.9, 1086a37-b5 e 13.4, 1078b17-32.
11 Proclo, *In Plat. Parm.* 3.4 = SSR I C 461; Aristóteles, *Met.* 13.9, 1086b1-6; *cf.* também Arístocles (n. 627).
12 *Cf.* Long (1996a, p. 19).

Quanto às repetidas confissões de ignorância por parte de Sócrates em Platão, estas vêm ao foro pela primeira vez com Arcesilau e os céticos acadêmicos. Quando são mencionadas em outros lugares, como em alguns autores cristãos, podemos assumir a influência da representação de Sócrates como seu precursor cético por parte dos acadêmicos.[13]

Assim, na época de Cícero qualquer pessoa interessada em Sócrates tinha uma grande coleção de autores para consultar. Esta incluía poetas cômicos, biógrafos helenísticos, polemistas peripatéticos e epicuristas, e os filósofos acadêmicos e estoicos, os quais, às suas diferentes maneiras, anunciavam claramente sua aliança com Sócrates. Diógenes Laércio cita mais de vinte autoridades em sua *Vida de Sócrates*, dos quais apenas uns poucos pertencem ao período imperial romano. Contudo, as influências predominantes sobre a tradição socrática sempre foram os autores socráticos imediatos, Platão, Antístenes e Xenofonte. Foi desses autores que os gregos e romanos posteriores tiraram seus ditos e histórias socráticos favoritos, encontrando nesse material, em vez de em enunciados doutrinários, seu senso da importância cultural e intelectual do grande homem.

Será que podemos concluir que ninguém que viveu depois de Platão e Xenofonte estava em posição de saber mais sobre Sócrates do que qualquer um de nós hoje é capaz de inferir ao lê-los? Minha resposta é afirmativa em sua maior parte; mas não devemos esquecer que virtualmente perdemos os diálogos de Antístenes, no qual Xenofonte apresenta em seu *Banquete* como talvez o principal discípulo de Sócrates. Embora o registro da obra de Antístenes seja exíguo, o que sobrevive dela concorda de modo surpreendente com doutrinas básicas da ética estoica. Os cínicos foram os principais recipientes da obra de Antístenes, e dos cínicos, e provavelmente também de modo direto, ela influenciou Zenão de Cítio (334-262 a.C.), o fundador do Estoicismo. Penso que todas as teses éticas de Antístenes são consistentes com proposições socráticas em Platão ou Xenofonte. A importância delas para nós, assim como a tradição doxográfica

---

13 Justino, *Cohort. ad Graec.* 36 = SSR I G 11, que assume que a ignorância de Sócrates era sincera; e Agostinho, *Civ. dei* 8.3, que fala de Sócrates como que ocultando seu conhecimento ou suas crenças.

sobre Sócrates, é sua formulação vívida de doutrinas que foram geralmente consideradas socráticas.

15.3 Fundamentos da ética na tradição socrática

Aqui está uma seleção das afirmações atribuídas a Antístenes:[14]

1. a virtude é suficiente para a felicidade;
2. o homem sábio é autossuficiente;
3. somente os virtuosos são nobres;
4. os virtuosos são amigos;
5. coisas boas são moralmente belas (*kala*) e coisas ruins são vis;
6. a virtude masculina e feminina é idêntica;
7. a sabedoria prática (*phronesis*) é uma fortificação completamente segura;
8. a virtude é uma armadura irremovível;
9. nada é alheio ou está além dos recursos do homem sábio;
10. defesas são necessárias para tornar o raciocínio de alguém inexpugnável.

Não sabemos como Antístenes apoiou essas proposições. Enunciadas dessa forma nua, elas são muito distantes da sutil dialética de Sócrates em Platão. Ainda assim, quando os estudiosos de hoje tentam extrair o núcleo da ética socrática dos diálogos de Platão, eles operam de modo bastante semelhante, enfatizando especialmente as proposições 1 e 5.[15] As características mais distintivas das formulações de Antístenes são, primeiro, seu foco explícito sobre o homem sábio, e segundo, as metáforas militares com as quais ele reveste o poder da virtude ou sabedoria. O Sócrates de Platão havia declarado na *Apologia* (41d) que nenhum dano podia ocorrer ao homem bom, na vida ou na morte; e Xenofonte (*Mem.* 1.2.1) havia enfatizado o extraordinário autodomínio de Sócrates. Contudo, nem Platão nem Xenofonte colocam a mesma ênfase que

---

14 Tiradas de D.L. 6.10-13.
15 *Cf.* Vlastos (1991, especialmente cap. 8) e Irwin (1995, especialmente cap. 4).

Antístenes sobre o modo como a virtude arma o homem sábio contra todas as vicissitudes. Aqui temos o embrião do sábio cínico e estoico, com sua disposição racional inexpugnável.

Os gregos, é claro, possuíam o conceito de um homem sábio antes de Sócrates, conforme exemplificado por pessoas como Sólon e Tales. A literatura socrática inicial, desenvolvendo esse conceito, não apenas promoveu Sócrates à posição de sábio paradigmático, mas também modificou durante esse processo os critérios da sagacidade exemplar. Sólon foi renomado por sua habilidade legislativa e Tales por sua engenhosidade prática. Sócrates, em vez disso, foi tomado como a manifestação de um novo modelo de sabedoria, cujas marcas identificadoras eram a integridade intelectual e moral e o autodomínio.[16] Embora seus herdeiros mais reconhecíveis fossem os cínicos e os estoicos, Pirro (*c.* 365-270 a. C.) e Epicuro (341-271 a. C.), apesar de não terem uma aliança para com Sócrates, também receberam esse manto de seus seguidores. Os céticos acadêmicos modelaram seu ideal de completa suspensão do juízo com base em Sócrates, e os hedonistas cirenaicos postularam seu próprio homem sábio. Até mesmo Aristóteles, que dificilmente heroificava Sócrates, enquadra-se nesse padrão, na medida em que ele frequentemente cita o "homem sábio" (*phronimos*) como seu modelo ético.

Sócrates, portanto, conforme enxergavam os antigos a partir de sua perspectiva helenística, simbolizava uma mudança radical de valores e possibilidades humanas, boa parte da qual já havia sido capturada pela *Apologia* de Platão: a depreciação de bens corpóreos e convencionais, o foco na excelência ética como uma qualidade da alma, a identificação da racionalidade como o único critério apropriado de julgamento e como a fonte segura da força mental e emocional.

Um dos primeiros, e certamente o mais dramático, representantes desse legado socrático foi o cínico Diógenes, considerado morto no ano 323 a.C., e supostamente descrito por Platão como "Sócrates enlouquecido".[17] Embora seja difícil extrair um retrato autêntico dessa figura notória a partir

---

16 *Cf.* Long (1993; 1999).
17 D.L. 6.54.

de evidências que são em grande medida anedóticas, o seguinte relato pode ser considerado suficientemente plausível.[18]

Diógenes buscava eliminar o *nomos* (convenção) como fundamento dos valores e substitui-lo com a *physis* (natureza). Considerando a essência da natureza humana como a racionalidade, ele adotara como seu objetivo, mediante exemplos chocantes de exibicionismo, isolar essa concepção em relação às práticas e avaliações que não podiam ser justificadas à luz da razão. A felicidade, concebida como liberdade e autodomínio, era um objetivo viável para qualquer pessoa que estivesse preparada para identificar suas condições necessárias e suficientes como treinamento rigoroso do corpo e da mente. As pessoas assim fortalecidas seriam capazes de viver conforme a razão exige, indiferentes à riqueza, à luxúria, à posição social ou ao prazer, desdenhosas da opinião pública e impenetráveis às alterações da fortuna. A sabedoria, e somente a sabedoria, era a base apropriada para a genuína riqueza, posição e poder.

Nenhum escrito genuíno de Diógenes sobreviveu, se é que ele de fato colocou seu estilo sobre o papiro. Mas temos alguns poemas sardônicos compostos por seu seguidor Crates (fl. 300 a.C.), que exemplificam as ideias salientes atribuídas a Diógenes. Aqui estão dois exemplos:

> A fome põe fim à luxúria; se não, o tempo o faz; se não puderes usar estes, uma corda servirá. (fr. 14 DIEHL)

> Não tenho um país como meu refúgio, nem um único teto, mas toda terra tem uma cidade e uma casa pronta para me receber. (fr. 15 DIEHL)

O Sócrates de Platão e Xenofonte dificilmente é um cosmopolita. O que os cínicos e, sob influência destes, os primeiros estoicos fizeram foi transpor o Sócrates atenocêntrico, ou o que eles consideravam ser sua mensagem, para formas pan-helênicas e distintas de discurso e ensinamento – populares e proselitistas com os cínicos, sistemáticas e analíticas no caso dos estoicos.

---

18 Para um tratamento mais detalhado, *cf.* Long (1996b).

De Zenão a Epíteto e Marco Aurélio (imperador romano de 161 a 180) – quer dizer, durante a história da Estoa enquanto instituição viva –, Sócrates foi o filósofo que os estoicos adotaram como sua principal inspiração e modelo. O recurso de Epíteto a Sócrates merece atenção especial; aqui me concentrarei no papel de Sócrates na fase inicial do estoicismo.

De acordo com a tradição biográfica, a decisão de Zenão de se dedicar à filosofia foi gerada por sua leitura e investigação sobre Sócrates. Em uma versão da história, quando ele havia começado a ler o segundo livro dos *Memoráveis* de Xenofonte em uma livraria ateniense, o lojista apontou para Crates e disse a Zenão para seguir o cínico como um Sócrates dos dias presentes.[19] O cinismo foi certamente a influência mais potente no início da filosofia de Zenão. Sabemos isso com base nos fragmentos de sua *República*.[20] Com sua rejeição de convenções sociais dominantes tais como o casamento, a cunhagem e os templos, a *República* de Zenão refletia a postura antinômica de Diógenes. Como tal, ela era muito mais radicalmente subversiva do que a *República* de Platão, e provavelmente escrita de modo deliberado para sê-lo. Mas embora a filosofia de Zenão como um todo tivesse muitos traços antiplatônicos, Zenão também foi positivamente influenciado por Platão, especialmente em relação ao Sócrates dos diálogos iniciais de Platão. Quando jovem, ele estudara com Polemo, líder da Academia platônica no fim do século IV a.C. O ponto relevante é que Zenão teve um mentor platônico, bem como Xenofonte, Antístenes e os cínicos para facilitar sua compreensão da ética socrática.

As doutrinas mais fundamentais da ética estoica eram: 1) a restrição não qualificada da bondade à excelência ética; 2) como um corolário de 1, a indiferença em relação a todas as vantagens ou desvantagens (convencionalmente consideradas boas ou ruins, respectivamente) corporais e externas; 3) a necessidade e suficiência da excelência ética para a felicidade completa; e 4) a concepção da excelência ética como um tipo de conhecimento ou arte. Não pode haver dúvida de que, ao defender essas doutrinas, os estoicos se consideravam autenticamente socráticos, e há pouca dúvida de que, ao

---

19 D.L. 7.2-3.
20 *Cf.* Schofield (1991).

fazê-lo, eles se baseavam especialmente no argumento principal de Sócrates no *Eutidemo* 278e-281e.[21]

Ali, Sócrates tenta convencer seu interlocutor de que o fundamento da felicidade é simplesmente e exclusivamente o conhecimento ou sabedoria. Todos os outros assim chamados bens, tais como a riqueza, a saúde e a honra são benéficos e superiores a seus opostos se, e somente se, eles forem corretamente – isto é, com sabedoria e conhecimento – utilizados. De outro modo, eles são mais prejudiciais do que seus opostos. Nem a riqueza e coisas semelhantes, apenas por si mesmas, têm qualquer valor positivo, nem a pobreza e coisas semelhantes, apenas por si mesmas, têm qualquer valor negativo. Sócrates conclui: "Dentre as outras coisas (isto é, tudo exceto a sabedoria e a ignorância), nenhuma é boa ou ruim, mas dentre essas duas coisas, uma – a sabedoria – é boa e a outra – a ignorância – é ruim" (*Eutd.* 281e-3-5).

Esse argumento deu a Zenão não apenas a autoridade socrática para as doutrinas que esbocei aqui. Mais especificamente, ofereceu-lhe apoio para seu conceito de coisas "intermediárias" ou "indiferentes", nem boas nem ruins em si mesmas, mas materiais para a sabedoria ou conhecimento ético usar bem. Além disso, é altamente provável que uma ambiguidade ou equívoco crucial no argumento tenha ajudado a alimentar a grande discordância entre Zenão e seu principal discípulo, Aríston (fl. no início do século III a.C.).[22]

De acordo com Zenão, embora somente a excelência ética seja estritamente boa e constitutiva da felicidade, e somente as falhas éticas sejam estritamente ruins e constitutivas da miséria, coisas indiferentes como a saúde e a riqueza têm valor positivo e seus opostos têm correspondente valor negativo. Aríston discordava. Ele rejeitava as categorias de Zenão de coisas indiferentes "preferidas" e "malquistas", sustentando que a base para selecionar uma destas em detrimento de outra não era intrínseca ao valor dos próprios itens, mas unicamente uma decisão sábia ou dotada de

---

21 Para um tratamento muito mais completo do que se segue, *cf.* Long (1996a, p. 23-32), e para um estudo ulterior do interesse dos estoicos pelo argumento do *Eutidemo*, *cf.* Striker (1996b).

22 Para evidências sobre Zenão e Aríston, *cf.* Long e Sedley (1987, cap. 58). Para a restrição cínica por parte de Aríston da filosofia à ética, e suas outras discordâncias com Zenão, aparentemente motivadas por seu desejo de um alinhamento ainda mais próximo de Sócrates, *cf.* Long (1996a, p. 22-23) e Porter (1996).

conhecimento. A posição de Aríston era heterodoxa (assim como sua restrição da filosofia estoica à ética, em imitação de Sócrates). Contudo, ele poderia dizer que isso era exatamente verdadeiro ao pé da letra em relação ao argumento de Sócrates no *Eutidemo*, no qual nenhum valor intrínseco é atribuído a coisas como a riqueza, e nenhum valor negativo a coisas como a pobreza. Zenão, por outro lado, poderia dizer que, não obstante a declaração de Sócrates nesse sentido, Sócrates também havia dito que a riqueza e coisas semelhantes usadas com sabedoria eram *bens* maiores que seus opostos. Como formulado, o argumento de Sócrates equivoca-se entre a posição de que a saúde e coisas semelhantes não têm nenhum valor intrínseco (a doutrina de Aríston) e a posição de que elas são bens maiores do que seus opostos se forem bem utilizadas. A solução de Zenão para o equívoco era negar que elas fossem boas alguma vez, mas creditá-las com um "valor preferencial".

Há outros contextos socráticos em Platão nos quais os estoicos muito provavelmente se basearam para elaborar sua própria ética.[23] Por motivo de brevidade, ofereço este único exemplo, escolhendo-o porque mostra que eles também foram criativos além de imitativos em sua apropriação de Sócrates.

15.4 Ignorância, dialética e ironia socráticas

Para nós modernos, que temos demasiados exemplos de vítimas heroicas de injustiça, Sócrates é mais amplamente conhecido por dar nome a um método de ensino – fazer perguntas em vez de dar respostas, elicitando as opiniões dos estudante e sujeitando suas respostas à crítica – isto é, o Sócrates dos diálogos platônicos aporéticos tais como o *Eutífron* e o *Laques*. O filósofo pós-platônico da Antiguidade que levou o Sócrates aporético a seus limites foi Arcesilau, líder da Academia de *c*. 273-242 a.C., e originador da postura cética que prevaleceu na escola de Platão até a época de Filo de Larissa, no início do primeiro século d.C.[24]

---

23 Cf. Sedley (1993, sobre o *Críton* e o *Fédon*), Vander Waerdt (1994b, lei natural), Striker (1996b, sobre o *Clitofonte*).

24 Para as principais evidências sobre Arcesilau, cf. Long e Sedley (1987, caps. 68-69), e

Arcesilau e seus seguidores ficaram conhecidos como "aqueles que suspendem o juízo sobre tudo". Ele atribuía suas credenciais para essa postura e para sua prática dialética a Sócrates, alegando que os diálogos de Platão deviam ser lidos como veículos para induzir o ceticismo radical. Cícero, falando ele mesmo como um cético acadêmico, delineia a posição de Arcesilau como se segue (*De oratore* 3.67):

> Arcesilau, o pupilo de Polemo, foi o primeiro a derivar esse ponto principal de vários livros de Platão e de discursos socráticos – que não há nada que os sentidos ou a mente possam apreender [...]. Diz-se que ele depreciava todo critério da mente e dos sentidos, e iniciou a prática – embora ela fosse absolutamente socrática – de não indicar sua própria opinião, mas de falar contra aquilo que qualquer pessoa declarasse como a opinião dela (isto é, do falante).

Cícero estava certamente correto em enfatizar a originalidade de Arcesilau em sua maneira de ler Platão e interpretar Sócrates. É verdade, como vimos, que o Sócrates de Xenofonte (seguido pelos cínicos) repudia qualquer interesse pela ciência física, e há referências ocasionais do século IV a.C., fora de Platão, à confissão de ignorância de Sócrates.[25] Mas não há nenhuma razão para pensar que, antes de Arcesilau, Sócrates fosse associado principalmente a essa característica, e há fortes evidências positivas em contrário. No início do período helenístico, como podemos ver a partir do Estoicismo e da tradição doxográfica, Sócrates representava mais tipicamente a tese de que a excelência ética é conhecimento e a ruindade ética é ignorância. Aqueles que aceitavam essas doutrinas não podiam estar confortáveis com o pensamento de que seu principal proponente fosse um confesso ignorante e, por implicação, uma pessoa ruim.

Devemos supor que o ceticismo de Arcesilau foi realmente motivado, pelo menos em grande parte, por sua leitura do Sócrates de Platão – uma leitura fundamentalmente nova, não uma que ele impingia a Sócrates e

---

para discussões adicionais, *cf.* Schofield (1999) e Cooper (2004a).
25 Esquines Socrático fr. 3-4, Krauss (sobre o qual *cf.* LONG, 1996a, p. 11, n. 25) e Aristóteles (*Soph. El.* 183b6-8).

Platão porque ele já fosse um cético. Em outro contexto (*Academica* 1.44-5), Cícero apresenta o ceticismo de Arcesilau como uma resposta à obscuridade das coisas que haviam levado Sócrates e filósofos anteriores a "uma confissão de ignorância". Cícero continua dizendo que Arcesilau considerava que Sócrates tivesse conhecimento de apenas uma coisa – sua própria ignorância. O mais próximo que o Sócrates platônico chega de dizer isso é na *Apologia* 21b4-5: "Quanto a mim, *não tenho consciência* de ser sábio sobre coisa alguma, grande ou pequena". O que Sócrates provavelmente indica ao dizer isso é simplesmente que ele não se considera dotado de qualquer sabedoria. Mas Arcesilau, podemos supor, entendeu que Sócrates fez a forte afirmação cognitiva de que ele *sabia* que não sabia nada, e então passou a negar que ele próprio soubesse até mesmo isso.

A melhor evidência sobre Arcesilau indica uma intenção concentrada de se modelar segundo essa interpretação rigorosamente cética de Sócrates – sua recusa de escrever livros, seu virtuosismo dialético, seu desempenho do papel de questionador em vez de respondente, sua crítica destrutiva de outros filósofos e, de modo bastante geral, uma vida aparentemente dedicada à discussão com qualquer pessoa com quem ele pensasse que valia a pena falar. Arcesilau deve ter tido a intenção de que esse alinhamento próximo com Sócrates marcasse uma reorientação radical da Academia pós-platônica, afastando-se do foco doutrinário sobre a metafísica de Platão que havia sido a ocupação principal de seus sucessores imediatos, Espeusipo e Xenócrates, rumo a uma postura socrática revigorada. E ele foi tão bem-sucedido nesse empreendimento que levaria duzentos anos para que um Platão doutrinário reemergisse.

Gostaríamos de conhecer a identidade dos "vários" textos platônicos que Arcesilau invocava para justificar seu completo ceticismo. Infelizmente, não temos nada específico com que trabalhar além da *Apologia*, mas é uma boa suposição imaginar que ele tenha se baseado bastante no *Teeteto*, com sua falha de definir o conhecimento, bem como nas numerosas conclusões aporéticas e argumentos *ad hominem* dos diálogos iniciais.[26]

---

26 Como Arcesilau pode ter justificado essa imputação de ceticismo a Sócrates e Platão, e como nós mesmos deveríamos avaliar sua estratégia, são questões bem exploradas por Annas (1994), Shields (1994) e Cooper (2004a).

A questão que tudo isso levanta mais fortemente é, claro, o que Arcesilau fez de Sócrates como pai da ética? Devemos supor que ele tenha chamado atenção para contextos platônicos como o *Górgias* 508e6-509a7, no qual Sócrates, após endossar a tese de que é pior fazer o mal do que sofrê-lo, insiste que, apesar de toda a aparente força de convicção dessa tese, ele não *sabe* se ela é verdadeira. Em vez de considerar Sócrates um propositor e professor de doutrinas morais firmemente sustentadas, como fizeram os estoicos, Arcesilau o via como a autoridade para sua própria prática dialética – apresentar proposições éticas como passos para explorar e eliminar as alegações dogmáticas de outros pensadores, especialmente os estoicos. O que temos aqui é um fascinante debate sobre o legado socrático, com os dois lados, cada qual, apelando de modo parcial para sua própria seleção do registro encontrado em Platão e em outros lugares.

O que estava em discussão era a questão principal debatida pelas escolas helenísticas – a natureza da sabedoria filosófica e a disposição do homem sábio. Os estoicos, a partir de sua interpretação de Sócrates, derivavam um ideal de perfeição ética baseado no conhecimento técnico infalível, que eles defendiam como humanamente possível e como a meta de toda pessoa que pretendesse ser boa. Arcesilau, inspirado pelas frequentes negações cognitivas de Sócrates, enfatizava por sua vez a sabedoria de ser livre em relação ao erro, seguindo a indicação da ideia socrática de que nada é pior do que pensar que você sabe algo quando não sabe. Ao relatar o ceticismo de Arcesilau, Cícero associa o mais alto elogio moral à suspensão do juízo, declarando que ela é a única resposta correta e honorável para a impossibilidade do conhecimento.[27] Aqui, portanto, temos nossa melhor indicação sobre o modo como Arcesilau se posicionava em relação à ética socrática.

Ao colocar Sócrates no topo de seu ceticismo e de seu método dialético, Arcesilau não apenas corrigia o registro conforme ele o via, também recuperava Sócrates para a Academia. Ele claramente queria desvincular Sócrates da presunçosa Estoa, mas nisso não teve sucesso. Ao final do século

---

[27] Cf. Cícero, *Academica* 2.77, no qual o contexto é uma disputa entre o estoico Zenão e Arcesilau a respeito da disposição cognitiva do homem sábio.

II a.C., Sócrates havia se tornado tão entrincheirado entre os estoicos que encontramos Panécio, como líder da Estoa, defendendo Sócrates contra a difamação peripatética e estabelecendo um cânone da literatura socrática "verídica".[28]

Para enfraquecer o Sócrates cético dos acadêmicos, os estoicos podiam responder que as confissões de ignorância por parte dele não eram nada mais que uma manifestação dialética de sua notória ironia. Assim, Antíoco (fl. 80 a.C.), falando virtualmente como um estoico em Cícero, diz:

> Da lista [daqueles que Arcesilau alegou terem negado a possibilidade do conhecimento] devemos remover tanto Platão quanto Sócrates – o primeiro por ter legado um sistema dos mais esplêndidos [...] enquanto Sócrates, depreciando-se na discussão, costumava atribuir um peso maior àqueles que ele desejava refutar. Assim, ao dizer algo diferente do que ele pensava, ele gostava de fazer uso da dissimulação que os gregos chamam de ironia.[29]

Para a Antiguidade posterior em geral, Sócrates fora um ironista em vez de um cético sincero. De fato, foi provavelmente a caracterização cética dele por parte dos acadêmicos que promoveu de modo principal, como seu antídoto, uma avaliação positiva da ironia socrática. Os estoicos, que oficialmente desaprovavam a ironia, provavelmente não teriam divulgado essa característica de Sócrates se não estivessem respondendo aos acadêmicos. No entanto, já com Epicuro, aqueles que buscavam difamar Sócrates faziam da ironia uma das muitas acusações contra ele.[30] Volto-me agora para a recepção negativa de Sócrates.

---

28 D.L. 2.64.
29 *Academica* 2.15.
30 Cícero, *Brutus* 292. Por contraste, a única referência de Aristóteles à ironia de Sócrates é desapaixonada (*EN* 4.7, 1127b25).

15.5 Críticas a Sócrates

Sócrates não era uma figura confortável de se encontrar. Diríamos isso até mesmo a partir da leitura de Xenofonte, e a zona de conforto é o último lugar onde se pode situar o Sócrates de Platão, que os estudantes modernos acham arrogante e dissimulado. Os cínicos, os estoicos e os acadêmicos foram todos inspirados pelo estilo desafiador do discurso de Sócrates, fosse para zombar dos valores convencionais, para incitar a reflexão rigorosa sobre os fundamentos da autêntica felicidade ou para refutar todas as alegações filosóficas de certeza. Ainda assim, embora a maior parte da tradição filosófica heroificasse Sócrates, ele também teve fortes detratores, especialmente no início do período helenístico. Podemos começar nosso estudo dessa recepção negativa com Aristóteles.

Como pupilo premiado de Platão, Aristóteles não poderia ter ignorado a dívida filosófica de seu mestre para com Sócrates e a extraordinária honra prestada a Sócrates nos diálogos platônicos. Apesar disso, Aristóteles concede pouca atenção explícita a Sócrates. Os nomes de Empédocles, Demócrito e do próprio Platão ocorrem muitas vezes mais frequentemente no *corpus* aristotélico. Fora as breves referências na *Metafísica*, às quais já me referi, Aristóteles faz alguns poucos comentários positivos e críticos sobre Sócrates em seus tratados éticos, e isso é mais ou menos o que há. Considerando, como ele o fazia, que Sócrates havia rejeitado qualquer interesse pelas ciências físicas, a reticência de Aristóteles sobre ele pode parecer pouco surpreendente. Embora essa reação pudesse ser plausível, penso que havia mais coisas em jogo. Temperamentalmente, se eu puder me envolver na psicologia de poltrona, Aristóteles com seu intelecto frio não tinha nada em comum com o zelo missionário apaixonado que Sócrates exibe na *Apologia* de Platão e em outros lugares. Uma única sentença de Plutarco faz mais para explicar o legado socrático do que todos os comentários de Aristóteles sobre o homem: "Sócrates foi o primeiro a mostrar que a vida acomoda a filosofia a todo momento e em toda parte, e em todos os estados e assuntos, sem restrição".³¹ Foi esse o Sócrates que incendiou a imaginação e a aliança da primeira geração de seus seguidores, e as de seus sucessores cínicos e estoicos.

Aristóteles não fez qualquer esforço para depreciar Sócrates; isso parece certo. Mas não é menos certo, contudo, que ele se abstém, em suas obras sobreviventes, de elogiá-lo ou de dar-lhe uma posição principal como filósofo, e ele de fato aludiu a críticas feitas a Sócrates por outros.³² Os seguidores de Aristóteles no Liceu ficaram em silêncio a respeito de Sócrates, como Teofrasto parece ter feito, ou foram determinadamente malévolos. Consta, de acordo com Porfírio, que Aristoxeno escreveu uma vida de Sócrates que foi mais maldosa do que as acusações de Meleto e Anito.³³ Ela apresentava Sócrates como um bígamo que era namorado do rei macedônio Arquelau. A acusação de bigamia, repetida por outros peripatéticos, adquiriu uma difusão suficiente para provocar o estoico Panécio a escrever o que Plutarco chama de uma refutação adequada.³⁴ Esse tipo de mexerico, se fosse restrito ao caluniador Aristoxeno, não mereceria comentários adicionais. O fato de que isso se tornou uma prática peripatética comum sugere uma tentativa estudada de minar a integridade da vida de Sócrates. Podemos concluir que muitos peripatéticos buscaram combater o *status* crescente de Sócrates como o paradigma da maneira como uma vida filosófica deveria ser vivida. Quanto mais a concentração exclusiva de Sócrates sobre a ética era enfatizada, menos ele podia se adequar ao ambiente de pesquisa do Liceu.

A depreciação peripatética de Sócrates parece ter sido longa em termos de boatos e curta em termos de um engajamento preciso com os textos de Platão e Xenofonte. O mesmo não ocorreu com o ataque dos epicuristas. No caso de Epicuro, ouvimos apenas a respeito de sua crítica à ironia de Sócrates (n. 651). Se ele próprio foi bastante restrito em seus comentários sobre Sócrates, seus seguidores não foram.³⁵ Desde seus discípulos imediatos até os anos intermediários do Império Romano, os epicuristas exibiram

---

31 *An seni resp. ger.* 26, 796d = SSR I C 493.
32 D.L. 2.46.
33 Fr. 51 Wehrli = 1 B41 SSR.
34 Plutarco, *Aristides* 335c-d.
35 Kleve (1983) fornece uma excelente sinopse da visão epicurista sobre Sócrates.

uma hostilidade a Sócrates que é virulenta até mesmo pelos padrões extremos das polêmicas antigas. Em seus escritos, Sócrates foi retratado como o completo antiepicurista – em suma, um sofista, um retórico, um fanfarrão, um cético, um crédulo fornecedor de falsa teologia –, uma figura cujas investigações éticas inconclusivas e negligência em relação à ciência natural transformavam a vida humana em um caos.[36]

A partir de nossa perspectiva moderna, esse tipo de hostilidade não mitigada é difícil de compreender; pois tanto Sócrates quanto Epicuro estavam no negócio de curar as almas das pessoas. O Sócrates de Xenofonte, especialmente, poderia ter fornecido aos epicuristas um excelente apoio para boa parte de seus preceitos e prática éticos, inclusive seu foco na frugalidade, na autossuficiência e no controle de desejos vãos e desnecessários. Que eles tenham escolhido em vez disso atacar aspectos da ética de Sócrates e apresentá-lo como um completo cético indica que seu alvo imediato era a imagem de Sócrates transmitida pelos estoicos e pelos rivais acadêmicos dos estoicos.

Como já mencionei, os epicuristas escreveram livros contra vários dos diálogos platônicos. Dois desses diálogos, o *Górgias* e o *Eutidemo*, foram textos nos quais os primeiros estoicos parecem ter particularmente se baseado, e o *Górgias* foi o diálogo favorito de Epíteto.[37] Ao atacar a representação de Sócrates dada por Platão nessas obras, os epicuristas quase certamente consideravam estar indiretamente criticando os estoicos e seu paradigma socrático. Essa sugestão, ou antes a probabilidade de que a polêmica epicurista contra Sócrates tivesse um foco contemporâneo, é fortemente confirmada pelo que Colotes, um equivalente epicurista de Arcesilau, fez de Sócrates em seus livros contra o *Lísis* e o *Eutidemo*. Ali ele sustentava que Sócrates ignorava a autoevidência – a marca distintiva dos critérios epicuristas de verdade – e suspendia o juízo.[38] Aqui, em linguagem

---

36 Os epicuristas eram bastante precisos em seus ataques. Por exemplo, Colotes (fl. século III a.C.) prende-se à declaração de Sócrates (*Fedro* 230a) de que ele nem mesmo conhece a si mesmo, citando o texto de Platão de modo exato (PLUTARCO, *Adv. Col.* 21 1119b); e Filodemo (fl. século I a.C.) rejeita o argumento de Sócrates (*Prt.* 319d) de que a virtude não pode ser ensinada (*Rhet.* I 261, 8 ss.).
37 *Cf.* Long (2002, cap. 3 e posteriores).
38 *Cf.* Krönert (1906, p. 163-170) e Kleve (1983, p. 231).

bastante precisa, Sócrates está sendo apresentado como o protótipo do cético Arcesilau.

Há muito mais elementos nos ataques epicuristas a Sócrates do que discutirei aqui, incluindo uma longa crítica por parte de Filodemo à discussão de Sócrates sobre a gestão doméstica no *Econômico* de Xenofonte.[39] Desde o início, as excentricidades de Sócrates fizeram dele um alvo óbvio para a zombaria por parte dos poetas cômicos gregos, e Luciano continuou esse jogo muito tempo depois, de modo bastante divertido.[40] Mas poucos traços de humor suavizam os esforços dos epicuristas de desestabilizar sua reputação e sua importância. O que temos aqui é uma estratégia contínua e inteiramente séria de autopromoção – desvincular seus visados conversos da figura que seus principais rivais haviam elevado a uma posição que ameaçava o *status* quase divino e a mensagem salvadora do próprio Epicuro. Dentre esses rivais, os estoicos, de acordo com Filodemo, de fato "querem ser chamados de socráticos".[41]

15.6 Epíteto acerca do elenco socrático

A forte aliança dos estoicos com Sócrates, como vimos, começou com Zenão, o fundador da escola estoica. Há testemunhos de quase todos os principais estoicos desde então até Panécio e Possidônio (fim do século II a.C. a meados do I a.C.), acerca de seus interesses específicos em relação a Sócrates. Esse fato é significativo porque muito pouca evidência literal sobreviveu desse período formativo do Estoicismo. O material, embora fragmentário, mostra que os primeiros estoicos se basearam fortemente na literatura socrática, não apenas ao formular sua ética, mas também ao buscar apoio para seus interesses pela dialética, pelo direito, pela profecia e pelo

---

39 Para o tratamento de Sócrates por Filodemo, *cf.* a edição, com tradução e comentário, de Méndez e Angeli (1992); e Kleve (1983, p. 238-242).
40 *Cf.* as passagens de Luciano selecionadas em SSR, I A 31-5.
41 *De stoicis* col. 12 = SSR V B 126.

progresso moral.⁴² Penso que a estes pode ser acrescentada a teleologia e a providência divinas.⁴³

A partir de Cícero podemos inferir que os filósofos estoicos tinham o hábito de ligar o nome de Sócrates a algumas de suas teses éticas centrais. Por exemplo, eles adotaram de Sócrates a visão de que "todos os que carecem de sabedoria são insanos" (*Disputas tusculanas* 3.10) e supuseram que "tudo ocorre bem para os grandes homens, se os enunciados de nossa escola e de Sócrates, o líder da filosofia, forem adequados acerca da dádiva e dos recursos da virtude" (*Natura deorum* 2.167). Podemos presumir que também era uma prática comum citar exemplos salientes da vida e do caráter de Sócrates, representando-o como a segunda melhor coisa em relação ao elusivo e ideal sábio estoico. O Sócrates exemplar – vítima inabalável de um processo e de uma sentença supremamente injustos – tornou-se tão popular entre os moralistas romanos que Cícero e Sêneca o mencionam em uma mesma assentada com santos romanos de fabricação própria, como Régulo e Catão.

Nos extensos discursos que Arriano atribui a Epíteto, Sócrates é tudo isso, mas ele também é muito mais.⁴⁴ Epíteto canoniza Zenão e o cínico Diógenes (3.21.18-19), mas é Sócrates quem autoriza primariamente tudo que ele buscar dar a seus estudantes em termos de metodologia filosófica, autoexame, e um modelo de vida para eles imitarem. O interesse especial e bastante distintivo do Sócrates de Epíteto, ou antes da reflexão de Epíteto sobre Sócrates, consiste no modo como seus discursos se apropriam da dialética socrática e a adaptam. Seus procedimentos socráticos incluem o diálogo de perguntas e respostas, seguindo de modo bastante próximo o modelo de Platão. Aqui o ponto que quero desenvolver é o recurso de Epíteto ao elenco [*elenchus*] socrático.

---

42 Para detalhes, *cf.* Long (1996a, p. 16-17).
43 Em Long, 1996a, p. 20-21 (originalmente publicado como LONG, 1988, p. 162-163), proponho que os primeiros estoicos se basearam em Xenofonte, Mem. 1.4.5-18 e 4.3.2-18, no qual Xenofonte atribui a Sócrates essas doutrinas teológicas. Minha proposta é endossada e expandida por De Filippo e Mitsis (1994, p. 255-260).
44 Meu tratamento de Epíteto baseia-se seletivamente em Long (2002, cap. 3).

O Sócrates de Platão na *Apologia* sustenta que reconhecer a própria ignorância e praticar o autoexame são pontos de partida fundamentais para qualquer pessoa que queira viver bem. Epíteto ecoa esses famosos princípios socráticos repetidamente. A primeira tarefa de alguém que filosofa, diz ele, é livrar-se da ilusão de que esse alguém sabe (2.17.1), e ter consciência, desde o início, sobre sua fraqueza e impotência acerca de coisas absolutamente essenciais (2.11.1). Epíteto até mesmo agradece a um certo Lésbio por provar (*exelenchein*) todos os dias que "eu não sei nada" (3.20.19). Se ele está sendo irônico aqui, eu suspeito que essa é uma marca adicional de como seu recurso a Sócrates é diretamente platônico em vez de simplesmente uma característica da tradição estoica. Sócrates no *Górgias* (458a) de Platão havia comentado sobre o valor de alguém ter suas falsas crenças refutadas. Para Epíteto, a essência de encontrar um filósofo é uma troca mútua de crenças, com o objetivo de testar ou refutar um ao outro (*exelenchein* novamente: 3.9.12-14).

No uso da palavra *exelenchein* por Epíteto, podemos estar bastante certos de que ele está adotando Sócrates como sua autoridade, pois caracteriza-o como divinamente apontado para ocupar a posição elênquica (3.21.19) e associa essa posição à perícia educacional de Sócrates (2.26.4-7). Ao empregar essas habilidades na conversa, Sócrates (diz Epíteto) revelava a seus interlocutores a ignorância involuntária e a inconsistência deles ao agirem contrariamente a seus interesses reais. A metodologia refutativa de Sócrates havia inspirado os céticos acadêmicos em seu projeto de advogar a suspensão do juízo sobre tudo. Epíteto, segundo o melhor de nosso conhecimento, foi o único estoico que fez do elenco um instrumento *positivo* de seu próprio método de ensino.

A chave principal para compreender o raciocínio subjacente ao uso do elenco por Epíteto é sua doutrina das "preconcepções (*prolepseis*) inatas (*emphytoi*)". Os primeiros estoicos haviam proposto que os seres humanos "naturalmente" adquirem certos conceitos, mas eles consideravam a mente uma tábula rasa no momento do nascimento. Em vez disso, Epíteto sustenta que as pessoas têm preconcepções inatas de noções éticas universalmente válidas e consistentes (2.11.1-8). A base geral do erro, de acordo com ele, é a ignorância sobre como aplicar e articular as preconcepções (4.1.42-3). Uma vez que essa dotação é muito rudimentar para guiar juízos particulares em casos difíceis, o treinamento filosófico e o argumento elênquico são necessários para mostrar às pessoas que um juízo particular – por exemplo, a terrível decisão de Medeia de punir Jasão matando os próprios filhos de ambos – pode ser radicalmente incompatível com sua percepção inata da felicidade a longo prazo que elas realmente querem para si.

O diálogo platônico que ressoa mais profundamente em Epíteto é o *Górgias*. Embora o Sócrates de Platão não tenha o conceito de preconcepções inatas, há uma surpreendente semelhança entre suas alegações sobre o método elênquico naquele diálogo, conforme interpretadas por Vlastos, e o procedimento de Epíteto.[45] Vlastos explica a confiança de Sócrates nos resultados *positivos* de seus argumentos elênquicos no *Górgias* por meio de uma assunção dupla: primeiro, que qualquer conjunto de crenças inteiramente consistentes deve ser verdadeiro; e segundo, que quem quer que tenha uma falsa crença moral sempre terá crenças verdadeiras latentes que acarretam a negação daquela falsa crença. Sócrates acha que suas próprias crenças, uma vez que sua consistência foi exaustivamente testada, satisfazem a primeira assunção; e no elenco, ele elicita de seu interlocutor crenças verdadeiras que são coerentes com os juízos do próprio Sócrates e contradizem as crenças originalmente proferidas.

A interpretação de Vlastos sobre o elenco positivo não convenceu todos os estudiosos.[46] O que importa para meu propósito não é sua correção como a interpretação que nós modernos deveríamos adotar a respeito do Sócrates platônico, mas sua afinidade com a metodologia de Epíteto, portanto a probabilidade de que ele tenha interpretado Sócrates mais ou menos da mesma maneira como fez Vlastos. Como um filósofo estoico, Epíteto considera-se possuidor de um conjunto de crenças morais verdadeiras que ele pode empregar como premissas, e apela para as preconcepções inatas de seus interlocutores como recursos que os equipam para endossar essas crenças e assim reconhecer a

---

45 *Cf.* Vlastos (1983 e 1984, cap. 1).
46 *Cf.* Kraut (1983) e Benson (1995).

inconsistência que contamina os desejos e juízos particulares com os quais eles iniciaram.

O interesse de Epíteto em alinhar sua metodologia de modo bastante próximo ao Sócrates platônico também é indicado por um discurso (2.12) no qual ele elogia Sócrates por usar uma linguagem comum, distinta de termos técnicos, em suas conversas elênquicas, e por sua paciência em lidar com seus interlocutores. Ao aconselhar seus alunos a seguirem o exemplo, ele também está comentando reflexivamente sobre seus próprios discursos. Sua linguagem é livre, em grande medida, do jargão técnico do Estoicismo. Em vez disso, ele usa os termos cotidianos que pode esperar que envolverão seus alunos e também imita Sócrates em sua prontidão para ilustrar seus argumentos com analogias de ofícios e outros apelos diretos à experiência.

Essas afinidades entre Epíteto e o Sócrates platônico são criativas em vez de simplesmente imitativas. Enquanto Epíteto inclui o diálogo interpessoal em seus discursos, ele está principalmente preocupado em incitar seus alunos a praticarem o elenco sobre si mesmos, como diz que Sócrates fazia em sua preocupação com o autoexame (2.1.32-3), e também associa Sócrates com sua injunção favorita, "fazer uso correto das impressões" (*phantasiai*, 3.12.15). Como um estoico comprometido, Epíteto não usa o elenco socrático para propósitos puramente negativos, como nos diálogos exploratórios tais como o *Eutífron* de Platão. Ele o adapta para seu papel como um instrutor paternalista dos jovens que formam sua audiência.

Se Epíteto, como parece provável, foi em grande medida original em sua apropriação e adaptação da dialética socrática, como devemos avaliar seu procedimento? Em sua época, o Estoicismo havia se tornado notório por seus refinamentos técnicos, especialmente no domínio da lógica. Epíteto constantemente alerta seus estudantes contra confundir a habilidade na erudição estoica com o progresso moral. Podemos melhor explicar sua intensa concentração na metodologia socrática como uma intenção bastante deliberada de fazer o Estoicismo retornar a seu objetivo primário de reformular radicalmente os valores e os objetivos das pessoas. O impulso socrático havia sido característico do Estoicismo desde o início, mas Epíteto imprime nele sua própria marca especial. Em seu uso do elenco, associado a sua doutrina das preconcepções inatas, ele se mantém mais próximo do Sócrates dos diálogos iniciais de Platão do que qualquer outro filósofo da Antiguidade. Em vez de impor doutrinas elaboradas a seus estudantes, prefere oferecer-lhes perguntas e respostas condutoras que eles têm a competência para examinar com base em seus próprios recursos mentais, e para usar como material para progredir sob sua orientação, mas segundo a vontade deles próprios.

15.7 O sinal divino de Sócrates

Uma das mais célebres peculiaridades de Sócrates era sua experiência de uma voz intermitente e puramente admonitória que Platão e Xenofonte chamam de sua "divindade" (*daimonion*), geralmente traduzido para o inglês como *divine sign* [sinal divino] ou *divine voice* [voz divina]. Juntamente ao respeito de Sócrates pelo oráculo délfico, o sinal divino deu aos epicuristas material para acusar o filósofo de inculcar superstições,[47] e perturbou aqueles estudiosos modernos (e pelo menos um porta-voz antigo) que gostariam de remover todos os traços de religiosidade ou desvios da racionalidade do cerne duro de sua perspectiva.[48] O fato, no entanto, é que tal abordagem nos apresenta um Sócrates que é sanitizado demais para fazer jus a toda a literatura socrática mais antiga, na qual nós o encontramos levando sonhos e profecias a sério. Assim como o gênio matemático Newton acreditava na astrologia, os critérios de racionalidade são sempre relativos a fatores culturais salientes. Os racionalistas estoicos levavam a adivinhação a sério porque acreditavam que a razão cósmica, o onipresente *logos*, apresenta sinais de conexões causais que augúrios especializados podem detectar. De modo não surpreendente, um importante estoico, Antípatro, coletou exemplos das experiências de Sócrates com seu sinal divino.[49] Epíteto refere-se a

---

47   Cf. Kleve (1983, p. 242-243).
48   Estou pensando especialmente em Vlastos (1991, cap. 6), que é habilmente respondido por Brickhouse e Smith (1994, p. 193-195) e por McPherran (1996, cap. 4.1).
49   Cícerio, *Div.* 1.123, em que o contexto é a necessidade de que o augúrio autêntico seja

ele (3.1.19), e diz a um aspirante a cínico para consultar seu *daimonion* (3.22.53). É altamente provável que o uso do termo *daimon* pelos estoicos posteriores para se referir à racionalidade normativa da mente tenha uma ressonância deliberadamente socrática.[50]

Epíteto foi um contemporâneo exato do filósofo e biógrafo acadêmico Plutarco. Nos volumosos ensaios de Plutarco, a maioria deles sobre tópicos de ética, Sócrates é uma presença ubíqua. Ele caracteriza Sócrates, junto a Pitágoras e Platão, como "resplandecentes na alma";[51] e, em uma veia hagiográfica, ele se refere a numerosos exemplos da vida e das conversas de Sócrates nos quais ele exibiu essa qualidade. A aguda atenção que Plutarco dedica a Sócrates é episódica e pouco sistemática, exceto pelo ensaio intitulado *Sobre o sinal divino de Sócrates*. Ao dedicar uma obra inteira a esse tópico, Plutarco reflete seus próprios fortes interesses pela experiência religiosa e, mais discursivamente, pela cultura de sua época. Seu ensaio, escrito principalmente como um diálogo relatado, é suficientemente interessante para justificar um sumário completo de sua parte socrática.[52]

Um grupo de tebanos, recentemente de volta do exílio, reuniu-se aproximadamente vinte anos após a morte de Sócrates para discutir descobertas na escavação de uma tumba. Eles descobrem que um pitagórico italiano está prestes a chegar, em uma missão inspirada por sonhos e aparições, para coletar os restos de um certo Lísis, "a menos que seja impedido por algum *daimonion* na noite" (579 s.). Ouvindo isso, Galaxidoro protesta sobre a prevalência da superstição e contrasta-a com a aliança de Sócrates para com a verdade sem ornamentos. Sua resposta racionalista provoca Teócrito a perguntar-lhe sobre o sinal divino de Sócrates, que ele alega ter observado dando um alerta salutar a Sócrates quando este último estava engajado em uma discussão com Eutífron.

Galaxidoro desdenhosamente responde que Sócrates somente agia com base nas inspirações de seu sinal divino quando ele necessitava de

---
praticado por uma "mente pura".
50 *Cf.* Long (2002, p. 166-167).
51 *De lib.* 2c.
52 Discuto o ensaio de Plutarco de modo mais completo em Long (2006b).

algum fator puramente aleatório para desfazer o equilíbrio se fosse confrontado com a equivalência de duas razões contrárias.[53] Isso incita uma outra pessoa na discussão a relatar a proposta de que o sinal divino não era nada além de um espirro, embora ele se recuse a acreditar que um homem tão resolutamente racional quanto Sócrates pudesse ter dado a um espirro aquele nome elevado! Galaxidoro então concorda em ouvir o que Símias (o personagem do *Fédon* de Platão) ouvira por si mesmo Sócrates dizer sobre o assunto.

De acordo com Símias, Sócrates se recusara a responder diretamente. No entanto, uma vez que Sócrates era conhecido como tendo rejeitado completamente as alegações de qualquer pessoa de ter tido uma experiência visual do divino, mas tendo mostrado interesse por aqueles que diziam ter ouvido tal voz, ele e seus companheiros chegaram à seguinte conjetura:

> O sinal divino de Sócrates talvez não fosse nenhuma visão, mas a percepção de uma voz, ou a concepção de um discurso, que fazia contato com ele de uma maneira estranha, assim como quando no sono, sem um pronunciamento real, as pessoas apreendem os significados de enunciados e pensam que estão ouvindo uma conversa. (588d)

As pessoas comuns, uma vez que são distraídas por suas paixões e necessidades quando estão acordadas, ouvem melhor os poderes superiores se estiverem adormecidas. Sócrates, por outro lado, graças à virtual independência de sua alma em relação ao corpo, era sempre hipersensitivo a tais visitações auditivas: "O que ele experienciava, pode-se supor, não era uma linguagem falada, mas o discurso silencioso de um *daimon*, que fazia contato com ele de modo puramente semântico (588e)".

Símias agora se lança em uma explicação sobre a estrutura da alma, tomada de empréstimo das *Leis* de Platão (644d-645b): equipada com

---

[53] 580 s. Plutarco (*Stoic. rep.* 1045b-1045f) tinha consciência do debate filosófico sobre essa questão: os epicuristas haviam argumentado que a decisão entre tais alternativas igualmente balanceadas é resolvida por uma oscilação aleatória dos átomos da alma; ao que o estoico Crísipo respondera que a decisão tem uma causa que simplesmente ilude nossa consciência.

numerosos movimentos semelhantes a cordas, a alma, quando racionalmente contactada, é capaz de responder ao objeto do pensamento. Assim como a razão pode mover o corpo sem a linguagem falada, também podemos acreditar que um intelecto mais elevado e mais divino possa, sem a linguagem, fazer contato com nosso entendimento, iluminá-lo por meio do ar, e "indicar a homens divinos e importantes" o conteúdo de seu pensamento.

Será que Plutarco inventou essa explicação do sinal divino de Sócrates? Provavelmente não, pois encontramos a essência dela repetida por Calcídio, o comentador do século IV a.C. a respeito do *Timeu* (255) de Platão. Fascinante em si mesma como uma explicação daquilo que nós provavelmente chamaríamos de intuição, ela é também uma habilidosa resposta àqueles que querem que Sócrates seja ou um racionalista preso à terra, ou um místico aéreo. Seu sinal divino, conforme representado por Plutarco, era a voz da razão, ou antes uma comunicação puramente semântica da razão objetiva (um intelecto mais que humano) enquanto tal.

Enquanto os platônicos não encontravam nenhuma dificuldade em acomodar o sinal divino em sua teologia politeísta, ele naturalmente perturbou muitos autores cristãos. Agostinho (354-430 d.C.) elogiou Sócrates por sua integridade ética e por ser virtualmente um monoteísta (*Civ. dei* 8.3), mas não ficou contente com o que o platônico Apuleio (fl. d.C.) disse sobre o sinal divino em sua obra *Sobre o deus de Sócrates* (*De deo Socratis*).[54] O ponto em questão era a compreensão de Agostinho sobre o termo *daimon(ion)*. De acordo com Platão, conforme interpretado por Apuleio, um *daimon* é um ente intermediário entre deuses e humanos. Apuleio, diz Agostinho, não obstante o título *Sobre o deus de Sócrates*, de fato considerava que o sinal divino era emitido por um *daimon* e deveria ter intitulado a obra de modo correspondente; mas se Sócrates tinha associação com tal entidade, ele não devia ser felicitado, pois *daimons* são na verdade as criaturas abomináveis que nós modernos, seguindo a anatematização cristã delas, chamamos de demônios.

---

54 *Civ. dei* 8.14. Para os comentários de Apuleio, que são muito insípidos para serem dignos de ser reproduzidos, *cf.* SSR I C 413.

Em surpreendente contraste com Agostinho e aproximadamente trezentos anos antes, com o cristianismo ainda em sua infância, Justino Mártir elogiara Sócrates por ser um inimigo dos demônios. Justino escreveu:

> Quando Sócrates, através de seu discurso sincero e inquisitivo, estava tentando tornar públicas aquelas doutrinas [proto-cristãs] e banir os demônios dos seres humanos, os próprios demônios foram instigados por pessoas que se regozijam na perversidade a matá-lo como um ateu e ímpio, alegando que ele estava introduzindo novas *daimonia*. (Justino Mártir, *Primeira apologia* 5.3)

A expressão de Justino "novas *daimonia*" provém diretamente do encontro de Sócrates com Meleto na *Apologia* (26b) de Platão. É regularmente e corretamente suposto que o sinal divino de Sócrates fora a base para essa acusação, mas Justino, sabia-se disso, recusou-se a dizê-lo. Antes, baseando-se na rejeição dos poetas por parte de Sócrates no Estado ideal da *República* de Platão, Justino considera esse ato como equivalente à expulsão dos "demônios malignos" descritos por Homero e outros poetas gregos. Ao agir assim, Sócrates estava buscando converter as pessoas, por meio da investigação racional, a reconhecerem a divindade desconhecida para elas. Justino apoia seu juízo a respeito de Sócrates citando as palavras de Timeu no diálogo de Platão de mesmo nome (28c): "Não é fácil descobrir o pai e construtor do mundo, e tampouco, tendo feito aquela descoberta, é seguro divulgá-la".[55]

O Sócrates cristianizado de Justino é um lugar apropriado para levar este sumário à sua conclusão. O que ele ilustra, assim como tantas outras coisas que discuti, é um virtual paradoxo associado ao legado de Sócrates. Por um lado, a literatura socrática inicial apresentava a seus leitores uma figura surpreendentemente única e incomparavelmente notável. Eles não podiam encontrar ninguém mais cuja biografia fosse tão firmemente, vividamente e carismaticamente caracterizada quanto a dele. Seus defensores hagiográficos

---

55 Para outros comentadores cristãos sobre Sócrates, *cf.* Frede (2004). No monasticismo, o *Manual* de Epiteto foi adaptado para uso cristão, com o nome de São Paulo sendo substituído pelo de Sócrates; *cf.* Long (2002, p. 261).

o apresentavam como um modelo de consistência, coragem moral e força mental. Sem dúvida o Sócrates real fora tudo isso, mas ele também fora muito mais, como Platão especialmente tivera o gênio de reconhecer e registrar – irônico, amante da diversão, infatigavelmente disputador, promíscuo, embora platonicamente, homoerótico, e assim por diante. Por outro lado, essa complexidade, embora fosse uma grande parte da singularidade de Sócrates, tornava extraordinariamente difícil qualquer tentativa de capturar a essência do homem, e essa dificuldade era composta tanto pela grande variedade de papéis e contextos nos quais Platão o faz aparecer, quanto pelas negações cognitivas de Sócrates. Daí o virtual paradoxo: você nunca confundiria qualquer outra pessoa com Sócrates, mas a virtuosidade e mesmo plasticidade de Sócrates enquanto figura literária tornaria inevitável que sua importância filosófica fosse sempre altamente contestada.

Mais positivamente, isso significava que as gerações futuras repetidamente interpretariam Sócrates à sua própria imagem, derivando dele um apoio para suas próprias filosofias e paradigmas, elidindo o que não lhes conviesse, ou mesmo transformando-o em sua própria antítese, como fizeram os epicuristas. Será que podemos fazer melhor? Provavelmente não, e isso está bem assim. Pois o que quer que façamos de Sócrates, essas palavras de Epicuro soam verdadeiras: "Agora que Sócrates está morto, a memória do que ele fez ou disse quando vivo não é menos benéfica para as pessoas, ou antes ela o é ainda mais" (4.1.169).

O que mais importa a respeito de Sócrates é o fato de que nunca nos cansamos dele ou paramos de querer falar com ele e ficar loucos com ele.

Referências

ADKINS, A. W. H. "Clouds, Mysteries, Socrates and Plato". *Antichthon* 4 (1970): 13–24. Andic, M. 2001. "Clouds of Irony". *In:* PERKINS, R. L. (Ed.). *International Kierkegaard Commentary: The Concept of Irony*. Macon, GA: Mercer University Press, 2001.

AGOSTINHO, Santo. *The Confessions..* Harmondsworth: Penguin, 1983. Tradução de R. Pine-Coffin.

AHBEL-RAPPE, S. e KAMTEKAR, R. (Ed.). *A Companion to Socrates*. Oxford: Oxford University Press, 2006a.

ALGRA, K.; BARNES, J.; MANSFELD, J.; SCHOFIELD, M. (Ed.). *The Cambridge History of Hellenistic Philosophy*. Cambridge: Cambridge University Press, 1999.

ALLEN, D. S. *The World of Prometheus: The Politics of Punishing in Democratic Athens*. Princeton: Princeton University Press, 2000.

ALLEN, R. E. *Plato's 'Euthyphro' and the Earlier Theory of Forms*. Londres: Routledge & Kegan Paul, 1970.

_____. *Socrates and legal obligation*. Minneapolis, 1980.

ADAMS, D. Elenchos and Evidence. *Ancient Philosophy*, 18, 1998, p. 287-308.

_____. *A Companion to Socrates*, Malden, MA; Oxford: Blackwell Publishing, 2006b, p. 243-253.

ALGRA, K.; BARNES, J.; MANSFELD, J.; SCHOFIELD, M., Ed. *The Cambridge History of Hellenistic Philosophy*. Cambridge, 1999.

ANNAS, J. *The Morality of Happiness*. Oxford, 1993.

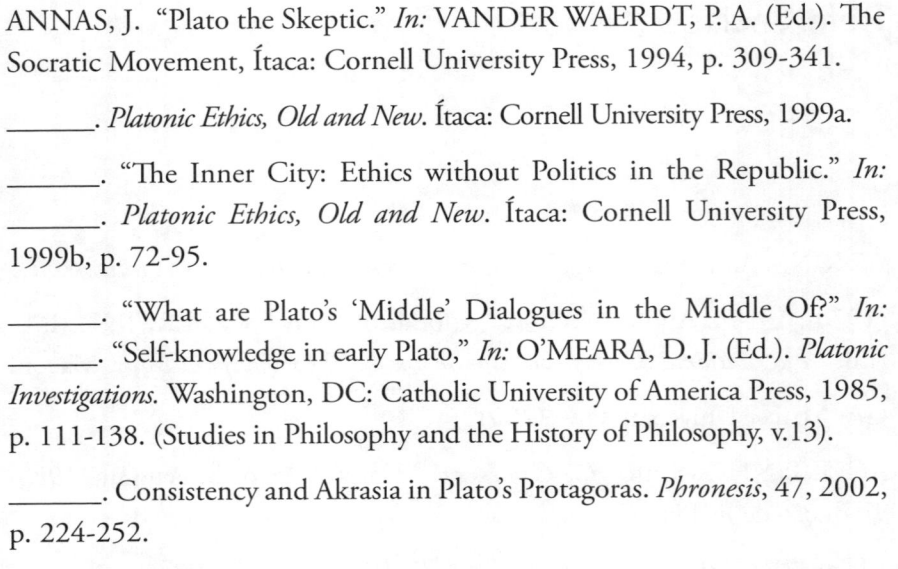

ANNAS, J. "Plato the Skeptic." *In:* VANDER WAERDT, P. A. (Ed.). The Socratic Movement, Ítaca: Cornell University Press, 1994, p. 309-341.

_____. *Platonic Ethics, Old and New.* Ítaca: Cornell University Press, 1999a.

_____. "The Inner City: Ethics without Politics in the Republic." *In:* _____. *Platonic Ethics, Old and New.* Ítaca: Cornell University Press, 1999b, p. 72-95.

_____. "What are Plato's 'Middle' Dialogues in the Middle Of?" *In:* _____. "Self-knowledge in early Plato," *In:* O'MEARA, D. J. (Ed.). *Platonic Investigations.* Washington, DC: Catholic University of America Press, 1985, p. 111-138. (Studies in Philosophy and the History of Philosophy, v.13).

_____. Consistency and Akrasia in Plato's Protagoras. *Phronesis*, 47, 2002, p. 224-252.

ANNAS, J.; ROWE, C. *New Perspectives on Plato, Modern and Ancient* (Ed.). Cambridge, MA: Harvard University Press, 2002, p. 1-23.

ANSCOMBE, G. E. M. *Intention.* Oxford: Blackwell, 1957.

ARISTOTLE. *The Politics.* Chicago: University of Chicago Press, 1984. Tradução de C. Lord.

AVERROES. *Averroes on Plato's Republic.* Ítaca: Cornell University Press, 1974. Tradução de R. Lerner.

BAILLY, J. A. What you say, what you believe, and what you mean. *Ancient Philosophy*, 29, 199, p. 65-76.

BALOT, R. K. Courage in the Democratic Polis. *Classical Quarterly* 54, 2004, p. 406-423.

BAMBROUGH, R., ed. *Plato, Popper, and Politics.* Nova Iorque: Barnes and Noble, 1967.

BARNES, J. "Socrates the hedonist". *In*: BOUDOURIS, K. J. (Ed.). *The Philosophy of Socrates.* Atenas: International Center for Greek Philosophy and Culture, 1991/1992, p. 22-32.

BARZIN, M. Sur les Nuées d'Aristophane. *Bulletin de la Classe des letters de L'Academie Royal Belgique*, 54, 1968, p. 378-388.

BEANEY, M., (Ed.). *The Frege Reader*. Oxford: Blackwell, 1997.

BECKMAN, J. *The Religious Dimension of Socrates' Thought*. Waterloo: Wilfrid Laurier University Press, 1979.

BENSON, H. H. The Priority of Definition and the Socratic Elenchos. *Oxford Studies in Ancient Philosophy*, 8, 1990, p. 45-112.

_____. *Socratic Wisdom*. Oxford: Oxford University Press, 2000.

BENSON, H. (Ed.). *The Philosophy of Socrates*. Nova Iorque: Oxford University Press, 1992.

_____. The dissolution of the problem of the elenchus. *OSAP*, 13, 1995a, p. 45-112.

_____. *Socratic Wisdom: The Model of Knowledge in Plato's Early Dialogues*. Nova Iorque: Oxford University Press, 2000.

BERG, S. Rhetoric, Nature, and Philosophy in Aristophanes' Clouds. *Ancient Philosophy*, 18, 1998, p. 1-19.

BETT, R. The Sophists and Relativism. *Phronesis*, 34, 1989, p. 139-169.

_____. *The Origins of Rhetoric in Ancient Greece*. Baltimore: Johns Hopkins University Press, 1991.

_____. "Rationality and Happiness in the Greek Skeptical Traditions." *In:* YU, J.; GRACIA, J. J. E. (Ed.). *Rationality and Happiness: From the Ancients to the Early Medievals*. Rochester, NY: University of Rochester Press, 2003, p. 109-134.

_____. "Socrates and Skepticism." *In:* AHBEL-RAPPE, S.; KAMTEKAR, R. (Ed.). *A Companion to Socrates*, Malden, MA; Oxford: Blackwell Publishing, 2006. p. 299-316.

BEVERSLUIS, J. Does Socrates Commit the Socratic Fallacy? *American Philosophical Quaterly*, 24, 1987, p. 211-223. Reimpressão em

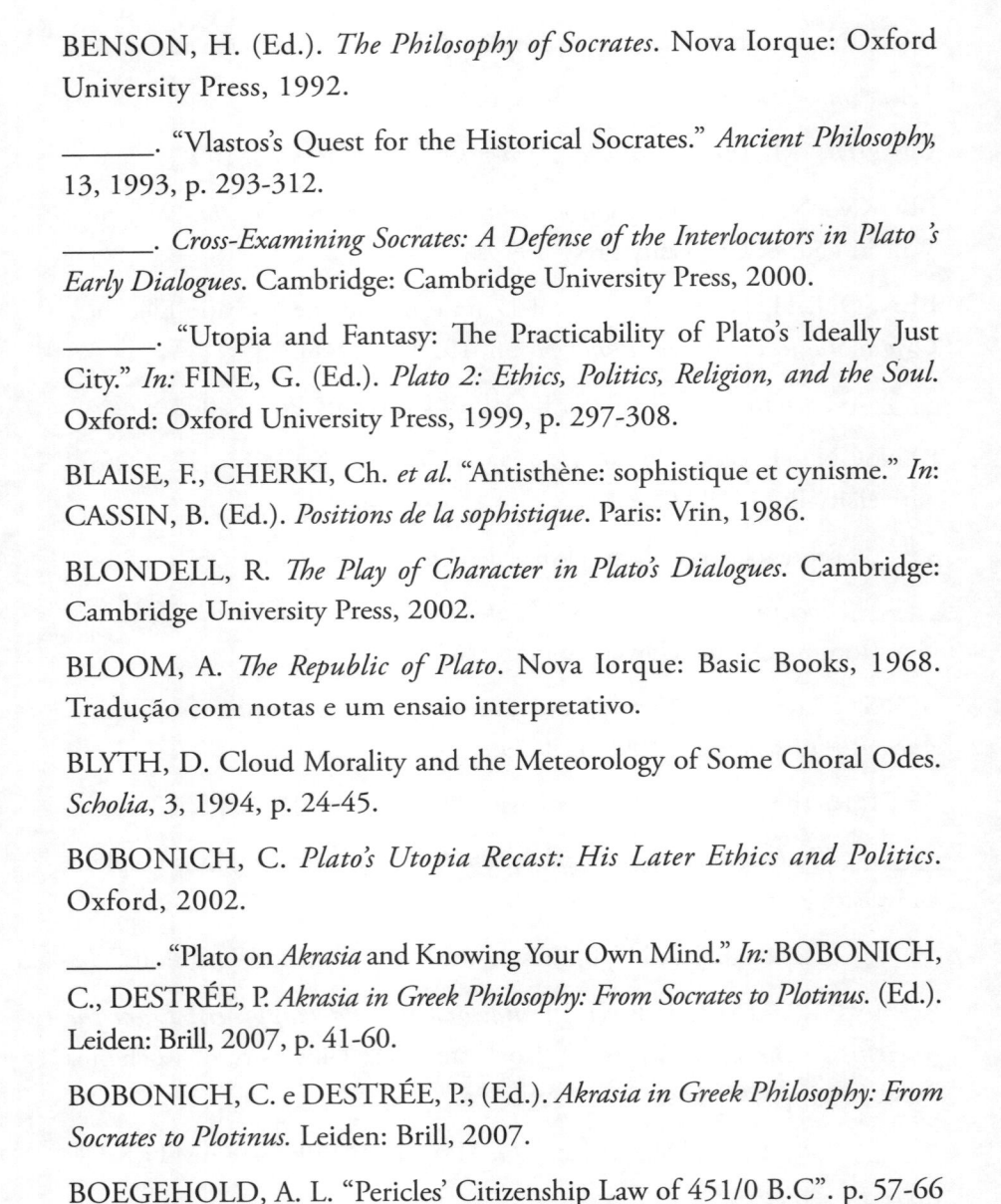

BENSON, H. (Ed.). *The Philosophy of Socrates*. Nova Iorque: Oxford University Press, 1992.

_____. "Vlastos's Quest for the Historical Socrates." *Ancient Philosophy*, 13, 1993, p. 293-312.

_____. *Cross-Examining Socrates: A Defense of the Interlocutors in Plato's Early Dialogues*. Cambridge: Cambridge University Press, 2000.

_____. "Utopia and Fantasy: The Practicability of Plato's Ideally Just City." *In:* FINE, G. (Ed.). *Plato 2: Ethics, Politics, Religion, and the Soul*. Oxford: Oxford University Press, 1999, p. 297-308.

BLAISE, F., CHERKI, Ch. *et al.* "Antisthène: sophistique et cynisme." *In*: CASSIN, B. (Ed.). *Positions de la sophistique*. Paris: Vrin, 1986.

BLONDELL, R. *The Play of Character in Plato's Dialogues*. Cambridge: Cambridge University Press, 2002.

BLOOM, A. *The Republic of Plato*. Nova Iorque: Basic Books, 1968. Tradução com notas e um ensaio interpretativo.

BLYTH, D. Cloud Morality and the Meteorology of Some Choral Odes. *Scholia*, 3, 1994, p. 24-45.

BOBONICH, C. *Plato's Utopia Recast: His Later Ethics and Politics*. Oxford, 2002.

_____. "Plato on *Akrasia* and Knowing Your Own Mind." *In:* BOBONICH, C., DESTRÉE, P. *Akrasia in Greek Philosophy: From Socrates to Plotinus*. (Ed.). Leiden: Brill, 2007, p. 41-60.

BOBONICH, C. e DESTRÉE, P., (Ed.). *Akrasia in Greek Philosophy: From Socrates to Plotinus*. Leiden: Brill, 2007.

BOEGEHOLD, A. L. "Pericles' Citizenship Law of 451/0 B.C". p. 57-66 *In*: BOEGEHOLD, A. L.; SCAFURO, A. C. (Ed.). *Athenian identity and civic ideology*. Baltimore: Johns Hopkins University Press, 1994.

_____. *The lawcourts at Athens: sites, buildings, equipment, procedure, and testimonia*. Princeton: Princeton University Press, 1995, p. 57-66.

BOLTON, R. Aristotle's Account of the Socratic Elenchus. *Oxford Studies in Ancient Philosophy*, 11, 1993, p. 121-152.

BOUDOURIS, K. J. (Ed.). *The Philosophy of Socrates*, 2 vols. Atenas: International Center for Greek Philosophy and Culture, 1991/1992.

BRANCACCI, A. *Oikeios logos. La filosofia del linguaggio di Antistene.*

Nápoles: Bibliopolis, 1990. Edição francesa: *Antisthene. Le discours propre.* Paris: Vrin, 2005.

BRICKHOUSE, T.; SMITH, N. *Plato's Socrates*. Nova Iorque: Oxford University Press, 1994.

_____. *The Philosophy of Socrates*. Boulder, CO: Westview Press, 2000.

_____. The Origin of Socrates' Mission. *Journal of the History of Ideas*, 44, oct.-dec., 1983, p. 657-666.

_____. *Socrates on Trial*. Princeton: Princeton University Press, 1989.

_____. "The Socratic Elenchos?" In *Does Socrates Have a Method? Rethinking the Elenchus in Plato's Dialogues and Beyond.* University Park, PA: Pennsylvania State University Press, 2002, p.145-157.

_____. (Ed.). *The Trial and Execution of Socrates: Sources and Controversies*. Oxford: Oxford University Press, 2002.

_____. "Socrates on Akrasia, Knowledge, and the Power of Appearance." *In:* BOBONICH, C.; DESTRÉE, P. (Ed.). *Akrasia in Greek Philosophy: From Socrates to Plotinus* Leiden: Brill, 2007, p. 1-18.

BRICKHOUSE, T. C., McPHERRAN, M. L., e SMITH, A. N. D. "Socrates and His Daimonion: Correspondence among Gregory Vlastos, Thomas C. Brickhouse, Mark L. McPherran, and Nicholas D. Smith." *In:* SMITH, A. N. D. and WOODRUFF, P. (Ed.). *Reason and Religion in Socratic Philosophy*. Oxford: Oxford University Press, 2000, p. 176-204.

BRICKHOUSE, T. C.; SMITH, A. N. D. The Origin of Socrates' Mission. *Journal of the History of Ideas*, 44, 1983, p. 657-666.

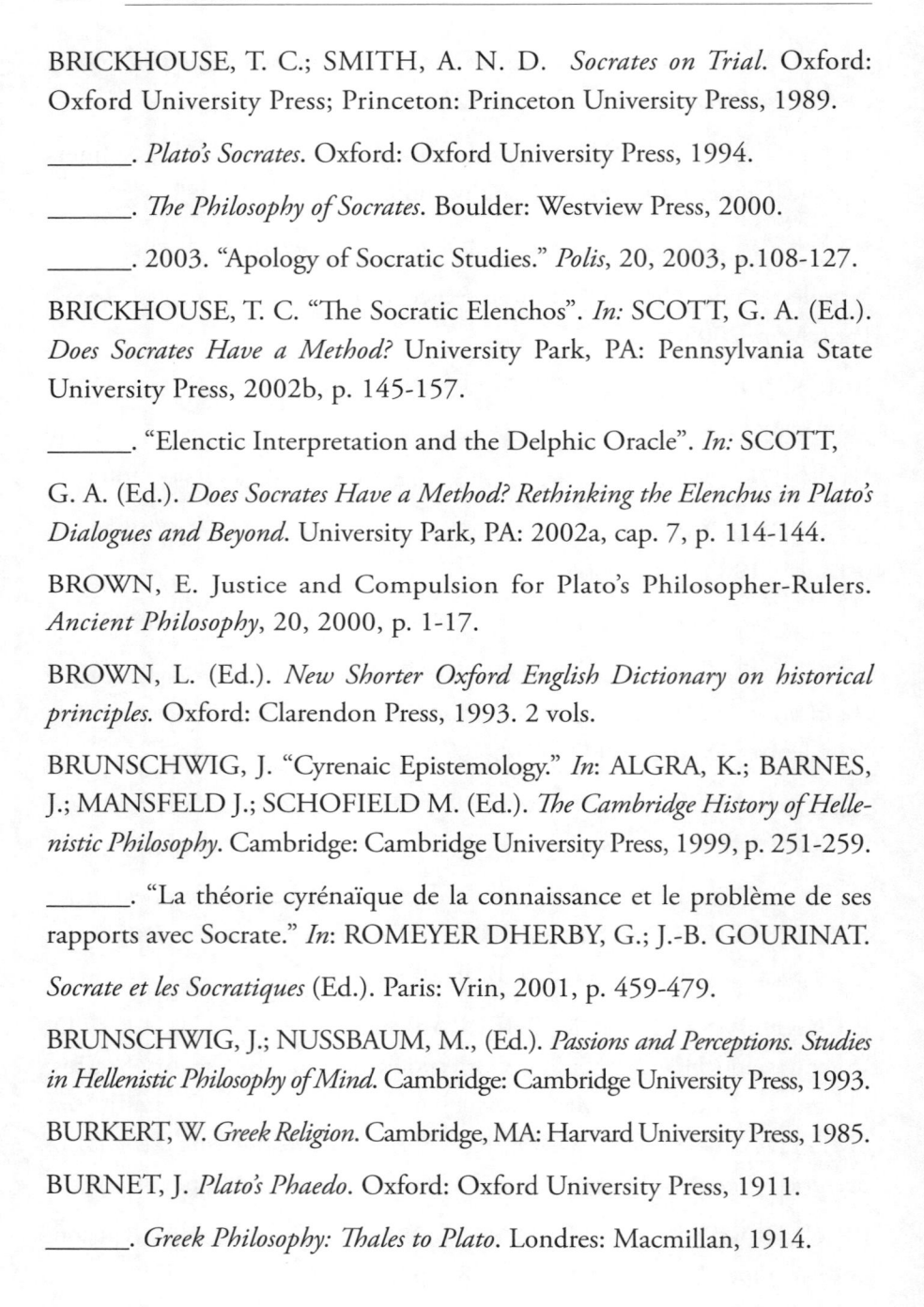

BRICKHOUSE, T. C.; SMITH, A. N. D. *Socrates on Trial*. Oxford: Oxford University Press; Princeton: Princeton University Press, 1989.

_____. *Plato's Socrates*. Oxford: Oxford University Press, 1994.

_____. *The Philosophy of Socrates*. Boulder: Westview Press, 2000.

_____. 2003. "Apology of Socratic Studies." *Polis*, 20, 2003, p.108-127.

BRICKHOUSE, T. C. "The Socratic Elenchos". *In:* SCOTT, G. A. (Ed.). *Does Socrates Have a Method?* University Park, PA: Pennsylvania State University Press, 2002b, p. 145-157.

_____. "Elenctic Interpretation and the Delphic Oracle". *In:* SCOTT, G. A. (Ed.). *Does Socrates Have a Method? Rethinking the Elenchus in Plato's Dialogues and Beyond*. University Park, PA: 2002a, cap. 7, p. 114-144.

BROWN, E. Justice and Compulsion for Plato's Philosopher-Rulers. *Ancient Philosophy*, 20, 2000, p. 1-17.

BROWN, L. (Ed.). *New Shorter Oxford English Dictionary on historical principles*. Oxford: Clarendon Press, 1993. 2 vols.

BRUNSCHWIG, J. "Cyrenaic Epistemology." *In*: ALGRA, K.; BARNES, J.; MANSFELD J.; SCHOFIELD M. (Ed.). *The Cambridge History of Hellenistic Philosophy*. Cambridge: Cambridge University Press, 1999, p. 251-259.

_____. "La théorie cyrénaïque de la connaissance et le problème de ses rapports avec Socrate." *In*: ROMEYER DHERBY, G.; J.-B. GOURINAT. *Socrate et les Socratiques* (Ed.). Paris: Vrin, 2001, p. 459-479.

BRUNSCHWIG, J.; NUSSBAUM, M., (Ed.). *Passions and Perceptions. Studies in Hellenistic Philosophy of Mind*. Cambridge: Cambridge University Press, 1993.

BURKERT, W. *Greek Religion*. Cambridge, MA: Harvard University Press, 1985.

BURNET, J. *Plato's Phaedo*. Oxford: Oxford University Press, 1911.

_____. *Greek Philosophy: Thales to Plato*. Londres: Macmillan, 1914.

BURNET, J. *Plato's Euthyphro, Apology of Socrates and Crito*. Oxford: Clarendon Press, 1924.

_____. J. (Ed.) *Platonis Opera*. 5 vols. Oxford: Clarendon Press, 1900-1907.

BURNYEAT, M. "Socratic midwifery, Platonic inspiration," *In:* BENSON, H. H. (Ed.). *Essays on the Philosophy of Socrates*. Nova Iorque: Oxford University Press, 1992, p. 53-65. Reimpressão de *Bulletin of the Institute of Classical Studies*, 24, 1977, p. 7-16.

_____. Examples in Epistemology: Socrates, Theaetetus and G. E. Moore. *Philosophy*, 52, 1977, p. 381-398.

_____. Cracking the Socrates Case. *New York Review of Books*, 35, 5, 1988, p. 12-18.

_____. The Impiety of Socrates. *Ancient Philosophy*, 17, 1997, p. 1-12.

BUXTON, R. *Oxford Readings in Greek Religion*. Oxford: Oxford University Press, 2000.

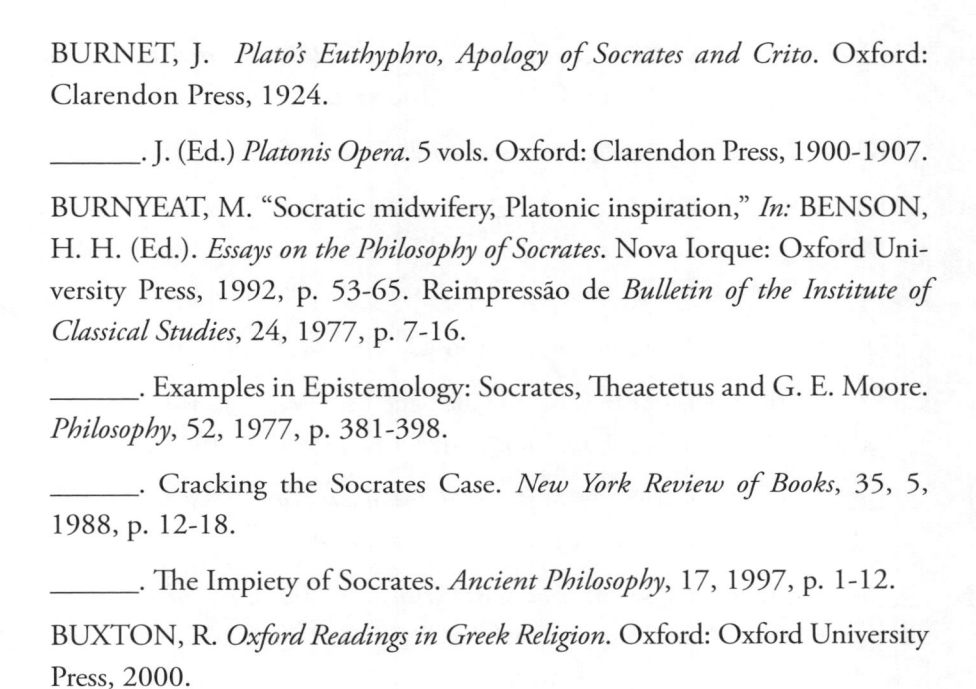

BYL, S. Parodie d'une initiation dans les Nuées d'Aristophane. *Latomus*, 80, 1980, p. 5-21.

CAIZZI, F. Antistene. *Studi Urbinati*, 38, 1964, p. 24-76.

CALEF, S. Piety and the Unity of Virtue in Euthyphro 11e-14c. *Oxford Studies in Ancient Philosophy*, 13, 1995, p. 1-26.

CAMP, J. *The Athenian Agora: excavations in the heart of classical Athens*. Nova Iorque: Thames and Hudson, 1992.

CAPPON, L. J. (Ed.). *The Adams-Jefferson Letters*. Chapel Hill: University of North Carolina Press, 1988.

CARAWAN, Edwin. The Athenian Amnesty and the "Scrutiny of the Laws". *Journal of Hellenic Studies* 122, 2002, p. 1-23.

CARPENTER, M., and R. M. Polansky. "Variety of Socratic Elenchi." *In:* SCOTT, G. A. (Ed.). *Does Socrates Have a Method?* University Park, PA: Pennsylvania State University Press, 2002, p. 89-100.

CARRATELLI, G. V. (Ed.). *Suzetesis. Studi sull' Epicureismo Greco e Romano offerti a Marcello Gigante*, vol. 1. Nápoles: Macchiatoli, 1983.

CARTER, L. B. *The quiet Athenian*. Oxford: Clarendon Press, 1986.

CARTLEDGE, P. "The Greek Religious Festivals." *In:* EASTERLING, P. E.; MUIR, J. V. (Ed.). *Greek Religion and Society*. Cambridge: Cambridge University Press, 1985, p. 98-127, 223-226.

CELLUPRICA, V. "Antistene: logico o sofista?" *Elenchos*, 8, 1987, p. 285-328.

CLAY, D. "The origins of the Socratic dialogue." *In*: *The Socratic Movement*. VANDER WAERDT, P. A. (Ed.). Ítaca: Cornell University Press, 1994, p. 23-47.

_____. *Platonic Questions: Dialogues with the Silent Philosopher*. University Park, PA: Pennsylvania State University Press, 2000.

_____. "Reading the Republic." *In:* GRISWOLD, C. (Ed.). *Platonic Writings/Platonic Readings*. Nova Iorque: Routledge, 1988. Reimpressão em University Park, PA: Pennsylvania State University Press, 2002, p. 19-33.

COHEN, S. M. "Socrates on the Definition of Piety: Euthyphro 10a-11b." *In*: VLASTOS, G. (Ed.). *The Philosophy of Socrates*. Garden City, NY: Doubleday, 1971, p. 158-176.

COHEN, L. J. *An Essay on Belief and Acceptance*. Oxford: Oxford University Press, 1992.

COLAIACO, J. *Socrates against Athens: Philosophy on Trial*. Nova Iorque; Londres: Routledge, 2001.

COLE, T. *Democritus and the Sources of Greek Anthropology*. American Philological Association Monographs, 25, 1967.

CONNOR, W. R. *The new politicians of fifth-century Athens*. Princeton: Princeton University Press, 1971.

_____. "The Other 399: Religion and the Trial of Socrates." *In:* FLOWER, M. A.; TOHER, M. (Ed.). *Georgica, Greek Studies in Honour of George Cawkwell*. Bulletin Supplement 58 of the Institute of Classical Studies. Londres, 1991, p. 49-56.

COOPER, J. M. *Reason and Emotion*. Princeton: Princeton University Press, 1999.

_____. "Arcesilaus: Socratic and Sceptic", *In:* COOPER, J. M.: *Knowledge, Nature, and the Good, Essays on Ancient Philosophy*. Princeton: Princeton University Press, 2004a, cap. 4, p. 81-106.

_____. *Knowledge, Nature, and the Good. Essays on Ancient Philosophy*. Princeton: Princeton University Press, 2004b.

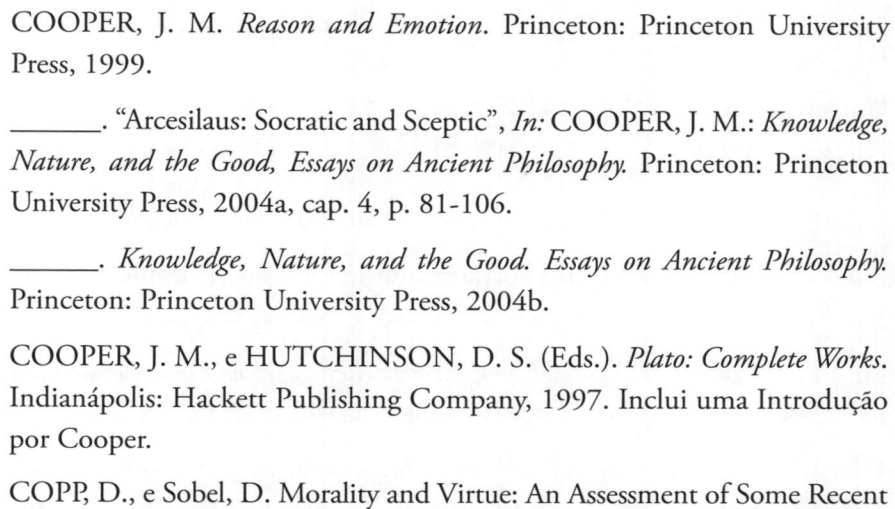

COOPER, J. M., e HUTCHINSON, D. S. (Eds.). *Plato: Complete Works*. Indianápolis: Hackett Publishing Company, 1997. Inclui uma Introdução por Cooper.

COPP, D., e Sobel, D. Morality and Virtue: An Assessment of Some Recent Work in Virtue Theory. *Ethics*, 114, 2004, p. 514-544.

CRISP, R. 2003. "Socrates and Aristotle on Happiness and Virtue." *In:* HEINAMAN, R. (Ed.). *Plato's and Aristotle's Ethics*. Aldershot: Ashgate, 2003, p. 55-78.

CRÖNERT, W. *Kolotes und Menedemus*. Leipzig, 1906, Reimpressão em Amsterdã: Hakkert, 1965. CPF. *Corpus dei papiri filosofici greci e latini*. Florença, 1989-2002.

DARWALL, S. *Welfare and Rational Care*. Princeton: Princeton University Press, 2002.

_____. *Philosophical Ethics*. Boulder: Westview Press, 1998.

DAVIDSON, D. "Actions, Reasons, and Causes." *The Journal of Philosophy*, 60, n. 23, 1963, p. 685-700. Reimpressão em: *Essays on Actions and Events*. Oxford: Clarendon Press, 1980, p. 3-20.

DAVIES, M. "Popular justice" and the end of Aristophanes' Clouds. *Hermes*, 118, 1990, p. 237-242.

DECLEVA CAIZZI, F. *Antisthenis fragmenta*. Mailand: Istituto EditorialeCisalpino, 1966.

DEFILIPPO, J. G.; MITSIS, P. T. "Socrates and Stoic Natural Law". In: VANDER WAERDT, P. (Ed.). *The Socratic Movement*. Ítaca: Cornell University Press, 1994, p. 252-271.

DEMAN, T. *Le Temoignage d'Aristote sur Socrate*. Paris: Les Belles Lettres, 1942.

DENYER, N. *Plato: Alcibiades*. Cambridge: Cambridge University Press, 2001.

DE LATTRE, A. La Liberté Socratique et le Dialogue Platonicien. *Kant Studien*, 61, 1970, p. 467-495

DE STRYCKER, E. *Plato's Apology of Socrates: A Literary and Philosophical Study with a Running Commentary*. Revisado por S. R. Slings. Leiden: Brill, 1994.

DE LUISE, F., and FARINETTI, G. *Felicita socratica: Immagini di Socrate e Modelli Anthropologici Ideali nella Filosofia Antica*. Hildesheim; Zurique; Nova Iorque: G. Einaudi editore, 1997.

DEVEREUX, Daniel T. "Socrates' Kantian Conception of Virtue." *Journal of the History of Philosophy*, 33, 1995, p. 381-408.

DE VRIES, G. J. Mystery Terminology in Aristophanes and Plato. *Mnemosyne*, 26, 1973, p. 1-8.

DIGGLE, J., ed. e trad. *Theophrastus: Characters*. Cambridge: Cambridge University Press, 2004.

DICKEY, E. *Greek Forms of Address: From Herodotus to Lucian*. Oxford: Oxford University, 1996.

DIELS, H.; KRANZ, W. [DK] *Die Fragmente der Vorsokratiker*. v. 3. 6. ed. Berlim: Weidmann, 1952. 1ª edição em 1903.

DIETERICH, A. Ueber eine Scene der aristophanischen Wolken. *Rheinisches Museum*, 48, 1893, p. 275-283.

DILLON, John, e Gergel, Tania. *The Greek Sophists*. Londres, 2003.

DITTMAR, H. *Aischines von Sphettos: Studien zur Literaturgeschichte der Sokratiker*. Berlim: Weidmann, 1912.

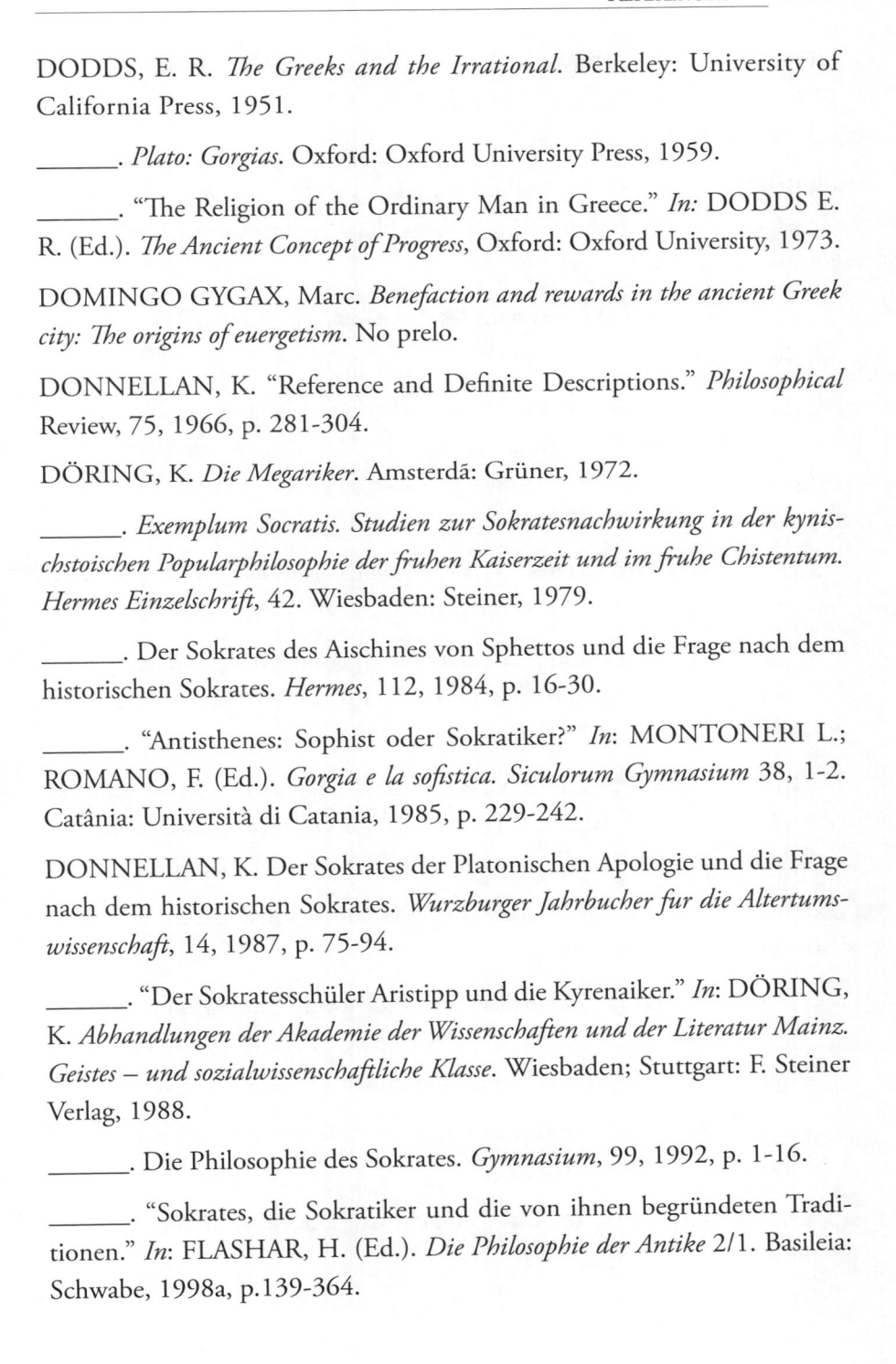

DODDS, E. R. *The Greeks and the Irrational*. Berkeley: University of California Press, 1951.

_____. *Plato: Gorgias*. Oxford: Oxford University Press, 1959.

_____. "The Religion of the Ordinary Man in Greece." *In:* DODDS E. R. (Ed.). *The Ancient Concept of Progress*, Oxford: Oxford University, 1973.

DOMINGO GYGAX, Marc. *Benefaction and rewards in the ancient Greek city: The origins of euergetism*. No prelo.

DONNELLAN, K. "Reference and Definite Descriptions." *Philosophical Review*, 75, 1966, p. 281-304.

DÖRING, K. *Die Megariker*. Amsterdã: Grüner, 1972.

_____. *Exemplum Socratis. Studien zur Sokratesnachwirkung in der kynischstoischen Popularphilosophie der fruhen Kaiserzeit und im fruhe Chistentum. Hermes Einzelschrift*, 42. Wiesbaden: Steiner, 1979.

_____. Der Sokrates des Aischines von Sphettos und die Frage nach dem historischen Sokrates. *Hermes*, 112, 1984, p. 16-30.

_____. "Antisthenes: Sophist oder Sokratiker?" *In*: MONTONERI L.; ROMANO, F. (Ed.). *Gorgia e la sofistica. Siculorum Gymnasium* 38, 1-2. Catânia: Università di Catania, 1985, p. 229-242.

DONNELLAN, K. Der Sokrates der Platonischen Apologie und die Frage nach dem historischen Sokrates. *Wurzburger Jahrbucher fur die Altertumswissenschaft*, 14, 1987, p. 75-94.

_____. "Der Sokratesschüler Aristipp und die Kyrenaiker." *In*: DÖRING, K. *Abhandlungen der Akademie der Wissenschaften und der Literatur Mainz. Geistes – und sozialwissenschaftliche Klasse*. Wiesbaden; Stuttgart: F. Steiner Verlag, 1988.

_____. Die Philosophie des Sokrates. *Gymnasium*, 99, 1992, p. 1-16.

_____. "Sokrates, die Sokratiker und die von ihnen begründeten Traditionen." *In*: FLASHAR, H. (Ed.). *Die Philosophie der Antike* 2/1. Basileia: Schwabe, 1998a, p.139-364.

DONNELLAN, K. "Bibliographie zum zweiten Kapitel: A. Sokrates". *In:* FLASHAR, H. (Ed.). *Die Philosophie der Antike*, v. 2, parte 1. Basileia: Schwabe, 1998b, p. 323-364.

DORION, L.-A. A l'origine de la question socratique et de la critique du témoignage de Xénophon: l'étude de Schleiermacher sur Socrate (1815). *Dionysius*, 19, 2001, p. 51-74.

_____. Akrasia et enkrateia dans les *Memorables* de Xénophon. *Dialogue*, 42, 2003, p. 645-672.

_____. "The *Daimonion* and the *Megalegoria* of Socrates in Xenophon's Apology". *In*: DESTRÉE; P.; SMITH, A. N. D. (Ed.). *Socrates' Divine Sign: Religion, Practice, and Value in Socratic Philosophy*. Kelowna, B.C. (Canada): Academic Printing and Publishing, 2005, p. 127-143.

_____. "Xenophon's Socrates" *In: A Companion to Socrates*. AHBEL-RAPPE, S.; KAMTEKAR, R. (Ed.). Oxford: Oxford University Press, 2006, p. 93-109.

_____. "Les écrits socratiques de Xénophon. Supplément bibliographique (1984-2008)". *In:* NARCY, M; TORDESILLAS, A. (Ed.). *Xenophon et Socrate*. Paris, 2008, p. 283-300.

DORION, L.-A.; BANDINI, M. *Xenophon: Memorables*, v. 1: *Introduction generale et Livre I*. Paris: Les Belles Lettres, 2000. [Introdução, tradução e notas por L.-A. Dorion. História do texto grego por M. Bandini].

DORION, L.-A. *Xenophon: Memorables*. Tome 1: Introduction et Livre I. Paris: Les Belles Lettre, 2000.

DOVER, K. J., (Ed.) *Aristophanes Clouds*. Oxford: Clarendon Press, 1968.

_____. "Socrates in the Clouds." *In:* VLASTOS, G. (Ed.). *The Philosophy of Socrates*. Garden City, NY: Doubleday Anchor Books, 1971, p. 50-77.

_____. *Greek Popular Morality in the Time of Plato and Aristotle*. Berkeley: University of California Press, 1974.

_____. The Freedom of the Intellectual in Greek Society. *Talanta*, 7, 1975, p. 24-54.

DUKE, E. A. *et al.*, (Ed.). *Platonis Opera*, v. 1. Oxford: Clarendon Press, 1995.

DUNBAR, N. (Edição e tradução). *Aristophanes: Birds*. Oxford: Oxford University Press, 1995.

DU TOIT, D. S. *Theios Anthropos. Zur Verwendung von theios anthropos und sinnverwandten Ausdrucken in der Literatur der Kaiserzeit*. Tübingen: Mohr Siebeck, 1997.

DUPRÉEL, E. *La legende socratique et les sources de Platon*. Brussels: Sand, 1922.

EASTERLING, P. E.; MUIR, J. V. (Ed.). *Greek Religion and Society*. Cambridge: Cambridge University Press, 1985, p. 1-33.

EDMONDS, J. *Greek Elegy and Iambus I*. Cambridge, MA: Harvard University Press, 1968.

EDMUNDS, L. Aristophanes' Socrates. *Proceedings of the Boston Area Colloquium in Ancient Philosophy*, 2, 1986, p. 209-230.

EHLERS, B. *Eine vorplatonische Deutung des sokratischen Eros. Der Dialog Aspasia des Sokratikers Aischines*. Munique: C. H. Beck, 1966.

EUBEN, J. P. "Reading Democracy: 'Socratic' Dialogues and the Political Education of Democratic Citizens." *In:* OBER, J.; HEDRICK, C. (Ed.). *Dēmokratia: A Conversation on Democracies, Ancient and Modern*. Princeton: Princeton University Press, 1996, p. 327-359.

EUCKEN, C. *Isokrates. Seine Positionen in der Auseinandersetzung mit den zeitgenossischen Philosophen*. Berlim; Nova Iorque: Walter de Gruyter, 1983.

EUCKEN, C. "Antisthenes." *In*: ERLER, M.; GRAESER, A. (Ed.). *Philosophen des Altertums*. Darmstadt: Wissenschaftliche Buchgesellschaft, 2000, p.112-129.

EVELYN-WHITE, H. *Hesiod: The Homeric Hymns and Homerica*. Cambridge, MA: Harvard University Press, 1982.

EVERSON, S. (Ed.). *Epistemology*. Cambridge: Cambridge University Press, 1990. Reimpressão em BENSON. H. (Ed.). *The Philosophy of Socrates*. Nova Iorque: Oxford University Press, 1992, p. 86-106.

FARRAR, C. *The Origins of Democratic Thinking: The Invention of Politics in Classical Athens*. Cambridge: Cambridge University Press, 1988.

FEREJOHN, M. Socratic Thought-Experiments and the Unity of Virtue Paradox. *Phronesis* 29, 1984, p. 105-122.

FERGUSON, A. *Socrates. A Source Book*. Londres: Macmillan, 1970.

FESTUGIÈRE, A. -J. *Personal Religion Among the Greeks*. Berkeley: University of California Press, 1954.

FINE, G. "Inquiry in the Meno." *In:* KRAUT, Richard (Ed.). *The Cambridge Companion to Plato*. Cambridge, 1992, p. 200-226.

FISHER, N. R. E. *Hybris: a study in the values of honour and shame in ancient Greece*. Warminster, 1992.

FITZPATRICK, P. J. "The Legacy of Socrates." *In:* GOWER, B. S.; STOKES, M.C. (Ed.). *Socratic Questions: New Essays on the Philosophy of Socrates and Its Significance*. Nova Iorque: Routledge, 1992, p. 153-208.

FONTENROSE, J. *The Delphic Oracle*. Berkeley: University of California Press, 1978.

FOOT, P. *Natural Goodness*. Oxford: Clarendon Press, 2001.

FRANKENA, W. "Sidgwick and the history of ethical dualism." *In:* SCHULTZ, B. (Ed.). *Essays on Henry Sidgwick*. Cambridge: Cambridge University Press, 1992, p. 175-198.

FREDE, M. "The early Christian reception of Socrates." *In:* KARASMANIS, V. *Socrates: 24000 years since his Death*. Atenas; Delfos: European Cultural Centre of Delphi, 2004, p. 481-90.

FREGE, G. 1892. "On Sinn and Bedeutung.", *In:* BEANEY, M. (Ed.). *The Frege Reader*. Oxford: Blackwel, 1997, p. 151-171. Tradução de M. Black
FRIEDLÄNDER, P. *Plato, an Introduction.*

Londres: Routledge & Kegan Paul, v. 1. 1964. Tradução de H. Meyerhoff.
FRISK, H. *Griechisches etymologisches Worterbuch*. v. 3. Nova Iorque: [s.n.], 1960-1972.

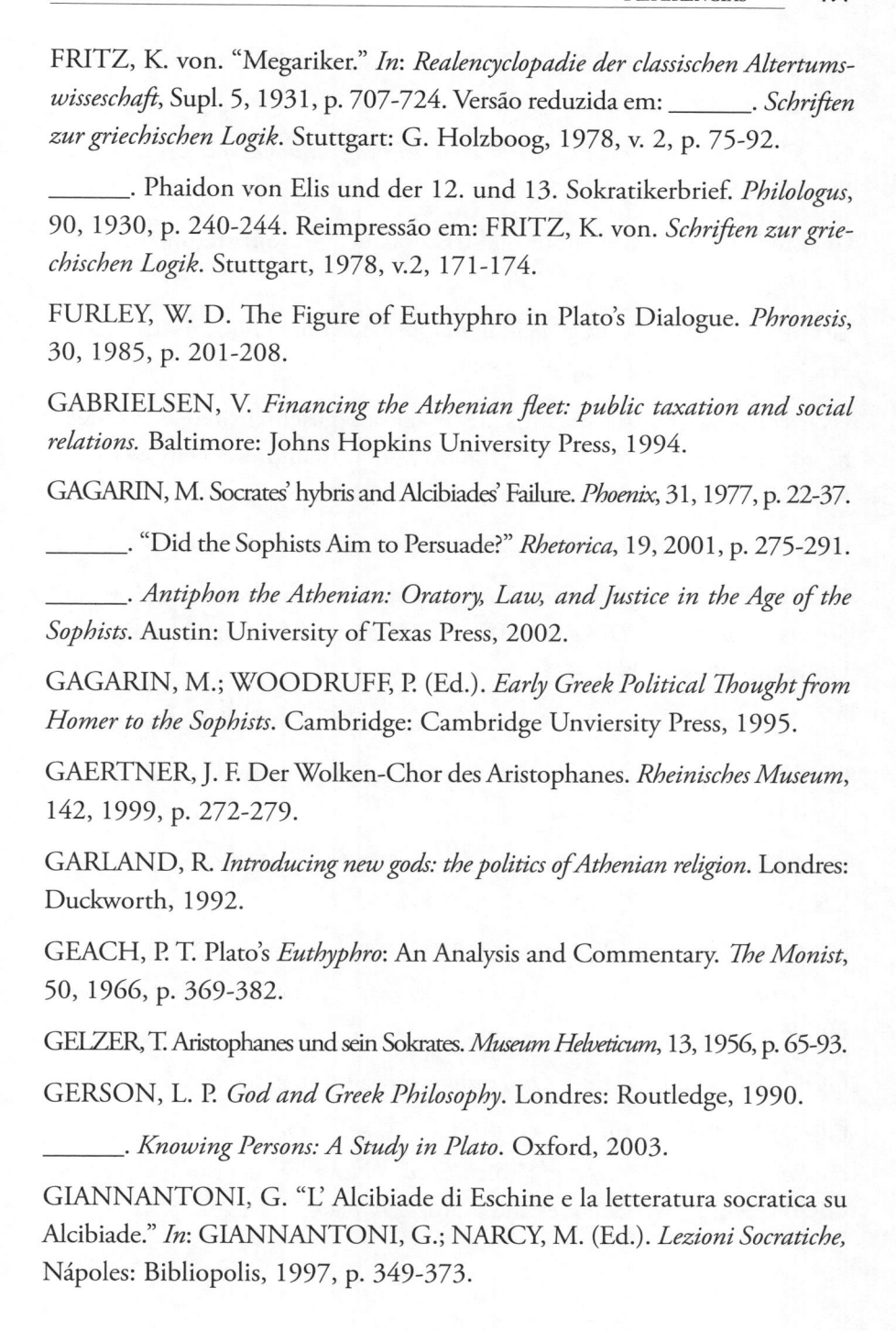

FRITZ, K. von. "Megariker." *In*: *Realencyclopadie der classischen Altertumswisseschaft*, Supl. 5, 1931, p. 707-724. Versão reduzida em: _____. *Schriften zur griechischen Logik*. Stuttgart: G. Holzboog, 1978, v. 2, p. 75-92.

_____. Phaidon von Elis und der 12. und 13. Sokratikerbrief. *Philologus*, 90, 1930, p. 240-244. Reimpressão em: FRITZ, K. von. *Schriften zur griechischen Logik*. Stuttgart, 1978, v.2, 171-174.

FURLEY, W. D. The Figure of Euthyphro in Plato's Dialogue. *Phronesis*, 30, 1985, p. 201-208.

GABRIELSEN, V. *Financing the Athenian fleet: public taxation and social relations*. Baltimore: Johns Hopkins University Press, 1994.

GAGARIN, M. Socrates' hybris and Alcibiades' Failure. *Phoenix*, 31, 1977, p. 22-37.

_____. "Did the Sophists Aim to Persuade?" *Rhetorica*, 19, 2001, p. 275-291.

_____. *Antiphon the Athenian: Oratory, Law, and Justice in the Age of the Sophists*. Austin: University of Texas Press, 2002.

GAGARIN, M.; WOODRUFF, P. (Ed.). *Early Greek Political Thought from Homer to the Sophists*. Cambridge: Cambridge Unviersity Press, 1995.

GAERTNER, J. F. Der Wolken-Chor des Aristophanes. *Rheinisches Museum*, 142, 1999, p. 272-279.

GARLAND, R. *Introducing new gods: the politics of Athenian religion*. Londres: Duckworth, 1992.

GEACH, P. T. Plato's *Euthyphro*: An Analysis and Commentary. *The Monist*, 50, 1966, p. 369-382.

GELZER, T. Aristophanes und sein Sokrates. *Museum Helveticum*, 13, 1956, p. 65-93.

GERSON, L. P. *God and Greek Philosophy*. Londres: Routledge, 1990.

_____. *Knowing Persons: A Study in Plato*. Oxford, 2003.

GIANNANTONI, G. "L' Alcibiade di Eschine e la letteratura socratica su Alcibiade." *In*: GIANNANTONI, G.; NARCY, M. (Ed.). *Lezioni Socratiche*, Nápoles: Bibliopolis, 1997, p. 349-373.

GIANNANTONI, G.; NARCY, M. (Ed.). *Lezioni Socratiche*. Nápoles: Bibliopolis, 1997.

GIGON, O. *Socrates. Sein Bild in Dichtung und Geschichte*. Bern: A. Francke, 1947.

GOLDBERG S. M. A note on Aristophanes' Phrontistêrion. *Classical Philology*, 71, 1976, p. 254-256.

GOMEZ-LOBO, A. *The Foundations of Socratic Ethics*. Indianápolis: Hackett Publishing Company, 1999.

GOMPERZ, H. Die sokratische Frage als geschichtliches Problem. *Historische Zeitschrift*, 129, 1924, p. 377-423. Reimpressão em PATZER, A., 1987, p. 184-224.

GOODELL, T. XPH and DEI. *The Classical Quarterly*, 8, 1914, p. 91-102.

GORDON, J. *Turning Toward Philosophy: Literary Device and Dramatic Structure in Plato's Dialogues*. University Park, PA: Pennsylvania State University Press, 1991.

_____. Against Vlastos on Complex Irony. *CQ*, 46, 1996, p. 131-137.

GOSLING, J., e TAYLOR, C. *The Greeks on Pleasure*. Oxford: Oxford University Press, 1984.

GOTTLIEB, P. The Complexity of Socratic Irony: A Note on Professor Vlastos' Account. *CQ*, 42, 1992, p. 278-279.

GOULD, J. "On Making Sense of Greek Religion." *In:* GOLDEN, M. *Children and childhood in classical Athens*. Baltimore: Johns Hopkins University Press, 1990.

GOUREVITCH, V. (Ed.). *On Tyranny*. Nova Iorque: The Free Press, 1991.

GOWER, B. S.; STOKES, M. C. (Ed.). *Socratic Questions: New Essays on the Philosophy of Socrates and its Significance*. Nova Iorque: Routledge, 1992

GRAHAM, D. W. "Socrates and Plato." *Phronesis*, 37, 1992, p. 141-165.

GRAY, V. *The Framing of Socrates: The Literary Interpretation of Xenophon's Memorabilia*. Stuttgart: F. Steiner, 1998.

_____. *The Character of Xenophon's Hellenica*. Baltimore: Johns Hopkins University Press, 1989.

_____. Xenophon's Hiero and the Meeting of the Wise Man and the Tyrant in Greek Literature. *Classical Quarterly*, 36, 1986, p. 115-123.

GREEN, P. ed. *Hellenistic History and Culture*. Berkeley; Los Angeles: University of California Press, 1993.

GRIFFITH, M. "Public and Private in Early Greek Institutions of Education." *In:* YUN LEE TOO (Ed.). *Education in Greek and Roman antiquity*. Leiden: Brill, 2001, p. 23-84.

_____. "Philosophers in the Agora." *Perspectives on Political Science* 32 (2003): 203-206. (Comentário sobre M. Lilla, *The Reckless Mind: Intellectuals in Politics*.)

GRISWOLD, C. "*Politikē Epistēmē in Plato's Statesman*." *In:* ANTON, J.; PREUS, A. (Ed.). *Essays in Ancient Greek Philosophy*, v. 3. Nova Iorque: State University of New York Press, 1989, p. 141-167.

_____. Stoning Greek Philosophers: Platonic Political Philosophy and the Trial of Socrates. *Classical Bulletin*, 67, 1991, p. 3-15.

_____. Relying on Your Own Voice: An Unsettled Rivalry of Moral Ideals in Plato's Protagoras. *Review of Metaphysics*, 53, 1999a, p. 283-307.

_____. "Platonic Liberalism: Self-Perfection as a Foundation of Political Theory." *In:* VAN OPHUIJSEN, J. M. (Ed.). *Plato and Platonism*. Washington, DC: Catholic University of America Press, 1999b, p. 102-134.

_____. E Pluribus Unum? On the Platonic "Corpus". *Ancient Philosophy*, 19, 1999a, p. 361-397. (Para a resposta de C. Kahn a esse texto, bem como a resposta de Griswold àquela, ver *Ancient Philosophy*, 20, 2000, p. 189-197).

GRISWOLD, C. "Comments on Kahn." *In:* ANNAS, J.; ROWE, C. (Ed.). *New Perspectives on Plato, Modern and Ancient*. Cambridge, MA: Harvard University Press, 2002a, p. 129-144.

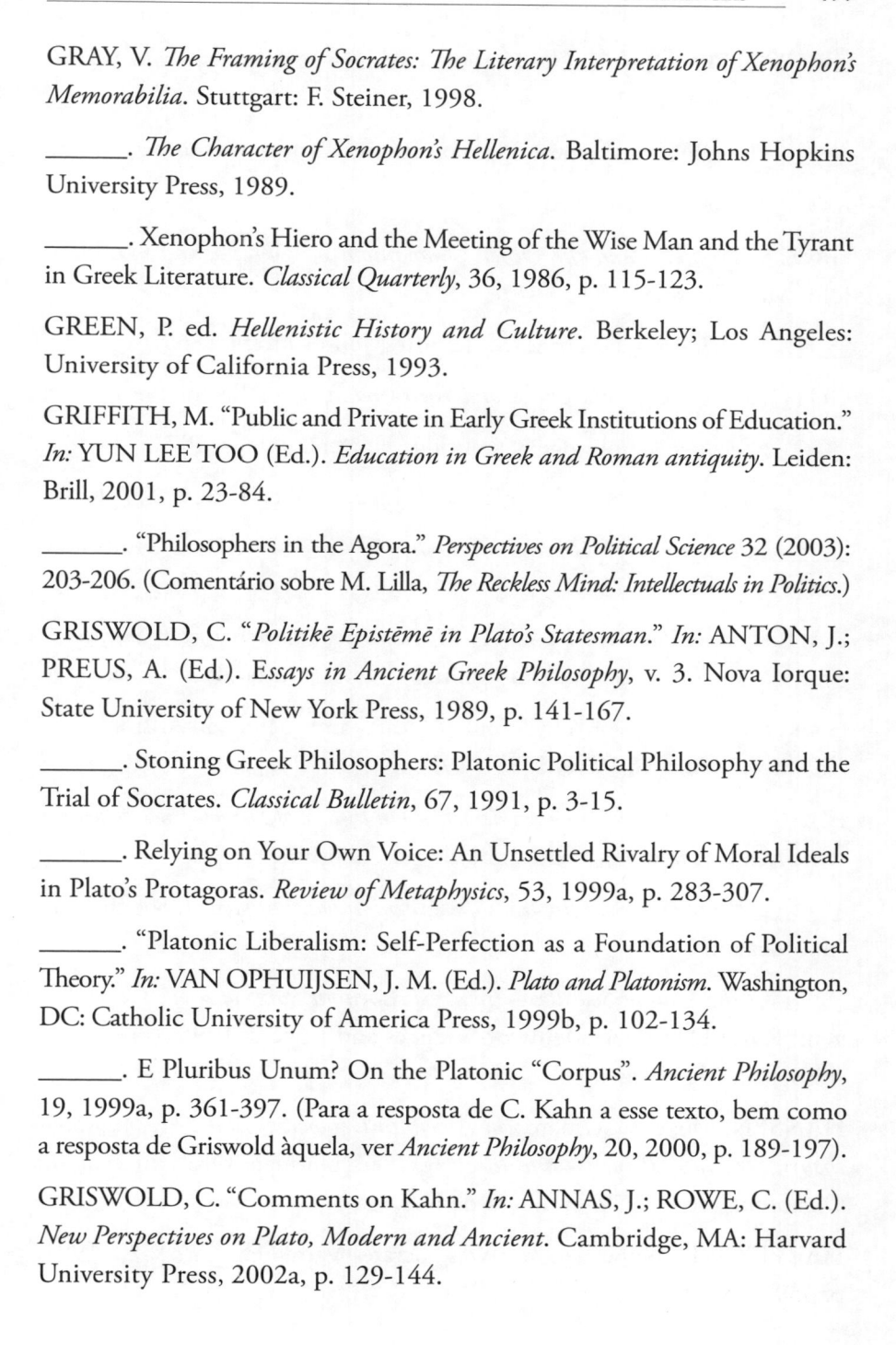

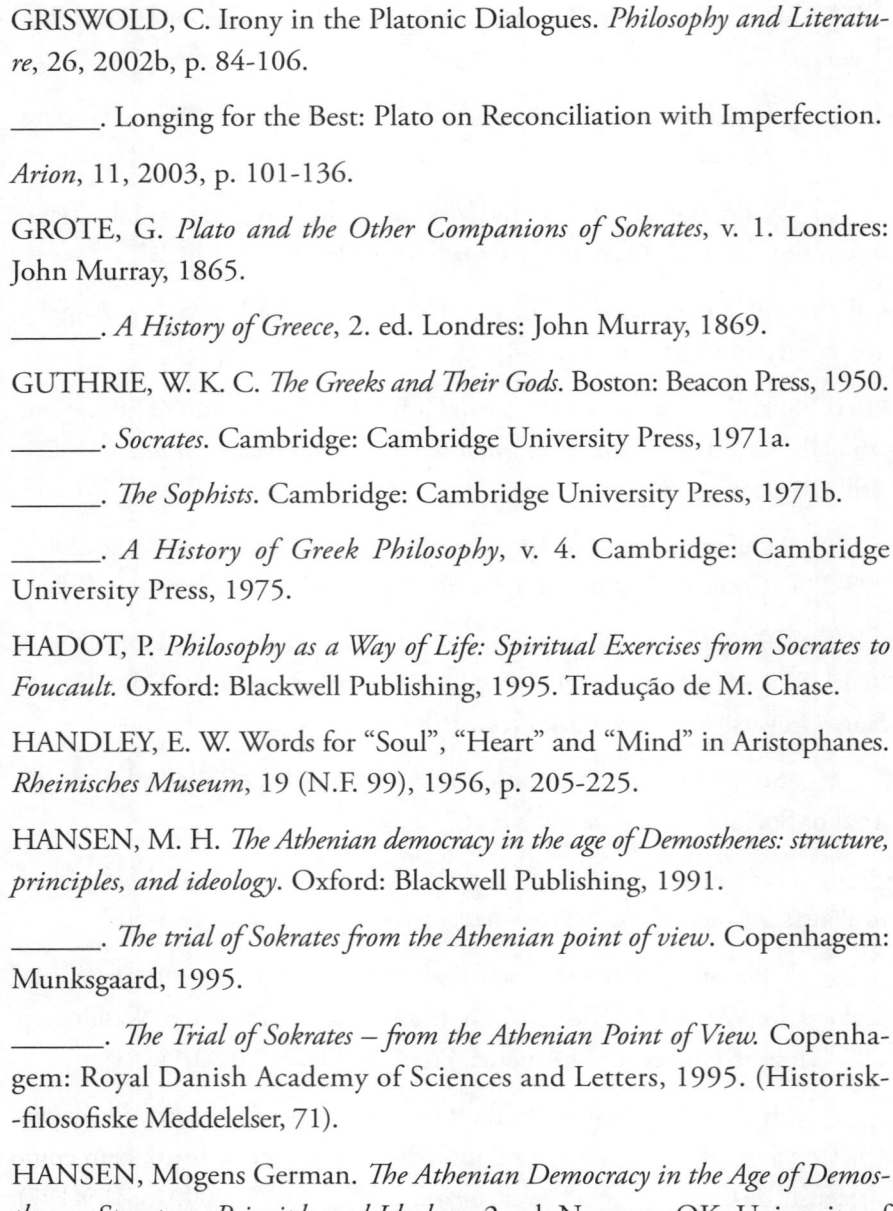

GRISWOLD, C. Irony in the Platonic Dialogues. *Philosophy and Literature*, 26, 2002b, p. 84-106.

_____. Longing for the Best: Plato on Reconciliation with Imperfection. *Arion*, 11, 2003, p. 101-136.

GROTE, G. *Plato and the Other Companions of Sokrates*, v. 1. Londres: John Murray, 1865.

_____. *A History of Greece*, 2. ed. Londres: John Murray, 1869.

GUTHRIE, W. K. C. *The Greeks and Their Gods*. Boston: Beacon Press, 1950.

_____. *Socrates*. Cambridge: Cambridge University Press, 1971a.

_____. *The Sophists*. Cambridge: Cambridge University Press, 1971b.

_____. *A History of Greek Philosophy*, v. 4. Cambridge: Cambridge University Press, 1975.

HADOT, P. *Philosophy as a Way of Life: Spiritual Exercises from Socrates to Foucault*. Oxford: Blackwell Publishing, 1995. Tradução de M. Chase.

HANDLEY, E. W. Words for "Soul", "Heart" and "Mind" in Aristophanes. *Rheinisches Museum*, 19 (N.F. 99), 1956, p. 205-225.

HANSEN, M. H. *The Athenian democracy in the age of Demosthenes: structure, principles, and ideology*. Oxford: Blackwell Publishing, 1991.

_____. *The trial of Sokrates from the Athenian point of view*. Copenhagem: Munksgaard, 1995.

_____. *The Trial of Sokrates – from the Athenian Point of View*. Copenhagem: Royal Danish Academy of Sciences and Letters, 1995. (Historisk--filosofiske Meddelelser, 71).

HANSEN, Mogens German. *The Athenian Democracy in the Age of Demosthenes; Structure, Principle and Ideology*. 2. ed. Norman, OK: University of Oklahoma Press, 1999. Tradução de J. A. Crook.

HARVEY, F. D. Nubes 1493ff.: Was Socrates Murdered? *GRBS*, 22, 1981, p. 339-343.

HAVELOCK, Eric A. The Socratic Self as It Is Parodied in Aristophanes' Clouds. *Yale Classical Studies*, 22, 1972, p. 1-18.

HAMILTON, A., JAY, J.; MADISON, J. *The Federalist Papers*. Introdução de C. Rossiter. Nova Iorque: Peguin Books, 1961.

HARTE, V. Conflicting Values in Plato's Crito. *Archiv fur Geschichte der Philosophiei*, 81, 1999, p. 117-147.

HEER de, C. 1968. [*Makar-Eudaimon-Olbios-Eutuches*] *A study of the semantic field denoting happiness in ancient Greek to the end of the 5th century B.C.* Crawley: University of Western Australia Press, 1968.

HEGEL, G. W. F. *Hegel's Lectures on the History of Philosophy*, v.1. Edição e tradução de E. S. Haldane. Londres: [s. n.], 1892. 3 vols.

HEINAMAN, R., ed. *Plato's and Aristotle's Ethics*. Aldershot: Ashgate, 2003.

HENDERSON, Jeffrey (Trad.). *Aristophanes' Clouds*. Newburyport, MA: Focus Publishing, 1992.

HENDRICKSON, G. L. (Trad.). "Cicero. Brutus. Orator". *In: Cicero V: Brutus and Orator*. Cambridge, MA; Londres: Heinemann, 1971.

HEADLAM, W.; KNOX, A. D. *Herodas: The mimes and fragments*. Cambridge: Cambridge University Press, 1922. Reimpressão em: Nova Iorque, 1979.

HEIDEL, W. A. On Plato's Euthyphro. *Transactions of the American Philological Society*, 31, 1900, p. 164-181.

HEITSCH, E. "Dialoge Platons vor 399 v. Chr.?" *In: Nachrichten der Akademie der Wissenschaften zu Gottingen* I, Philologisch-Historische Klasse. Göttingen: Vandenhoeck & Ruprecht, 2002, p. 303-345.

_____. *Platon: Apologie des Sokrates*. Göttingen: Vandenhoeck & Ruprecht, 2002. Tradução e comentário: E. Heitsch.

HERMANN, G. *Ritualised Friendship and the Greek City*. Nova Iorque: Cambridge University Press, 1987.

HOERNLÉ, R. F. A. "Would Plato have Approved of the National-Socialist State?" *In:* BAMBROUGH, R. (Ed.). *Plato, Popper, and Politics.* Nova Iorque: Barnes & Noble, 1967, p. 20-36.

HOLLAND, G. S. *Divine Irony.* Selinsgrove, PA: Susquehanna University Press, 2000.

HORNBLOWER, S. The Religious Dimension to the Peloponnesian War, or What Thucydides Does Not Tell Us. *Harvard Studies in Classical Philology,* 94, 1992, p. 169-197.

HOWLAND, J. *The Republic: The Odyssey of Philosophy.* Filadélfia: Paul Dry Books, 2004.

HUBBARD, T. K. *The Mask of Comedy: Aristophanes and the Intertextual Parabasis.* Ítaca: Cornell University Press, 1991.

HUME, D. "Idea of a Perfect Commonwealth." *In:* MILLER E. (Edição revisada e editada). *Essays Moral, Political, and Literary.* Indianápolis: Hackett Publishing Company, 1987, p. 512-529.

HUMPHREYS, S.C. The Nothoi of Cynosarges. *Journal of Hellenic Studies,* 94, 1974, 88-95.

HURSTHOUSE, R. *On Virtue Ethics.* Oxford: Oxford University Press, 1999.

IRWIN, T. *Plato's Moral Theory.* Oxford: Clarendon Press, 1977.

_____. *Plato: Gorgias.* Oxford: Clarendon Press, 1979.

_____. Socrates the Epicurean? *Illinois Classical Studies,* 11, 1986, p. 85-112.

_____. "Say What You Believe." *In*: IRWIN, T.; NUSSBAUM, M. C. (Ed.). Virtue, Love and Form: Essays in Memory of Gregory Vlastos. *Apeiron,* 26, 1993, p. 1-16.

_____. *Plato's Ethics.* Nova Iorque: Oxford University Press, 1995.

JACKSON, B. D. The Prayers of Socrates. *Phronesis,* 16, 1971, p. 14-37.

JANKÉLÉVITCH, V. *L'Ironie.* Paris: Flammarion, 1964.

JANKO, R. The Physicist as Hierophant: Aristophanes, Socrates and the Authorship of the Derveni Papyrus. *Zeitschrift fur Papyrologie und Epigraphik*, 118, 1997, p. 61-94.

JOËL, K. *Der echte und der xenophontische Sokrates*, 3 vol. Berlin: R. Gaertner, 1893-1901.

JOËL, K. "Der logos Sokratikos". *AGP*, 9, 1895-1896, p. 466-483; p. 50-66.

JOHNSON, D. M. Xenophon at his most Socratic. *Oxford Studies in Ancient Philosophy*, 29, 2005, p. 39-73. (Memorabilia 4.2).

_____. Xenophon's Socrates on Law and Justice. *Ancient Philosophy*, 22, 2003, p. 255-281.

JOINT ASSOCIATION OF CLASSICAL TEACHERS (JACT). (Ed.). "The Metaphysical Environment." *In:* JACT. *The World of Athens*. Cambridge: Cambridge University Press, 1984.

KAHN, C. H. Did Plato Write Socratic Dialogues? *CQ*, 31, 1981, p. 305-320.

_____. Plato's Theory of Desire. *Review of Metaphysics*, 41, 1987, p. 77-103.

_____. Plato as a Socratic. *Hommage a Henri Joly. Recherches sur la philosophie et le langage*, 12, 1990, p. 287-301.

_____. Vlastos's Socrates. *Phronesis*, 37, 1992, p. 233-258.

_____. "Aeschines on Socratic eros." *In*: VANDER WAERDT, P. A. (Ed.). *The Socratic Movement. The Socratic Movement*. Ítaca: Cornell University Press, 1994

_____. *Plato and the Socratic Dialogue*. Cambridge: Cambridge University Press, 1996a.

_____. *Plato and the Socratic Dialogue; The Philosophical Use of a Literary Form*. Cambridge: Cambridge University Press, 1996b.

_____. Greek Religion and Philosophy in the Sisyphus Fragment. *Phronesis*, 10, 1997, p. 247-262.

KALOUCHE, F. Antisthenes' ethics and theory of language. *Revue de Philosophie Ancienne*, 17, 1999, p. 11-41.

KARAVITES, P. Socrates in the Clouds. *Classical Bulletin*, 50, 1973-1974, p. 65-69.

KAMTEKAR, R. Plato on the Attribution of Conative Attitudes. *Archiv fur Geschichte der Philosophie* 88, 2006a, p. 127-162.

_____. "The Politics of Plato's Socrates." *In:* AHBEL-RAPPE, S.; KAMTEKAR, R. (Ed.). *A Companion to Socrates*. Malden, MA; Oxford: Blackwell Publishing, 2006b, p. 214-227.

KANT, I., *Practical Philosophy*. Tradução e edição de, M. Gregor. Cambridge: Cambridge University Press, 1996a.

_____. Groundwork of the Metaphysics of Morals. *In*: *Practical Philosophy*. Cambridge: Cambridge University Press, 1996b.

KAPLAN, D. "Dthat." *In:* YOURGRAU, P. (Ed.). *Demonstratives*. Oxford: Oxfod University Press, 1990, p. 11-34.

KERFERD, G. B. The First Greek Sophists. *Classical Review*, 64, 1950, p. 8-10.

_____. *The Sophistic Movement*. Cambridge: Cambridge University Press, 1981.

KIERKEGAARD, Søren. *The Conception of Irony, with Continual Reference to Socrates: Together with Notes of Schelling's Berlin Lectures*. Princeton: Princeton University Press, 1989. Edição e tradução de H. V. Hong e E. H. Hong.

_____. "On My Work as an Author", *In:* HONG, H. V.; HONG, E. H. *The Point of View*. Princeton: Princeton University Press, 1998, p. 1-141. (Kierkegaard's Writings, v. 22).

KLEVE, K. Anti-Dover or Socrates in the Clouds. *Symbolae Osloenses*, 58, 1983, p. 23-37.

_____. "Scurra Atticus. The Epicurean view of Socrates" *In*: *Carrattelli*, 1983, p. 227–253.

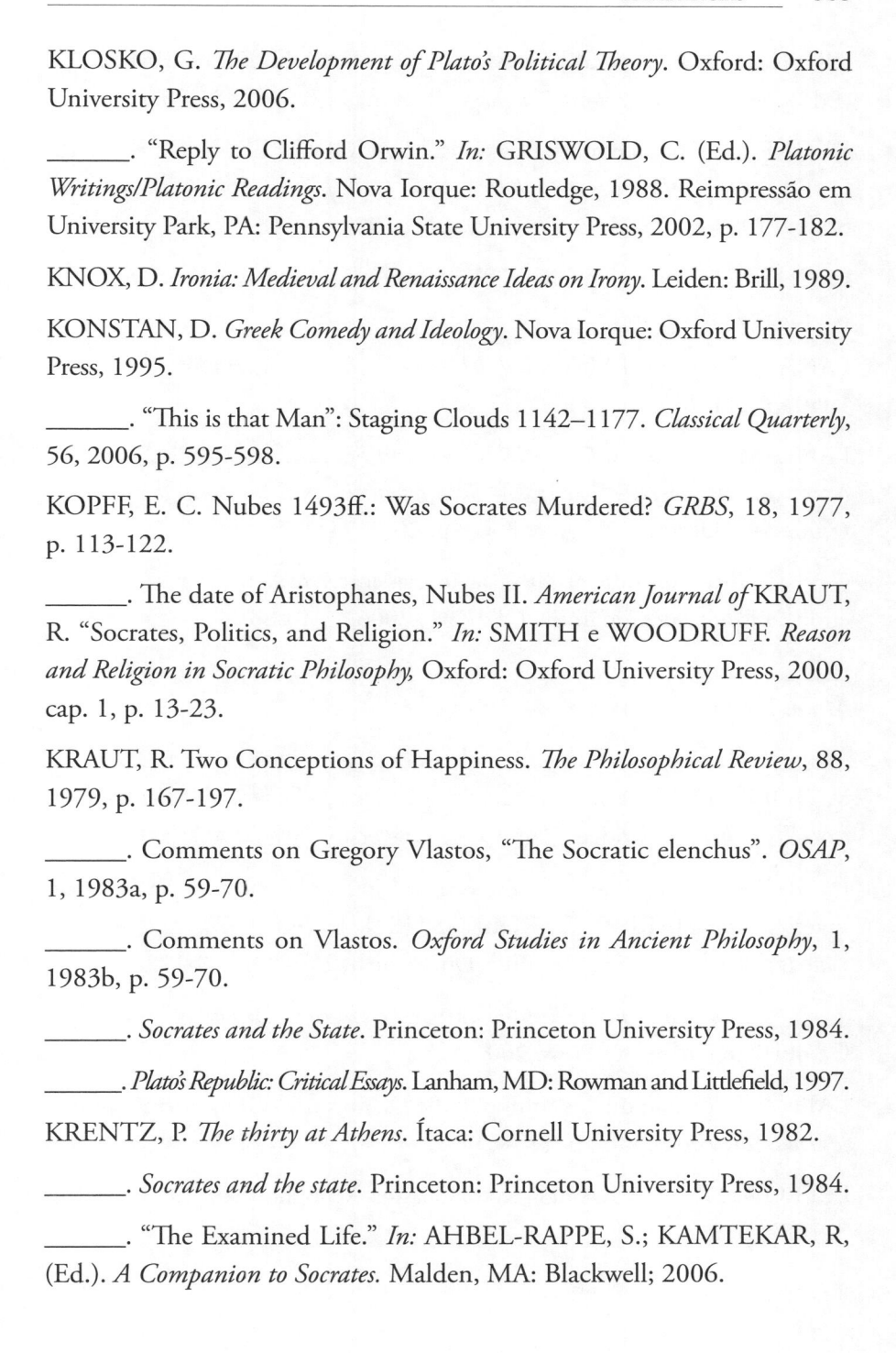

KLOSKO, G. *The Development of Plato's Political Theory*. Oxford: Oxford University Press, 2006.

_____. "Reply to Clifford Orwin." *In:* GRISWOLD, C. (Ed.). *Platonic Writings/Platonic Readings*. Nova Iorque: Routledge, 1988. Reimpressão em University Park, PA: Pennsylvania State University Press, 2002, p. 177-182.

KNOX, D. *Ironia: Medieval and Renaissance Ideas on Irony*. Leiden: Brill, 1989.

KONSTAN, D. *Greek Comedy and Ideology*. Nova Iorque: Oxford University Press, 1995.

_____. "This is that Man": Staging Clouds 1142–1177. *Classical Quarterly*, 56, 2006, p. 595-598.

KOPFF, E. C. Nubes 1493ff.: Was Socrates Murdered? *GRBS*, 18, 1977, p. 113-122.

_____. The date of Aristophanes, Nubes II. *American Journal of* KRAUT, R. "Socrates, Politics, and Religion." *In:* SMITH e WOODRUFF. *Reason and Religion in Socratic Philosophy,* Oxford: Oxford University Press, 2000, cap. 1, p. 13-23.

KRAUT, R. Two Conceptions of Happiness. *The Philosophical Review*, 88, 1979, p. 167-197.

_____. Comments on Gregory Vlastos, "The Socratic elenchus". *OSAP*, 1, 1983a, p. 59-70.

_____. Comments on Vlastos. *Oxford Studies in Ancient Philosophy*, 1, 1983b, p. 59-70.

_____. *Socrates and the State*. Princeton: Princeton University Press, 1984.

_____. *Plato's Republic: Critical Essays*. Lanham, MD: Rowman and Littlefield, 1997.

KRENTZ, P. *The thirty at Athens*. Ítaca: Cornell University Press, 1982.

_____. *Socrates and the state*. Princeton: Princeton University Press, 1984.

_____. "The Examined Life." *In:* AHBEL-RAPPE, S.; KAMTEKAR, R, (Ed.). *A Companion to Socrates*. Malden, MA: Blackwell; 2006.

KRIPKE, S. Naming and Necessity. *In:* DAVIDSON, D.; HARMAN, G. (Ed.). *Semantics of Natural Language.* Boston, 1972, p. 253-255.

KURKE, L. "The Economy of Kudos." *In:* DOUGHERTY, C.; KURKE, L. (Ed.). *Cultural poetics in archaic Greece: Cult, performance, politics.* Cambridge, 1993, p. 131-163. *Philology,* 111, 1990, p. 318-329.

LACHTERMAN, D. What is "The Good" of Plato's Republic? *St. John's Review,* 39, 1990, p. 139-171.

LANA, I. Diagora di Melo. *Atti dell'Accademia delle Scienze di Torino,* 84, 1959, p. 161-205.

LANE, M. "Gadfly in God's own country: Socrates in twentieth-century America." *In:* TRAPP, M. (Ed.). *Socrates in the Nineteenth and Twentieth Centuries.* Aldershot: Ashgate, 2007, p. 203-224.

_____. The evolution of eironeia in classical Greek texts: why Socratic eironeia is not Socratic irony. *OSAP* 31, 2006, p. 49-83.

_____. *Plato's Progeny: How Plato and Socrates Still Captivate the Modern Mind.* Londres, 2001.

_____. "Introduction" [à seção sobre Sócrates e Platão]. *In:* ROWE, C.; SCHOFIELD, M. (Ed.). *The Cambridge History of Greek and Roman Political Thought,* Cambridge: Cambridge University Press, 2000, p. 155-160.

LANNI, A. M. "Arguing from 'Precedent': Modern Perspectives on Athenian Practice." *In:* HARRIS, E.; RUBENSTEIN, L. (Eds.). *The Law and the Courts in Ancient Greece.* Londres: Duckworth, 2004, p. 159-172.

_____. *Law and justice in the courts of classical Athens.* Cambridge: Cambridge University Press, 2006.

LAPE, S. Solon and the Institution of the Democratic Family Form. *Classical Journal,* 98, 2002-2003, p. 117-139.

LEFKOWITZ, Mary R. On Professor Vlastos' Xenophon. *Ancient Philosophy,* 7, 1987, p. 9-22.

LEFKOWITZ, Mary R. 1991. Comments on Vlastos' Socratic Piety. *Proceedings of the Boston Area Colloquium in Ancient Philosophy*. 5 ed. Washington, DC, 1991, p. 239-246.

LLOYD-JONES, H. *The Justice of Zeus*. Berkeley: University of California Press, 1971.

LONG, A. A. "Socrates in Hellenistic Philosophy." *In:* LONG, A. A. (Ed.). *Stoic Studies*. Berkeley: University of California Press, 1996, p. 1-35.

_____. "Aristippus and Cyrenaic hedonism." *In*: ALGRA, K.; BARNES, J.; MANSFELD J.; SCHOFIELD, M. (Ed.). *The Cambridge History of Hellenistic Philosophy*. Cambridge: Cambridge University Press, 1999, p. 632-639.

LESHER, J. H. Socrates' Disavowal of Knowledge. *Journal of the History of Philosophy*, 25, 1987, p. 275-288.

LINSKY, L. "Reference and referents." *In:* CATON, C. (Ed.). *Philosophy and Ordinary Language*. Urbana: University of Illinois Press, 1963, p. 74-89.

LOCKE, J. *An Essay Concerning Human Understanding*. Edição e Introdução de John W. Yolton. Londres: Dent, 1961.

LONG, A. A.; SEDLEY, D. N. *The Hellenistic Philosophers*, 2 vols. Cambridge, 1987.

_____. Socrates in Hellenistic Philosophy. *CQ*, 38, 1988, p. 150-171. Reimpressão com um pós-escrito como cap. 1 de Long 1996a.

_____. *Stoic Studies*. Cambridge: Cambridge University Press, 1996b. Reimpressão em Berkeley; Los Angeles: University of California Press, 2001.

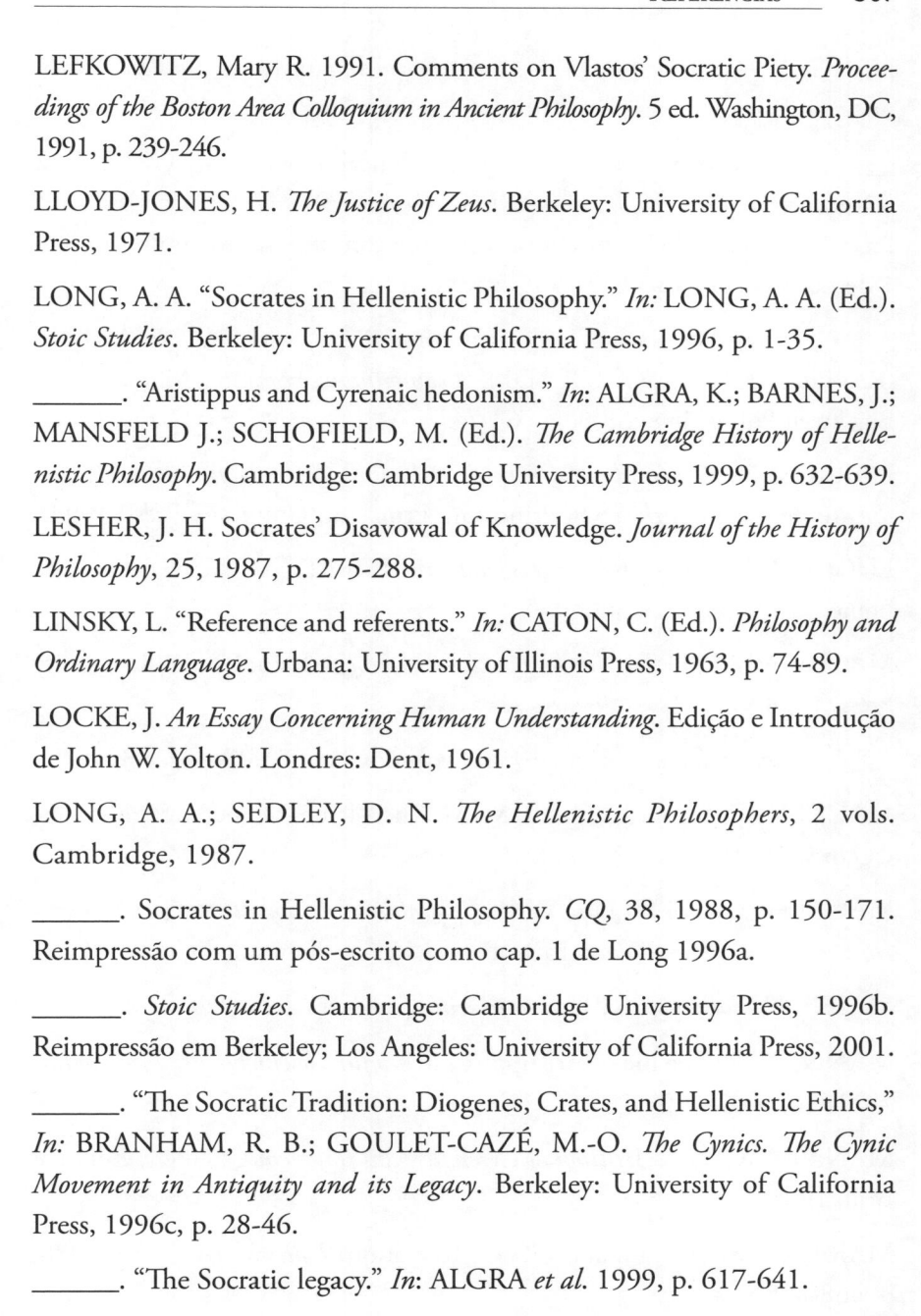

_____. "The Socratic Tradition: Diogenes, Crates, and Hellenistic Ethics," *In:* BRANHAM, R. B.; GOULET-CAZÉ, M.-O. *The Cynics. The Cynic Movement in Antiquity and its Legacy*. Berkeley: University of California Press, 1996c, p. 28-46.

_____. "The Socratic legacy." *In*: ALGRA *et al*. 1999, p. 617-641.

_____. *Epictetus. A Stoic and Socratic Guide to Life*. Oxford: Oxford University Press, 2002 [2004].

LONG, A. A.; SEDLEY, D. N. *From Epicurus to Epictetus. Studies in Hellenistic and Roman Philosophy*. Oxford: Clarendon Press, 2006a.

_____. "Hellenistic ethics and philosophical power." *In:* GREEN, P. (Org.). *Hellenistic History and Culture*. Berkeley: University of California Press, 1993, p. 138-156. Reimpressão com um pós-escrito como capítulo 1 de Long, 2006b.

_____. "How does Socrates' divine sign communicate with him?" *In:* AHBEL-RAPPE, S.; KAMTEKAR, R. (Ed.). *A companion to Socrates*. Malden, MA: Blackwell Publishing, 2006c, p. 63-74.

LORAUX, N. *The children of Athena: Athenian ideas about citizenship and the division between the sexes*. Princeton: Princeton University Press, 1993.

LUCCIONI, J. *Xenophon et le socratisme*. Paris: Presses Universitaires de France, 1953.

MACDOWELL, D. M. *The law in classical Athens*. Ítaca: Cornell University Press, 1978.

_____. *Andocides. On the mysteries*. Oxford: Clarendon Press, 1989.

MACKENZIE [agora McCabe], M. M. The Virtues of Socratic Ignorance. *CQ*, n.s. 38, 1988, p. 331-350.

MAGALHÃES-VILHENA, V. de. *Le probleme de Socrate: le Socrate historique et le Socrate de Platon*. Paris: Presses Universitaires de France, 1952.

MAIER, H. *Sokrates, sein Werk und seine geschichtliche Stellung*.

MANN, W.-R. The life of Aristippus. *Archiv fur Geschichte der Philosophie*, 78, 1996, p. 97-119.

MANNEBACH, E. *Aristippi et Cyrenaicorum fragmenta*. Leiden; Colônia: Brill, 1961.

MARA, G. M. Socrates and Liberal Toleration. *Political Theory* 16, 1988, p. 468-495.

MARA, G. M. *Socrates' Discursive Democracy*. Albany: State University of New York Press, 1997.

MARIANETTI, M. C. *Religion and Politics in Aristophanes' Clouds*. Hildesheim, 1992.

_____. Socratic mystery-parody and the issue of asebeia in Aristophanes' Clouds. *Symbolae Osloenses*, 68, 1993, p. 5-31.

MARKOVITS, E. *The politics of sincerity: Plato, frank speech, and democratic judgment*. University Park, PA: Pennsylvania State University Press, 2008.

MASTROMARCO, G. (Ed.). *Commedie di Aristofane*, v. 1: Nubes. Turim: UTET, 1983.

MAUSS, M. *The Gift: Forms and Functions of Exchange in Archaic Societies*. Londres: Cohen & West, 1954 [1924]. Tradução de I. Cunnison.

MCCABE, M. M. Myth, Allegory, and Argument in Plato. *Apeironi*, 25, 1992, p. 47-67.

_____. "Out of the Labyrinth: Plato's Attack on Consequentialism". *In:* GILL, C. (Ed.). *Virtues, Norms, and & Objectivity: Issues in Ancient and Modern Ethics*. Oxford: Clarendon Press, 2005, p. 189-214.

_____. "Irony in the soul: should Plato's Socrates be sincere?" *In:* TRAPP, M. B. (Ed.). *Socrates, from Antiquity to the Enlightenment*. Aldershot: Ashgate, 2006, p. 17-32.

MCDOWELL, J., (Trad.). *Plato: Theaetetus*. Oxford: Clarendon Press, 1973.

MCKIRAHAN, R. D. *Plato and Socrates: a comprehensive bibliography, 1958-1973*. Nova Iorque, 1978.

MCPHERRAN, M. L. *The Religion of Socrates*. University Park, PA, 1996.

_____. "Does Piety Pay? Socrates and Plato on Prayer and Sacrifice." *In: Reason and Religion in Socratic Philosophy*, SMITH, N. D. A.; WOODRUFF, P. (Ed.). Oxford, 2000a, p. 89-114.

_____. Piety, Justice, and the Unity of Virtue. *Journal of the History of Philosophy*, 38, 2000b, p. 299-328.

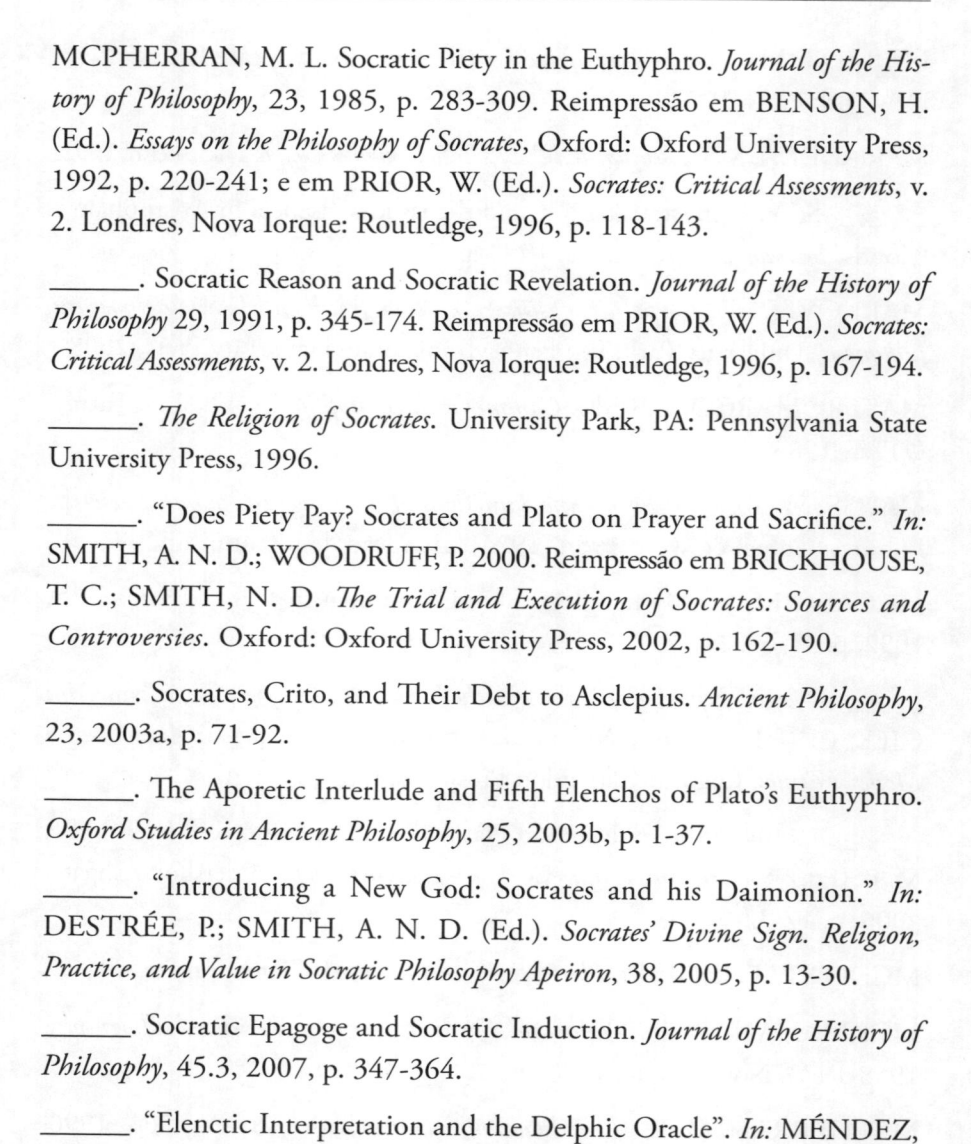

MCPHERRAN, M. L. Socratic Piety in the Euthyphro. *Journal of the History of Philosophy*, 23, 1985, p. 283-309. Reimpressão em BENSON, H. (Ed.). *Essays on the Philosophy of Socrates*, Oxford: Oxford University Press, 1992, p. 220-241; e em PRIOR, W. (Ed.). *Socrates: Critical Assessments*, v. 2. Londres, Nova Iorque: Routledge, 1996, p. 118-143.

_____. Socratic Reason and Socratic Revelation. *Journal of the History of Philosophy* 29, 1991, p. 345-174. Reimpressão em PRIOR, W. (Ed.). *Socrates: Critical Assessments*, v. 2. Londres, Nova Iorque: Routledge, 1996, p. 167-194.

_____. *The Religion of Socrates*. University Park, PA: Pennsylvania State University Press, 1996.

_____. "Does Piety Pay? Socrates and Plato on Prayer and Sacrifice." *In:* SMITH, A. N. D.; WOODRUFF, P. 2000. Reimpressão em BRICKHOUSE, T. C.; SMITH, N. D. *The Trial and Execution of Socrates: Sources and Controversies*. Oxford: Oxford University Press, 2002, p. 162-190.

_____. Socrates, Crito, and Their Debt to Asclepius. *Ancient Philosophy*, 23, 2003a, p. 71-92.

_____. The Aporetic Interlude and Fifth Elenchos of Plato's Euthyphro. *Oxford Studies in Ancient Philosophy*, 25, 2003b, p. 1-37.

_____. "Introducing a New God: Socrates and his Daimonion." *In:* DESTRÉE, P.; SMITH, A. N. D. (Ed.). *Socrates' Divine Sign. Religion, Practice, and Value in Socratic Philosophy Apeiron*, 38, 2005, p. 13-30.

_____. Socratic Epagoge and Socratic Induction. *Journal of the History of Philosophy*, 45.3, 2007, p. 347-364.

_____. "Elenctic Interpretation and the Delphic Oracle". *In:* MÉNDEZ, E. A. e Angeli, A. eds. *Filodemo Testimoniane su Socrate*. Nápoles, 1992.

MCTIGHE, K. "Socrates on desire for the good and the involuntariness of wrongdoing: Gorgias 446a-468e." *Phronesis* 29, 1984, p. 193–236.

MEINECK, P.; WOODRUFF, P. *Sophocles: Theban Plays, with Introductions by Paul Woodruff.* Indianápolis: Hackett Publishing Company, 2003.

MICHELINI, A. N. ΠΟΛΛΗ ΑΓΡΟΙΚΙΑ: Rudeness and Irony in Plato's Gorgias. *Classical Philology*, 93, 1998, p. 50-59.

MIGNANEGO, P. "Aristofane e la rappresentazione di Socrate". *Dioniso*, 62, 1992, p. 71-101. Tübingen: J. C. B. Mohr, 1913.

MILLER, M. *The Philosopher in Plato's Statesman*. *The Hague*, 1980.

_____. " 'The Arguments I Seem to Hear': Argument and Irony in the *Crito*." *Phronesis* 41, 1996, p. 121-137.

MILLETT, P. "Encounters in the Agora." *In:* CARTLEDGE, P.; MILLETT, P.; REDEN, S. von (Ed.). *Kosmos: Essays in Order, Conflict and Community in Classical Athens*. Cambridge: Cambridge University Press, 1998, p. 203-228.

MONOSON, S. *Plato's Democratic Entanglements*. Princeton: Princeton University. Press, 2000.

MOORE, G. E. *Some Main Problems of Philosophy*. Nova Iorque: Collier Books, 1962.

MORGAN, M. L. *Platonic Piety*. New Haven: Yale University Press, 1990.

_____. "Plato and Greek Religion." *In:* KRAUT, R. (Ed.). *The Cambridge Companion to Plato*. Cambridge: Cambridge University Press, 1992, p. 227-247.

MORRISON, D. "On Professor Vlastos' Xenophon." *Ancient Philosophy*, 7, 1987, p. 9-22.

_____. *Bibliography of Editions, Translations, and Scholarly Commentary on Xenophon's Socratic Writings, 1600-present*. Pittsburgh, 1988.

_____. *Agora, Academy, and the Conduct of Philosophy*. Dordrecht, 1995.

_____. On the Alleged Historical Reliability of Plato's Apology. *Archiv fur Geschichte der Philosophie*, 82, 2000, p. 235-265.

_____. "The Happiness of the City and the Happiness of the Individual in Plato's Republic." *Ancient Philosophy* 21 (2001): 1-24.

_____."Some Central Elements of Socratic Political Theory." *Polis* 18, 2001, p. 27-40.

MORRISON, D. "Happiness, Rationality, and Egoism in Plato's Socrates." *In:* YU, J.; GARCIA, J (Ed.). *Rationality and Happiness: From the Ancients to the Early Medievals.* Rochester, 2003b, p. 17-34.

_____."The Utopian Character of Plato's Ideal City," *In: The Cambridge Companion to Plato's Republic,* FERRARI, G. R. F. (Ed.). Cambridge, 2007, p. 232-255.

MORALES TRONCOSO, D. El Sócrates de Aristófanes en la parodia de Las Nubes. *Diadoche,* 4.1-2, 2001, p. 35-58.

MORTON, A. *The Importance of Being Understood: Folk Psychology as Ethics.* Londres: Routledge, 2002.

MOURELATOS, A. P. D. M. Gorgias on the Function of Language. *Philosophical Topics,* 15, 1987, p. 135-170.

MOMIGLIANO, A. *The Development of Greek Biography.* Cambridge, MA: Harvard University Press, 1971.

MONTUORI, M. *Socrates: Physiology of a Myth.* Amsterdam: Gieben, 1981a.

_____. *De Socrate iuste damnato. The Rise of the Socratic Problem in the Eighteenth Century.* Amsterdam: Gieben, 1981b.

_____. *Socrates: An Approach.* Amsterdam: Gieben, 1988.

_____. *The Socratic Problem. The History, the Solutions.* Amsterdam: Gieben, 1992.

MORRISON, D. 1994. "Xenophon's Socrates as Teacher." *In:* VANDER WAERDT, P. A. (Ed.). *The Socratic Movement.* Ítaca: Cornell University Press, 1994, p. 181-208.

_____. "Xenophon". *In: Greek Thought. A Guide to Classical Knowledge,* J. Brunschwig and G.E.R. Lloyd (Ed.). Cambridge, MA: Harvard University Press, 2000a.

NADON, C. *Xenophon's Prince: Republic and Empire in the Cyropaedia.* Berkeley: University of California Press, 2001.

NAILS, D. "The Trial and Death of Socrates." *In:* AHBEL-RAPPE, S.; KAMTEKAR, R. (Ed.). *A companion to Socrates.* Malden, MA: Blackwell Publishing, 2006, p. 5-20.

NAKHNIKIAN, G. "Elenctic Definitions." *In:* VLASTOS, G. (Ed.). *The Philosophy of Socrates: A Collection of Critical Essays*. Nova Iorque: Doubleday Anchor, 1971, p. 125-157.

NAVIA, L. E. , and KATZ E. L. *Socrates: an annotated bibliography*. Nova Iorque, 1988.

NEHAMAS, A. Socratic Intellectualism. *Proceedings of the Boston Area Colloquium in Ancient Philosophy*, 2, 1986, p. 275-316.

_____. *The Art of Living: Socratic Reflections from Plato to Foucault*. Berkeley; Los Angeles; Londres: University of California Press, 2000, 1998.

_____. "Socratic Intellectualism." *In:* NEHAMAS, A. *Virtues of Authenticity: Essays on Plato and Socrates*. Princeton: Princeton University Press, 1999, p. 27-58.

NIETZSCHE, F. *The Birth of Tragedy*. In *The Birth of Tragedy and Other Writings*, eds. Raymond Geuss and Ronald Speirs, trad. Ronald Speirs. Cambridge, 1999.

_____. Twilight of the Idols. In *The Anti-Christ, Ecce Homo, Twilight of the Idols, and Other Writings*, eds. Aaron Ridley e Judith Norman, trad. Judith Norman. Cambridge, 2005.

NIGHTINGALE, A. W. *Genres in dialogue: Plato and the construct of philosophy*. Cambridge: Cambridge University Press, 1995.

NUSSBAUM, M. 1980. Aristophanes and Socrates on Learning Practical Wisdom. *Yale Classical Studies*, 26, 1980, p. 43-97.

_____. 1985. Commentary on Edmunds. *Proceedings of the Boston Area Colloquium in Ancient Philosophy*, 1, 1985, p. 231-240.

OBER, J. *Mass and elite in democratic Athens: rhetoric, ideology, and the power of the people*. Princeton: Princeton University Press, 1989.

_____. *The Athenian revolution: essays on ancient Greek democracy and political theory*. Princeton: Princeton University Press, 1996.

_____. *Political dissent in democratic Athens: intellectual critics of popular rule*. Princeton: Princeton University Press, 1998.

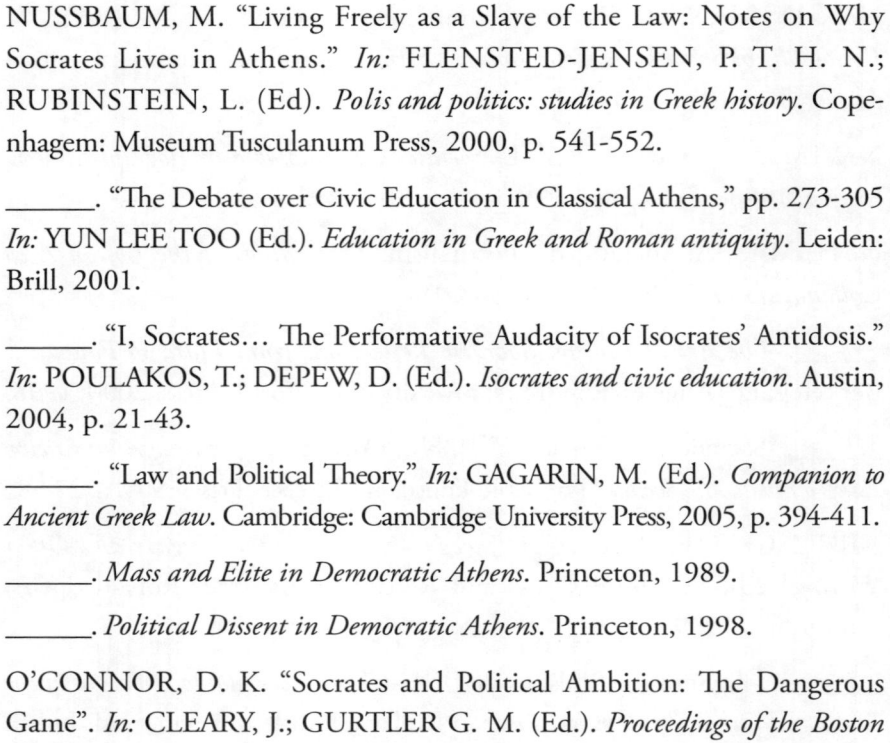

NUSSBAUM, M. "Living Freely as a Slave of the Law: Notes on Why Socrates Lives in Athens." *In:* FLENSTED-JENSEN, P. T. H. N.; RUBINSTEIN, L. (Ed). *Polis and politics: studies in Greek history*. Copenhagem: Museum Tusculanum Press, 2000, p. 541-552.

_____. "The Debate over Civic Education in Classical Athens," pp. 273-305 *In:* YUN LEE TOO (Ed.). *Education in Greek and Roman antiquity*. Leiden: Brill, 2001.

_____. "I, Socrates... The Performative Audacity of Isocrates' Antidosis." *In*: POULAKOS, T.; DEPEW, D. (Ed.). *Isocrates and civic education*. Austin, 2004, p. 21-43.

_____. "Law and Political Theory." *In:* GAGARIN, M. (Ed.). *Companion to Ancient Greek Law*. Cambridge: Cambridge University Press, 2005, p. 394-411.

_____. *Mass and Elite in Democratic Athens*. Princeton, 1989.

_____. *Political Dissent in Democratic Athens*. Princeton, 1998.

O'CONNOR, D. K. "Socrates and Political Ambition: The Dangerous Game". *In:* CLEARY, J.; GURTLER G. M. (Ed.). *Proceedings of the Boston Area Colloquium in Ancient Philosophy*, 14. Nova Iorque: Cambridge University Press, 1998, p. 31-51.

_____. 1994. "The Erotic Self-Sufficiency of Socrates: A Reading of Xenophon's Memorabilia." *In:* VANDER WAERDT, P. A. (Ed.). *The* OGDEN, D. *Greek bastardy in the classical and hellenistic periods*. Oxford e Nova Iorque: Clarendon Press, 1996.

O'GRADY, Patricia. *The Sophists: An Introduction*. Londres: Duckworth, 2008.

O'KEEFE, T. The Cyrenaics on pleasure, happiness, and future-concern. *Phronesis*, 47, 2002, p. 395-416.

OPSOMER, J. "The Rhetoric and Pragmatics of Irony/ *Eirōneia*." *Orbis* 40, 1998, p. 1-34.

ORWIN, C. "Liberalizing the *Crito*: Richard Kraut on Socrates and the State". *In:* GRISWOLD, C. (Ed.). *Platonic Writings/Platonic Readings*. Nova Iorque,

1988. Reimpressão em University Park, PA: Pennsylvania State University Press, 2002, p. 171-176.

OSBORNE, R. Law in Action in Classical Athens. *Journal of Hellenic Studies*, 105, 1985, p. 40-58.

OSTWALD, M. *From popular sovereignty to the sovereignty of law: law, society, and politics in fifth-century Athens*. Berkeley: University of California Press, 1986. Socratic Movement. Ítaca: Cornell University Press, 1994, p. 151-180.

PANGLE, T. 1994. "Socrates in the Context of Xenophon's Political Writings." *In:* VANDER WAERDT, P. A. (Ed.). *The Socratic Movement*. Ítaca: Cornell University Press, 1994, p. 127-150.

PARFIT, D. *Reasons and Persons*. Oxford, 1984.

PARKE, H. W.; WORMELL, D. E. W. *The Delphic Oracle*. 2 vols. Oxford: Oxford University Press, 1956.

PARKER, R. "The Trial of Socrates: And a Religious Crisis?" *In:* SMITH, A. N. D.; WOODRUFF (Ed.). P. *Reason and Religion in Socratic Philosophy*, Oxford: Oxford university Press, 2000, p. 50-54.

_____. *Athenian Religion: A History*. Oxford: Oxford University Press, 1996.

PATTERSON, C. *The family in Greek history*. Cambridge, MA: Harvard University Press, 1998.

PATZER, A. *Antisthenes der Sokratiker. Das literarische Werk und die Philosophie*. 1970. 277 f. Heidelberg: Universidade de Heidelberg, 1970. Dissertação.

_____. PATZER, A. 1987. "Einleitung". *In:* PATZER, A. (Ed.). *Der historische Sokrates*. Darmstadt: Wissenschaftliche Buchgesellschaft, 1987, p. 1-40.

_____. "Die Wolken des Aristophanes als philosophiegeschichtliches Dokument". *In:* NEUKAM, P. (Ed.). *Motiv und Motivation*. Munique: Bayerische Schulbuch-Verlag, 1993.

_____. *Bibliographia Socratica: die wissenschaftliche Literatur uber Sokrates von den Anfangen bis auf die neueste Zeit in systematisch-chronologischer Anordnung*. Freiburg: Alber, 1985.

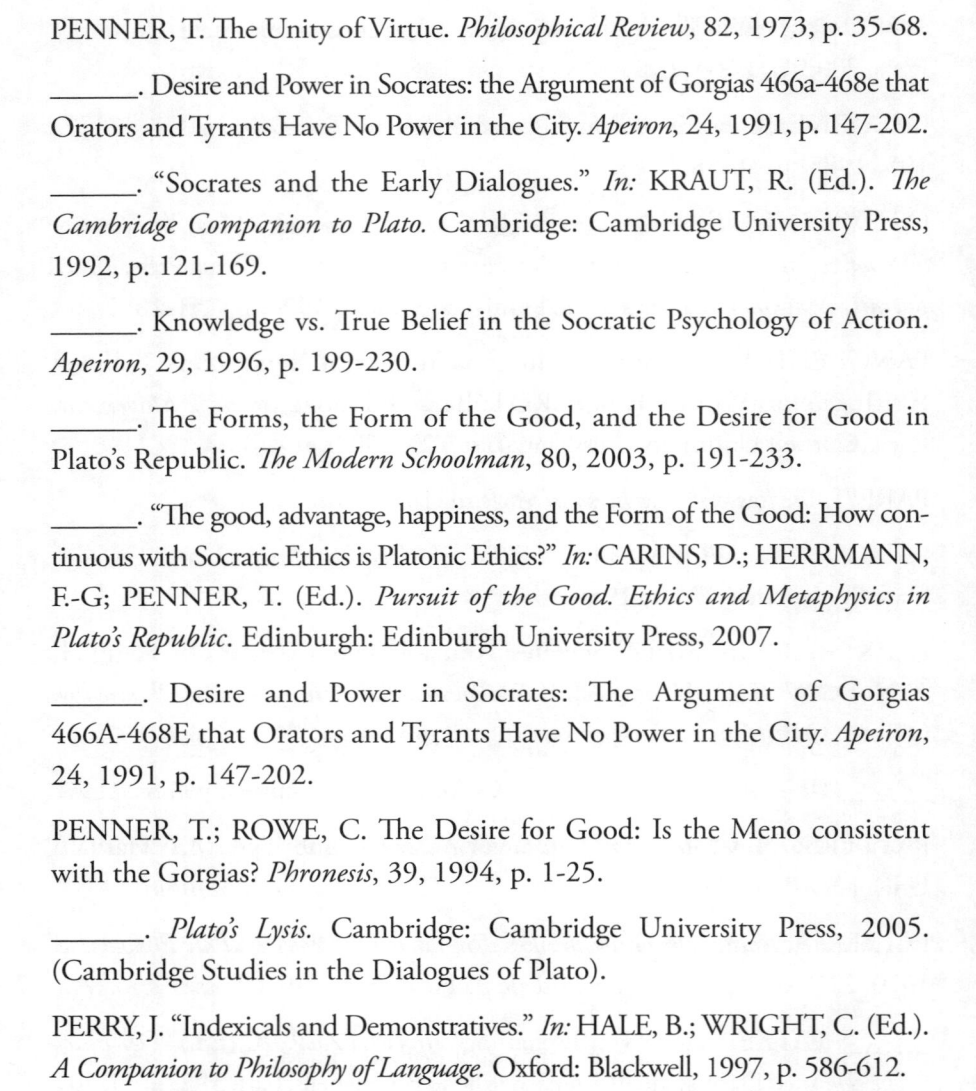

PENNER, T. The Unity of Virtue. *Philosophical Review*, 82, 1973, p. 35-68.

_____. Desire and Power in Socrates: the Argument of Gorgias 466a-468e that Orators and Tyrants Have No Power in the City. *Apeiron*, 24, 1991, p. 147-202.

_____. "Socrates and the Early Dialogues." *In:* KRAUT, R. (Ed.). *The Cambridge Companion to Plato*. Cambridge: Cambridge University Press, 1992, p. 121-169.

_____. Knowledge vs. True Belief in the Socratic Psychology of Action. *Apeiron*, 29, 1996, p. 199-230.

_____. The Forms, the Form of the Good, and the Desire for Good in Plato's Republic. *The Modern Schoolman*, 80, 2003, p. 191-233.

_____. "The good, advantage, happiness, and the Form of the Good: How continuous with Socratic Ethics is Platonic Ethics?" *In:* CARINS, D.; HERRMANN, F.-G; PENNER, T. (Ed.). *Pursuit of the Good. Ethics and Metaphysics in Plato's Republic*. Edinburgh: Edinburgh University Press, 2007.

_____. Desire and Power in Socrates: The Argument of Gorgias 466A-468E that Orators and Tyrants Have No Power in the City. *Apeiron*, 24, 1991, p. 147-202.

PENNER, T.; ROWE, C. The Desire for Good: Is the Meno consistent with the Gorgias? *Phronesis*, 39, 1994, p. 1-25.

_____. *Plato's Lysis*. Cambridge: Cambridge University Press, 2005. (Cambridge Studies in the Dialogues of Plato).

PERRY, J. "Indexicals and Demonstratives." *In:* HALE, B.; WRIGHT, C. (Ed.). *A Companion to Philosophy of Language*. Oxford: Blackwell, 1997, p. 586-612.

POLANSKY, R. Professor Vlastos' Analysis of Socratic Elenchus. *Oxford Studies in Ancient Philosophy*, 3, 1985, p. 247-260.

POLITIS, V. "Aporia and Searching in the Early Plato." *In*: JUDSON, L.; KARASMANIS, V. (Ed.). *Remembering Socrates: Philosophical Essays*. Oxford: Clarendon Press, 2006, p. 88-109.

POMEROY, S. B. *Xenophon: Oeconomicus: A Social and Historical Commentary*. Text, translation, and notes [texto, tradução e notas]. Oxford: Clarendon, 1994.

POPPER, K. *The Open Society and its Enemies*, 5. ed. (revisada). Princeton, 1966.

PORTER, J. I. "The Philosophy of Aristo of Chios". *In:* BRANHAM, R. B.; GOULET-CAZÉ, M.-O. *The Cynics. The Cynic Movement in Antiquity and its Legacy*. Berkeley: University of California Press, 1996, p. 156-189.

PRICE, A. *Mental Conflict*. Londres: Londres: Routledge, 1995.

PRICE, S. *Religions of the Ancient Greeks*. Cambridge, 1999.

PRIOR, W. J. Plato and the "Socratic Fallacy". *Phronesisi*, 43, 1998, p. 97-113.

RABINOWITZ, W. G. Platonic Piety: An Essay Toward the Solution of an Enigma. *Phronesis*, 3, 1958, p. 108-120.

RANKIN, H. D. *Antisthenes Sokratikos*. Amsterdã: Hakkert, 1986.

REDFIELD, J. "Poetry and Philosophy in Aristophanes' Clouds". *In:* BREYFOGLE, T. (Ed.). *Literary Imagination, Ancient and Modern:* Essays in Honor of David Grene. Chicago: University of Chicago Press, 1999.

REEVE, C. D. C. Thucydides on Human Nature. *Political Theory* 27, 1999, p. 435-446.

RACE, W. *Pindar Nemean Odes Isthmian Odes Fragments*. Cambridge, MA: Harvard University Press, 1997.

RAWLS, J. A. *Theory of Justice*. Cambridge, MA: Harvard University Press, 1971.

_____. *Political Liberalism*. Nova Iorque: Columbia University Press, 1996.

_____. *A Theory of Justice*. Cambridge, MA: Harvard University Press, 1999. Edição revisada.

REEVE, C. D. C. *Philosopher-Kings*. Princeton: Princeton University Press, 1988.

_____. Socrates in the Apology: An essay on Plato's Apology of Socrates. Indianápolis: Hackett Publishing Company, 1989.

REEVE, C. D. C.; MEINECK, P.; DOYLE, J. Platão, Aristófanes, e Xenofonte. *The trials of Socrates: Six classic texts*. Indianápolis: Hackett Publishing Company, 2002.

ROBIN, L. Les Mémorables de Xénophon et notre connaissance de la philosophie de Socrate. *Annee philosophique*, 21, 1910, p. 1-47. Paris: PUF, 1942. Reimpressão em *La Pensee hellenique*.

ROBINSON, R. *Plato's Earlier Dialectic*. 2. ed. Oxford: Clarendon Press, 1953.

_____. "Dr. Popper's Defence of Democracy". *In:* ROBINSON, R. *Essays in Greek Philosophy*. Oxford: Clarendon Press, 1969, p. 74-99.

ROMEYER DHERBY, G.; GOURINAT, J.-B. (Ed.). *Socrate et les Socratiques*. Paris: Vrin, 2001.

ROOCHNIK, D. Socratic Ignorance as Complex Irony: A Critique of Gregory Vlastos. *Arethusa*, 28, 1995, p. 39-52.

_____. *Beautiful City: the Dialectical Character of Plato's Republic*. Ítaca; Cornell University Press, 2003.

ROSEN, S. *Plato's Republic: A Study*. New Haven; Londres: Yale University Press, 2005.

ROSS, W. D. The Problem of Socrates. *Proceedings of the Classical Association*, 30, 1933, p. 7-24.

ROSSETTI, L. Le Nuvole di Aristofane. Perchè furono una commedia e non una farsa. *Rivista di cultura classica e medioevale*, 16, 1974, p. 131-136.

_____. Ricerche sui "Dialoghi Socratici" di Fedone e di Euclide. *Hermes*, 108, 1980, p. 183-200.

_____. "Logoi Sokratikoi anteriori al 399 a.C." *In*: ROSETTI, L. (Ed.). *Logos e logoi*. Nápoles: Edizioni Scientifiche Italiane, 1991, p. 21-40.

_____. "Le dialogue socratique in statu nascendi." *Philosophie Antique*, 1, 2001, p. 11-35.

ROWE, C. J. (Tradução e introdução histórica); BROADIE, S. (Introdução filosófica e comentário). *Aristotle, Nicomachean Ethics*. Oxford: Oxford: Oxford University Press, 2002.

_____. 2005. "What difference do Forms make for Platonic epistemology?" *In:* GILL, C. (Ed.). *Virtue, Norms, and Objectivity.* Oxford: Oxford University Press, 2005, p. 215-232.

_____. "The Place of the Republic in Plato's Political Thought." *In:* FERRARI, G. R. F. (Ed.). *The Cambridge Companion to Plato's Republic*. Cambridge: Cambridge University Press, 2007, p. 27-54.

RUBINSTEIN, Lene. "Arguments from Precedent in Attic Oratory". *In:* CARAWAN, Edwin (Ed.). *Oxford Readings in the Attic Orators*. Oxford; Nova Iorque: Oxford University Press, 2007, p. 357-391.

RUDEBUSCH, G. "Socratic Perfectionism." *In:* RESHOTKO, N. (Ed.). *Desire, Identity and Existence. Studies in Honour of T. M. Penner.* Kelowna, BC, Canada: Academic Printing & Publishing, 2003, p. 127-141.

RUSSELL, D. A. *Quintilian: The Orator's Education*. 5 vols. Cambridge, MA; Harvard University Press, 2001.

SANTAS, G. X. *Socrates: Philosophy in Plato's Early Dialogues*. London: Routledge, 1979.

SARRI, F. Rilettura delle Nuvole di Aristofane come fonte per la conoscenza di Socrate. *Rivista di Filosofia Neo-Scolastica*, 65, 1973, p. 532-550.

_____. *Socrate e la genesi dell'idea occidentale di anima*. 2 vols. Roma: Ed. Abete, 1975.

SAXONHOUSE, A. *Athenian Democracy: Modern Mythmakers and Ancient Theorists*. Notre Dame: University of Notre Dame Press, 1996.

SCHAERER, R. Le mécanisme de l'ironie dans ses rapports avec la dialectique. *Revue de Metaphysique et de Morale*, 48, 1941, p. 181-209.

SCHOFIELD, M. "Plato and Practical Politics." *In:* ROWE; M. SCHOFIELD. (Ed.). *Greek and Roman Political Thought.* Cambridge: Cambridge University Press, 2005, p. 293-302.

SEDLEY, D. Is the Lysis a Dialogue of Definition? *Phronesis,* 34, 1989, p. 107-108.

SCHIAPPA, E. Did Plato coin Rhêtorikê? *American Journal of Philology,* 111, 1990, p. 457-470.

_____. *The Beginnings of Rhetoric in Ancient Greece.* New Haven: Yale University Press, 1999.

SCHLEGEL, F. *Critical Fragments, In:* FIRCHOW, P. (Tradução e Introdução). *Friedrich Schlegel's Lucinde and the Fragments.* Minneapolis: University of Minnesota Press, 1971. Publicado pela primeira vez em 1797.

SCHLEIERMACHER, F. "Ueber den Werth des Sokrates als Philosophen". *Abhandlung der philosophischen Klasse der koniglich preussichen Akademie aus den Jahren 1814-1815,* 1818, p. 51-68. Reimpressão em PATZER, A. 1987: p. 41-58. Tradução inglesa: "The Worth of Socrates as Philosopher". *In:* SMITH, W. (Ed.). *PLATON: The Apology of Socrates, the Crito and part of the Phaedo.* Londres: [s.n.], 1879.

SCHOFIELD , M. *The Stoic Idea of the City.* Cambridge: Cambridge University Press, 1991.

_____. "Academic epistemology", *In:* ALGRA *et al. The Cambridge History of Hellenistic Philosophy.* Cambridge: Cambridge University Press. 1999, p. 323-351.

_____. "Socrates on Trial in the USA." *In:* WISEMAN, T. P. (Ed.). *Classics in Progress: Essays on Ancient Greece and Rome,* Oxford: Oxford University Press, 2002, p. 263-284.

_____. *Plato: Political Philosophy.* Oxford: Oxford University Press, 2006.

SCHULTZ, B. (Ed.). 1992. *Essays on Henry Sidgwick.* Cambridge, 1992.

SCOTT, G.A., (Ed.). *Does Socrates Have a Method? Rethinking the Elenchus in Plato's Dialogues and Beyond.* University Park, PA: Pennsylvania State University Press, 2002, p. 114-144.

SEDLEY, D. N. "Chrysippus on psychophysical causality", *In*: BRUNSCHWIG; NUSSBAUM, 1993, p. 313-331.

_____. "Socratic Irony in the Platonist Commentators." *In:* ANNAS, C.; ROWE,. J. (Ed.). *New Perspectives on Plato, Modern and Ancient.* Washington, D.C., 2002, p. 37-57.

SEGAL, C. P. Gorgias and the Psychology of the Logos. *Harvard Studies in Classical Philology*, 66, 1962, p. 99-155.

_____. Protagoras' orthoepeia in Aristophanes' Battle of the Prologues. *RhM*, 113, 1970, p. 158-162.

_____. "Aristophanes" Cloud-Chorus. *Arethusa*, 2, 1969, p. 143-161. Reimpressão em *Aristophanes und die alte Komodie*. Darmstadt: Wissenschaftliche Buchgesellschaft, 1975.

SHIELDS, C. "Socrates among the Skeptics," *In:* VANDER WAERDT (Ed.). *The Socratic Movement.* Ítaca, NY: Cornell University Press 1994, p. 341-366.

SIDGWICK, H. *The Methods of Ethics*. 7a. ed. Indianapolis: Hackett Publishing, 1981.

SMITH, N. How the Prisoners in Plato's Cave are "Like Us". *Proceedings of the Boston Area Colloquium in Ancient Philosophy*, 13, 1999, p. 187-205.

SMITH, N. D.; WOODRUFF, P. (Ed). *Reason and Religion in Socratic Philosophy*. Oxford: Oxford University Press, 2000.

SOMMERSTEIN, A. H. (Ed. e Trad.). *Aristophanes: Wasps*. Warminster: Aris & Phillips, 1983. (The Complete Works of Aristophanes, v. 4).

_____. H. How to Avoid Being a *komodoumenos. Classical Quarterly*, 46, 1996, p. 327-356. SOUTO DELIBES, Fernando. La figura de Sócrates en la comedia ateniense" *In:* EIRE, Antonio López (Ed.). Sociedad, Política y Literatura: Comedia Griega Antigua. 1997. Actas del I Congreso Internacional, Salamanca, nov. 1996. Pennsylvania State University Press, 2002.

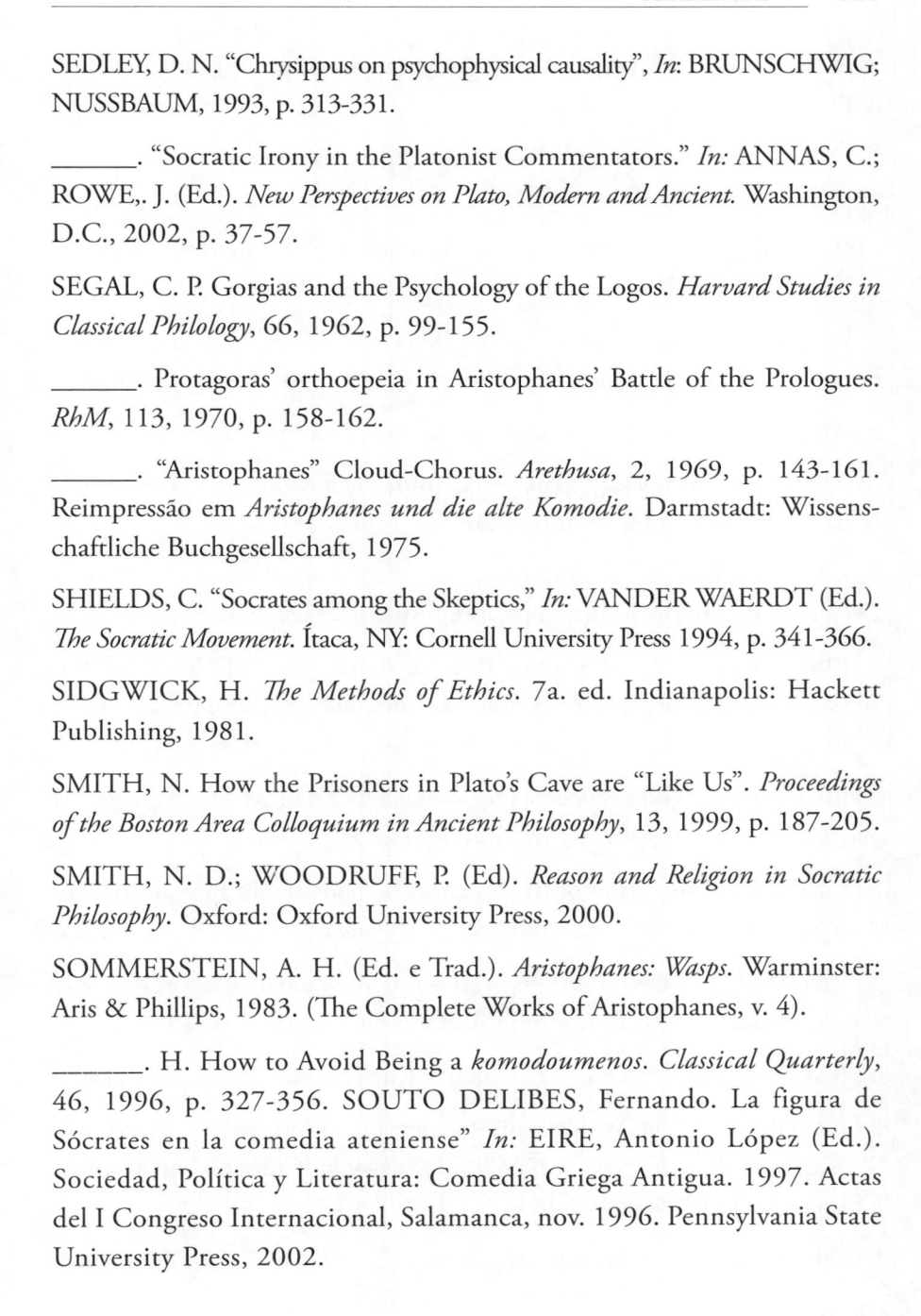

SOURVINOU-INWOOD, C. *Tragedy and Athenian Religion*. Lanham, MD: Lexington Books, 2003.

SPINELLI, E. P. Köln 205: Il "Socrate" di Egesia? *Zeitschrift fur Papyrologie und Epigraphik*, 91, 1992, p. 10-14.

SPRAGUE, R. K. *The Older Sophists*. Columbia, SC: University of South Carolina Press, 1972.

SSR. *Socratis et Socraticorum Reliquiae*. GIANNANTONI, G. (Ed.). Collegit, disposuit, apparatibus notisque instruxit, 4 vols. Nápoles: Bibliopolis, 1990.

STARKIE, W. J. M. *The Clouds of Aristophanes*. Londres: Macmillan, 1911.

STEVEN, K. *Constructing Socrates: the creation of a philosophical icon*. Thesis (Ph.D). University of Cambridge, 2007.

STOKES, M. C. *Plato's Socratic Conversations, Drama and Dialectic in Three Dialogues*. Baltimore: Johns Hopkins University Press, 1986.

STOKES, M. C. 1992. Socrates' Mission. *In:* GOWER, B. S.; STOKES, M. C. *Socratic Questions: New Essays on the Philosophy of Socrates and its Significance* (Ed.). Londres; Nova Iorque: Routledge, 1992a, p. 26-81.

STOKES, M. C. (Ed.). *Socratic Questions: New Essays on the Philosophy of Socrates and its Significance*. Nova Iorque, 1992b, p. 26-81.

STOREY, I. C. The Dates of Aristophanes' Clouds II and Eupolis' Baptai: A Reply to E. C. Kopff. *American Journal of Philology*, 114, 1993, p. 71-84.

STRAUSS, B. S. *Fathers and sons in Athens: ideology and society in the era of the Peloponnesian War*. Princeton: Princeton University Press, 1993.

STRAUSS, L. The City and Man. Chicago: University of Chicago Press, 1964.

STRAUSS, Leo. "The Problem of Socrates: Five Lectures." *In:* PANGLE, T. (Ed.). *The Rebirth of Classical Political Philosophy*. Chicago: University of Chicago Press, 1989, p. 103-183.

STRIKER, G. *Essays on Hellenistic Epistemology and Ethics*. Cambridge, 1996a.

STRIKER, G. "Plato's Socrates and the Stoics". *In:* VANDER WAERDT, 1994. *The Socratic Movement.* Ítaca, NY: Cornell University Press, p. 316-324.

SUROWIECKI, J. *The Wisdom of Crowds: Why the Many Are Smarter than the Few and How Collective Wisdom Shapes Business, Economies, Societies, and Nations.* Nova Iorque: Random House, 2004.

SZLEZÁK, T. A. *Reading Plato.* Londres; Nova Iorque: Routledge, 1999. Publicado originalmente como *Platon lesen.* Stuttgart: Frommannholzboog Verlag, 1993. Tradução de Graham Zanker.

TARNOPOLSKY, C. "Prudes, Perverts and Tyrants: Plato and the Contemporary Politics of Shame." *Political Theory* 32, 2004, p. 468-494.

TARRANT, D. The Pseudo-platonic Socrates. *CQ,* 32, 1938, p. 167-173. University Publications, 9, 1911a, p. 129-177.

_____. *Varia Socratica.* Oxford: J. Parker, 1911b.

_____. *Socrates.* Londres: Davies, 1932.

TARRANT, H. Midwifery and the Clouds. *CQ,* 38, 1988, p. 116-122.

_____. Clouds I: Steps towards Reconstruction. *Arctos: Acta Philologica Fennica,* 25, 1991, p. 157-181.

TAYLOR, C. C. W. *Socrates.* Oxford: Oxford University Press, 1998.

_____. "Socratic Method and Socratic Truth." *In:* AHBEL-RAPPE, S.; KAMTEKAR, R. (Ed.). *A Companion to Socrates,* Malden, MA; Oxford: Blackwell Publishing, 2006, p. 254-272.

TAYLOR, C. C. W. The End of the Euthyphro. *Phronesis,* 27, 1982, p. 109-118.

TODD, S. C. *The shape of Athenian law.* Oxford: Clarendon Press, 1993.

_____. "How to Execute People in Fourth-Century Athens". *In:* HUNTER, V. J.; EDMONDSON, J. C. (Ed.). *Law and social status in classical Athens.* Oxford: Oxford University Press, 2000, p. 31-51.

THOMSEN, R. *Eisphora; a study of direct taxation in ancient Athens.* Copenhagen: Gyldendalske Boghandel, 1964.

THOMPSON, D. B. The house of Simon the shoemaker. *Archaeology* 13, 1960, p. 234-240.

THORSON, T. L. (Ed.). *Plato: Totalitarian or Democrat?* Englewood Cliffs, NJ: Prentice Hall, 1963.

TOMIN, Julius. 1987. Socratic Gymnasium in the Clouds. *Symbolae Osloenses*, 62, p. 25-32.

TSOUNA-McKIRAHAN, V. "The Cyrenaic theory of knowledge." *OSAP*, 10, 1992, p. 161-192.

_____. "The Socratic origins of the Cynics and the Cyrenaics." *In*: VANDER WAERDT, P. A. (Ed.). *The Socratic Movement*. Ítaca: Cornell University Press, 1994, p. 367-391.

_____. The epistemology of the Cyrenaic school. Cambridge: Cambridge University Press, 1998.

_____. "Is there an exception to Greek eudaemonism?" *In*: CANTO--SPERBER, M.; PELLEGRIN, E P. (Ed.). *Le style de la pensee: Recueil de textes en hommage a Jacques Brunschwig*. Paris: Les Belles Lettres, 2002, p. 464-498.

VANDER WAERDT, P. A. Socratic Justice and Socratic Self-Sufficiency: The Story of the Delphic Oracle in Xenophon's Apology of Socrates. *OSAP*, 11, 1993, p. 1-48.

VANDER WAERDT, P. A. "Socrates in the Clouds". *In:* VANDER WAERDT, P. A. (Ed.). *The Socratic Movement*. Ítaca: Cornell University Press, 1994a, p. 48-86.

_____. Socratic Justice and Self-sufficiency. The Story of the Delphic Oracle in Xenophon's Apology of Socrates. *OSAP*, 11, 1993, p. 1-48.

_____. (Ed.). *The Socratic Movement*. Ítaca, NY: Cornell University Press, 1994.

VERNANT, J.-P. *Myth and Society in Ancient Greece*. Atlantic Highlands, NJ: Humanities Press, 1980. Tradução de J. L. Lloyd.

VERSÉNYI, L. *Holiness, and Justice: An Interpretation of Plato's Euthyphro*. Washington, DC, 1982.

VERSNEL, H. S. 1981. "Religious Mentality in Ancient Prayer." *In*: _____. (Ed.) *Faith, Hope and Worship: Aspects of Religious Mentality in the Ancient World*, Leiden, 1981, pp. 1-64.

VEYNE, P. *Bread and Circuses: Historical Sociology and Political Pluralism.*
VLASTOS, G. (Ed.). *The Philosophy of Socrates*. Garden City, NY: Doubleday Anchor Books, 1971.

VLASTOS, G. Socrates. *PBA*, 74, 1988, p. 89-111.

_____. *Socrates: Ironist and Moral Philosopher*. Ítaca, NY: Cornell University Press,199

_____. Socratic Piety. *Proceedings of the Boston Area Colloquium in Ancient Philosophy*, 5, 1989, p. 213-238.

_____. *Socrates, Ironist and Moral Philosopher*. Ítaca: Cornell University Press, 1991.

_____. "Socrates' Disavowal of Knowledge." *In:* BURNYEAT, M. F. (Ed.). *Socratic studies*. Cambridge, 1994, p. 39-66. Londres, 1990 [1976]. Tradução de Brian Pearce.

VLASTOS, G. *Socrates, Ironist and Moral Philosopher*. Ítaca, 1991.

_____. Socratic Piety. *Proceedings of the Boston Area Colloquium in Ancient Philosophy*, 5, 1989, p. 213-38. Versão revisada: VLASTOS, G. *Socrates: Ironist and Moral Philosopher*. Ítaca: Cornell University Press, 1991, p. 157-178. Cap. 5.

_____. "The Paradox of Socrates." *In:* VLASTOS, G. (Ed.). *The Philosophy of Socrates*. Garden City, N.Y: Doubleday Anchor, 1971, p. 1-21.

WALLACE, R. W. "Private Lives and Public Enemies: Freedom of Thought in Classical Athens." *In:* BOEGEHOLD, A. L.; SCAFURO, A. C. (Ed.). *Athenian identity and civic ideology*. Baltimore: Johns Hopkins University Press, 1994, p. 127-155.

WATERFIELD, R. "Introduction." *In:* WATERFIELD, R. *Xenophon, Conversations of Socrates*. Harmondsworth: Penguin Classic, 1990. Tradução de H. Tredennick e R. Waterfield, editado com novo material por R. Waterfield.

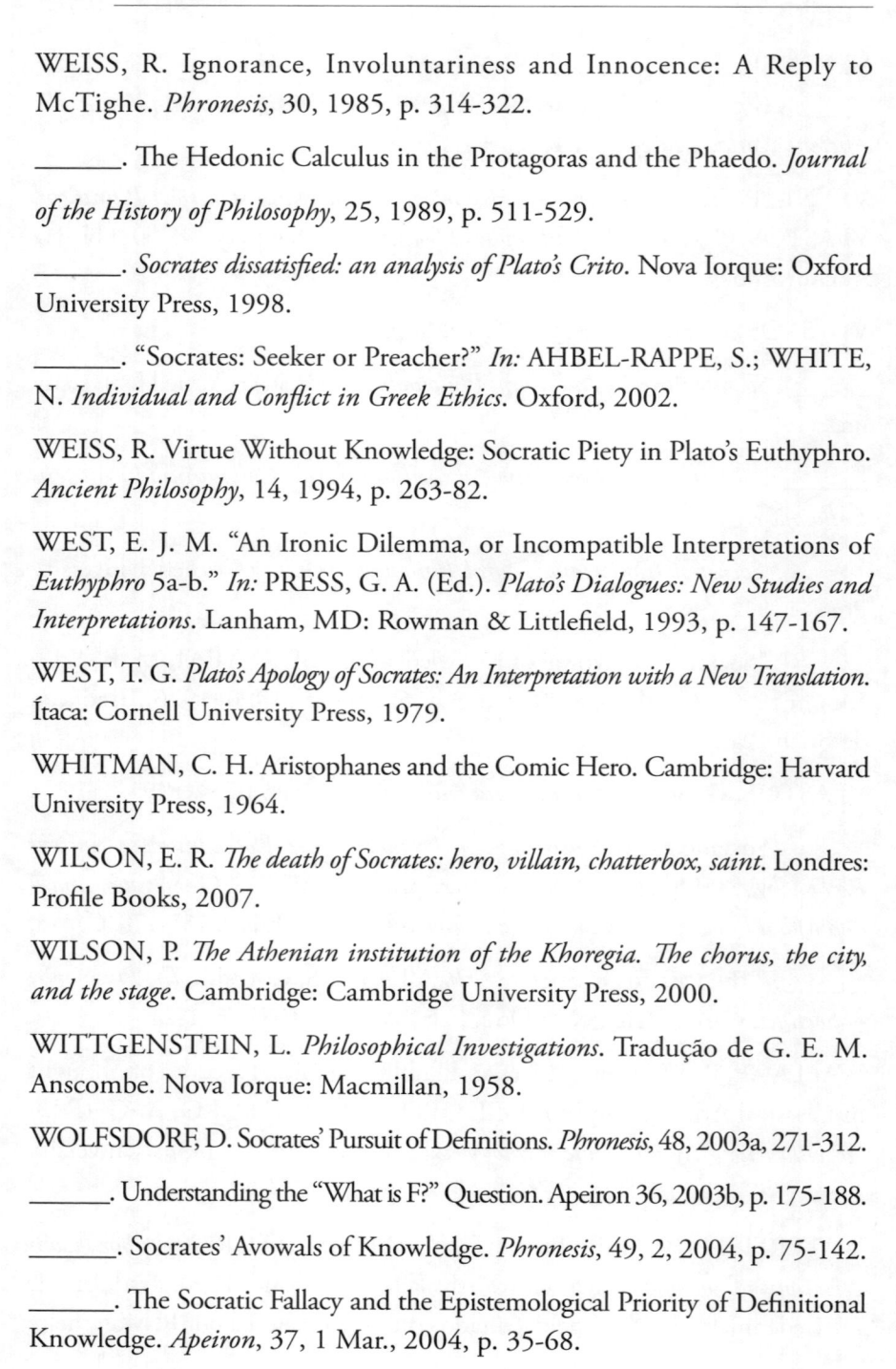

WEISS, R. Ignorance, Involuntariness and Innocence: A Reply to McTighe. *Phronesis*, 30, 1985, p. 314-322.

_____. The Hedonic Calculus in the Protagoras and the Phaedo. *Journal of the History of Philosophy*, 25, 1989, p. 511-529.

_____. *Socrates dissatisfied: an analysis of Plato's Crito*. Nova Iorque: Oxford University Press, 1998.

_____. "Socrates: Seeker or Preacher?" *In:* AHBEL-RAPPE, S.; WHITE, N. *Individual and Conflict in Greek Ethics*. Oxford, 2002.

WEISS, R. Virtue Without Knowledge: Socratic Piety in Plato's Euthyphro. *Ancient Philosophy*, 14, 1994, p. 263-82.

WEST, E. J. M. "An Ironic Dilemma, or Incompatible Interpretations of *Euthyphro* 5a-b." *In:* PRESS, G. A. (Ed.). *Plato's Dialogues: New Studies and Interpretations*. Lanham, MD: Rowman & Littlefield, 1993, p. 147-167.

WEST, T. G. *Plato's Apology of Socrates: An Interpretation with a New Translation*. Ítaca: Cornell University Press, 1979.

WHITMAN, C. H. Aristophanes and the Comic Hero. Cambridge: Harvard University Press, 1964.

WILSON, E. R. *The death of Socrates: hero, villain, chatterbox, saint*. Londres: Profile Books, 2007.

WILSON, P. *The Athenian institution of the Khoregia. The chorus, the city, and the stage*. Cambridge: Cambridge University Press, 2000.

WITTGENSTEIN, L. *Philosophical Investigations*. Tradução de G. E. M. Anscombe. Nova Iorque: Macmillan, 1958.

WOLFSDORF, D. Socrates' Pursuit of Definitions. *Phronesis*, 48, 2003a, 271-312.

_____. Understanding the "What is F?" Question. Apeiron 36, 2003b, p. 175-188.

_____. Socrates' Avowals of Knowledge. *Phronesis*, 49, 2, 2004, p. 75-142.

_____. The Socratic Fallacy and the Epistemological Priority of Definitional Knowledge. *Apeiron*, 37, 1 Mar., 2004, p. 35-68.

WOLPERT, A. *Remembering defeat: civil war and civic memory in Ancient Athens*. Baltimore: Johns Hopkins University Press, 2002.

WOOD, E. MEIKSINS, e N. WOOD. *Class ideology and ancient political theory: Socrates, Plato, and Aristotle in social context*. Nova Iorque: Oxford University Press, 1978.

WOOD, N. Xenophon's Theory of Leadership. *Classica et Mediaevalia*, 25, 1964, p. 33-66.

WOODRUFF, P. "Plato's Early Theory of Knowledge." *In:* IRWIN, T. H. *Plato's Moral Theory: The Early and Middle Dialogues*. Nova Iorque: Clarendon Press, 1977.

_____. "Plato's early theory of knowledge." *In:* EVERSON, S. (Ed.). *Epistemology*. Cambridge: Cambridge University Press, 1990, p. 60-84.

WOODRUFF, P. Expert Knowledge in the Apology and Laches: What a General Needs to Know. *The Boston Area Colloquium in Ancient Philosophy*, 3, 1987, p. 79-115.

WOODRUFF, P. *Thucydides on Justice, Power, and Human Nature*. Indianápolis: Hackett Publishing Company, 1993.

_____. Eikos and Bad Faith in the Paired Speeches of Thucydides. *Proceedings of the Boston Area Colloquium in Ancient Philosophy*, 10, 1994, p. 115-145.

_____. "Rhetoric and Relativism: Protagoras and Gorgias." *In:* LONG, A. A. (Ed.).*Cambridge Companion to Early Greek Philosophy*, Cambridge: Cambridge University Press, 1997, p. 290-310.

_____. "Paideia and Good Judgment." *In:* STEINER, D. M. (Ed.). *Philosophy of Education. Volume 3 of the Proceedings of the Twentieth World Congress of Philosophy*. Boston: Philosophy Documentation Center, 1999, p. 63-75.

_____. "Socrates and the Irrational". *In:* SMITH, A. N. D.; WOODRUFF, P. (Ed.). *Reason and Religion in Socratic Philosophy*, Oxford: Oxford University Press, 2000, p. 130-150.

_____. *Reverence: Renewing a Forgotten Virtue*. Nova Iorque, 2001.

WOODRUFF, P. Antiphons, Sophist and Athenian. A Discussion of Michael Gagarin, Antiphon the Athenian and Gerard J. Pendrick, Antiphon the Sophist. *Oxford Studies in Ancient Philosophy*, 28, 2004, p. 323-336.

_____. *First Democracy: The Challenge of an Ancient Idea*. Nova Iorque, 2005.

WOOLF, R. Callicles and Socrates: Psychic (Dis)Harmony in the Gorgias. *Oxford Studies in Ancient Philosophy*, 18, 2000, p. 1-40.

YUNIS, H. *A New Creed: Fundamental Religious Belief in the Athenian Polis and Euripidean Drama*. Göttingen: Vandenhoeck & Ruprecht, 1988. Hypomnemata, 91.

_____. *Taming Democracy: Models of Political Rhetoric in Classical Athens*. Ítaca: Cornell University Press, 1996.

ZAIDMAN, L. B.; PANTEL, P. S. *Religion in the Ancient Greek city*. Cambridge: Cambridge University Press, 1992. Tradução de P. Cartledge.

ZEYL, D. Socrates and Hedonism – Protagoras 351b-358b. *Phronesis* 25, 1980, p. 250-269.

ZIMMERMANN, K. *Libyen. Das Land sudlich des Mittelmeers im Weltbild der Griechen*. Munique: C. H. Beck, 1999.

Dois levantamentos sobre estudos socráticos ao longo de décadas recentes fornecem guias abrangentes a bibliografias importantes. Embora seus tópicos se sobreponham, o primeiro concentra-se mais em Platão e o segundo nos outros socráticos.

NOTOMI, N., *et al.* Socratic Dialogues. *Plato. The Internet Journal of The International Plato Society*, 9, 2009.

STAVRU, A. *Introduction to Socratica 2008*, Bari: Levante Editori, 2010, p. 11-55.

Textos e traduções

A) *Aristófanes*

DOVER , K.J. (Trad. e Ed.). *Aristophanes' Clouds*. Oxford: Clarendon Press, 1968.

HENDERSON, J., (Trad.). *Aristophanes' Clouds*. Newburyport: The Focus Classical Library, 1992.

MASTROMARCO, G., (Ed.). 1983. *Commedie di Aristofane*, v. 1. Turim: UTET, 1983.

MEINECK, P. (Trad.). *Aristophanes*: *Clouds*. Indianápolis: Hackett, 2000.

WILSON, N. (Ed.). *Aristophanis Fabulae*. Nova Iorque: Oxford University Press, 2007.

B) *Platão*

BRISSON, L. (Ed.). *Platon, Oeuvres complètes*. Paris: Flammarion, 2008.

BURNET, J. (Ed.). *Platonis Opera*. Oxford: Oxford University Press, 1903.

COOPER, J. M.; HUTCHINSON, D.S. (Ed.) *Plato: Complete Works*. Indianapolis; Cambridge: Hackett, 1997.

REALE, G. *Platone. Tutti gli scritti*. Milão: Lateraza, 1991.

C) *Xenofonte*

BARTLETT, R. C. (Ed.) *Xenophon. The Shorter Socratic Writings: Apology of Socrates to the Jury, Oeconomicus, and Symposium*. Ítaca: Cornell University Press, 1996.

BONNETTE, A. L., *Xenophon: Memorabilia*. Ítaca: Cornell University Press, 1994.

BOWEN, A. J. *Xenophon: Symposium*. Warminster: Aris and Phillips, 1998.

DORION, L.-A.; BANDINI, M. *Xénophon: Mémorables, vol. 1: Introduction générale et Livre I*. Paris: Les Belles Lettres, 2000.

PUCCI, P. *Xenophon. Socrates' Defense*. Amsterdã: Hakkert, 2002.

RADSPIELER, H.; REEMTSMA, J. P. *Xenophon: Sokratische Denkwürdigkeiten*. Frankfurt: Eichborn Verlag, 1998.

SANTONI, A. *Senofonte. I memorabilia*. Milão: Rizzoli, 1989.

XENOPHON. *Conversations of Socrates*. Harmondsworth: Penguin, 1990. Tradução de H. Tredennick e R. Waterfield.

ZARAGOZA, J. *Jenofonte: Recuerdos de Sócrates, Económico, Banquete, Apología de Sócrates*. Madri: Gredos, 1993.

D) *Escola socrática*

DECLEVA, CAIZZI F. *Antisthenis fragmenta*. Milão: Istituto Editoriale Cisalpino, 1966.

DITTMAR, H. *Aischines von Sphettos*. Berlim: Georg Olms Verlag, 1912.

DÖRING, K. *Die Megariker*. Amsterdã: Grüner, 1972.

GIANNANTONI, G., (Ed.). *Socratis et Socraticorum Reliquiae*, 4 vols. Nápoles: Bibliopolis, 1990.

JOHNSON, D. "Fragments of Aeschines of Sphettus, *Alcibiades*," In: JOHNSON, D. *Socrates and Alcibiades: Four Texts*. Newburyport, MA: Focus Publishing, 2003, p. 91-98.

MANNEBACH, E. *Aristippi et Cyrenaicorum fragmenta*. Leiden; Colônia: Brill, 1961.

E) *Outros textos antigos*

CALDER, W. et al. *The Unknown Socrates: : translations, with introductions and notes, of four important documents in the late antique reception of Socrates the Athenian*. Wauconda, IL: Bolchazy-Carducci Publishers, 2002. Traduções de textos de Diógenes Laércio, Libânio, Máximo de Tiro e Apuleio.

DIÓGENES LAÉRCIO. "Life of Socrates". *In:* HICKS, R. D. (Trad.). *Lives of Eminent Philosophers*, v. 1. Cambridge, MA: Harvard University Press 1972.

FERGUSON, A. *Socrates. A Source Book*. Londres, 1970.

GIANNANTONI, G. *et al.* (Ed. e Trad.). *Socrate. Tutte le testimonianze: da Aristofane e Senofonte ai Padri cristiani*. Bari: Laterza, 1971.

MÉNDEZ, E. A.; ANGELI, A. (Ed.). *Filodemo Testimoniane su Socrate*. Nápoles: Bibliopolis, 1992.

PLUTARCO. "On the Sign of Socrates." *In:* DE LACY, P. H.; EINARSON, B (Trad.). *Moralia VII*. Cambridge, MA: Harvard University Press, 1959.

Estudos abrangentes

A) *Livros e monografias*

BRICKHOUSE, T. C.; SMITH, A. N. D. *Plato's Socrates*. Oxford: Oxford University Press, 1994.

_____. *The Philosophy of Socrates*. Boulder: Westview Press, 2000.

DÖRING, K. "Sokrates, die Sokratiker und die von ihnen begründeten Traditionen." *In:* FLASHAR, H. (Ed.). *Grundriss der Geschichte der Philosophie: Die Philosophie der Antike*, v. 2/1. Basileia: Schwabe, 1998, p. 141-364.

DORION, L-A., *Socrate*. Paris: Presses Universitaires de France, 2004.

GIGON, O. *Sokrates. Sein Bild in Dichtung und Geschichte*. Berna: Francke, 1947.

GROTE, G. *Plato and the Other Companions of Sokrates*. v. 1. Londres: [s.n.], 1865.

GULLEY, N. *The Philosophy of Socrates*. Londres: Macmillan, 1968.

GUTHRIE, W.K.C. *Socrates*. Cambridge: Cambridge University Press, 1971.

HADOT, P. *Éloge de Socrate*. Paris: Editions Allia, 2002.

KAHN, C.H. *Plato and the Socratic Dialogue: The Philosophical Use of a Literary Form*. Cambridge: Cambridge University Press, 1996.

SANTAS, G. X. *Socrates: Philosophy in Plato's Early Dialogues*. Londres: Routledge & Kegan Paul, 1979.

STRAUSS, L. "The Problem of Socrates: Five Lectures." *In:* PANGLE, T. (Ed.). *The Rebirth of Classical Political Philosophy*, Chicago: University Of Chicago Press, 1989, p. 103-183.

TAYLOR, A. E. *Socrates*. Londres: P. Davies, 1932.

TAYLOR, C.C.W. *Socrates*. Oxford: Oxford University Press, 1998.

VLASTOS, G. *Socrates: Ironist and Moral Philosopher*. Ítaca: Cornell University Press, 1991.

_____. *Socratic Studies*. Cambridge: Cambridge University Press, 1994.

WOLFF, F. *Socrate*. Paris: PUF, 1985.

B) *Coleções de artigos*

AHBEL-RAPPE, S.; KAMTEKAR, R. (Ed.). *A Companion to Socrates*, Malden, MA; Oxford: Blackwell Publishing, 2006.

BENSON, H. (Ed.). *The Philosophy of Socrates*. Nova Iorque: Oxford University Press, 1992.

BOUDOURIS, K. J., (Ed.). *The Philosophy of Socrates*. 2 vols. Atenas: International Center for Greek Philosophy and Culture, 1991, 1992.

GIANNANTONI, G.; NARCY, M., (Ed.). *Lezioni Socratiche*. Nápoles: Bibliopolis, 1997.

GOWER, B. S.; STOKES, M.C. (Ed.). *Socratic Questions: New Essays on the Philosophy of Socrates and Its Significance*. Nova Iorque: Routledge, 1992.

JUDSON, L.; KARASMANIS, V. *Remembering Socrates: Philosophical Essays*. Oxford: Clarendon Press, 2006.

KARASMANIS, V. (Ed.). *Socrates: 2400 Years since his Death*. Delfos: European Cultural Centre of Delphi, 2004.

LAKS, A.; NARCY, M. (Ed.). *Philosophie Antique 1: Figures de Socrate*. Villeneuve d'Ascq (Nord): Presses Universitaires du Septentrion, 2001.

PRIOR, W. J. (Ed.). *Socrates: critical assessments*. 4 vols. Londres, Nova Iorque: Routledge, 1996.

ROMEYER DHERBY, G.; GOURINAT, J.-B. (Ed.) *Socrate et les Socratiques*. Paris: Vrin, 2001.

ROSSETTI, L; STAVRU, A. (Ed.). *Socratica 2005*. Nápoles: Levante Editori, 2008.

ROSSETTI, L; STAVRU, A. *Socratica* 2008. Bari: Levante Editori, 2010, p. 11-55. Introdução.

VANDER WAERDT, P.A. (Ed.) *The Socratic Movement*. Ítaca: Cornell University Press, 1994.

VLASTOS, G., (Ed.). *The Philosophy of Socrates: A Collection of Critical Essays*. Garden City, NY: Doubleday Anchor, 1971.

IV. Estudos sobre autores particulares

A) *Aristófanes*

ADKINS, A. W. H. Clouds, Mysteries, Socrates and Plato. *Antichthon*, 4, 1970, p. 13-24.

BERG, S. Rhetoric, Nature, and Philosophy in Aristophanes' Clouds. *Ancient Philosophy*, 18, 1998, p. 1-19.

DOVER, K. J. "Socrates in the Clouds." *In:* VLASTOS, G. (Ed.). *The Philosophy of Socrates*. Garden City, NY: Doubleday Anchor, 1971, p. 50-77.

EDMUNDS L. Aristophanes' Socrates. *Proceedings of the Boston Area Colloquium in Ancient Philosophy*, 2, 1986, p. 209-230.

HAVELOCK, E. A. The Socratic Self as It is Parodied in Aristophanes' Clouds. *Yale Classical Studies* 22, 1972, p. 1-18.

KONSTAN, D. *Greek Comedy and Ideology*. Nova Iorque: Oxford University Press, 1995.

MARIANETTI, M. C. Socratic Mystery-Parody and The Issue of Asebeia in Aristophanes' Clouds. *Symbolae Osloenses*, 68, 1993, p. 5-31.

NUSSBAUM, M. Aristophanes and Socrates on Learning Practical Wisdom. *Yale Classical Studies* 26, 1980, p. 43-97.

SEGAL, C. Aristophanes' Cloud-Chorus. *Arethusa*, 2, 1969, p. 143-161. Reimpressão em SEGAL, C. *Aristophanes und die alte Komödie*. Darmstadt: Wissenschaftliche Buchgesellschaft, 1975.

STRAUSS, L. *Socrates and Aristophanes*. Chicago: University of Chicago Press, 1966.

TARRANT, H. Midwifery and the Clouds. *CQ* 38, 1988, p. 116-122.

VANDER WAERDT, P. A. "Socrates in the Clouds." *In*: VANDER WAERDT, P. (Ed.). *The Socratic Movement*. Ítaca: Cornell University Press, 1994, p. 48-66.

WHITMAN, C. H. *Aristophanes and the Comic Hero*. Cambridge, MA: Harvard University Press, 1964.

B) *Platão*

Um breve guia bibliográfico separado sobre o Sócrates de Platão não é exequível. A maior parte da literatura sobre "Sócrates" é sobre o Sócrates de Platão. Assim, a maioria dos livros e artigos em outras partes desta bibliografia (por exemplo, em III. "Estudos abrangentes" e V. "Estudos sobre tópicos particulares") de fato diz respeito ao Sócrates de Platão. Além disso, uma vez que Sócrates é o personagem dominante na maioria dos diálogos de Platão, boa parte da imensa literatura sobre Platão é também sobre o Sócrates de Platão. Para a questão "O que é peculiar ao Sócrates *de Platão*, em contraste com nossas outras fontes?", o melhor lugar para procurar é a literatura sobre o "Sócrates histórico" (ver V. A). Um levantamento útil e recente de tentativas de distinguir elementos "socráticos" de elementos "platônicos" nos escritos de Platão é:

NOTOMI, N., *et al.* Socratic Dialogues. *Plato. The Internet Journal of The International Plato Society,* 9, 2009.

C) *Xenofonte*

COOPER, J. M., "Notes on Xenophon's Socrates." In COOPER, J. M. *Reason and Emotion. Essays on Ancient Moral Psychology and Ethical Theory.* Princeton: Princeton University Press, 1999, p. 3-28.

DANZIG, G. "Apologizing for Socrates: Plato and Xenophon on Socrates' Behavior in Court". *Transactions of the American Philological Association,* 133, 2003, p. 281-321.

DELATTE, A. *Le Troisième Livre des Souvenirs Socratiques de Xénophon.* Liège; Paris: Droz, 1933.

DORION, L.-A., "Akrasia et enkrateia dans les Mémorables de Xénophon". *Dialogue,* 42, 2003, p. 645-672.

DORION, L.-A.; BRISSON, L., (Eds.). Les écrits socratiques de Xénophon. *Les Études philosophiques,* 2, 2004, p. 137-252.

GERA, D. "Xenophon's Socrateses" *In:* TRAPP, M. (Ed.). *Socrates from Antiquity to the Enlightenment.* Burlington, VT: Ashgate, 2007, p. 33-50.

GIGON, O. *Kommentar zum ersten Buch von Xenophons Memorabilien* (*Schweizerische Beiträge zur Altertumswissenschaft*, Heft 5). Basileia: Reinhardt, 1953.

GRAY, V. J. *The Framing of Socrates. The Literary Interpretation of Xenophon's Memorabilia* Stuttgart; Leipzig: B. G. Teubner, 1998. (Hermes Einzelschriften, Heft 79).

HUSS, B. *Xenophon's Symposion. Ein Kommentar* (Beiträge zur Altertumskunde, v. 125). Stuttgart; Leipzig: B. G. Teubner, 1999.

JOËL, K. *Der echte und der xenophontische Sokrates*, 3 vols. Berlim: Gaertners, 1893-1901.

JOHNSON, D. M. Xenophon's Socrates on Law and Justice. *Ancient Philosophy*, 23, 2003, p. 255-281.

_____. Xenophon at his most Socratic (Memorabilia 4.2). *Oxford Studies in Ancient Philosophy*, 29, 2005, p. 39-73.

MORRISON, D. On Professor Vlastos' Xenophon, *Ancient Philosophy*, 7, 1987, p. 9-22.

_____. Xenophon's Socrates on the Just and the Lawful. *Ancient Philosophyi*, 15, 1995, p. 329-341.

McPHERRAN, M. Socrates on teleological and moral theology. *Ancient Philosophy*, 14, 1994, p. 245-262.

NARCY, N.; TORDESILLAS, A. (Ed.). *Xenophon et Socrate*. Paris: Vrin, 2008.

PANGLE, T. L. The Political Defence of Socratic Philosophy: A Study of Xenophon's Apology of Socrates to the Jury. *Polity*, 18, 1985, p. 98-114.

POMEROY, S. B. *Xenophon, Oeconomicus: A Social and Historical Commentary*. Oxford: Clarendon Press, 1994.

STRAUSS, L. *Xenophon's Socratic Discourse: An Interpretation of the Oeconomicus*. Ítaca: Cornell University Press, 1970.

_____. *Xenophon's Socrates: An Interpretation of the Oeconomicus*. Ítaca: Cornell University Press, 1972.

VANDER WAERDT, P.A. Socratic Justice and Self-Sufficiency. The Story of the Delphic Oracle in Xenophon's Apology of Socrates. *OSAP*, 11, 1993, p. 1-48.

D) *Outros socráticos*

BILLERBECK, M., (Ed.) *Die Kyniker in der modernen Forschung*. Amsterdã: Grüner, 1991.

BRANCACCI, A. *Oikeios logos: la filosofia del linguaggio di Antistene*. Elenchos 20. Nápoles: Bibliopolis, 1990.

BRANHAM, R. B.; GOULET-CAZÉ, M.-O. *The Cynics. The Cynic Movement in Antiquity and its Legacy*. Berkeley: University of California Press, 1996.

CAIZZI, F. Antistene. *Studi Urbinati*, 38, 1964, p. 48-99.

DESMOND, W. D., *Cynics*. Berkeley: University of California Press, 2008.

DÖRING, K. *Der Sokratesschüler Aristipp und die Kyrenaiker* Wiesbaden; Stuttgart, 1988 (Abhandlungen der Akademie der Wissenschaften und der Literatur Mainz. Geistes und sozialwissenschaftliche Klasse).

_____. "Sokrates, die Sokratiker und die von ihnen begründeten Traditionen". *In:* FLASHAR, H. (Ed.). *Die Philosophie der Antike*, v. 2. pts. 1. Basileia: Schwabe, 1998, p. 201-365. Seções 16-21.

GOULET-CAZÉ, M.-O., *L'ascèse cynique*. Paris: Vrin, 1981.

KALOUCHE, F. "Antisthenes' ethics and theory of language." *Revue de Philosophie Ancienne*, 17, 1999, p. 11-41.

MANN, W.-R. "The life of Aristippus." *Archiv für Geschichte der Philosophie* 78, 1996, p. 97-119.

ROSSETTI, L. *Aspetti Della Letteratura Socratica Antica*. Chieti, 1977.

_____. "Logoi Sokratikoi anteriori al 399 a.C". *In:* ROSETTI, L. (Ed.). *Logos e logoi*. Nápoles: Bibliopolis, 1991, p. 21-40.

TARRANT, D. The Pseudo-Platonic Socrates. *CQ*, 32, 1938, p. 167-173. Reimpressão em PATZER, A. (Ed.). *Der historische Sokrates*, Darmstadt: Wissenschaftliche Buchgesellshaft, 1987, p. 259-269.

TSOUNA, V. *The epistemology of the Cyrenaic school*. Cambridge: Cambridge University Press, 1998.

VANDER WAERDT, P.A., (Ed.). *The Socratic Movement.* Ítaca: Cornell University Press, 1994, 1994.

Estudos sobre tópicos particulares

A) *Questão do "Sócrates histórico"*

BEVERSLUIS, J. "Vlastos's Quest for the Historical Socrates." *Ancient Philosophy*, 13, 1993, p. 293-312.

BRICKHOUSE, T. C.; SMITH, A. N. D. Apology of Socratic Studies. *Polisi*, 20, 2003, p. 108-127.

DEMAN, T. *Le Témoignage d'Aristote sur Socrate.* Paris, 1942.

DÖRING, K. Der Sokrates der Platonischen Apologie und die Frage nach dem historischen Sokrates. *Würzburger Jahrbücher für die Altertumswissenschaft*, 14, 1987, p. 75-94.

DORION, L.-A., A l'origine de la question socratique et de la critique du témoignage de Xénophon: l'étude de Schleiermacher sur Socrate (1815). *Dionysius*, 19, 2001, p. 51-74.

GIGON, O. *Sokrates. Sein Bild in Dichtung und Geschichte.* Berna: A. Francke, 1947.

GRAHAM, D. W. Socrates and Plato. *Phronesis* 37, 1992, p. 141-165.

KAHN, C. H. *Plato and the Socratic Dialogue.* Cambridge: Cambridge University Press, 1996.

MAGALHÃES-VILHENA, V. de. *Le problème de Socrate: le Socrate historique et le Socrate de Platon*, Paris: Presses Universitaires de France, 1952.

MONTUORI, M. *Socrates: Physiology of a Myth.* Amsterdã: Gieben, 1981.

MORRISON, D. "On the Alleged Historical Reliability of Plato's Apology." *Archiv für Geschichte der Philosophie*, 82, 2000, p. 235-265.

PATZER, A. *Der historische Sokrates*. Darmstadt: Wissenchaftliche Buchgesellschaft, 1987. (Coleção padrão de ensaios clássicos sobre esse tópico, com uma substancial introdução e bibliografia.)

ROSS, W. D. The Problem of Socrates. *Proceedings of the Classical Association* 30, 1933, p. 7-24.

TAYLOR, A. E., *Varia Socratica*, Londres: J. Parker, 1911.

VLASTOS, G. *Socrates: Ironist and Moral Philosopher*. Ítaca; Cornell University Press, 1991.

B) *O julgamento e a morte de Sócrates*

BRICKHOUSE, T. C.; SMITH, A. N. D. *Socrates On Trial*. Oxford: Oxford University Press, 1989.

_____. *The Trial and Execution of Socrates: Sources and Controversies*. Oxford: Oxford University Press, 2002.

CONNOR, W. R. "The other 399. Religion and the trial of Socrates". *In:* FLOWER, M.A.; TOHER, M. (Ed.). *Georgica. Greek studies in honor of G. Cawkwel*. Londres: University of London, 1991, p. 49-56.

GILL, C. The Death of Socrates. *CQ*, 23, 1973, p. 25-58.

MOSSÉ, C. *Le procès de Socrate*. Bruxelas: Ed. Complexe, 1987.

OBER, W.B. Did Socrates die of Hemlock Poisoning? *Ancient Philosophy*, 2, 1982, p. 115-121.

REEVE, C. D. C. *Socrates in the Apology*. Indianápolis: Hackett Publishing Company, 1989.

STONE, I. F. *The Trial of Socrates*. Boston; Toronto: Little Brown and Co., 1988.

WATERFIELD, R. *Why Socrates Died: Dispelling the Myths*. Nova Iorque: W. W. Norton, 2009.

C) *Religião*

BECKMAN, J. *The Religious Dimension of Socrates' Thought*. Waterloo, IA: Wilfrid Laurier University Press, 1979.

BURNYEAT, M. F. "The Impiety of Socrates." *Ancient Philosophy*, 17, 1997, p. 1-12.

COHEN, S. M. "Socrates on the Definition of Piety: Euthyphro 10a-11b." In *The Philosophy of Socrates*, ed. G. Vlastos. Garden City, NY, 1971, p. 158-76.

DESTRÉE, P.; SMITH, A. N. D. (Ed.). *Socrates' Divine Sign. Religion, Practice, and Value in Socratic Philosophy. Apeiron*. Kelowna, BC: Academic Printing and Publishing, 2005.

GARLAND, R. *Introducing New Gods*. Ítaca: Cornell University Press, 1992.

JACKSON, B. D. The Prayers of Socrates. *Phronesis*, 16, 1971, p. 14-37.

McPherran, M. L. *The Religion of Socrates*. University Park, PA: Pennsylvania State University Press, 1996.

MIKALSON, J. D. *Athenian Popular Religion*. Chapel Hill, NC: The University of North Carolina Press, 1983.

MORGAN, M. L. *Platonic Piety*. New Haven: Yale University Press, 1990.

PARKER, R. *Athenian religion: a history*. Oxford, 1996.

SMITH, N. D.; WOODRUFF, P. (Ed.). *Reason and Religion in Socratic Philosophy*. Oxford: Oxford University Press, 2000.

VLASTOS, G. "Socratic Piety." *In:*VLASTOS G. *Socrates, Ironist and Moral Philosopher*. Ítaca: Cornell University Press, 1991, cap. 6, p. 157-178.

WEISS, R. Virtue Without Knowledge: Socratic Piety in Plato's Euthyphro. *Ancient Philosophy*, 14, 1994, p. 263-282.

YUNIS, H. *A New Creed: Fundamental Religious Belief in the Athenian Polis and Euripidean Drama*. Göttingen: Vandenhoeck & Ruprecht, 1988. Hypomnemata, 91.

ZAIDMAN, L B.; PANTEL, P. S. *Religion in the Ancient Greek City*. Cambridge: Cambridge Unviersity Press, 1992. Tradução de P. Cartledge.

D) *Método*

BENSON, H. The Dissolution of the Problem of the Elenchus. *OSAP*, 13, 1995, p. 54-112.

_____. *Socratic Wisdom: The Model of Knowledge in Plato's Early Dialogues*. Nova Iorque: Oxford University Press, 2000.

BOLTON, R. Aristotle's Account of the Socratic Elenchus. *OSAP*, 11, 1993, p. 121-152.

IOPPOLO, A. M. Vlastos e l'elenchos socratico. *Elenchos*, 6, 1985, p. 151-162.

KRAUT, R. Comments on Gregory Vlastos' "The Socratic Elenchus" *OSAP*, 1, 1983, p. 59-70.

NOZICK, R. Socratic Puzzles. *Phronesis*, 40, 1995, p. 143-155.

PATZER, A. "Τί ἐστι bei Sokrates?" *In:* COBET, J.; PATZER, H.; LEIMBACH, R.; NESCHKE, A. B. STEINER F. *Dialogos. Für H. Patzer zum 65. Geburtstag*. Wiesbaden: F. Steiner Verlag, 1976, p. 49-57.

ROBINSON, R. *Plato's Earlier Dialectic*. Oxford: Oxford University Press, 1953.

SCOTT, G. A. (Ed.) *Does Socrates Have a Method? Rethinking the Elenchus in Plato's Dialogues and Beyond*. University Park, PA: Pennsylvania State University Press, 2004.

VLASTOS, G. The Socratic Elenchus. *OSAP*, 1, 1983, p. 27-58. Reimpressão em BURNYEAT, M. (Ed.). *Socratic Studies*. Cambridge: Cambridge University Press, 1994, p. 1-33.

WOLSDORF, D. Socrates' Pursuit of Definitions. *Phronesis*, 48, 2003, p. 271-312.

E) *Autoexame*

ANNAS, J. "Self-knowledge in early Plato." *In:* O'MEARA, D. J. (Ed.). *Platonic Investigations* (Studies in Philosophy and the History of Philosophy, v. 13), Washington, DC: Catholic University of America Press, 1985.

BENSON, H. H. "A Note on Socratic Self-Knowledge in the *Charmides*." *Ancient Philosophy*, 23, 2007, p. 31-47.

BRUNSCHWIG, J. La déconstruction du 'Connais-toi, toi même' dans l'*Alcibiade Majeur*. *Recherches sur la philosophie et la langage*, 18, 1996 p. 61-84.

GRISWOLD, C. *Self-Knowledge in Plato's Phaedrus*. New Haven: Yale University Press, 1986.

NORTH, H. *Sophrosune: Self-Knowledge and Self-Restraint in Greek Literature*. Ítaca: Cornell University Press, 1986.

RAPPE, S. L. Socrates and Self-Knowledge. *Apeiron* 28, 1995, p. 1-24.

TSOUNA, V. Socrate et la connaissance de soi: quelques interprétations. *Philosophie Antique*, 1, 2001, p. 37-64.

F) *Ignorância*

FINE, G. Does Socrates Claim to Know that He Knows Nothing? *OSAP*, 35, 2008, p. 49-88.

FORSTER, M. Socrates' Profession of Ignorance. *OSAP*, 23, 2007, p. 1-35.

LESHER, J. H. Socrates' Disavowal of Knowledge. *JHP*, 25, n. 2, 1987, p. 275-288.

TARÁN, L. "Platonism and Socratic Ignorance." *In*: O'MEARA, D. J. (Ed.) *Platonic Investigations*, Washington, D.C.: Catholic University of America Press, 1985.

VLASTOS, G. Socrates' Disavowal of Knowledge. *The Philosophical Quarterly*, 35, 1985, p.1-31.

G) *Sócrates como professor*

BLANK, D. L. "Socrates versus Sophists on Payment for Teaching." *Classical Antiquity*, 4, 1985, p. 1-49.

EUBEN, J. P. *Corrupting Youth: Political Education, Democratic Culture and Political Theory*. Princeton: Princeton University Press, 1997.

JAEGER, W. *Paideia*, v. II. Nova Iorque: Oxford University Press, 1943. [cf. p. 27-76: "Socrates the teacher"].

MORRISON, D. "Xenophon's Socrates as a Teacher." *In:* VANDER WAERDT, P. A. (Ed.). *The Socratic Movement*. Ítaca: Cornell University Press, 1994, p. 181-208.

NEHAMAS, A. "What did Socrates Teach and to whom did he Teach it?" *The Review of Metaphysics*, 46, n. 2, 1992, p. 279-306. Reimpressão em _____. *Virtues of Authenticity: Essays on Plato and Socrates*. Princeton: Princeton University Press, 1999.

NEHAMAS, A. Meno's Paradox and Socrates as a Teacher. *OSAP*, 3, 1985, p. 1-30. Reimpressão em NEHAMAS, A. *Virtues of Authenticity: Essays on Plato and Socrates*. Princeton: Princeton University Press, 1999, p. 3-27.

ROSSETTI, L. The Rhetoric of Socrates. *Philosophy and Rhetoric*, 22, 1989, p. 225-238.

SCOTT, G. A., *Plato's Socrates as educator*. Albany: SUNY Press, 2000.

H) *Ironia*

BOUCHARD, D. L'ironie Socratique. *Laval Théologique et-Philosophique*, 57, n. 2, 2001, p. 277-289.

EDMUNDS, L., The practical irony of the historical Socrates. *Phoenix*, 58, 2004, p. 193-207.

GOURINAT, M. Socrate était-il un ironiste? *Revue de Métaphysique et de Morale*, 91, 1986, p. 339-353.

LANE, M. The Evolution of Eironeia in Classical Greek Texts: Why Socratic Eironeia is not Socratic Irony. *OSAP*, 31, 2006, p. 49-83.

NAGLEY, W. E. Kierkegaards' Early and Later View of Socratic Irony. *Thought: Fordham University Quarterlyi,* 55, 1980, p. 271-282.

SCOTT-TAGGART, M. J. Socratic Irony and Self-Deceit. *Ratio: An International Journal of Analytic Philosophy,* 14, 1972, p. 1-15.

VLASTOS, G. "Socratic Irony." In: *Socrates, Ironist and Moral Philosopher.* Ítaca: Cornell University Press, 1991, cap. I, p. 21-44.

I) *Ética e psicologia moral*

DEVEREUX, Daniel T. Socrates' Kantian Conception of Virtue. *Journal of the History of Philosophy,* 33, 1995, p. 381-408.

FEREJOHN, M. Socratic Thought-Experiments and the Unity of Virtue Paradox. *Phronesis,* 29, 1984, p. 105-122.

GOMEZ-LOBO, A. *The Foundations of Socratic Ethics.* Indianapolis, 1994.

IRWIN, T. *Plato's Ethics.* Oxford: Oxford University Press, 1994, cap. 2-9.

_____. Socrates the Epicurean? *Illinois Classical Studies,* 11, 1986, p. 85-112.

PENNER, T. The Unity of Virtue. *Philosophical Review,* 82, 1973, p. 35-68. Reimpressão em BENSON, H. (Ed.). *Essays on the Philosophy of Socrates.* Nova Iorque; Oxford: Oxford University Press 1992, p. 162-184.

SANTAS, G. *Goodness and Justice: Plato, Aristotle, and the Moderns.* Oxford: Blackwell, 2001, cap. 2.

SEGVIC, H. No One Errs Willingly: The Meaning of Socratic Intellectualism. *OSAP,* 19, 2000, p. 1-45.

VLASTOS, G. Happiness and Virtue in Socrates' Moral Theory. *Topoi* 4, 1985, p. 3-22.

YOUNG, C. M. First Principles of Socratic Ethics. *Apeiron,* 30, n. 4, 1997, p. 13-23.

ZEYL, D. Socratic Virtue and Happiness. *AGP,* 64, 1982, p. 225-238.

J) *Pensamento político*

KRAUT, R. "Socrates, Politics, and Religion." *In*: *Reason and Religion in Socratic Philosophy*. Oxford: Oxford: University Press, 2000, p. 13-23.

_____. *Socrates and the State*. Princeton: Princeton University Press, 1984.

MORRISON, D. Some Central Elements of Socratic Political Theory. *Polis*, 18, 2001, p. 27-40.

OBER, J. "Living freely as a slave of the law. Notes on why Sokrates lives in Athens". *In*: FLENSTED-JENSEN, P. *et al.* (Ed.). *Polis and Politics*. Copenhagen: Museum Tusculanum Press, 2000, p. 541-552.

O'CONNOR, D. K., "Socrates and political ambition: the dangerous game," *In:* CLEARY, J. J. & GURTLER, G. M. (Ed.). *Proceedings of the BACAP*, XIV, 1998. Leiden, 1999, p. 31-52.

PANGLE, T. *The Roots of Political Philosophy: Ten Forgotten Socratic Dialogues. Translated with Interpretive Studies*. Ítaca: Cornell University Press, 1987.

VILLA, D. *Socratic Citizenship*. Princeton: Princeton University Press, 2001, cap. 1, p. 1-58.

VLASTOS, G. The Historical Socrates and Athenian Democracy. *Political Theory*, 11, 1983, p. 495-516.

K) *Legado*

CALDER, W. M. *The unknown Socrates: translations, with introductions and notes, of four important documents in the late antique reception of Socrates the Athenian*. Wauconda, IL: Bolchazy-Carducci Publishers, 2002.

KIERKEGAARD, S. *The Concept of Irony with Continual Reference to Socrates* [1841]. Edição e tradução de Howard V. Hong e Edna H. Hong. Princeton: Princeton University Press, 1989.

LANE, M. *Plato's Progeny: How Plato and Socrates Still Captivate the Modern Mind*. Londres; Duckworth, 2001.

MONTUORI, M. *De Socrate iuste damnato. The Rise of the Socratic Problem in the Eighteenth Century.* Amsterdã; Gieben, 1981.

_____. *Socrates: An Approach.* Amsterdã: Gieben, 1988.

_____. *The Socratic Problem. The History, the Solutions.* Amsterdã: Gieben, 1992.

TRAPP, M. (Ed.) *Socrates from Antiquity to the Enlightenment.* Burlington, VT: Ashgate, 2007.

_____. *Socrates in the Nineteenth and Twentieth Centuries.* Burlington, VT: Ashgate, 2007.

Índice remissivo

Acrasia, – 40, 41, 334, 386, 391, 395, 397, 398, 300, 408, 420

cf. também ética e psicologia da ação socráticas

Adivinhação, – 82, 104 105, 107, 108, 109, 112, 171, 174, 476

cf. também sinal divino

Adkins, A. W. H., – 124, 127

Aélio Teon, – 63

Agatão, – 116, 151, 325

Ágora, – 64, 138, 188, 208, 226, 228, 231, 427, 428

Agostinho, Santo – 408, 409, 457, 479, 480

Alcibíades, – 38, 55, 56, 57, 58, 61, 62, 63, 88, 89, 92, 94, 105, 106, 128, 193, 207, 220, 222, 223, 230, 231, 232, 241, 320, 322, 329, 428, 430

cf. Xenofonte: retrato de Alcibíades

Alexamenos de Teos, – 52

Alexandre, o Grande, – 81

Alma (*psukhê*), – 19, 41, 42, 96, 114, 124, 125, 146, 149, 166, 168, 170, 177, 178, 179, 247, 252, 265, 266, 271, 275, 278, 279, 280, 287, 288, 292, 300, 340, 351, 352, 359, 366, 390, 391, 393, 395, 401, 402, 409, 411, 433, 434, 436, 437, 438, 439, 440, 444, 445, 448, 459, 470, 477, 478, 479

Ameipsias, – 114, 128

Amor, – 57, 58, 59, 60, 61, 62, 86, 98, 100, 120, 279, 319, 409, 422, 425, 430

cf.ver também Aspásia sobre assuntos de amor –

Anaxágoras, – 120, 128, 132, 135, 145, 180, 239

Anaximandro, – 131

Anaxímenes, – 131

Andócides, – 223

Anito, – 36, 113, 189, 238, 357, 469

Annas, J., – 266, 306, 333, 338, 341, 347, 353, 354, 359, 373, 379, 414, 426, 440, 465

Antifonte, – 95, 106, 134, 135, 142-144, 148

Antíoco, – 467

Antípatro, sobre o sinal divino de Sócrates, – 476

Antístenes, – 32, 34, 51, 53-55, 61, 62, 64-66, 70, 71, 74-78, 97, 105, 117, 451, 452, 454, 456-459, 461

cf. também socráticos

Apolo, – 103, 159, 160, 171-173, 179, 184

cf. também oráculo délfico

Apolodoro, – 97

Aquiles, – 74, 251, 350

Araspas, – 97-100, 108

Arcesilau, – 285, 306, 457, 463-467, 470, 471

argumento forense – 131, 133-135

Aristides, – 217, 469

Aristides, Aélio, – 453

Aristipo de Cirene, – 32, 51, 52, 55, 62, 65, 70-74, 93, 94, 104, 108, 119, 456

cf. também escola cirenaica; socráticos

Aríston, – 456, 462, 463

Aristodemo, – 108, 178

Aristófanes, – 19, 20, 23, 29, 103, 113-118, 120-128, 131, 132, 134-136, 161, 185, 193, 209, 216, 221, 229, 230, 283, 309, 310, 321, 322, 374, 427, 428, 452

cf. também socráticos

Aristóteles, – 19, 20, 23, 29, 31, 32, 35, 36, 38, 40, 42, 52, 75, 80, 81, 86, 87, 92, 144, 145, 155, 166, 203, 204, 229, 237, 254, 265, 309-313, 318, 321, 322, 333, 334, 336-339, 342, 345, 349, 354, 361, 362, 363, 369, 370, 385, 406, 439, 440, 442, 452-454, 456, 459, 464, 467-469

Aristoxeno, – 469

Ascetismo, – 92-94, 99, 109, 452

cf. também autocontrole; domínio de si (*enkrateia*)

Aspásia, – 55, 56, 58-62

Ataraxia, – 306

Ateísmo, – 128, 132, 180, 184, 190, 192, 193

Ateneu, – 31, 38

Atenas, – 36, 56, 62-64, 74, 79, 80, 86, 88, 91, 102, 106, 110, 113, 121, 128, 133, 137, 138, 148, 150, 159, 172, 174, 180, 182, 183, 187, 189, 192, 193, 195, 198, 200, 202, 203, 205 207, 208, 210, 212-214, 216, 217, 218, 219, 220, 224-229, 234, 235, 236, 263, 329, 411, 427, 429, 431, 447

Autoconhecimento, – 34, 61, 63, 107, 108, 145, 271, 272, 275-277, 437, 438

Autocontrole – 88, 92, 94, 96, 97, 101, 110, 111, 269

cf. domínio de si [enkrateia]
Autoexame, – 167, 168, 170, 263-266, 269, 270, 274-278, 416, 472, 473, 475

Averróis, – 441

Batalha de Arginusae, – 429

Beleza (*to kalon*) no *Hípias maior*, – 289, 291, 325

Beneficência, – 82-87, 90-92, 94, 95, 97, 101, 105, 208

cf. também Aristóteles: sobre a beneficência; Tucídides: sobre a beneficência
Benson, H., – 21, 88, 155, 160, 163, 237, 238, 244, 246, 254, 256, 258, 259, 286, 290, 292, 294, 297, 298, 474

Berk, M., – 281

Bett, R., – 21, 133, 140, 281, 304, 306

Bobonich, C., – 21, 373, 376, 398, 407, 414, 417, 421, 423

Brickhouse, T. C., – 24, 25, 30, 46, 88, 129, 165, 171-173, 180, 188, 199, 237, 239, 240, 245, 247, 251, 253, 259, 287, 289, 291, 292, 294, 379, 383, 385, 387, 395, 396, 401, 411, 412, 414, 476

Burnet, J., – 26, 28, 30, 35, 165, 182, 425

Burnyeat, M., – 191, 275-278, 283, 439, 441

Cálias, – 55, 59, 77, 199, 241

Cálicles, – 93, 142, 143, 148, 150, 234, 241, 268, 320, 322-325, 329, 348, 354, 394, 431

Cáricles, – 227

Cármides, – 27, 55, 64, 98, 99, 144, 145, 222, 225, 237, 241-243, 248, 251, 252, 254, 255, 268-272, 274, 275-277, 280, 283, 289, 290, 374, 386, 389, 391, 396, 410, 426, 428, 438

Catão, – 472

Cebes, – 32, 54, 97

Céfalo, – 222, 241

Ceticismo, – 30, 38, 47, 48, 158, 159, 302, 464-466

Céticos acadêmicos, – 452, 454, 457, 459, 473

Ciência, natural, substituindo explicações sobrenaturais tradicionais, – 130, 131, 135, 136, 153, 470

Cícero, – 38, 62, 63, 67, 80, 155, 285, 310, 311, 312, 313, 316, 318, 454, 456, 457, 464-467, 472

Ciro, o Grande, – 80, 82, 84, 112

cf. também Xenofonte: retrato de Ciro, o Grande

Ciro, o Jovem, – 110

Cleiton, – 65

Cohen, Sacha Baron, como ironista, – 163, 253, 317

Colotes, – 470

Conhecimento, – 257, 258, 259, 260, 261

cf. também autoexame; autoconhecimento; ignorância: profissão de i. de Sócrates

Costume (*nomos*), – 141, 142, 204, 205, 460

Crísipo, – 478

Cristo, J., – 53

Cristianismo, Sócrates e, – 441, 480

Crítias, – 88, 89, 92, 94, 128, 193, 220, 222, 225, 227, 228, 230-232, 241, 242, 251, 252, 269, 271, 273, 274, 277, 426, 428

Críton, – 32, 54, 67, 146, 149-151, 159, 185, 194, 198, 200-205, 207, 210-214, 216, 217, 219, 222, 226, 236, 237, 241, 242, 266, 283, 298, 350, 359, 374, 379-381, 384, 385, 389, 401, 403, 407, 410, 411, 413, 418, 425-427, 429, 446-449, 463

Cristóbulo, – 87, 99, 106, 109, 110

Cronos, – 180, 359

Daimonion, – 36, 118, 160, 161, 169, 170, 172-176, 180, 183-185, 192, 212, 449, 453, 476, 477

Cf. sinal divino

Dâmon, o Ateniense, – 126, 127

Davidson, D., – 265, 275, 336, 361

Dédalo, – 107

definição, – 254-260

cf. também tese da Prioridade da Definição

Deman, T., – 32, 42

Democracia, – 89, 138-140, 148, 150, 187, 188, 191, 193, 200, 205, 206, 211, 213, 221, 222, 226, 228, 231, 233, 234, 236, 429, 437, 445, 446

Demócrito, – 128, 135, 181, 468

Demóstenes, – 127, 143, 199, 210, 451

Denyer, N., – 89, 106

Desejo (*cf.* ética e psicologia da ação socráticas)

Deuses, – 137, 146, 147

cf. também religião

Diálogo socrático (*logos sokratikos*), – 51-53, 55, 334, 434

cf. também problema socrático; socráticos

Dickey, Eleanor, acerca de termos de endereçamento de amizade em Platão, – 324

Díon de Prusa, – 453, 455

Diógenes de Apolônia, – 125-127

Diógenes de Melos, – 128

Diógenes Laércio, – 20, 32, 38, 51, 54, 67-71, 75, 76, 115, 122, 180, 188, 205, 214, 217, 239, 428, 454, 456, 457

Diógenes, o Cínico, – 209, 459, 461

Dionísio, – 65, 82, 115

Dionisodoro, – 241, 268

Diotima, – 62, 151, 270

Domínio de si (*enkrateia*) – 27

Donnellan, K., – 365

Dorion, L.-A., – 23-49

Döring, K., – 51-78

Dupréel, E., – 32, 37

Egoísmo, (*cf. também* eudemonismo racional; ética e psicologia da ação socráticas) – 348, 357, 421

Elenco, – 34, 36, 41, 147-150, 159, 160, 238, 241, 243-254, 261, 265, 318, 327, 359, 383, 453, 471-475

cf. também método socrático

Empédocles, – 120, 465

Epicuro, – 316, 452, 459, 467, 469, 470, 471, 481

Epíteto, – 126, 324, 451, 453, 455, 461, 470-477, 480

Erística, – 126, 268

Escola cínica, – 455, 458

Escola cirenaica – 72, 458

Escola epicurista – 454, 469, 470

Escola estoica, – 458

Escola peripatética, sobre Sócrates, – 468, 469

Espeusipo, – 465

Ésquilo, – 136, 156, 158, 166

Esquines, – 32, 34, 38, 39, 51-56, 59-63, 67, 193, 194, 199, 210, 282, 313, 451, 464 *cf. também* socráticos

Estrepsíades, – 116-125, 127, 128, 216

Ética (*cf.* eudemonismo racional; ética e psicologia da ação socráticas) –

cf. também felicidade (*eudaimonia*)

cf. também virtude

Euclides de Megara, – 25, 51, 67, 214

cf. também socráticos; Fritz, K. von

Eudemonismo psicológico – 378-380, 385, 386, 390, 391, 394-400, 410, 420, 422

Eudemonismo racional – 377-380, 384-386, 388-391, 393, 395, 396, 398, 399, 403, 417-421

cf. também ética e psicologia da ação socrática

Eudoxo, – 338

Eupolis, – 114, 117

Eurípedes, – 118, 132, 136, 138, 139, 158, 171, 181, 182

Eusébio, – 71

Eutidemo, – 89, 105-109, 114, 144, 237, 241, 242, 268, 283, 288, 298, 308, 333, 339-342, 346, 348, 359, 374, 384, 386, 391, 403, 410, 414, 426, 454, 462, 463, 470

Eutífron, – 52, 107, 146, 147, 149, 152, 153, 161-166, 172, 173, 180, 181, 183, 188, 194, 237, 241, 242, 243, 252, 254-257, 275, 283, 289, 290, 292, 295-297, 307-309, 323, 325, 326, 330, 331, 348, 359, 374, 386, 416, 425-428, 434, 435, 454, 463, 475, 477

exegese comparativa – 45, 47, 48

Fédon de Elis, – 20, 32, 51-55, 61-66, 114, 120, 126, 145, 198, 265, 282, 284, 303, 356, 374, 379, 406, 407, 426, 454, 463, 478

cf. também socráticos

Felicidade (*eudaimonia*) – 19, 32, 71, 76, 82-84, 93, 104, 106, 108, 167, 178, 203, 270-272, 274, 333-339, 341-349, 352-355, 357, 359, 361, 363, 364, 371, 373, 375-385, 389-391, 393, 395, 399-402, 404-413, 415-423, 458, 460-462, 468, 474

cf. também eudemonismo racional; ética e psicologia da ação socráticas

Fenerete, – 215

Fidípides – 116-118, 121, 124

Filosofia política de Sócrates, – 425-449

Frege, G., – 365

Fritz, K. von, sobre Euclides de Megara, – 65, 67, 68

Gaertner, J. F., – 119

Geach, P., – 162, 258

Gelzer, T., – 116, 117, 119, 121, 126, 127

Gigon, O., – 33, 37, 48, 52

Glauco, – 32, 54, 215, 249, 279, 432, 440, 444

Gomperz, H., – 29

Górgias, – 74, 93, 129, 135, 137, 140, 142, 143, 144, 147, 150, 194, 199, 206, 222, 234, 237, 241-243, 247-250, 252, 254, 256, 266, 267, 268, 283, 288, 292-294, 298, 305, 316, 320, 322-325, 332, 333, 347, 349, 356, 361, 362, 368, 374, 379, 386, 391, 393-396 410-412, 419, 425-427, 430, 431, 433, 434, 438, 443, 444, 448, 454, 455, 466, 470, 473, 474

Graham, D. W., – 30, 34, 40, 48

Gray, V., – 82, 83, 89, 104, 194

Griswold, C., – 21, 308, 386, 425-449

Guerra do Peloponeso, – 80, 86, 158, 193, 205, 221, 225

Hegel, G. W. H., – 87, 133, 134, 312, 314, 315

Helena de Troia, – 74, 115, 137, 140

Hera, – 166

Heráclito, – 158, 182, 453

Hermes, – 96, 111, 119, 223

Heródoto, – 81-83, 104, 135, 140, 141

Hesíodo, – 157, 158, 166, 182, 264, 375

Hiero, – 54, 55, 82-84, 92

Hípias, – 78, 135, 241, 251, 257, 308, 309, 316, 325, 326, 327, 330, 331, 332, 350, 351, 352

Homero, – 74, 77, 78, 138, 156-158, 165, 166, 182, 215, 480

Hubbard, T., – 121

Husi, S., – 51

Hipereides, – 194

Ignorância – 34, 41, 107, 130, 135, 159, 160, 161, 169-171, 174-176, 179, 196, 238, 240-243, 250, 258, 260, 270, 272, 273, 276, 278, 281-306, 313, 315, 356, 357, 370, 397, 430, 432, 435, 436, 453, 456, 457, 462-465, 467, 473, 474

Ironia – 20, 21, 147, 185, 284, 285, 307-332, 449, 453, 456, 463, 467, 469

Irwin, T., sobre a ética socrática, – 246, 266, 319, 333, 341, 345, 347, 354, 361, 378, 379, 390, 395, 398, 401, 414, 458

Isócrates – 70, 71, 74, 451

Joël, K., – 29-32, 35-38, 43

Johnson, D. M., – 89, 106, 107

Julgamento e morte, – 451

Cf. também Sócrates: julgamento e morte

Justiça, – 267, 351, 352

Justino Mártir, acerca de Sócrates, – 452, 457, 480

Kahn, C. – 28, 32, 36, 39, 42-45, 47, 56, 132, 333, 349, 374, 394, 426

Kant, I., – 340, 357, 408, 409, 412, 421

Kaplan, D., – 365

Kierkegaard, S., – 113, 312, 315

Kripke, S., – 365

Lane, M., – 21, 307-332

Laques, – 144, 150, 241-243, 247, 248, 251-256, 283, 289, 290, 295, 374, 386-389, 426, 430, 434, 448, 463

Lefkowitz, Mary R., – 105

Lei, – 19, 53, 89, 120, 140, 142, 143, 150, 152, 153, 181, 182, 189, 190, 191, 193, 198, 200-205, 207, 210-220, 222, 224, 226-230, 233, 235, 236, 241, 306, 350, 358, 369, 409, 419-421, 426, 429, 435, 439, 446-449, 463, 478

cf. também costume

Leônidas de Salamina, – 211, 226-228, 430, 445

Libânio, – 453

Licon, – 36, 189, 238

Licurgo, – 104, 210

Lísias, – 106, 143, 144, 194, 222

Lísicles, – 59

Locke, J., acerca da *República*, – 255, 442

Long, A., – 21, 26, 177, 306, 307, 332, 451-481

Luccioni, J., – 34

Maquiavel, – 80, 112

Máximo de Tiro, – 211, 221, 234

McPherran, M., – 21, 105, 155-185, 192, 240, 254, 476

Meleto, – 36, 100-103, 128, 180, 183-185, 188-190, 192, 193, 196-198, 201, 205, 215, 219, 229, 230, 233, 235, 238, 241, 285, 287, 307, 355-357, 435, 469, 480

Método socrático, – 155, 159, 160, 162, 237-261, 265, 275

cf. também elenco; autoexame

Minos, – 107

Momigliano, A., sobre o problema socrático, – 32

Montuori, M., – 23, 24, 29, 30, 43, 44, 48

Morrison, D., – 43, 45, 47, 80, 89, 108, 195, 273, 281, 307, 310, 317, 326, 333, 338, 341, 379, 390, 392, 425

Mulvey, B., – 22

Nehamas, A., – 258, 300, 302, 308, 314, 316, 317, 322, 325, 327
Nícias, – 241, 242, 251, 386, 430
Nietzsche, F., – 87, 315, 316, 344

Ober, J., – 21, 187-236, 329, 425, 430, 431, 446
Odisseu, – 77, 78, 89, 96, 101, 107, 251, 350, 351
Olimpiodoro, – 114
Oráculo délfico, – 34, 44, 45, 103, 104, 111, 129, 159, 171, 238, 275, 319, 383, 476

Pais Fundadores, – 440, 441
Palamedes, – 101, 107
Panécio, – 467, 469, 471
Panteia, – 97, 98, 109
Parmênides, – 67, 70, 374, 426, 428
Parrásio, – 65
Patzer, A., – 23, 24, 71, 74, 127
Penner, T., – 21, 267, 270, 271, 333-372, 386, 394, 396
Péricles, – 59, 65, 86, 88, 144, 150, 190, 205, 209, 210, 211, 223, 433, 434
Piedade, conforme aparece no *Eutífron*, – 34, 36, 68, 101-112, 149, 157, 162-171, 173, 178, 182, 184, 185, 196, 197, 201, 220, 235, 255-257, 289, 290, 296, 297, 307, 358-360, 386, 388, 435
Píndaro, – 141, 157, 166, 182, 375
Pirro, – 304, 305, 459
Pístias, – 65
Pitágoras, – 122, 453, 477
Platão – 17, 19-21, 23, 25-31, 33-46, 51-55, 61-64, 70, 75, 78-83, 88-90, 93, 98, 100-108, 110, 113-117, 119-121, 123-130, 133-135, 139, 140, 142-147, 149, 151-156, 161, 166, 168 176, 181, 183, 188, 191-202, 205,

206, 208-211, 213, 215, 217, 219, 221, 222, 225, 226, 228, 231, 234, 236, 237, 238, 253, 254, 258, 260, 263, 266, 268, 272, 275-277, 280-285, 294, 298, 299, 302, 304, 306, 308-313, 315-318, 320-327, 329, 331-334, 336, 337, 342-345, 349, 352-354, 356, 359, 361-364, 366-369, 371, 374, 379, 380, 382, 383, 386, 389, 390, 394, 395, 396, 406, 408, 412, 417, 420, 422, 425-428, 430, 431, 439-442 445, 446, 451-461, 463-470, 472-481

cf. também socráticos,

Pleonexia, – 348, 349

Plutarco, – 115 144, 190, 455, 468-470, 477-479

Polemarco, – 215, 222, 241, 242

Polemo, – 461, 464

Polícrates, – 194, 199

Polos, – 241, 247, 248, 250, 252, 267, 393, 396, 412

Popper, K., sobre a *República*, – 439, 441

Porfírio, – 469

Possidônio, – 471

Prazer, – 51, 54, 71, 73, 77, 83, 96, 101, 106, 109, 118, 138, 333-336, 338, 348, 360, 376, 385, 398, 399, 401, 412, 460

Príamo, – 214

Price, A., sobre a ética socrática, – 333, 353

Problema socrático, – 23, 24, 28-30, 33, 35, 36, 37, 38, 39, 43-45, 47-49, 454

Proclo, – 38, 456

Pródico, – 65, 132, 135, 144, 241, 316, 332

Protágoras, – 62, 120, 125, 127, 129, 135, 139, 140, 142, 144, 147, 148, 150, 158, 180, 222, 237, 241, 242, 247, 251, 254, 255, 267, 283, 298, 316, 333, 334, 342, 344, 348, 360, 363, 374, 386, 391, 393, 397-400, 426, 428, 438

Próxeno, – 110, 111

Querefonte, – 90, 102, 103, 117, 129, 130, 145, 171, 222, 238, 239, 437

Quintiliano, definição de ironia, – 311, 312

Racionalidade, compromisso de Sócrates com, – 159, 160, 161, 165, 167, 170-172, 175-177, 185, 234, 313, 393, 398, 422, 446, 459, 460, 476, 477

Rawls, J., sobre a *República*, – 370, 442, 443

Realeza, – 89, 93, 104, 107, 108, 163

Régulo, – 472

Religião – 41, 133, 155-158, 161 162, 167, 170, 181, 182, 191, 200, 442, 443

cf. também Sócrates: compromissos religiosos; Xenofonte: sobre a teologia socrática,

Retórica, – 31, 59, 61, 74, 78, 120, 125, 130, 133, 143, 144, 151, 152, 191, 192, 193, 229, 234, 256, 298, 311, 313, 320, 321, 322, 328, 329, 330, 332, 368, 449, 456

cf. também argumento forense,

Robinson, R., – 257, 258, 441

Rodogina, – 59

Rousseau, J., – 80, 211, 442

Rowe, C., – 21, 263-280, 310, 337, 341, 348, 357, 364, 426

Sabedoria – 58, 67, 81, 82, 90, 94, 95, 99, 101-104, 107, 120, 127, 129, 138, 139, 140, 147, 148, 149, 155, 160, 165, 166, 168, 170, 171, 172, 175, 176, 178, 179, 181, 185, 239-243, 248, 249, 251, 253, 254, 255, 257, 279, 280-282, 284, 286, 287, 290, 298, 302, 303, 309, 313, 315, 327, 332, 339-342, 346-349, 352, 354, 359, 360, 368, 388, 390, 391, 395, 397, 414-416, 430, 435, 443, 445, 458-460, 462, 463, 465, 466, 472

cf. também ética e psicologia da ação socráticas,

Santas, G. X., – 28, 247, 361

Schlegel, Friedrich, sobre a ironia, – 314

Schleiermacher, Friedrich, – 24-29, 37, 40

cf. Xenofonte, críticas a,

Sedley, D., – 254, 311, 462, 463

Sêneca, – 66, 472

Sexto Empírico, sobre os cirenaicos, – 26, 72, 166, 171, 176, 456

Shields, C., – 306, 465

Sidgwick, H., – 373, 376, 421

Simão, – 32, 54, 63-66, 117

Símias, – 32, 54, 97, 478

Simônides, – 55, 82, 83, 84, 92, 125, 267
Sinal divino (*daimonion*), – 34, 96, 102, 103, 105, 107, 160, 173, 453, 476-480
Smith, N. D., – 24, 25, 30, 46, 88, 129, 165, 171-173, 180, 188, 199, 237, 239, 240, 245, 247, 251, 253, 259, 287, 289, 291, 292, 294, 379, 383, 385, 387, 395, 396, 401, 411, 412, 414, 442, 476
Sócrates histórico, – 20, 23, 24, 26-31, 34-37, 39, 41, 43-48, 53, 61, 124, 126, 135, 155, 191, 194, 195, 211, 234, 236, 237, 282, 283, 317, 373, 374, 425

cf. problema socrático,

Sócrates,
    acusadores de, – 92, 93
    aparência, – 35-37, 128, 129
    como revolucionário, – 373-423
    compromissos religiosos, – 145-147, 153, 155-157, 159-162, 165-174, 178, 179, 181, 182
    concepção de sua responsabilidade para com a pólis, – 208-211
    decisão de viver em Atenas, – 235, 236
    detalhes biográficos, – 35-37, 214
    época imperial romana, – 452, 453
    julgamento e morte, – 180, 184, 185, 187-198, 220-234, 431, 432
    missão divina, – 159, 170-172, 239, 240, 430, 438
    na comédia ateniense, – 114, 115
    na filosofia grega posterior, – 451-481
    recusando-se a escapar da prisão, – 373-423, 200-204, 446-449
    recusando-se a seguir ordens dos Trinta, – 224-229, 430
    sobre a ignorância da pólis, – 432, 433
    sobre a lei, – 150, 151
    sobre princípios democráticos em Atenas, – 147, 148

cf. também democracia,

Socráticos, – 32, 51-53
Sofistas, – 19, 29, 64, 95, 115, 119, 121, 124, 133-135, 140, 144, 181, 209, 230, 298, 308, 326, 332, 344, 358, 428

Sófocles, – 132, 136, 157, 158, 166

Sofronisco, – 30, 187, 214-218, 236

sôphrosunê, – 27, 269, 271-273, 277

Sólon, – 82, 182, 459

Souto Delibes, Fernando, – 117

Stone, I. F., – 187, 188, 191, 208, 220, 221, 226, 441

Strauss, Leo, – 80, 90, 94, 103, 106, 187, 203, 216, 313, 314, 439, 440

Swift, Jonathan, *A modest proposal* [*Uma proposta modesta*], – 311

Tales, – 428, 437, 454, 459

Targélia, – 59

Taylor, A. E., – 26, 28, 30, 31, 35, 42, 43, 122, 165, 285, 398

Tekhnê como um tipo de conhecimento, – 57, 61, 120, 177, 254, 282, 293-295, 433, 434

Temístocles, – 56-58, 150

Teodota, – 96-98

Teofrasto, – 311, 469

Teógenes, – 375, 377

Teoria da lembrança, – 264-266

Teoria do Comando Divino – 163, 164

Teorias éticas modernas, na filosofia anglófona, – 87

Tersites, – 215

Tese da Prioridade da Definição, – 292, 293, 296-298

Tigranes, – 99, 100

Tímon de Fleios, – 69, 456

Tomás de Aquino, – 349

Tomin, Julius, – 115, 119

Trasímaco, – 222, 241, 242, 248-250, 268, 284, 319, 320, 322, 329, 340, 348

Trinta Tiranos, – 211, 222, 225-228, 230, 231

Tucídides, – 85-87, 132, 134, 135, 137, 158, 161, 205, 209-211, 231

Vander Waerdt, P. A., – 32, 35, 42, 45, 48, 80, 90, 115, 117, 119, 125-127, 129, 130, 463

Verdade, – 244-261, 265

Versnel, H. S., – 180, 182, 183

Virtude, – 287, 288, 358, 359

cf. também felicidade (*eudaimonia*); ética e psicologia socráticas da ação,

Vlastos, G., – 28-30, 32, 33, 39-42, 45, 46, 80, 105, 155, 165, 167, 168, 171-173, 187, 188, 191, 195, 208, 221, 243, 244, 246-248, 256, 258, 260, 264, 265, 285, 287, 288, 294, 310 314, 318, 321, 322, 327, 333, 341, 347, 351, 353, 358, 360, 376, 379, 401, 402, 411, 456, 458, 474, 476

Voltaire, F., – 442

Wittgenstein, L., sobre a definição, – 258, 259

Woodruff, P., – 21, 113, 131-154, 258, 293, 294, 319

Xantipa, – 55, 217

Xenócrates, – 465

Xenófanes, – 67, 166 179, 181, 182

Xenofonte – 19, 20, 23-31, 33-38, 40-42, 44-47, 51-55, 59-62, 64, 65, 71, 76, 79-85, 87-112, 115, 117, 120, 121, 123-126, 134, 135, 151, 155, 167-169, 174-177, 180, 183, 188, 191-195, 197, 198, 206, 217, 219, 221, 222, 225, 227, 230, 281, 282, 309, 310, 313, 318, 326, 332, 374, 428, 449, 451, 452, 455-458, 460, 461, 464, 468-472, 476

cf. também Aspásia; socráticos,

Xerxes, – 56

Zenão, – 67, 70, 428, 454, 457, 461, 462, 463, 466, 471, 472

Zeus, – 111, 112, 117, 123, 128, 132, 140, 166, 178, 180, 181, 264, 359

Zeuxis, – 115

Zópiro, – 62-64, 66

Índice de passagens

Agostinho
   Cidade de Deus (Civ. dei)
   8.3 – 457, 479
   8.14 – 479
Anônimo
   PKoeln 205 – 54
Anônimo
   Epístolas dos socráticos
   9,4; 11; 12; 13; 18,2 – 65
Aristófanes
   Aves
   521 – 161
   959-91 – 161
   1211 – 321
   1553-64 – 124
   As nuvens
   94 – 117
   98 – 117
   104 – 129
   112-15 – 115
   126-31 – 117
   144-47 – 129
   156 – 129
   177-79 – 117
   188 – 114
   201-02 – 117
   225 – 114
   239-45 – 117
   245 – 117
   254-66 – 127
   258-59 – 127
   316-18 – 117
   365-82 – 117
   369 – 122
   385 – 123
   435-36 – 118
   449 – 321
   482-83 – 123
   497 – 117
   503 – 129
   518-26 – 122
   658-93 – 123
   695 – 123
   702-05 – 123
   727 – 119
   739-41 – 123
   783 – 118
   785-90 – 123
   830 – 128
   831 – 129
   835-37 – 119
   839 – 118
   856 – 117
   886 – 123
   1071-82 – 118
   1146 – 117
   1327-30 – 118
   1399-1407 – 119
   1410-19 – 118
   1437-39 – 118
   1454-55 – 118
   1472-74 – 117
   Vespas
   174 – 321
Aristóteles
   Ética a Eudemo
   1216b3-1216b26 – 155
   Ética a Nicômaco
   I
   1094a1-3 – 338
   1094a1-22 – 333
   1094a18-19 – 338
   1095a18-20 – 385
   1097a15-34 – 333
   1097a23 – 339
   1097a34-b21 – 333
   III
   1110b28-111a1 – 370
   1113a16-17 – 370

IV.3
1124b9-14 – 87
1124b17-18 – 87
IV.7
1127b23-26 – 310
1127b25 – 467
VI.5
1140b19-20 – 370
VII.3
1147a28 – 336
VII.8
1151a15-20 – 370
VIII.10
1161a – 204
IX.1
1164b2-6 – 92
IX.5 – 86
IX.7 – 86
IX.8 – 86
X.2
1172b9-15 – 338
Magna moralia
I.i.7-8 – 334
Metafísica
A 6
987b1-3 – 456
987b1-6 – 35
H 3
1043b23-28 – 75
M 4
1078b7-32 – 155
1078b17-32 – 35, 456
1078b27-29 – 237
M 9
1086a37-b5 – 35, 456
1086b1-6 – 456
Movimento dos animais
7.701a14 – 336
7.701a15 – 336
7.701a17 – 336
7-10 – 336
Poética
1447a28-b13 – 31
1456b15 – 144
Política
II
1261a37-1264b25 – 442
Refutações sofísticas
165b3-5 – 265
173b17 – 144
183b6-8 – 464
Retórica
III.16
1417a18-21 – 31
Sobre a alma
433a1-12 – 334
433b5-10 – 334
Sobre os poetas
fragmento 15 – 52
fragmento 72 – 52
Tópicos
VI.8
146b36-147a11 – 362

Ateneu
Os convivas eruditos
11.507c-d – 38

Aulo Gélio
Noites áticas
14.3,5-6 – 456

Cicero
Academica
I.44-5 – 465
I.45 – 285
II.15 – 467
II.77 – 466
II.129 – 67
Brutus
292 – 313, 316, 467
De Fato
10 – 62
De oratore
II.269-270 – 313
III.67 – 464
Disputas tusculanas
III.10 – 472
V.4.10-11 – 155
V.10 – 456
V.11 – 456
Natura deorum
II.167 – 472
República
1.10,15-16 – 38
I.15-16 – 455
I.16 – 456
Sobre a adivinhação (*Div.*)
1.123 – 476

Crates
  Fr. 14,15 – 460
Diógenes Laércio
  Vidas de filósofos eminentes
  I.5.23 – 205
  I.5.26 – 214, 217
  I.13-15 – 454
  II.19 – 456
  II.20 – 456
  II.45 – 64, 456
  II.46 – 469
  II.55 – 70
  II.61 – 55
  II.64 – 467
  II.65 – 63
  II.75 – 71
  II.85 – 70, 73
  II.86 – 71, 73
  II.91 – 73
  II.105 – 32
  II.106 – 67
  II.107 – 69
  II.108 – 62
  II.121-125 – 62
  II.122-124 – 64
  II.123 – 66
  II.60-63 – 62
  III.35 – 75
  III.50 – 52
  VI.3 – 75
  VI.10-13 – 457
  VI.11 – 76
  VI.15 – 64, 71, 78
  VI.15-18 – 74
  VI.17-18 – 77
  VI.54 – 459
  VII.2-3 – 461
Díon de Prusa
  Orações
  13.16 – 455
Epíteto
  Discursos de Arriano sobre Epíteto
  II.1.32-3 – 475
  II.11.1 – 473
  II.11.1-8 – 473
  II.12 – 475
  II.17.1 – 473
  II.26.4-7 – 473
  III.1.19 – 477
  III.9.12-14 – 473
  III.12.15 – 475
  III.20.19 – 473
  III.21.18-19 – 472
  III.21.19 – 473
  III.22.6 – 454
  III.22.53 – 477
  IV.1.42-3 – 474
  IV.1.169 – 481
Esquines
  Contra Timarco
  173 – 451
Esquines socrático
cf. também sob SSR
  fr. 3-4 Krauss – 464
Ésquilo
  Sete contra Tebas
  252-60 – 156
Eurípedes
  Andrômaca
  1161-65 – 158
  Bacantes
  216-20 – 158
  Íon
  435-51 – 138
  Mulheres de Troia
  1060-80 – 158
Eusébio
  Preparatio evangelica –
  XI.3.2 – 456
  XIV.18.31-32 – 71
Filodemo
  Sobre os estoicos
  Col. 12 – 471
Heródoto
  Histórias
  I.32 – 82
  III.38 – 141
Hesíodo
  Os trabalhos e os dias
  826-8 – 375
Homero
  Ilíada
  I.446-58 – 156
  II.188-206 – 89
  III.299-301 – 157
  IV.31-69 – 166

Odisseia
    II.134-145 – 157
Horácio
    Epístolas
    I.1.19 – 74
Isócrates
    Busíris
    4.3; 5.9 – 451
Justino Mártir
    Primeira apologia
    5.3 – 480
    Exortação aos gregos (*Cohort. ad graec.*)
    36 – 374
Lactâncio
    Instituições divinas
    3.13.6 – 456
Píndaro
    Nemeanas
    7.23 – 182
    Olímpicas
    I.75-115 – 157
Platão
    Alcibíades I
    103a-106a – 174, 175
    121a – 107
    Apologia
    17a-b – 193
    17c,1882n – 428
    18a-b – 113
    18b-c – 180
    18c – 113
    18c2-3 – 180
    18d – 101, 103
    19b-c – 180
    19b4-c1 – 238
    19c – 114
    19c-d – 185
    19c5-8 – 282
    19d – 221
    19d-e – 119
    19d8-20c2 – 332
    19d9-e1 – 309
    20d-23c – 159
    20c3 – 309
    20d-e – 179
    20d7-e3 – 430
    20d8 – 286
    20e – 102
    20e-21a – 90, 129
    20e-23b – 34
    21a – 102
    21a5-7 – 171
    21b – 160, 309, 319
    21b2-5 – 285
    21b4-5 – 159, 239, 284, 465
    21b5-7 – 171
    21c1 – 438
    21c2 – 259
    21d2-6 – 285
    21d4 – 286
    21d6-8 – 159
    21d-23c – 168
    21e5-23c1 – 159
    22b – 428
    22b5 – 240
    22d-e – 287
    22d-23b – 166
    22d2 – 286
    23a – 104, 179, 184, 428
    23a-b – 165
    23a-c – 125
    23b – 93, 172
    23b2-4 – 240
    23b3 – 286
    23b5 – 438
    23b4-6 – 332
    23b4-7 – 240
    23b7 – 240
    23b-c – 167
    23c – 88, 431
    23c-d – 180
    23d-e – 185
    24b – 117, 188
    24b-c – 180
    24b-28a – 241
    25c-26a – 355
    25d-26a – 385
    26a-e – 180
    26a4-5 – 385
    26b – 480
    26b-c – 184, 193
    26d – 128
    26e – 192
    27b2 – 237

ÍNDICE DE PASSAGENS   **567**

28a – 101, 183
28b6-c1 – 380
28d-29a – 159, 172
28d9-29a5 – 449
28e,1870n – 205, 428
28e4-29a2 – 159
29b-d – 184
29b1-7 – 436
29b2-9 – 287, 294
29b6-7 – 319
29c-30b – 172-239
29d – 146, 150, 172
29d-30b – 152
29d3-4 – 448
29d7-e3 – 403
29d7-30b4 – 430
29e1-3 – 287
29e4-30a4 – 247
30a – 160, 173, 215
30a-b – 166
30a1 – 287
30a5-6 – 301
30a7-b2 – 436
30a7-b4 – 436
30b1-2 – 287
30b4 – 430, 437
30c – 102
30c8-d5 – 305
30d – 403
30d-31a – 173
30d1-2 – 401
30d6-31a1 – 430
30d6-31a2 – 438
30e – 104
30e-31a – 159
30e-31b – 208
31a-c – 402
31b-c – 167, 217
31c – 93, 309
31c-32a – 174, 208
31c-d – 174
31c4-32a3 – 433
31d – 173, 174, 184
31d1 – 173
31d1-2 – 183
31d-e – 103
31d-32a – 184, 358
31d2-4 – 160

31d6-32a3 – 432
32a1-2 – 403
32a4-e1 – 430
32c-d – 206, 226
33a-b, 1884n – 431
33c – 431
33c4-7 – 160
34c1-d10 – 449
34e1-35a3 – 449
34e2-4 – 431
35a5-6 – 431
35c-d – 181
36a5-6 – 431
36b-c – 419
36b3-d10 – 383, 413
36b5-6 – 430
36c3-d1 – 434
36c7 – 287
36d-e – 208
37b5-8 – 287, 294
37d – 101
37d-e – 100
37d4-e2 – 432
37d6-e2 – 431
37e-38a – 167, 383
37e3-38a6 – 263
37e5-38a1 – 320, 438
37e5-38a7 – 382
38a – 167
38a2-5 – 301
38a3-5 – 287
38a5-6 – 299, 416, 439
38a7-8 – 302
38c1-5 – 431
38d5-e2 – 449
39c6-d2 – 434
39d – 431
40a-b – 107, 174, 175
40a-c – 171, 175
40a2-c4 – 449
40a4 – 173, 174
40b1 – 173
40c-41d – 175
40c1-2 – 449
40c3 – 173
40e4-41c – 383
41c-d – 176
41c8-d7 – 383

41d – 101, 107, 458
41d3-5 – 449
50e – 202
Banquete
205a1-4 – 333
205e-206a – 270
215a4 – 62
215e6-216c3 – 434
216e2-5 – 322
218d6-7 – 322
219e5-7 – 428
222b – 89, 105
Cármides
154e5-155a1 – 241
155d – 98
156d-157b – 64
158e7-159a7 – 248
159a9-b6 – 252
160d5-e1 – 252
160e3-5 – 252
162b9-10 – 242, 243
162d4-e5 – 241
162e-164c – 251
162e6 – 252
162e7-164d3 – 251
163e1-164c7 – 251
164d3-4 – 271
165b5-c1 – 269, 290
165b8 – 277
166c7-d6 – 269, 438
166d1-2 – 274
166d4-6 – 274
169b9-10 – 242
171d1-172a5 – 274
171e7-172a3 – 389
173d6-174e2 – 389
174b-c – 272
176a6-b4 – 242
Crátilo
385d2 – 366
387a1-9 – 366
387c6-d9 – 366
390c – 346
391c3 – 144
Críton
44a5-b5 – 449
45a3 – 241
45a5-7 – 298

46a7-8 – 241
46b – 149, 350, 418
46b4-6 – 159
47a-47b – 359, 384
47a-48a – 241
47a-48d – 418
47e-48b – 166
47e4 – 411
47e4-6 – 411
48a5-7 – 298, 448
48b – 359, 381, 403
48b-49d – 166
48b4-7 – 384, 401, 407
48b10 – 384
48b10-c1 – 446
48e – 149
48e3-5 – 446
49a-b – 418
49a4-b7 – 380
49b-d – 166, 167
49b-e – 359
49c – 165
49d-e – 266
50a4-5 – 242
50a5 – 241
50d – 214, 217
51b4-c1 – 447
52b – 212, 214
53c – 214
54b-c – 150
54c – 166
54d3-8 – 447
Eutidemo
271c5-272b4 – 241
272b – 242
272d5-6 – 242
272e4 – 173
272e-273a – 174
273c2-d9 – 242
273c2-274b4 – 242
277d-282e – 179
278e-281e – 462
278e-282a – 391, 414
278e3-6 – 333, 346, 385
279a1-4 – 346
279c5-7 – 339
280b-281b – 166
280b-281e – 414

ÍNDICE DE PASSAGENS 569

280b2-4 – 339
280b8-281d2 – 391
280c4-e2 – 415
282a1-6 – 418
281b2-3 – 339
281d-e – 166
281d4-5 – 166
281d9-e1 – 166
281e – 340
281e3-5 – 462
282a1-7 – 333, 346, 391
289c6-8 – 376
290c – 346
291b4-7 – 276
293b8 – 288
296e8 – 288
Eutífron
2c-3b – 188
2c2-d1 – 435
3b – 173
4e – 149
4e4-5a2,1978n – 241, 435
5a-b – 307
5a3-c8 – 242
5d-e – 162
5d-6e – 162
5d1-5 – 295
6a – 181
6a-b – 147
6a-d – 163
6d-e – 162
6d10-e6 – 295
6e-7a – 162
6e4-6 – 290
7a-9d – 162
7b-9c – 163
9e – 163
9e-11b – 163
9e8-9 – 252
10d1-2 – 243
10e-11b – 163
11a-b – 146
11b-d,1404n – 107, 152
11e-12e – 164
12a4-5 – 325
12e-14a – 164
12e5-8 – 252
12e6-9 – 164

13a-d – 164
13c-e – 164
13d-14a – 164
13e-14a – 164
14a – 164
14b-c – 164
14b-15c – 164
14e-15a – 168, 176
15b-c – 348
15c – 167
15d4-8 – 161
15e3-4 – 243
Fédon
70c – 114
96a – 126, 282
96a-99d – 145
Fedro
85b4-6 – 174
118a7-8 – 185
229d-230a – 145, 147
229e4-230a6 – 263, 278
229e4-230a7 – 438
242b1-3 – 174
242b9 – 173, 175
242c2 – 173, 174
246a-249c – 146
267c6 – 144
271c10-272b – 448
272d2-273a1 – 448
276e4-277c4 – 448
279b-c – 168, 169
Filebo
20c-21a – 333
Górgias
447c1-3 – 242
449a-466a – 254, 368
449c9-d2 – 241
452e – 143
455d-e – 206
458a – 473
461d – 242
461e5-462b2 – 243
462a5-7 – 241
462c10-d2 – 298
463c3-6 – 298
466a-468e – 333, 361
467c-468e – 396
467d6-e1 – 393

467e6-468c4 – 347
467e6-468c7 – 392
468b – 392
468b1-4 – 393
468b1-7 – 393
468c2-8 – 394
468c2-d7 – 362
469a1-b6 – 393
473b-74a – 206
474b-479e – 248
474b2-6 – 247
474b3-5 – 267
478c3-7 – 376
478c3-e5 – 393
482a6-c3 – 247
482e-483d – 142
483a7-484c3 – 143
484c-486c – 93
486d2-7 – 438
487a – 438
487a-488a – 241
487d2-3 – 323
487e-488a – 242, 368
489e1 – 322, 325
491d7-e1 – 394, 395
493b1-3 – 395
495a – 266
495a7-c3 – 247
499b9-c6 – 247
505a – 411
507a5-c7 – 395
507b8-c5 – 407
508a – 176
508d-509a – 147
508e6-509a7 – 466
509a1-2 – 288
509a5 – 288
509e5-7 – 396
511c-512e – 179
512a-b – 166, 411
512b1-2 – 288
514a – 150
515d-517c – 150
521c-22c – 234
521d6-8 – 293, 411, 419, 425, 434, 443
526c3-4 – 448
526d5-e1 – 448

Hípias maior
281a-c – 241
281a1 – 301
281b5-c3 – 309
281c2-3 – 332
282e9-b3 – 332
283b3 – 332
284a-e – 150
286c8-d2 – 290, 291
286d-287b – 241, 242
287a6-7 – 240
288a3-5 – 252
289b – 176
289b3-6 – 165
289e2-4 – 243
293e7-8 – 252
304d8-e2 – 290, 291
304e2-3 – 300

Hípias menor
364a-b – 241
364b – 350
365b-c – 78
367d – 359
369d-e – 242
369d1-e2 – 240
369e2 – 350
371e9 – 350
371e9-372a5 – 350
372a-d – 242
372d7-373a8 – 350
373c-375c – 343
373c-375d – 345
375d-e – 340
375d7 – 351
376b5-6 – 352

Íon
530c1-d3 – 241
532d8-e4 – 298
542b – 242

Laques
184d5-185e9 – 448
184e11-187a1 – 241
187e6-188a5 – 434
190c4-5 – 241
190c6 – 248
191c-d – 242
191e9-192b8 – 295
192a9-10 – 256

192b9-c1 – 252
193c6-8 – 247
194a6-b4 – 242
194b1-4 – 243
194c7-d10 – 386
194e-196d – 166
194e11-195a1 – 387
195a-200c – 251
195a2-196c1 – 251
196c – 241
196c1-197d8 – 251
197e2-200c2 – 251
198b2-c4 – 387
199c-e – 166
199d4-e1 – 388, 389
199e1 – 388
199e11-200c1 – 242
Leis
644d-645b – 478
Lísias
210d4-8 – 242
211b6-d4 – 241
211d-e – 106
212a4-7 – 242
213c9 – 242
216c-217a – 277
218d2-b3 – 348
219c-220b – 348
219c3 – 333
220c4-5 – 347
223b4-8 – 290, 291
Menexeno
235e-236a – 61
Mênon
71b1-8 – 291
71d-79e – 254
71d5-8 – 241
71e1-72a2 – 241
72c6-d1 – 256
73a1-3 – 256
73d1 – 256
73d9-10 – 252
74a9 – 256
75a4-5 – 256
77b2-78b4 – 390
78a6 – 370
78a6-8 – 370
78c-d – 343

78c1-2 – 252
79e7-80b4 – 242
82b – 148
82e5-6 – 241
84a1-2 – 242
87c-89a – 390
87e5-88d3 – 391
88a6-b5 – 360
88b-89a – 340
88b1-8 – 391
88b3-8 – 359
88b5-6 – 391
88c – 342
88c1-3 – 390
88c3 – 333
88d – 341
88d6-e2 – 391
97c-98a – 348
98e12-99a5 – 391
100b4-6 – 290, 291
Protágoras
311a8-b2 – 241
312c-314d – 254
312c1-4 – 298
312c4-5 – 241
312e6-313c4 – 242
316c-317c – 241
316c5-317c5 – 428
319d – 150, 470
319d-e – 139
320c-d – 241
320c-22d – 142
322d – 148
324c – 150
329c6-d1 – 360
331c1-d1 – 247
332c8-333b6 – 360
333c2-9 – 251
337e7-339a1 – 144
339d-347a – 267
348c5-e4 – 242, 438
349a6-c5 – 242, 360
351b-357e – 360
352c-d – 251
352c3-6 – 397, 398
352d4-353a2 – 397
354c3-5 – 399
355a-357e – 333

356a-357b – 399
356a-357e – 399
356d-357d – 120
356d3-357b6 – 348
356d3-e2 – 348
357d7-e1 – 298
358a-360e – 360
358b7-c3 – 397, 398
358c6-d4 – 397, 398
República
I
331e7-8 – 242
335a-1 – 165, 166
335d – 150
335e1-4 – 242
336d6 – 319
336e1-2 – 319
337a4-7 – 284
337d-338b – 242, 249
338a1 – 242
344d-3 – 242
344d-e – 249
348a-b – 249
348c – 340
348d – 248
348e-349a – 250, 359
349a4-8 – 247
349b1 – 249
349b1-350c11 – 249, 250
350d – 250, 340, 359
351a-c – 298
351a5-6 – 340, 358
352d-354a – 345
353d3-e11 – 353
353e-354a – 359
353e10-354a2 – 384
II
358e3-359b5 – 143
367d2-5 – 440
368e-369a – 440
377e-378e – 181
III
414b8-c7 – 448
IV
433a – 142
435a5-8 – 295
V
459c2-d2 – 448

466d7-e1 – 368
467a3 – 368
473c11-d6 – 432
VI
488a-489a2 – 432
488b-c – 139
491b1-c5 – 395
493a1-2 – 432
496a-497a – 93
496c – 173
496c4 – 173
496c5-e2 – 433
497b1-2 – 432
499a11-c5 – 443
499b3 – 443
505a1-b3 – 367
505a2-b1 – 443
505e1-506a7 – 367
VII
515a5 – 433
516d4-7 – 433
517a3-5 – 433
522d – 107
VIII
546a-e – 444
557b4-10 – 446
557b5 – 446
557d1-9 – 448
561d2 – 448
IX
577d – 362
581c – 333
582e-583e – 333
587e – 333
591e1 – 446
592a10-b5 – 444
592b2-5 – 439
X
606e-608a – 442
611b9-d8 – 280
Sétima Epístola
324d – 225
325a-26a – 198
Sofista
263e – 253
Teages
128a-131a – 173
Teeteto

143e – 36
150c-151b – 173, 174
151d-152c – 365
151e-183c – 362, 363
152a6-8 – 139
152b – 147
178b5-7 – 365
189e-190a – 253
210b4-d1 – 303
Timeu
28c – 480

Plutarco
Se um homem velho deve se envolver em assuntos públicos (*An seni resp. ger.*)
26, 796d – 469
Aristides
335c-d – 469
Sobre a curiosidade (*De curios*)
2.516c – 63
Sobre a educação das crianças (*de lib.*)
2c – 477
4e – 454
Sobre as autocontradições estoicas (*Estoicas, rep.*)
1045b-1045f – 478
Sobre o sinal divino de Sócrates
579f – 477
580f – 477
588d – 478
588e – 478
Vida de Péricles
32.2 – 190
36.3 – 144
172 – 144

Porfírio
Escólios sobre a Odisseia (*Sch. ad Od.*)
1,1 78

Proclo
Comentário sobre o "Parmênides" de Platão (*In Plat. Parm.*)
3.4 – 378

Quintiliano
Institutio oratoria
VIII.6.54-55 – 311
IX.2.44-46 – 311
IX.2.45-46 – 311
IX.2.46 – 313

Sêneca
Epístolas
94.41 – 66

Sexto Empírico
Contra os eruditos (M)
7.8 – 456
7.191-198 – 72

Simplício
Sobre as "categorias" de Aristóteles (*In cat.*)
207, 29-32 – 75

Socratis et socraticorum reliquiae (SSR)
Esquines
VI A – 56
VI A 41-54 – 59
VI A 53 – 264
VI A 59-72 – 60
Antístenes
V A 41, 3 – 78
V A 43 – 55
V A 82.3-28 – 76
V A 134.3-4 – 74
V A 142-144 – 78
V A 149 – 72
V A 150 – 72
V A 151 – 74
V A 187 – 78
V A 198-202 – 62
Aristipo de Cirene
IV A 95-96 – 68
IV A 100 – 70
IV A 166 – 456
IV A 172 – 70
IV A 173 – 68
IV A 213 – 68
IV B 5 – 68
Euclides de Megara
II A – 67
II A 30.2-4 – 69
II A 31 – 67
II A 34 – 71
Fédon de Elis
III A – 63
III A 11 – 63
III A 12 – 67
Sócrates
I A 31-5 – 471
I B 41 – 469

I C 94 – 38
I C 413 – 478
I C 460 – 456
I C 461 – 456
I C 472 – 455
I C 493 – 469
I C 550 – 54
I G 11 – 457

Sófocles
Oedipus tyrannus
895-96 – 132
As mulheres de Tráquis
1238-40 – 157

Temístio
Orações
34.5 – 456

Teógenes
653-4 – 375

Teon
Progymnasmata
3 – 63

Tucídides
História da Guerra do Peloponeso
II.8.2 – 158
II.37.1 – 210
II.40.4 – 86
II.60.2-5 – 210
III.82 – 132
VIII.68.2 – 134

Xenofonte
Anábase
III.1.3-7 – 110
III.1.13 – 112
V.6.29 – 112
Apologia
10-12 – 167
11-12 – 188
12 – 173, 188
12-14 – 188
13 – 174
14 – 82, 104
14-16 – 34
15-17 – 91

19 – 83
19-21 – 100
20 – 40
23 – 200
24 – 194
26 – 102, 108
32 – 102, 194
Banquete
2.11 – 110
2.19 – 36
4.34-39 – 76
4.48 – 178
5.5-7 – 36
8.5 – 105
Ciropédia
I.3.11 – 92
I.6.1-2 – 112
III.1.39 – 100
III.1.40 – 100
IV.2.38-45 – 92
V.1.6-7 – 92
V.1.8-9 – 92
V.1.12 – 62
V.1.16 – 62
V.3.2 – 83
V.5.12 – 84
V.5.25 – 85
V.5.33-34 – 85
VI.1.36-37 – 64
VII.5.77-78 – 92
VIII.1.30-32 – 92
Econômico
2.4-6 – 53
2.11-13 – 41
3.14 – 62
21.5 – 65
21.11-12 – 65
Hiero
I.1 – 83
I.37 – 83
VII.4 – 83
VII.9-10 – 83
VII.13 – 85
X.4 – 85

XI.14-15 – 85
Memoráveis
I.1.1 – 179, 188
I.1.2-3 – 183
I.1.3-4 – 183
I.1.3-5 – 173
I.1.4-5 – 173
I.1.6-9 – 175
I.1.7-8 – 104
I.1.8-9 – 175
I.1.9 – 168
I.1.10, 1881n – 376
I.1.11-16 – 40
I.1.12-15 – 455
I.1.16 – 40
I.1.18 – 206
I.1.19 – 168
I.2.1 – 380
I.2.6 – 91, 95
I.2.7 – 93
I.2.9 – 92, 193
I.2.12 – 92, 193
I.2.14-15 – 92
I.2.29-37 – 92
I.2.29-38 – 226
I.2.34 – 227
I.2.56 – 93
I.2.56-57 – 125
I.2.64 – 167
I.3.1 – 25
I.3.2 – 168
I.3.3 – 168
I.3.5 – 96, 109
I.3.7 – 96
I.3.8-13 – 109
I.3.9 – 109
I.3.11 – 109
I.3.13 – 109
I.3.14 – 96
I.3.2 – 167
I.4.1 – 25
I.4.1-19 – 168, 179
I.4.2-7 – 179
I.4.5-18 – 472

I.4.6 – 179
I.4.7 – 180
I.4.8 – 179
I.4.10 – 168
I.4.10-19 – 181
I.4.11-12 – 181
I.3.13-14 – 181
I.4.15 – 108, 181
I.4.15-19 – 168
I.4.17-19 – 180
I.4.18 – 168, 181
I.5.4 – 26
I.6.10 – 107
I.6.13 – 95
I.6.14 – 106, 107
II.1.1 – 94
II.1.9 – 70
II.1.11 – 70
II.1.13 – 70, 94
II.1.17 – 94, 105
II.1.28 – 168
II.6.36 – 62
III.8.1 – 94
III.10 – 40, 67
III.11.1-2 – 96
III.11.4 – 96
III.11.11-12 – 96
III.11.15-18 – 98
IV.1-3 – 40
IV.2.11 – 107
IV.2.26 – 107
IV.2.31-35 – 107
IV.2.33 – 102, 107
IV.2.39 – 108
IV.2.40 – 108
IV.3.1-17 – 168
IV.3.2-18 – 472
IV.3.1-18 – 179
IV.3.12 – 108, 178
IV.3.13 – 182
IV.3.16-17 – 168
IV.3.17 – 168
IV.3.17-18 – 167
IV.4.9 – 40

IV.4.25 – 179
IV.5-7 – 40
IV.7.1 – 40

IV.7.10 – 105
IV.8.1 – 107
IV.8.11 – 168

Esta obra foi composta em CTcP
Capa: Supremo 250g – Miolo: Pólen Soft 80g
Impressão e acabamento
Gráfica e Editora Santuário